LA GRANDE ENCYCLOPEDIE DES OISEAUX

LA GRANDE ENCYCLOPEDIE DES OISEAUX

Texte de Karel Šťastný

Adaptation française de Dagmar Doppia

Révision générale de Michel Cuisin,

**de la Société Ornithologique de France,
attaché au Muséum d'histoire naturelle**

GRANDES ENCYCLOPÉDIES

Gründ

Garantie de l'éditeur

Pour vous parvenir à son plus juste prix, cet ouvrage a fait l'objet d'un gros tirage. Malgré tous les soins apportés à sa fabrication, il est malheureusement possible qu'il comporte un défaut d'impression ou de façonnage. Dans ce cas, ce livre vous sera échangé sans frais. Veuillez à cet effet le rapporter au libraire qui vous l'a vendu ou nous écrire à l'adresse ci-dessous en nous précisant la nature du défaut constaté. Dans l'un ou l'autre cas, il sera immédiatement fait droit à votre réclamation.

Librairie Gründ – 60, rue Mazarine – 75006 Paris

Crédit photographique
(Les chiffres correspondent au nombre de photographies)

J. Anderle (8), F. Balát (6), A. Bardi, Panda photo (3), S. Benucci, Panda photo (4), A. Boano, Panda photo (2), J. Bohdal (5), P. Bürger (4), G. Cagnucci, Panda photo (10), M. Chroust (9), S. Chvapil (5), F. Cianchi, Panda photo (1), Š. Danko (12), J. Elmelid (10), J. Formánek (50), F. Framarin, Panda photo (1), Grupo Tichodroma (5), J. Hanzák (5), P. Harris, Panda photo (2), S. Harvančík (11), L. Hauser (2), J. Hlásek (59), L. Hlásek (159), T. Karlsson (1), G. Kovács (1), I. Lipták (1), P. Macháček (5), J. Mihók (4), G. Molnár (1), J. Motyčka (1), P. Pavlík (55), E. Perez, Panda photo (4), A. Petrelli, Panda photo (4), P. Podpěra (22), V. Podpěra (4), F. Pratesi, Panda photo (1), J. Rys (5), M. Sara, Panda photo (1), J. Scheufler (1), E. Studnička (2), M. Šebela (1), J. Ševčík (11), Z. Veselovský (1), WWF, Panda photo (1), J. Zumr (2).

Quatrième tirage 1992
Texte original de Karel Šťastný
Adaptation française de Dagmar Doppia
Révision générale de Michel Cuisin, de la Société Ornithologique de France, attaché au Muséum d'histoire naturelle
Illustrations de J. Čepická, Z. Hedánek, K. Hísek, L. et J. Knotek, P. Rob, E. Smrčinová, M. Váňa
Arrangement graphique de Michal Burda

Première édition française 1989 par Librairie Gründ, Paris

ISBN: 2-7000-2504-0
Dépôt légal : octobre 1989
Imprimé en Tchécoslovaquie par Neografia, Martin

3/19/04/53-04

Sommaire

Généralités

Caractères morphologiques

L'étude de l'anatomie des oiseaux révèle un mélange de caractéristiques héritées de leurs ancêtres reptiliens et d'attributs apparus plus tardivement comme résultat de leur adaptation à la vie dans l'air.

Les premiers êtres ailés couverts de plumes ressemblant à des oiseaux sont apparus sur la terre il y a 150 millions d'années, au Secondaire, vers la fin du Jurassique. On a trouvé leurs empreintes bien conservées dans les couches de schiste du Jurassique supérieur, en Bavière. Ils sont connus sous le nom d'*Archaeopteryx*. Ces ancêtres des oiseaux réunissaient des caractères propres aux oiseaux et aux reptiles. De la taille d'un Pigeon, ils possédaient des mandibules dentées au lieu d'un bec et trois doigts libres sur leurs membres antérieurs. Leur queue, plus longue que le corps, se composait de 23 vertèbres. En outre, ils étaient déjà couverts de plumes (celles de leur queue étant disposées par deux de chaque côté des vertèbres) et dotés d'une paire d'ailes. Ils n'étaient pas pour autant capables de voler et ne faisaient que planer dans l'air. Leurs pattes étaient également celles d'un oiseau.

Plus tard, au Crétacé, il y a 60 à 125 millions d'années, vécurent des groupes d'oiseaux aux mâchoires pourvues de dents dont les représentants, appartenant aux ordres des Hespérornithiformes *(Hesperornis)* et des Ichthyornithiformes *(Ichthyornis)*, ressemblaient déjà bien davantage aux oiseaux actuels que les Ptérosauriens. Ils étaient piscivores et rappelaient, par leur aspect physique, les Gaviidés et les Laridés. À la fin du Tertiaire, tous les ordres actuels étaient déjà représentés.

On reconnaît d'emblée les oiseaux, sans erreur possible, à leur plumage, à leur possibilité de se déplacer en marchant exclusivement sur leurs membres postérieurs, à leur capacité de voler grâce à leurs membres antérieurs transformés en ailes, à l'atrophie du squelette de la queue et au développement du bec. Pour mieux comprendre l'anatomie d'un oiseau, référons-nous aux figures 1 et 2. Chez les oiseaux, le cœur est parfaitement compartimenté, séparé en parties artérielle et veineuse ; les poumons se prolongent par des sacs aériens. Par ailleurs, les oiseaux se caractérisent par un métabolisme très actif, lié à une température corporelle élevée et constante, ainsi que par l'oviparité.

Mais arrêtons-nous plus en détail sur certaines de ces particularités : une plume d'oiseau est une formation très complexe (fig. 3). Elle comprend une tige centrale pleine (rachis-3a) prolongée à la base par une hampe creuse *(calamus)* plantée dans la peau. Le rachis porte de part et d'autre des vexilles *(vexillum)*. Les vexilles des rémiges (grandes plumes des ailes) représentent la surface portante de l'aile. Les vexilles se composent de barbes *(radii-3b)*, accrochées entre elles par de nombreuses barbules à crochets et

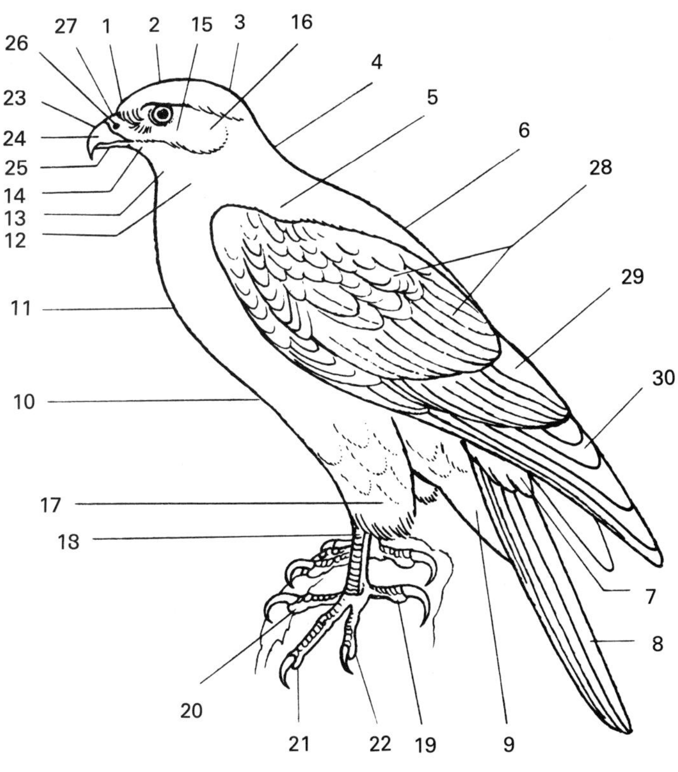

1. Anatomie d'un Rapace :
1. front 2. calotte 3. occiput 4. nuque 5. scapulaires 6. dos ou manteau 7. sus-caudales 8. queue 9. sous-caudales 10. ventre 11. poitrine 12. cou 13. gorge 14. menton 15. joue 16. région auriculaire 17. cuisse 18. tarse 19. doigt postérieur (pouce) 20. doigt interne 21. doigt central 22. doigt externe 23. dessus du bec 24. mandibule supérieure 25. mandibule inférieure 26. narines 27. cire 28. couvertures alaires 29. rémiges secondaires 30. rémiges primaires

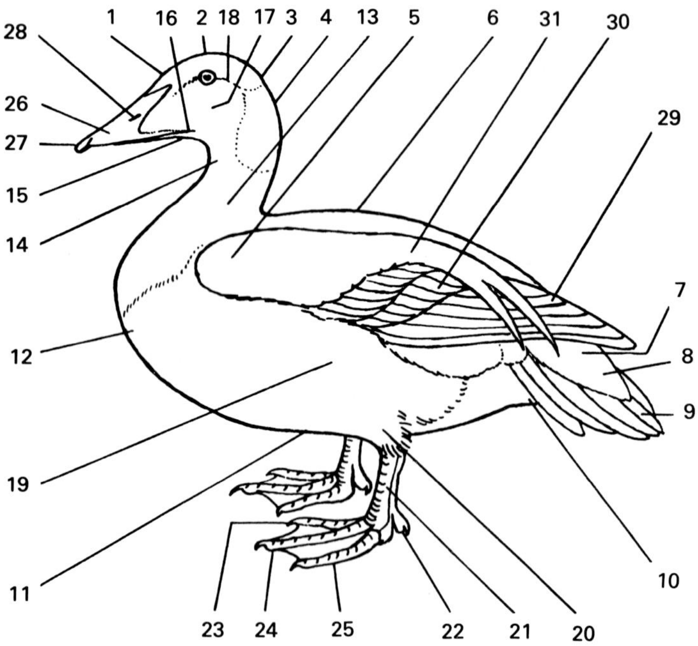

2. Anatomie d'un Canard:
1. front 2. calotte 3. occiput 4. nuque 5. scapulaires 6. dos 7. croupion 8. sus-caudales 9. rectrices 10. sous-caudales 11. ventre 12. poitrine 13. cou 14. gorge 15. menton 16. lorum 17. joue 18. région auriculaire 19. flanc 20. tibia 21. tarse 22. doigt postérieur (pouce) 23. doigt interne 24. doigt central 25. doigt externe 26. bec 27. onglet 28. narines 29. rémiges primaires 30. rémiges secondaires 31. rémiges tertiaires

barbicelles *(hamuli-3d)*. On retrouve une structure identique sur les rectrices, ou plumes caudales, qui permettent à l'oiseau de maintenir sa direction et son altitude, et sur les tectrices ou plumes de contour *(pennae-4)* qui déterminent la forme et la silhouette de l'espèce. Ces plumes (ou pennes) caractéristiques se distinguent du duvet *(plumae-5)* à rachis très court et mou. Les plumes du duvet, plus primitives, se composent de barbes sans crochets, qui ne s'emboîtent donc pas les unes dans les autres (fig. 5). Elles garantissent l'isolement thermique de l'oiseau : chez les adultes, elles poussent sous les plumes de contour ; chez les jeunes, en revanche, elles recouvrent tout le corps, constituant ainsi la première livrée *(neoptile)*. Certaines plumes aux barbes particulièrement longues ont une fonction particulière. Elles s'effritent aux extrémités, libérant ainsi d'infimes particules qui permettent à l'oiseau de maintenir son plumage en bon état. Les filoplumes *(filoplumae)* ressemblent à des poils ; formées d'un rachis doté ou non de barbes à son sommet, elles poussent séparément ou à la base des plumes de contour. Les vibrisses, disposées aux commissures du bec, autour des yeux ou des narines, remplissent une fonction tactile, notamment chez les

4. Plume de contour

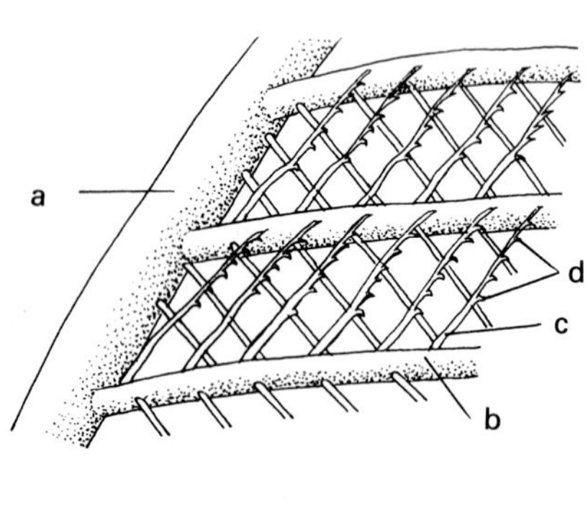

3. Structure d'une plume
a. rachis b. barbes c. barbules d. crochets ou barbicelles

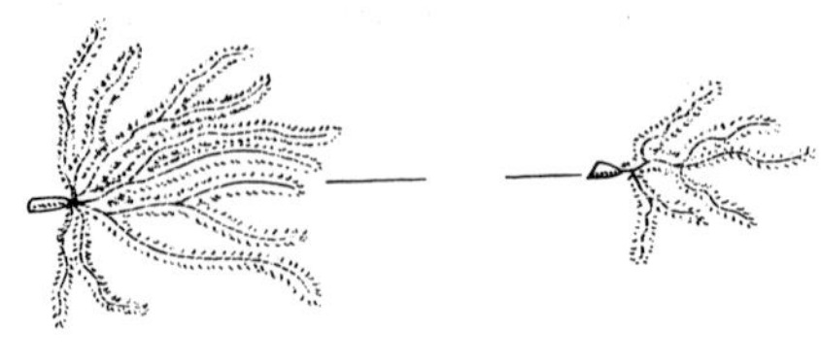

5. Duvet

espèces insectivores. Les plumes qui entourent la sortie du cloaque, la glande uropygienne, etc., jouent également un rôle particulier.

Les plumes sont constituées de kératine, protéine produite par des cellules cutanées. Le derme est dépourvu de toute glande, en particulier sudoripare, car le refroidissement est assuré par une accélération de la respiration. La seule glande cutanée est la glande uropygienne *(glandula uropygii),* située sur le croupion, dont les sécrétions permettent aux oiseaux de graisser leur plumage. Elle est particulièrement développée chez les oiseaux aquatiques dont le plumage doit être parfaitement imperméable. Chez certaines espèces comme les Pigeons et les Perroquets, elle est totalement atrophiée, chez d'autres (groupe des *Ratitae*), elle manque totalement.

La réduction du poids corporel est étroitement liée au vol. Le squelette est essentiellement formé d'os creux, renforcés dans les zones de tension par des traverses latérales. Le corps est également allégé par des sacs aériens qui prolongent les poumons et se ramifient dans tout le corps, remplissant la fonction de réservoirs à air. Les sacs aériens jouent un grand rôle dans le processus de la respiration. À l'inspiration, l'air traverse les poumons pour s'engouffrer dans les deux paires de grands sacs dits « d'inspiration » qui se trouvent dans la cavité abdominale. De là, l'air est chassé par contractions musculaires dans les trois paires de sacs « d'expiration » placés dans la partie antérieure du tronc. L'air est alors rejeté par les sacs d'expiration et le cycle recommence. Les sacs aériens augmentent le volume du corps sans l'alourdir et réduisent les frottements des muscles, car ils pénètrent par leurs diverticules entre les organes et les muscles sous la peau et dans les os creux. Ils jouent également un rôle important dans la thermorégulation et interviennent comme amplificateurs de la voix. L'absence de vessie diminue le poids corporel des oiseaux. L'urine qui se présente sous forme de cristaux et non de liquide, débouche directement dans le cloaque d'où elle est rapidement évacuée ; elle n'alourdit donc pas l'oiseau en s'emmagasinant dans une vessie. Les organes sexuels révèlent aussi une grande économie dans leur anatomie. Chez les mâles, ils ne sont pleinement développés et fonctionnels qu'à la saison de la reproduction. Ils s'atrophient ensuite, devenant presque microscopiques. Ainsi, les testicules du Moineau domestique, par exemple, ne mesurent en décembre que 0,5 mm alors qu'au mois de mai, ils atteignent la taille de 15 mm, leur volume augmentant 400 fois au printemps. Chez les femelles, seul l'ovaire gauche est fonctionnel.

Les membres antérieurs sont spécialement adaptés au vol, surtout dans la partie de la ceinture scapulaire. On remarque l'atrophie des doigts, devenus inutiles sur ces extrémités. Les membres postérieurs ont subi, eux aussi, certaines modifications. Le court fémur disparaît généralement dans le corps (ce que nous appelons pilon sur une volaille rôtie est, en fait, le tibia) ; le péroné, atrophié, est soudé au tibia. Les os du pied forment un seul grand os appelé tarse. Le cinquième doigt, et parfois le premier, manquent.

Les maxillaires des oiseaux, entourés de lames cornées, s'allongent en un bec. Le bec joue un rôle primordial dans la prise de nourriture, qui détermine sa forme.

Comparé à celui des autres vertébrés, le cœur des oiseaux est nettement plus grand. Chez le Pigeon ou le Moineau domestique, il représente 13 % du poids du corps ; chez le Colibri jusqu'à 27 %, tandis que chez l'homme, pas plus de 4 %. Les petites espèces ont un cœur relativement grand, phénomène lié à leur activité cardiaque plus intense. Leur pouls est beaucoup plus rapide que celui des grands oiseaux ou d'autres vertébrés. Le cœur de l'Autruche bat 60 à 70 fois par minute alors que celui des petites espèces enregistre jusqu'à 1 000 pulsations par minute. La taille du cœur et la vitesse du pouls s'expliquent par l'intensité des échanges métaboliques : les oiseaux dépensent beaucoup d'énergie, en particulier en vol, et leur température est supérieure à celle des autres vertébrés homéothermes. Au repos, elle atteint 40 °C ; lors d'une activité intense, elle approche 44 °C.

Reproduction

Les oiseaux diffèrent des autres vertébrés par leur mode de reproduction. Ils sont ovipares comme les reptiles et les batraciens mais, alors que ces derniers ne se préoccupent généralement pas de leur progéniture, les oiseaux prennent soin de leurs œufs, qu'ils couvent jusqu'à l'éclosion. Les seuls à ne pas couver sont les Mégapodiidés *(Megapodiidae)*, de l'ordre des Gallinacés, qui enterrent leur ponte dans le sable volcanique chaud ou dans des débris végétaux en décomposition.

Un œuf est une formation extrêment complexe. Sa partie essentielle est le jaune (ou vitellus), qui est en fait la cellule germinale (la plus grosse parmi les vertébrés), du nouvel individu. Le vitellus comprend la cicatricule, ou germe à proprement parler, qui se présente sous forme d'une petite tache, et le globe qui représente une réserve alimentaire. Cette réserve n'est pas homogène : elle se compose d'un jaune dense et d'un jaune blanchâtre, plus translucide. La membrane vitelline *(membrana vitellina)*, très fine, entoure le jaune. Le vitellus baigne dans la couche épaisse et translucide du blanc, ou albumen, qui sert également à nourrir l'embryon. L'albumen se compose, lui aussi, de couches denses et fluides. Le jaune est maintenu à peu près au centre par deux tortillons, les chalazes *(chalazae)*, ancrés dans l'albumen épais. Une double membrane coquillière enferme le vitellus et l'albumen. À l'extrémité la plus large, la membrane coquillière se dédouble pour former une chambre à air (fig. 6).

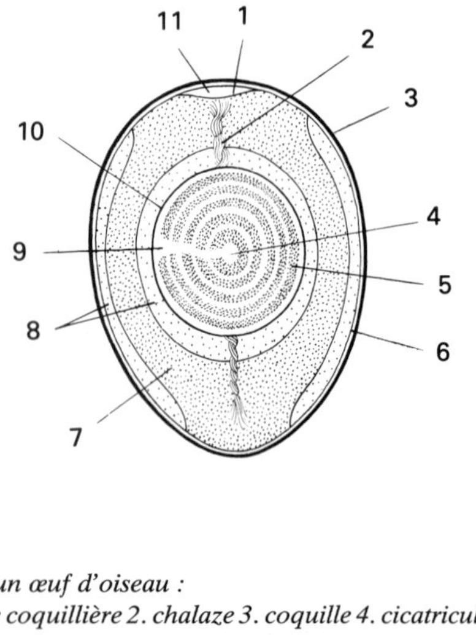

6. Coupe d'un œuf d'oiseau :
1. membrane coquillière 2. chalaze 3. coquille 4. cicatricule 5. vitellus ou jaune 6. chorion 7. couche de blanc épais 8. couche de blanc liquide 9. couche blanche du jaune 10. membrane vitelline 11. chambre à air

Seul l'œuf des oiseaux possède une enveloppe calcaire. Celle-ci se compose de carbonate de calcium, de phosphate tricalcaire, de kératine et d'autres composants. Sa surface poreuse permet à l'embryon de respirer.

Par saison de reproduction (ou période de nidification), on entend le laps de temps qui s'écoule depuis la ponte jusqu'à l'émancipation des jeunes. Chez certaines espèces (Oies, Canards), les familles restent unies jusqu'à l'automne ; d'autres pondent une seconde fois si le premier nid a été détruit, ce qui prolonge également la saison des nids. Le début de la nidification dépend aussi de la latitude, de sorte qu'en Europe, on peut enregistrer un décalage de 6 semaines. Les dates indiquées dans cet ouvrage expriment surtout la réalité existant en Europe occidentale et centrale. En Europe du Nord, les oiseaux nichent 2 ou 3 semaines plus tard, en Europe méridionale, au contraire, 2 ou 3 semaines plus tôt.

Les oiseaux d'Europe se reproduisent au printemps et au début de l'été. Le Bec-croisé des sapins, qui niche en hiver lorsque les graines de sapin arrivent à maturité, représente une exception à cette règle. On a pu également observer une nidification occasionnelle en automne et même en hiver chez d'autres espèces quand elles trouvaient suffisamment de nourriture. C'est le cas de la Chouette effraie, au moment de la prolifération des campagnols. L'importance de la ponte dépend du climat et de l'abondance de nourriture. Ainsi, en Europe centrale, 30 % des Moineaux domestiques nichent 4 fois par an, certains couples jusqu'à 5 fois, au-delà du cercle polaire 2 fois, et en Inde jusqu'à 7 fois. Plus on avance vers le nord, plus le nombre d'œufs augmente, sans doute pour compenser le nombre plus faible de pontes annuelles. Une ponte de Gobe-mouches à collier compte en moyenne 5,5 œufs en Hongrie, 5,7 œufs en Tchécoslovaquie et 6,1 en Pologne.

La formation des couples est l'étape préalable à la saison des nids. Certaines unions ne durent qu'une saison tandis que d'autres restent stables toute la vie, comme c'est le cas chez l'Oie cendrée. Si l'un des oiseaux meurt, l'autre vit solitaire jusqu'à la fin de son existence. La recherche d'un partenaire et l'accouplement s'accompagnent de la parade nuptiale. Celle-ci est la manifestation externe de l'excitation sexuelle des mâles (parfois aussi des femelles) qui tentent d'éveiller de cette façon la même disposition chez le sexe opposé. Elle se manifeste d'une manière à peine perceptible, ou au contraire très complexe et spectaculaire, comme c'est le cas chez les Tétras ou les Gélinottes. Elle se déroule au sol ou sur l'eau, sur un arbre ou en vol, individuellement ou en groupe. Si les mâles effectuent leur parade nuptiale en groupe, ils se livrent souvent des combats qui prennent la forme de véritables affrontements ou au contraire de duels parfaitement symboliques, sans aucun contact. Lors de la parade, le mâle s'applique à paraître attirant aux yeux de la femelle. Il déploie sa queue et ses ailes, s'incline, sautille, frotte les ailes contre le sol, gratte la terre de ses pattes, se rengorge et effectue une série de gestes symboliques. Outre les mouvements et postures spécifiques, les mâles ont recours à des manifestations vocales particulières, à des chants et des cris. Faute d'un chant spécifique, certains oiseaux se signalent par un bruit : les Picidés tambourinent sur le bois, les Bécassines font vibrer leurs rectrices et les Cigognes claquent du bec.

Les oiseaux pondent dans les endroits les plus variés : au sol, sur l'eau, dans des arbres creux, dans des terriers, sur les branches des arbres ou buissons, sur les tiges des végétaux ou dans les parois rocheuses. Tantôt ils pondent à même le sol ou au fond d'un terrier, tantôt dans un nid très élaboré. C'est généralement la femelle qui le bâtit, tandis que le mâle lui apporte les matériaux de construction. Chez de nombreuses espèces, la femelle assure seule la couvaison, chez d'autres les deux partenaires se relaient, mais il est rare que le mâle couve seul (Phalaropes, Manchots). Le plus souvent, les femelles ne commencent à couver que lorsque la ponte est complète. Chez de nombreux Rapaces et Chouettes toutefois, elles couvent dès la ponte du premier œuf puis, au cours de son incubation, elles en pondent d'autres. Dans ce cas, les œufs éclosent l'un après l'autre car la durée d'incubation est toujours la même. Ainsi, les premiers venus ont une grande avance sur leurs frères.

Le poussin se développe dans l'œuf sous l'action d'une chaleur qui oscille entre 38 et 39 °C. Des parties de peau nues, dites plaques incubatrices *(apteriae),*

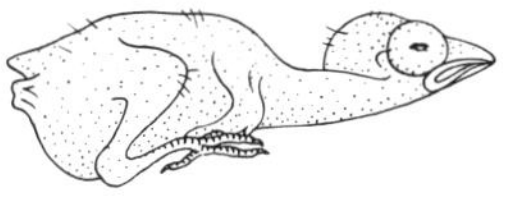

7. Oisillon ou nidicole

8. Poussin ou nidifuge

apparaissent parfois spontanément sur le ventre des adultes dès le début de la couvaison, accélérant ainsi l'incubation. En effet, lorsque les plumes tombent, la peau fortement irriguée par le sang est comme enflammée, si bien que les œufs sont réchauffés directement par l'épiderme de l'oiseau. Chez certains oiseaux aquatiques, ces plaques sont remplacées, à cette saison, par un duvet particulièrement fin et chaud. Pour sortir de la coquille, les petits la cassent avec une excroissance cornée qui termine leur mandibule supérieure et qui tombe peu après l'éclosion. Chez les espèces nidicoles, les petits viennent au monde peu développés, généralement nus, aveugles et sourds, peu mobiles, totalement dépendants de leurs parents. Les adultes leur apportent les soins nécessaires en les nourrissant, en les réchauffant et en nettoyant le nid (Passereaux, fig. 7 ou Rapaces). Chez les nidifuges, les petits sont nettement plus développés. Ils sont recouverts d'un duvet fourni, et quelques heures seulement après l'éclosion des œufs, courent et nagent avec aisance, et peuvent chercher seuls leur nourriture (Ansériformes, Galliformes, fig. 8). Les poussins des espèces semi-nidicoles, bien que capables de se déplacer et bien développés, se cantonnent à proximité du nid où les adultes viennent les nourrir (Sternidés, Laridés).

Nourriture

La grande mobilité des oiseaux et leurs transformations métaboliques intenses (les plus intenses qu'on ait observées chez les vertébrés) entraînent une forte consommation de nourriture. Il s'avère que plus l'oiseau est petit, plus la dépense de chaleur est importante et, par conséquent, plus ses besoins alimentaires sont grands. Chez les Rapaces et les Chouettes, par exemple, le poids de la ration quotidienne correspond à 25 ou 30 % de la masse corporelle. En revanche, chez les Mésanges, les Pouillots et autres oiseaux insectivores, elle égale leur propre poids. Les grandes espèces résistent généralement assez bien à la famine. Cette observation se vérifie surtout chez les Rapaces qui peuvent rester plusieurs jours sans se nourrir. Par contre, les Passereaux insectivores peuvent mourir de faim après un jeûne de quelques heures à peine, surtout en hiver lorsque leurs dépenses énergétiques sont particulièrement élevées. Une journée hivernale, courte et maussade, suffit pour faire dépérir les Mésanges et les Roitelets qui n'ont alors pas assez de temps pour chercher une quantité suffisante de nourriture.

La nourriture des oiseaux est extrêmement variée. On distingue, en principe, les espèces insectivores, carnivores, herbivores, éventuellement granivores ou frugivores. Cependant, cette classification est loin d'être rigoureuse. De nombreux insectivores tels que les Fauvettes se nourrissent de baies à une période donnée de l'année (surtout vers la fin de l'été et en automne) alors que la plupart des granivores nourrissent leurs petits d'insectes (Moineaux). La nourriture des adultes varie elle aussi d'une façon notable au cours de l'année. L'Étourneau, par exemple, prend au printemps une alimentation essentiellement carnée, tandis qu'en été les fruits prédominent dans son régime alimentaire, tant et si bien que des bandes d'Étourneaux parviennent à ravager des récoltes entières de cerises et de raisins. On rencontre, par ailleurs, des espèces étroitement spécialisées telles que les Becs-croisés qui se nourrissent presque exclusivement de graines de conifères. La dépendance de ce type de nourriture se retrouve dans la forme de leur bec, croisé de façon bien visible, exemple classique de l'adaptation d'un oiseau à son régime. La spécialisation alimentaire est d'ailleurs particulièrement poussée chez les différentes espèces de Bec-croisé, ce que révèle une fois de plus l'anatomie du bec. En effet, le Bec-croisé perroquet, qui se nourrit surtout de graines de pin logées dans des cônes très durs, est doté d'un bec très puissant (fig. 9). En revanche, le Bec-croisé bifascié, qui préfère les cônes tendres des mélèzes, n'a qu'un bec fin (fig. 11). À mi-chemin entre ces deux extrêmes, on trouve le Bec-croisé des sapins qui se nourrit essentiellement de graines de sapins ou d'épicéas (fig. 10).

9. Bec puissant du Bec-croisé perroquet qui se nourrit de graines contenues dans les cônes de pin durs.

10. Bec du Bec-croisé des sapins qui extrait des graines des cônes de sapins.

11. Bec du Bec-croisé bifascié qui extrait des graines des cônes tendres de mélèzes.

La vitesse de la digestion est élevée chez les espèces qui prennent une alimentation végétale très digeste comme, par exemple, des drupes (les baies du gui traversent l'appareil digestif du Jaseur boréal en 7 à 10 minutes). Les grains durs sont au contraire très difficiles à digérer, car ils doivent rester longtemps dans le jabot pour gonfler et ramollir. La digestion des poules par exemple s'étend sur 12 à 24 heures. La nourriture carnée pose le même type de problème. La Pie-grièche grise met 3 heures environ à digérer une souris.

Les oiseaux se débarrassent des résidus alimentaires indigestes, tels que les poils, le duvet, les os, les griffes, les écailles, les enveloppes chitineuses des insectes, en rejetant des boulettes appelées pelotes de réjection. Leur analyse apporte des renseignements intéressants pour la connaissance du régime alimentaire de telle ou telle espèce.

Communication

Lorsqu'on se promène dans la nature, surtout au printemps, on entend à chaque pas des cris ou des bruits qui sont le plus souvent émis par les oiseaux. Il est généralement établi que les oiseaux se font entendre presque sans interruption. Ce que nous appelons « chant » est une combinaison complexe dont chaque élément remplit une fonction particulière. On distingue deux sortes de manifestations vocales : les cris que les oiseaux font entendre tout au long de l'année et le chant qu'ils réservent à la saison des amours, au printemps. À titre de complément, il faut mentionner divers bruits « instrumentaux » produits par des coups rapides sur une branche sèche (Picidés), des vibrations des rectrices (Bécassine) ou des claquements de bec (Cigognes).

Chez toutes les espèces grégaires (la plupart des Passereaux par exemple qui se rassemblent en bandes après la période de reproduction), le cri de reconnaissance est la manifestation vocale la plus courante. Il s'agit d'un cri stéréotypé, simple, que les oiseaux de la même espèce lancent pour signaler leur présence, pour se rassembler ou pour appeler. Les oiseaux l'émettent instinctivement lorsqu'ils veulent inciter leurs congénères à s'envoler ou, au contraire, à se poser, ou encore pour garder le contact dans l'air. Ce comportement est particulièrement évident chez les bandes de Tarins des aulnes, de Sizerins flammés ou de Becs-croisés. Le cri des limicoles, celui des Chevaliers plus particulièrement, est également caractéristique, surtout au moment de l'envol. Une espèce dispose généralement de plusieurs cris.

Le cri d'alarme est lancé en cas de danger. Il est, à l'instar du cri précédent, spécifique et inné, si bien que les petits le reconnaissent très tôt après l'éclosion et réagissent en conséquence. Le cri d'alarme du Merle noir ou du Geai des chênes qui alerte même les autres espèces d'oiseaux et de mammifères, est notoirement connu.

Par ailleurs, on distingue également les cris de détresse, d'abandon, de sollicitation et plusieurs cris évoquant plutôt la satisfaction. Leur nombre varie d'une espèce à l'autre, certaines possèdent un répertoire particulièrement riche. Chez les Gobe-mouches noirs et à collier, on a décelé 50 manifestations vocales différentes dont 48 sont communes aux deux espèces, et 2 (chant et cri d'alarme) diffèrent nettement d'une espèce à l'autre.

La manifestation sonore la plus achevée et la plus remarquable est le chant. Le chant est généralement l'apanage du mâle ; rares sont les espèces dont la femelle chante aussi (voir Bouvreuil pivoine). On dit souvent qu'il s'agit pour le mâle d'attirer et de séduire une femelle. Mais le chant est aussi dans une certaine mesure destiné aux mâles voisins ; il leur signale la proximité d'un territoire déjà occupé et correctement

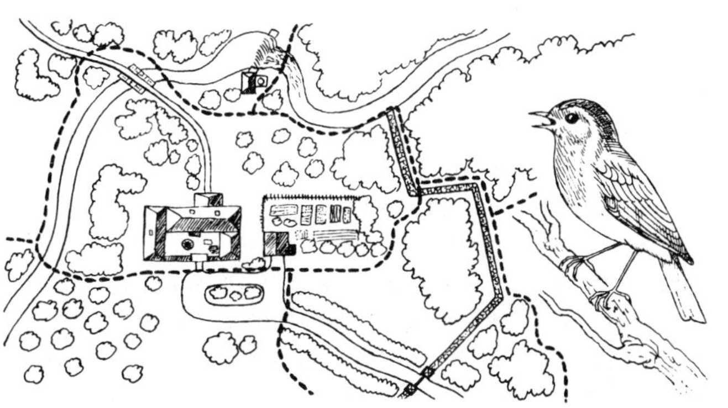

12. Aires de nidification occupées par les mâles du Rouge-gorge

surveillé (fig. 12). Si un autre mâle y pénètre, passant outre cet avertissement, son intrusion déclenche immédiatement un combat qui se termine par la fuite de l'étranger. Il ne s'agit donc pas d'un duel entre deux mâles pour une femelle, mais de la défense du territoire qui garantit au couple une quantité suffisante de nourriture et la tranquillité pour élever ses petits. Contrairement aux cris, le chant n'est que partiellement inné. Par conséquent, les jeunes sont obligés de compléter leur répertoire en écoutant leurs aînés. C'est aussi pour cette raison que le chant des mâles de la même espèce n'est pas toujours identique : on distingue de « bons » et de « mauvais » chanteurs et des « dialectes » locaux peuvent apparaître. Les Pouillots ou les Grimpereaux, qui sont de piètres chanteurs, éclosent en connaissant déjà en grande partie leur chant, si bien que l'apprentissage est peu important. Par contre, d'excellents chanteurs tels que les Rossignols, dont le chant complexe est divisé en une suite de phrases, doivent l'apprendre en écoutant les adultes chanter ; ils le maîtriseront d'autant mieux si le mâle qu'ils cherchent à imiter est un chanteur accompli. On rencontre les plus beaux chants là où la densité des populations d'oiseaux est très élevée, car les mâles doivent disposer d'un répertoire très riche pour rivaliser avec leurs voisins. Chez certaines espèces (Hypolaïs ictérine), le chant se compose exclusivement des imitations d'autres oiseaux.

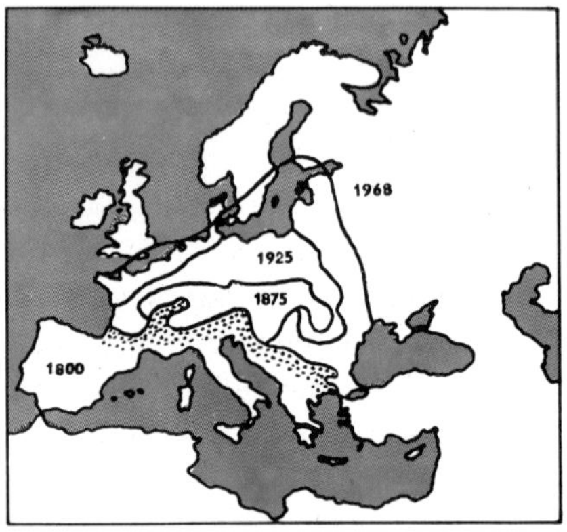

13. Étapes de l'expansion du Serin cini en Europe

Répartition géographique

On appelle « aire » la zone de répartition d'une espèce donnée. Dans cet ouvrage, il s'agit de l'aire de nidification, qui exclut les zones d'hivernage. De même, le pays d'origine ou les lieux cités pour une espèce donnée font uniquement référence à son aire de nidification.

Dans le cas des oiseaux, les limites de l'aire de répartition sont assez mouvantes. On peut même dire qu'elles ne sont stables que lorsque la périphérie de l'aire coïncide avec le littoral des continents. Les modifications de l'aire de répartition de l'espèce ont une influence sur l'augmentation ou la diminution de la population dans une région donnée et inversement. Elles résultent généralement des influences externes, telles que des changements climatiques ou l'intervention de l'homme. Les bouleversements subis par le milieu naturel agissent directement sur la distribution de l'avifaune. La pollution atmosphérique fait dépérir d'immenses étendues de forêts en Europe occidentale et centrale, et les progrès de la mécanisation joints à l'urbanisation croissante influent, essentiellement de manière négative, sur la répartition des oiseaux, mais aussi d'autres animaux.

La répartition géographique des oiseaux subit deux types de changements : des variations de courte durée appelées « oscillations » qui surviennent en l'espace de quelques années. Ces derniers temps, on a observé ce phénomène en Europe centrale dans le cas du Rossignol philomèle, du Guêpier d'Europe, du Héron bihoreau et du Héron pourpré. Mais il existe également des changements de longue durée tels que l'expansion et la régression. En Europe occidentale et centrale, on considère actuellement le Grand corbeau, le Sizerin flammé, le Pic syriaque, le Fuligule morillon ou la Cigogne noire comme des espèces en expansion. Chez le Serin cini (fig. 13) ou la Tourterelle turque (fig. 14) par exemple, l'expansion est si spectaculaire que leur aire de répartition a augmenté de plus de 1 million de km^2 en quelques années. Parmi les espèces en régression, on compte aujourd'hui le

Faucon pèlerin, le Rollier d'Europe, la Huppe fasciée, le Râle de genêts, la Caille des blés, la Perdrix grise et les gallinacés de forêt (Tétras, Gélinotte).

Bien que la plupart des espèces connaissent une répartition assez vaste, rares sont celles qui existent sur presque tous les continents et qu'on peut considérer comme cosmopolites. Il s'agit généralement d'espèces tributaires du milieu aquatique, telles que la Grande aigrette, l'Ibis falcinelle, l'Échasse blanche, le Balbuzard pêcheur, mais aussi la Chouette effraie et le Faucon pèlerin. L'aire d'extension des autres espèces est nettement plus restreinte.

Migrations

Selon une classification courante et généralement admise, on divise les différentes espèces en oiseaux migrateurs, nomades et sédentaires. Les oiseaux migrateurs ont, en fait, deux patries : l'une, située au nord, où ils nichent et élèvent leurs petits, l'autre, au sud, où ils hivernent mais ne nichent jamais. Les espèces migratrices se rendent parfois dans des régions fort éloignées car elles sont sûres d'y trouver des conditions de vie favorables, leur zone de nidification étant temporairement moins accueillante. Chez

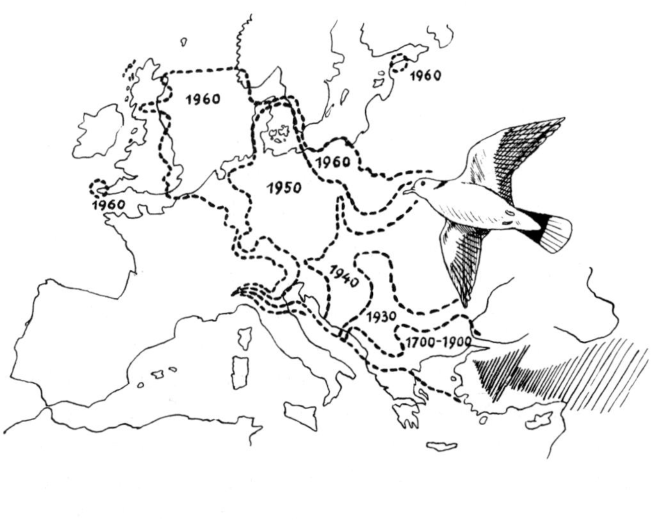

14. Expansion de la Tourterelle turque

de nombreuses espèces, les zones d'hivernage sont constantes. Les oiseaux reviennent ensuite régulièrement sur les mêmes lieux de ponte, parfois même dans le même nichoir. Chaque année, les migrateurs peuvent donc franchir des distances supérieures à 10 000 km (Hirondelle de cheminée, Cigogne blanche). Les jeunes émancipés des Mouettes, des Hérons et d'autres espèces errent un certain temps dans la région où ils sont nés avant de s'envoler vers leurs lieux d'hivernage.

Dans certains cas, le phénomène des migrations varie au sein d'une même espèce. Ainsi, les Étourneaux sansonnets vivant dans les régions septentrionales sont migrateurs, alors que ceux du sud sont sédentaires. De même, les Merles noirs vivant dans les forêts sont aussi bien migrateurs que sédentaires (on dit qu'ils sont partiellement migrateurs), tandis que les populations des villes sont sédentaires.

Les oiseaux sédentaires vivent toute l'année au même endroit, même après la saison des nids. Les espèces nomades se situent à mi-chemin entre ces deux groupes. En hiver, elles se déplacent autour de leur territoire, souvent dans un rayon de plus de 100 km. On observe parfois aussi des invasions massives et régulières dans une région donnée. Ce phénomène se produit en particulier chez le Cassenoix, le Jaseur, le Martin roselin ou le Syrrhapte, lorsque la nourriture sur les lieux de nidification est insuffisante, la population trop importante ou les conditions climatiques défavorables.

Mais quelle est la raison profonde qui pousse les oiseaux à se déplacer deux fois par an ? On pourrait penser qu'ils ne survivraient pas au froid hivernal et à la famine, mais cette explication n'est cependant valable que pour un petit nombre d'espèces migratrices ; elle ne justifie pas les départs de certains oiseaux qui ont lieu vers la fin de l'été, alors que la nourriture abonde encore, ni ceux des espèces capables de survivre à l'hiver. De même, pourquoi les oiseaux quittent-ils leurs lieux d'hivernage bien qu'ils y trouvent une nourriture suffisante ? Plusieurs théories tentent d'expliquer ces grands déplacements.

Selon l'une d'entre elles, tout l'hémisphère Nord était peuplé, à l'origine, par des espèces sédentaires. Au Pléistocène, les conditions de vie se dégradèrent de manière cyclique au cours des glaciations, une grande partie de l'Eurasie et de l'Amérique du Nord étant couverte de glaciers. Les hivers devinrent si

15. Bande désordonnée d'Étourneaux sansonnets

rigoureux que les oiseaux durent se retirer, chaque année, loin vers le sud, pour revenir sur leurs lieux de ponte après les gelées. Ces oscillations annuelles finirent pas se fixer génétiquement chez de nombreuses espèces. Cette hypothèse n'explique pas, toutefois, pourquoi certains oiseaux migrent jusqu'aux régions situées bien au sud de l'équateur, parfois jusqu'à l'Antarctique, ni pourquoi on trouve des espèces migratrices dans l'avifaune de la zone tropicale.

Certains pensent au contraire qu'au cours des ères géologiques anciennes, les oiseaux se cantonnaient dans les régions tropicales ou, à la rigueur, subtropicales. Ils y proliférèrent au point de devoir migrer vers le nord pour nicher à des latitudes qu'ils évitaient jusqu'alors et où ils trouvèrent assez de nourriture. Les migrations pourraient également s'expliquer par la brièveté des journées tropicales (12 heures). L'Europe, avec ses longues journées d'été, présente des conditions plus favorables car les oiseaux disposent alors de 14 à 16 heures pour se nourrir et élever rapidement une nombreuse progéniture. Les espèces qui se rendent en Europe en été et n'y restent que le temps nécessaire à la nidification (de 3 à 3,5 mois), telles que le Loriot et le Martinet, semblent confirmer cette théorie.

Selon une autre théorie, la migration des oiseaux est déclenchée par le photopériodisme, c'est-à-dire par l'allongement régulier des jours au printemps, ou au contraire, par leur raccourcissement en automne. La lumière et l'allongement du jour influent sur le développement des glandes et des cellules sexuelles, le phénomène contraire exerçant une action négative sur les gonades. L'instinct de migration serait donc éveillé par des modifications hormonales. Néanmoins, cette dernière hypothèse ne résoud pas plus que les précédentes de façon satisfaisante et définitive la question de l'origine des migrations.

La migration s'effectue chez certaines espèces (Hirondelles, Corbeau freux) en groupe, chez d'autres (Loriots, Pouillots) individuellement. Les mâles migrent parfois séparément des femelles. On prétend souvent que ce sont des adultes expérimentés qui indiquent le chemin aux jeunes. Bien qu'il en soit souvent ainsi, il existe des espèces douées d'un sens de l'orientation développé au point que les jeunes oiseaux sont capables d'effecteur leur première migration vers les quartiers d'hiver de manière tout à fait autonome (Coucou, Pie-grièche écorcheur). Nombreux sont ceux qui migrent la nuit, si bien que leur déplacement passe totalement inaperçu. Curieusement, il s'agit souvent d'oiseaux insectivores qui ont par ailleurs une activité diurne. Les vols nocturnes leur permettent de se nourrir dans la journée et d'échapper, la nuit, à la vigilance des Rapaces.

On surestime souvent la vitesse du vol. Les oiseaux adoptent généralement une sorte de vitesse « de croisière » qui ne les épuise pas lors des vols à grande distance, surtout pendant la migration. Les oiseaux ne développent une vitesse supérieure ou maximale que

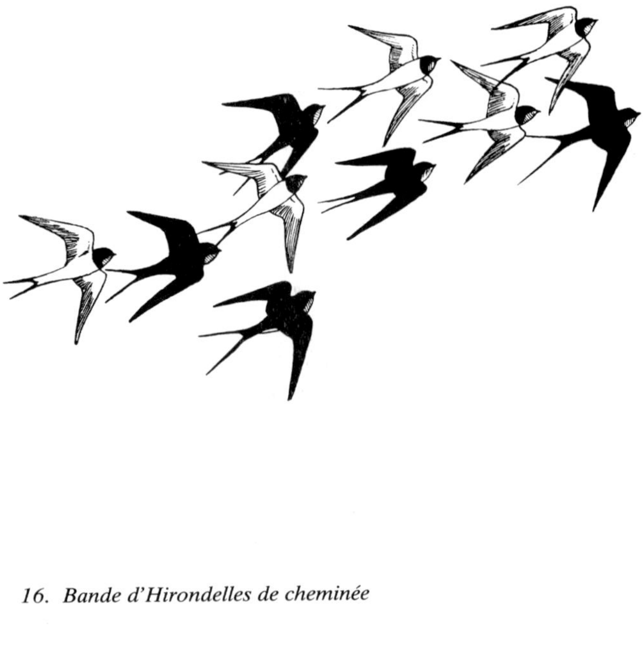

16. Bande d'Hirondelles de cheminée

17. Formation de vol caractéristique des canards

dans les cas exceptionnels, lorsqu'ils fuient un prédateur ou lorsqu'ils chassent. Ainsi, on a mesuré des vitesses de croisière de 41 km/h chez l'Épervier d'Europe, de 50 km/h chez la Corneille mantelée, de 52 km/h chez les Fringillidés, de 74 km/h chez l'Étourneau et de 70 à 90 km/h chez les Oies et les Canards. L'oiseau qui atteint la plus grande vitesse (160 km/h environ) est le Martinet. Les distances que les oiseaux franchissent quotidiennement ne sont pas, en général, très importantes. Elles sont plus courtes en automne (110–150 km chez la Cigogne blanche), plus longues au printemps car les oiseaux ont hâte de regagner leurs lieux de nidification. Les oiseaux aquatiques migrent en automne, généralement le long du littoral, mais au retour ils traversent le continent en diagonale.

On a également exagéré l'altitude du vol pendant la migration. Les petits Passereaux volent d'habitude à 100 mètres au-dessus du sol, pouvant monter sans difficulté jusqu'à une altitude de 1 500 mètres. Il est probable que les oiseaux ne montent qu'exceptionnellement au-delà. C'est seulement lorsqu'ils franchissent les hauts massifs montagneux qu'on les observe à des altitudes de 7 000 mètres.

Chez la plupart des espèces (les Passereaux, par exemple), la migration s'effectue en un front large qui se rétrécit dans les défilés des montagnes, les vallées des rivières ou le long des presqu'îles. De nombreux oiseaux se déplacent par bandes apparemment désordonnées (Corbeaux freux, Étourneaux) (fig. 15, 16), d'autres s'assemblent en formations caractéristiques. Les formations en V régulières des Oies ou des Grues sont notoirement connues, celles en ligne des Mouettes ou des Canards (fig. 17) le sont déjà moins.

Le sens de l'orientation des oiseaux et leur capacité à revenir exactement au même endroit suscitent un grand intérêt. Bien que l'on n'ait pas encore trouvé de réponses satisfaisantes, on sait que les oiseaux s'orientent selon la position du soleil et des étoiles, en fonction de leur « horloge interne ».

Les oiseaux et leur habitat

Les ornithologistes ont besoin de savoir dans quel milieu ils peuvent rencontrer telle ou telle espèce. L'aptitude des oiseaux à voler leur donne une grande mobilité, si bien qu'ils sont moins dépendants d'un milieu donné que, par exemple, les mammifères ou d'autres animaux. Ils manifestent néanmoins des préférences pour certains biotopes qui leur fournissent de la nourriture en abondance, des conditions propices à la nidification et un abri contre les ennemis éventuels. Ainsi, nous savons qu'il est inutile de chercher des oiseaux de marécages au sommet des montagnes ou des espèces vivant sur les étendues dégagées dans les massifs forestiers continus. Les connaissances relatives au milieu de vie propre à chaque espèce facilitent la tâche de l'observateur : dans un biotope donné, celui-ci peut, en effet, savoir à quelle espèce ou à quelle famille d'oiseaux il aura affaire.

Toutefois, ces règles sont surtout applicables à la saison de nidification, car les oiseaux sont alors étroitement attachés à l'emplacement de leur nid. En dehors de cette période, et plus spécialement pendant les migrations d'automne et de printemps, il faut s'attendre à surprendre de nombreuses espèces dans des endroits où elles ne peuvent absolument pas nicher. Dans ces conditions, leur identification devient relativement plus difficile.

Par ailleurs, il ne faut pas oublier que de nombreuses espèces nichent dans un endroit précis, mais chassent dans un milieu différent. Ainsi, la Buse variable niche en forêt, mais chasse dans les milieux ouverts, prairies et champs. Le Héron cendré niche aussi au faîte de grands arbres, mais pour se nourrir, il se rend au bord des étangs ou des marécages situés parfois à des dizaines de kilomètres de son nid. Par ailleurs, un grand nombre d'oiseaux nichent et se nourrissent dans le même milieu, sans pour autant en dépendre totalement. L'Accenteur mouchet, par exemple, peut nicher en pleine forêt comme dans une bande de broussailles entre les champs ou encore dans un jardin urbain envahi par la végétation. Qui plus est, au fil du temps, certaines espèces changent d'exigences vis-à-vis de leur biotope. C'est le cas du Merle noir, espèce forestière à l'origine, aujourd'hui habitant des villes et des villages. Dans certaines régions, ceci est également vrai depuis peu de temps pour le Sizerin flammé, oiseau de montagne ou de tourbière.

Dans cet ouvrage, on précise pour chaque espèce son biotope préféré. Les pages suivantes illustrent les biotopes les plus caractéristiques ; elles indiquent également les espèces qui les peuplent communément.

Falaises

Les côtes rocheuses terminées par des falaises qui se dressent à la verticale au-dessus de la mer, surtout celles des îles de l'Atlantique Nord et de la mer du Nord, abritent des colonies gigantesques d'oiseaux pélagiques qui comptent parfois des dizaines, voire des centaines de milliers d'individus. Les corniches rocheuses fournissent aux oiseaux des endroits propices pour nicher, la mer étant une source de nourriture pratiquement inépuisable. Les falaises britanniques, scandinaves et françaises sont les plus peuplées ; à elles seules, elles accueillent les trois quarts des Fous de Bassan et des Petits pingouins. Les Guillemots de Brünnich, de Troïl et à miroir, plus rarement les Macareux moines qui recherchent plutôt pour nicher les versants herbeux des îles et de la côte, sont également caractéristiques de ces régions. Dans la même colonie, on trouve généralement plusieurs espèces. On y rencontrait autrefois le Grand pingouin, exterminé par l'homme vers le milieu du siècle dernier.

Parcs et jardins

Dans les parcs et les jardins, on rencontre des espèces forestières (Pics épeiche et épeichette, Mésanges charbonnière et bleue, Grimpereaux, Sittelle torchepot, Rouge-gorge, Gobe-mouches à collier et noir), ainsi que des espèces des paysages ouverts parsemés d'arbres et de buissons (Fauvettes grisette et babillarde, Bruant jaune, Linotte mélodieuse, Verdier et d'autres encore). Ce milieu hétérogène planté d'arbres autochtones ou exotiques, ainsi que de nombreuses plantes à fleurs et herbes fournit aux oiseaux des endroits propices pour nicher, se nourrir et s'abriter ; on y trouve donc souvent des espèces inattendues. Ainsi, dans les vieux parcs et dans les grands jardins laissés à l'abandon, on peut rencontrer un plus grand nombre d'espèces que dans la forêt. Les bassins et les pièces d'eau des jardins publics peuvent également attirer certaines espèces aquatiques, en particulier des Canards.

Agglomérations

Le nombre d'espèces tributaires des milieux urbains est relativement restreint. La plus commune, le Moineau domestique, n'arriverait pas à survivre dans un milieu différent, accoutumée qu'elle est à la jungle de pierre des rues et des maisons, sans la moindre verdure. Des espèces originaires des montagnes (Rouge-queue noir, Hirondelle de fenêtre) sont tributaires, pour nicher, des édifices dont les murs se substituent aux parois rocheuses. L'Hirondelle de cheminée, le Choucas et la Chouette effraie nichent à l'intérieur des maisons. Un bouquet d'arbres suffit pour attirer le Merle noir et la Tourterelle turque, un jardinet offre refuge au Verdier, au Serin cini et à d'autres espèces encore.

Le nombre d'espèces synanthropes (tributaires de l'homme) ne cesse d'augmenter. La Grive musicienne, mais aussi des espèces inhabituelles telles que le Sizerin flammé ou le Roselin cramoisi, pénètrent de plus en plus dans les villes et les bourgs d'Europe centrale. Dans les grandes villes d'Europe occidentale, le Pigeon ramier et la Tourterelle turque sont devenus tout à fait communs. Ils abondent dans certains parcs au point que les ornithologistes ont trouvé 100 couples nichant sur 10 hectares. La Corneille mantelée, quant à elle, est devenue courante dans certaines villes d'Europe.

Champs

De très nombreuses espèces vivent dans les milieux dégagés, mais en général, elles ne se contentent pas d'un terrain ouvert ; il leur faut au moins un arbre isolé, des buissons ou un talus envahi par les broussailles. Ces éléments de paysage très importants deviennent de plus en plus rares : la mécanisation de l'agriculture, l'abattage des arbres, l'élimination des broussailles, l'assèchement et la suppression des dépressions humides et le remembrement des terres ont en effet transformé les régions agricoles. Seules quelques rares espèces ayant des exigences modestes quant à leur biotope, arrivent à vivre dans ces immenses étendues de cultures extensives qu'on appelle la « steppe cultivée ». Les habitants caractéristiques de ces milieux sont l'Alouette des champs, le Pipit rousseline, l'Œdicnème criard et, localement, la Grande outarde. Les petits champs séparés par des friches ou des bandes de buissons conviennent tout particulièrement aux Bruants proyer et jaune, au Faisan, à la Perdrix grise, et à la Caille. Parmi les Rapaces, le Busard cendré peut nicher dans les champs de blé, mais d'autres Rapaces s'y rendent pour chasser.

Cours d'eau

L'avifaune du bord des torrents de montagne impétueux n'est pas la même que celle des cours d'eau qui s'écoulent lentement à des altitudes plus basses. Les torrents et petites rivières des montagnes constituent en effet un biotope particulier qui ne peut convenir qu'à quelques espèces seulement. Le Cincle plongeur est un Passereau parfaitement adapté à la vie sur les berges, mais aussi au milieu de ces eaux rapides. Dans des conditions optimales, on rencontre un couple par kilomètre de cours d'eau. Chez la Bergeronnette des ruisseaux, la densité est deux fois, voire plusieurs fois supérieure. Le Chevalier guignette anime les berges sablonneuses ou caillouteuses envahies par les herbes et les broussailles depuis la plaine jusqu'à des altitudes assez élevées, les couples s'installant à 300–400 mètres de distance les uns des autres. Le Petit gravelot et certaines espèces de Sternes habitent les bandes de sable et de gravier qui longent les cours d'eau à des altitudes moins élevées. Les cours d'eau lents de la plaine, en particulier ceux dont le bord est couvert par une abondante végétation, fournissent aux oiseaux un biotope particulièrement favorable. On y rencontre des Locustelles, certaines espèces de Rousserolles et de Fauvettes, le Bruant des roseaux, la Mésange rémiz, la Bergeronnette grise, la Bergeronnette printanière et, parmi les oiseaux aquatiques, le Canard colvert. Le Martin-pêcheur d'Europe et l'Hirondelle de rivage nichent volontiers dans les berges abruptes sablonneuses ou argileuses.

Étangs et lacs

Les eaux stagnantes, surtout si elles sont peu profondes et bordées de végétation aquatique et palustre, offrent à l'ornithologiste un lieu d'observation privilégié, car les Grèbes, les Canards, les Oies, les Cygnes, les Mouettes, les Sternes, les Guifettes et d'autres oiseaux aquatiques y élisent domicile. La densité de leurs populations est forte, surtout sur les îlots des étangs : on peut y trouver, en effet, plusieurs dizaines, voire centaines de nids de Canards, et quelques centaines, voire milliers de nids de Mouettes ou de Sternes à l'hectare. La végétation luxuriante du bord de l'eau composée de phragmites, de typhas, de laîches et de saules, grouille littéralement d'oiseaux. Dans ce type de biotope, on repère les différentes espèces à leur voix, avant de les apercevoir. Les habitants caractéristiques de cet écosystème sont les Rousserolles, la Locustelle luscinioïde, le Bruant des roseaux, la Mésange à moustaches, les Râles, le Blongios nain, le Butor, les Poules d'eau ainsi que certaines espèces de Hérons. Dans la végétation du bord de l'eau, on comptera aisément plusieurs dizaines, voire centaines de nids par hectare. Pendant la migration printanière et automnale, les bandes d'oiseaux migrateurs venus du nord se posent sur les eaux stagnantes non gelées pour y passer tout l'hiver grâce à l'abondance de nourriture. Des lacs profonds sans végétation et pauvres en ressources nutritives (surtout ceux des régions septentrionales) accueillent tout au plus des Plongeons et des Canards.

Montagnes

Ce milieu couvre la partie supérieure de l'étage subalpin (zone des arbres rabougris), l'étage alpin et les étages subnival et nival. L'étage subalpin prend fin à la limite supérieure de la forêt et se caractérise par la présence d'une végétation arbustive : pins de montagne, rhododendrons, aulnes. L'étage alpin est un milieu herbeux parsemé tout au plus de petits arbustes couchés qui fait place à sa limite supérieure aux roches dénudées, éboulis, îlots de végétation particulièrement résistante, à la neige et à la glace éternelles des étages subnival et nival. Les habitants caractéristiques des pins et de la partie supérieure de la forêt de conifères sont, selon les régions, le Merle à plastron, le Sizerin flammé, le Venturon montagnard, la Mésange noire, l'Accenteur mouchet et la Gorge-bleue. Le Pipit des prés, le Pipit spioncelle ainsi que l'Alouette des champs vivent dans les alpages. Le Traquet motteux, le Rouge-queue noir, le Merle de roche, le Merle bleu, la Niverolle, le Tichodrome échelette et l'Accenteur alpin préfèrent, eux, les rochers et les éboulis. L'Aigle royal, certaines espèces de Vautours et le Gypaète barbu, chassés des altitudes plus basses, ont dû se réfugier sur les pics inaccessibles. Les gallinacés tels que le Lagopède alpin et la Perdrix chukar, le Crave à bec rouge et le Chocard à bec jaune montent souvent jusqu'à l'étage des neiges éternelles où les alpinistes peuvent les observer à proximité des refuges situés parfois à des altitudes fort élevées.

Hêtraies

Les espèces dominantes dans les hêtraies naturelles de montagne sont le hêtre commun, le sapin pectiné et parfois aussi l'épicéa commun. Dans les conditions européennes, les hêtraies montent fréquemment à des altitudes de 1 100 à 1 300 mètres, mais on en trouve également dans la plaine et à des altitudes moyennes. Les hêtraies n'ont pas de sous-bois buissonneux ou herbeux, car les frondaisons des arbres forment une voûte de verdure continue ne laissant filtrer qu'une rare lumière. C'est seulement au printemps, lorsque les arbres sont encore nus, qu'on peut admirer les plantes printanières à floraison abondante qui couvrent le sol. Les hêtraies fournissent un refuge à une série d'espèces intéressantes. Parmi les Passereaux, citons le très caractéristique quoique rare Gobe-mouches nain, ainsi que plusieurs espèces qui nichent dans les trous d'arbres telles que le Gobe-mouches noir, le Pigeon colombin, le Pic syriaque, le Pic épeiche et le Pic noir. Certaines Chouettes comme par exemple la Chouette de l'Oural, sont également des habituées de ce type de forêt, surtout s'il s'agit de vieilles hêtraies laissées à l'abandon. Parmi les Rapaces, il faut mentionner certains Aigles, en particulier les Aigles impérial et pomarin qui aiment s'installer dans les hêtraies au pied des montagnes d'où ils peuvent effectuer des incursions dans la plaine.

Forêts d'épicéas

Les épicéas prédominent dans les forêts de conifères de type boréal qui forment la taïga. C'est le complexe forestier le plus vaste du monde ; il englobe un tiers de toutes les forêts, y compris celles qui poussent au pied des montagnes et dans la montagne. La frontière septentrionale de la zone des forêts est généralement constituée en Europe par des peuplements d'épicéas. Les épicéas ont des frondaisons denses qui projettent une ombre profonde. Leurs aiguilles qui se décomposent mal forment un humus acide dans lequel les graines germent difficilement, ce qui explique la pauvreté des sous-bois. La monoculture d'épicéas s'est largement développée dans toute l'Europe aux XVIIIe et XIXe siècles. Les habitants caractéristiques des forêts d'épicéas sont les Tétras : le Grand tétras, le Tétras lyre et la Gélinotte des bois, qui régressent actuellement partout en Europe. Parmi les Passereaux, on y rencontre le Bec-croisé des sapins, la Mésange noire, la Mésange huppée, le Roitelet huppé et le Roitelet triple bandeau, le Tarin des aulnes et le Bouvreuil pivoine. On trouve aussi la Chouette chevêchette et la Chouette de Tengmalm, qui vivent également dans les forêts mixtes. L'Autour des palombes et surtout l'Épervier d'Europe recherchent les formations d'épicéas. Le Casse-noix moucheté et le Pic tridactyle ont une aire de répartition boréale et alpine ; ils vivent surtout dans la taïga des régions septentrionales et dans les forêts de conifères plus méridionales.

Forêts de pins

Les forêts de pins sont claires, car le pin est une espèce qui aime la lumière. Il apparaît donc dans les formations peu denses et bien éclairées. Les sous-bois sont peu épais, les plus pauvres étant ceux des sols sablonneux secs. La présence d'un tapis herbeux fourni indique qu'autrefois, le pin ne vivait que mélangé à d'autres arbres. Grâce à ses exigences modestes, le pin est devenu, comme l'épicéa, l'une des espèces les plus fréquemment cultivées, au détriment des forêts mixtes ou caduques. Ce phénomène s'est surtout vérifié en Europe centrale et en Europe du Nord, où les incendies de forêt ont participé à la dissémination des pins. Il est difficile d'identifier les espèces qui ne vivent que dans les forêts de pins. Le seul oiseau qu'on puisse citer avec certitude est le Bec-croisé perroquet, tributaire pour son alimentation des cônes de pin. Quelques espèces de Mésanges (Mésange noire, Mésange huppée), le Bec-croisé des sapins et, dans les forêts sur sols sablonneux secs, l'Alouette lulu, sont également caractéristiques. On rencontre enfin des espèces peu exigeantes telles que Pinson des arbres, Pipit des arbres, Grimpereau des bois, Pic épeiche et bien d'autres encore.

Végétation ligneuse

Par végétation ligneuse, on entend tous les arbres et buissons disséminés dans un paysage ouvert. Il s'agit d'arbres isolés, de bosquets, de broussailles, d'allées longeant les routes ainsi que de la verdure du bord des cours d'eau. Ce biotope, l'un des plus riches en avifaune, est un milieu de transition entre deux écosystèmes : celui des terrains dégagés et celui des forêts. Aux espèces caractéristiques de ces deux milieux s'ajoutent celles qui recherchent précisément cette zone transitoire. Leur variété ainsi que le nombre de couples qui nichent sur une superficie donnée sont considérables. Les espèces caractéristiques de cette zone intermédiaire sont les Pies-grièches qui ont besoin des arbres pour nicher et d'un poste d'observation élevé pour chasser les insectes qu'elles repèrent au sol, dans l'herbe. La Fauvette épervière, la Fauvette grisette, les Grives, le Verdier et la Linotte mélodieuse, qui se nourrissent eux aussi sur les terrains ouverts, sont également fréquents.

Descriptions illustrées

À propos du texte

Ce livre traite des oiseaux de la partie occidentale de la région paléarctique, qui englobe l'Europe (y compris l'Islande) jusqu'à l'Oural et la Caspienne, le nord de l'Afrique et l'Asie Mineure. Il s'agit en général d'espèces qui nichent dans la région citée, qui s'y rendent plus ou moins régulièrement lors de leurs migrations ou qui y sont de passage.

Vous y trouverez la plupart des oiseaux qui nichent couramment dans cette vaste zone, ainsi que ceux qui vivent à sa périphérie, surtout à l'est et au sud-est, connus des ornithologistes amateurs. Les espèces introduites en Europe et qui s'y sont acclimatées au point de s'y naturaliser ont également été prises en compte.

Pour une meilleure orientation, les groupes d'ordres sont différenciés par des couleurs.

Les illustrations représentent, dans la plupart des cas, des adultes en livrée nuptiale, parfois des individus des deux sexes et exceptionnellement les oiseaux en plumage d'éclipse.

Par oiseau adulte, on entend un individu pleinement développé, capable de se reproduire. Un jeune oiseau d'un an possède encore le plumage des immatures, car du premier automne jusqu'à sa maturité, sa livrée n'a pas encore acquis sa coloration définitive. Chez certaines espèces, en particulier chez les Mouettes et les Rapaces, on observe plusieurs livrées intermédiaires qu'on appelle première livrée d'hiver, seconde livrée d'été, etc., plumages qui rendent souvent malaisée la reconnaissance des oiseaux. On appelle livrée nuptiale le plumage acquis à la saison des nids qui bat son plein au printemps. Après la nidification, les oiseaux muent et changent d'aspect. Revêtus de leur livrée d'éclipse ou d'hiver, les mâles perdent leurs couleurs chatoyantes et ressemblent alors souvent aux femelles. Le cas échéant, les différences existant entre les sexes sont signalées dans le texte. Chez certaines espèces (Rapaces, par exemple), il n'y a aucune différence entre les plumages nuptial et hivernal. Sur les illustrations, on désigne le mâle par le symbole ♂ et la femelle par le symbole ♀.

Le chant des oiseaux est, dans la nature, le critère de reconnaissance le plus important et c'est souvent le seul moyen d'identifier avec certitude telle ou telle espèce. C'est surtout vrai pour les oiseaux qui mènent une vie discrète (Marouettes), les espèces crépusculaires ou nocturnes (Chouettes, Engoulevents) ou celles qui se ressemblent beaucoup (Pouillots, Rousserolles, Grimpereaux). Ainsi, et bien qu'il soit difficile de transcrire avec fidélité le chant de chaque espèce, nous avons cherché dans la plupart des cas à rendre les sons par des syllabes ou par des onomatopées, éventuellement par des comparaisons avec des bruits généralement connus. La transcription phonétique à elle seule n'apprendra pas au lecteur à connaître la voix des oiseaux, mais c'est tout de même un outil très précieux. Les disques et les cassettes avec des enregistrements de cris et de chants sont d'une grande utilité.

Sur les cartes concernant l'aire de répartition des différentes espèces l'aire de nidification est représentée par une surface noire.

L'aire d'hivernage régulier est entourée d'une ligne de borne.

Dans quelques-uns des cas l'aire d'hivernage se trouve en dehors de la carte (le plus souvent au sud) ; ceci est parfois valable même pour l'aire de nidification. Dans les deux cas leur emplacement est désigné par une flèche.

Les maîtres plongeurs

Gaviiformes, Podicipédiformes

Ces deux ordres réunissent des oiseaux aquatiques qui passent pratiquement toute leur existence sur l'eau. Leur corps est parfaitement adapté à la vie sur et sous l'eau. Chez les Gaviiformes, il est allongé, cylindrique, profondément enfoncé dans l'eau lorsqu'ils nagent (fig. 1). Les Podicipédiformes quant à eux ont une silhouette plus arrondie et le cou plus long (fig. 2). Leurs pattes, adaptées à la nage, sont placées à l'arrière du corps (fig. 3). Le tibia, immobile, ne dépasse pas du corps, les seules parties libres des pattes étant le tarse latéralement aplati et les doigts. Chez les Gaviiformes (Plongeons), les trois doigts antérieurs sont reliés par une large palmure alors que le pouce est atrophié (fig. 4). Chez les Podicipédiformes (Grèbes), en revanche, chaque doigt est doté d'une bordure de peau non divisée, soudée au niveau de la racine à celles des autres doigts. Les griffes ont la forme de petits ongles plats (fig. 5). Les Plongeons et les Grèbes se déplacent maladroitement sur la terre ferme, marchant à petits pas et se tenant très droits. Sur l'eau, en revanche, ils offrent un spectacle extraordinaire : ce qui est un handicap au sol devient alors un atout, si bien que seuls peut-être les Manchots peuvent rivaliser avec eux quant à l'adaptation au milieu aquatique. En plongeant, ils serrent les ailes contre le corps et battent simultanément des deux pattes, tournées vers l'extérieur, en chassant l'eau derrière eux ou au-dessus de leur corps. Leur squelette non pneumatisé leur facilite la plongée.

Leur plumage très dense, abondamment enduit des sécrétions de la glande uropygienne (fortement développée) leur assure une parfaite isolation thermique. Lors de la mue, ces oiseaux perdent toutes leurs rémiges d'un seul coup, si bien qu'ils sont incapables de voler pendant un certain temps. Ils s'en accommodent bien car, même dans des conditions normales, on ne les voit que rarement dans l'air. À l'époque de la migration, cependant, ils entreprennent de longs

3. Les Grèbes ont les pattes placées en arrière du corps

1. Gaviiformes

2. Podicipédiformes

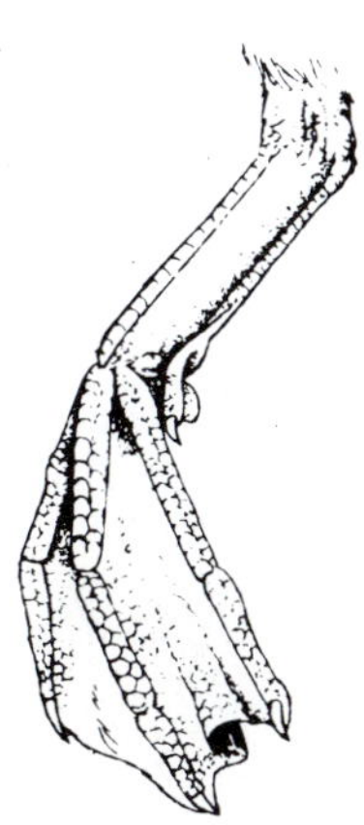

4. Patte de Plongeon dotée d'une large palmure

voyages pendant lesquels ils volent en ligne droite. En vol, on remarque surtout leurs ailes courtes et étroites, le long cou et la queue extrêmement courte (fig 6). Compte tenu de la forme et de la taille de leurs ailes, ces oiseaux (les Plongeons en particulier) éprouvent des difficultés pour s'envoler et se poser. Ils doivent courir assez longuement sur l'eau avant d'en décoller. Ils se posent les pattes tendues en arrière, dérapant sur la poitrine et le ventre sur plusieurs mètres.

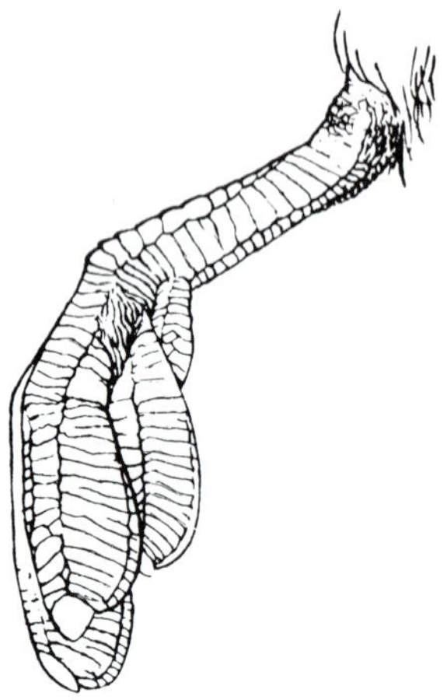

5. Patte de Grèbe huppé aux doigts pourvus d'une palmure indépendante et de petits ongles plats à la place des griffes

6. Grèbe huppé en vol

7. Nid flottant de Grèbes

Les Plongeons bâtissent leur nid sur la berge, à proximité immédiate de l'eau, ce qui leur permet de s'y jeter aisément. Les Grèbes, eux, construisent un nid flottant avec des plantes aquatiques en décomposition (fig. 7). Avant de quitter le nid, ils recouvrent leur ponte avec le matériau de construction, si bien que pour un observateur néophyte ou pour les oiseaux qui gobent les œufs (les Corneilles par exemple), il paraît abandonné. La chaleur qui se dégage des végétaux en putréfaction maintient la température des œufs pendant l'absence des adultes. Les petits sont nidifuges : ils sortent de l'œuf bien développés et ne s'attardent pas dans le nid. Bien qu'ils sachent nager et plonger, les parents pêchent pour eux et les nourrissent de bec à bec. Ils en prennent soin pendant longtemps. Les jeunes Grèbes passent une grande partie de leur temps dans les plumes dorsales de leurs parents. Leur thermorégulation encore imparfaite ne leur permet pas de s'attarder dans l'eau froide (on a observé que le Plongeon imbrin portait, lui aussi, ses petits sur son dos). La nourriture des Grèbes se compose surtout de poisson, mais aussi d'invertébrés aquatiques. Les parents donnent à manger aux immatures des plumes qu'ils s'arrachent ou qu'ils ramassent sur l'eau. Ils ont toujours eux-mêmes une bonne quantité de plumes dans l'estomac. Selon certains spécialistes, il s'agit d'une protection mécanique contre les blessures qui pourraient être provoquées par les arêtes de poisson ; selon d'autres, ce bouchon de plumes empêcherait la nourriture prédigérée de gagner trop vite les intestins. Les Plongeons vont chercher leur nourriture au-delà des limites de leur territoire et rapportent dans leur bec le poisson destiné à leur progéniture.

La capacité de reproduction des Grèbes est faible, ce qui explique les fortes oscillations de leurs effectifs. Celle des Plongeons est encore plus faible, car certains couples n'arrivent pas à élever leurs petits. Le mâle ne se distingue généralement de la femelle ni par la coloration ni par la taille.

Couple de Grèbes huppés près de son nid flottant

Plongeon catmarin

Gavia stellata

L'aire de répartition du Plongeon catmarin (1) s'étend sur la zone des toundras et partiellement aussi sur celle des forêts de l'Eurasie et de l'Amérique du Nord. Il s'installe sur les eaux stagnantes souvent pauvres en végétation, aussi bien en plaine qu'en montagne. Les Plongeons catmarins reviennent sur leurs lieux de nidification septentrionaux en mars et en avril, par couples déjà formés. Ils trouvent souvent leurs lacs encore gelés et, en mer, doivent attendre la fonte des glaces. Les couples nichent séparément ou en petites colonies. Lors de la parade nuptiale, ils lancent un « chant » insolite, audible de loin, qui débute par des sons brefs ; ces derniers s'accélèrent pour se transformer en une litanie de tons plaintifs. La parade s'accompagne d'une « danse » qui a lieu directement sur l'eau.

Le nid des Plongeons catmarins est une simple cavité dans un tas de végétaux aquatiques flottants ou sur la berge, juste à côté de l'eau. La saison de nidification va de mai à juillet. Les deux parents couvent à tour de rôle pendant 25 jours environ la ponte de 2 œufs olive ou bruns, tachetés de brun-noir (2). Les petits peuvent nager 10 ou 12 heures après l'éclosion. Quarante jours plus tard, ils ont déjà des plumes de contour, mais n'atteignent pas encore la taille des adultes. La famille reste unie jusqu'en automne.

D'octobre à décembre, les Plongeons catmarins s'envolent en direction du sud, vers les eaux non gelées. Ils hivernent sur le littoral qui avoisine leurs lieux de ponte à l'intérieur des terres, ou bien poursuivent leur voyage jusqu'au bord de la Méditerranée,

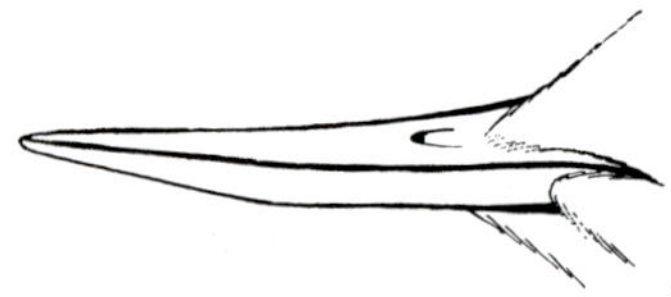
3

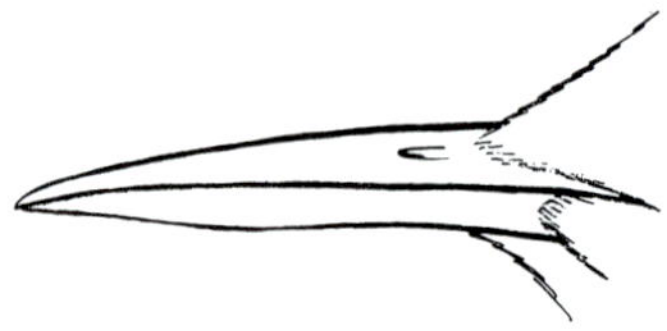
4

1

de la Caspienne ou de la mer Noire. Leur nourriture se compose surtout de petits poissons, mais aussi de mollusques, de petits crustacés et de grands insectes aquatiques.

Revêtu de son plumage nuptial, le Plongeon catmarin se reconnaît à sa petite tête et à son cou gris ainsi qu'à la tache triangulaire brun-rouge qu'il a sur la poitrine. Sa livrée d'éclipse est gris-brun, parsemée sur le dessus de petites taches blanches. Son bec s'incurve légèrement vers le haut (3) tandis que celui du Plongeon arctique (4) est droit. Le Plongeon catmarin est à peine plus petit que le Plongeon arctique.

2

Grèbe castagneux

Tachybaptus ruficollis

Le Grèbe castagneux habite presque toute l'Europe, hormis sa partie la plus septentrionale, le sud de l'Asie, l'Australie et une partie de l'Afrique du Nord. En Europe occidentale et méridionale, ses populations sont nomades ou sédentaires. Celles d'Europe centrale et orientale se dirigent vers le sud-ouest pour hiverner. Les couples, monogames, restent vraisemblablement unis pendant toute leur existence et ne se séparent généralement pas dans les quartiers d'hiver. Ils reviennent courant mars ou en avril sur leurs lieux de nidification, des étendues d'eau de toute nature et de toute taille. La parade nuptiale des Grèbes castagneux des deux sexes se caractérise par des trilles incessants, « bibibibi ». Le mâle, très batailleur, chasse de son territoire des oiseaux aquatiques bien plus grands que lui.

Les deux partenaires prennent part à la construction du nid, dissimulé dans la végétation aquatique dense. Il s'agit en fait d'un petit tas de végétaux en putréfaction. Comme les œufs des autres Grèbes, ceux du Grèbe castagneux, blancs à l'origine, se teintent peu à peu de marron au milieu des plantes. Le Grèbe castagneux niche deux fois par an. Chaque ponte compte de 4 à 6 œufs que les deux parents couvent à tour de rôle pendant 20 ou 21 jours. Les adultes prennent soin des petits pendant plus de 2 mois. En cas de danger, le Grèbe castagneux plonge brutalement, en aspergeant son agresseur avec de l'eau. Il quitte la zone de nidification d'août à octobre pour se rendre dans ses quartiers d'hiver. Il pêche sa nourriture sous l'eau, essentiellement des insectes, des mollusques, des crustacés, des vers et de petits poissons.

2

Le Grèbe castagneux est le plus petit de tous les Grèbes. Revêtu de sa livrée nuptiale, il a le cou marron et une tache vert-jaune aux commissures du bec (1). En hiver, il est gris-brun, blanchâtre sur le dessous (2).

1

Grèbe huppé

Podiceps cristatus

Le Grèbe huppé habite une grande partie de l'Eurasie, l'Afrique, l'Australie et la Nouvelle-Zélande. Les oiseaux d'Europe septentrionale et orientale hivernent dans le sud-ouest et dans le sud, sur la côte atlantique et méditerranéenne. Ils migrent la nuit, aussi leur apparition sur les étangs, les lacs ou les bras morts des rivières est-elle tout à fait inattendue. Ils retournent généralement sur leurs lieux de ponte en mars ou en avril. Dès leur arrivée, la parade nuptiale commence : les oiseaux se contournent en nageant, secouent la tête, ébouriffent leur huppe et leur collerette et, dans la phase finale, se dressent l'un contre l'autre, poitrine contre poitrine, tenant dans leur bec des plantes aquatiques qu'ils ont prises au fond de l'eau (2).

2

1

C'est aussi avec des végétaux qu'ils construisent, entre avril et juillet, un nid sommaire, dans la végétation riveraine ou tout simplement sur l'eau. Ce nid ressemble par sa forme à un amas de plantes plus ou moins important. Les nids sont séparés, mais les Grèbes huppés nichent parfois en colonie. Les deux parents se relaient pendant 25 à 29 jours sur la ponte qui compte de 3 à 5 œufs (3). Après avoir séché, les petits Grèbes grimpent sur le dos de leurs parents et se laissent porter pendant 6 semaines, alors qu'ils savent déjà nager et plonger. Les parents les nourrissent directement de bec à bec avec des insectes et de petits invertébrés. Plus tard, de petits poissons viennent compléter leur régime alimentaire. À l'âge de 10 ou 11 semaines, les petits Grèbes sont encore étroitement surveillés par leurs parents. Les familles se défont juste avant la migration, en août ou en septembre.

3

Le Grèbe huppé, revêtu de son plumage nuptial, se reconnaît à sa poitrine d'un blanc éclatant, à sa double huppe érectile et à sa collerette dilatable (1). En hiver, sa huppe est à peine ébauchée et le plumage est gris-brun. Le Grèbe huppé lance toute l'année des « arrr » forts et rauques. Au moment de la parade nuptiale, il fait entendre des « kek kek » répétés. C'est le plus grand de tous les Grèbes ; il atteint presque la taille d'un Colvert.

Grèbe jougris

Podiceps griseigena

On rencontre surtout le Grèbe jougris en Europe orientale, mais aussi dans une partie de l'Europe centrale et septentrionale. Il vit également en Asie orientale et dans la partie boréale de l'Amérique du Nord. Il est partiellement migrateur. Les populations de l'Europe du Nord hivernent sur la côte atlantique, celles de l'Europe orientale dans la région de la Méditerranée et de la mer Noire.

2

Le Grèbe jougris choisit, pour nicher, des étendues d'eau de taille variable, pourvues, au moins par endroits, d'une épaisse végétation. Il s'installe sur ses lieux de reproduction en mars, en avril et parfois même plus tard. Ses jeux nuptiaux s'accompagnent de hennissements bruyants qui évoquent ceux d'un poulain. Les couples de Grèbes jougris nichent toujours séparément. Les deux adultes construisent généralement le nid dans la végétation aquatique, mais parfois aussi à découvert. Il s'agit d'un petit tas rudimentaire de végétaux décomposés et de vase. Une ponte de 3 à 5 œufs est déposée en mai ou en juin dans la faible dépression du nid. Les deux parents les couvent tour à tour pendant 22 à 27 jours, dès que le premier œuf est pondu, si bien que les petits éclosent l'un après l'autre. Il arrive souvent que le mâle s'occupe des premiers, tandis que la femelle continue à couver les derniers œufs. Les petits Grèbes sont capables de se nourrir au bout de 6 semaines, mais les adultes continuent à en prendre soin pendant 4 semaines. Les principaux composants de leur régime sont les insectes et leurs larves, les petits crustacés, mollusques et poissons. La migration automnale des Grèbes jougris a lieu en septembre ou en octobre, les adultes quittant généralement la zone de nidification avant les autres.

Leur livrée nuptiale (1) est remarquable par le cou roux, par les joues et la gorge gris pâle et par la calotte noire avec une ébauche de double huppe. Dans la livrée d'éclipse (2), la teinte gris-brun prédomine et l'oiseau n'a pas de sourcils. Le Grèbe jougris est légèrement plus petit que le Grèbe huppé.

Grèbe esclavon

Podiceps auritus

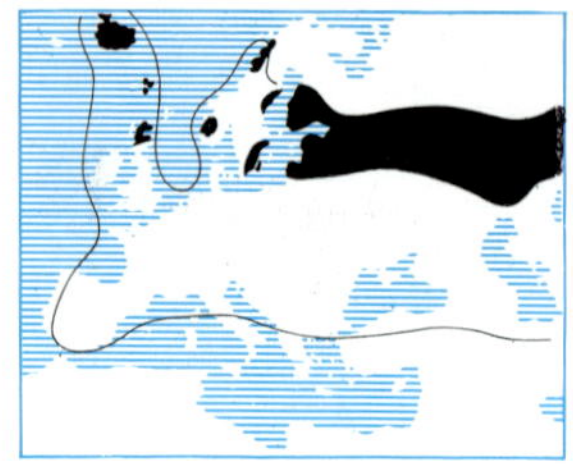

Le Grèbe esclavon vit dans le nord de l'Europe, en Asie et en Amérique du Nord. On peut l'apercevoir dans les autres régions d'Europe lors de la migration ou bien pendant l'hivernage qui a lieu d'octobre à avril. Les populations du nord de l'Europe migrent généralement en direction du sud-ouest pour hiverner en Europe occidentale, plus rarement au bord de la Méditerranée.

Le Grèbe esclavon niche sur les niche de mai à juillet. Les deux parents couvent à tour de rôle les 3 à 5 œufs pendant 20 à 25 jours. S'ils doivent s'absenter, ils recouvrent la ponte avec des plantes en décomposition de sorte que le nid paraît abandonné. Tous les Grèbes, d'ailleurs, procèdent de la même façon, dissimulant leur ponte à l'œil toujours vigilant des prédateurs, surtout

Au printemps, on reconnaît le Grèbe esclavon à son cou brun-roux, à sa tête noire et aux deux larges bandes jaune-roux de la tête qui se transforment en deux huppes érectiles (1). En hiver, sa calotte contraste nettement avec ses joues blanches (2). Près du nid, il fait entendre des trilles, « bibibibi ». Le Grèbe esclavon est aussi grand que le Grèbe à cou noir.

1

eaux stagnantes à l'intérieur des terres. Il préfère les plans d'eau à végétation luxuriante, se contentant cependant en cas de besoin, de réservoirs aux bords presque nus. Les deux partenaires participent à la construction du nid, qui est un petit tas de végétaux flottants. Ce nid est le plus souvent isolé dans la végétation marécageuse, mais on trouve parfois aussi de petites colonies. Le Grèbe esclavon

des Corneilles. Dès que leur plumage est sec, les petits Grèbes s'installent dans les plumes dorsales de leurs parents jusqu'à leur émancipation. Les adultes n'hésitent pas à plonger avec les jeunes sur leur dos. Ils s'en occupent avec beaucoup de sollicitude, les nourrissant avec des larves d'insectes aquatiques, des crustacés et des mollusques, plus tard aussi avec de petits poissons.

2

Grèbe à cou noir

Podiceps nigricollis

À l'origine, le Grèbe à cou noir peuplait le sud-est de l'Europe, mais à la fin du siècle dernier, il a commencé à se répandre vers l'ouest et le nord-ouest, si bien qu'aujourd'hui, son aire de répartition pénètre jusqu'en France, en Espagne et au sud de la Scandinavie. Il vit également dans certaines régions d'Afrique, d'Asie et dans l'ouest de l'Amérique du Nord. Extrêmement sociable, il niche en colonies qui comptent parfois plusieurs centaines de couples. Il niche souvent dans les colonies des Mouettes, et la convivialité entre les deux espèces est si forte que la colonie de Grèbes disparaît en même temps que celle des Mouettes.

Les Grèbes à cou noir réapparaissent sur leurs lieux de nidification en mars et en avril, les couples étant déjà formés. Ils recherchent en particulier des étangs avec un vaste plan d'eau libre et une végétation riveraine abondante. D'avril à juin, ils y construisent leur nid, un amoncellement de végétaux pourris. Les deux partenaires se partagent les tâches : le mâle apporte les matériaux et la femelle procède à la construction. Les deux parents couvent à tour de rôle les 3 ou 4 œufs qui éclosent au bout de 20 ou 21 jours d'incubation. Les jeunes passent une grande partie de leur temps dans les plumes dorsales et sous les ailes de leurs parents. La nourriture du Grèbe à cou noir est la même que celle des autres Grèbes.

Le Grèbe à cou noir est un peu plus petit que la Foulque. Au printemps, il a le cou noir et de petites aigrettes jaune d'or sur les côtés de la tête (1). Ses yeux sont rouge corail. En hiver, il ressemble au Grèbe esclavon dont il diffère cependant par la transition floue entre la calotte noire et les joues claires, ainsi que par la forme du bec, légèrement retroussé (2). Il fait entendre des « bibib » mélodieux et des « houit » sifflés.

1

2

Les oiseaux pélagiques et les pêcheurs

Procellariiformes, Pélécaniformes

Les Procellariiformes sont d'excellents voiliers, remarquablement adaptés au vol dans le vent et la tempête. Ils collectent leur nourriture en rasant la surface de l'eau. Toute l'année, ils errent au-dessus de l'océan, ne venant à terre que pour se reproduire. Ils planent au ras de l'eau et savent parfaitement exploiter les changements de vitesse et de direction du vent, des deux côtés des vagues (vol plané « dynamique »). Le vol plané est facilité par la forme de leurs ailes allongées non pas au niveau de la main comme c'est le cas chez les Mouettes et les Goélands, mais à ceux du bras et de l'avant-bras. Chez l'Albatros hurleur *(Diomedea exulans),* le plus grand des oiseaux volants dont l'envergure des ailes peut atteindre 3,50 mètres (fig. 1), on observe 37 rémiges secondaires sur l'avant-bras, alors que les autres oiseaux en ont 10 ou 12. Certaines espèces de Pétrels (le Pétrel tempête est le plus petit oiseau pélagique du littoral européen) freinent leur vol battu au ras de l'eau en plongeant dans l'eau leurs pattes aux palmures écartées (fig. 2). Leur squelette fortement pneumatisé leur permet de voler avec légèreté et endurance.

Les Procellariiformes ont des narines qui s'ouvrent au bout de deux tubes ; l'enveloppe cornée du bec est formée de plaques juxtaposées (fig. 3). La taille des cavités nasales, dont la surface est recouverte par la muqueuse olfactive, est augmentée par des lamelles

1. Silhouette d'un Albatros en vol, remarquable par la longueur de l'avant-bras

2. Vol du Pétrel tempête au ras de l'eau

incurvées et les lobes olfactifs du cerveau, particulièrement développés, permettent de conclure que les Procellariiformes sont dotés d'un odorat fin, ce qui est rare chez les oiseaux. On pense que les narines tubulaires sont un dispositif qui permet de percevoir la vitesse du vent. En outre, les glandes qui excrètent le sel y débouchent également. Chez les Pélécaniformes, en revanche, les cavités nasales sont généralement atrophiées ou totalement fermées, ce qui empêche la pénétration de l'eau. Les sexes sont semblables, aussi bien par la coloration du plumage que par la taille.

Les Pélécaniformes sont des pêcheurs accomplis. Excellents nageurs et plongeurs, ils se servent de leurs pattes, spécialement adaptées, comme d'avirons : le pouce est tourné vers l'avant et tous les doigts sont reliés par une palmure (fig. 4). Ces oiseaux sont tous piscivores, mais mettent en œuvre des stratégies de pêche différentes. Les Sulidés plongent à pic d'une grande hauteur (fig. 5) et restent généralement 10 secondes sous l'eau. On a mentionné des Fous pris dans des filets à une profondeur de 30 mètres. Les Phalacrocoracidés plongent quant à eux jusqu'à

3. Le bec des Pétrels, composé de plusieurs plaques, est pourvu de narines qui s'ouvrent au bout de deux tubes (vu de côté et de dessus)

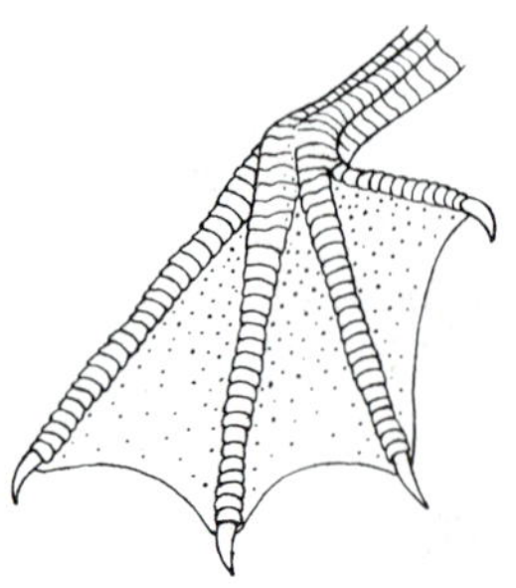

4. Patte de Procellariiforme avec ses quatre doigts tournés vers l'avant et reliés par une palmure

5. Le Fou de Bassan pêche en tombant à pic dans l'eau

9 mètres de profondeur et peuvent s'y maintenir pendant 70 secondes. Ils nagent sous l'eau, en agitant leurs pattes et en utilisant leurs ailes et leur queue comme un gouvernail. Ils savent pêcher dans l'eau trouble : on a trouvé dans la nature des Cormorans aveugles en bonne condition physique, ce qui permet de penser qu'ils se guident à l'ouïe pour pêcher. Les Pélicans prennent le poisson dans la poche placée sous leur bec, comme dans une épuisette. Les représentants de l'ordre des Pélécaniformes volent et planent eux aussi à la perfection (fig. 6). Le squelette des Pélicans et des Fous est parfaitement allégé et pneumatisé, presque tous les os étant creux. Les sacs aériens qui se ramifient jusque sous la peau atténuent le choc lorsque les Fous plongent pour pêcher. Chez les Cormorans, en revanche, une adaptation de ce type gênerait la plongée, si bien que la pneumatisation de leur corps et de leur squelette est réduite.

La glande uropygienne est développée à l'extrême chez les deux ordres, ce qui s'explique par leur mode de vie aquatique. Le plumage de ces oiseaux est toujours parfaitement enduit de ses sécrétions. Chez certaines espèces, il en est imprégné au point que même de vieux spécimens de musée naturalisés ou les œufs dégagent une odeur nauséabonde. Les Cormorans font exception : ils sèchent en effet leurs rémiges et leurs rectrices trempées à l'air, en agitant de temps à autre leurs ailes à moitié déployées.

Colonie de Pélicans blancs

6. Silhouette d'un Pélican dont les larges ailes sont adaptées au vol plané

Les représentants des deux ordres nichent en général en colonies. Ils couvent leurs œufs très longtemps. Le Pétrel fulmar, par exemple, couve pendant 53 jours en moyenne. Leurs jeunes, nidicoles, sont nus et ont les yeux fermés. Les adultes les nourrissent longtemps et assidûment, si bien qu'à un moment donné, le poids des petits dépasse celui des parents. Chez certaines espèces, les adultes abandonnent les immatures avant qu'ils aient atteint leur plein développement. Ceux-ci vivent alors de leurs réserves de graisse jusqu'à ce qu'ils soient capables de s'envoler.

Pétrel fulmar

Fulmarus glacialis

2

L'aire de répartition du Pétrel fulmar s'étend sur la partie septentrionale des océans Pacifique et Atlantique. En automne et en hiver, on a l'occasion d'observer cette espèce sur le littoral de l'Europe occidentale. Il arrive parfois que la tempête l'emporte à l'intérieur des terres. Toute sa vie, il est tributaire de la mer, ne revenant à terre que pour y passer la nuit et s'y reproduire.

Le Pétrel fulmar niche en grandes colonies sur les rochers et les falaises escarpées surplombant la mer. Le couple bâtit le nid dans une crevasse de rocher ou dans une cavité creusée sous un rocher. C'est une faible dépression garnie d'herbe ou de petits cailloux. Les deux parents couvent tour à tour l'unique œuf blanc, pondu en mai ou début juin. La période d'incubation, exceptionnellement longue, dure de 48 à 57 jours. Par la suite, les parents prennent soin de leur petit pendant une période tout aussi longue. Pendant les premiers jours, l'un des adultes reste auprès de lui en permanence, tandis que l'autre s'envole en haute mer pour chercher sa nourriture, essentiellement des restes de charogne flottant sur l'eau, puis des céphalopodes, des crustacés, des méduses et des poissons. Il revient une fois par jour pour nourrir le petit d'un liquide huileux prédigéré. À ce régime, le jeune Fulmar grossit énormément. Lors de la dernière phase

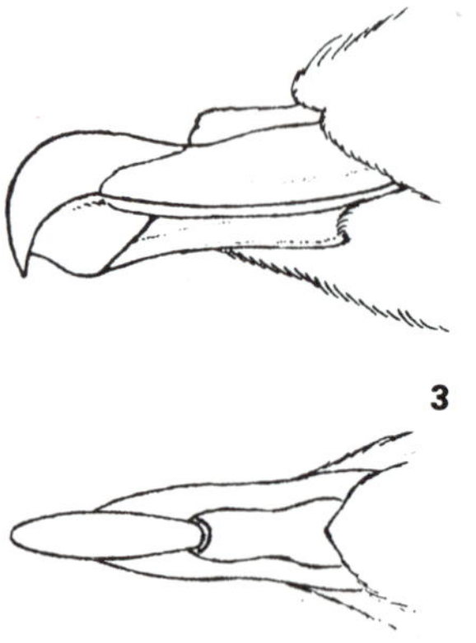

3

de son développement, les parents cessent de le nourrir. Le jeune vit alors de ses réserves de graisse jusqu'à son envol. Il n'est en mesure de se reproduire qu'à l'âge de 7 ans.

Le Pétrel fulmar est plus grand que la Mouette rieuse. Il est blanc et a le dos, les ailes et la queue d'un gris argenté (1). Outre ce type de coloration, il existe une phase foncée, teintée de gris (2). La morphologie du bec est spécifique (3). En période de reproduction, les Pétrels fulmars font entendre des grognements gutturaux.

1

Puffin cendré

Calonectris diomedea

Le Puffin cendré habite le littoral et les îles de la Méditerranée et de l'Atlantique Nord. Il passe pratiquement toute son existence au-dessus des vagues, ne regagnant les îles et le littoral qu'à la saison de nidification. Il niche en colonie dans les trous des rochers, ou dans les terriers qu'il creuse à cet effet et qui peuvent atteindre 50 cm de profondeur. Le nid reste sans aucune garniture ou est tapissé de ramilles, d'herbes, de galets et de coquilles que les oiseaux glanent dans les environs. La femelle pond en mai ou début juin un seul œuf blanc que les deux parents couvent à tour de rôle. Tous deux prennent aussi soin du petit qui reste dans le terrier jusqu'à son envol. Les petits Puffins cendrés éclosent en général depuis la mi-juillet jusqu'au début d'août, ne sachant voler qu'entre mi-octobre et début novembre. L'incubation et l'émancipation des jeunes durent en tout 5 mois. La nourriture de ce Puffin se compose essentiellement de céphalopodes, mais aussi de mollusques, de crustacés, éventuellement de restes animaux flottant à la surface de l'eau.

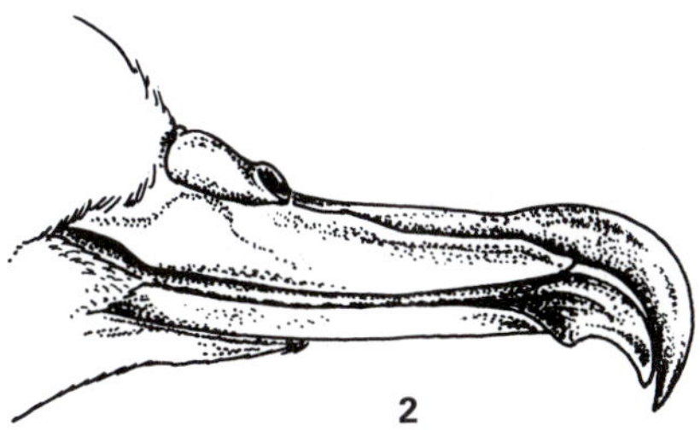

2

Certains Puffins cendrés hivernent dans la région méditerranéenne, mais la plupart migrent jusqu'au littoral de l'Afrique australe. La migration a lieu entre octobre et décembre, le retour sur les lieux de nidification s'effectuant en mars.

Le Puffin cendré (1) est un peu plus grand qu'un Goéland cendré. Il est gris-noir sur le dessus avec l'occiput brun clair, et blanchâtre sur le ventre. Son bec (2) est jaune. Dans les colonies, il lance des « ié – gaou ié – gaou » à la manière des Mouettes.

1

Pétrel tempête

Hydrobates pelagicus

L'aire de répartition du Pétrel tempête s'étend sur la partie orientale de l'Atlantique Nord et sur la Méditerranée. En hiver, il migre jusqu'à la côte occidentale et australe de l'Afrique, mais de nombreux oiseaux restent à proximité de leurs lieux de nidification pendant toute l'année.

C'est un oiseau exclusivement marin qui ne gagne la terre que pour nicher. Il niche en colonies établies surtout sur les îles, rarement sur le littoral du continent ; il s'installe dans une anfractuosité de rocher, dans un trou, un terrier de lapins, sous les pierres ou encore dans une cavité qu'il creuse lui-même. Il arrive sur ses lieux de ponte vers la fin du mois de mars, nichant depuis la fin de mai jusqu'en juillet. Les deux parents couvent tour à tour pendant 38 à 41 jours l'unique œuf blanc taché de brun foncé sur son extrémité la plus large. Parfois, ils interrompent la couvaison 1 ou 2 jours sans que l'œuf en pâtisse. Ils nourrissent leur petit pendant 54 à 68 jours. Au cours de la première semaine, l'un des adultes reste en permanence près de lui. À partir du seizième jour environ, les parents le laissent seul pour se rendre en haute mer où ils pêchent leur nourriture : petits coelentérés, mollusques, crustacés ou restes organiques riches en lipides flottant à la surface de l'eau. Ils viennent nourrir leur jeune à la nuit tombée, une heure après le coucher du soleil, puis retournent en mer une heure avant l'aube.

Le Pétrel tempête (1) est le plus petit oiseau pélagique du littoral européen puisque par sa taille il rappelle le Martinet. Il est entièrement gris-noir, sauf le croupion blanc et une bande claire qui traverse les ailes (2). Sa queue est carrée. Les cris qu'il lance sur les lieux de ponte sont des grincements et des ronronnements qui se terminent par un « hikaf » caractéristique.

1

2

Pétrel cul-blanc

Oceanodroma leucorrhoa

2

L'aire de répartition du Pétrel cul-blanc occupe le nord des océans Atlantique et Pacifique. C'est seulement à la saison des nids qu'il recherche les côtes ou les îles rocailleuses. Extrêmement sociable, le Pétrel cul-blanc niche en colonies comptant des milliers, voire des dizaines de milliers de nids. Les oiseaux s'installent dans les crevasses des rochers ou dans les terriers que les mâles creusent à cet effet. Ils reviennent presque régulièrement dans la même cavité. La profondeur des terriers, dont la chambre est garnie de végétaux, varie de 30 à 120 cm. L'unique œuf blanc, parsemé de quelques taches rougeâtres sur son extrémité la plus large, est pondu entre juin et la mi-juillet, rarement la mi-août. Au cours de la couvaison qui dure 42 jours, les parents se relaient à 4 ou 6 jours d'intervalle. À l'instar des autres Procellariiformes, les parents abandonnent le jeune à son sort quelque temps avant qu'il ne soit capable de voler.

Les populations atlantiques de Pétrel cul-blanc quittent leurs lieux de ponte dès octobre pour hiverner dans les régions situées entre le tropique du Cancer et l'équateur. De nombreux oiseaux, toutefois, dépassent l'équateur pour aboutir jusqu'aux eaux de l'Antarctique. Il arrive souvent aussi qu'ils passent l'hiver non loin de leur lieu de ponte. Ils réapparaissent sur leur aire de nidification en mars ou en avril.

Le Pétrel cul-blanc (1) est un petit oiseau pélagique de la taille d'une Hirondelle. Il est brun-noir avec le croupion blanc, gris au centre. Sa queue est faiblement échancrée (2). Il volette en bondissant au-dessus de l'eau en quête de restes d'animaux marins riches en lipides ou d'ordures rejetées par les bateaux, mais pêche aussi des crustacés, des mollusques et de petits poissons. En dehors de la saison de reproduction, il garde le silence, mais au nid, il fait entendre, surtout la nuit, des « piourr-witt, piourr-witt » gutturaux.

Fou de Bassan

Sulla bassana

L'aire de répartition du Fou de Bassan s'étend sur le littoral et les îles de la partie boréale de l'Atlantique. En Europe, il niche en Islande, sur les îles Féroé et surtout en Grande-Bretagne, les populations britanniques du Fou de Bassan représentant plus de 70 % de la totalité de ses effectifs dans le monde. Très sociable, il niche en colonies parfois immenses. La plus grande d'entre elles, celle de St Kilda, comptait, en 1974, 74 000 oiseaux. Les colonies de Fous de Bassan sont situées sur des falaises qui surplombent la mer.

Dans un nid fait d'algues, d'herbe, de terre et de plumes, la femelle pond entre mars et mai un seul œuf bleuté qu'elle couve à tour de rôle avec le mâle pendant 43 à 45 jours. Les parents nourrissent leur petit de poissons, de bec à bec. Ils font preuve d'un grand dévouement dans les soins qu'ils lui apportent, le nourrissant même la nuit, si bien qu'en 10 semaines le petit Fou atteint le poids de 4,5 kg, soit 1 kg de plus que ses parents. Cet excès de poids permet au jeune de survivre lorsque les adultes l'abandonnent. Sans savoir voler, il se jette de la falaise dans la mer et doit souvent faire des dizaines de kilomètres à la nage avant d'apprendre à voler, ce qui arrive généralement à l'âge de 15 semaines. Il doit alors apprendre à pêcher à la manière des Fous, c'est-à-dire en plongeant à pic dans la mer.

Les populations de Fou de Bassan sont partiellement migratrices, celles de l'Europe septentrionale et occidentale migrant d'habitude pour l'hiver de septembre à octobre dans la région méditerranéenne. Entre février et avril, les Fous retrouvent leurs lieux de nidification.

Les adultes (1) atteignent la taille d'une Oie. Ils sont blancs avec la tête jaunâtre, le bec bleuté et la pointe des ailes noire. Les jeunes sont brun foncé, striés de blanc (2), puis, avec l'âge, tachetés de brun et de blanc.

2

1

Grand cormoran

Phalacrocorax carbo

L'aire de répartition du Grand cormoran est particulièrement vaste. Il habite en effet tous les continents hormis l'Amérique du Sud, se plaisant autant dans le sud que dans les régions du nord. Les populations d'Europe méridionale et occidentale sont nomades ou sédentaires, alors que les autres populations européennes sont généralement migratrices. Les Grands cormorans vivent aussi bien au bord de l'eau douce que sur le littoral. Ils consomment de grandes quantités de poisson, et s'installent pour cette raison au bord de grands fleuves, d'étangs, de lacs et des eaux côtières très poissonneux. Leurs colonies, situées sur des corniches de falaises ou sur des arbres, comptent parfois plusieurs milliers d'individus. Les arbres qui supportent les nids finissent souvent par se déssécher, sous l'action de la fiente des oiseaux.

Les deux adultes prennent part à la construction du nid, fait de branches et tapissé d'herbes, de feuilles de roseaux et de plantes diverses. Dans les colonies mixtes, les couples de Cormorans investissent souvent les nids des Hérons, des Hérons bihoreaux entre autres. La femelle pond entre mars et mai 3 ou 4 œufs bleu pâle, recouverts d'une épaisse couche calcaire. Les deux adultes couvent à tour de rôle pendant 23 à 29 jours. Les œufs éclosent l'un après l'autre, et les petits viennent au monde nus ; ils n'ouvrent les yeux qu'au bout de 3 jours. Les parents les nourrissent de poisson prédigéré, puis frais, qu'ils leur apportent, ainsi que de l'eau, dans leur poche gulaire. Les Grands cormorans utilisent une technique de pêche très curieuse : ils pêchent souvent en groupe, rabattant le poisson vers l'eau peu profonde où ils s'en emparent plus facilement. Les jeunes Cormorans savent voler au bout de 2 mois. En août, ils commencent à déserter les colonies, suivis, en septembre, par les adultes. La migration les conduit vers la Méditerranée.

Les Grands cormorans adultes (1) sont entièrement noirs avec des taches blanches sur la poitrine et les flancs. Ils ont la taille d'une Oie. Les immatures sont brun-noir avec le ventre blanchâtre.

Cormoran huppé

Phalacrocorax aristotelis

Le Cormoran huppé niche sur les côtes de l'Europe du Nord, de l'Ouest, du Sud et de l'Afrique du Nord. Au sud de la Grande-Bretagne, ses populations sont sédentaires ; celles du nord de l'Europe se rendent parfois pour l'hiver sur la côte atlantique. Le Cormoran huppé niche en colonies sur les parois rocheuses et les falaises, souvent dans des trous et des crevasses difficilement accessibles. C'est le mâle qui choisit l'emplacement du nid. Les vieux mâles reviennent d'ailleurs presque toujours dans l'ancien nid. Seuls les jeunes mâles construisent un nouveau nid, apportant à la femelle des algues pourries, des rameaux, des feuilles (souvent vertes) et de la bruyère qu'elle met en place. Entre mars et mai, la femelle pond 3 œufs bleu ciel (2) que les deux parents couvent à tour de rôle pendant 30 à 33 jours. Les petits restent au nid pendant 50 jours environ, mais dépendent des adultes pendant 2 à 4 semaines supplémentaires. Les jeunes oiseaux ne se reproduisent qu'à l'âge de 3 ou 4 ans.

Le Cormoran huppé (1) ressemble au Grand cormoran. Son plumage est noir avec des reflets verts, celui des immatures est brun, avec un peu de blanc sur la poitrine. En livrée nuptiale, la tête est coiffée d'une courte huppe qui se retourne vers l'avant. Ses courtes pattes placées très en arrière et ses quatre doigts reliés par une palmure en font un mauvais marcheur, mais un excellent nageur et plongeur. Ces qualités sont essentielles pour sa survie car il se nourrit presque exclusivement de poisson. Il pêche en plongeant et peut rester sous l'eau 3 minutes. En mer, il ne perd pas de vue la côte et c'est seulement pendant les tempêtes qu'il se retire dans l'embouchure des fleuves ou sur les lagunes paisibles. Ce comportement montre clairement que le Cormoran huppé est une espèce marine typique.

2

Cormoran pygmée

Phalacrocorax pygmaeus

Le Cormoran pygmée vit dans le sud-est de l'Europe, en Yougoslavie, en Roumanie, en Bulgarie, dans le sud-ouest de l'Asie et en Asie centrale. Il est nomade ou migrateur, les populations du Sud-Est européen hivernant au bord de la mer Égée et de la mer Adriatique. Il niche sur les lacs, les bras de fleuves ou les marécages, dans les vastes formations de saules et dans les roselières. Sociable, il s'installe volontiers en colonies mixtes, en compagnie d'Ardéidés (Hérons) ou de Grands cormorans.

Il construit son nid avec des rameaux secs et des tiges de roseaux, sur les arbres, les buissons ou sur les roseaux couchés. Entre la fin du mois de mai et la mi-juillet, la femelle pond de 3 à 5 œufs bleutés qu'elle couve avec l'aide de son partenaire pendant 27 ou 30 jours. Les deux adultes prennent aussi part à l'élevage des jeunes, mais on ne sait pas exactement pendant combien de temps. La nourriture du Cormoran pygmée consiste surtout en petits poissons de 10 à 15 cm que l'oiseau pêche sous l'eau avec beaucoup d'adresse. Contrairement aux autres Cormorans, il pêche aussi dans les canaux étroits et dans les petits plans d'eau.

Le Cormoran pygmée est à peu près deux fois plus petit que le Grand cormoran, atteignant tout au plus la taille d'un gros Pigeon. En plumage nuptial (1), sa tête et son cou sont brun-rouge, le reste du corps étant noir avec des reflets verts, parsemé de petites taches blanches. Une fois passée la période des nids, ces points blancs disparaissent. Son bec est plus court et sa queue plus longue que ceux du Grand Cormoran auquel il ressemble aussi par ses mœurs. Il ne forme pas, toutefois, des bandes aussi impressionnantes et se montre moins farouche. Il aime se percher sur les buissons, même sur les branches pendantes.

Pélican blanc

Pelecanus onocrotalus

Le seul endroit en Europe où le Pélican blanc niche régulièrement est le delta du Danube, au bord de la mer Noire. De là, son aire de répartition s'étend sur l'Asie centrale et Mineure, sur le nord-est de l'Afrique et sur l'Afrique équatoriale et australe. Oiseau nomade ou migrateur, il s'envole de septembre à octobre vers le sud-est, en Asie Mineure, en Égypte ou plus loin encore, vers le Sud-Ouest asiatique ou l'Inde. Il est très rare de le voir dans l'ouest (jusqu'à l'Espagne) ou au nord (jusqu'à la Finlande) après la saison de reproduction, de juillet à septembre.

Pour nicher, le Pélican blanc recherche plus particulièrement de vastes lagunes, des deltas ou de grands lacs à l'intérieur des terres, pourvu qu'il y trouve des roselières denses et étendues. De mars à mai, il réapparaît sur ses lieux de ponte, formant des colonies, petites ou grandes (jusqu'à plusieurs centaines d'individus). Son nid n'est qu'un grand tas de roseaux et d'herbes. La femelle pond presque toujours 2 œufs blancs recouverts d'une couche calcaire jaunâtre, en avril, en mai ou en juin. Les deux partenaires prennent part à la couvaison pendant 33 jours environ. Tous deux nourrissent leurs petits de poissons prédigérés, les jeunes plongeant à cette occasion leur tête loin dans le gosier de leurs parents. Les petits Pélicans s'aventurent sur l'eau alors que leur plumage n'est encore formé que de duvet et volent au bout de 2 mois et demi. Pour pêcher, les bandes de Pélicans nagent en ligne, frappant l'eau de leurs ailes et rabattant le poisson vers l'eau peu profonde où ils peuvent le prendre dans leur bec comme dans une épuisette.

3

Le Pélican blanc (1) est plus grand qu'un Cygne. Son plumage est blanc, parfois nuancé de rose ; seules les rémiges primaires et leurs couvertures sont brun-noir. Son front porte une étroite bande de plumes (2). Son bec puissant, doté d'une poche jaune-rouge, est extraordinaire. Ses pattes sont rouge orangé, l'iris de ses yeux est rouge. Les Pélicans volent en formant des lignes régulières. Lorsqu'ils volent (3), on aperçoit le bord postérieur noir de leurs ailes.

1

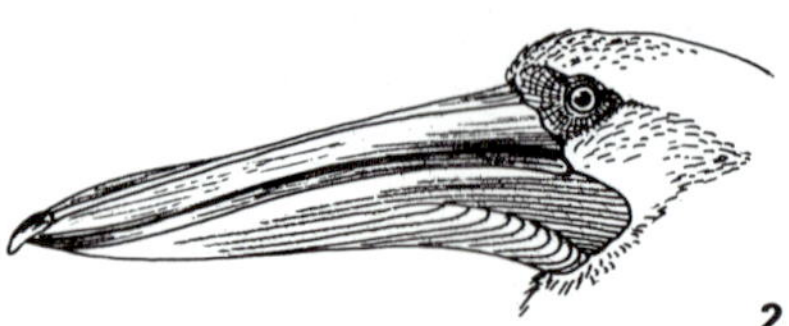

2

Pélican frisé

Pelecanus crispus

Dans le sud-est de l'Europe, le Pélican frisé ne vit plus aujourd'hui que dans la réserve de Srebrna (nord de la Bulgarie) et dans des colonies mixtes, dans le delta du Danube, en Roumanie. Plus à l'est, il niche au bord de la mer d'Azov et de la Caspienne, puis en colonies dispersées, au bord du lac d'Aral, en Mongolie et en Asie Mineure. Ses populations européennes, migratrices, quittent leurs nids dès août pour hiverner en Afrique du Nord, surtout au bord du Nil.

2

1

Dès le mois de mars, les Pélicans frisés reviennent sur leurs territoires de ponte, certains oiseaux tardant toutefois jusqu'au mois de mai. Pour nicher, ils recherchent le même biotope que les Pélicans blancs mais, contrairement à ces derniers, ils nichent aussi en altitude, au bord de lacs de montagne. Après leur retour, ils vivent d'abord par petites bandes dont se détachent des couples qui se mettent à construire leurs nids. Le mâle cueille avec son bec des roseaux de l'année précédente et des touffes d'herbe qu'il apporte en nageant à sa partenaire, chargée de la construction proprement dite. La femelle utilise presque toujours comme base un ancien nid. À la même époque que la femelle du Pélican blanc, elle pond généralement 2 œufs blancs de forme très variable. Dans le même nid, on peut trouver un œuf long et étroit, à côté d'un autre court et rond. Les deux adultes les couvent tour à tour pendant 30 à 32 jours. Les petits Pélicans frisés quittent le nid à l'âge de 2 semaines et demie pour se rassembler au milieu de la colonie. Après 4 ou 5 semaines, ils nagent dans les environs du nid et au bout de 14 ou 15 semaines, ils s'émancipent totalement. La nourriture du Pélican frisé se compose de poissons pesant jusqu'à 1,5 kg, la ration quotidienne des oiseaux étant voisine de 3 kg.

Le Pélican frisé est gris argenté (1). L'iris de ses yeux est jaune, ses pattes sont grises. On le reconnaît aux plumes frisées de la tête et du cou. En vol, la face inférieure de ses ailes est entièrement blanche (2). Le front est complètement emplumé (3).

3

Les grands échassiers

Ciconiiformes, Phoenicoptériformes

Les représentants de ces deux ordres sont des échassiers généralement de grande taille, élancés, aux pattes et au cou longs. La Cigogne blanche (poids : 3 kg, envergure des ailes : 2,25 m) et le Flamant rose (même poids, longueur : 1,70 m) font partie des plus grands. L'un des plus petits, en revanche, est le Blongios nain qui pèse 140 g et dont les ailes ont une envergure de 50 cm. Les pattes de ces échassiers sont très longues, surtout le tibia et le tarse. Leurs doigts sont souples et longs. Ce sont des oiseaux qui marchent dans l'eau peu profonde (bien que l'on puisse parfois les voir immergés jusqu'au ventre), sur la vase, ou qui grimpent éventuellement sur les roseaux. Les Flamants savent aussi assez bien nager, grâce à une palmure incomplète entre leurs doigts antérieurs. En dépit de la longueur de leurs pattes, ni les Ciconiiformes ni les Phoenicoptériformes ne sont de bons coureurs ; ils déambulent au contraire d'un pas lent et digne. S'ils ont besoin de s'enfuir, ils ne courent pas mais s'envolent. La plupart volent à la perfection et nombre d'entre eux sont d'excellents planeurs. En vol, ils étendent leurs pattes en arrière et tiennent le cou tendu vers l'avant (Cigognes fig. 1, Flamants, fig. 2), ou replié en forme de S (Hérons, fig. 3). On reconnaît les Flamants à leur vol battu car leurs ailes courtes ne leur permettent pas de planer.

La glande uropygienne est généralement bien développée chez les échassiers. Les Hérons utilisent leur duvet poudreux pour maintenir leur plumage en bon état. Ce duvet produit en effet une sorte de poudre qui pénètre et protège les plumes de contour. Le plumage de contour des grandes espèces est assez raide tandis que celui des petites espèces et des Flamants est plus mou. À la saison des amours, de nombreux Ardéidés se parent de plumes ornementales qui poussent sur différentes parties de leur corps et forment la livrée nuptiale. Le dimorphisme sexuel n'est pas net, les mâles étant seulement un peu plus grands.

1. Silhouette de la Cigogne blanche en vol ; elle tient le cou tendu vers l'avant.

2. En vol, le Flamant rose tient son long cou tendu vers l'avant et les pattes tendues vers l'arrière.

3. Silhouette du Héron cendré en vol ; son cou est replié en forme de S.

Le squelette est très léger et fortement pneumatisé. Le long cou se compose de 16 à 20 vertèbres, ce qui lui garantit une grande souplesse. Une adaptation spéciale de la sixième vertèbre permet aux Ardéidés de le replier en forme de S. Grâce à cette particularité et à leur puissante musculature, les Hérons peuvent pêcher en se servant de leur bec comme d'un harpon (fig. 4). Les espèces piscivores (Ardéidés, Ciconiidés, fig. 5,6) sont dotées d'un bec droit, pointu, aux bords tranchants, tandis que les espèces qui se nourrissent de crustacés et de vers ont un bec long et fin, incurvé vers le bas (Threskiornithidés, fig. 7, 8, Phoenicoptéridés, fig. 9); ces dernières peuvent ainsi fouiller la vase pour en extraire les animalcules. Le bec des Flamants n'a pas d'équivalent. Contrairement à celui des autres oiseaux, sa mandibule supérieure est plus petite et plus mobile que l'inférieure, et recourbée sous un angle de 60° environ. Cette morphologie permet aux Flamants de frotter la mandibule supérieure contre le fond de l'eau pour soulever la vase et retenir les animalcules aquatiques grâce aux lamelles cornées qui bordent le bec et à la langue charnue et sensible.

Les représentants de ces deux ordres sont monogames, leur union étant souvent durable. Sociables, ils nichent en colonies qui comptent parfois plusieurs centaines, voire plusieurs milliers de couples (celles des Flamants, par exemple). Les Ciconiiformes bâtissent leurs nids dans les arbres ou dans les roselières. Les Flamants, quant à eux, font des nids très particuliers : il s'agit de monticules de vase mêlée de plumes et de végétaux amassés dans l'eau peu profonde ou sur les berges boueuses et qui durcissent avec le temps. Les œufs des Ciconiiformes comme ceux des Phoenicoptériformes sont d'une coloration unie, sans taches. À l'éclosion, les petits ont les yeux ouverts mais ils sont fortement dépendants de leurs parents. Ceux-ci les nourrissent en régurgitant les aliments directement dans leur bec ou dans le nid. De

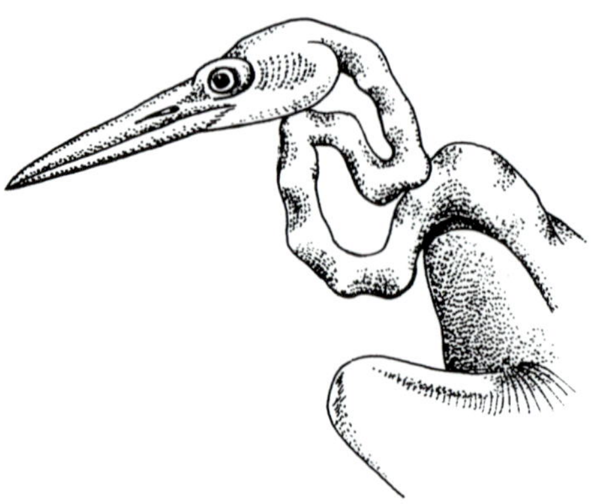

4. Le cou replié en forme de S des Hérons leur permet de pêcher en le détendant brusquement.

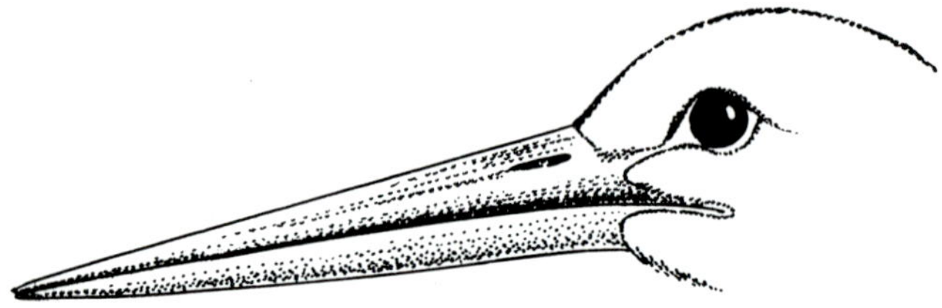

5. Bec fort et droit de la Cigogne blanche

6. Bec pointu du Héron cendré

7. Bec fin et arqué d'un Ibis

8. Bec de la Spatule blanche, plat et élargi en forme de cuiller à l'extrémité.

La Cigogne noire est une espèce forestière dont l'aire de répartition s'étend de plus en plus vers l'ouest

9. Bec busqué adapté à la capture des animalcules (Flamant rose)

nombreux oiseaux franchissent plusieurs dizaines de kilomètres en quête de nourriture.

L'organe vocal (styrinx) de ces échassiers est plus ou moins atrophié. Seul celui des Hérons qui ont des manifestations vocales marquées est doté de muscles. De nombreux Ciconiiformes sont muets ; ils pallient alors cette carence par des bruits mécaniques comme des claquements de bec.

Butor étoilé

Botaurus stellaris

1

Le Butor étoilé habite l'Europe jusqu'au sud de la Scandinavie, une grande partie de l'Asie, l'Afrique du Nord et du Sud. Les populations d'Europe de l'Ouest et du Sud sont sédentaires, les centres d'hivernage des autres populations européennes se trouvant dans le sud-ouest de l'Europe et dans le nord de l'Afrique. Leur migration de retour s'effectue entre février et avril, celle d'automne a lieu entre août et octobre.

Le Butor étoilé habite de vastes roselières et des marécages. On l'entend plus souvent qu'on ne l'aperçoit. Sa voix ne ressemble en rien à un cri d'oiseau. C'est un beuglement audible de loin et répété de 3 à 6 fois. On s'est demandé pendant longtemps comment il parvenait à émettre un tel son. On pensait qu'il plongeait son bec dans l'eau, mais on a constaté bien plus tard qu'il rentrait le cou et gonflait le gosier (ce dernier agissant alors comme une caisse de résonance). Au printemps, à la saison des amours, qui dure d'avril à juin, le mâle fait entendre son cri, surtout la nuit, plus rarement dans la journée, pour marquer son territoire. Le nid est un tas de roseaux, de joncs et d'autres végétaux désordonnés ; dans sa faible cavité centrale, la femelle pond de 4 à 6 œufs brunâtres (2) qu'elle couve seule pendant 24 à 26 jours. Le mâle, sans se soucier du nid, s'accouple avec d'autres femelles. À l'âge de 15 jours, les petits Butors se dispersent dans les alentours s'ils se sentent menacés. À 2 mois, ils peuvent voler. Les insectes et leurs larves sont le principal élément du régime alimentaire du Butor étoilé. Celui-ci mange aussi, en complément, des grenouilles, des tritons, des poissons et de petits mammifères.

Les deux sexes sont constellés de taches brun-noir longitudinales (1). Lorsque, pour se protéger, le Butor s'immobilise dans les vieux roseaux, se tenant droit comme un piquet, le bec tourné vers le ciel (3), il devient pratiquement invisible. Son corps est un peu plus grand que celui d'un Faisan.

3

2

Blongios nain

Ixobrychus minutus

L'aire de répartition du Blongios nain occupe la majeure partie de l'Europe (en dehors de la Scandinavie et des îles Britanniques), l'ouest de l'Asie, le centre et le sud de l'Afrique, le sud de l'Australie et la Nouvelle-Zélande. Oiseau migrateur, il s'envole entre août et octobre vers l'Afrique équatoriale, pour revenir sur ses lieux de ponte entre fin mars et début mai.

Le Blongios nain vit dans les roseaux et les joncs des étangs, des marais et des bras morts des rivières, mais aussi dans les touffes de saules et d'aulnes. Il recherche les roselières vastes, mais arrive à nicher au bord de petits étangs. Silencieux, il mène une existence discrète. C'est seulement au printemps que le mâle trahit l'emplacement des lieux de nidification par des cris « vouorr-vouorr » qu'il répète inlassablement pendant des heures, surtout au crépuscule ou la nuit, plus rarement dans la journée, le plus souvent avant la pluie. Le mâle commence à construire le nid seul et la femelle l'achève avec son aide. C'est une construction désordonnée en roseaux et en petites branches sèches, l'intérieur étant garni de matériaux plus fins. La période de ponte va de mai à juillet. Les deux parents se relaient à intervalles irréguliers lors de la couvaison des 5 ou 6 œufs blancs qui dure de 16 à 19 jours. Au bout d'une semaine, les jeunes, encore revêtus d'un duvet jaune ocre, savent grimper sur les roseaux croissant aux alentours du nid. Au bout de 3 semaines, ils sont capables de s'envoler. Pendant les premiers jours suivant l'éclosion, les parents rejettent la nourriture directement dans le nid. Plus tard, les jeunes la prennent dans leur bec. La nourriture des Blongios consiste essentiellement en insectes aquatiques ou terrestres, en mollusques, petits poissons et grenouilles mesurant moins de 5 cm.

Le dimorphisme sexuel qui se manifeste dans la coloration est inhabituel chez les Ardéidés : le mâle est noir et ocre pâle (1), la femelle est entièrement ocre, striée de taches brun foncé (2). Le Blongios nain est le plus petit Héron d'Europe. Sa taille ne dépasse pas celle d'un Geai.

2♀

Héron bihoreau

Nycticorax nycticorax

Le Héron hiboreau est répandu dans le monde entier, à l'exception de l'Australie. Les populations européennes, rigoureusement migratrices, hivernent en Afrique équatoriale où elles recherchent des régions marécageuses riches en poisson, ainsi que des cours d'eau lents aux bords garnis de buissons et d'arbres. Il revient sur ses lieux de ponte par vagues successives, entre fin mars et courant avril ; la saison des nids va donc d'avril à juillet.

Le Héron bihoreau est une espèce arboricole qui bâtit son nid le plus souvent dans les branches d'un buisson ou au faîte d'un arbre, rarement dans les roselières. Il niche en colonie, souvent en compagnie d'autres Hérons et même de Corbeaux. Les mâles bâtissent la base du nid et tâchent d'y attirer la femelle par des mouvements et des cris particuliers. Une fois le couple formé, la femelle finit de construire le nid avec l'aide du mâle. Après l'éclosion des 3 ou 4 œufs bleu-vert (3) couvés pendant 20 à 23 jours, les parents réchauffent les petits pendant plusieurs jours. Au début, ils les nourrissent d'une bouillie prédigérée, puis ils rejettent dans le nid des poissons, des batraciens et des insectes. Les petits s'émancipent à 50 jours environ. La migration des Hérons bihoreaux s'effectue courant août et septembre.

Dans de nombreuses langues, on qualifie ce Héron de « nocturne ». Cependant, cet adjectif n'est pas vraiment exact, car il est surtout actif au crépuscule et tôt le matin, moments où les oiseaux s'envolent vers les rivières, les étangs et les canaux d'irrigation, dans un périmètre de plusieurs kilomètres.

Les adultes des deux sexes ont la taille d'une Corneille. Leur plumage nuptial (1) est noir sur le dessus, blanc sur le ventre. Leurs rémiges et leur queue sont gris cendré. Ils portent sur l'occiput 2 ou 4 plumes érectiles qui manquent au plumage d'éclipse. La livrée des immatures est brune, parsemée de taches bien nettes (2).

2

1

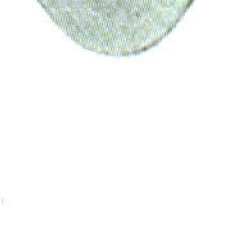

3

Héron crabier

Ardeola ralloides

Le Héron crabier est un habitant des régions chaudes : il habite le sud de l'Europe, le sud-ouest de l'Asie, l'Afrique du Nord, puis sporadiquement le reste du continent, au sud du Sahara. Ses populations européennes, migratrices, s'envolent pour passer l'hiver dans toute l'Afrique, au sud du Sahara. Le Héron crabier apparaît parfois dans des régions qui se trouvent en dehors de son aire de nidification, à l'époque de ses déplacements prémigratoires. À la saison de nidification, il recherche les marais, les roselières des étangs et les lacs, ainsi que les zones d'inondation des grands fleuves. Les Hérons crabiers s'assemblent en colonies, souvent en compagnie d'autres Hérons, d'Ibis et de Spatules. Ils regagnent leurs lieux de ponte en avril ou en mai, et pondent entre avril et juillet.

Le nid est placé dans les roseaux, sur les buissons immergés au moment des crues ou très haut sur les arbres. Le mâle glane dans les proches environs des ramilles sèches, des tiges de roseaux et de plantes diverses, pour les remettre à la femelle, chargée de la construction. Lorsque le nid est fini, elle en garnit l'intérieur avec des fibres végétales plus fines. La ponte comprend 4 ou 5 œufs bleu-vert. La femelle couve, pratiquement seule, pendant 21 à 24 jours. Les jeunes Hérons restent dans le nid pendant au moins 1 mois. Lorsqu'ils ne savent pas encore voler, ils rampent dans les environs, revenant au nid pour être nourris. Les deux parents en prennent soin, les nourrissent de grands insectes terrestres ou aquatiques, de leurs larves, de petits poissons et de grenouilles. Ils collectent la nourriture dans la journée et au crépuscule, sur les rives ou dans l'eau peu profonde. Les oiseaux migrent en août et en septembre.

Le Héron crabier atteint la taille d'une Corneille. En livrée nuptiale (1,2) il est jaune-ocre et a les ailes blanches ; sa calotte et ses plumes occipitales allongées portent des taches brun-noir. Après la mue, les plumes ornementales tombent, la tête et le cou de l'oiseau sont rayés dans le sens de la longueur.

1

2

Grande aigrette

Egretta alba (Casmerodius albus)

La Grande aigrette est un oiseau cosmopolite. En Europe, elle habite dans le sud-est, ne s'aventurant dans les autres régions européennes que de façon accidentelle. Outre l'Europe, elle vit sur tous les autres continents. Lors de leurs migrations, les populations du sud-est de l'Europe se dirigent vers la Méditerranée, les côtes du nord-ouest de l'Afrique et le sud de l'Asie. Moins sociable que les autres Hérons, la Grande aigrette niche souvent isolément, mais assez régulièrement aussi avec d'autres Ardéidés, ses colonies comptant de 3 à 8 nids. Elle fréquente surtout les régions marécageuses aux nombreux étangs où poussent des roseaux et des joncs, ainsi que le delta des fleuves. Elle réapparaît généralement en mars sur ses lieux de nidification.

Le couple bâtit son nid entre avril et juin sur des roseaux et des joncs brisés, plus rarement sur les buissons ou les arbres. Le matériau utilisé pour sa construction dépend de son emplacement : les nids des roselières sont en tiges de roseaux, les nids arboricoles en ramilles sèches. La teinte bleue des œufs d'Aigrette est plus pâle que celle des autres Hérons. Une ponte en compte 3 ou 4 et les deux parents les couvent pendant 25 ou 26 jours. Les deux adultes nourrissent les jeunes pendant 6 semaines, jusqu'à ce qu'ils soient en mesure de quitter le nid. Les Grandes aigrettes mangent surtout des poissons et des batraciens. Elles peuvent les capturer à 40 cm de profondeur dans l'eau, niveau inaccessible aux autres Hérons. Les oiseaux s'envolent vers leurs quartiers d'hiver entre septembre et novembre.

La Grande aigrette est aussi grande qu'une Grue cendrée. Son plumage, par contre, est d'un blanc éclatant et elle n'a pas de huppe. Les plumes ornementales qui couvent le dos des mâles et dont la longueur peut atteindre 50 cm, forment une sorte de mantelet (2). Elles tombent très vite de la livrée nuptiale (1). Les plumes ornementales des femelles sont beaucoup plus courtes. À l'instar de celles de l'Aigrette garzette, ces plumes ont été un article de mode très demandé et leur commerce a failli, au XIXe siècle, causer la disparition de ces deux espèces.

2♂

1

Aigrette garzette

Egretta garzetta

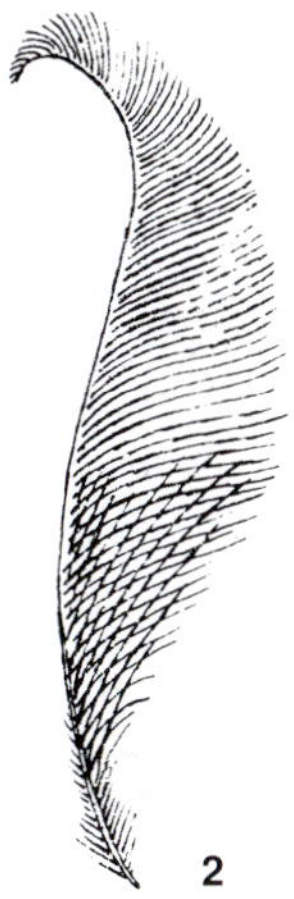

2

L'Aigrette garzette est un oiseau qui aime la chaleur. Elle vit dans le sud de l'Europe et de l'Asie, en Indonésie, en Nouvelle-Guinée, dans le nord et l'est de l'Australie et dans une partie de l'Afrique. Elle est assez rare en Europe centrale et manque dans le nord. Entre mars et mai, elle revient sur ses lieux de reproduction, dans les marais, étangs et forêts proches des rivières, régulièrement inondées au moment des crues. C'est un oiseau sociable qui niche presque exclusivement en colonies, souvent en compagnie d'autres Ardéidés.

Les Aigrettes garzettes nichent le plus souvent dans les arbres ou les buissons, plus rarement dans les roselières. Le mâle fournit les matériaux de construction (de longues ramilles et des tiges sèches de roseaux) à la femelle qui bâtit le nid et le défend contre les couples voisins, attirés par les rameaux amassés. La période de nidification, très longue, va d'avril ou mai à juillet ou août. Les deux adultes couvent à tour de rôle, pendant 21 à 25 jours, la ponte qui comprend de 3 à 5 œufs bleu ciel (3). Les deux parents participent aussi à l'élevage des jeunes. Ils les nourrissent surtout de poissons, de batraciens, d'arthropodes aquatiques, moins souvent de petits mammifères, de jeunes oiseaux, de mollusques et de vers. Les Aigrettes garzettes cherchent leur nourriture dans la journée, dans l'eau stagnante peu profonde. Comme les autres Hérons, elles franchissent des distances atteignant 10 à 12 km pour trouver leurs aliments. La migration automnale a lieu de septembre à novembre.

L'Aigrette garzette est un petit Héron de la taille du Héron bihoreau. Son plumage est d'un blanc pur. Elle a le bec et les pattes noires (sauf les doigts jaunes). En livrée nuptiale (1), elle est coiffée de 2 ou 3 longues plumes occipitales souples et porte des plumes ornementales, longues de 18 à 21 cm, sur le dos. Leurs vexilles discontinus se composent de barbes filamenteuses et lâches (2).

3

1

Héron cendré

Ardea cinerea

Le domaine du Héron cendré englobe une grande partie de l'Europe, les zones tempérée et tropicale de l'Asie, le nord, le sud et l'est de l'Afrique. Les populations d'Europe occidentale sont sédentaires, celles du nord et de l'est, en revanche, migrent en septembre et en octobre dans la région méditerranéenne et parfois même jusqu'en Afrique australe ; elles reviennent généralement en mars sur leurs lieux de nidification au bord des lacs, des étangs et des grands fleuves de plaine, et montent par les vallées des rivières et des torrents au pied des montagnes.

Les colonies de Hérons cendrés, qui comptent parfois plusieurs centaines d'individus, sont installées dans les grands arbres, et parfois dans les roselières. On rencontre également des couples qui nichent isolément. Le mâle tâche de conquérir une femelle en se dressant, en ébouriffant ses plumes, en lançant des coassements rauques et, plus tard, en apportant des matériaux symboliques au nid. Les deux oiseaux prennent part à sa construction. Ils le bâtissent avec des branches et en tapissent l'intérieur avec des feuilles et des herbes. Certains nids servent pendant plusieurs années et avant chaque nidification les oiseaux les restaurent ; les vieux nids diffèrent alors nettement des plus récents. La femelle pond entre mars et mai et les deux adultes se relaient sur les 4 ou 5 œufs bleu-vert (2) pendant 25 à 28 jours. Comme ils commencent à couver dès la ponte du premier œuf, les jeunes Hérons viennent au monde l'un après l'autre. Le dernier, fatalement le plus faible, ne survit généralement pas : ses frères ne le laissent pas accéder à la nourriture de sorte qu'il reste chétif. Les autres finissent par le tuer à coups de bec ou le précipitent hors du nid. L'alimentation des Hérons cendrés, rigoureusement animale, se compose surtout de poissons, et secondairement de batraciens, de petits mammifères, de reptiles, de mollusques et d'insectes.

Le Héron cendré est un peu plus petit qu'une Cigogne. Il est gris sur le dessus, blanchâtre sur le dessous (1). Le sourcil noir se prolonge par des plumes ornementales. En vol et au nid, le Héron cendré fait entendre des « kreïk » rauques.

2

1

Héron pourpré

Ardea purpurea

3

2

L'aire de répartition du Héron pourpré coïncide partiellement avec celle du Héron cendré, sans pénétrer aussi loin vers le nord. Les populations européennes sont migratrices, les jeunes oiseaux s'envolent en août, les vieux en septembre. Parfois, les Hérons pourprés s'arrêtent en Europe méridionale pour hiverner, mais le plus souvent ils continuent jusqu'en Afrique occidentale ou orientale. Ils reviennent en Europe courant avril, par couples déjà formés, pour s'installer dans les marais et les étangs de plaine. Ils nichent d'avril à juin, généralement en petites colonies, dans les roseaux ou les joncs denses, plus rarement dans les buissons du bord de l'eau ou dans les arbres.

Selon son emplacement, le nid est fait d'un amas désordonné de roseaux, de joncs ou de branches. Les deux partenaires prennent part à sa construction ; ils couvent à tour de rôle les 3 ou 4 œufs bleu-vert (2) et nourrissent les petits. L'incubation dure de 24 à 28 jours. Au bout de 3 semaines, les jeunes Hérons explorent la roselière qui est bientôt sillonnée de galeries, de ponts, et truffée de lieux de repos. Leurs doigts exceptionnellement longs leur facilitent ces promenades sur les roseaux brisés. Les parents leur apportent la nourriture dans leur poche gulaire et ils viennent la chercher dans leur bec. Les adultes la rejettent parfois aussi dans le nid. Le menu du Héron pourpré ressemble à celui des autres Hérons. Les jeunes s'émancipent à 2 mois.

Le Héron pourpré est aussi grand qu'une Cigogne. Sa coloration fondamentale est surtout rousse et noire. Sa tête et ses épaules sont ornées de plumes effilées. Sa livrée nuptiale ne diffère en rien de son plumage d'éclipse (1). En vol, tous les Hérons tiennent le cou replié en forme de S et leurs longues pattes, étendues en arrière, dépassent la queue. Lorsqu'on les voit de face, on remarque la ligne arquée de leurs ailes déployées (3).

1

Cigogne noire

Ciconia nigra

La Cigogne noire vit dans une vaste zone qui s'étend en une large bande depuis l'Europe centrale jusqu'à la côte du Pacifique en Asie. Au cours des dernières décennies, on a constaté une nette progression vers l'ouest si bien qu'actuellement, elle niche (en quelques très rares occasions) dans le centre de la France. Contrairement à la Cigogne blanche, c'est une habitante caractéristique des forêts qui évite le voisinage des hommes. De vastes forêts de feuillus ou de résineux avec des ruisseaux, des rivières et des plans d'eau, en plaine ou en montagne, constituent son biotope de prédilection. En mars et en avril, les Cigognes noires reviennent sur leurs lieux de nidification, déjà accouplées. Au printemps, lors de la parade nuptiale, elles tournoient souvent longuement audessus du site choisi. La cérémonie se poursuit au nid : les oiseaux se saluent et dressent leurs sous-caudales blanches.

2

Le nid est situé le plus souvent sur un vieil arbre, plus rarement sur une corniche rocheuse. Les deux adultes le construisent, en avril ou en mai, avec des branches d'abord fortes, puis plus fines, et garnissent l'intérieur d'herbes, de mousse et de lichen. Ils couvent à tour de rôle pendant 30 à 34 jours les 3 à 5 œufs blancs teintés de vert. Ils se partagent l'élevage des jeunes qui restent dans le nid pendant 60 à 70 jours. Au cours de cette période, ils leur apportent surtout des poissons dans leur poche gulaire, plus rarement des batraciens, des serpents et de petits mammifères, rejetant le tout dans le nid où les jeunes les récupèrent. Les Cigognes noires pêchent dans l'eau peu profonde et dans les ruisseaux, jusqu'à 20 km de leur nid. En août et septembre, elles migrent en Afrique centrale et orientale.

Les Cigognes noires n'atteignent la maturité sexuelle qu'au cours de la troisième année. Les oiseaux adultes (1) sont noirs avec le ventre blanc ; Peurs pattes et bec sont rouges. Les immatures (2) ont le plumage brun, les pattes et le bec gris-vert. Contrairement aux Hérons, la Cigogne noire vole le cou tendu.

Cigogne blanche

Ciconia ciconia

L'aire de répartition de la Cigogne blanche se limite à l'Europe centrale et méridionale, à une petite partie de l'Asie et à l'Afrique du Nord. En Europe, c'est une espèce très appréciée : les hommes la protègent et l'incitent à s'installer sur les toits, les cheminées ou sur les arbres en y fixant des supports solides. C'est la raison pour laquelle les Cigognes blanches commensales de l'homme sont aujourd'hui beaucoup plus nombreuses que celles qui nichent encore dans leur biotope d'origine, dans les forêts et sur les rochers.

Les Cigognes se servent du même nid pendant de longues années, si bien qu'il finit par se transformer, avec le temps, en une construction monumentale. Le plus grand nid de Cigogne connu mesurait 2,25 m de diamètre, 2,80 m de haut et pesait 990 kg. On a découvert un nid qui avait été utilisé pendant plus de 400 ans. Monogames, les Cigognes forment des couples stables, cette constance étant déterminée non pas par l'attachement mutuel des partenaires, mais par la fidélité au nid. Le mâle revient le premier sur le nid et accueille toute femelle qui se présente avant sa compagne. Ainsi, les femelles se livrent-elles souvent des combats sanglants pour occuper le nid. La ponte a lieu en avril et en mai. Les deux adultes couvent pendant 30 à 34 jours les 3 à 5 œufs blancs, et élèvent les petits. Attentifs, ils les aspergent d'eau qu'ils apportent dans leur bec pour les rafraîchir pendant la canicule. En août et en septembre, les Cigognes blanches se groupent en bandes pour s'envoler, à l'instar des Cigognes noires, vers l'Afrique orientale et australe, en suivant deux axes migratoires, l'un, sud-ouest, l'autre, sud-est (2). Elles reviennent en mars ou en avril. La nourriture de la Cigogne blanche consiste surtout en petits mammifères, en grenouilles et en insectes, plus rarement en d'autres vertébrés ou invertébrés.

2

Une Cigogne adulte (1) est blanche, avec les rémiges noires, les pattes et le bec rouges. Les immatures ont des pattes brun-noir ou gris-noir, le bec d'abord foncé, puis rouge pâle. Les Cigognes font souvent entendre de bruyants claquements de bec.

Ibis falcinelle

Plegadis falcinellus

L'Ibis falcinelle est rare en Europe. Son aire de nidification couvre le sud-est de l'Europe, mais il lui arrive de nicher sporadiquement en Espagne, en Italie, en Hongrie et en Yougoslavie. Il est aussi répandu ailleurs dans le monde, aussi bien en Australie, en Amérique qu'en Asie et en Afrique. En Europe, il est franchement migrateur, se rendant d'août à octobre dans des centres d'hivernage qui se trouvent en Afrique équatoriale et australe. En avril, il revient sur les lieux de nidification, s'installant au bord des marais, des lacs, des cours d'eau lents ou dans les deltas, pourvu qu'il y trouve des roselières ou des buissons impénétrables. Il niche en mai, généralement en colonies réunissant parfois jusqu'à 1 000 couples, en compagnie de Hérons, de Spatules, de Cormorans et de Corbeaux.

Les deux adultes bâtissent le nid dans une roselière, rarement sur un buisson. Selon son emplacement, il est en tiges de roseaux ou en branches. Les deux parents se relaient pendant 15 à 18 jours pour couver les 3 à 5 œufs bleu-vert foncé. Passé ce délai, le mâle doit prendre en charge toute la famille : il pêche dans l'eau peu profonde des crustacés, des mollusques, des vers et des insectes, puis apporte la nourriture au nid pour la transmetre à la femelle qui se charge de la distribution. Les adultes s'occupent des jeunes même lorsqu'ils ont quitté le nid, jusqu'à l'âge de un mois environ.

Le corps de l'Ibis falcinelle est aussi grand que celui d'une Corneille. Ses pattes sont longues, son bec est fin et recourbé. Son plumage est brun acajou, celui des adultes (1) se reconnaissant à ses reflets verts ou pourprés. En vol, l'Ibis falcinelle tient le cou et les pattes tendus. Ses ailes sont larges et arrondies. Il alterne le vol battu avec le vol plané. Si les Ibis falcinelles volent en groupe, ils adoptent une formation en ligne. Oiseau taciturne, l'Ibis falcinelle fait entendre des grognements, généralement au nid seulement.

Ibis chauve

Threskiornis aethiopicus

Actuellement, l'Ibis chauve ne vit plus qu'en deux endroits : en Asie Mineure, sur le cours supérieur de l'Euphrate où on a recensé, en 1953, 1 300 oiseaux environ (dont il ne restait plus que 39 en 1976) et au Maroc, où on a compté, en 1940, au moins 1 500 oiseaux dans 38 colonies, puis en 1975, 600 ou 650 tout au plus dans 18 colonies. Autrefois, l'Ibis chauve nichait aussi en Europe. Sa disparition du continent européen est probablement due à des bouleversements climatiques et à l'influence néfaste de l'homme. Il est question depuis peu de le réintroduire dans les Alpes qui, historiquement, appartiennent à son aire de répartition.

L'Ibis chauve est aussi bien sédentaire, nomade que migrateur dans son aire de répartition actuelle. Il revient sur ses lieux de nidification en février ou en mars, et dès la fin juin, il migre en direction du sud-ouest. Il niche sur des parois rocheuses plus ou moins couvertes de végétation et sur des falaises escarpées au bord de la mer. Autrefois, il nichait également dans les ruines des châteaux ou sur les habitations humaines. Le couple construit son nid en herbe et en paille, dans les crevasses et sur les corniches des rochers. La femelle pond entre mars et avril de 2 à 4 œufs bleutés, ponctués de marron, qu'elle couve à tour de rôle avec le mâle pendant 27 ou 28 jours. Les deux parents prennent soin des jeunes qui restent dans le nid pendant 46 à 51 jours. Les jeunes Ibis ne commencent à se reproduire qu'au cours de leur cinquième ou sixième année. L'Ibis chauve cherche sa nourriture dans les steppes environnantes, dans les prés et les marais ainsi qu'au bord des fleuves et de la mer. Son régime alimentaire consiste en insectes, en vers, en batraciens, en reptiles et en petits mammifères.

L'Ibis chauve (1) est un oiseau d'aspect insolite. Il est noir avec des reflets bleutés, verts ou pourprés. De longues plumes étroites forment une collerette autour de son cou. La peau de la tête et d'une partie du cou, glabre, est rouge cerise, gris ardoise sur l'occiput. Son bec rouge vif est long et recourbé vers le bas.

Spatule blanche

Platalea leucorodia

En Europe, la Spatule blanche niche surtout dans le sud-est, mais elle a des colonies isolées en Hongrie, aux Pays-Bas et en Espagne. Son aire de nidification couvre aussi le sud et le centre de l'Asie et l'est de l'Afrique. La Spatule blanche niche de préférence dans les régions lacustres et marécageuses des plaines ainsi que dans le delta des fleuves, là où il y a des broussailles et des roselières denses. Elle revient sur ses lieux de nidification en avril ou en mai, et comme elle est très sociable, elle s'installe en colonies, souvent en compagnie de Hérons, d'Ibis et de Cormorans.

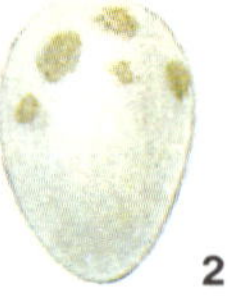

2

Le couple construit son nid en branches (s'il est placé dans les buissons ou les arbres) ou bien en tiges de roseaux et de joncs (s'il est posé à terre). Les oiseaux se servent du même nid pendant plusieurs années, de sorte qu'il devient un amoncellement de végétaux impressionnant. Dans les colonies populeuses, ces amas sont souvent contigus et deux ou trois couples nichent sur le même monticule. Entre avril et juin, la femelle pond de 3 à 5 œufs blancs tachés de brun-roux (2) qu'elle couve avec son partenaire pendant 21 à 25 jours. Les jeunes Spatules enfoncent leur bec loin dans le gosier de leurs parents pour y prendre des insectes aquatiques, des crustacés, des mollusques, des vers, plus rarement de petites grenouilles ou des poissons. Les Spatules ont un mode de pêche original : elles barbotent dans l'eau peu profonde et capturent leurs proies avec leur bec élargi en forme de cuiller à son extrémité. Elles avancent en décrivant, sous la surface de l'eau, des quarts de cercle avec cet appendice. Les Spatules blanches partent en août ou en septembre pour gagner l'Afrique équatoriale.

Les oiseaux adultes atteignent la taille d'une Cigogne. En livrée nuptiale (1), ils sont d'un blanc pur avec une tache jaunâtre sur la poitrine. Une huppe de plumes un peu plus longues orne leur tête. Leurs pattes sont noires ainsi que leur bec qui a l'extrémité jaune. Revêtues de leur plumage d'éclipse, les Spatules n'ont pas de huppe ni de tache pectorale. Les immatures ont la pointe des ailes noire, les pattes et le bec roses ou gris pâle.

Flamant rose

Phoenicopterus ruber

Trois sous-espèces de Flamant rose vivent sur les étendues d'eau saumâtre ou salée peu profonde en Eurasie, en Amérique du Nord et du Sud. En Europe, on rencontre la sous-espèce *P. r. roseus* (1) qui niche dans la réserve de Camargue et qui apparaît aussi sporadiquement dans le sud de l'Espagne.

Les nids des Flamants roses sont aussi insolites que leurs habitants. Ce sont des monticules de boue coniques renforcés de plumes et de débris végétaux avec une faible cavité au sommet. Ils mesurent de 15 à 50 cm de haut et 50 cm de large. Les Flamants étant très sociables, on en trouve jusqu'à trois par mètre carré. La femelle pond entre mi-avril et début juin 1 ou 2 œufs jaune-vert, recouverts d'une épaisse couche de calcaire. Les œufs éclosent au bout de 30 à 32 jours d'incubation. Les jeunes Flamants quittent le nid au bout de 4 jours pour se réunir, si bien que les adultes les élèvent tous ensemble. Ils les nourrissent d'une substance teintée de rouge sécrétée par la partie antérieure de leur tube digestif, et qui contient du sang et des caroténoïdes. En 2 semaines, le bec des jeunes se recourbe et ils apprennent à collecter seuls leur nourriture. Ils ne sont capables de voler qu'au terme de plusieurs mois et atteignent la maturité sexuelle à l'âge de 3 ans.

Rares sont les oiseaux dont la grâce peut égaler celle du Flamant rose. Les adultes sont aussi grands qu'une Grue cendrée. Leur plumage est essentiellement blanc avec une nuance rose plus ou moins prononcée. Les ailes sont d'un rouge pourpré avec les rémiges noires. Les immatures sont d'un blanc sale avec les ailes brunes. Outre le cou et les pattes très longs, le critère de reconnaissance le plus sûr est le bec fort et busqué au milieu à angle droit. Il est bordé de lamelles cornées serrées qui servent à filtrer l'eau et à retenir, à l'aide de la langue charnue, les animalcules vivant dans l'eau peu profonde et dans la vase. En quête de nourriture (2), le Flamant rose frotte sa mandibule supérieure contre le fond et soulève la vase. Il fait de même avec ses pattes.

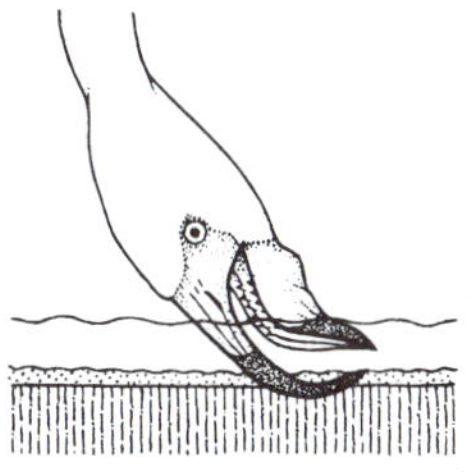

2

1

Les champions de natation

Ansériformes

Les Ansériformes sont des oiseaux de taille moyenne à grande. Le plus grand d'entre eux est le Cygne tuberculé ou muet dont les mâles pèsent plus de 20 kg. L'envergure de ses ailes est de 2,50 m et il mesure 1,52 m de long, depuis la pointe du bec jusqu'à l'extrémité de la queue. La Sarcelle d'été est l'un des plus petits Ansériformes : les mâles pèsent 400 g environ. Les Ansériformes ont des pattes courtes mais fortes, faites pour la nage. Leurs trois doigts antérieurs sont reliés par une large palmure, le petit pouce est placé un peu plus haut que les autres doigts (fig. 1,2).

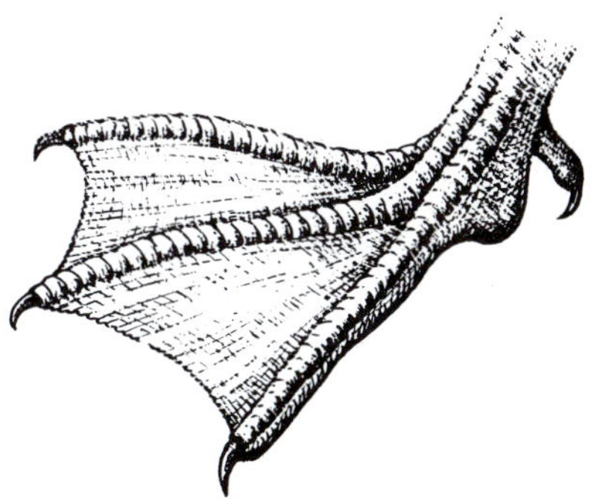

1. Patte d'un Canard de surface : doigt médian plus long et pouce avec lobe étroit

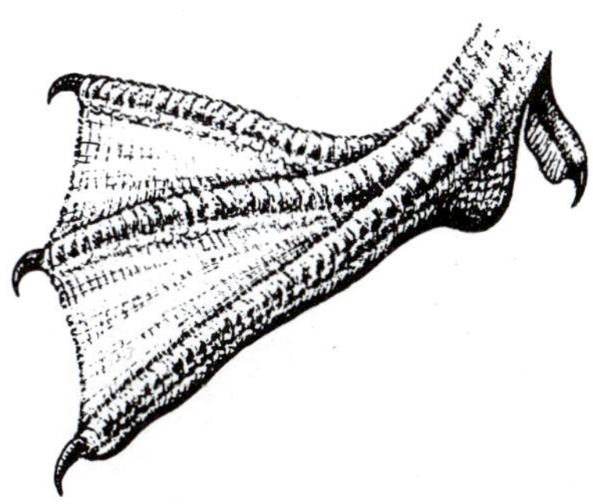

2. Patte d'un Canard plongeur : doigt externe plus long et pouce au lobe épais

La morphologie particulière du bec est un trait commun à tous ces oiseaux : recouvert d'une peau molle, il se termine par une large plaquette cornée appelée onglet à cause de sa forme. Sur les côtés du bec, on remarque des excroissances cornées dont la forme est adaptée au régime alimentaire de l'oiseau (fig. 3). Les espèces qui filtrent leur nourriture dans la vase ont le bec bordé de lamelles serrées, les espèces piscivores sont pourvues de rangées d'excroissances tranchantes qui leur facilitent la pêche, enfin les espèces herbivores ont des lamelles en dents de scie qui leur permettent de cueillir les plantes. La longueur du cou est directement liée au mode d'obtention de la nourriture. Le cou des Cygnes qui atteignent les plus grandes profondeurs en plongeant seulement sous l'eau la partie antérieure du corps, compte 25 vertèbres, celui des Oies 18, tandis que celui des Harles, Canards plongeurs qui pourchassent les poissons sous l'eau, n'en a que 16.

Le plumage des Ansériformes est dense. Tout leur corps est recouvert d'une épaisse couche de duvet, véritable isolant thermique qui protège l'oiseau de l'eau froide. Il est si bien imprégné des sécrétions de la glande uropygienne qu'aucune goutte d'eau ne pénètre jusqu'à la peau. Il est vrai que les Ansériformes consacrent, tous les jours, de longs moments à l'entre-

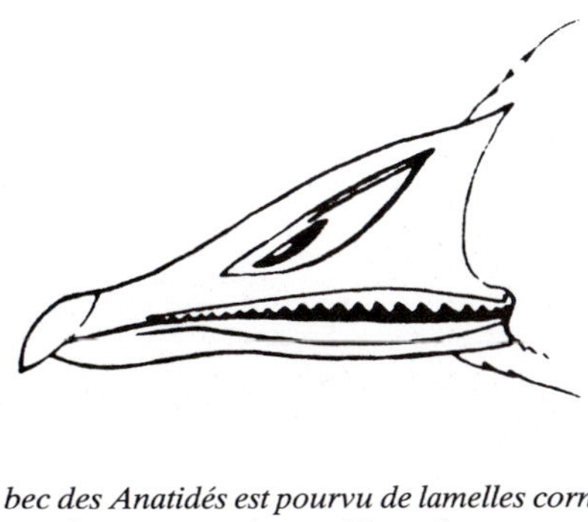

3. Le bec des Anatidés est pourvu de lamelles cornées et terminé par une large plaquette cornée appelée onglet

tien de leur plumage. Les Ansériformes sont d'excellents voiliers, certaines espèces étant capables d'atteindre une très grande vitesse. Chez les petites Sarcelles, par exemple, on a relevé des vitesses allant jusqu'à 120 km/h. La rapidité et l'endurance permettent aux Ansériformes de franchir de grandes distances lors de leur quête quotidienne de nourriture ou lors des migrations. La perte passagère et simultanée de toutes leurs rémiges au cours de leur mue d'été est un trait caractéristique du groupe. Pendant 3 semaines environ, ils sont incapables de voler, devant traverser cette mauvaise période à l'abri, au milieu des roseaux.

6. Les Canards de surface s'envolent sans difficulté de l'eau.

Les Canards (y compris les Harles) se distinguent par un dimorphisme sexuel très net : le mâle, très haut en couleurs, contraste en effet avec la femelle terne. Ceci est probablement lié au fait que c'est la cane qui couve, de sorte que la coloration discrète de son plumage lui permet de passer inaperçue au nid. Les ornithologues distinguent les Canards de surface et les Canards plongeurs. Les premiers sont reconnaissables à leur corps allongé qui flotte sur l'eau avec légèreté, faiblement immergé, et à leur croupion surélevé (fig. 4). Leur pouce est dépourvu de palmure et leur doigt médian antérieur est plus long (fig. 1). Ces Canards pêchent en enfonçant la partie antérieure de leur corps dans l'eau ; ils filtrent leur nourriture dans l'eau et la vase fluide au moyen des lamelles serrées qui bordent leur bec et des bords frangés de leur langue charnue. Ils s'envolent à la verticale (fig. 6). En vol, on remarque sur leurs ailes une plage de couleur vive, à reflets métalliques qu'on appelle miroir. Les Canards plongeurs, plus trapus, nagent profondément enfoncés dans l'eau, tenant la queue presque à la surface. Leurs pattes sont placées en arrière, ce qui les gêne pour marcher et les oblige à se redresser (fig. 5). Leur pouce est festonné, leurs palmures sont plus larges et le doigt externe est plus long (fig. 2). Pour chercher leur nourriture, ils plongent au fond de l'eau. Ils nagent à la perfection sous l'eau en battant des deux pattes, certaines espèces s'aidant des ailes. Certains de ces Canards restent sous l'eau pendant 3 minutes, descendant jusqu'à 60 mètres de profondeur. Ils éprouvent des difficultés pour s'envoler et doivent courir un peu sur l'eau (fig. 7). Leurs ailes ne portent pas de miroir.

4. Silhouette d'un Canard de surface

5. Silhouette d'un Canard plongeur

Les pontes des Ansériformes sont généralement importantes. La femelle est seule à couver. Chez les Oies et les Cygnes, les mâles participent à l'élevage

7. *Les Canards plongeurs doivent courir sur l'eau pour s'envoler.*

des jeunes. Les jeunes Ansériformes font partie des nidifuges les mieux développés : ils viennent au monde avec un duvet épais et quittent le nid dès qu'ils sont secs. Ils se déplacent avec agilité sur l'eau comme sur la terre ferme et cherchent eux-mêmes leur nourriture.

Troupe d'Oies cendrées au-dessus de leur lieu de rassemblement

Cygne tuberculé (ou Cygne muet)

Cygnus olor

Le Cygne tuberculé habite une zone continue qui s'étend depuis la Grande-Bretagne et le sud de la Suède jusqu'à l'Europe centrale et orientale. En Asie, on ne le trouve que çà et là. Au cours des dernières décennies, le nombre des effectifs européens a fortement augmenté. Partiellement migrateur, le Cygne tuberculé hiverne sur les côtes comme au bord des eaux douces non gelées dans le centre et le sud-est de l'Europe. Apprécié pour son air majestueux, il est élevé en captivité ou semi-liberté sur les pièces d'eau des parcs ou des jardins de châteaux. Dans la nature, il vit sur les eaux saumâtres ou sur les cours d'eau lents.

Les couples, durables, se forment dès l'automne. Les deux oiseaux construisent leur nid près de l'eau, dans les roseaux ou les joncs, mais aussi à découvert, sur un îlot ou sur la berge. Le mâle arrache des plantes dans les proches environs et les dépose à la portée de la femelle qui les dispose autour d'elle. Elle amoncelle un grand tas de végétaux creusé d'une cavité centrale bien marquée. Elle pond, en avril ou en mai, de 4 à 7 œufs gris-vert ou gris blanchâtre (les Cygnes domestiqués ou semi-sauvages pondant jusqu'à 9 ou 12 œufs). La plupart du temps, c'est la femelle qui couve, pendant 35 jours environ. Les jeunes Cygnes volent au bout de 4 ou 5 mois. Au cours de leur deuxième ou troisième année, ils essaient de bâtir leur propre nid, mais n'atteignent la maturité sexuelle qu'au cours de la quatrième année.

Le plumage des adultes (1) est d'un blanc pur. Leur bec rouge orangé porte une bosse noire à la racine. Leurs pattes sont également noires. L'allure des Cygnes tuberculés nageant sur l'eau est caractéristique : ils se tiennent le bec tourné obliquement vers le bas, le cou recourbé en forme de S et les ailes surélevées. Les immatures (1) sont brun-gris, et progressivement tachetés de blanc. Ils ont des pattes gris rosé. Le duvet des petits est gris, mais chez les Cygnes semi-sauvages, on observe des variantes entièrement blanches dès cette première livrée (forme *immutabilis*) qui gardent des pattes gris pâle même à l'âge d'adulte. En vol, les battements d'ailes lents et puissants produisent un sifflement clair. Par ailleurs, le Cygne tuberculé est très silencieux ; il fait parfois entendre des grognements nasillards et des sifflements.

1

Cygne de Bewick

Cygnus columbianus (Cygnus bewickii)

Le Cygne de Bewick est une espèce arctique qui habite l'extrême nord de l'Europe et de l'Asie, depuis la côte de Mourmansk, à l'ouest, jusqu'à la presqu'île des Tchouktches, à l'est. Il niche dans la toundra marécageuse, au bord des lacs et des fleuves, plaçant son nid sur une hauteur située à proximité de l'eau.

C'est un amoncellement de mousse, de lichen et d'herbe avec une cavité centrale peu profonde, garnie de duvet. Sa construction est entièrement assurée par la femelle. La ponte compte de 2 à 4 œufs jaunâtres qui foncent au cours de la couvaison. La femelle couve seule pendant 29 ou 30 jours. Les jeunes viennent au monde généralement en juin ou en juillet et, dès le mois de septembre, sont amenés à quitter leur nid car l'eau commence à geler dans ces régions septentrionales. Les Cygnes migrent alors vers leurs lieux d'hivernage habituels qui se trouvent au bord de la mer du Nord ou, plus rarement, de la Baltique. On observe par endroits des bandes comptant plusieurs milliers d'individus. Ils s'aventurent rarement à l'intérieur du continent européen et seulement en petit nombre, bien qu'on ait observé des Cygnes de Bewick, en hiver, dans la région méditerranéenne. Ils reviennent généralement dans le nord en mai ou en juin ; tout dépend de l'époque à laquelle commence le printemps nordique. Leur alimentation est presque exclusivement végétale mais ils mangent aussi à l'occasion de petits poissons ou des insectes aquatiques.

2

3

Le Cygne de Bewick est le plus petit des Cygnes. Par son allure et son comportement, il ressemble au Cygne chanteur, mais il est d'un quart plus petit. Le plumage des adultes (1) est d'un blanc neigeux. La moitié antérieure de leur bec est noire, la base, jaune, ne forme pas une pointe comme chez le Cygne chanteur (2), mais une marque arrondie (3). Les immatures sont gris-brun. Les Cygnes de Bewick lancent des « liouk » sonores et des « gouik ».

1

Cygne chanteur (ou Cygne sauvage)

Cygnus cygnus

Le Cygne chanteur est, lui aussi, un habitant du nord. Son aire de répartition s'étend depuis l'Islande et le nord de l'Écosse à travers la Scandinavie jusqu'à l'Extrême-Orient. Il niche localement au bord de la Caspienne et en Asie centrale. Ses populations septentrionales se rendent, pour l'hiver, au bord de la mer du Nord et de la Baltique ; on les voit parfois à l'intérieur des terres à cette saison.

Les couples se forment dans les lieux d'hivernage et restent unis pendant toute leur existence. Leur vie sociale et familiale est exemplaire. Les couples rejoignent les marais et les lacs de la toundra ou les baies du littoral ayant une végétation abondante pour y bâtir leur nid, sur la rive, sur un îlot ou dans les roseaux. Il s'agit d'un amoncellement de végétaux dont la cavité centrale est faiblement garnie de duvet. La femelle pond, généralement en mai, de 4 à 6 œufs blanc jaunâtre (2) qu'elle couve seule pendant 35 à 42 jours. Son partenaire reste toujours à proximité pour veiller sur elle. Après l'éclosion des œufs, il participe activement à l'élevage des jeunes. Sur l'eau, la famille reste toujours réunie. La mère conduit les jeunes qui se hissent parfois sur son dos, tandis que le mâle reste derrière pour écarter tout danger. En cas de nécessité, les adultes défendent courageusement leur progéniture, assénant des coups douloureux avec leurs ailes. Ce comportement est commun à tous les autres Cygnes. La nourriture des adultes consiste surtout en herbes, en plantes aquatiques diverses, alors que les jeunes mangent aussi des vers, des mollusques et des insectes. Les immatures sont gris sale (3).

1

2

3

Les adultes (1) sont blancs. On les reconnaît sur l'eau à leur façon de tenir le cou très droit et leurs ailes plaquées contre le corps. Leur bec est jaune avec la pointe noire, le jaune formant comme un coin dans la partie noire. Le Cygne chanteur a la même taille que le Cygne tuberculé, mais son vol est silencieux. Ses cris puissants « hououk hououkouk » rappellent des coups de trompette.

Oie des moissons

Anser fabalis

1

L'Oie des moissons est une habitante du nord de l'Europe et de l'Asie. Son aire de répartition s'étend depuis le nord de la Scandinavie jusqu'au détroit de Béring. Par endroits, elle vit au bord des lacs de montagne en Asie centrale. Elle niche près des rivières, des lacs ou dans les marais.

Situé non loin de l'eau, son nid est une simple dépression garnie d'herbes, de lichens et surtout de duvet. La femelle couve seule pendant 27 à 29 jours sa ponte de 4 à 6 œufs d'un blanc sale (2) qu'elle dépose dans le nid en mai ou juin. Le mâle la surveille sans cesse et prend soin des oisons après leur éclosion. Ces derniers commencent à voler au bout de 2 mois. Dès la fin du mois d'août ou au début du mois de septembre, ils quittent par bandes les pays nordiques, en compagnie de leurs parents.

Les Oies des moissons hivernent dans le sud de la Scandinavie et autour de la mer du Nord, mais on en rencontre aussi au bord de la mer Noire et de la Méditerranée. Leurs principaux centres d'hivernage se situent en Grande-Bretagne, sur le cours moyen du Danube où elles se rassemblent par dizaines de milliers et dans la région d'Hortobagy, en Hongrie où leurs effectifs atteignaient quelques centaines de milliers d'individus. Au cours des dernières décennies, cependant, leurs effectifs dans les quartiers d'hiver ont accusé une baisse très sensible. Les Oies des moissons reviennent sur leur lieu de ponte entre février et mars. Elles prennent une alimentation végétale, composée surtout d'herbes et de plantes aquatiques. Sur les lieux d'hivernage, elles peuvent causer de graves dégâts dans les champs de blé.

2

La couleur fondamentale de l'Oie des moissons (1) est le brun-gris ; sa tête et son cou sont brun foncé. Ses pattes sont jaune orangé ; son bec, bicolore, jaune et noir à la base, est terminé par un onglet noir. En vol, on remarque la partie antérieure foncée des ailes. La taille de l'Oie des moissons correspond à celle de l'Oie cendrée, mais sa voix est différente. Elle lance, en effet, des « hang-aouk-kaïak » ou des « kaïaïak » sonores.

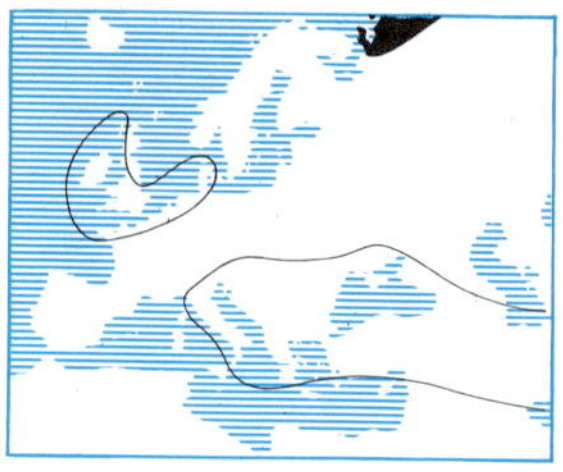

Oie rieuse

Anser albifrons

L'Oie rieuse niche dans l'extrême nord de l'Europe, de l'Asie et de l'Amérique du Nord. Avant l'hiver, elle migre loin vers le sud, dans les régions qui s'étendent depuis la bordure méridionale de la Scandinavie jusqu'aux côtes de l'Europe occidentale ; il lui arrive aussi d'hiverner en Europe centrale et, plus au sud, au bord de la Méditerranée. L'Oie rieuse est l'une des espèces d'Oies sauvages les plus communes. Elle forme des bandes comptant plusieurs milliers d'individus dans les lieux d'hivernage. Elle recherche de vastes étendues de champs, de prés et de pâturages, à proximité de grands étangs ou de rivières où elle se repose la nuit et qu'elle quitte tôt le matin pour aller chercher sa nourriture. Elle se nourrit surtout d'herbe et de blé d'hiver. En mai et en juin, elle niche dans la toundra humide marécageuse ou dans la toundra arbustive, à proximité de l'eau. Dans les endroits propices, elle a tendance à s'assembler en colonies.

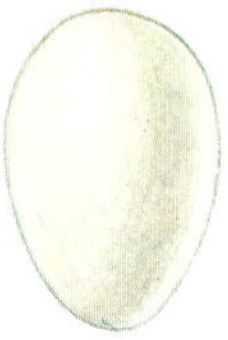

2

La femelle construit seule, sur une hauteur, un nid sommaire en herbes, en lichens et en duvets. Elle pond de 4 à 6 œufs d'un blanc sale (2) qui se couvrent de taches jaune-brun au cours de l'incubation. Elle les couve seule pendant 27 ou 28 jours, tandis que le mâle monte la garde à proximité. Les deux parents prennent soin des oisons. Les jeunes immatures qui ne vivent pas encore en couples se rassemblent en bandes qu'on voit errer pendant tout l'été à travers la toundra. Après la saison des nids, les familles les rejoignent pour entreprendre un long voyage vers les quartiers d'hiver, fin septembre et surtout en octobre.

L'Oie rieuse est plus petite et plus foncée que l'Oie cendrée. On reconnaît les adultes (1) aux bandes foncées transversales qui traversent leur ventre, mais surtout à leur front blanc qui s'étend jusqu'aux yeux. Les immatures n'ont ni la tache frontale blanche, ni les rayures noires sur le dessous. Leur bec d'un rouge uniforme est dépourvu de toute tache noire. Les cris de l'Oie rieuse sont des « koou-lioou » aigus ou des « lio-liok ».

1

Oie naine

Anser erythropus

1

pontes apparaissent généralement fin mai ou début juin. La femelle choisit sur une hauteur, dans un lieu marécageux, une cavité qu'elle garnit de petites branches, d'herbes, de feuilles et de duvets. Elle pond généralement 4 ou 5 œufs blanc jaunâtre qu'elle couve seule pendant 25 à 28 jours. Après l'éclosion des œufs, le mâle vient l'aider à surveiller les oisons jusqu'à leur envol, à l'âge de 60 jours environ. L'Oie naine se nourrit surtout des parties vertes et tendres de diverses plantes ; en hiver, elle y ajoute toutes sortes de graines y compris de blé.

L'Oie naine a le ventre barré de noir et une tache blanche sur le front, comme l'Oie rieuse (2), mais celle-ci s'avance plus loin sur le dessus de la tête (3). On la reconnaît aussi à son anneau orbital jaune qui existe même chez les immatures, alors qu'ils n'ont pas encore de front blanc. Lorsqu'elle se tient debout, les pointes de ses ailes dépassent l'extrémité de sa queue. Adulte (1), elle est à peu près d'un tiers plus petite que l'Oie cendrée. Elle lance des cris aigus, « kiou-iou » ou « klou-iou ».

L'Oie naine habite la toundra et la toundra arbustive en Europe et en Asie, recherchant dans ce milieu la proximité des rivières et des lacs, sans éviter pour autant les hauts plateaux et les endroits rocheux. Migratrice, elle s'envole fin août ou début septembre vers ses lieux d'hivernage situés dans le sud-est de l'Europe, sur le pourtour de la mer Noire et en Asie du Sud. Il est rare que des oiseaux restent au bord de la mer du Nord et de la Baltique. L'Oie naine apparaît aussi sporadiquement et irrégulièrement en Europe centrale et occidentale. On peut l'observer entre septembre et novembre, lors de sa migration d'automne ou, au contraire, pendant sa migration de retour, en mars ou en avril.

Les Oies naines arrivent par bandes sur leur aire de nidification. Les couples ne se forment et n'occupent leur lieu de ponte qu'après la fonte des neiges. En Europe du Nord, les premières

3

2

Oie cendrée

Anser anser

1

L'aire de répartition de l'Oie cendrée recouvre l'Islande, les îles Britanniques, les côtes scandinaves, une partie de l'Europe centrale et du Sud-Est, et l'Asie centrale et orientale. Toutes les populations sont migratrices (à l'exception de celles de la Grande-Bretagne) et hivernent dans la région méditerranéenne ou dans le sud de l'Asie.

On peut citer l'Oie cendrée comme un modèle en ce qui concerne la vie familiale. Monogame, elle vit par couples stables, unis jusqu'à la mort de l'un des partenaires. L'autre reste alors célibataire. Dès son retour des quartiers d'hiver, en février ou en mars, la femelle commence à construire le nid avec des plantes aquatiques, des branches, de l'herbe et des feuilles, dans la végétation du bord des étangs, des lacs ou sur un îlot. Au fur et à mesure de la couvaison, la couche de duvet s'épaissit dans le nid. La femelle s'en sert pour recouvrir sa ponte quand elle doit s'absenter. Elle couve seule ses 4 à 8 œufs d'un blanc sale (2), mais le mâle reste toujours à proximité. Les oisons viennent au monde après 27 à 29 jours d'incubation. Sur l'eau, la femelle nage toujours en tête. Le mâle, lui, ferme la procession, prêt à défendre sa famille en cas de nécessité. Les jeunes apprennent à voler au bout de 2 mois mais la famille reste unie, s'agrandissant des jeunes Oies de l'année précédente qui viennent la rejoindre. Par la suite, les Oies venues de régions voisines se rassemblent en bandes immenses sur les étangs, se préparant pour la migration qui a lieu en septembre ou en octobre. L'Oie cendrée a la même alimentation que les autres Oies.

2

Elle atteint la même taille que l'Oie domestique, mesurant entre 76 et 89 cm de long. Son plumage est gris-brun pâle. En vol, on remarque la couleur grise de la partie antérieure des ailes. Les Oies cendrées d'Europe ont le bec jaune-orange (*Anser anser anser,* 1), tandis que celui des Oies d'Asie est rose *(A. a. rubrirostris).* En vol, ces Oies adoptent une formation en V ou en ligne. Leurs cris sont des « gagagag » qui rappellent ceux de l'Oie domestique.

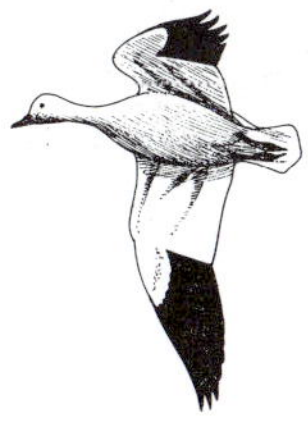

Oie des neiges

Anser caerulescens

1

L'Oie des neiges est une espèce arctique qui niche sur l'île Wrangel et la presqu'île des Tchouktches, dans le nord de l'Amérique du Nord et au Groenland. Son aire d'hivernage s'étend sur le littoral de l'Asie orientale jusqu'au Japon et sur l'Amérique du Nord jusqu'au Mexique. Elle s'aventure parfois en Europe occidentale. L'Oie des neiges vit dans la toundra, à proximité des lacs et des rivières, mais dans des endroits secs. Sociable, elle niche en colonies qui comptent plusieurs dizaines, voire plusieurs centaines de couples.

Le nid n'est qu'une dépression dans le sol, garnie de brins d'herbes et de lichens ramassés dans les proches environs et de duvet. Au début du mois de juin, alors qu'il neige encore et que les eaux côtières sont encore prises par la glace, la femelle pond 4 ou 5 œufs blancs et les couve seule. Le mâle se tient toutefois à proximité pour défendre sa famille en cas de danger. La durée d'incubation est de 23 à 25 jours. Dès qu'ils sont secs, les oisons suivent leurs parents sur les marais de la côte. Au bout de 6 semaines, ils commencent à voleter. En juillet, les Oies adultes muent toutes en même temps et doivent rester sur l'eau ; en août, commence leur migration d'automne. Le régime alimentaire de l'Oie des neiges se compose de différentes espèces d'herbes, de feuilles, de graines des plantes de la toundra et, à l'occasion aussi, de petits animaux aquatiques.

2

Les Oies adultes (1) ont la taille d'une Oie domestique. Elles sont entièrement blanches, à l'exception de la pointe des ailes. Les jeunes sont bruns sur le dessus. Outre la forme blanche, il existe une forme bleue (2) dont la coloration fondamentale est gris bleuté, à l'exception de la tête, du cou, du ventre et des sous-caudales blancs. Le bec et les pattes sont toujours rouges. La voix est un « keehk » rauque ou bien un « ang-ang-ang » grave.

Bernache du Canada

Branta canadensis

La Bernache du Canada (1) est originaire d'Amérique du Nord où elle niche depuis la toundra arctique jusqu'au nord du Colorado et de la Californie. Depuis trois siècles environ, on l'élève en Grande-Bretagne où elle a été introduite comme oiseau d'ornement, mais depuis la fin du XIXe siècle, elle y niche en liberté. Ses effectifs ont fortement augmenté, si bien qu'entre 1967 et 1969, ils ont atteint 10 000 individus. En 1929, on l'a introduite en Suède (1 500 oiseaux en 1965) et en 1936, en Norvège. En 1966, on a observé quelques nids en Finlande, en 1971 au Danemark et en 1974 aux Pays-Bas. La Bernache du Canada niche aussi en R. F. A., mais il s'agit probablement d'oiseaux qui se sont échappés de captivité. Les populations anglaises sont sédentaires, tandis que les Bernaches scandinaves migrent régulièrement, pour l'hiver, en direction du sud-ouest, vers les Pays-Bas, la R.F.A. et la R. D. A.

Le biotope de nidification de la Bernache du Canada est extrêmement varié : il s'agit aussi bien de prairies que de milieux semi-désertiques, de forêts, de marécages littoraux et de toundras. Dans la plupart des cas, le nid n'est qu'une simple cavité dans le sol, garnie de brins d'herbe et de petites branches ramassés dans les environs, et de duvet. Il se trouve généralement à proximité de l'eau, le plus souvent sur un îlot, dissimulé dans la végétation riveraine ou sous des arbustes. La femelle couve seule ses 4 à 6 œufs d'un blanc sale pendant 25 à 30 jours. Le mâle veille sur elle et participe activement, après l'éclosion des œufs, à l'élevage des petits. Ceux-ci restent dans le nid pendant 2 jours, puis suivent leurs parents sur l'eau. La Bernache du Canada a une alimentation essentiellement végétale. Elle pâture sur le sol sec, généralement le matin et au crépuscule.

C'est la plus grande de toutes les Bernaches. Elle est nettement plus grande que l'Oie cendrée. La couleur fondamentale de son plumage est brun-gris, sa tête et son long cou sont d'un noir profond, à l'exception des taches blanc pur de ses joues.

Bernache nonnette

Branta leucopsis

Espèce arctique, la Bernarche nonnette a une répartition limitée. Elle se cantonne sur la côte est du Groenland, au Spitzberg, sur l'île méridionale de la Nouvelle-Zemble et l'île Vaïgatch. Pour l'hiver, elle s'envole vers l'Europe occidentale, exceptionnellement jusqu'à la péninsule ibérique. Ses effectifs sont faibles : en 1963, on les a estimés à 35 000 individus. Extrêmement sociable, elle niche en colonies plus ou moins importantes, souvent en compagnie d'oiseaux marins. Elle place son nid au sol, entre les pierres ou dans une dépression. Elle l'entoure de mousse, de lichen et d'herbe, et le garnit abondamment de duvet. Elle pond, entre avril et juin, de 4 à 6 œufs blanchâtres ou jaunes qu'elle couve pendant 26 jours. On distingue facilement le nid de celui d'autres espèces d'Oies à la couronne de fientes qui l'entoure. La femelle, en effet, ne peut pas s'éloigner de sa ponte car les Mouettes et les Labbes la saccageraient sur-le-champ. Le mâle monte la garde en permanence auprès du nid, si bien que les deux adultes qui ne s'alimentent pas assez pendant cette période maigrissent considérablement. Le nid se trouve parfois à plusieurs dizaines de mètres au-dessus de l'eau. Après avoir séché, une partie des jeunes sortent directement de la falaise dans l'eau, les parents descendant probablement certains d'entre eux dans leur bec ou sur leur dos. Dès la fin d'août et en septembre, de petites bandes de Bernaches s'envolent vers leurs quartiers d'hiver. En mai, elles reviennent sur leurs lieux de ponte, situés dans le Grand Nord. Les Bernaches nonnettes se nourrissent d'herbes, de pousses, de bourgeons et de graines, à l'occasion de crustacés et de mollusques.

La Bernache nonnette (1) a le dos rayé de gris, le ventre clair, la poitrine, le cou et l'occiput noirs et la face blanche. Elle est un peu plus grande qu'un Canard colvert. Elle lance des aboiements, « gouak gouak ».

1

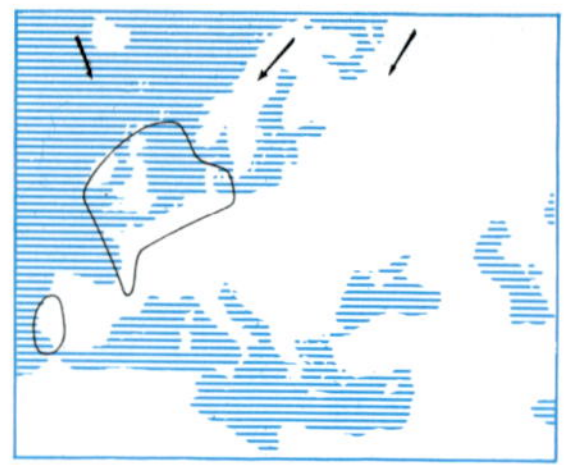

Bernache cravant

Branta bernicla

La Bernache cravant est, de toutes les Oies, celle qui niche le plus au nord, sur le littoral de l'extrême nord de l'Eurasie et de l'Amérique du Nord. Les Bernaches européennes hivernent sur les côtes de la mer du Nord, de la Manche et de l'Atlantique. Parfois, il leur arrive de s'aventurer jusqu'à la péninsule ibérique ou de pénétrer, individuellement ou par petites bandes, à l'intérieur du continent. Au début du XXe siècle, on enregistra dans leurs quartiers d'hiver européens une telle baisse de leurs effectifs que certains auteurs estimèrent qu'ils atteignaient 10 % de leur niveau cent ans auparavant. La Bernache cravant niche presque exclusivement sur le littoral, surtout à l'embouchure des fleuves. Plus à l'intérieur des terres, elle recherche la toundra, à proximité des lacs et des fleuves. Fin mai, elle revient dans le nord. Dix jours après son retour, on peut déjà voir des nids avec des œufs.

2

Les nids faits de lichens et entourés d'une couronne de duvet sont placés au sol, au pied des rochers. La femelle pond de 3 à 5 œufs grisâtres (2) qu'elle couve seule pendant 24 à 26 jours. Au début, le mâle participe à l'élevage des jeunes, mais abandonne très vite sa famille pour muer en compagnie d'autres jars. Vers la mi-août, la mue des femelles s'achève et les jeunes savent déjà voler, de sorte qu'ils peuvent partir tous ensemble vers le sud-ouest. La Bernache cravant se nourrit de zostères, de lichens, d'herbes mais aussi de mollusques et de crustacés marins.

Elle est aussi grande qu'un Canard colvert. C'est la plus foncée de toutes les Oies, et aussi la seule dont la tête soit entièrement noire. Le cou et la poitrine sont noirs, mais les côtés du cou portent une étroite tache blanche qui manque chez les immatures. Son ventre est gris pâle ou gris ardoise (1). La Bernache cravant lance des « rouk-rouk » bruyants.

Bernache à cou roux

Branta ruficollis

La Bernache à cou roux habite, elle aussi, une aire assez restreinte. Elle ne niche que dans la partie septentrionale des plaines de la Sibérie occidentale, depuis la côte est de la presqu'île de Yamal jusqu'à l'embouchure du Khatanga, et hiverne dans la région de la Caspienne, de la mer d'Aral, en Transcaucasie, en Iran et sur le territoire de l'ancienne Mésopotamie. Elle devient de plus en plus fréquente en Roumanie et en Bulgarie. Sporadiquement, entre octobre et avril, des Bernaches à cou roux isolées ou en petites bandes se montrent en Europe centrale et occidentale.

1

Dans son aire de nidification, la Bernache à cou roux recherche des endroits rocailleux secs dans la toundra ou la toundra arbustive, surtout près des fleuves. Elle niche en petites colonies, composées de 4 ou 5 couples. Le nid est généralement placé au sol, entre les pierres. Construit avec des brins d'herbe sèche, il est abondamment garni de duvet, avec lequel la femelle recouvre les œufs lorsqu'elle doit s'absenter. Elle pond à la mi-juin de 4 à 6 œufs blancs teintés de vert qu'elle couve seule pendant 25 jours environ. Dès qu'ils sont secs, les petits suivent leurs parents sur l'eau, ceux-ci continuant à les surveiller. Dès septembre, les Bernaches à cou roux entreprennent leur voyage vers le sud, ne passant, au total, que 3 ou 4 mois sur leurs lieux de reproduction. À la saison des nids, les adultes comme les immatures se nourrissent presque exclusivement d'herbe alors que dans leurs lieux d'hivernage, ils mangent aussi d'autres plantes et même le blé d'hiver dans les champs.

La Bernache à cou roux (1) est remarquable par son plumage multicolore : elle a une grande tache sur les tempes et le devant du cou roux, le dessus noir (y compris le cou et la tête) et le ventre blanc ; des rayures blanches lui barrent les flancs et le cou et elle porte une tache blanche à la base du bec. Elle est presque de la même taille que l'espèce précédente. Elle lance des « kik ouik » stridents répétés rapidement.

Oie d'Égypte

Alopochen aegyptiacus

L'Oie d'Égypte niche sur presque tout le continent africain, à l'exception des déserts, de la forêt équatoriale et du Maghreb. La densité de ses populations est plus forte en Afrique australe et orientale. Dans l'Antiquité, les Égyptiens l'élevaient comme oiseau sacré, les Romains et les Grecs comme oiseau domestique. En Europe, elle niche surtout en Grande-Bretagne, où on l'a introduite au XVIIIe siècle. On estime les effectifs de la population britannique à 300 ou 400 individus. Aux Pays-Bas, elle vit aussi en liberté depuis 1960 environ, le nombre des couples nicheurs oscillant entre 30 et 50.

2

arbre sur les branches duquel elle aime aussi se percher. La femelle pond de 8 à 10 œufs d'un blanc crémeux qu'elle couve pendant 28 à 30 jours. Le mâle protège et accompagne la femelle pendant cette période, s'occupant aussi des oisons après l'éclosion des œufs. Irrascible, il défend vaillamment son territoire contre les intrus. Au bout de 10 semaines, les jeunes Oies savent voler. Elles se rassemblent en bandes et se cantonnent sur les rives sablonneuses des rivières qu'elles quittent au crépuscule ou la nuit pour aller pâturer dans les marais, les prés et les champs des alentours.

1

Dans son aire d'origine, elle habite les biotopes les plus variés, ses modes de nidification étant également très diversifiés. Elle bâtit en effet son nid sur le sol, dans la végétation du bord de l'eau, sur des îlots, dans des terriers de mammifères, entre des pierres, dans des fentes de rochers, des ruines, des arbres creux ou de vieux nids d'autres oiseaux, situés jusqu'à 25 mètres au-dessus du sol. Elle niche cependant le plus souvent dans un

On reconnaît l'Oie d'Égypte à ses longues pattes (2). Les individus des deux sexes ont le plumage roussâtre, gris, noir et blanc. Leurs ailes portent des plages vertes, brunes, noires et blanches (1).

♂

Tadorne casarca

Casarca ferruginea

2♂

En Europe, le Tadorne casarca niche dans l'est des Balkans. Ailleurs dans le monde, il vit dans l'Atlas en Afrique du Nord, au Proche-Orient et en Asie centrale jusqu'à l'Amour ; le principal centre de nidification se trouve dans les steppes du Kazakhstan et de l'Iran. Ses populations méditerranéennes sont généralement sédentaires, tandis que les autres sont nomades ou migratrices. Lors de la migration, on le rencontre au Maroc, en Égypte et en Asie méridionale. Exceptionnellement, il s'aventure dans certains pays d'Europe.

Le Tadorne casarca recherche les paysages dégagés, en particulier les lacs de steppe entourés d'une maigre végétation et, dans certains endroits, les cours d'eau importants. En Asie centrale, il monte jusqu'aux lacs des hauts-plateaux, au-delà de 3 000 mètres d'altitude. À l'instar des espèces du genre *Tadorna*, les femelles se montrent plus actives que les mâles pendant la parade nuptiale, incitant ces derniers à se battre entre eux. Pour nicher, les Tadornes s'installent dans des cavités de tout genre : terriers, creux sous des pierres, ruines, trous d'arbre et, exceptionnellement, nids de Rapaces abandonnés ou nichoir. La femelle construit le nid avec un peu de duvet, de feuilles et d'herbe. Elle pond généralement vers la fin du mois de mai entre 8 et 12 œufs d'un jaune crémeux qu'elle couve seule pendant 27 à 29 jours, tandis que le mâle se tient en permanence à proximité. Les deux adultes s'occupent des petits jusqu'à ce qu'ils soient capables de voler. Les Tadornes préfèrent prendre leur nourriture sur la terre ferme plutôt que dans l'eau peu profonde. Les végétaux prédominent dans leur régime alimentaire mais, à l'occasion, ils mangent de petits crustacés et des mollusques, des vers, de petits poissons, des batraciens et même des charognes.

La coloration fondamentale des individus des deux sexes est brun-roux, l'extrémité de la queue et des ailes étant noire. Le mâle (2) se distingue de la femelle (1) par un fin collier noir et par sa tête, légèrement plus foncée. Le cri de ce Tadorne est un « ahang », audible de loin.

1

Tadorne de Belon

Tadorna tadorna

1

L'aire de répartition du Tadorne de Belon s'étend sur le littoral de l'Europe du Nord et de l'Ouest, par endroits au bord de la Méditerranée et de la mer Noire. À partir de la Caspienne, elle se prolonge en bande continue jusqu'aux steppes de l'Asie centrale. Les populations du sud sont sédentaires, celles du nord et de l'ouest, migratrices ou nomades. En août ou en septembre, les Tadornes s'envolent vers la côte atlantique de l'Europe occidentale ou vers la Méditerranée pour y passer l'hiver. Courant mars et avril, ils réapparaissent sur leurs lieux de reproduction. Au cours de la migration, on les voit parfois sur les étangs ou les grandes rivières en Europe centrale.

Le Tadorne de Belon niche presque exclusivement dans des terriers de 1 ou 2 mètres de profondeur. Il les creuse lui-même ou occupe ceux des lapins, des renards et d'autres mammifères. À l'occasion, il s'installe aussi dans les crevasses des rochers, entre des pierres, dans un arbre creux ou à l'abri des buissons. Le Tadorne de Belon vit sur le littoral et au bord des lacs salés ou des bras morts des rivières. Il revient par couples sur ses lieux de ponte, parfois dès février, mais le plus souvent en mars. En avril et juin, la femelle pond dans le creux de son nid, garni de duvet, entre 7 et 12 œufs d'un blanc crémeux. Pendant qu'elle couve, le mâle monte la garde dans les environs, se postant parfois directement devant l'entrée du terrier. Les œufs éclosent au bout de 27 à 29 jours, et aussitôt après, les petits suivent leurs parents sur l'eau. Les Tadornes de Belon se nourrissent, dans le milieu aquatique, de petits mollusques et de crustacés, de vers, d'insectes et de petits poissons, quelquefois de fragments végétaux.

2

Le Tadorne de Belon (1) est grand comme un Canard colvert. Son plumage contrasté est blanc, noir et roux. Son bec est rouge vif ; celui du mâle porte une bosse nette à la base. La livrée des immatures (2) est gris foncé sur le dessus, blanchâtre sur le ventre. Le Tadorne lance des « ga ga ga » rapides. Pendant la parade nuptiale, le mâle fait entendre des « khio » sifflés.

♂

Canard carolin

Aix sponsa

1

La patrie du Canard carolin est l'Amérique du Nord, surtout sa côte atlantique. Au début du XXe siècle, il a failli y être totalement exterminé et ce n'est qu'après 1918, année où l'on a interdit sa chasse et pris d'autres mesures (élevage en captivité, installation systématique de nichoirs, etc.) que ses effectifs recommencèrent à s'accroître. En Europe, on l'élève comme oiseau d'ornement depuis le XVIIIe siècle. En Grande-Bretagne, il vit à l'état sauvage dans plusieurs régions, les premières tentatives d'élevage en liberté datant de 1870. On l'a introduit dans bien d'autres pays.

Le Canard carolin recherche les lacs, les étangs et les cours d'eau à proximité des forêts d'arbres à feuilles caduques. Dès mars, les couples parcourent la forêt à la recherche d'une cavité adéquate

3

pour s'y installer. Souvent, ils se contentent de nichoir ou de fentes dans les rochers. La cane garnit le trou de duvet, puis pond de 10 à 14 œufs couleur crème (3) qu'elle couve seule pendant 28 à 32 jours. Après l'éclosion, les

2♀

canetons sautent du nid à l'appel de leur mère qui les conduit sur l'eau. Le mâle ne rejoint que rarement sa famille ; le plus souvent, il ne s'occupe pas du tout de sa progéniture. La famille reste unie jusqu'à l'automne. À cette époque, les Canards carolins se nourrissent surtout de glands, de faines et de graines, tandis qu'au printemps et en été, les parties vertes des plantes, complétées à l'occasion par des animalcules aquatiques, constituent la base de leur régime alimentaire.

La tête du mâle (1) est ornée d'une huppe tombante. Le vert, le bleu, le noir et le blanc prédominent dans la coloration du dessus, le blanc et le jaune dans celle du ventre. La cane (2) n'a pas de huppe et son plumage est dans les tons bruns et gris-vert. Le Canard carolin est plus petit que la Sarcelle d'hiver.

Canard mandarin

Aix galericulata

Le Canard mandarin est originaire du sud-est de l'Asie, depuis le cours inférieur de l'Amour jusqu'au nord-est de la Chine et jusqu'au Japon. On l'a introduit en Europe dans la première moitié du XVIIIe siècle et depuis, on l'y élève comme oiseau d'ornement. Il s'est bien acclimaté en Grande-Bretagne : actuellement, 300 ou 400 couples y vivent en liberté. Il niche aussi à l'état sauvage aux Pays-Bas (de 3 à 8 couples), au Danemark (2 ou 3 couples) et dans le nord de la R. F. A. On le rencontre aussi régulièrement dans d'autres pays d'Europe.

2♀

Le Canard mandarin est un authentique Canard forestier. Il vole rapidement entre les arbres et se pose avec assurance sur les branches, sur lesquelles il court avec agilité. Il niche surtout dans les arbres creux, mais ne dédaigne pas les nichoirs ; il s'installe parfois aussi dans les fentes des rochers, sur la fourche des branches maîtresses, plus rarement à terre, à l'abri des buissons. La cane pond entre 7 et 12 œufs beige brunâtre qu'elle couve pendant 30 jours. Leur duvet fourni et leur faible poids permettent aux canetons d'atterrir sans encombre, en sautant du nid qui peut se trouver jusqu'à 10 mètres au-dessus du sol. On a prouvé par des expériences que les canetons du genre *Aix* ne craignent pas les hauteurs, contrairement à ceux des espèces qui nichent à terre. La cane s'occupe seule des petits. Au bout de 6 semaines, ceux-ci savent voler. La nourriture du Canard mandarin comprend différentes plantes aquatiques, des mollusques, vers et insectes. En automne, il mange aussi des glands, des faines et du riz en quantité.

Le mâle (1) est surtout remarquable par ses couvertures alaires rousses recourbées vers le haut, par les touffes de plumes rousses ornementales de ses joues, par sa huppe en forme de heaume et par sa poitrine violacée qui contraste fortement avec ses flancs jaunes. La coloration fondamentale de la cane (2) est brun-gris. Le mâle et la femelle sont aussi grands que le Canard carolin.

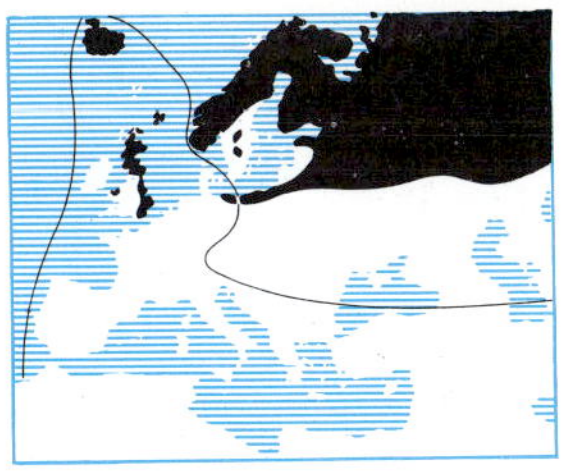

♂

Canard siffleur

Anas penelope

Le Canard siffleur habite tout le nord de l'Eurasie, depuis l'Islande jusqu'au littoral du Pacifique. Migrateur, il hiverne partout en Europe occidentale, dans la région méditerranéenne et en Asie méridionale. Sa migration de retour a lieu en mars et en avril, celle d'automne entre septembre et novembre. Sur leurs lieux de reproduction, les Canards siffleurs recherchent les grands cours d'eau, les lacs entourés de végétation, les marais et les eaux saumâtres. Ils y reviennent déjà accouplés. Lors de la parade nuptiale, le mâle nage autour de la femelle tout en ébouriffant les plumes de sa tête et en soulevant ses rémiges. De temps à autre, il lance un sifflement sonore (qui est à l'origine du nom qu'il porte dans plusieurs langues), accompagné d'un mouvement brusque de la tête.

3♂

2♀

1

La cane dissimule son nid dans la végétation du bord de l'eau ou sous les buissons qui poussent non loin. Elle le construit avec des plantes sèches et le tapisse de duvet gris cendré. La ponte a lieu depuis la mi-mai (en Grande-Bretagne depuis fin avril) jusqu'en juillet. La cane pond entre 7 et 10 œufs jaunâtres ou brunâtres (4) qu'elle couve pendant 22 à 24 jours. Dès qu'ils sont secs, les petits la suivent sur l'eau où le mâle vient les rejoindre, mais la femelle continue à s'en occuper seule. Le Canard siffleur prend une alimentation essentiellement végétale (jeunes pousses, feuilles, bourgeons, racines et graines), l'élément animal (mollusques, insectes) n'intervenant qu'à titre de complément.

On reconnaît de loin le Canard siffleur à sa tête ronde au front bombé et à son petit bec gris-bleu. En livrée nuptiale (1), le mâle a la tête marron avec une bande jaune-crème sur le front et l'occiput, et la poitrine roussâtre. En vol (3), on remarque une plage blanche sur le devant des ailes et le miroir d'un vert brillant. La cane (2) tachetée de marron a le dessous plus clair. Le mâle et la femelle sont plus petits qu'un Canard colvert.

4

Canard chipeau

Anas strepera

1

L'aire de répartition du Canard chipeau s'étend de l'Europe occidentale à l'Europe orientale et méridionale. Il vit aussi en Asie centrale et en Amérique du Nord. Ses populations d'Europe occidentale sont en partie sédentaires, en partie nomades, les autres étant migratrices. Les quartiers d'hiver des Chipeaux d'Europe se trouvent dans la région méditerranéenne et en Afrique du Nord. Une partie des oiseaux hiverne aussi dans l'ouest et le sud-est de l'Europe. La migration d'automne s'effectue entre septembre et novembre, celle de printemps en mars ou en avril.

Le Canard chipeau aime nicher près des grands étangs et des lacs entourés d'une abondante végétation, où les surfaces d'eau libre sont suffisamment vastes. Les oiseaux reviennent par couples sur leurs lieux de reproduction, celle-ci ayant lieu entre avril et juin. La cane dissimule généralement son nid près de l'eau, dans les orties, dans l'herbe, sur les laîches couchées ou sous les branches des buissons. Elle creuse seule une cavité dans le sol pour y bâtir son nid avec des végétaux secs, des herbes et des feuilles. Il est plus soigné que celui des autres Canards. Au cours de la couvaison, son duvet gris foncé à pointe claire s'y amoncelle, permettant de l'identifier. Les œufs (2), rosés, sont nettement plus petits que ceux du Canard colvert. La cane couve seule ses 7 à 12 œufs pendant 26 à 28 jours et prend soin des canetons jusqu'à ce qu'ils soient capables de voler, ce qui arrive au bout de 7 ou 8 semaines. Le Canard chipeau se nourrit surtout des parties vertes des plantes, les graines prédominant, en hiver, dans son régime alimentaire. L'élément carné, faiblement représenté, prend un peu plus d'importance en été.

Au printemps, le mâle (1, premier plan) est gris ou gris-brun avec de fines lignes ondulées transversales. Son bec est gris-bleu et sa queue est noire. La cane (1, arrière-plan), discrète, brune, est striée de fauve. Chez les deux sexes, le miroir alaire blanc est surtout visible en vol. Tous deux sont plus petits qu'un Canard colvert.

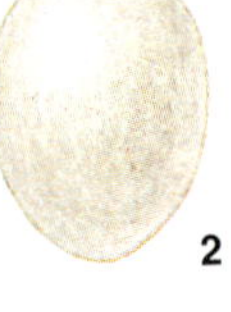

2

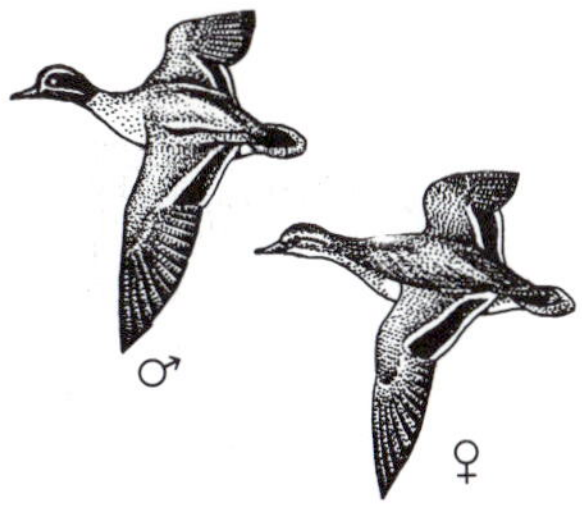

Sarcelle d'hiver

Anas crecca

1

L'aire de répartition de la Sarcelle d'hiver occupe toute l'Europe (à l'exception des îles de la Méditerranée), les zones tempérées et froides de l'Asie et presque toute l'Amérique du Nord. La Sarcelle d'hiver niche au bord des étangs, dans les marais ou près des cours d'eau lents, aux rives couvertes d'une végétation abondante ; elle s'installe au printemps aussitôt après la fonte des neiges. Les couples se forment au mois de février dans les lieux d'hivernage, au sein des bandes. La parade nuptiale des Sarcelles d'hiver s'accompagne de cris métalliques émis par les mâles.

La femelle dissimule son nid dans les herbes denses, parfois sous les buissons, souvent assez loin de l'eau. Elle creuse un trou peu profond qu'elle entoure d'herbe sèche ou de brins de végétaux ramassés dans les environs. Au cours de la couvaison, elle garnit l'intérieur du nid avec son duvet gris foncé ; les plumes de contour, mêlées aux matériaux qui entourent le nid, sont blanchâtres avec des taches floues. La ponte a lieu fin avril ou courant mai. Elle compte de 6 à 12 œufs (2) crème ou gris, teintés de vert. La femelle les couve pendant 22 à 25 jours avec beaucoup de détermination : dérangée, elle ne s'envole qu'au dernier moment. Le mâle ne s'occupe pas de sa famille. À 1 mois, les petits savent déjà voler. Vers la fin de l'été et en automne, les Sarcelles d'hiver se rassemblent en bandes immenses pouvant compter plusieurs milliers d'individus. En septembre ou en octobre, elles s'envolent vers leurs lieux d'hivernage situés en Europe méridionale ou occidentale. Au printemps et en été, les animalcules aquatiques prédominent dans leur régime alimentaire, alors qu'en automne et en hiver, ce sont des graines de plantes diverses.

2

La Sarcelle d'hiver est le plus petit Canard européen : elle ne mesure en effet que 35 cm de long. Le mâle en livrée nuptiale (1) se reconnaît à sa tête marron ornée d'une bande verte, à la fine bande blanche qui lui barre les épaules et à la tache jaune sous la queue. La cane est brune, finement tachetée. Les deux sexes ont un miroir alaire d'un vert brillant. Le mâle fait entendre des « cric » sonores, la cane des « guéguégué » rapides.

Canard colvert

Anas platyrhynchos

Le Canard colvert vit dans presque tout l'hémisphère Nord. Toutefois, on n'a distingué qu'un petit nombre de sous-espèces sur cette immense étendue. Contrairement à la plupart des autres espèces d'oiseaux, les couples de Canards se forment sur les lieux d'hivernage et non après le retour sur les lieux de reproduction. Les mâles suivent alors les canes dans leur région d'origine, ce qui provoque un brassage permanent des populations.

Le Canard colvert préfère les eaux stagnantes à la végétation dense, mais niche aussi le long des ruisseaux et des rivières, même lorsqu'ils traversent les grandes villes. Il place parfois son nid loin de l'eau et souvent dans un endroit insolite : nid de Rapace, arbre creux et, dans les villes, même sur les toits. Les nids situés à proximité de l'eau, dans la végétation riveraine ou à l'ombre d'un buisson, sont toutefois les plus courants. Le nid est une petite cavité que la cane creuse avec sa poitrine et qu'elle garnit avec des végétaux secs, puis avec son propre duvet. Les 7 à 11 œufs verdâtres ou jaunâtres (2) qu'elle pond généralement en avril ou en mai éclosent au bout de 22 à 28 jours de couvaison. En automne, les Colverts se rassemblent en bandes comptant plusieurs milliers d'individus, sur de grands réservoirs qu'ils quittent la nuit pour pâturer. Le Canard colvert a une alimentation essentiellement végétale. Il hiverne sur les eaux douces qui ne gèlent pas ou sur les eaux côtières. Une partie de ses populations est migratrice, les autres étant sédentaires.

Au printemps, on reconnaît le mâle (1, premier plan) à sa tête verte, séparée de la poitrine marron par un collier blanc. La femelle (1, en arrière-plan) est tachée de marron. Les deux sexes portent un miroir bleu-violet caractéristique. Les adultes mesurent 58 cm de long. La voix de la cane est faite de cancanements bruyants bien connus, le mâle lance des « reb reb » enroués.

2

1

♂

Canard pilet

Anas acuta

Le Canard pilet habite le nord de l'Europe, mais il lui arrive de nicher beaucoup plus au sud. Il vit aussi dans une grande partie de l'Asie et de l'Amérique du Nord. Dans le nord de l'Europe, ses populations sont migratrices, sur le reste du continent, elles le sont partiellement. Pour l'hiver, le Canard pilet gagne les criques abritées des côtes atlantiques, la région méditerranéenne ou l'Afrique du Nord. Il devient alors l'un des Canards les plus communs dans la vallée du Nil. À la saison des amours, son vol nuptial est caractéristique : de petites bandes volent bas au-dessus de l'eau, tenant le cou replié en forme de S.

En mars et courant avril, les Canards pilets viennent s'installer sur les marais, les lacs et les étangs entourés d'une abondante végétation. Les deux partenaires choisissent l'emplacement du nid. La cane construit toujours le nid au sol, en le dissimulant dans les herbes ou sur les laîches couchées, ou au contraire dans un champ, pratiquement à découvert. Elle utilise alors très peu d'herbe et de feuilles. Elle garnit l'intérieur avec du duvet brun cendré dont la pointe et la base sont plus claires. En avril et en mai, la cane pond entre 6 et 12 œufs teintés de jaune ou de vert (2) qu'elle couve pendant 22 ou 23 jours. Le mâle monte la garde à proximité du nid ; en cas de danger, il vole en décrivant des cercles jusqu'à ce que sa compagne s'envole. Sur l'eau, la mère s'occupe seule des canetons, pendant 6 semaines environ. Entre septembre et novembre, les Pilets s'envolent vers leurs quartiers d'hiver. Leur régime alimentaire consiste en graines et en parties vertes de plantes, mais aussi en insectes, vers, têtards et petits poissons.

Le Canard pilet a un cou long et fin et des rectrices particulièrement allongées, caractéristiques, visibles surtout chez le mâle, en vol (4). En livrée nuptiale, on reconnaît aussi le mâle (1) à sa tête marron et à son cou blanc. Le plumage discret de la femelle (3) est strié de marron. Les deux sexes ont le bec gris et sont plus petits et plus fins que le Colvert. Lors de la parade nuptiale, le mâle émet des sifflements doux.

4♂

3♀

2

1

Sarcelle d'été

Anas querquedula

1

Habitante de l'Eurasie, la Sarcelle d'été ne pénètre pas aussi loin dans le nord que la Sarcelle d'hiver. Dans la partie européenne de son aire de répartition, elle ne monte pas au-delà de la moitié sud de la Grande-Bretagne et de la Scandinavie. Migratrice dans toute son aire de répartition, elle se rend pour l'hiver dans la région méditerranéenne mais surtout en Afrique tropicale. La migration commence tôt, fin juillet ou en août. Au printemps, elle réapparaît sur ses lieux de ponte en mars ou en avril. Lorsqu'il courtise la cane, le mâle la suit, le bec plongé dans l'eau près de sa queue, les plumes de sa tête et les longues couvertures de ses ailes ébouriffées, puis il hoche la tête de façon cadencée. De temps à autre, il renverse la tête pour émettre un bruit qui fait penser à celui d'un hochet d'enfant. Le vol des mâles par petites bandes au ras de l'eau ainsi que leurs battements d'ailes précipités quand ils se posent sur l'eau sont également caractéristiques.

3

La Sarcelle d'été s'installe sur les étangs ou les cours d'eau lents, pourvu qu'elle trouve à proximité une végétation abondante, ou encore dans les marais, les prés bordant les étangs et les canaux de drainage. La femelle construit son nid dans les hautes herbes, dans les laîches ou les roseaux, au bord de l'eau ou plus loin, dans les prés. Il ressemble beaucoup à celui de la Sarcelle d'hiver, mais les plumes qui le garnissent ont une tache sombre au milieu. La femelle pond en général entre avril et juin de 8 à 11 œufs jaunâtres ou beiges, dépourvus de toute nuance verte (3). Elle couve sans s'éloigner du nid pendant 23 jours environ et, au plus tard un jour après l'éclosion des œufs, conduit les canetons sur l'eau. Courant juillet, les familles se rassemblent en petites bandes qui sont loin d'atteindre l'importance de celles de la Sarcelle d'hiver.

2

Le mâle de la Sarcelle d'été est le seul Canard à avoir un sourcil blanc. En livrée nuptiale (1), il a la tête et la poitrine marron et porte sur le dos des plumes ornementales qui se soulèvent légèrement. La cane (2) ressemble à celle de la Sarcelle d'hiver, mais la bande sur l'œil est plus nette et le miroir peu marqué. La Sarcelle d'été adulte est un peu plus grande que la Sarcelle d'hiver.

Canard souchet

Anas clypeata

L'aire de nidification du Canard souchet couvre toute l'Europe, à l'exception des péninsules du sud du continent et du nord de la Scandinavie, une grande partie de l'Asie et l'ouest de l'Amérique du Nord. Migratrices dans la majeure partie de cette vaste zone, les populations européennes migrent entre septembre et novembre dans la région méditerranéenne, en Afrique du Nord et sur les côtes atlantiques. Les Canards souchets d'Europe occidentale sont en partie nomades et sédentaires. Dans de nombreuses langues, le nom de l'espèce rappelle la forme caractéristique du bec.

Le Canard souchet niche sur les eaux stagnantes ou coulant lentement, de préférence peu profondes ou encore dans la végétation et sur les prés inondés. On le rencontre aussi dans les marais. Le choix de son biotope est étroitement lié à ses habitudes alimentaires : en effet, le Canard souchet se nourrit surtout de plancton qu'il filtre de la vase dans l'eau peu profonde, grâce à son bec bordé de lamelles particulièrement longues et serrées dont il se sert comme d'un dispositif de filtrage très efficace. Les Souchets reviennent déjà accouplés sur leurs lieux de ponte, de mars à avril. Lors de la parade nuptiale, le mâle nage avec assiduité autour de la cane en lui montrant sa nuque. Le nid se trouve le plus souvent dans l'herbe ou dans les laîches, parfois assez loin de l'eau. C'est une simple cavité que la femelle garnit surtout après la ponte d'un duvet gris cendré aux taches claires. Elle pond entre avril et juin de 7 à 12 œufs vert-gris ou couleur crème (3) et les couve seule pendant 23 à 25 jours. Au bout de 6 semaines, les jeunes canards sont capables de voler.

1

En livrée nuptiale (1), le mâle est très haut en couleurs : il a la tête verte, la poitrine blanche, les flancs marron et des plages bleu ciel sur les ailes. La cane (2) est tachée de marron. Le bord antérieur de ses ailes est bleu et son miroir est vert. Le Canard souchet est presque aussi grand que le Colvert.

2

3

Sarcelle marbrée

Marmaronetta angustirostris (Anas angustirostris)

L'aire de répartition de la Sarcelle marbrée est très limitée. En Europe, elle niche dans le sud de l'Espagne ; elle a également niché sur quelques grandes îles de la Méditerranée et dans le Midi. Elle se reproduit aussi sur une étroite bande en Afrique du Nord, en Asie Mineure et centrale. Sédentaire, elle reste même en hiver sur ses lieux de ponte, s'installant la plupart du temps à cette saison sur le littoral ou sur les eaux peu profondes des lacs. Les couples se forment en hiver ; à la saison des nids, ils recherchent de petits lacs peu profonds à la végétation abondante, des bras de rivières paisibles et des étendues d'eau salée envahies par des tamaris et d'autres arbustes.

Les Sarcelles marbrées placent leur nid dans les herbes sèches ou sous les buissons bas, au bord des plans d'eau, mais aussi dans les prés humides, loin de l'eau. Dans le delta de la Volga, la Sarcelle marbrée niche aussi dans les nids de Corneilles abandonnés. La femelle pond entre début juin et juillet de 7 à 12 œufs jaunâtres ou brunâtres qu'elle couve pendant 25 à 27 jours. Au cours de l'incubation, les mâles se réunissent en petites bandes pour muer et ne se soucient guère de leurs familles. Après l'éclosion des œufs, la mère conduit très tôt ses canetons sur l'eau et s'en occupe jusqu'à ce qu'ils sachent voler. On ne sait pas exactement de quoi se compose le régime alimentaire de la Sarcelle marbrée. Il est certain qu'elle mange des pousses de tubercules, des graines, mais aussi des insectes aquatiques, leurs larves, et des mollusques.

2♂

La Sarcelle marbrée est un peu plus grande que la Sarcelle d'hiver. Son plumage brun clair, très discret, est taché de beige. Elle porte des taches sombres sur les côtés de la tête et n'a pas de miroir alaire. Les plumes occipitales du mâle (1, 2) s'allongent en une courte huppe.

1

Nette rousse

Netta rufina

La Nette rousse peuple de façon continue les steppes au nord du Caucase, ainsi que celles d'Asie occidentale et centrale. Elle niche sporadiquement en Europe occidentale, centrale et méridionale, bien qu'au cours de ces dernières années, les effectifs de ses populations aient tendance à s'accroître dans certains pays d'Europe centrale. Dans la région méditerranéenne, elle est sédentaire ou nomade ; sur le reste de son aire, elle est partiellement ou entièrement migratrice. Entre septembre et novembre, les Nettes rousses migrent dans la région méditerranéenne.

La Nette rousse fait la transition entre les Canards plongeurs et les Canards de surface. Elle se tient presque toujours à la surface, ne plongeant que de temps à autre. Elle collecte 30 %de sa nourriture (essentiellement des plantes aquatiques) en plongeant totalement, 40 % en enfonçant la partie antérieure de son corps dans l'eau et 30 % en nageant. Elle ne la cherche jamais sur la terre ferme. La Nette rousse niche sur les lacs d'eau douce et les étangs, surtout lorsqu'ils sont bordés d'une végétation riche tout en ayant une étendue d'eau libre suffisante. Toutefois, on peut la rencontrer aussi sur les étangs dépourvus de toute végétation, avec de nombreux îlots, au bord des eaux peu profondes, saumâtres ou salées, sans couverture végétale. En mars et en avril, les Nettes rousses reviennent en couples sur leurs lieux de nidification et les femelles pondent entre avril et juin. Au cours de la parade nuptiale, le mâle nourrit parfois la femelle avec des parties vertes de plantes. Les canes placent leur nid près de l'eau. Elles le bâtissent avec des végétaux secs ramassés dans les environs et le garnissent au cours de la couvaison de duvets grisâtres ou brunâtres. Elles couvent seules pendant 26 à 28 jours leurs 6 à 12 œufs gris-jaune (2) et conduisent les canetons pendant 8 semaines environ.

Au printemps, le mâle a le bec carmin, la tête marron avec le front très haut et la poitrine noire (1, à gauche). La cane (1, à droite) est gris-brun avec les joues claires et la calotte brun foncé. En vol (3), on observe chez les deux sexes une large bande blanche qui borde l'arrière des ailes. La Nette rousse a la taille d'un Canard colvert.

3

2

1

Fuligule milouin

Aythya ferina

L'aire de nidification du Fuligule milouin s'étend depuis les îles Britanniques et l'Europe occidentale jusqu'en Asie centrale ; récemment, on a observé un accroissement de ses populations en Europe centrale et occidentale. Les Fuligules du littoral atlantique et du sud de l'aire de nidification sont sédentaires ou nomades, les autres sont migrateurs. La migration automnale, qui se déroule de septembre à novembre, les conduit vers le littoral atlantique et, à un moindre degré, vers la Méditerranée.

2♀

1

Le Fuligule milouin recherche les vastes plans d'eau stagnante et profonde. Bien qu'il lui arrive de nicher sur de petits étangs et dans les marais, il conduit ses petits sur de grands plans d'eau bien dégagés. À l'époque de la nidification, la végétation riveraine ainsi que la profusion des plantes aquatiques qui lui servent de nourriture, jouent un rôle important. Ce régime est complété par des mollusques, des crustacés et des insectes aquatiques. Le Fuligule milouin revient en bandes sur ses lieux de reproduction en mars ou avril. Sa parade nuptiale est moins spectaculaire que celle des Canards de surface. À cette occasion, un ou plusieurs mâles nagent autour de la femelle en secouant la tête jusqu'à ce qu'elle touche leur dos, en gonflant la gorge et en étendant le cou sur l'eau.

La cane dissimule le nid dans la végétation, à proximité immédiate de l'eau, souvent sur un îlot. On trouve alors plusieurs nids les uns à côté des autres et les canes pondent, à l'instar de celles du Fuligule morillon, sans distinction, dans n'importe quel nid et parfois à même le sol. La ponte habituelle compte entre 5 et 12 œufs gris ou teintés de vert (3) dont la coquille très fine paraît grasse au toucher. La femelle pond généralement en mai. Elle couve seule pendant 24 à 26 jours et prend soin des canetons.

En livrée nuptiale (1), le mâle a la tête et le cou marron, la poitrine noire et le dos gris argenté. La femelle (2) est essentiellement gris-brun. Lors de la parade nuptiale, le mâle lance des sifflements doux, la femelle des « karrr » enroués. Tous deux sont un peu plus petits qu'un Canard colvert.

3

♀

Fuligule nyroca

Aythya nyroca

Le Fuligule nyroca, qui aime les climats chauds, niche depuis le centre et le sud-est de l'Europe jusqu'en Asie centrale. En Europe occidentale, il niche de manière irrégulière et très localement. Ses populations du Sud et du Sud-Est européens sont partiellement nomades, partiellement sédentaires, mais celles des régions situées plus au nord sont migratrices. Elles hivernent le plus souvent au bord de la Méditerranée, puis reviennent en couples sur leur lieu de ponte, fin mars et courant avril. La parade nuptiale rappelle celle du Fuligule milouin.

Les Fuligules nyrocas nichent sur les eaux stagnantes et les bras morts de grands fleuves ayant une abondante végétation riveraine. C'est là que la femelle construit son nid, généralement tout près de l'eau. Comme celui des autres Fuligules, il se compose de plantes sèches ou vertes qui se déssèchent par la suite. Au cours de la couvaison, la quantité de duvet gris-brun qui le garnit augmente. En mai et en juin, la femelle pond entre 6 et 12 œufs jaune-crème ou beiges, teintés de vert. Elle les couve seule, le mâle ne restant auprès du nid que dans les premiers jours de l'incubation. Les œufs éclosent au bout de 25 à 28 jours. Dès le lendemain, les petits Fuligules nagent avec habileté et plongent à la perfection. Ils savent voler au bout de 2 mois. La migration automnale commence parfois dès le mois d'août, se prolongeant jusqu'à fin octobre ou début novembre. Le Fuligule nyroca prend une nourriture essentiellement végétale : parties végétatives et graines de plantes aquatiques. Il doit plonger pour se nourrir.

Au printemps, le mâle (1) est marron, avec le ventre et les sous-caudales blancs, de même que son miroir alaire qui apparaît en vol comme une bande bien nette. La femelle (en vol) n'en diffère que par sa coloration plus terne. Tous deux sont aussi grands que le Fuligule morillon. L'iris du mâle est blanc, celui de la femelle est marron.

1

Fuligule morillon

Aythya fuligula

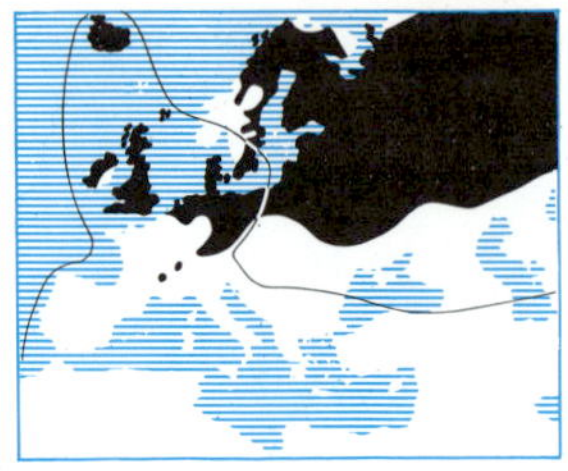

À l'origine, le Fuligule morillon habitait le nord et le nord-est de l'Europe et le nord de l'Asie. Au début du XXe siècle, il a pénétré en Europe occidentale et centrale et actuellement, il fait partie, dans de nombreuses régions, des Canards les plus communs. Son expansion vers le sud se poursuit toujours : aujourd'hui, il vit en Autriche et en Yougoslavie. Les Fuligules du nord-ouest de l'Europe sont en grande partie nomades ou sédentaires, les autres populations étant migratrices. Leurs quartiers d'hiver s'étendent depuis les côtes de l'Atlantique jusqu'à la Méditerranée. Leurs bandes, composées de couples, reviennent sur les lieux de ponte en mars et en avril.

2

Les Fuligules morillons recherchent les eaux stagnantes à végétation luxuriante, se contentant à défaut de tourbières ou de plans d'eau pauvres en végétaux. Dans certaines grandes villes européennes (Londres, Hambourg), ils nichent sur les bassins des jardins publics. Le nid du Fuligule morillon se trouve à proximité immédiate de l'eau, souvent sur un îlot ou sur une touffe de végétation qui pousse directement dans l'eau. C'est une cavité tapissée de plantes ramassées dans les environs immédiats. Au cours de la couvaison, elle se garnit peu à peu de duvet brun foncé. En mai et en juin, la femelle pond de 5 à 12 œufs gris-vert ou gris-jaune (3) qu'elle couve seule pendant 23 à 25 jours. À l'âge de 7 semaines, les jeunes volettent déjà. Les déplacements automnaux des Morillons commencent dès septembre pour culminer en octobre. Les mollusques et les limaces prédominent dans le régime alimentaire de ce Fuligule ; il plonge à 2 ou 3 mètres de profondeur pour les pêcher.

3

Sa taille est d'un quart plus petite que celle d'un Colvert. En livrée nuptiale, le mâle (1) est d'un noir profond avec le ventre et les flancs d'un blanc éclatant. Une huppe fine retombe de son occiput. La femelle (2) est brun foncé avec les flancs plus clairs et une étroite bande blanche à la base du bec. Sa huppe n'est que faiblement ébauchée. De près, on remarque que l'iris est jaune chez le mâle comme chez la femelle.

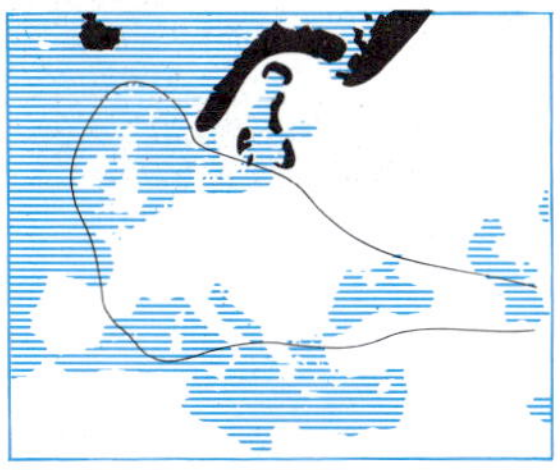

♂

Fuligule milouinan

Aythya marila

Le Fuligule milouinan niche sur le littoral du nord de l'Eurasie et de l'Amérique du Nord. La limite méridionale de son aire de répartition se trouve sur les îles Britanniques et dans le nord de la Pologne (bien qu'on l'y rencontre très rarement). C'est un Canard migrateur dont le principal quartier d'hivernage s'étend au bord de la mer du Nord et de la Baltique ; on observe parfois alors des bandes comptant plusieurs milliers d'individus. En moindre nombre, les Fuligules milouinans se rendent aussi dans la région méditerranéenne ou dans la mer Noire. Certaines années, surtout lorsque l'hiver est rigoureux, ils apparaissent aussi sur les grands plans d'eau, à l'intérieur des terres.

Pour nicher, les Fuligules milouinans recherchent les eaux stagnantes de la toundra, de la toundra arbustive et de la lisière septentrionale de la taïga. Ils apprécient particulièrement les grands lacs à végétation abondante. Plus au sud, ils nichent aussi dans les tourbières. En avril, les couples de Fuligules regagnent leurs lieux de ponte. Leur nid se trouve près de l'eau, dans l'herbe, les laîches ou sous un buisson. En terrain sec, c'est une simple cavité garnie d'herbe sèche, tandis que sur un sol détrempé, c'est une construction assez massive qui mesure 25 cm de diamètre et jusqu'à 15 cm de haut. Le nid est toujours garni et entouré d'une épaisse couche de duvet brun foncé. Sur certaines îles, les Fuligules milouinans nichent en groupe. Les femelles pondent en mai et en juin. La ponte complète compte de 6 à 9 œufs brunâtres ou verts (2) que la femelle couve seule pendant 24 à 28 jours. La migration automnale commence dès septembre et culmine en octobre. Le Fuligule milouinan se nourrit en plongeant. Son régime alimentaire comprend surtout des mollusques, de petits crustacés, des vers et des insectes ; il y ajoute à l'occasion des graines et des parties vertes de plantes aquatiques.

1

Revêtu de sa livrée nuptiale, le mâle (1) a les parties postérieures et antérieures du corps d'un noir profond, les flancs et le ventre blancs, le dos gris clair, barré de fines lignes ondulées gris foncé. La femelle ressemble beaucoup à celle du Fuligule morillon, mais la bande blanche entourant son bec est plus large. Elle porte aussi une tache blanchâtre près de l'oreille. Le mâle et la femelle sont plus petits que le Colvert (47 cm contre 57 cm).

2

Eider à duvet

Somateria mollissima

♂

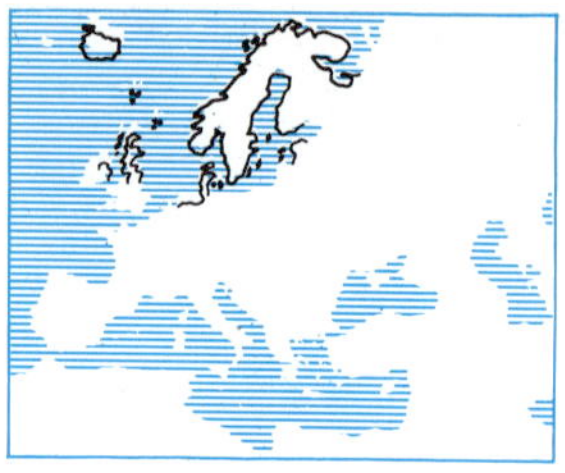

1

On ramasse depuis toujours le duvet de l'Eider car les couvertures et les sacs de couchage rembourrés avec ces plumes sont particulièrement chauds et légers. On le collecte dans des dizaines de nids car une seule cane produit tout au plus de 28 à 35 g de duvet.

2

L'Eider à duvet vit sur les côtes septentrionales de l'Eurasie et de l'Amérique du Nord ; il lui arrive parfois de nicher à l'intérieur du continent européen (en Autriche, par exemple). Il est migrateur dans les régions septentrionales, sédentaire ou nomade dans celles situées plus au sud. En hiver, les Eiders se regroupent en grandes bandes sur les côtes nord et ouest de l'Europe, se rendant exceptionnellement dans la région méditerranéenne. La migration d'automne a lieu en octobre ou en novembre, celle de printemps en avril.

Les Eiders nichent en colonies qui comptent parfois des centaines, voire des milliers de couples. Les nids se trouvent sur les côtes et les îles rocheuses ou sablonneuses, à végétation pauvre, souvent dans les colonies de Sternes et de Mouettes. Les Eiders nichent parfois aussi sur des lacs de l'arrière-pays. Vers la mi-mai ou en juin, la femelle pond de 4 à 6 œufs gris-vert ou gris-jaune (5) qu'elle couve seule pendant 27 ou 28 jours avec une grande détermination : en présence de l'homme, elle s'éloigne à peine et on arrive même à la toucher. Les jeunes et les femelles se réunissent en grandes bandes qui comptent plus d'une centaine d'oiseaux. Lors des attaques des Mouettes et des Labbes, ils se défendent en projetant de l'eau et en plongeant de façon synchronisée. Spécialisé du point de vue alimentaire, l'Eider à duvet se nourrit de mollusques, surtout de coquillages du genre *Mytilus* (moules) qu'il engloutit en entier pour les broyer dans son estomac musculaire. Ce Canard qui pèse en moyenne 2,5 kg consomme chaque jour entre 150 et 250 coquillages.

L'Eider à duvet est le plus grand Canard plongeur d'Europe. Il est reconnaissable à son profil caractéristique et à son bec beaucoup plus long (4) que celui de l'Eider à tête grise – 3. Le mâle en livrée nuptiale (1) a le dos blanc, le ventre noir, la poitrine teintée de rose et l'occiput verdâtre. La femelle (2) est brune avec des rayures transversales brun foncé.

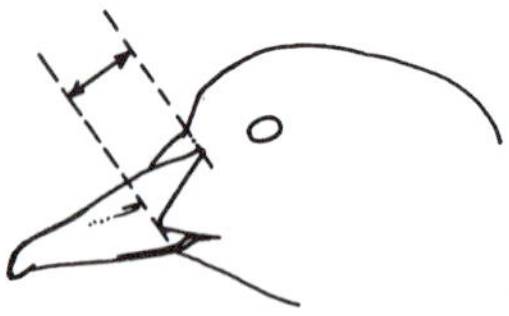
3

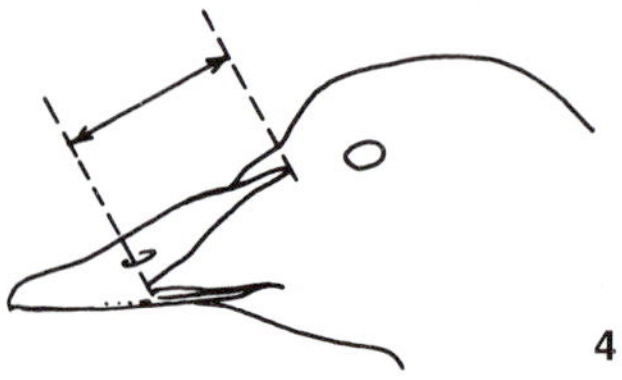
4

5

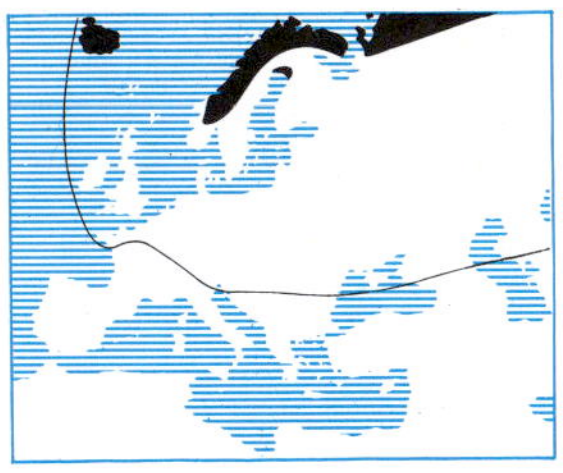

♂

Harelde de Miquelon

Clangula hyemalis

La Harelde de Miquelon est un Canard arctique qui niche à l'extrême nord de l'Europe, de l'Asie et de l'Amérique du Nord. Migratrice, elle hiverne sur les côtes atlantiques de l'Europe du Nord, au bord de la mer du Nord et surtout de la Baltique où elle devient le Canard le plus commun à cette saison. En petit nombre, elle apparaît aussi à l'intérieur du continent européen. La Harelde gagne ses quartiers d'hiver de septembre à novembre, réapparaissant sur ses lieux de ponte, situés dans la toundra ou la toundra arbustive, en avril ou en mai. La migration a lieu la nuit.

La Harelde de Miquelon niche surtout près des lacs d'eau douce et des cours d'eau lents, mais aussi dans les estuaires, sur le littoral. Le nid est placé sur la berge ou sur un îlot, bien dissimulé dans la végétation. C'est une cavité assez profonde, faiblement garnie d'herbe, de brindilles ou de feuilles, et d'une quantité de duvet foncé. La période de ponte s'étend de mai à juillet. La femelle pond alors de 5 à 9 œufs brun-jaune ou gris-vert qu'elle couve sans relâche pendant 23 ou 24 jours. Le régime alimentaire de la Harelde de Miquelon comprend surtout des mollusques, des crustacés et des insectes aquatiques, à l'occasion de petits poissons. La Harelde est une excellente plongeuse qui s'enfonce jusqu'à 60 mètres de profondeur pour chercher sa nourriture. Elle complète son alimentation animale par des végétaux.

La Harelde de Miquelon est reconnaissable à sa tête ronde dotée d'un bec court, et à la longueur de sa queue. En livrée nuptiale (1), les tons brun-noir prédominent sur les parties blanches, en hiver, c'est le contraire (2). Les deux livrées de la femelle sont brunes et blanches. Le mâle comme la femelle sont plus petits que le Colvert. Lors de la parade nuptiale, le mâle lance des « a-a-aoulik » bruyants, la femelle émet des sons gutturaux.

1

2♂

Macreuse brune

Melanitta fusca

1

L'aire de répartition de la Macreuse brune est à peu près la même que celle de la Macreuse noire. En Europe elle se limite au nord et à l'ouest de la péninsule scandinave et au nord de l'U.R.S.S. Migratrice, elle s'envole en octobre et en novembre vers ses lieux d'hivernage situés dans les régions littorales de la Baltique et de la mer du Nord et sur les côtes nord-européennes jusqu'au golfe de Biscaye. Individuellement ou en petits groupes (constitués surtout de femelles et de jeunes oiseaux) elle hiverne aussi à l'intérieur du continent européen.

La Macreuse brune gagne par couples ses lieux de nidification dans la taïga et la toundra, en avril et mai. Elle recherche les lacs et les cours d'eau lents mais de petites îles et les côtes maritimes conviennent aussi comme lieux de ponte. Au cours de la parade nuptiale la Macreuse brune accomplit des vols circulaires caractéristiques. La femelle construit le nid avec des végétaux et du duvet à même la terre, dans l'herbe, la mousse, ou bien sous les branches d'arbustes ou entre les pierres. En mai et juin elle pond 6 à 10 œufs jaune-brun avec une nuance de rose. La femelle les couve seule pendant 26 à 29 jours, et s'occupe seule des jeunes qui ne volent qu'en septembre. La Macreuse brune se nourrit surtout de coquillages, d'insectes aquatiques, de vers, de crustacés, de bourgeons et de racines de plantes aquatiques. Pour chercher sa nourriture, elle plonge adroitement jusqu'à des profondeurs importantes.

Le mâle en livrée nuptiale (2) est noir avec un miroir blanc et une petite tache blanche près de l'œil. Ses pattes sont rouges avec des palmures noires. L'iris des yeux est gris-blanc. Le bec est surtout orange, avec une bosse noire. La femelle (1) est brun-noir avec un miroir blanc sur les ailes et deux taches blanchâtres sur la tête. Le mâle émet un « hnor or » sifflant, la femelle des sons grondants.

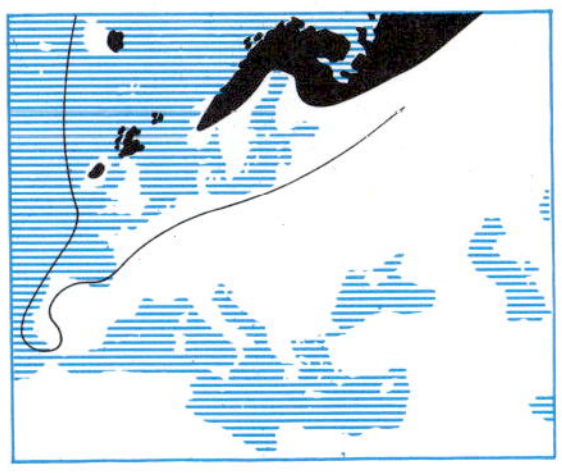

♂

Macreuse noire

Melanitta nigra

1

L'aire de répartition de la Macreuse noire couvre le nord de l'Europe et de l'Asie. Migratrice, elle hiverne sur les côtes de toute l'Europe septentrionale et occidentale, surtout au bord de la mer du Nord et de la Baltique, bien qu'une partie des oiseaux atteigne le littoral de l'Afrique du Nord. Sur les côtes, on observe la migration des Macreuses dès le mois de juillet, le soir et la nuit. À cette saison, les mâles prédominent mais, dès septembre, la proportion est inversée en faveur des femelles et des immatures qui deviennent incontestablement majoritaires au mois de décembre. À l'intérieur du continent européen, on rencontre exceptionnellement quelques Macreuses isolées, généralement de septembre à avril.

Les Macreuses noires regagnent par couples leurs lieux de ponte septentrionaux, le plus souvent en mai (celles de Grande-Bretagne en mars ou en avril). Elles s'installent sur les lacs ou les cours d'eau lents de la toundra ou de la taïga et nichent aussi dans les tourbières. Excellentes plongeuses et nageuses, les Macreuses marchent difficilement, se tenant très droites. Elles nichent donc tout près de l'eau, généralement dans la végétation riveraine ou sous des buissons. Le nid est une cavité faiblement garnie de brindilles sèches, de mousse et de lichen qui se remplit par la suite de duvet. En mai ou en juin, la femelle pond de 6 à 10 œufs jaunâtres ou brunâtres qu'elle couve pendant 28 à 30 jours. Aussitôt après l'éclosion des œufs, elle conduit les jeunes sur l'eau où elle les garde pendant 6 ou 7 semaines. La Macreuse noire se nourrit surtout de mollusques, de crustacés et d'insectes aquatiques auxquels elle ajoute des bourgeons et des racines de plantes aquatiques.

Le mâle (1) est le seul Canard entièrement noir que l'on connaisse. Le mâle de la Macreuse brune *(M. fusca)* porte en effet une tache blanche sur les ailes et sous les yeux. Son bec a une bosse à la base et une grande tache orange sur la mandibule supérieure. Ses pattes sont brun-noir, l'iris de ses yeux est marron. La femelle (2) est brun foncé. Son ventre est plus clair, sa poitrine et ses joues sont blanchâtres. Le mâle comme la femelle sont d'un cinquième plus petits que le Colvert. Au cours de la parade nuptiale, le mâle fait entendre des « cour-li », la femelle des « karrr » rauques.

2♀

Garrot d'Islande

Bucephala islandica

Le Garrot d'Islande est un Canard nordique qui, en Europe, ne niche qu'en Islande ; il vit aussi dans le sud-ouest du Groenland et en Amérique du Nord, où son aire de répartition est plus vaste. Il arrive qu'il s'égare en Europe occidentale. Le Garrot d'Islande niche près des lacs de montagne entourés de forêts de conifères ou sur les côtes rocheuses bordées de nombreux îlots boisés. En montagne, dans la zone subalpine des forêts de conifères, il monte jusqu'à une altitude de 1 800 mètres.

Sa parade nuptiale ressemble à celle du Garrot à œil d'or, ainsi que l'emplacement de son nid : il se trouve généralement dans un arbre creux, une crevasse de rocher, un terrier, une fente de muraille ou à l'intérieur d'une maison abandonnée. La femelle garnit le nid avec du duvet blanc, et vers la fin du mois de mai ou en juin, elle commence à couver ses 10 à 14 œufs bleu-vert qui éclosent au bout de 30 jours environ. Les petits, très agiles, sautent du nid très tôt sans se faire mal. La femelle en prend soin pendant 2 mois. Le Garrot d'Islande se nourrit presque exclusivement d'insectes aquatiques, de mollusques et de crustacés. Avec l'arrivée de l'hiver, seuls certains oiseaux s'envolent vers les côtes. La majeure partie des populations est sédentaire. Lors des hivers particulièrement rigoureux, les Garrots se contentent de gagner les cours d'eau non gelés ou les côtes.

Le Garrot d'Islande ressemble beaucoup au Garrot à œil d'or. Le plumage nuptial du mâle (1, à gauche) est tout aussi contrasté, noir et blanc, mais la tache blanche des joues est en forme de croissant et son dos est noir, parsemé de taches blanches. La femelle (1, à droite) se distinguant difficilement de celle du Garrot à œil d'or dans la nature, on doit observer le mâle pour pouvoir déterminer l'espèce.

♂

Garrot à œil d'or

Bucephala clangula

L'aire de nidification du Garrot à œil d'or s'étend sur le nord de l'Eurasie et de l'Amérique du Nord. Par endroits, il niche aussi en Europe centrale. Migrateur, il hiverne en partie dans la mer du Nord et la Baltique, et en partie dans la région méditerranéenne et au bord de la mer Noire. La migration de printemps s'effectue entre février et avril, celle d'automne entre septembre et novembre.

Avec l'arrivée des premiers beaux jours commence la parade nuptiale spectaculaire du Garrot à œil d'or. Le mâle nage autour de la femelle, la tête et le cou au ras de l'eau, puis il renverse brusquement la tête sur le dos (1) tout en lançant des sifflements. Il hoche la tête et remue brusquement les pattes, projetant de l'eau en arrière à chaque fois qu'il penche la tête en avant.

Les Garrots à œil d'or placent leur nid dans un arbre creux, parfois à une hauteur de 20 mètres et à 2 km de l'eau. Ils s'installent aussi volontiers dans un nichoir. Dans la cavité, dont la profondeur peut atteindre 2 mètres, on trouve comme seule garniture des morceaux de bois pourris, recouverts par la suite de duvet blanc. La femelle pond entre fin avril et début juin de 4 à 14 œufs bleu-vert (3) qu'elle couve pendant 30 jours. Dès qu'ils sont secs, les petits font preuve d'une habileté incroyable : ils peuvent bondir jusqu'à 50 cm de haut et grimper à la perfection, s'aidant de leurs petites griffes acérées. À l'appel de leur mère, ils grimpent jusqu'à la sortie du nid d'où ils sautent. La femelle les conduit à l'eau et les accompagne pendant 2 mois environ jusqu'à ce qu'ils apprennent à voler. Le Garrot à œil d'or a une alimentation presque exclusivement animale, dans laquelle prédominent les mollusques et les insectes aquatiques.

Le Garrot est à peine plus grand que le Fuligule morillon. La livrée nuptiale du mâle est contrastée, noire et blanche. Une grande tache blanche ovale ressort bien sur sa tête noire. La femelle (2) a la tête couleur chocolat séparée par un collier clair du reste du corps gris avec des nuances brunâtres. En vol, les sifflements sonores des rémiges, audibles de loin, sont caractéristiques de cet oiseau.

2

3

1

Harle piette

Mergus albellus

♂

Le Harle piette niche dans le nord de la Scandinavie et dans toute la Sibérie, jusqu'au Kamtchatka. Il hiverne en Europe occidentale jusqu'en Grande-Bretagne et sur les rives septentrionales de la Méditerranée. Il passe souvent l'hiver sur les rivières et les étangs non gelés à l'intérieur du continent européen, où on le rencontre surtout d'octobre à avril. Les mâles commencent déjà à courtiser les femelles pendant la migration de retour, en février et en mars.

À la saison des nids, le Harle piette recherche des lacs et des rivières dans les régions boisées. Sa présence est déterminée par l'abondance de vieux arbres creux dans lesquels il niche. Il lui arrive toutefois de s'installer entre des pierres ou les racines des arbres ou de s'accommoder des nichoirs. La cavité du nid est garnie de plumes et de duvet gris-blanc. La ponte a lieu dans la seconde moitié de mai et en juin ; elle compte de 6 à 9 œufs jaune-crème. Le Harle piette et le Garrot à œil d'or pondent parfois dans la même cavité. La femelle couve seule avec constance pendant 30 jours environ et s'occupe seule des petits qui sautent du nid au plus tard le lendemain de l'éclosion des œufs. Ils suivent leur mère pendant 10 semaines, jusqu'à ce qu'ils sachent voler.

Le Harle piette est le plus petit de tous les Harles. Il est aussi grand que le Fuligule morillon. Son bec est plus court et plus fort que celui des autres Harles. Terminé par un crochet et pourvu de bords tranchants, il est parfaitement adapté à la capture de proies vivantes sous l'eau, surtout d'insectes aquatiques et de petits poissons. En livrée nuptiale, le mâle du Harle piette (1) est le plus clair de tous les Canards. Il est entièrement blanc, à l'exception du tour des yeux, de la nuque, des bandes dorsales et des rémiges primaires qui sont noirs. La femelle (2), grise, a la gorge et les joues blanches et une calotte brune. Pendant la parade, le mâle fait entendre des « krrr-ek » rauques et la femelle des « reg » monosyllabiques.

2♀

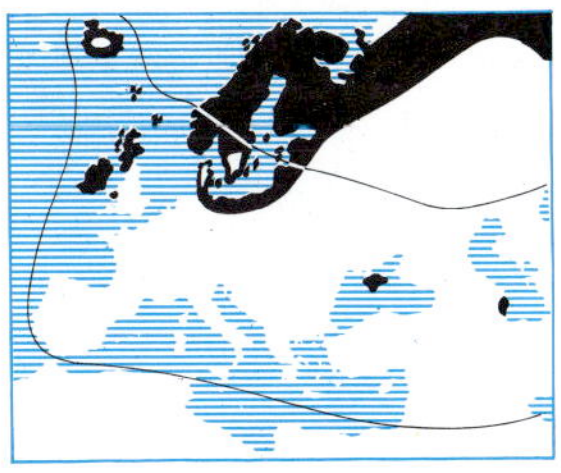

Harle huppé

Mergus serrator

Le Harle huppé niche, en Europe, dans tout le nord de l'Asie et dans une grande partie de l'Amérique du Nord. Certaines populations, sédentaires ou nomades, passent les hivers (même les plus rigoureux) sur les cours d'eau rapides non gelés ou sur les côtes, de l'Islande au littoral de la mer du Nord et de la Baltique. Le reste migre vers la Méditerranée ou la mer Noire, en bien plus grand nombre et avec une plus grande régularité que les deux autres Harles. La migration d'automne a lieu en septembre et en octobre, celle de printemps, la plus spectaculaire, en avril et en mai. Les premiers signes de la parade nuptiale se manifestent dès la fin de l'hiver, les couples se formant en partie sur les lieux d'hivernage et en partie dans les zones de reproduction.

1

Le nid du Harle huppé est généralement placé au sol, dans la végétation riveraine dense ou sous les arbustes. Il peut être assez éloigné de l'eau. La femelle garnit la faible cavité du nid avec des plantes sèches ou vertes ramassées dans les proches environs. Le mâle se tient à proximité, sur l'eau, lorsqu'elle choisit l'emplacement et lorsqu'elle bâtit le nid. La femelle pond, dès la seconde moitié de mai ou en juin, entre 5 et 12 œufs jaunâtres ou brun olive (2) qu'elle couve pendant 32 jours. Un ou deux jours après l'éclosion des œufs, la mère conduit ses petits sur l'eau et s'en occupe pendant 8 ou 9 semaines. Les poissons de mer ou d'eau douce sont le principal élément du régime alimentaire du Harle huppé.

Lorsqu'il revêt sa livrée nuptiale, le mâle (1, premier plan) est surtout remarquable par sa tête noire à reflets verts et par sa double huppe occipitale, séparée de la gorge rousse par un collier blanc. En vol, on aperçoit deux bandes noires qui barrent la plage blanche de ses ailes. La femelle (1, arrière-plan) est brun-gris dessus, blanche dessous. Sa tête brun-roux est ornée elle aussi d'une double huppe. Le Harle huppé est presque de la même taille qu'un Colvert.

2

Harle bièvre

Mergus merganser

♂

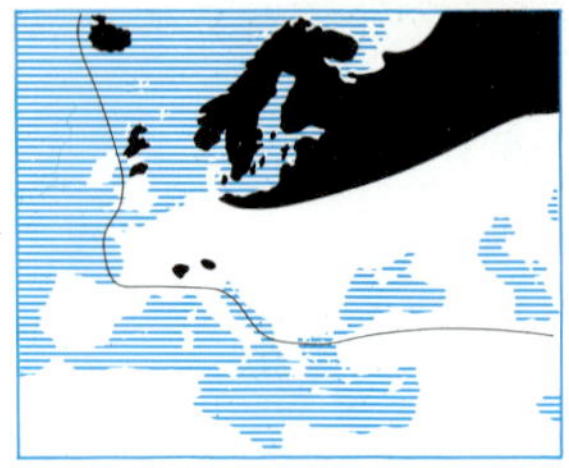

Le Harle bièvre a une répartition similaire à celle du Harle huppé mais niche également dans le Mecklembourg en R.D.A. et dans les Alpes françaises, suisses et autrichiennes. Il niche au bord de grands lacs et de rivières aux eaux pures et poissonneuses, à condition qu'il trouve à proximité des arbres creux. Il préfère les forêts mixtes ou d'arbres à feuilles caduques, mais peut se contenter de bouquets d'arbres ou de vieux arbres isolés. En cas de pénurie d'arbres creux, il niche dans une crevasse de rocher, un terrier, voire une cavité dans le mur d'une maison abandonnée, s'accommodant à l'occasion d'un vieux nid de Rapaces, situé jusqu'à 1 km de l'eau. En Suisse, on a observé des Harles bièvres qui nichaient dans de grandes villes. Ce Harle a l'habitude de revenir au même emplacement pendant de longues années et plusieurs générations peuvent y retourner pendant 40 ans.

La saison de reproduction dure d'avril à début juin. La femelle pond entre 7 et 12 œufs jaunâtres ou brunâtres qu'elle couve pendant 32 à 35 jours. Après l'éclosion, elle reste encore 2 jours dans le nid avec ses petits. C'est seulement alors que les canetons sautent du nid pour suivre leur mère sur l'eau. À 2 ou 3 jours, ils nagent et plongent à la perfection. Lorsqu'ils sont fatigués, ils se hissent sur le dos de la femelle et se laissent porter, installés dans les plumes. Le Harle bièvre est partiellement migrateur. Il migre généralement avec les premières gelées, en octobre ou en novembre. Il hiverne sur les lacs, les réservoirs et les fleuves en Europe occidentale et centrale. Le poisson est l'élément essentiel de son régime alimentaire.

En livrée nuptiale, le mâle (1, à gauche) est reconnaissable à sa poitrine et à ses flancs blanc rosé, à son dos et à ses ailes partiellement noirs, à sa tête noire avec des reflets verts et une courte huppe occipitale arrondie. La femelle (1, à droite) ressemble à celle du Harle huppé, mais sa huppe occipitale est tournée vers le bas et elle porte une tache blanche nettement délimitée sur le menton. Ce Harle est plus grand que le Colvert.

1

Érismature à tête blanche

Oxyura leucocephala

L'Érismature à tête blanche vit en Asie centrale, en Europe, Turquie et Afrique du Nord. Elle niche sporadiquement en Italie, Yougoslavie, Roumanie, dans une partie de l'U.R.S.S. mais n'existe plus sur les îles de la Méditerranée où elle se reproduisait. Ses populations européennes sont vraisemblablement sédentaires, mais les oiseaux de certaines régions se déplacent tout de même pour l'hiver en direction du sud, le plus souvent au bord de la Méditerranée. L'Érismature à tête blanche s'aventure accidentellement en Europe occidentale et centrale, généralement entre octobre et mars.

À la saison des nids, elle recherche des lacs d'eau douce ou légèrement salée, peu profonds, entourés d'une végétation luxuriante. Le nid est placé près de l'eau. C'est une construction de roseaux et autres végétaux à moitié décomposés. Lorsque l'Érismature s'installe dans un vieux nid de Foulque ou de Grèbe, elle le modifie à sa façon : son propre nid est en effet caractérisé par sa cavité centrale très profonde où les œufs sont souvent posés les uns sur les autres. Fin mai, la femelle pond entre 5 et 10 œufs gris-blanc légèrement verdâtres qu'elle couve pendant 25 ou 26 jours. Elle peut interrompre l'incubation car les embryons peuvent se développer en profitant de la chaleur dégagée par les matériaux en putréfaction sans que la femelle ait à les réchauffer sans cesse. Il semble qu'elle s'occupe seule des petits. La nourriture de l'Érismature se compose surtout de jeunes pousses et de graines de plantes aquatiques ; elle mange aussi, en moindre quantité, des insectes aquatiques, des mollusques et des crustacés.

L'Érismature à tête blanche est reconnaissable à sa queue inhabituellement longue dressée au-dessus de son dos lorsqu'elle est irritée, ainsi qu'à son bec épais fortement renflé à la base. Revêtu de sa livrée nuptiale, le mâle (1) est brun-roux, sauf le cou et l'occiput brun-noir, le reste de la tête étant blanc. La femelle est brun foncé, avec les joues et la gorge blanchâtres. Les oiseaux adultes sont plus petits que le Canard colvert.

Les chasseurs diurnes

Falconiformes

Les Rapaces diurnes (Falconiformes) forment un groupe d'oiseaux reconnaissables à la forme de leur bec et à une morphologie particulière des pattes. Le bec, recourbé dans sa moitié antérieure, se termine par une pointe acérée qui dépasse considérablement la mandibule inférieure. Par ailleurs, ses bords sont tranchants, ce qui permet à ces oiseaux de tailler des lambeaux de chair dans le corps de leur proie et de les arracher plus facilement. Certaines espèces ont une excroissance dure en forme de petite dent sur la mandibule supérieure (fig. 1). La base du bec et les narines sont recouvertes par une peau nue, colorée, appelée « cire ». Les pattes des Rapaces sont assez longues, pourvues de doigts mobiles aux longues griffes recourbées et acérées. Les griffes sont appelées « serres » (fig. 2a – aigle, 2b – autour).

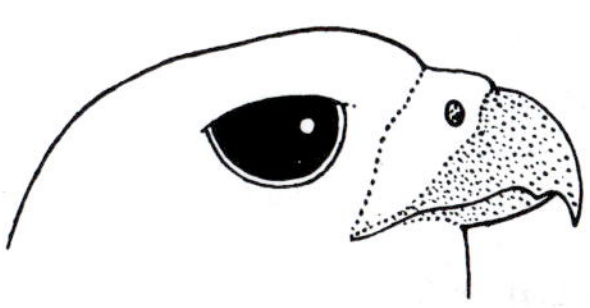

1. Tête de Falconidé au bec busqué caractéristique pourvu d'une échancrure en forme de petite dent et recouvert d'une « cire »

Tous les Rapaces diurnes européens sont des oiseaux carnivores qui chassent le plus souvent des proies vivantes, vertébrés à sang chaud dans la plupart des cas. Cependant, on distingue des espèces spécialisées, les unes étant piscivores (Balbuzard pêcheur, fig. 3), les autres se nourrissant surtout de serpents (Circaète Jean-le-Blanc) ou d'insectes (Bondrée apivore). Les charognards forment, eux aussi, un groupe particulier. Ils se contentent de la chair des animaux morts (Vautours). Leur cou a 17 vertèbres au lieu des 14 habituelles, ce qui leur permet d'arracher plus facilement les entrailles de grands mammifères. Ce type d'alimentation détermine la constitution de leur appareil digestif : leur estomac a des parois minces mais une grande capacité, de sorte que les charognards peuvent engloutir une grande quantité de nourriture d'un seul coup. Une fois gavés, ils peuvent encore entasser des aliments dans leur jabot. Ils sont en mesure de digérer les os et ne rejettent que les plumes et les poils sous forme de pelotes de réjection.

La plupart des Rapaces diurnes sont des voiliers adroits et rapides, particularité liée à leur squelette fortement pneumatisé. Leur façon de voler et la forme de leurs ailes donnent des indications sur leur mode de chasse. Les Faucons (fig. 4), très rapides, qui chassent surtout des oiseaux en vol, ont des ailes longues et étroites leur permettant d'atteindre des vitesses exceptionnelles mais les empêchant d'effectuer de brusques changements de direction. Le Faucon pèlerin attaquant en piqué atteint la vitesse de 260 à 280 km/h : c'est le plus rapide de tous les oiseaux. Les Éperviers et les Autours (fig. 5) ont des ailes courtes et arrondies et une longue queue, grâce auxquelles ils peuvent presque tourner sur un plan plat. Ils chassent souvent en forêt, entre les arbres et les broussailles, fondant brusquement sur leur proie au lieu de la

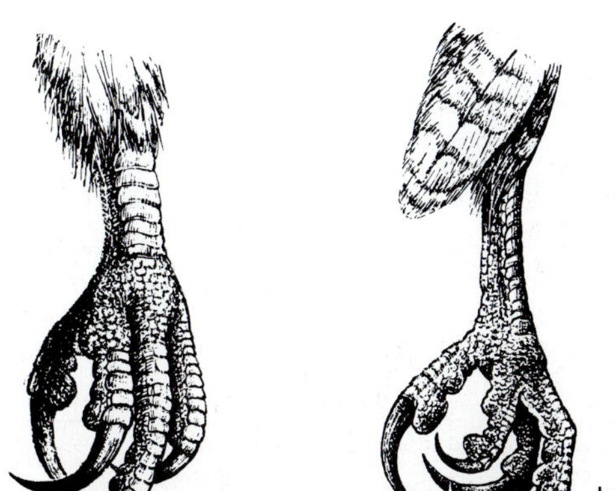

2. Patte d'un Rapace (serre) aux griffes recourbées acérées (a – Aigle, b – Autour des palombes)

pourchasser longuement. Les grands Rapaces (Buses, Aigles, Vautours), maîtres du vol plané statique grâce à leurs ailes larges et longues (fig. 6), mettent à profit les courants aériens qui se forment à la suite du réchauffement des couches d'air au-dessus des terres. Ils chassent généralement des proies terrestres peu agiles ou repèrent les charognes à grande distance.

La plupart des Rapaces diurnes ont une arcade sourcilière fortement développée qui leur donne un air cruel et hargneux, mais qui en réalité sert à protéger l'œil de l'éblouissement. Cette protection est indispensable car le succès de la chasse dépend de la vue, le sens le mieux développé chez ces oiseaux. Leurs grands yeux sont dirigés généralement vers l'avant et l'acuité de leur vision est exceptionnelle : un Faucon pèlerin par exemple, aperçoit un Pigeon en vol à une distance de 1,5 km et un Pigeon posé à 1 km ; un Faucon crécerelle repère une souris de 50 mètres de haut.

3. Balbuzard pêcheur capturant un poisson

Mâle de Faucon crécerelle avec sa proie

4. *Silhouette caractéristique de Falconidé ; ses longues ailes et sa queue étroite lui permettent un vol particulièrement rapide.*

5. *Silhouette caractéristique de l'Autour et de l'Épervier ; les ailes courtes et arrondies et la longue queue permettent des changements de direction soudains.*

6. *Silhouette des Aigles et des Vautours en vol ; les ailes longues et larges sont parfaitement adaptées au vol plané.*

Les grandes espèces de Rapaces ne pondent que 1 ou 2 œufs alors que la ponte des petites espèces en compte jusqu'à 6. La couvaison, relativement longue, dure de 50 à 60 jours chez les grands Rapaces. Les oiseaux commencent à couver dès la ponte du premier œuf et les petits viennent donc au monde l'un après l'autre. Ils restent longtemps dans le nid sans avoir pour autant toutes les caractéristiques de jeunes oiseaux nidicoles, car dès qu'ils sortent de l'œuf, ils sont dotés d'une bonne vue et d'une ouïe fine. Leur livrée est un beau duvet blanc qui leur donne l'aspect d'une pelote de laine. Pour les alimenter, les adultes déchirent la nourriture en petits morceaux et la déposent dans leur bec. Seuls les Vautours nourrissent leurs jeunes en rejetant la nourriture prédigérée dans leur « jabot ». Les petits grandissent lentement, si bien que les parents doivent les nourrir pendant très longtemps. La figure 7 représente le développement d'un jeune Vautour ; les numéros indiquent l'âge en jours.

Chez certains Rapaces, on observe un dimorphisme sexuel qui ne se manifeste pas dans la coloration mais dans la taille. La femelle est parfois plus grande d'un tiers que le mâle : le mâle du Faucon pèlerin, par exemple, pèse 600 g tandis que le poids de la femelle dépasse 900 g.

7. *La croissance des jeunes nidicoles est très lente. Les illustrations montrent un petit Faucon pèlerin âgé de 1, 10, 20, 25 et 30 jours.*

Bondrée apivore

Pernis apivorus

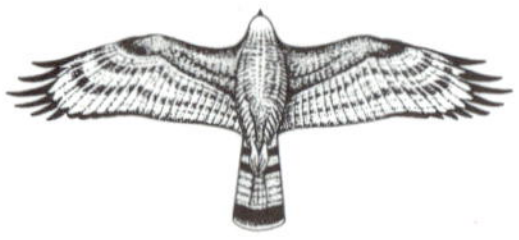

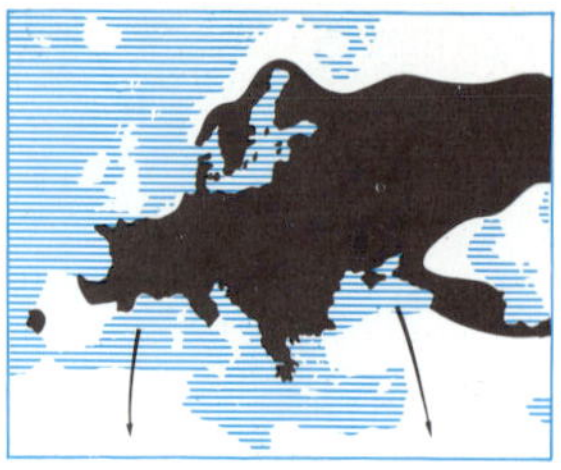

La Bondrée apivore habite les paysages boisés de la plaine ou des collines où la forêt alterne avec des champs et les prés. Elle est répandue partout en Europe, à l'exception d'une grande partie de la péninsule ibérique, du sud de l'Italie, de presque toute la Grande-Bretagne, et du nord de la Scandinavie, pénétrant, à l'est, en Sibérie occidentale. Migratrice, elle se rend entre août et octobre en Afrique équatoriale, ne revenant sur ses lieux de ponte qu'en avril ou en mai, en couples formés. Ceux-ci exécutent, pendant 2 ou 3 semaines après leur retour, des vols nuptiaux : ils montent très haut dans le ciel en décrivant de larges cercles sans battre des ailes pour descendre obliquement, puis remonter avec l'élan acquis. Lorsqu'ils atteignent le point culminant, ils font claquer leurs ailes au-dessus de leur dos.

Le plus souvent, le couple place son nid très haut dans un arbre et le bâtit entièrement avec des branches, ou utilise comme base un vieux nid d'un autre Rapace ou de Corneille. Les Bondrées recouvrent toujours les bords du nid avec des rameaux verts de conifères ou de feuillus. La saison des nids a lieu entre mai et juillet. Les deux adultes couvent tour à tour leurs 2 œufs brun-roux marbrés (2) pendant 30 à 35 jours. Après l'éclosion des œufs, la mère reste perchée pendant 2 ou 3 semaines au bord du nid. Le mâle apporte des morceaux de nids d'hyménoptères contenant des larves ou une autre proie qu'il remet à la femelle, chargée de nourrir les jeunes. Au bout de 40 jours, ceux-ci s'envolent du nid mais restent dans les environs.

2

La Bondrée apivore (1) se nourrit surtout de larves et de nymphes de guêpes et de bourdons dont elle déterre les nids avec ses pattes, pourvues de courtes griffes plates. Elle chasse aussi des adultes de guêpes, de bourdons et d'autres insectes, sans dédaigner les petits vertébrés.

Les Bondrées apivores adultes ont la taille d'une Buse variable. Elles sont toujours brunes sur le dessus, mais la coloration du dessous est extrêmement variable. En vol, on arrive à les distinguer de la Buse grâce à leur tête plus petite, plus proéminante, et à leur queue plus longue sur laquelle la plage claire, située entre les bandes de la base et la large bande terminale, est beaucoup plus importante.

1

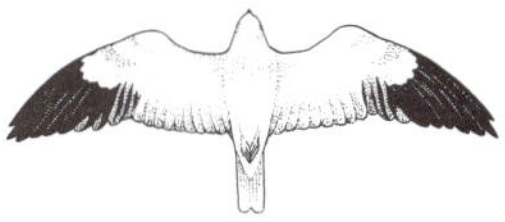

Élanion blanc

Elanus caeruleus

En Europe, l'Élanion blanc n'apparaît que dans le sud du Portugal et le centre de l'Espagne. Sur les autres continents, il est présent partout en Afrique et dans le sud de l'Asie qu'il peuple depuis l'Inde jusqu'aux Philippines et à la Nouvelle-Guinée, en passant par l'Indochine et le sud de la Chine. Il est sédentaire et ses incursions en Europe occidentale et centrale sont extrêmement rares. Dans son aire de nidification, il recherche des plaines dégagées parsemées de bosquets et les jardins situés aux abords des villages.

Il bâtit un grand nid dans un arbre à des hauteurs variables, mais par endroits, il niche aussi sur les rochers. Il utilise comme matériaux de construction des branches sèches, des tiges, des végétaux divers, de l'herbe, des fibres de palmiers et, comme garniture, de la mousse, des plumes et des poils. La ponte a lieu au printemps. En Inde, il niche en toute saison. La femelle pond entre 3 et 5 œufs (en Arabie seulement 1 ou 2) d'un blanc sale, parsemés de taches brun-rouge floues. Elle les couve seule pendant 30 à 40 jours. L'Élanion blanc chasse de petits mammifères et de grands insectes (surtout les criquets pèlerins qu'il suit au cours de leurs invasions) et des coléoptères. Il ramasse aussi des poissons morts.

L'Élanion blanc est un peu plus petit qu'un Faucon crécerelle. En vol, on remarque ses longues ailes coudées avec des pointes noires sur le dessous, ainsi que sa queue assez courte, légèrement échancrée. Souvent, il fait du vol sur place, à la manière des Crécerelles. Son cri est un « crieh » sifflé et doux. Les oiseaux adultes (1) sont gris-bleu sur le dessus, blancs sur le dessous et la queue. De larges plages noires sont bien visibles sur les épaules. Les immatures sont brun-gris sur le dessus, brunâtres sur le dessous avec des traits longitudinaux bruns.

1

Milan noir

Milvus migrans

1

Le Milan noir habite toute l'Europe, à l'exception de la Grande-Bretagne et d'une grande partie de la Scandinavie, toute la zone tempérée et le sud de l'Asie, l'Afrique (à l'exception du Sahara) et l'Australie. Il recherche les paysages boisés dans lesquels la forêt alterne avec des champs et des prés, s'installant presque toujours à proximité des rivières et des grands étangs. Migrateur, il s'envole en août ou en septembre vers ses lieux d'hivernage situés en Afrique équatoriale et australe. Il revient en couples en mars et en avril. Pendant les vols nuptiaux, les oiseaux tournoient très haut au-dessus du nid, s'attaquant parfois mutuellement et s'agrippant avec leurs serres.

Les Milans noirs nichent souvent dans les colonies de Hérons ou d'autres oiseaux sociables.

2

On y trouve parfois plusieurs couples réunis. Les deux partenaires construisent un nid ou bien modifient un vieux nid abandonné par d'autres oiseaux. Ils utilisent comme matériaux de construction des branches, des herbes et des mousses. Ils en garnissent l'intérieur avec des papiers, des chiffons, des bouts de ficelle et des morceaux de plastique. En avril ou en mai, la femelle pond 2 ou 3 œufs blanchâtres, parsemés de taches marron bien délimitées (2). C'est la femelle qui couve la plupart du temps. Les œufs éclosent au bout de 30 à 32 jours. Le dernier-né est parfois repoussé par ses frères et finit par dépérir. Le mâle participe à l'élevage des jeunes. Au terme de 42 à 46 jours, les jeunes s'envolent. Les charognes (et souvent aussi les poissons morts ramassés à la surface de l'eau) constituent un élément important du régime alimentaire du Milan noir, qui se procure aussi une grande partie de sa nourriture en houspillant d'autres Rapaces ou des Hérons. Lui-même chasse de petits vertébrés.

Les oiseaux (1) sont brun foncé sur le dessus. Ils ont la tête grise et le ventre roux. Leur queue est faiblement échancrée, caractéristique qui disparaît lorsqu'ils la déploient. Le cri des Milans noirs est une série de trilles mélodieux, « hihihihihiiii ». Les deux espèces de Milan sont aussi grandes que la Buse variable.

Milan royal

Milvus milvus

Le Milan royal vit en Europe occidentale, méridionale et centrale, en Asie Mineure et en Afrique du Nord. Il recherche les paysages boisés dans la plaine ou sur les collines où la forêt alterne avec des étendues dégagées. La proximité de l'eau n'est pas indispensable. Jadis, il nichait dans les villes en Europe. En Europe méridionale et en Grande-Bretagne, il est sédentaire. Partout ailleurs, il migre vers le sud, au bord de la Méditerranée, bien qu'on observe depuis quelques années des cas de plus en plus nombreux de sédentarisation.

En mars ou en avril, les Milans reviennent dans leur territoire, se faisant aussitôt remarquer par leurs vols nuptiaux : de longs tournoiements très haut dans le ciel. Par endroits, ils nichent séparément alors qu'autrefois il arrivait fréquemment que plusieurs couples se reproduisent à proximité les uns des autres. En Espagne, ils continuent aujourd'hui encore à nicher en colonies avec des Milans noirs. Ils occupent parfois un vieux nid de Rapace ou de Corneille ou bien en construisent un neuf. Leur nid est fait d'herbe et de mousse, mais aussi de vieux chiffons et d'ordures diverses. En avril et en mai, la femelle pond le plus souvent 3 œufs blanchâtres avec des taches floues grises ou brunes (2). Elle couve presque toujours seule pendant 28 à 30 jours, le mâle lui apportant à manger. Il continue à apporter de la nourriture à sa famille pendant encore 2 semaines après l'éclosion des œufs, tandis que la femelle ne fait que la déchirer en morceaux qu'elle partage entre les petits. Ceux-ci quittent le nid au bout de 40 à 50 jours. Le Milan royal chasse de petits vertébrés, mais prend aussi des charognes et des détritus divers. Il met à profit son agilité pour s'en prendre aux autres Rapaces et les obliger à laisser tomber leur proie.

2

Les oiseaux adultes (1) sont roux avec la tête gris-blanc. En vol plané, on aperçoit des plages sous les ailes blanches et la queue profondément échancrée. Les cris du Milan royal sont des « hieh » sifflés et, pendant la parade nuptiale, des trilles, « hieh hihihihi hieh ».

Pygargue à queue blanche (ou **Aigle de mer**)

Haliaeetus albicilla

Le Pygargue à queue blanche s'installe toujours au voisinage de l'eau, qu'il s'agisse de grands fleuves, d'étangs, de lacs ou d'eaux côtières. Son aire de répartition va de l'Écosse à l'Europe centrale (où il ne niche que sporadiquement), et couvre presque toute l'Asie septentrionale. Il est partiellement migrateur. Les populations des régions situées le plus au nord se rendent, pour l'hiver, en Europe méridionale ou centrale. Les oiseaux exécutent leurs vols nuptiaux parfois dès décembre, mais le plus souvent à la fin de janvier. Ils montent très haut en décrivant des cercles et en lançant des cris puissants. Le mâle fond à pic sur la femelle qui se retourne sur le dos en lui montrant ses serres.

Les deux partenaires bâtissent leur nid dans les arbres, sur des rochers au bord de la mer et par terre dans la toundra. Ils s'en servent pendant de longues années en le renforçant chaque fois. On a découvert un nid qui mesurait 2,50 mètres de haut et pesait environ 500 kg. Dès le mois de février ou en mars, la femelle pond 1 ou 2 œufs blancs. Le mâle l'aide de temps à autre à couver. Les jeunes viennent au monde au bout de 35 à 40 jours de couvaison. Au début, la mère les nourrit avec ce que le mâle apporte, mais au bout de 4 ou 5 semaines, il participe aussi au nourrissage. Les jeunes restent dans le nid pendant 80 à 90 jours mais après l'avoir quitté, ils continuent pendant 4 ou 5 semaines encore à quémander la nourriture auprès de leurs parents. À l'âge de 5 ou 6 ans, ils sont capables de se reproduire. Le Pygargue à queue blanche se nourrit de poissons, de mammifères et d'oiseaux, sans dédaigner les charognes.

Le Pygargue à queue blanche est l'un des plus grands Rapaces diurnes d'Europe : l'envergure de ses ailes atteint 2,50 mètres. Les oiseaux adultes sont brun-gris, avec la queue blanche et le bec jaune. Les immatures (1) sont brun-noir, avec le bec et la queue noirs, mais avec l'âge, des taches blanches apparaissent sur les rectrices. En vol, le Pygargue décrit des cercles et on remarque ses larges ailes aux rémiges écartées comme des doigts ainsi que sa queue en forme de coin. On entend surtout sa voix, des « kii kii kii » répétés, lorsqu'il tournoie au-dessus du nid.

1

Gypaète barbu

Gypaëtus barbatus

Aujourd'hui, le Gypaète barbu ne vit plus que sur la péninsule ibérique, dans le sud-ouest de la France et en Corse, dans le sud des Balkans, en Turquie, en Asie méridionale et dans quelques régions d'Afrique. Au XIXe siècle, il vivait aussi dans les Alpes et les Carpates, et au cours des dernières décennies, il s'est montré assez régulièrement dans les Alpes aux environs de Salzbourg. Sédentaire, il niche dans les parties rocheuses des montagnes.

Les couples, qui vivent en union durable, utilisent le même nid pendant de longues années. Ils le bâtissent dans une falaise avec des branches, et le tapissent de poils. Dès la fin décembre ou courant janvier, la femelle pond 2 œufs roussâtres constellés de taches grises. Les deux adultes les couvent à tour de rôle (la femelle plus longuement que le mâle) pendant 55 à 60 jours. Comme le second œuf est généralement pondu 4 ou 5 jours après le premier, le cadet est souvent persécuté par l'aîné et meurt. Les jeunes oiseaux atteignent la maturité sexuelle au cours de leur cinquième ou sixième année. On a beaucoup écrit sur l'alimentation du Gypaète barbu, sur son mode de chasse, indiquant souvent qu'il s'attaquait aux hommes et aux grands mammifères. En réalité, il recherche les charognes et ne s'attaque pas aux jeunes chamois, aux agneaux et aux chèvres, contrairement à ce que l'on a raconté pendant longtemps. Il prend de grands os et les brise sur les pierres ou les fait tomber d'une grande hauteur. Il met en œuvre la même stratégie pour fracasser les carapaces des tortues.

Le Gypaète barbu adulte (1) est plus grand que le Pygargue à queue blanche. Il est brun-noir avec le ventre roux jaunâtre ou blanchâtre. Une longue barbe noire se détache de la tête claire. Les immatures sont entièrement brun foncé avec la tête noire. En vol, on aperçoit la queue en forme de coin et les ailes assez étroites et pointues.

Vautour percnoptère

Neophron percnopterus

Le Vautour percnoptère vit dans le sud de l'Europe, en Afrique du Nord et centrale, en Asie Mineure et jusqu'en Inde. À la fin du XIXe siècle, il nichait encore en Suisse. Les oiseaux européens traversent les détroits orientaux et occidentaux de la Méditerranée, puis le Sahara. La plupart des jeunes oiseaux passent vraisemblablement leurs premières années en Afrique, ne revenant en Europe qu'à l'âge adulte. En Afrique, on considère le Vautour percnoptère comme une espèce adaptée aux savanes, mais en Europe il vit aussi dans des biotopes humides des altitudes assez élevées.

En mars ou en avril, il revient sur ses lieux de reproduction européens. Il niche séparément ou en petites colonies, le plus souvent sur les parois rocheuses mais aussi sur les maisons, parfois sur les arbres. Son nid est une importante construction en branches sèches, tapissée de détritus à l'odeur nauséabonde. La saison des nids commence, en Afrique, en février, et s'achève, en Europe, en août. La femelle pond 1 ou 2 œufs blanc cassé, constellés de taches brunes et grises et les deux adultes se relaient pendant les 42 jours que dure la couvaison. Au bout de 2 mois et demi ou 3 mois, les jeunes Vautours quittent le nid et, en septembre ou octobre, s'envolent avec les adultes vers les quartiers d'hiver. Le Vautour percnoptère se nourrit surtout d'ordures, de charognes et même d'excréments. Il vit pour cette raison au voisinage et même à l'intérieur des agglomérations humaines. En Afrique, il sait se servir d'outils, cassant les œufs d'Autruche avec des pierres.

Les oiseaux adultes (1) sont à peine plus grands que la Buse variable. Leur plumage est d'un blanc sale, avec l'extrémité des ailes noire. Leur tête est recouverte de peau nue. Elle est jaune, pourvue d'un bec allongé, légèrement incurvé. En vol, on observe leur longue queue blanche en forme de coin. Les immatures sont bruns mais blanchissent au fur et à mesure de leur développement et leur calvitie s'agrandit. Au cours de leur cinquième année, ils atteignent la maturité sexuelle et acquièrent la livrée des adultes.

Vautour fauve

Gyps fulvus

Le Vautour fauve vit en Europe méridionale dans la région méditerranéenne, en Asie jusqu'en Inde et en Afrique du Nord. Il affectionne les paysages arides et montagneux mais n'hésite pas à descendre loin dans les plaines pour chercher sa nourriture. Sédentaire, il est très sociable et niche en colonies comptant jusqu'à 100 couples.

Les Vautours fauves bâtissent leurs nids sur les parois rocheuses difficilement accessibles. Les nids, construits en branches sèches, sont garnis de petites branches fines et d'herbe sèche. Entre janvier et mars, la femelle pond un seul œuf blanc, parfois taché de jaune sale ou brunâtre (2). Les parents le couvent à tour de rôle, se relayant équitablement à intervalles de 1 ou 2 jours pendant 50 à 52 jours. Ils nourrissent aussi le jeune avec des aliments prédigérés. Ce dernier se développe très lentement, ne quittant pas le nid avant 3 mois. Même après, les parents l'accompagnent pendant plusieurs semaines. Il atteint vraisemblablement l'âge adulte au bout de 4 ou 5 ans. Le Vautour fauve se nourrit essentiellement de cadavres de grands animaux. Il ouvre leur ventre avec son bec pour s'attaquer d'abord aux entrailles et ensuite à toute la chair de l'intérieur, ne laissant sur place que le squelette et la peau. Les Vautours fauves se réunissent par dizaines autour d'un cadavre de gros mammifère, descendant rapidement en décrivant des cercles, contrairement à d'autres Vautours qui descendent en tombant comme des pierres.

1

Le Vautour fauve (1) est l'un des plus grands oiseaux d'Europe : l'envergure de ses ailes est de 2,50 mètres environ et il pèse jusqu'à 11 kg. Son long cou recouvert de duvet blanc porte à la base une collerette blanche. En vol, ses ailes longues et larges ainsi que sa courte queue, noires, contrastent avec son corps fauve. Les immatures ont la collerette brunâtre.

Vautour moine

Aegypius monachus

Le Vautour moine est un oiseau sédentaire qui subsiste en Europe, dans quelques pays méditerranéens (Espagne, Grèce, Yougoslavie, Union soviétique), mais qui peuple de manière plus continue le sud de l'Asie jusqu'en Chine. Autrefois, il nichait aussi dans les Alpes et les Carpates. Il niche dans les montagnes ou sur les collines, mais également dans les steppes des pays chauds, isolément ou en petites colonies, comme le Vautour fauve.

Le couple reste uni pendant toute son existence. La ponte a lieu en février ou en mars. Le nid des Vautours moines, fait de branches sèches, est placé dans un arbre, parfois sur un rocher. Les deux parents couvent tour à tour leur unique œuf blanc, taché de brun (2), pendant 51 à 53 jours et, après l'éclosion, nourrissent le petit de bec à bec avec de la nourriture prédigérée. Le jeune Vautour reste pendant 3 mois et demi environ dans le nid et pendant 2 mois encore dans ses alentours, sous la garde des adultes. Il est capable de se reproduire au bout de 5 ou 6 ans seulement. Le Vautour moine se nourrit essentiellement de charognes qu'il repère en volant à grande altitude. Il les entame de l'extérieur, par la partie la plus exposée, dévorant en priorité les muscles avec la peau, les poils et les os. Par la suite, il rejette tous les éléments indigestes. En cas de pénurie de charognes, il chasse des tortues, des sousliks et des lézards.

1

Le Vautour moine (1) pèse jusqu'à 12 kg, l'envergure de ses ailes étant de 2,50 à 2,90 mètres. Il est entièrement brun-noir, à l'exception du léger duvet de la tête et de la large collerette qui sont bruns. La peau nue de son cou est bleutée. En vol, on remarque la coloration foncée du corps, la tête plus claire et la queue assez longue qui se termine légèrement en coin.

2

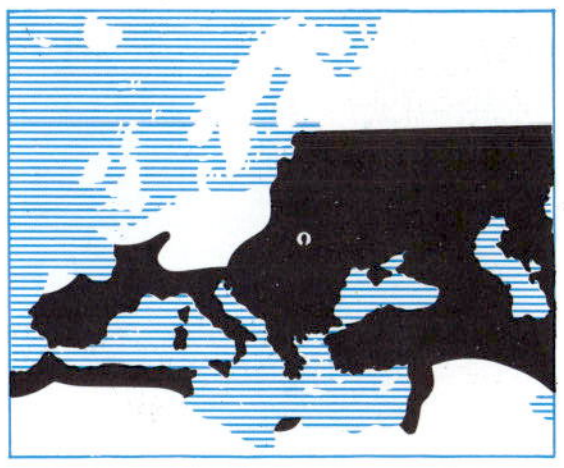

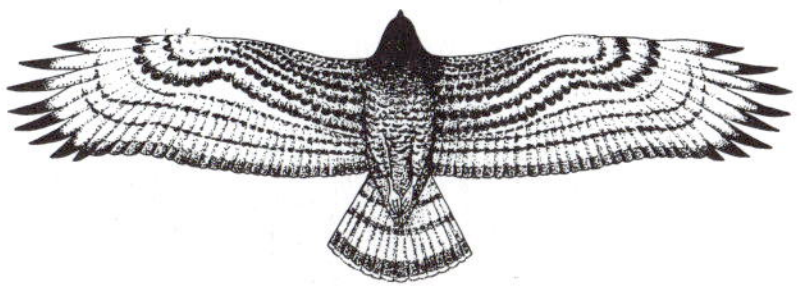

Circaète Jean-le-Blanc

Circaetus gallicus

Le Circaète Jean-le-Blanc vit dans les régions chaudes de l'Europe occidentale, méridionale et orientale, de l'Asie du Sud-ouest et de l'Afrique du Nord où il recherche les forêts entrecoupées de clairières, les garrigues et les steppes. Il migre en Afrique au sud du Sahara en septembre ou en octobre.

En avril ou en mai, il revient sur son territoire et commence aussitôt à bâtir son nid. La construction est l'affaire des deux partenaires qui utilisent parfois comme base un vieux nid abandonné par d'autres oiseaux. Régulièrement, ils le tapissent avec des feuilles vertes. Fin avril ou en mai, la femelle pond un seul œuf blanc, ce qui est la conséquence d'une étroite spécialisation alimentaire : le couple, en effet, épuiserait les « réserves » de reptiles, venimeux ou non, dont il se nourrit s'il devait chasser pour plusieurs petits. Les Rapaces de sa taille (il est nettement plus grand que la Buse variable) ont habituellement des pontes plus importantes. C'est surtout la femelle qui couve mais son partenaire l'aide. Le petit Circaète vient au monde au bout de 45 jours environ. Au début, le mâle apporte la nourriture pour la mère comme pour le petit et pendant 3 semaines, la femelle déchire les serpents en petits morceaux pour l'en nourrir. Par la suite, les deux parents chassent et nourrissent leur progéniture. Les serpents, venimeux ou non, sont les proies de prédilection du Circaète Jean-le-Blanc. Il les engloutit tête la première après les avoir tués et, souvent, on peut voir la queue du serpent qui dépasse de son bec lorsqu'il le porte au nid. Au bout de 9 à 11 semaines, le jeune s'envole. Vers la fin de la nidification, le mâle participe moins à son élevage.

Le Circaète Jean-le-Blanc (1) a une grosse tête. Il est brun-gris sur le dessus, ses rémiges sont noires. En vol, sa poitrine et sa gorge brun foncé contrastent avec le dessous du corps et des ailes presque blanc, parsemé de petites taches. Parfois, la coloration foncée et les taches manquent. Sa queue porte 3 ou 4 bandes transversales peu définies, celle du bout de la queue étant la plus large. Le mâle lance des « iu ok » bruyants, la femelle des miaulements, « kiuieïio ».

Busard des roseaux

Circus aeruginosus

L'aire de répartition du Busard des roseaux s'étend sur presque toute l'Europe (à l'exception de la majeure partie de la Grande-Bretagne et de la Scandinavie), sur une grande partie de l'Asie, l'Afrique du Nord, ainsi qu'en Australie et à Madagascar.

Le Busard des roseaux niche dans les roselières des étangs, des lacs et des marais, mais peut aussi s'installer dans les champs ou dans les prés. Au printemps, les couples trahissent l'emplacement de leur nid par leurs vols nuptiaux, accompagnés de cris, de descentes en piqué et de loopings. Le nid est posé sur de vieux roseaux couchés ou brisés, dans les joncs ou un buisson de saule. Sa construction est assurée par le couple ou par la femelle seule. La femelle pond entre avril et juin 4 ou 5 œufs d'un blanc sale (3) qu'elle couve seule pendant 31 à 36 jours. Après l'éclosion des œufs, le mâle apporte de la nourriture au nid et la transmet à la femelle en vol ou perché au voisinage du nid. La femelle nourrit seule les petits. Si elle meurt, les jeunes Busards sont condamnés : le mâle continue à leur apporter des petits oiseaux et mammifères, mais il n'est pas capable de les déchiqueter pour les partager entre eux. À l'âge de 26 jours, les jeunes Busards rampent dans les roseaux, au bout de 40 jours, ils savent voler. Néanmoins, la mère s'en occupe encore pendant quelques semaines. En août ou en septembre, les Busards des roseaux migrent dans la région méditerranéenne ou en Afrique équatoriale, pour revenir dans leur territoire en mars ou en avril.

Le mâle (1) est brun avec la tête plus claire et la poitrine parsemée de taches brunes longitudinales ; sa queue grise et ses ailes sont tricolores. La femelle (2) brune, couleur chocolat, a la tête et les épaules jaunes. Le mâle comme la femelle sont un peu plus petits que la Buse variable. Le vol du Busard des roseaux est lent et vascillant. Il pratique le vol à voile, tenant les ailes écartées comme un grand V au-dessus du corps. Sa voix est un « koui-eh » aigu.

2

1

3

Busard Saint-Martin

Circus cyaneus

Le Busard Saint-Martin vit dans une partie de l'Europe, de l'Amérique du Nord, ainsi que dans la zone tempérée de l'Asie. Migrateur dans la plupart des cas, il hiverne régulièrement en Europe occidentale et centrale, ses quartiers d'hiver méditerranéens et nord-africains étant les plus éloignés. En hiver, c'est un hôte régulier dans les champs et les prés. Il niche dans les marais et les tourbières, les landes, les clairières et les grandes coupes des forêts, et même dans la toundra.

En avril, les Busards Saint-Martin regagnent leur territoire. Les couples se forment au cours de vols nuptiaux remarquables pendant lesquels le mâle vole en cercles ascendants, puis tombe en vrille. Les deux oiseaux construisent au sol leur nid assez petit en rameaux, en herbes sèches et en plantes diverses. Entre avril et juin, la femelle pond 4 ou 5 œufs blancs presque sphériques qu'elle couve pendant 29 ou 30 jours. Le mâle veille sur elle et lui apporte de la nourriture. Après l'éclosion des œufs, il continue ses va-et-vient, mais seule la femelle nourrit les petits. Lorsqu'ils grandissent, elle s'en occupe pratiquement seule. Les jeunes Busards restent dans le nid 5 ou 6 semaines et, pendant 2 ou 3 semaines supplémentaires, les parents les nourrissent aux alentours du nid. Les oiseaux adultes chassent le plus souvent de petits mammifères, des oiseaux qui vivent par terre, des lézards, des batraciens et des insectes. Ils repèrent leurs proies en vol. Le Busard Saint-Martin vole au ras du sol et se pose souvent à terre. Il quitte son territoire dès le mois d'août, mais la principale période de migration a lieu en septembre et en octobre.

Le mâle est gris clair avec la pointe des ailes noire, la femelle (1) est brun-gris foncé sur le dessus, blanchâtre ou rousse sur le dessous ; ce dernier est par ailleurs parsemé de taches brun foncé longitudinales bien nettes. Chez les deux sexes, on remarque le croupion blanc. Ils sont tous les deux aussi grands que le Busard des roseaux. Lors de la parade nuptiale, le mâle fait entendre des « ké ké ké » rapides, le cri ordinaire de ces oiseaux étant des « pi-a » aigus.

Busard cendré

Circus pygargus

Le Busard cendré vit en Europe jusqu'au sud de la Scandinavie, en Asie jusqu'en Sibérie centrale, et en Afrique du Nord. Migrateur, le Busard cendré se rend jusqu'en Afrique équatoriale et australe. Sa migration d'automne se déroule en août ou en septembre, celle de retour s'effectuant en avril ou en mai. Il niche dans les prés humides, les marais, les champs et les clairières spacieuses des forêts de plaine.

Lors des vols nuptiaux, le mâle attaque en piqué la femelle qui se renverse sur le dos et lui tend ses serres. Les deux oiseaux bâtissent leur nid au sol, avec des tiges et des herbes sèches. La femelle pond en mai ou en juin de 4 à 6 œufs blancs presque sphériques qu'elle couve seule pendant 27 à 30 jours. Le mâle lui apporte la nourriture qu'il lui transmet en vol ou à terre. Après l'éclosion des œufs, la mère reste presque en permanence auprès de ses petits tandis que le père se charge de les approvisionner. Avant qu'ils n'apprennent à voler, ce qui arrive au bout de 4 semaines, les petits marchent aux environs du nid. La femelle chasse avec plus d'assiduité vers la fin de la période d'élevage. Ses serres faibles ne permettent pas au Busard cendré de s'emparer de proies plus importantes que les petits mammifères et oiseaux, grenouilles et lézards.

2

Le Busard cendré est un Rapace élancé, doté de longues ailes pointues, plus petit que la Buse variable. Le mâle (1) gris cendré a l'extrémité des ailes noire et une petite bande noire sur le milieu de l'aile. La femelle (2) est très difficile à distinguer de celle du Busard Saint-Martin car toutes deux ont une coloration identique.

Autour des palombes

Accipiter gentilis

L'Autour des palombes vit presque partout en Europe, en Asie centrale et boréale et en Amérique du Nord. Il est sédentaire ; seules ses populations d'Europe du Nord se déplacent pour l'hiver plus au sud. L'Autour niche dans tous les types de forêts, les couples restant en général sur le même territoire. Dès la fin de l'hiver, le mâle exécute son vol nuptial au-dessus de son domaine : il monte en battant fortement des ailes pour descendre en tombant comme une pierre.

Le nid est toujours placé sur un grand arbre. C'est probablement le mâle qui commence sa construction et la femelle qui l'achève. Sur son territoire, le couple bâtit généralement plusieurs nids qu'il occupe et arrange selon ses besoins. Il utilise comme matériaux de construction les branches des arbres environnants, la garniture étant formée de brindilles. Les bords du nid deviennent de plus en plus hauts au cours de la couvaison car les oiseaux y superposent des rameaux verts. En avril ou en mai, la femelle se met à couver ses 3 ou 4 œufs vert pâle ou grisâtres dont l'incubation dure de 35 à 40 jours. Le mâle ne la relaie que lorsqu'il lui apporte la nourriture. Au cours des 10 jours qui suivent l'éclosion des œufs, la mère ne quitte pratiquement pas le nid, réchauffant les petits et les nourrissant avec de petits morceaux d'aliments qu'elle découpe dans les proies que le mâle leur apporte. Le mâle est incapable d'en faire autant ; si la femelle meurt, les jeunes dépérissent. À l'âge de 40 jours environ, les petits passent déjà la nuit en dehors du nid, leurs parents continuant à en prendre soin pendant 70 jours encore. L'Autour chasse des oiseaux et des mammifères.

Les adultes (1) sont brun-gris sur le dessus. Des rayures serrées gris-blanc et brun foncé leur barrent le dessous du corps et leur iris est orange. Les immatures ont le ventre ocre parsemé de taches longitudinales et l'iris jaune pâle. Le mâle est presque d'un tiers plus petit que la femelle qui a la taille d'une Buse. Au nid, les Autours lancent des « ki-kikik-hiac hiac » sonores. En vol, on reconnaît l'Autour à ses courtes ailes arrondies et à sa longue queue.

Épervier d'Europe

Accipiter nisus

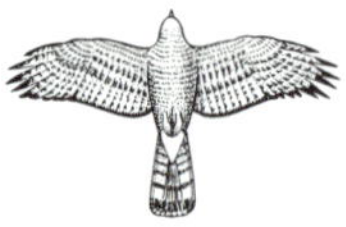

L'aire de répartition de l'Épervier d'Europe comprend toute l'Europe, la zone boisée d'Asie septentrionale et le Maghreb. Les Éperviers sont migrateurs ou nomades sur la majeure partie de leur aire de nidification ; seuls les oiseaux britanniques et belges sont pratiquement sédentaires. La migration d'automne a lieu en septembre et en octobre, celle de printemps en mars ou en avril.

L'Épervier d'Europe affectionne les lisières des forêts de conifères, mais peut nicher aussi dans les forêts de feuillus. On trouve son nid le plus souvent dans les jeunes épicéas, appliqué contre le tronc. La femelle s'occupe de sa construction, le mâle lui apportant des branches sèches (éventuellement vertes) qu'il ramasse dans les environs. En mai ou en juin, la femelle pond 4 ou 5 œufs constellés de taches brunes (2), qu'elle couve pendant 31 à 35 jours. Dans les premiers temps qui suivent l'éclosion des œufs, elle reste en permanence avec ses petits qu'elle réchauffe et nourrit. À cette époque, le mâle assure la subsistance de toute sa famille. Par la suite, la femelle se remet elle aussi à chasser, mais continue à nourrir seule ses petits. Incapable d'en faire autant, le mâle lui transmet les proies, généralement à l'endroit où la femelle a l'habitude de les plumer. Les petits Éperviers s'envolent au bout de 5 semaines environ.

L'Épervier d'Europe (1) est une sorte d'Autour miniature : comme ce dernier, il est gris-brun sur le dessus et rayé transversalement sur le dessous. Le mâle, grand comme une Tourterelle des bois, est d'un quart plus petit que la femelle. Les rayures de son ventre sont rousses ainsi que ses joues. La femelle est généralement dépourvue de toute nuance roussâtre. L'Épervier d'Europe a des ailes larges et courtes et une longue queue à l'extrémité droite. À l'instar de l'Autour, il alterne les battements d'ailes avec de brèves glissades en plané. Il se faufile lui aussi habilement entre les arbres et les buissons. C'est un spécialiste des attaques surprises contre les petits Passereaux.

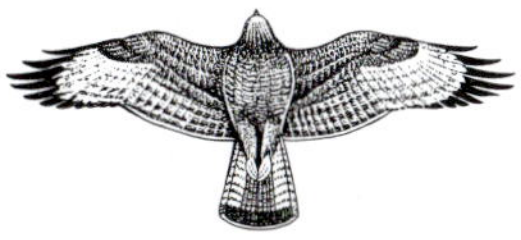

Buse variable

Buteo buteo

La Buse variable vit en Europe et dans une grande partie de l'Asie. Elle niche dans tous les types de forêts mais surtout dans celles qui alternent avec des clairières, des prés et des champs. Au début du printemps, les couples exécutent leurs vols nuptiaux : ils tournoient longuement pour descendre en piqué en lançant des miaulements, « viié ».

Le nid des Buses variables se trouve généralement dans la forêt, parfois sur un arbre isolé ou à terre. En Grande-Bretagne, elles nichent assez régulièrement sur les rochers. Le nid fait de branches est garni de fins rameaux, de mousse et d'un peu d'herbe. Au cours de la nidification, les oiseaux y ajoutent de petites branches sèches ou vertes. Entre mars et mai, la femelle pond 3 ou 4 œufs blanchâtres parsemés de taches brunes ou grises (2) que les deux parents couvent pendant 33 à 35 jours. Les premiers jours qui suivent l'éclosion des œufs, la mère reste presque en permanence auprès de ses petits, tandis que le mâle chasse et apporte la nourriture. Les jeunes Buses quittent le nid au bout de 6 ou 7 semaines, mais leurs parents continuent de les nourrir dans les environs. Les campagnols représentent 70 % des proies de la Buse variable, le reste étant composé d'autres petits mammifères, d'oiseaux, de grenouilles et d'insectes. En Europe, ses populations sont, dans une proportion variable, sédentaires, nomades ou migratrices. Les migrations ont lieu en septembre et en octobre, puis en mars ou en avril. En plein hiver, on observe aussi des déplacements spectaculaires de Buses variables en quête de nourriture.

La coloration de cette espèce (1) est très variable, allant du plumage presque blanc jusqu'au brun foncé, en passant par un type tacheté de brun. La taille de la Buse variable varie entre 51 et 56 cm. En vol, on la reconnaît à ses larges ailes dont le poignet porte une tache foncée, ainsi qu'à sa large queue assez courte aux rayures discrètes et à la bande terminale bien marquée. Elle vole assez pesamment, planant souvent et décrivant des cercles.

1

2

Buse pattue

Buteo lagopus

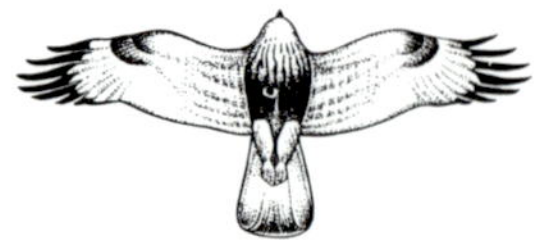

La Buse pattue est une espèce arctique qui niche dans la toundra, arbustive ou non, de l'Eurasie et de l'Amérique du Nord. En hiver, elle n'arriverait pas à survivre dans ces régions ; c'est pourquoi elle s'envole régulièrement vers l'Europe centrale, ces déplacements pouvant prendre l'apparence d'invasions. Ce phènomène se produit en octobre, voire en novembre, le retour vers le nord s'effectuant entre février et mars.

La Buse pattue niche à terre, sur les rochers et par endroits aussi dans les arbres. Son nid en branches fortes ou fines est garni de rameaux de myrtilles, d'herbe et de lichens. La ponte, qui a lieu entre mai et juin, compte généralement 3 ou 4 œufs qui ressemblent à ceux de la Buse variable. La femelle les couve seule pendant 31 jours environ. Les parents se partagent l'élevage des petits : le mâle chasse et apporte la nourriture, la mère leur donne à manger. Au bout de 6 ou 7 semaines, les jeunes Buses s'envolent du nid. Sur les territoires de nidification septentrionaux, les lemmings sont la proie principale. De leur abondance dépend la reproduction des Buses pattues : les années où les lemmings prolifèrent, la femelle peut pondre jusqu'à 7 œufs. Les parents élèvent facilement et sans pertes leurs petits, si bien que le nombre de Buses pattues visible dans les lieux d'hivernage, en Europe centrale, augmente.

La Buse pattue (1) ressemble beaucoup à la Buse variable. Sa coloration est également très changeante avec cependant une prédominance de tons blanchâtres et de taches brunes irrégulières sur la poitrine et le ventre. Sa tête, généralement presque blanche, est comme éclaboussée de petites taches brun foncé longitudinales. Ses pattes sont emplumées jusqu'aux doigts. En vol, on remarque une tache ronde et sombre au poignet, une zone noire sur le ventre et une barre terminale large et foncée sur la queue.

1

Aigle pomarin

Aquila pomarina

L'aire de répartition de l'Aigle pomarin est assez limitée : il vit en Europe centrale et du Sud-Est, en Inde et en Birmanie. Oiseau migrateur, il se dirige, entre septembre et novembre, vers le sud-est, jusqu'en Afrique équatoriale et australe. En mars et avril, il revient par couples dans son aire de nidification, où il s'installe dans les paysages boisés, émaillés de prés et de pâturages. Lors de leurs vols nuptiaux, les deux oiseaux décrivent de larges spirales très haut dans le ciel, sans bouger les ailes. De temps à autre, le mâle les replie et tombe en piqué, puis il les déploie et remonte. La parade nuptiale s'accompagne de « kii kii kii ».

Les Aigles pomarins bâtissent leur nid au faîte d'un grand arbre. Ils utilisent des branches comme matériau de construction et tapissent le nid avec de l'herbe et des rameaux verts. La femelle pond, en avril ou en mai, 2 œufs blanchâtres tachés de marron qu'elle couve (très rarement remplacée par son partenaire) pendant 38 à 40 jours. Il est exceptionnel que les deux aiglons parviennent à l'âge adulte car en général le plus grand, aîné de 3 jours environ, est extrêmement agressif, et arrive, en 4 ou 5 jours, à tuer à coups de bec ou à précipiter hors du nid son cadet. Lorsqu'on parvient à élever artificiellement le plus jeune et à le réintroduire dans le nid, les parents peuvent élever les deux en même temps car l'agressivité de l'aîné s'estompe avec le temps. La femelle nourrit les aiglons tandis que le mâle l'approvisionne en petits mammifères, en reptiles et en insectes qu'il chasse souvent en marchant à terre. Les aiglons quittent le nid au bout de 8 semaines et arrivent à la maturité sexuelle au cours de la troisième ou quatrième année de leur existence.

Les adultes (1), brun foncé, ont des taches blanchâtres disposées en deux rangées sur les ailes. L'Aigle pomarin est un peu plus grand que la Buse variable.

1

Aigle des steppes (ou Aigle ravisseur)

Aquila rapax

En Europe, l'Aigle des steppes a niché en Roumanie ; en fait, son aire de répartition commence dans les steppes d'Ukraine et s'étend en Asie centrale, en Inde et en Chine. Il vit aussi en Afrique, au sud du Sahara. En dehors de la période de nidification, il est nomade, errant avant tout dans les régions plus méridionales ; c'est pourquoi il n'apparaît qu'exceptionnellement en Europe centrale et occidentale.

L'Aigle des steppes fréquente les vastes plaines non boisées, parsemées de buissons, et surtout les milieux steppique et semi-désertique. Il construit son grand nid d'un mètre de diamètre environ à terre, plus rarement à faible hauteur sur un arbre, un buisson ou une botte de foin, utilisant comme matériaux de construction des branches et de l'herbe. Il le tapisse ensuite de façon insolite, avec du crottin de cheval, des excréments de chameau, des lambeaux de peau et des morceaux de papier. Entre avril et juin, la femelle pond généralement 2 œufs d'un blanc sale, constellés de taches et de points, qu'elle couve seule pendant 40 à 45 jours. Pendant cette période, le mâle lui apporte de la nourriture. Les deux parents nourrissent les aiglons, mais il arrive fréquemment que le plus petit des deux meure. Les aiglons restent dans le nid pendant 60 jours environ. L'Aigle des steppes se nourrit surtout de sousliks et d'autres rongeurs dont l'abondance détermine sa présence. Compte tenu de sa maladresse à la chasse, il guette ses proies devant les terriers ou en marchant. Il profite aussi des charognes.

2

L'Aigle des steppes (1) est d'un brun sombre. Sa courte queue arrondie est marquée de bandes grises transversales à peine visibles. Il porte souvent une tache jaune-roux sur la nuque et ses couvertures alaires ne sont jamais blanches. Il est presque aussi grand que l'Aigle royal. Il reste souvent et longtemps à terre, se perchant rarement sur les arbres. Il plane peu et vole au ras du sol. À tout âge, il a les commissures du bec (2) jaunes. Elles se prolongent plus loin que chez les autres Aigles, jusque derrière les yeux. Il laisse entendre quelques rares « kaou kaou kaou » aigus.

1

Aigle impérial

Aquila heliaca

L'Aigle impérial affectionne les plaines et les collines, où les forêts de feuillus alternent avec de vastes étendues de champs, prairies, marais. Il ne monte pas en altitude. Son aire de répartition englobe la péninsule ibérique, le sud-est de l'Europe et une partie de l'Asie jusqu'au lac Baïkal. Il a aussi vécu sur une petite surface dans le nord-ouest du Maroc. L'Aigle impérial est partiellement migrateur dans la partie septentrionale de son aire de répartition, sédentaire dans la partie méridionale. Il migre en mars puis, pour le départ, entre octobre et novembre. Au printemps, sa parade nuptiale s'accompagne de cris bruyants, « krok krok krok ».

Le couple occupe le même nid plusieurs années de suite. Les deux oiseaux prennent part à sa construction. Pour ce faire, ils utilisent des branches fortes, puis le garnissent d'herbe sèche et souvent de ramilles vertes. Tous deux couvent à tour de rôle pendant 42 à 45 jours les 2 ou 3 œufs gris-blanc, faiblement tachés de gris ou de marron et pondus le plus souvent en avril. Ils nourrissent les aiglons avec des aliments prédigérés, puis avec de petits bouts de chair. Les aiglons, nidicoles, restent dans le nid pendant 65 à 77 jours, après quoi les parents continuent à les nourrir pendant quelque temps aux environs. Il semble que les aiglons restent auprès de leurs parents jusqu'à la saison de nidification suivante, ne les quittant que par la suite. Ils atteignent la maturité sexuelle au cours de leur quatrième ou cinquième année, mais on a observé des oiseaux qui nichaient sans avoir acquis leur coloration définitive. L'Aigle impérial peut franchir une dizaine de kilomètres en quête de nourriture. Il se nourrit surtout de mammifères de taille moyenne, d'oiseaux et à l'occasion de charognes.

L'Aigle impérial (1) est un peu plus petit que l'Aigle royal. Il est entièrement brun-noir avec la nuque et l'occiput jaune clair, presque blancs. Il porte une tache blanche sur chaque épaule. La livrée des immatures est jaune doré avec des taches brunes en forme de flèches.

Aigle royal

Aquila chrysaetos

L'Aigle royal vit dans les montagnes de la majeure partie de l'Eurasie, de l'Amérique du Nord et de l'Afrique du Nord. Les couples sont stables. À l'époque des parades nuptiales, lors des jeux aériens, les oiseaux se poursuivent, décrivent des cercles, descendent en piqué et exécutent des loopings.

Le nid est placé dans une corniche sur une paroi rocheuse inaccessible ou au faîte d'un grand arbre. Il est en grosses branches que les deux Aigles cassent dans les environs à coups de bec ou en se posant dessus avec violence. Il est garni d'herbe, de bruyère, de fougères et de petites branches vertes. Après des années d'utilisation et de réparation successives, il se transforme en une construction de 2 mètres de haut et de 2 ou 3 mètres de diamètre. En mars ou en avril, la femelle pond 2 œufs d'un blanc sale, tachés de brun-gris, que les deux oiseaux couvent. Les œufs éclosent au bout de 40 à 45 jours, mais en général un seul aiglon arrive à survivre. Au début, seule la mère le nourrit ; plus tard, le père se joint à elle. L'aiglon reste au nid pendant 75 à 80 jours et devient adulte en 4 à 6 ans.

L'Aigle royal est un oiseau puissant et majestueux qui sait parfaitement mettre à profit les courants aériens, planant sur ses ailes largement déployées sur des kilomètres sans le moindre effort. Lorsqu'il aperçoit une proie, il applique ses ailes contre son corps pour fondre sur elle. Même un renard n'arrive pas à lui échapper. À l'occasion, il chasse des agneaux ou des chamois nouveau-nés, mais dans les Alpes la marmotte forme l'essentiel de sa nourriture.

1

L'Aigle royal adulte (1) est brun foncé avec des plumes d'un jaune doré sur l'occiput et la nuque. Il est environ d'un tiers plus grand qu'une Buse, mesurant entre 75 et 88 cm de long. Les immatures ont la queue blanche avec une bande noire terminale et des plages claires sur le dessous des ailes. L'Aigle royal lance des « hié » rauques et des aboiements, « kié ». Ce Rapace est le plus souvent sédentaire et seuls les immatures sont nomades.

Aigle botté

Hieraaetus pennatus

L'Aigle botté niche dans les régions chaudes de l'Europe, de l'Asie Mineure et centrale et en Afrique du Nord. Migrateur, il s'envole en septembre ou en octobre vers l'Afrique, au sud du Sahara ou en Inde, pour revenir en avril dans son aire de nidification.

Il fréquente les forêts mixtes ou d'arbres à feuilles caduques en plaine comme en montagne, surtout si elles alternent avec des terrains dégagés. Les jeux aériens des Aigles bottés se distinguent par des acrobaties.

Les Aigles bottés peuvent nicher dans les vieux nids d'autres oiseaux, mais le couple construit souvent un nid neuf avec des branches et des rameaux, ajoutant des ramilles vertes au cours de la couvaison. Il se trouve dans un grand arbre, mais on connaît des cas de nidification sur un rocher. En avril ou en mai, la femelle pond 2 œufs blanchâtres ou verdâtres dont elle assure principalement la couvaison, qui dure de 35 à 38 jours. Le mâle nourrit la femelle et sa progéniture, après l'éclosion des œufs. Lorsque les aiglons ont grandi, les deux adultes partent à la chasse. Les petits savent voler au bout de 3 mois. L'Aigle botté est un chasseur habile et rapide qui chasse à la manière de l'Autour, c'est-à-dire en surprenant sa proie par une attaque aussi violente que soudaine. Il s'en prend surtout aux oiseaux de la taille d'une Tourterelle, mais aussi aux petits mammifères, aux lézards et aux insectes.

L'Aigle botté atteint la taille de la Buse et a deux types de coloration. Dans les deux cas, le dessus est brun foncé avec des taches blanches entre le cou et les ailes, mais le ventre est roux (1) ou blanchâtre. En vol, on remarque chez la forme claire le dessous des ailes presque blanc alors que la forme foncée est reconnaissable à la face inférieure des ailes brun foncé et à la queue plus claire.

L'Aigle botté lance des séries de cris aigus, « kii kii kii ».

Balbuzard pêcheur (ou Balbuzard fluviatile)

Pandion haliaetus

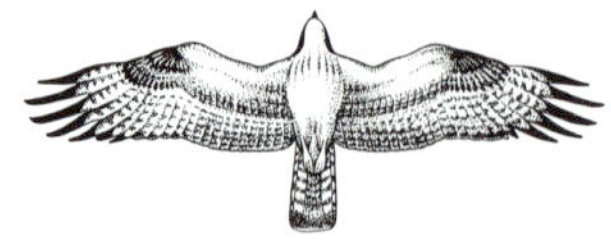

Le Balbuzard pêcheur niche sur tous les continents, à l'exception de l'Amérique du Sud et de l'Antarctique. Les oiseaux d'Europe septentrionale et orientale sont migrateurs, ceux de la région méditerranéenne nomades ou sédentaires. Un petit nombre de Balbuzards hivernent au bord de la Méditerranée, mais le plus souvent, ils migrent en Afrique, au sud du Sahara, ou en Asie méridionale. En mars ou en avril, ils reviennent sur leurs lieux de ponte auxquels ils restent fidèles, comme à leur nid, pendant de longues années. À l'époque des parades nuptiales, le mâle monte très haut à coups d'ailes puissants, puis il se renverse et tombe comme une pierre.

2

Le couple place son nid sur un grand arbre isolé ou près d'une forêt. Dans les paysages non boisés, les Balbuzards nichent sur les rochers, à terre ou sur les pylônes électriques, près des grands fleuves, des étangs, des lacs ou de la côte. La saison de nidification dure d'avril à juin. Dans son grand nid fait avec des branches, la femelle pond généralement 3 œufs d'un blanc sale ou bleutés, tachés de marron foncé (2), que les deux parents couvent pendant 34 à 37 jours. Les jeunes quittent le nid au bout de 8 à 10 semaines, mais leurs parents les nourrissent pendant un mois encore. La famille reste unie jusqu'à la migration d'automne qui a lieu de septembre à octobre. Le Balbuzard pêcheur se nourrit exclusivement de poissons. Il pêche en plongeant à pic, pouvant disparaître sous l'eau pendant plusieurs secondes. Il peut emporter de gros poissons de 1 ou 2 kg. Le Balbuzard pêcheur (1) est plus grand qu'une Buse.

1

Mis à part la poitrine, le dessous du corps est d'un blanc éclatant. Le dessus est brun foncé et la tête blanche porte une large bande brun-noir qui barre l'œil. En vol, on remarque les longues ailes coudées de façon caractéristique qui portent sur le dessous du poignet une tache noire et des rayures transversales serrées, présentes aussi sur la queue. À la saison des amours, le Balbuzard lance des « tiib tiib tiib-iib » d'une voix stridente.

Faucon crécerelle

Falco tinnunculus

2

Le Faucon crécerelle est le plus commun des Falconidés dans une grande partie de l'Eurasie et en Afrique du Nord. En Europe, la proportion des oiseaux sédentaires, nomades et migrateurs varie d'une région à l'autre. Les Faucons crécerelles de l'Europe septentrionale et orientale migrent régulièrement de septembre à octobre vers la Méditerranée ou l'Afrique occidentale. Ils reviennent sur leurs lieux de ponte en mars et en avril.

1

Ces Faucons nichent le plus souvent sur les arbres, dans les vieux nids d'autres oiseaux, parfois dans un arbre creux. Très souvent aussi, ils s'installent dans les crevasses des parois rocheuses ou argileuses, les nichoirs, les clochers ou sur les corniches de grands édifices. La femelle ne fait pas de nid. En avril, en mai ou en juin, elle pond de 4 à 6 œufs marbrés de brun-rouge (2) qu'elle couve pendant 28 à 30 jours, se laissant nourrir par le mâle. Lorsque les petits ont grandi, elle se remet à chasser elle aussi. Les jeunes Faucons s'envolent au bout de 27 à 30 jours mais reviennent au nid pendant quelques jours encore.

Le Faucon crécerelle adulte est un peu plus grand que la Tourterelle des bois : il mesure 34 cm de long. Le mâle a la tête et la queue gris pâle, le dos brun-roux, parsemé de petites taches noires. Sa queue se termine par une bande noire. La femelle (1) a le manteau roux, marqué de fines barres brun-noir transversales. En vol, on peut observer les ailes étroites et pointues et la longue queue caractéristique de cet oiseau. On le voit le plus souvent en train de voler au-dessus des champs et des prés à faible altitude pour s'arrêter de temps à autre et faire du vol sur place, la queue largement déployée. Ce faisant, il guette sa proie habituelle, le campagnol, qui représente de 80 à 90 % de son régime alimentaire. Il chasse aussi d'autres petits mammifères, des petits oiseaux et des insectes. À la saison des amours, le Faucon crécerelle lance des « kliklikli » clairs.

Faucon kobez

Falco vespertinus

♂

♀

Le Faucon kobez vit dans les steppes, les steppes boisées et les paysages dégagés avec des allées et des bouquets d'arbres en Europe de l'Est, du Sud et sous les climats tempérés, en Asie. Migrateur, le Faucon kobez s'envole dès le mois d'août et en septembre vers ses quartiers d'hiver situés dans le sud-ouest de l'Afrique. En avril ou en mai, il réapparaît en Europe. Très sociables, les Faucons kobez se réunissent souvent pour nicher dans les colonies de Corbeaux freux. Les groupes de Faucons peuvent alors atteindre une centaine de couples.

2

Les oiseaux s'installent généralement dans les nids des Corbeaux, mais on connaît des cas de nidification dans des arbres creux ou dans des nids posés à terre. La saison de reproduction ne commence qu'en mai ou en juin. La ponte complète compte 3 ou 4 œufs roux, tachés de brun foncé (3) que les deux adultes couvent à tour de rôle pendant 22 ou 23 jours. Pendant les 10 premiers jours qui suivent l'éclosion des œufs, la femelle reste auprès de ses petits, tandis que le mâle chasse pour toute la famille. Par la suite, la femelle chasse aussi. Les petits quittent le nid au bout de 26 à 28 jours. Le Faucon kobez se nourrit surtout de grands insectes (criquets, libellules, coléoptères) qu'il attrape avec habileté à terre ou en vol dans ses serres et qu'il engloutit sans avoir à se poser.

1

Le dimorphisme sexuel du Faucon kobez est très marqué. Le mâle (1) est gris ardoise ou noir bleuté avec les sous-caudales et les « culottes » roux vif. Les pattes, la cire et l'anneau orbital sont rouge vif. La femelle (2) a le manteau bleu-gris rayé de noir, le dessous, l'occiput et la nuque jaune-roux et la moustache brun-noir. Par sa silhouette et sa taille, le Faucon kobez ressemble au Faucon hobereau, mais sa queue est plus longue et il fait plus souvent du vol sur place. Au nid, il lance des « kikikiki » aigus qui rappellent le cri du Pic épeichette.

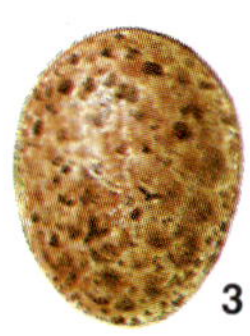

3

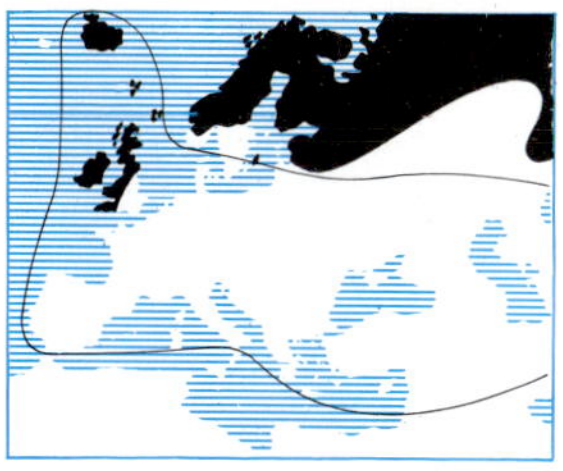

Faucon émerillon

Falco columbarius

Le Faucon émerillon vit en Europe du Nord, en Asie septentrionale et centrale et en Amérique du Nord. En Europe, il existe en Grande-Bretagne (ses lieux de ponte les plus méridionaux se trouvant dans le sud-ouest de l'Angleterre), dans presque toute la Scandinavie et dans la partie européenne de l'U.R.S.S. Seules ses populations britanniques sont nomades ou sédentaires ; les autres, migratrices, hivernent en Europe centrale, occidentale et méridionale, et en Afrique du Nord.

Les Faucons émerillons réapparaissent sur leurs lieux de nidification en mars ou en avril. Ils s'installent dans la toundra, arbustive ou non, et dans la taïga entrecoupée par des terres défrichées, mais aussi à l'étage des forêts et à l'étage alpin en montagne, dans les landes boisées. Il semble que les couples soient stables. Leur nid est placé sur les rochers, à terre, dans les buissons, parfois sur un arbre. En mai ou en juin, la femelle pond 4 ou 5 œufs constellés de taches brun foncé (2) qu'elle couve à tour de rôle avec le mâle pendant 26 à 30 jours. Au nid, le mâle transmet la nourriture à la femelle qui la partage entre les petits pendant 25 à 27 jours. À cette époque, les jeunes Faucons quittent le nid, sans savoir voler. Le Faucon émerillon chasse en vol, dans les lieux dégagés, de petits oiseaux, des insectes, plus rarement de petits mammifères. Entre septembre et novembre, il migre vers le sud.

Le Faucon émerillon est plus petit que le Faucon crécerelle et ne pratique pas le vol sur place. Il est toujours fortement taché sur le ventre. Le mâle a le dos gris ardoise et sa queue se termine par une bande noire. La femelle et les immatures (1) ont le manteau brun foncé. Leur cri est une série de « ki kikiki » précipités et aigus qui rappellent la voix du Faucon crécerelle.

1

2

Faucon hobereau

Falco subbuteo

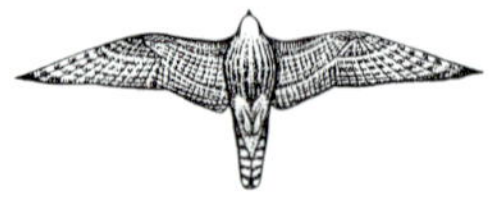

Le Faucon hobereau vit dans la majeure partie de l'Europe, dans la zone tempérée de l'Asie et en Afrique du Nord. C'est un oiseau des plaines et des collines où il recherche les bouquets d'arbres dans les champs et les lisières des bois clairs. Lors de sa parade nuptiale, il décrit des cercles très haut dans le ciel, puis tombe brusquement pour remonter aussitôt. En août ou en septembre, les Faucons hobereaux s'envolent vers l'Afrique du Sud. Ils réapparaissent sur leur lieu de ponte en mai.

Les Faucons hobereaux ne bâtissent pas de nid, occupant ceux d'autres oiseaux, surtout des Corneilles, des Pies et des Buses. En mai ou en juin seulement, la femelle pond de 2 à 4 œufs brun-jaune constellés de taches brun-roux (2). C'est surtout la femelle qui couve, quoique le mâle la remplace parfois. Les œufs éclosent au bout de 28 jours. Les deux parents nourrissent les petits avec des insectes, mais lorsqu'il s'agit de proies plus importantes, le mâle les transmet à la femelle qui se charge alors de nourrir les jeunes. Au bout de 4 semaines environ, ceux-ci quittent le nid, mais les adultes continuent de les nourrir pendant longtemps.

Le Faucon hobereau est parfaitement adapté au vol : ses longues ailes étroites et pointues et sa courte queue rappellent celles d'un autre excellent voilier : le Martinet. Il chasse exclusivement en vol, dans les espaces dégagés. Lorsque l'été décline, le Faucon hobereau chasse au bord des étangs et dans d'autres endroits où les Étourneaux et les Hirondelles se rassemblent pour passer la nuit. Il s'aventure souvent dans les villages où il sème la panique car des voiliers aussi achevés que les Hirondelles de cheminée ou de fenêtre ne peuvent lui échapper.

1

2

Le Faucon hobereau (1) a la taille du Faucon crécerelle. Il a le manteau presque noir, le ventre blanchâtre ou ocre clair, fortement tacheté dans le sens de la longueur. Les plumes de ses pattes et ses sous-caudales sont rousses. Le sommet de sa tête et ses moustaches noires contrastent avec la gorge et les côtés du cou blancs. Ses cris sont des « kikikiki » précipités.

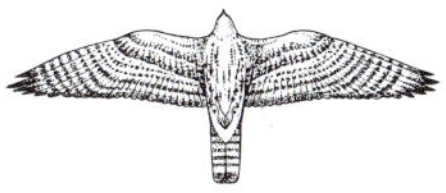

Faucon lanier

Falco biarmicus

1

Le Faucon lanier est l'habitant des pays méridionaux. La majeure partie de son aire de nidification s'étend sur l'Afrique et l'Asie Mineure, pénétrant sur le continent européen dans l'est et le centre de la région méditerranéenne. Probablement sédentaire, il ne fait que descendre, en hiver, à des altitudes plus basses. Le Faucon lanier recherche les endroits rocheux, les terrains accidentés et les paysages désertiques. Les couples restent unis toute l'année : les partenaires se perchent sur les rochers si serrés l'un contre l'autre que de loin, on les prendrait pour un seul oiseau.

Comme les autres Faucons, le Lanier ne construit pas de nid lui-même. Il choisit celui d'une autre espèce, placé dans une crevasse de paroi rocheuse. Dans le sud de l'Europe, la ponte a lieu à compter de la mi-février jusqu'à la mi-mars. Elle se compose généralement de 3 ou 4 œufs tachés de brun-roux dont la période d'incubation est de 28 jours. Ils sont couvés par les deux partenaires. Après l'éclosion des œufs, les deux adultes s'occupent des jeunes pendant 35 à 42 jours, mais aussi bien après leur envol. Le Faucon lanier chasse les oiseaux de la taille d'un Canard, en moindre quantité de petits mammifères, des reptiles, des batraciens et des insectes. Il chasse essentiellement en vol, tentant de surprendre sa proie en volant très près du sol ou des parois rocheuses. Les Faucons d'un même couple chassent souvent à tour de rôle, tout au plus dans un périmètre de 4 kilomètres à partir du nid.

Les adultes (1) ont le dos brun parsemé de grossières taches transversales, et le ventre blanchâtre, également tacheté. La coloration rousse du dessus de la tête est caractéristique (ces parties étant claires chez le Faucon sacre). La gorge et les joues sont blanchâtres et l'oiseau porte une étroite moustache brun foncé. Le Faucon lanier ne se perche que rarement sur les arbres, préférant se poser sur les hauteurs du relief.

En vol, on remarque sa queue plus longue et ses ailes moins pointues que celles du Faucon pèlerin, dont il se rapproche cependant par la taille.

Faucon sacre

Falco cherrug

L'aire de répartition du Faucon sacre s'étend depuis l'est de l'Autriche et de la Tchécoslovaquie sur le sud-est de l'Europe jusqu'en Asie centrale. Ce Rapace vit au bord des forêts d'arbres à feuilles caduques et mixtes en plaine et en montagne, au voisinage des champs, des prés et des pâturages ; en Asie , il monte jusqu'aux steppes des hauts plateaux. Il niche dans les vieilles forêts ou sur les rochers, occupant les nids abandonnés par d'autres oiseaux, des cavités ou des anfractuosités de rocher. Les couples vivent toute l'année à proximité de leur territoire ou y retournent au mois de mars. Au cours de la parade nuptiale, ils se signalent par des cris bruyants, « kié kié kié » ou « kikiki ».

En avril ou en mai, la femelle pond à l'emplacement choisi entre 3 et 5 œufs tachetés de roux ou de brun foncé. C'est surtout elle qui couve, tandis que son partenaire la nourrit, venant la relayer quelques instants vers midi et au crépuscule. L'incubation dure de 28 à 30 jours. Les premiers jours après l'éclosion des œufs, le mâle chasse tandis que la femelle déchiquette la nourriture pour la partager entre les petits. Par la suite, la femelle chasse elle aussi. Les immatures quittent le nid au bout de 40 à 50 jours mais restent encore longtemps à proximité avec leurs parents.

1

Le Faucon sacre est un chasseur habile qui arrive à bout des oiseaux de la taille d'un Canard. Contrairement au Faucon pèlerin, il s'attaque même à des animaux au sol ; certains petits mammifères tels que les sousliks et les campagnols font ainsi partie de ses proies. Il est partiellement migrateur. Ses populations des régions septentrionales hivernent dans le sud-est de l'Europe où elles se rendent en octobre ou en novembre.

Le Faucon sacre (1) a le dos brun et le dessous clair, parsemé de taches grossières longitudinales. Sa tête blanchâtre porte une moustache discrète, étroite et brun foncé. Ses doigts externe et interne sont de la même longueur, alors que chez le Faucon pèlerin, le doigt externe est nettement plus long. En vol, il a la même allure que ce dernier, dont il se rapproche aussi par la taille.

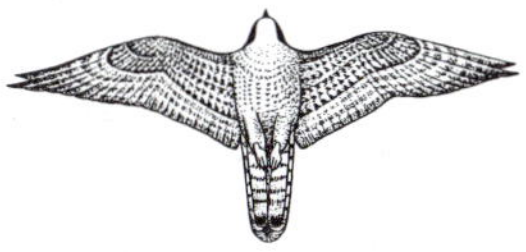

Faucon pèlerin

Falco peregrinus

1

Le Faucon pèlerin existe sur tous les continents, sauf l'Antarctique. Ses populations septentrionales sont le plus souvent migratrices, alors que celles du sud sont nomades ou sédentaires. Les couples réapparaissent dans leur territoire en février ou en mars. Lors des vols nuptiaux, les oiseaux se poursuivent très haut dans le ciel en lançant des « kek kek kek ».

Vraisemblablement stables, les couples font preuve d'une grande fidélité à leur territoire. Ils nichent le plus souvent sur une corniche dans une falaise, parfois sur un arbre dans le vieux nid d'un autre Rapace, d'une Corneille ou d'un Héron. Dans la toundra, il niche à terre. En mars ou en avril, la femelle pond entre 2 et 4 œufs marbrés de brun ou de roux (2) qu'elle couve avec l'aide de son partenaire pendant 28 à 32 jours. Au début, seule la femelle nourrit les jeunes, puis le mâle participe au nourrissage au bout de 10 jours environ. Les repas s'accompagnent de cris bruyants, de sorte que l'« aire » des Faucons pèlerins ne passe pas inaperçue. Les petits s'envolent au terme de 35 à 40 jours, mais les parents les nourrissent encore longtemps. Fin juillet, toute la famille quitte son territoire, mais en automne les adultes y retournent de temps à autre pour le défendre. Entre octobre et décembre, les Faucons pèlerins migrent en direction de l'ouest et du sud-ouest. Sauf exception, le Faucon pèlerin chasse presque exclusivement en vol des oiseaux dont la taille varie entre celle d'un Pinson et celle d'un Canard. Cependant, grâce à son habileté, sa force et sa rapidité, il peut arriver à bout d'une Oie, d'un Héron, d'une Grue ou d'une petite Outarde, sur lesquels il fond brusquement, dans un espace dégagé. C'est le plus rapide de tous les oiseaux : au moment de l'attaque, il atteint des vitesses allant de 260 à 280 km/h.

Adulte (1), le Faucon pèlerin a le dos gris foncé, le ventre blanchâtre rayé transversalement, une large moustache, l'occiput et la nuque noirs. Les immatures sont ocre sur le dessous avec des taches brunes longitudinales. En vol, on remarque les longues ailes pointues et la queue assez courte qui se rétrécit vers son extrémité. La femelle adulte est grande comme une Buse, le mâle est d'un tiers plus petit.

2

Les coureurs

Galliformes

On classe dans l'ordre des Galliformes des oiseaux robustes de taille diverse, à la tête assez petite, au bec incurvé, dont la mandibule supérieure, légèrement inclinée, dépasse la mandibule inférieure (fig. 1). Les Galliformes sont pourvus de pattes fortes, faites pour gratter le sol ; leurs doigts puissants se terminent par des griffes plates et obtuses (fig. 2). Les tarses sont protégés sur le devant par deux rangées de grandes plaquettes cornées, à l'arrière des plaquettes plus petites. Leurs modes d'alimentation et de nidification, et leurs mœurs en général, font que les Galliformes vivent à terre, où ils évoluent avec rapidité et agilité. Toutefois, la plupart se perchent sur des arbres pour dormir. Les ailes des Galliformes sont assez courtes et arrondies, ce qui explique leur vol maladroit et lourd ; ils ne s'envolent donc qu'en cas de nécessité absolue.

Le plumage des Galliformes est assez dense, les hyporachis bien développés palliant la rareté du duvet (fig. 3). Ils n'ont pas de plaques de duvet poudreux et c'est peut-être pour cela qu'ils ont recours aux bains de poussière, s'ébrouant volontiers dans la terre sèche ou le sable. Ils ne vont pas dans l'eau et ne se baignent jamais. Lors de la première mue, les deux premières rémiges primaires qui constituent la pointe de l'aile ne tombent pas ; c'est l'une des caractéristiques des

1. Tête de Tétras au bec fort et crochu

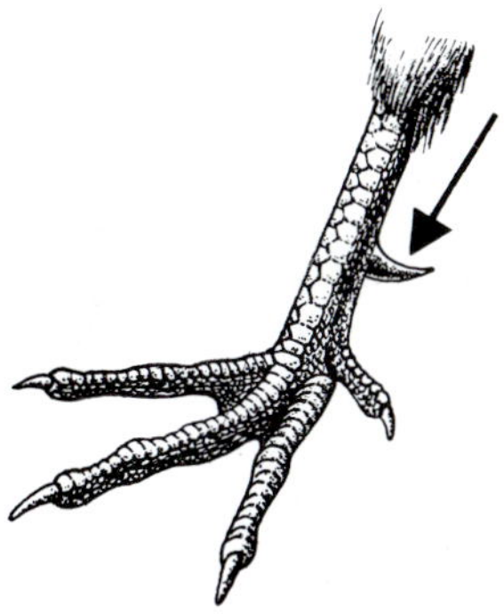

2. Patte adaptée pour gratter le sol

Galliformes. Les immatures les perdent au bout d'une année seulement, si bien qu'on reconnaît les jeunes oiseaux au degré d'usure de leurs rémiges primaires. Sur la figure 4 les rémiges primaires de la perdrix n'ont pas plus de 15 mois sur la figure 5, la perdrix a plus de 27 mois. Le dimorphisme sexuel est très marqué chez la plupart des Galliformes. Les mâles, souvent hauts en couleurs, sont pourvus de plumes ornementales diverses qu'ils mettent en valeur pendant la parade nuptiale. Par ailleurs, leur tête est ornée de crêtes, de caroncules et de barbillons de couleur vive et leurs pattes sont munies d'éperons acérés. En principe, ils sont plus grands que les femelles : le coq du Grand Tétras, par exemple, pèse plus de 6 kg, tandis que la poule atteint à peine 3 kg. Le Grand tétras est, avec le Dindon, le plus grand des Galliformes, le plus petit représentant de cet ordre étant la Caille des blés dont le poids moyen est de 90 g. Les facultés psychiques des Galliformes sont médiocres, la morphologie de leur cerveau les rangeant parmi les oiseaux les plus primitifs.

Comme ils sont essentiellement granivores, les Galliformes ont un estomac musculaire très puissant gainé d'une épaisse paroi cornée. Il contient souvent du sable et des cailloux qui servent à broyer et à fragmenter la nourriture. De longs caecums les aident à digérer les aliments coriaces d'origine végéta-

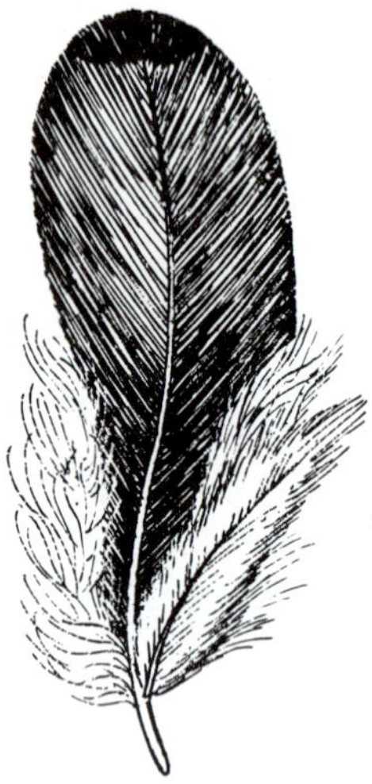

3. Plume avec une petite plume accessoire (hyporachis)

le (outre les graines, ce sont des bourgeons, des feuilles, des aiguilles de résineux, etc). Les fientes issues des caecums sont rejetées ; elles diffèrent des autres excréments par leur aspect uniforme et leur coloration nettement plus foncée.

Les Galliformes sont typiquement polygames, le coq s'entourant d'un nombre variable de poules. À la saison des amours, les mâles exécutent une parade nuptiale caractéristique, lançant des cris spécifiques et adoptant des postures particulières. Les Galliformes nichent généralement à terre et font un nid sommaire. La poule pond un grand nombre d'œufs qu'elle couve seule. Les poussins sont nidifuges : ils viennent au monde recouverts d'un duvet épais. Dès l'éclosion, ils voient, entendent, courent et savent se nourrir seuls. La mère ne fait que les conduire vers la nourriture et veiller à leur sécurité. Le coq, dans la plupart des cas, ne s'occupe pas de sa progéniture. Les poussins apprennent à voler très vite, leurs rémiges poussant dès la première semaine qui suit leur éclosion.

Les Mégapodiidés *(Megapodiidae)* d'Australie et des îles du Pacifique ont une façon particulière de se reproduire. Les oiseaux de cette famille ont en effet recours à une sorte de couveuse artificielle : ils amoncellent un grand tas de feuilles et de terreau dans lequel ils enfouissent leur ponte. La décomposition des végétaux produit une chaleur suffisante pour l'incubation des œufs (fig. 6). Les oiseaux maintiennent la température adéquate dans le monticule en diminuant ou au contraire en augmentant la quantité de compost. La période d'incubation des œufs des Mégapodiidés est longue (de 30 à 40 jours), mais les poussins peuvent s'envoler aussitôt sortis de l'œuf.

De nombreux Galliformes ont été domestiqués par

4. Aile d'un Galliforme immature : les deux premières rémiges primaires se terminent en pointe.

5. Aile d'un Galliforme adulte : toutes les rémiges ont l'extrémité arrondie.

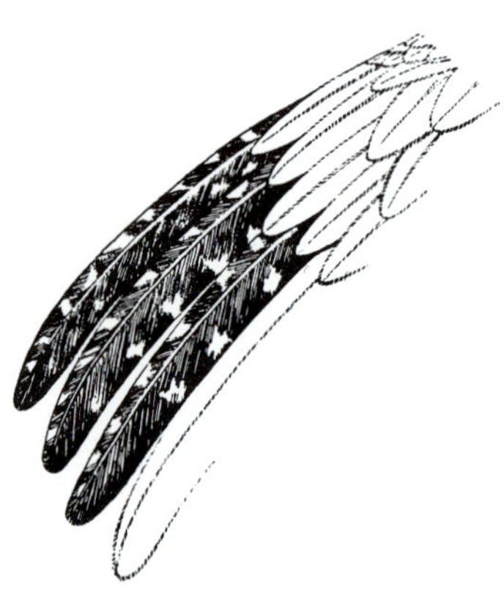

l'homme. Les Poules, sélectionnées à partir des souches provenant de l'Inde et des îles indo-malaises, le Dindon, obtenu à partir du Dindon sauvage *(Meleagris gallopavo)* habitant des forêts de l'Amérique du Nord et la Pintade, dont la souche est la Pintade commune *(Numida meleagris)* africaine sont les plus communs d'entre eux. On élève aussi pour son aspect décoratif le Paon *(Pavo cristatus)*, qui vit encore à l'état sauvage en Inde et dans les pays voisins.

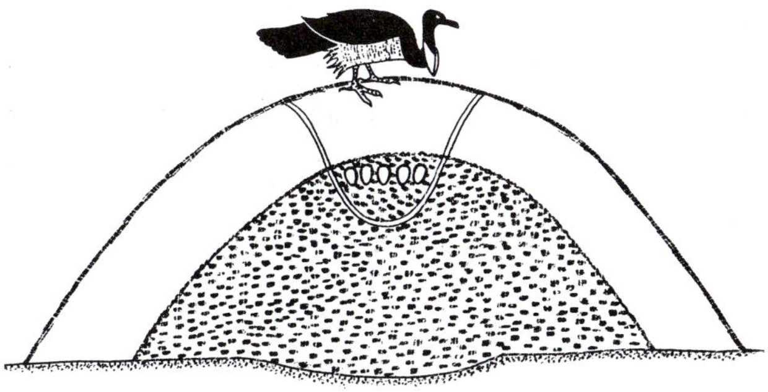

6. « Couveuse » des Mégapodiidés dans laquelle les petits éclosent sans participation des parents

Parade nuptiale du coq du Tétras lyre

Gélinotte des bois

Bonasa bonasia (Tetrastes bonasia)

♂

Sédentaire, la Gélinotte des bois vit dans la taïga de l'Eurasie, dans les forêts mixtes ou d'arbres à feuilles caduques de l'Europe occidentale, centrale et de l'Extrême-Orient. La Gélinotte des bois est un Galliforme sylvicole caractéristique qui ne quitte jamais la forêt. Seul Galliforme européen monogame, elle vit par couples qui défendent leur territoire. De mars à avril, les Gélinottes font entendre des sifflements extrêmement aigus, « tsi-tsi--tseri-tsi tsi-tsoui ». Elles sont alors perchées sur une souche, une branche ou posées à terre et secouent spasmodiquement, de haut en bas, leur queue déployée, les ailes pendantes.

La poule s'occupe seule de la famille. En avril ou en mai, elle garnit de feuilles ou d'herbe une faible dépression située généralement au pied d'un arbre, d'un rocher ou d'un buisson, dans laquelle elle pond de 8 à 12 œufs jaunes, teintés de roux et parsemés de petites taches brunes (2). Les poussins éclosent au bout de 22 à 25 jours. Ils se développent très vite, faisant leurs premières tentatives de vol à l'âge de 4 jours. Au bout de 14 jours, ils sont déjà tout à fait capables de voler, si bien qu'ils dorment, en compagnie de leur mère, perchés sur les branches basses et fines des arbres. À ce moment, le père vient rejoindre sa famille et les deux parents accompagnent les petits pendant 3 mois environ. Au cours de cette période, l'ambiance familiale, harmonieuse jusqu'alors, commence à se dégrader : les jeunes se montrent de plus en plus irascibles entre eux et envers leurs parents, si bien que la famille finit par se séparer. Chaque jeune coq s'efforce d'acquérir un territoire à la fin de septembre ou au début d'octobre pour attirer une femelle avec laquelle il vit jusqu'à la saison des parades au printemps. Le régime alimentaire de la Gélinotte des bois consiste surtout en bourgeons, pousses, chatons et baies, mais également, pendant l'été, en insectes, araignées ou gastéropodes.

Le mâle (1) roux, taché de noir et de blanc, porte sur la gorge une tache noire bordée de blanc. La tache gulaire de la femelle est ocre clair ou blanchâtre, les teintes ocre prédominant aussi dans sa coloration fondamentale. Les deux oiseaux ont la taille d'une Perdrix. Le duvet des poussins est brun-noir avec une bande noire barrant l'œil.

2

1

Lagopède des saules

Lagopus lagopus

Le Lagopède des saules vit dans les régions nordiques jusqu'aux pays Baltes et au sud de la Norvège, faisant, à cette latitude, le tour de l'hémisphère Nord. On rencontre aussi en Grande-Bretagne et en Irlande sa sous-espèce, le Lagopède d'Écosse *(L. l. scoticus).* À l'ère glaciaire, il pénétrait loin en Europe centrale, d'où il s'est retiré avec le recul des glaciers. C'est l'habitant caractéristique des landes, des bruyères, parsemées de bouleaux et de saules.

2

3

Son nid est à terre, généralement dissimulé sous un buisson de saules ou sous les bruyères. En raison des rigueurs du climat nordique, la reproduction des Lagopèdes survient en mai et en juin. La femelle pond de 8 à 12 œufs gris-ocre, tachés de noir et de brun foncé qu'elle couve seule pendant 21 à 24 jours. Dès qu'ils sont secs, les poussins quittent le nid pour suivre leur mère et former des bandes avec les adultes. Le régime alimentaire du Lagopède des saules comprend surtout des bourgeons de saules ou de bouleaux, et des baies diverses.

Les oiseaux adultes sont d'environ un cinquième plus grands qu'une Perdrix. Leurs tarses sont emplumés jusqu'aux doigts. En été, ils sont brun-roux foncé avec les ailes blanches (2), en hiver, ils sont entièrement blancs, à l'exception des rectrices noires. Leur plumage ne change jamais complètement (1), sauf en hiver, car des mues se suivent à intervalles réguliers (le mâle muant quatre fois par an, la femelle trois fois). Ils revêtent leur livrée d'hiver de novembre à mars, celle de printemps de la mi-mars à mai, celle d'été de mai à août, puis celle d'automne d'août à novembre. La sous-espèce britannique n'a pas les ailes blanches et reste brun-roux en hiver (3). Pour distinguer le Lagopède des saules du Lagopède alpin, on doit se fier, surtout en période de mue, à sa voix, faite de caquètements bruyants et rapides, « err-rek ok ok ok ».

Lagopède alpin

Lagopus mutus

1

L'aire de nidification du Lagopède alpin coïncide avec la zone des toundras, mais on le rencontre aussi en Écosse, dans les Alpes et dans les Pyrénées, où il recherche les versants rocailleux au-delà de l'étage des forêts. On explique sa présence simultanée dans le nord et loin dans le sud par le fait que ses populations montagneuses sont des vestiges de l'ère glaciaire. Oiseau sédentaire, le Lagopède alpin se contente, localement, de quitter les sommets hostiles pour descendre sur les pentes abritées.

Il niche entre mai et juillet. Son nid terrestre, caché sous les buissons, dans les bruyères ou les éboulis, est sommairement garni de brins d'herbe ou de feuilles. La femelle couve ses 6 à 10 œufs faiblement tachetés de marron (2) pendant 22 à 26 jours. Le mâle monte la garde près de sa compagne, tentant d'attirer sur lui l'attention d'éventuels agresseurs. Lorsque les poussins ont quelques jours, il quitte généralement sa famille pour revenir parfois auprès d'elle avant que les petits ne sachent voler. En octobre, les familles s'unissent en bandes de 15 à 20 individus qui, la nuit, s'abritent sous les rochers ou creusent des trous dans la neige. Le Lagopède alpin se nourrit de bourgeons, de baies, des parties vertes des plantes et, en été, d'insectes.

L'adaptation du Lagopède alpin aux conditions de vie dans les régions froides se traduit par des transformations du plumage. En livrée d'été, le mâle (1) a la poitrine et le dos gris ou gris-brun, tachés de noir, la femelle étant plutôt jaune brunâtre. Les deux sexes ont les ailes et le ventre blancs, ainsi que les pattes, emplumées jusqu'aux griffes. La livrée d'hiver est blanche, à l'exception de la queue et d'une étroite bande noire qui barre l'œil du mâle jusqu'au bec (3). C'est le trait de reconnaissance le plus sûr permettant de le distinguer du Lagopède des saules (2). De près, on remarque aussi son bec, nettement plus fin. La différence de taille existant entre les deux espèces est à peine perceptible. Le cri du Lagopède alpin est fait de croassements rauques, de grognements, « arrrr », et autres sons.

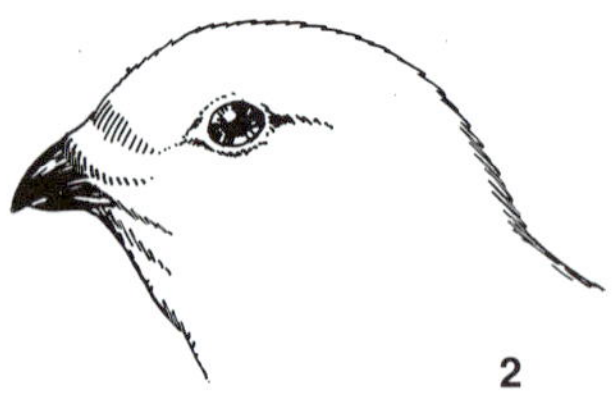

2

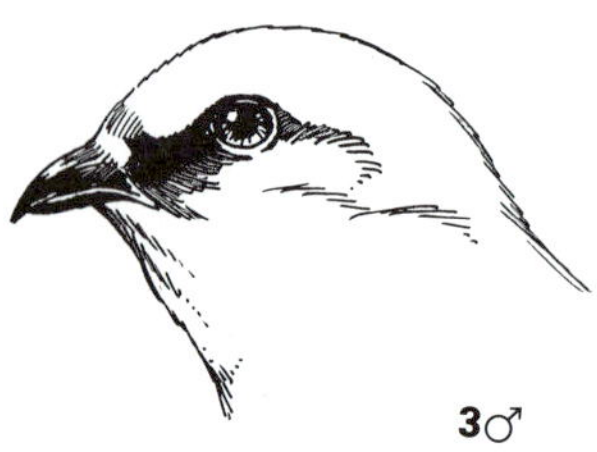

3♂

♂

♀

Tétras lyre

Lyrurus tetrix (Tetrao tetrix)

1

Le Tétras lyre vit surtout dans la taïga claire du nord de l'Eurasie, pénétrant, à l'ouest, jusqu'en Grande-Bretagne et en France, au sud, jusqu'au nord des Balkans. Il se plaît dans tous les types de forêts ayant des clairières, des fourrés et des marais, mais également sur les pâturages, les prés et dans les tourbières. En montagne, il vit à l'étage alpin inférieur, à la limite supérieure de la forêt. Au printemps, pour ses parades nuptiales, les espaces dégagés lui servent d'arènes. Des dizaines de coqs s'y rassemblent parfois avant l'aube. Son chant nuptial commence par des chuintements, des « tiou isch » sifflants, et se poursuit par des roucoulements et des gargouillis, « routourou-routou--ourrr-ourrrourr-routou-rou... ». Dans ces circonstances, les coqs (1) laissent pendre leurs ailes et déploient leur queue dressée, ou courent çà et là en battant des ailes et en sautant. Ils se battent parfois avec férocité. Les coqs les plus forts conquièrent le plus grand nombre de poules.

Les soins apportés aux jeunes Tétras sont affaire de la femelle. En mai ou en juin, elle pond dans le nid, bien dissimulé dans les broussailles ou dans une touffe de végétation, de 6 à 10 œufs jaune-ocre, ponctués de marron (3), qu'elle couve pendant 24 à 27 jours. Une semaine après l'éclosion des œufs, les poussins essaient déjà de voleter, mais jusqu'à l'âge d'un mois ou d'un mois et demi, ils continuent à dormir à terre, en compagnie de leur mère. En août ou en septembre, les familles se disloquent car les jeunes coqs commencent leurs parades. Les jeunes se nourrissent de petits insectes, puis de bourgeons, de chatons, de pousses, de baies et de divers fruits.

3

2♀

Le Tétras lyre a la taille d'une Poule domestique. Le mâle en livrée nuptiale est noir bleuté avec une bande alaire blanche et une caroncule rouge au-dessus de l'œil. Sa queue en forme de lyre a des sous-caudales blanches. La poule (2) rousse est ponctuée de petites taches foncées. Sa queue est légèrement échancrée. Le duvet des poussins est brunâtre, taché de brun foncé. Ils ont une calotte rousse, bordée de brun-noir.

Grand tétras (ou Grand coq de bruyère)

Tetrao urogallus

L'aire de répartition du Grand tétras couvre les forêts de résineux, depuis l'Europe occidentale jusqu'à la Sibérie.

La chasse du Grand tétras à la période des parades nuptiales apporte au chasseur des émotions inoubliables. Les coqs chantent séparément, perchés de préférence sur les branches horizontales des épicéas ou des sapins. Leur chant nuptial commence à l'aube par un cri rappelant le bruit de deux morceaux de bois secs qu'on fait claquer l'un contre l'autre. Ces claquements s'accélèrent en trilles qui s'achèvent par un bruit fort, analogue à celui d'une bouteille qu'on débouche, suivi d'un crissement qui dure de 3 à 5 secondes et qui évoque le bruit d'une faux qu'on affûte. On pense que pendant quelques secondes le coq n'entend rien, aussi le chasseur doit-il saisir l'occasion pour s'avancer de 2 ou 3 pas jusqu'à ce qu'il tienne l'oiseau à portée de fusil. En chantant, le coq court sur la branche, les ailes pendantes, la queue déployée. Lorsque le jour se lève, il se pose à terre, pour la pariade avec les poules prêtes à s'accoupler. À l'instar du Tétras lyre, le Grand tétras s'entoure de plusieurs poules et il ne s'occupe pas de leurs petits.

3

Entre avril et juin, la poule pond dans une cavité creusée dans l'herbe ou sous les buissons de 6 à 10 œufs ocre, tachés de marron (3) qu'elle couve pendant 26 à 28 jours. Dans les premiers jours qui suivent l'éclosion, les poussins sont très sensibles à l'humidité et au froid. La poule les réchauffe et les conduit vers les sources de nourriture qu'elle découvre en grattant le sol (œufs, larves et nymphes de fourmis, insectes, araignées). Les jeunes Tétras restent avec leur mère jusqu'à septembre pour se séparer par la suite en groupes de mâles et de femelles. Les adultes se nourrissent surtout d'aiguilles de résineux, de pousses, de bourgeons et de fruits forestiers tels que les myrtilles.

2♀

Le Grand tétras (1), est le plus grand Galliforme forestier. Le coq est aussi grand qu'un Dindon. Il mesure 86 cm et est brun-noir avec une tache blanche sur l'épaule et des caroncules rouges au-dessus des yeux. Plus petite, la poule (2) ne mesure que 62 cm. Elle est brun-roux avec une tache pectorale d'un roux vif. Les poussins sont brunâtres avec une calotte faiblement tachetée.

1

Perdrix bartavelle

Alectoris graeca

La Perdrix bartavelle vit dans les Alpes françaises, allemandes, autrichiennes et suisses, en Italie et dans les Balkans. Elle recherche des endroits rocheux ensoleillés, et on la rencontre surtout sur les versants de montagne où existent des rochers et des amoncellements de pierres, généralement au-delà de la limite supérieure des forêts, à 1 500–2 700 mètres d'altitude. Dans les Alpes suisses toutefois, on a observé une poule avec des poussins à une altitude de 2 860 mètres ; en Yougoslavie, on en a rencontré une au bord de la mer. En dehors de la période de nidification, les Perdrix bartavelles vivent par petites bandes familiales qui s'assemblent, en automne, en groupes plus importants. Les couples s'en détachent pour nicher. Lors de la parade nuptiale, les mâles lancent des « kakabic kakelic » sonores et d'autres cris.

La femelle bâtit le nid à terre entre des pierres, sous une touffe d'herbe ou un buisson bas, tapissant la coupe avec des fragments végétaux. Entre mai et juillet, elle pond de 8 à 15 petits œufs beige-jaune constellés de points bruns, qu'elle couve seule pendant 25 ou 26 jours. Les deux parents prennent soin des poussins qui quittent le nid dès qu'ils sont secs. Ils les surveillent, les réchauffent et les conduisent vers les sources de nourriture. Celle-ci consiste en insectes et leurs larves, et d'autres petits invertébrés auxquels s'ajoutent par la suite des graines, des bourgeons et des parties vertes de plantes. La Perdrix bartavelle est sédentaire, mais pour l'hiver, elle descend tout de même à des altitudes plus basses.

Les oiseaux adultes (1) ont la gorge blanche bordée de noir, le sommet de la tête, le cou, la poitrine, le dos et la queue gris, le ventre roux clair et les flancs rayés transversalement de roux et de noir. Lorsqu'elles sont menacées, les Perdrix bartavelles courent rapidement vers un sommet d'où elles s'élancent dans la vallée. À cette occasion, elles lancent des cris aigus (« pitchi-i ») qui préviennent les autres membres de la bande disséminée dans les environs. La Perdrix bartavelle est un peu plus grande que la Perdrix grise.

1

Perdrix rouge

Alectoris rufa

La Perdrix rouge vit dans le sud-ouest de l'Europe et dans toute la partie méridionale de la Grande-Bretagne, d'où elle pénètre, par endroits, en Écosse. Cependant, les îles Britanniques ne sont pas son pays d'origine : on a tenté de l'y introduire pour la première fois en 1673, mais les essais ne furent couronnés de succès qu'en 1790, dans le Suffolk. Cette année-là, on importa de France plusieurs milliers d'œufs qui servirent de base à la population sauvage. Entre 1830 et 1958, on enregistra plus de 60 autres introductions de cet oiseau sur le sol britannique.

La Perdrix rouge vit de préférence sur des substrats pierreux recouverts de buissons, dans les landes, sur les dunes de sable, dans les vignobles ou les champs. Au printemps, à la saison des amours, les mâles lancent avant l'aube des « tchourr tchoukar » audibles de loin. En mai, la femelle pond dans une faible cavité du sol, sommairement garnie de quelques brins d'herbe ou de feuilles, de 8 à 16 œufs jaune-roux tachetés de marron (2) qu'elle couve 23 ou 24 jours. Pendant cette période, le mâle erre dans les environs, ne rejoignant sa famille qu'après l'éclosion. Les poussins commencent à voleter à l'âge d'une semaine. Même émancipés, ils continuent de suivre leurs parents et en automne, les familles forment des « compagnies » fortes d'une vingtaine d'individus. La Perdrix rouge niche parfois en deux étapes. La femelle pond à peu près la moitié d'une ponte normale qu'elle abandonne au mâle et va pondre le reste des œufs dans un autre nid ; elle s'en occupe alors seule. Les oiseaux adultes sont à 90 % végétariens, se nourrissant de graines, de baies et des parties vertes des plantes. Les poussins, eux, mangent surtout des insectes.

2

3

La Perdrix rouge (1) rappelle par son aspect, sa taille et ses mœurs la Perdrix bartavelle (3), à celà près que le mâle comme la femelle, bruns sur le dessus, ont une tache pectorale blanche dont la bordure noire se prolonge par des taches de même couleur (4). Ils ont également un sourcil blanc qui va du bec jusqu'à la nuque.

4

Perdrix gambra

Alectoris barbara

L'aire de répartion de la Perdrix gambra est restreinte : on la rencontre en Sardaigne, sur le rocher de Gibraltar, sur les îles Canaries et en Afrique du Nord où elle est commune et appréciée comme gibier à plume. Sédentaire, elle vit sur les versants pierreux où poussent quelques rares buissons ou dans les milieux semi-désertiques, à condition qu'elle y trouve un peu d'eau et des abris dans la maigre végétation où elle prépare son nid. Il s'agit d'une simple cavité dans le sol garnie de restes végétaux. La femelle y pond de 8 à 15 œufs qui ne diffèrent en rien de ceux des autres Perdrix ; elle les couve seule pendant 25 jours environ. Le mâle prend part à la surveillance des poussins qui quittent le nid dès le lendemain de leur éclosion. Les deux parents conduisent les jeunes vers la nourriture, qui se compose surtout d'insectes et d'autres petits invertébrés. Plus tard, les graines, les baies et les parties vertes des plantes viennent compléter le menu. Après la saison de nidification, les Perdrix gambras vivent en petites bandes.

Il est difficile de distinguer à distance la Perdrix gambra (1) de la Perdrix rouge, mais de près, on la reconnaît à sa tête gris bleuté à l'occiput marron, à la tache roussâtre située derrière l'œil et aux plumes bleues des épaules largement bordées de roux. Contrairement aux autres espèces du genre *Alectoris*, son collier n'est pas noir mais marron, rehaussé en outre de points blancs. Ses pattes et son bec, en revanche, sont rouges comme ceux de ses cousines. On entend surtout à l'aube et au crépuscule ses cris, des « kaekelik » rapides et des « tchouk tchouk tchouk tchoukar » plus lents.

Perdrix grise

Perdix perdix

1

Oiseau des steppes, la Perdrix grise vit aujourd'hui presque partout en Europe et en Asie centrale. Elle a su s'adapter à la steppe dite cultivée, formée de champs et de prairies. En été et en hiver, les Perdrix grises restent en bande, mais les couples se séparent en février ou en mars. À cette époque, tôt le matin ou au crépuscule, on peut entendre les « kirrik » des mâles qui se livrent des combats pour occuper leur territoire. Les couples vivent en union durable, les mâles s'occupant des petits avec la même sollicitude que les femelles. Si la poule dépérit, le mâle est capable d'élever les poussins jusqu'à leur totale émancipation.

Entre avril et juin, la poule pond dans une faible dépression dans un pré, un champ de trèfle ou de blé, ou à l'orée d'un bois, de 10 à 20 œufs gris-vert (4) qu'elle couve seule pendant 23 à 25 jours, tandis que le mâle monte en permanence la garde dans les environs. Les poussins sont très délicats : un grand nombre d'entre eux meurt si le temps froid et pluvieux se prolonge. Ils apprennent à voler en 16 jours, mais continuent à vivre en bande familiale (« compagnie ») avec leurs parents jusqu'au printemps suivant ; ils s'installent alors à proximité du couple parental. La Perdrix grise se nourrit surtout de graines et des parties vertes des plantes. Elle détruit un grand nombre de mauvaises herbes et d'insectes nuisibles.

Sa coloration fondamentale (1), très discrète, est gris-brun avec des rayures jaunâtres. Le mâle porte sur la poitrine une tache brun foncé en forme de fer à cheval qui est peine ébauchée chez la femelle, mais la coloration des plumes de couverture sur les épaules est un critère de reconnaissance beaucoup plus sûr. Celles du mâle portent une bande jaunâtre (2) longitudinale, alors que celles de la femelle ont en plus des rayures transversales de même couleur (3). Les adultes mesurent à peu près 30 cm de long. Le duvet de la livrée juvénile est brun-jaune, taché de brun foncé. Les côtés de la tête sont également fortement tachetés.

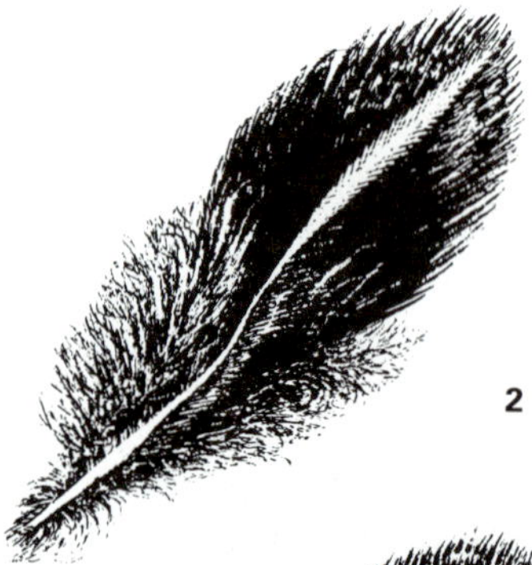

2

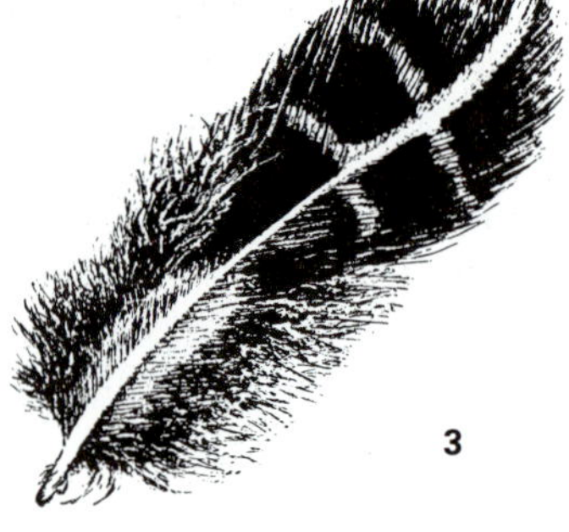

3

4

Caille des blés

Coturnix coturnix

1

La Caille des blés est une habitante des champs et des steppes dans toute l'Europe (à l'exception de la Scandinavie), en Asie occidentale et centrale et dans une grande partie de l'Afrique. Seul Galliforme migrateur d'Europe, elle passe l'hiver sur le pourtour de la Méditerranée ou en Afrique Noire. En automne (septembre ou octobre), elle migre pour réapparaître sur ses lieux de ponte en mars ou en avril.

Selon les circonstances, les Cailles des blés vivent en polygamie (un coq s'entoure de plusieurs femelles), en polyandrie (une poule vit avec plusieurs mâles) ou en monogamie (par couples). Aussitôt revenu de l'hivernage, le mâle occupe son territoire. Extrêmement irascible, il pourchasse les autres coqs, mais aussi d'autres oiseaux, allant jusqu'à déverser sa hargne sur sa propre compagne. La saison de nidification dure de mai à juillet. Pendant toute cette période, souvent même au cours de la nuit, les mâles lancent des « uit uiuit » trisyllabiques. La couvaison des œufs et la surveillance des poussins sont l'affaire de la femelle qui creuse dans un pré, un terrain en jachère, un champ de trèfle ou de blé, une faible cavité qu'elle garnit sommairement et dans laquelle elle pond de 10 à 14 œufs brun-jaune, fortement constellés de points brun-noir (2). Les poussins viennent au monde au bout de 17 à 20 jours et apprennent à voler en 19 jours. Ils quittent alors leur mère ou s'envolent avec elle vers le sud. Les composants prédominants de leur nourriture sont les graines de mauvaises herbes et les parties vertes des plantes. En été, la Caille des blés chasse aussi les insectes.

La Caille est deux fois plus petite qu'une Perdrix (17 cm). Sa coloration fondamentale est couleur terre, avec de nombreuses rayures longitudinales brun foncé et beiges. Le mâle a la gorge brun-noir et un collier clair, faiblement ébauché chez la femelle (1). Les poussins sont recouverts de duvet et portent sur l'occiput deux bandes longitudinales brun-noir. Dès cet âge, on distingue la femelle du mâle car ce dernier n'a pas de tache foncée auriculaire et l'anneau orbital de peau nue est, chez lui, plus large que chez la femelle.

2

Faisan vénéré

Syrmaticus reevesii

1

Le Faisan vénéré est originaire des montagnes de la Chine septentrionale et centrale. Espèce forestière, il est assez commun dans la nature, à des altitudes atteignant 2 000 mètres. Dès le XIXe siècle, on tenta dans plusieurs pays d'Europe (Grande-Bretagne, France, actuelles R.F.A. et Tchécoslovaquie) l'acclimatation du Faisan vénéré, mais les résultats furent inégaux. Ces essais ont bien réussi en France où environ 1 000 oiseaux vivaient entre 1970 et 1975. On introduisit les premiers Faisans vénérés en Grande-Bretagne entre 1870 et 1890, dans une douzaine de comtés. En 1882, alors qu'on avait abattu dans l'Inverness-shire plus d'une centaine de ces oiseaux au cours d'une seule saison, on pensa que l'introduction du Faisan vénéré ne rencontrerait pas de grandes difficultés et serait couronnée de succès. Malheureusement, cet espoir ne se confirma pas car l'existence de ces populations sauvages ne fut que de courte durée (par exemple dans le Dorset, le Ross-shire vers 1950 et l'Inverness-shire en 1973 et 1974).

Le Faisan vénéré vit par petits groupes familiaux. À la saison de nidification, les coqs se détachent de la bande avec une, deux ou trois poules pour conquérir et défendre leur propre territoire. La poule pond de 7 à 15 œufs brun olive qu'elle couve pendant 24 ou 25 jours. La croissance des poussins et leur nourriture sont les mêmes que chez le Faisan de Colchide.

Le coq du Faisan vénéré (1) est à peine plus gros que celui du Faisan de Colchide, mais ses rectrices sont beaucoup plus spectaculaires ; elles peuvent atteindre 1,80 m de long. Ses plumes de contour sont le plus souvent dorées ou blanchâtres, bordées de noir. Sa tête noire est rehaussée d'une calotte et d'une tache sous l'œil blanches. Le cou est également blanc. La poule (2) est gris-brun foncé sur le dessus avec des plumes bordées de noir, ocre et tachée de roux sur le dessous.

2♀

Faisan de Colchide

Phasianus colchicus

Le Faisan de Colchide n'est pas originaire d'Europe, mais d'Asie centrale et orientale d'où il a été importé par les Romains et introduit dans la région méditerranéenne. Son expansion ultérieure en Europe, aussi bien spontanée que provoquée, a eu lieu au Moyen Âge. Ce Faisan s'est parfaitement acclimaté, au point qu'aujourd'hui il est commun partout en Europe jusqu'au centre de la Scandinavie. Plus tard, il a été également introduit en Amérique du Nord, sur les îles Hawaï, au Japon et en Nouvelle-Zélande. Le Faisan de Colchide affectionne les paysages dans lesquels les bosquets et les buissons alternent avec les champs et les prés. À la saison de reproduction, le coq occupe un territoire et s'entoure de 5 à 10 poules. Lors de la parade nuptiale, il lance des cris bruyants (« kerrk-kok »), saute fréquemment et bat des ailes.

2

La poule s'occupe seule de sa progéniture. Entre avril et juin, elle pond de 8 à 16 œufs gris-vert (2) dans une petite cavité dissimulée dans une touffe de plantes herbacées ou sous un buisson. Les poussins éclosent après 24 ou 25 jours de couvaison ; dès qu'ils sont secs, ils suivent leur mère dans sa quête de nourriture. Au bout de 14 jours, ils savent se percher sur les branches d'un arbre pour y passer la nuit, et sont capables de voler à l'âge de 45 jours. Au début, ils se nourrissent surtout d'insectes, mais la part de graines et de végétaux prend de plus en plus d'importance dans leur régime alimentaire et prédomine totalement dans celui des adultes. Ceux-ci détruisent néanmoins une grande quantité d'insectes nuisibles et arrivent à bout d'un mulot.

Le coq adulte (1) a le corps brun-roux intense avec des reflets pourprés et une très longue queue cunéiforme ; sa tête vert foncé est brillante, des plumes allongées lui forment comme des oreilles, et une zone de peau nue et rouge entoure ses yeux. Il a souvent un collier blanc. Il mesure entre 66 et 89 cm de long. La poule, gris-brun tacheté, mesure entre 53 et 89 cm. Les poussins portent une bande brun foncé sur la tête avec des rayures noires qui se rejoignent sur le front.

Faisan doré

Chrysolophus pictus

Le Faisan doré est originaire des régions montagneuses de la Chine centrale, où il vit dans les broussailles, les massifs de bambous et les formations analogues basses mais denses qui poussent sur les versants rocheux et dans les vallées. On a essayé de l'acclimater dans certains pays d'Europe. C'est en Grande-Bretagne, où on l'a introduit dès le XVIIIe siècle et où on a essayé de le lâcher dans la nature en 1880 que ces tentatives ont le mieux réussi. Les premiers succès datent des années 1890 et ont été obtenus grâce aux hybrides issus de croisements avec le Faisan de Lady Amherst (ces oiseaux ont formé la base de la population actuelle du Kirkcudbrightshire) et aux populations de Faisan doré, pures de tout mélange, vivant dans le Norfolk et le Suffolk. Entre 1968 et 1972, les populations britanniques et irlandaises comptaient entre 500 et 1 000 couples vivant à l'état sauvage, surtout dans les jeunes forêts de conifères ; ils étaient plus rares dans les forêts mixtes.

À la saison de reproduction, un coq attire jusqu'à 8 poules. Au cours de la parade nuptiale, il tourne autour de la femelle, en émettant des sifflements qui rappellent le bruit de la faux qu'on affûte et en déployant sa collerette dans sa direction. Sous un buisson impénétrable, la poule garnit sommairement une petite cavité avec des brins d'herbe et des feuilles pour y pondre entre 5 et 12 œufs crème, qu'elle couve pendant 22 ou 23 jours. En automne, les Faisans forment de petites bandes. Le Faisan doré se nourrit de baies, de bourgeons, de pousses de bambou, dévorant aussi une grande quantité d'insectes, de vers et de limaces.

Le coq (1) a une huppe dorée, une collerette orange vif formée par des plumes allongées, le ventre rouge, le dos jaune et les ailes bleu-noir. Il mesure 1 m de long. La poule est roussâtre, barrée de rayures foncées transversales. Elle est plus petite d'un bon tiers.

Faisan de Lady Amherst

Chrysolophus amherstiae

Le Faisan de Lady Amherst est originaire du sud-est de la Chine et des régions attenantes tibétaines et birmanes. En 1828, Lady Amherst, épouse du gouverneur britannique de l'Inde, apporta les deux premiers coqs de cette espèce en Europe. Ces oiseaux soulevèrent l'enthousiasme et portent aujourd'hui encore son nom. Cependant, ce n'est qu'en 1871 que les Faisans de Lady Amherst pondirent et élevèrent des petits en captivité. En raison de la pénurie de poules, on croisa les coqs avec des femelles de Faisan doré, si bien que les Faisans de Lady Amherst de sang pur devinrent rares. Les premières tentatives d'élevage en liberté furent réalisées en Grande-Bretagne, au début du siècle, à Mount Stuart et à Woburn, puis, vers 1930, à Whipsnade. Les oiseaux de Woburn et de Whipsnade servirent par la suite de souche à la population vivant à l'état sauvage dans le Bedfordshire. Le Faisan de Lady Amherst niche aussi en liberté dans d'autres régions de Grande-Bretagne ; entre 1968 et 1974, on y a recensé entre 100 et 200 couples. Dans certains endroits, ils vivent au voisinage des Faisans dorés mais, pour éviter les croisements, il serait souhaitable de séparer les deux espèces même en nature.

Dans son pays d'origine, le Faisan de Lady Amherst vit sur les versants rocheux à une altitude variant entre 2 000 et 4 000 mètres. Le coq s'entoure d'un harem de 3 ou 4 poules. Lors de la parade nuptiale, il saute par-dessus la femelle, la courtisant tantôt de l'un, tantôt de l'autre côté. La poule pond entre 6 et 12 œufs qu'elle couve pendant 23 ou 24 jours.

Le coq (1) a l'occiput d'un vert lustré prolongé par une étroite huppe rouge et une collerette de plumes blanches, rayées de noir. Son dos et sa poitrine sont verts, son croupion est jaune-rouge, son ventre blanc et noir. Ses rectrices, dont la longueur dépasse 1 m, sont gris argenté, rayées de bleu-noir. La coloration roussâtre de la poule est rehaussée par des traits ondulés noirs.

Une famille hétérogène

Ralliformes

L'ordre des Ralliformes réunit un grand nombre d'oiseaux d'aspect si dissemblable que leur parenté n'est pas à première vue évidente. Certains Râles ressemblent plutôt aux Galliformes, d'autres aux limicoles ; les Foulques seraient mieux assorties avec les Canards, et les Grues avec les Cigognes ou les Hérons. Dans la taille aussi, on relève des différences extrêmes : les plus grands représentants européens des Ralliformes sont la Grue cendrée, qui pèse 6 kg et mesure 1,15 m de haut et la Grande outarde, dont le mâle pèse jusqu'à 20 kg, tandis que la Marouette de Baillon fait partie des plus petits avec un poids ne dépassant pas 45 g. En raison de cette hétérogénéité, les ornithologues divisent les Ralliformes en plusieurs familles dont les représentants diffèrent considérablement les uns des autres.

Leurs ailes sont assez courtes et arrondies (fig. 1), excepté chez les Grues, excellents voiliers dotés de longues ailes. De nombreux Ralliformes ne volent que contraints et forcés, ce qui ne les empêche pas d'être migrateurs pour la plupart d'entre eux. Adaptées à la course, leurs pattes ont presque toujours quatre doigts (fig. 2). Le pouce se trouve au même niveau ou un peu plus haut que les autres doigts, mais peut aussi être atrophié. La règle selon laquelle les oiseaux au pouce atrophié sont généralement de bons coureurs se trouve alors confirmée. Les Ralliformes aquatiques ont les doigts festonnés (Exemple : Foulque, fig. 3).

Le plumage des Ralliformes n'est pas très haut en couleurs. Celui des espèces aquatiques est dense et ras, les couvertures ayant un hyporachis plus ou moins développé. La glande uropygienne est elle aussi généralement bien développée. Au moment de la mue, les rémiges tombent les unes après les autres, sauf chez les Râles, les Marouettes et les Grues qui perdent toutes leurs rémiges en même temps (chez les Grues, la mue totale des rémiges survient tous les 2 ans). Pendant une quinzaine de jours, les oiseaux ne peuvent pas voler. Seule la Demoiselle de Numidie, qui vit dans les paysages dégagés, perd ses rémiges de façon échelonnée comme c'est le cas chez la plupart des oiseaux. En effet, elle n'arriverait pas à se dissimuler dans une steppe sans buissons si elle était incapable de s'envoler. Enfin, seuls les Râles, les Marouettes et les Outardes accusent un dimorphisme sexuel dans la coloration de leur plumage.

La plupart des Ralliformes lancent des cris sonores et très variés : de nombreuses espèces ont d'ailleurs un organe vocal bien développé. Les mâles de certaines Outardes ont dans le cou des poches servant de caisse de résonance et les Grues ont une trachée particulièrement longue qui se replie en boucle dans leur sternum. Ce dispositif amplifie leur voix au point qu'on l'entend à des kilomètres.

1. Silhouette d'une Outarde en vol ; les ailes sont relativement courtes.

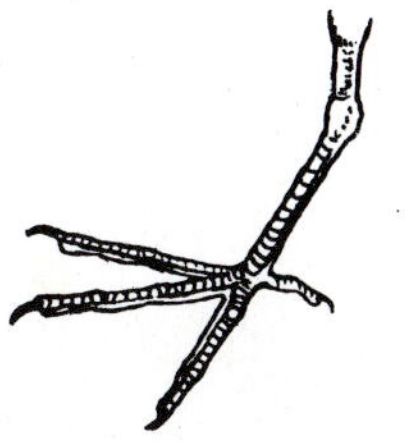

2. Patte d'une Poule d'eau : doigts reliés par une palmure très courte et petit pouce placé plus haut que les autres doigts.

Les Ralliformes sont des oiseaux terrestres qui vivent à proximité de l'eau, sur l'eau ou dans la végétation luxuriante des marais. Certains, toutefois, se plaisent davantage dans les paysages dégagés des steppes. On ne trouve, parmi eux, aucune espèce arboricole. Leurs nids sont presque toujours placés à terre, éventuellement dans l'eau peu profonde. Les grandes espèces pondent peu : les pontes des Grues et des Outardes comportent seulement 2 œufs. En revanche, les Marouettes et les Râles pondent jusqu'à 10 œufs. La couvaison est généralement longue : chez les petites espèces, elle dure 3 semaines environ, chez les grandes, 1 mois. Les poussins, nidifuges, ont souvent un duvet d'un noir profond qui fait ressortir la coloration du bec, des plumes ou de la peau nue de la tête. Ce contraste sert de point de repère aux adultes, à l'époque où ils nourrissent leurs petits de bec à bec. La nourriture des Ralliformes est très variée, avec toutefois une part importante d'éléments d'origine animale. Les différentes espèces n'ont aucune spécialisation alimentaire. Les Ralliformes n'ont pas de jabot, mais leur estomac musculaire est très fortement développé.

Au cours des deux derniers siècles, quelques espèces appartenant à cet ordre se sont éteintes. Leur déclin a été accéléré par leur répartition, souvent limitée à des îlots, et par les déséquilibres biologiques créés par l'homme.

4. La Foulque macroule doit courir sur l'eau pour s'envoler. Pendant le vol, l'oiseau tend ses longues pattes vers l'arrière.

5. La parade nuptiale des Grues cendrées rappelle une danse.

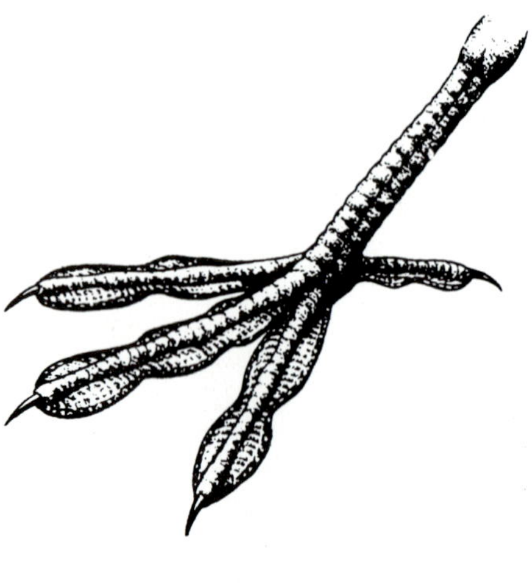

3. Patte de la Foulque macroule aux doigts festonnés

Râle d'eau, habitant caractéristique des roselières

Râle d'eau

Rallus aquaticus

Le Râle d'eau vit presque partout en Europe, à l'exception des régions les plus septentrionales, et dans la majeure partie de l'Asie. En Europe de l'Ouest et du Sud, il est sédentaire, les populations d'Europe centrale hivernant parfois au bord des cours d'eau qui ne gèlent pas ; dans la plupart des cas, cependant, elles migrent en septembre ou octobre vers le littoral atlantique ou méditerranéen.

Le Râle d'eau peuple l'abondante végétation du bord des étangs et des marais. Très discret, il est surtout actif au crépuscule. Au printemps et en été, il trahit sa présence par ses appels, des « pit pit » répétés, mais surtout par des « krouiif » stridents qui rappellent les couinements d'un goret et qui se terminent par des grognements graves. On a peine à croire que ce petit oiseau à l'aspect si soigné, à peine de la taille d'une Perdrix, émette des sons semblables. On ignore aussi généralement que c'est un bon nageur qui plonge en cas de danger.

Dès leur retour des quartiers d'hiver, en mars ou en avril, les couples occupent leur territoire qu'ils défendent avec véhémence. Ils tressent leur nid avec les feuilles vertes ou sèches des plantes aquatiques et le dissimulent parfaitement dans une touffe de roseaux, de laîches ou de glycéries, ou l'abritent sous les plantes environnantes. La femelle pond, entre le début du mois d'avril et la mi-juillet, de 6 à 12 œufs crème, faiblement ponctués de brun (2) que les deux adultes couvent à tour de rôle. Les poussins éclosent au bout de 19 à 21 jours. Au début, les parents les nourrissent de bec à bec, mais entre le cinquième et le huitième jour, ils sont capables de se nourrir seuls. Le poussins issus de la première couvée suivent encore leurs parents lorsque ceux-ci élèvent une seconde couvée. Les Râles d'eau prennent une alimentation essentiellement animale qu'ils complètent, en automne, par de petites graines et des parties vertes de plantes.

2

Les caractéristiques spécifiques les plus importantes sont le long bec rouge, le cou et la poitrine bleu-gris, le ventre et les flancs rayés de noir et de blanc (1).

1

Marouette ponctuée

Porzana porzana

L'aire de répartition de la Marouette ponctuée s'étend sur presque toute l'Europe, à l'exception de l'Irlande et du nord de la Scandinavie, pénétrant, à l'est, jusqu'en Asie centrale.

Cet oiseau mène une existence très cachée sur les berges des étangs et des cours d'eau lents couvertes d'une épaisse végétation, dans les prés inondés. Moins tributaires de l'eau que les autres espèces du genre *Porzana*, la Marouette ponctuée s'installe même dans les parties asséchées des marais. On l'entend plus qu'on ne l'aperçoit. Au printemps, le soir et la nuit, elle peut rester des heures entières à répéter inlassablement ses « houit houit houit » évoquant les sifflements d'une baguette souple que l'on agite. La Marouette ponctuée est une espèce migratrice qui hiverne exceptionnellement en Europe occidentale ou méridionale ; elle se rend généralement dans la zone tropicale en Afrique orientale. Elle migre la nuit. La migration d'automne a lieu entre fin août et octobre ; celle de retour se produit entre fin mars et début mai, la saison de nidification allant de la fin du mois d'avril jusqu'à la mi-juillet.

La Marouette ponctuée dissimule son nid, fait de tiges sèches et de feuilles, au plus dense des roseaux ou des laîches. Les deux parents couvent tour à tour pendant 18 à 21 jours les œufs jaunes ou brunâtres, parsemés de points brun foncé (2), dont le nombre varie entre 7 et 13. Ils s'occupent aussi des petits jusqu'à leur envol, à l'âge de 5 ou 6 semaines. Ils leur apportent dans le bec mollusques, crustacés, vers et insectes. Avant la fin de l'été, la femelle a le temps de pondre une seconde fois.

La Marouette ponctuée (1), qui atteint la taille d'une Grive, est dotée d'un court bec jaune, rouge à la base. Sa coloration fondamentale, brun foncé, est rehaussée par des taches rondes blanches, qui constellent presque tout son corps. Les côtés du ventre portent des rayures nettes brunes et blanches. Les femelles ressemblent aux mâles, mais leur tête grise est plus terne. À l'instar des autres Marouettes, la Marouette ponctuée n'aime pas s'envoler.

1

2

Marouette poussin

Porzana parva

L'aire de répartition de la Marouette poussin englobe les régions tempérées de l'Europe et de l'Asie, depuis la France, la R.F.A. et le littoral de la Baltique jusqu'à la Sibérie occidentale. Migratrice, elle hiverne parfois au bord de la Méditerranée, mais migre le plus souvent dans le nord-est de l'Afrique.

Les individus des deux sexes arrivent simultanément, généralement en avril, sur leur aire de nidification pour y occuper leur territoire au bord des eaux douces peu profondes où poussent en abondance des roseaux, des joncs, des laîches et d'autres plantes des marais. Leur nid, fait de feuilles sèches ramassées dans les environs immédiats, est toujours bien caché dans l'enchevêtrement impénétrable de la végétation riveraine, et rares sont ceux qui ont eu la chance de le découvrir. Après la construction du nid, le mâle prépare à proximité un autre nid où il vient souvent se réfugier. En mai ou juin, la femelle pond de 6 à 8 œufs jaunâtres ou gris, tachés de roux ou de brun-gris. Les deux adultes les couvent à tour de rôle, se relayant à de brefs intervalles pendant 17 à 21 jours. Jusqu'à l'âge de 10 jours, les parents nourrissent les petits d'insectes, d'araignées, de petits mollusques et de vers qu'ils ramassent sur les végétaux de l'année précédente, en nageant et même en plongeant. Au bout de 6 ou 7 semaines, les petites Marouettes savent voler, de sorte que les parents peuvent nicher une seconde fois. Fin août et courant septembre, les Marouettes poussins s'envolent vers le sud.

La Marouette poussin a la taille d'un Étourneau. Son bec est court, rouge à la base ; ses pattes sont vertes. Le mâle est brun dessus, bleu-gris foncé dessous avec les sous-caudales barrées transversalement de bandes claires. La femelle (1) a le ventre brun-jaune et la gorge blanchâtre. Le chant nuptial du mâle est une série descendante de « kouék kouék ».

1

Poule d'eau

Gallinula chloropus

Cosmopolite, la Poule d'eau habite tous les continents, à l'exception de l'Australie et de l'Antarctique. En Europe occidentale et méridionale, elle est sédentaire ou tout au plus nomade, les autres populations s'envolant vers le sud ou l'ouest pour l'hiver. Dès la mi-mars, les Poules d'eau reviennent sur les berges des étangs, des rivières lentes, des marais envahis par la végétation et, par endroits, sur les bassins des jardins publics.

Les couples ne se forment qu'une fois arrivés sur place et, après avoir occupé leur territoire, ils se mettent à bâtir leur nid. Les deux adultes prennent part à cette tâche, utilisant comme matériaux des feuilles sèches de roseaux, des joncs, des glycéries ou des laîches. Ils le dissimulent habilement dans la végétation riveraine, mais nichent parfois dans les buissons de saules jusqu'à 8 mètres de haut. La première ponte a lieu d'avril à mai. Les deux parents couvent pendant 19 à 22 jours les œufs jaunâtres ou grisâtres, constellés de taches brun-roux (2). Leur nombre varie de 6 à 10. Pendant que la femelle est en train de couver, le mâle bâtit d'autres nids où les petits viendront se reposer. En juin et en juillet, le couple pond une seconde fois. Après l'éclosion, les jeunes de la première couvée aident leurs parents à s'occuper de leurs cadets. Dès le début du mois de septembre, les Poules d'eau commencent à quitter leur territoire. La Poule d'eau se nourrit de différentes espèces d'invertébrés aquatiques, mais aussi de graines et des parties vertes des plantes palustres.

Les adultes (1) ont la taille d'une Perdrix. Ils sont gris-noir et brun, le bord inférieur de leurs ailes portant une bande blanche. Leurs sous-caudales sont également blanches. La pointe jaune exceptée, leur bec est rouge vif, y compris la plaquette frontale. Leurs pattes assez hautes, pourvues de très longs doigts, sont vertes avec une tache rouge audessus du talon. Les Poules d'eau nagent bien, tenant la queue dressée. Le duvet des poussins est entièrement noir, leur bec est rouge. Les cris des adultes sont des « kirk » ou des « kirouk » stridents.

2

1

Poule sultane

Porphyrio porphyrio

En Europe, on ne rencontre la Poule sultane que dans le sud du Portugal et de l'Espagne, en Sardaigne, le reste de son aire de répartition s'étendant sur le nord et le sud de l'Afrique, le sud de l'Asie, l'Australie, la Nouvelle-Zélande et les îles voisines. Les populations d'Europe méridionale sont sédentaires, ce qui peut se révéler dangereux pour l'espèce : lors d'un hiver particulièrement rigoureux, en 1963, 90 % des effectifs vivant sur la rive méridionale de la Caspienne sont morts.

À la saison de nidification, la Poule sultane se réfugie dans la végétation qui recouvre les bords des eaux stagnantes à l'intérieur des terres ou des eaux côtières. Elle place son nid dans les roseaux denses ou d'autres plantes aquatiques, directement sur l'eau ou à 50 cm au-dessus. Il est fait de feuilles de roseaux et ressemble à une écuelle profonde. Entre avril et juin, la femelle pond de 5 à 7 œufs jaunâtres ou fauves, tachés de brun foncé ou de noir, la pointe pouvant être parfois dépourvue de taches. Les deux adultes les couvent à tour de rôle pendant 22 à 25 jours. Après l'éclosion des œufs, les petits restent dans le nid pendant 4 jours environ, y revenant parfois ensuite pour se reposer. Les deux parents conduisent les petits et s'en occupent jusqu'à ce qu'ils sachent voler. La Poule sultane se nourrit surtout de jeunes pousses de roseaux et d'autres plantes des marais, de graines et de fruits et aussi, en moindre quantité, d'insectes aquatiques, de mollusques et de petits batraciens.

La Poule sultane (1) est plus grande que la Poule d'eau (47 cm contre 32). Son plumage est d'un bleu-violet à reflets avec des sous-caudales blanches bien visibles lorsque la Poule, dérangée, hoche la queue de haut en bas. Ses longues pattes, son bec massif et sa plaque frontale sont rouge vif. La Poule sultane grimpe souvent sur les roseaux, court avec agilité au sol, mais n'aime pas nager. En vol, on la reconnaît à ses pattes rouges, pendantes. Son cri (« krrourr ») est un coassement strident.

Foulque macroule

Fulica atra

1

La Foulque macroule vit partout en Europe, à l'exception de sa partie la plus septentrionale, dans une grande partie de l'Asie, en Afrique du Nord et en Australie. Elle est migratrice en Europe du Nord et de l'Est ; partout ailleurs, elle est migratrice ou sédentaire dans une proportion variable. Ses principaux centres d'hivernage se trouvent en Europe occidentale, au bord des lacs alpins et dans la région méditerranéenne. À cette saison, les lacs

2

et les rivières qui ne gèlent pas ainsi que les eaux côtières sont littéralement envahis. Mais dès qu'en mars les Foulques macroules regagnent leurs lieux de reproduction, les bandes se disloquent en couples qui se livrent des combats sans merci pour les meilleurs endroits. La Foulque macroule n'est pas très exigeante quant au choix de son biotope de nidification, s'accommodant de la végétation clairsemée de certains étangs, trous d'eau, marais et de bassins dans les parcs.

Les deux adultes construisent leur nid directement sur l'eau près des massifs de plantes aquatiques, utilisant comme matériaux des roseaux et des joncs, mais aussi des branches et de l'herbe. Une petite « passerelle » le relie directement à l'eau. Le mâle bâtit d'autres nids où il se repose. Les deux parents couvent à tour de rôle pendant 21 à 24 jours les 5 à 9 œufs jaune-gris ponctués de noir (2), et s'occupent également des petits. Le mâle conduit souvent les poussins tandis que la femelle couve les derniers œufs, ou éventuellement une nouvelle ponte. Les petits issus de la première couvée aident souvent les parents à nourrir les derniers éclos. En octobre ou en novembre, les Foulques macroules migrent en direction du sud-ouest. Elles se nourrissent surtout des parties vertes des plantes aquatiques et de leurs graines.

Les Foulques adultes (1) ont la taille du Fuligule morillon, soit 38 cm. Elles sont entièrement noires, à l'exception du bec et de la plaque frontale blancs. Leurs longs doigts sont festonnés. La Foulque macroule nage profondément enfoncée dans l'eau. Elle s'envole difficilement et doit d'abord courir sur l'eau. Ses cris sont des « kew » clairs ou des « pix » stridents. Les petits sont noirs avec la tête et le cou rouge orangé. En livrée juvénile, les tons gris et bruns prédominent. Les immatures n'ont pas de plaque frontale blanche.

Grue cendrée

Grus grus

À une époque relativement récente, la Grue cendrée vivait presque partout en Europe, mais le remplacement de vastes forêts marécageuses et de marais par des champs l'a chassée de la plupart de ses habitats. Aujourd'hui, elle subsiste en Scandinavie et dans le nord de l'U.R.S.S., d'où elle pénètre en Asie jusqu'en Sibérie orientale. Les Grues quittent ces régions pour migrer, en septembre ou en octobre, vers leurs quartiers d'hiver situés dans la région méditerranéenne et en Afrique jusqu'au Soudan. En mars et en avril, elles regagnent leurs lieux de nidification marécageux qui se trouvent dans les forêts et à proximité de l'eau. Elles vivent en bandes et effectuent des danses nuptiales au cours desquelles elles sautent en déployant les ailes et en s'inclinant. Monogames, elles s'unissent pour la vie en couples stables.

Les Grues cendrées placent leur nid au milieu d'un marécage. Il s'agit le plus souvent d'un amoncellement de roseaux, de joncs, d'herbes et d'autres matières végétales. En avril ou en mai, la femelle pond 2 œufs brunâtres ou gris-vert, constellés de points noirs que les deux adultes couvent tour à tour pendant 28 à 31 jours. Ils s'occupent également des jeunes pendant 10 semaines environ. Pendant cette période, les Grues adultes perdent presque d'un seul coup toutes leurs rémiges, si bien que pendant 1 mois environ, elles ne peuvent pas voler. La maturité sexuelle survient tardivement puisque les jeunes ne sont capables de se reproduire qu'au cours de leur cinquième ou sixième année. La Grue cendrée se nourrit surtout de parties vertes de plantes, de graines, de baies et d'autres fruits ; elle y ajoute des insectes, des vers, des mollusques et des petits vertébrés.

Adulte (1), la Grue cendrée est plus grande qu'une Cigogne. Son plumage gris cendré est rehaussé par du noir sur la tête et le cou qui portent une bande blanche longitudinale. Elle a de longues plumes ornementales sur le dos. Son occiput presque nu est rouge. En migration, les Grues adoptent une formation caractéristique en V ou en ligne transversale ; elles lancent souvent des cris puissants, « krou krou », audibles de loin, qui évoquent des coups de trompette.

1

Demoiselle de Numidie

Anthropoides virgo

L'aire de répartition de la Demoiselle de Numidie ne recouvre plus aujourd'hui que l'U.R.S.S., la Mongolie et la Chine. Récemment, on a découvert une toute petite population en Turquie au pied du mont Ararat. Une population résiduelle vivrait encore en Afrique du Nord, dans l'Atlas marocain. Ses populations européennes les plus fortes se trouvent dans les plaines de la Caspienne et dans les steppes de la Kalmoukie (de 6 000 à 8 000 couples). Les quartiers d'hiver de la Demoiselle de Numidie s'étendent surtout dans le nord-est de l'Afrique et en Asie méridionale. Elle s'égare parfois en Europe centrale et septentrionale : on l'a signalée en Norvège, en Suède, au Danemark, en Allemagne, etc. Elle niche dans les steppes et les milieux semi-désertiques, de préférence à proximité des points d'eau. Récemment, on a observé un comportement synanthrope car elle s'est mise à nicher dans les pâturages sans appréhender le voisinage des bergers et de leurs troupeaux. De même, près du cours inférieur de la Volga, elle a commencé à nicher dans les champs.

Pendant la majeure partie de l'année, les Demoiselles de Numidie vivent en bandes et se livrent, collectivement, à de célèbres danses nuptiales. Monogames, elles forment des couples stables qui restent fidèles à leur lieu de nidification pendant de longues années. En avril ou en mai, la femelle pond à terre, dans une petite dépression, 2 œufs gris-vert tachetés de brun et de gris qu'elle couve pratiquement seule. Le mâle veille sur elle, ne la relayant que très brièvement. Les petits viennent au monde au bout de 27 ou 28 jours d'incubation. Le régime alimentaire de la Demoiselle de Numidie comprend des parties vertes de plantes, des graines, des insectes et d'autres invertébrés.

La Demoiselle de Numidie est le plus petit membre de la famille des Gruidés : elle a la taille d'une Cigogne. Les adultes (1) sont gris-bleu avec le cou et le haut de la poitrine noirs. Les longues rémiges secondaires pendent autour de la queue. Le caractère distinctif le plus sûr se trouve sur les joues : les plumes allongées forment deux touffes blanches. Les cris, qui rappellent des coups de trompette, sont plus aigus que ceux de la Grue cendrée.

Outarde canepetière

Tetrax tetrax (Otis tetrax)

L'aire de répartition de l'Outarde canepetière se rapproche de celle de la Grande outarde. En Europe, la Canepetière vit sur la péninsule ibérique, en France, dans le sud de l'Italie, sur certaines îles de la Méditerranée et dans les Balkans. Ailleurs dans le monde, on la rencontre en Afrique du Nord et sur une étroite bande à travers l'Asie centrale jusqu'à l'Altaï. Au cours du siècle dernier, elle a disparu de nombreuses régions bien qu'elle niche dans la campagne cultivée ; elle fréquente aussi les vastes étendues herbeuses des steppes ou les terrains laissés à l'abandon depuis de longues années. Les Outardes canepetières du nord de l'Europe occidentale sont migratices, celles du sud étant sédentaires. Elles nichent par couples isolés en mai ou en juin. Lors de sa parade nuptiale, le mâle déploie la queue, abaisse les ailes, hérisse les plumes de sa collerette et sautille sur place en battant des ailes.

Le nid de l'Outarde canepetière est une petite cavité du sol, nue ou faiblement tapissée, dans laquelle la femelle pond de 2 à 4 œufs vert-brun parsemés de quelques taches brunes. Elle les couve seule pendant 20 ou 21 jours, tandis que le mâle se tient à proximité du nid. Lorsque les petits éclosent, il aide sa compagne à s'en occuper pendant 5 semaines environ. Les Outardes canepetières se nourrissent de feuilles, de bourgeons et de graines, d'insectes et d'autres invertébrés. En automne, elles se réunissent en bandes.

L'Outarde canepetière a la taille d'un Tétras lyre. En livrée nuptiale, le mâle (1) a la tête grise, le cou noir et blanc et le ventre blanc, le reste de son corps étant fauve finement marqué de noir. La femelle et les immatures n'ont pas le dessin noir caractéristique sur le cou. En vol, on entend les ailes siffler. À cette occasion, les plages blanches des ailes aux pointes noires sont bien visibles. Lors de la parade nuptiale, le mâle émet un bruit sec, « trrrt ».

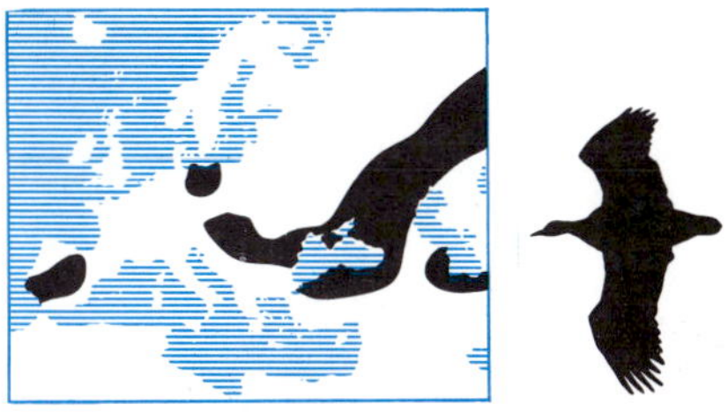

Grande outarde

Otis tarda

L'aire de répartition de la Grande outarde s'étend sur la péninsule ibérique, l'Europe méridionale et centrale, d'où elle traverse en bande étroite l'Asie centrale jusqu'à l'océan Pacifique. Aujourd'hui, ses populations accusent un net recul. Sédentaire presque partout, elle n'est que partiellement migratrice dans certains endroits. Elle habite les paysages dégagés, les steppes et les champs dépourvus de bois.

Pendant la plus grande partie de l'année, les Grandes outardes vivent en bandes formées de mâles ou de femelles. En mars, elles se dispersent car la spectaculaire parade nuptiale commence. Les mâles gonflent fortement leur sac gulaire sur lequel repose leur tête aux vibrisses hérissées. Ils abaissent leurs ailes et les retournent à l'envers, puis ils déploient leur queue en éventail et la rabattent sur le dos. Ils se transforment alors en boules d'un blanc éclatant. Piétinant sur place, ils se pavanent et émettent de temps à autre des aboiements sourds. Tout ce manège est destiné à séduire une femelle. Par la suite, le mâle ne manifeste aucun intérêt pour le nid et pour les petits.

Entre avril et juillet, la femelle dépose dans une petite cavité quasiment dépourvue de toute garniture 2 œufs vert olive faiblement tachetés de brun (2) qu'elle couve pendant 23 ou 24 jours. Les petites Outardes sont d'abord nourries par la femelle durant les premiers jours ; ultérieurement, elles l'accompagnent vers les sources de nourriture. Elles grandissent lentement, volent au bout de 2 mois et atteignent la maturité sexuelle au cours de leur cinquième année (mâles). L'élément végétal (feuilles, bourgeons, fleurs, plantes cultivées et mauvaises herbes) prédomine dans le régime alimentaire de la Grande outarde. Au printemps et en été cependant, elle y ajoute des insectes et d'autres invertébrés, à l'occasion de petits vertébrés.

2

La Grande outarde a le dos roussâtre barré de rayures transversales noires, le ventre blanc et le cou gris. En livrée nuptiale (1), le mâle porte de longues « moustaches » blanches à la base du bec. Il peut peser jusqu'à 18 kg, la femelle, beaucoup plus petite, ne pèse que 8 kg au maximum.

Les petits échassiers

Charadriiformes

Les Charadriiformes, généralement petits ou de taille moyennne, sont dotés d'un bec plus ou moins long et mince (fig. 4) et de pattes fines et hautes, emplumées bien au-dessus de l'articulation du talon. Dans cet ordre se trouvent réunis les oiseaux aux plus longues pattes. Adaptées à la marche dans l'eau, les pattes ont le doigt postérieur raccourci et placé plus haut que les longs doigts antérieurs (fig. 1), mais il arrive souvent que ce pouce manque. Les doigts sont parfois reliés par une courte palmure. Les nageurs, tels les Phalaropes, ont les doigts entourés d'une palmure lobée (fig. 2). Le corps est généralement svelte. Le plus petit des Charadriiformes européens, le Bécasseau minute, ne pèse que 25 g en moyenne, l'envergure de ses ailes ne dépassant pas 30 cm. Parmi les plus grands, citons le Courlis cendré qui pèse plus de 800 g et dont l'envergure atteint 1 m.

Les Charadriiformes ont des ailes droites et pointues (fig. 3) qui en font des voiliers rapides et endurants. La majeure partie des espèces sont migratrices et gagnent des lieux d'hivernage fort éloignés de l'aire de nidification. Le plumage des Charadriiformes est dense ; les plumes ont un hyporachis. La glande uropygienne est également bien dévelopée. Le dimorphisme sexuel est généralement peu marqué dans la coloration, le Chevalier combattant faisant exception : les mâles portent, au printemps, une collerette de plumes allongées. Il est également intéressant de constater que chez les Charadriiformes, où le mâle prend en charge la progéniture, le plumage des femelles est le plus coloré. Chez la plupart des espèces, le plumage nuptial est remplacé par celui d'hiver : les oiseaux muent entièrement aussitôt après la saison de nidification et partiellement au cours des mois suivants. La livrée hivernale des Charadriiformes est terne si bien qu'à la mauvaise saison l'identification de ces oiseaux pose des problèmes aux ornithologues les plus chevronnés. Leur voix peut être un critère de reconnaissance assez fiable car ils se distinguent, pour la plupart, par des cris caractéristiques qui en disent plus long sur l'oiseau observé que sa coloration.

Les Charadriiformes vivent surtout au bord de l'eau, et plusieurs espèces nichant dans les prés et dans les forêts humides gagnent, après la saison de reproduction, les berges boueuses et sablonneuses ou les vasières des côtes. On rencontre aussi parmi les Charadriiformes des espèces qui nichent dans des endroits secs loin de l'eau. La parade nuptiale s'accompagne souvent de manifestations sonores bruyantes et de vols spectaculaires. Les nids se trouvent à terre, souvent en terrain dégagé sans aucun abri, ou dans l'herbe. Les Charadriiformes nichent rarement dans un arbre. Ils pondent presque toujours 4 œufs assez grands, tachetés et piriformes. Dans le nid, leur bout pointu est tourné vers le centre. Nidifuges, les petits quittent le nid très tôt après

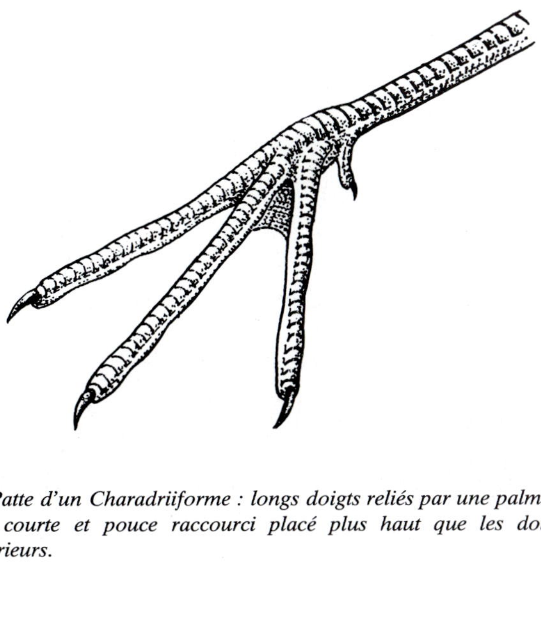

1. Patte d'un Charadriiforme : longs doigts reliés par une palmure très courte et pouce raccourci placé plus haut que les doigts antérieurs.

Œdicnème criard daus son biotope de nidification

l'éclosion et savent se nourrir seuls dès les premiers jours de leur vie. Ils sont protégés par un épais duvet qui porte un dessin cryptique. En cas de danger, ils se blottissent contre le sol tandis que leurs parents attaquent l'intrus en criant ou tentent éventuellement de l'éloigner en feignant d'être blessés. La femelle quitte tôt sa famille, abandonnant l'élevage des petits au mâle ; il s'agit là d'une particularité de la vie familiale de ces limicoles. Chez les Phalaropes, la femelle quitte le nid aussitôt après avoir pondu.

Les Charadriiformes ont une alimentation animale qu'ils collectent dans l'eau ou en fouillant la vase de leur bec. Certaines espèces ont un dispositif particulier qui leur permet de n'entrouvrir que la pointe du bec pour s'emparer des proies car la résistance du sol empêche qu'ils l'écartent en entier. Après avoir repéré sa proie, l'oiseau contracte les muscles attachés à l'os carré (fig. 4a). Celui-ci se déplace dans l'articulation pour s'appuyer à l'arrière sur l'os jugal, ce qui a pour effet de provoquer la tension des os fins et souples de la mâchoire supérieure vers le haut et l'ouverture de la pointe du bec (fig. 4b). Ainsi, l'oiseau peut saisir comme avec une pince la bestiole qu'il a repérée grâce aux corpuscules tactiles de la pointe du bec.

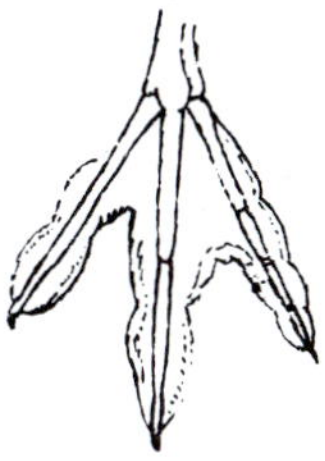

2. Patte d'un Phalarope aux doigts festonnés

3. Silhouette d'un Charadriiforme en vol ; les ailes fines et coudées sont caractéristiques.

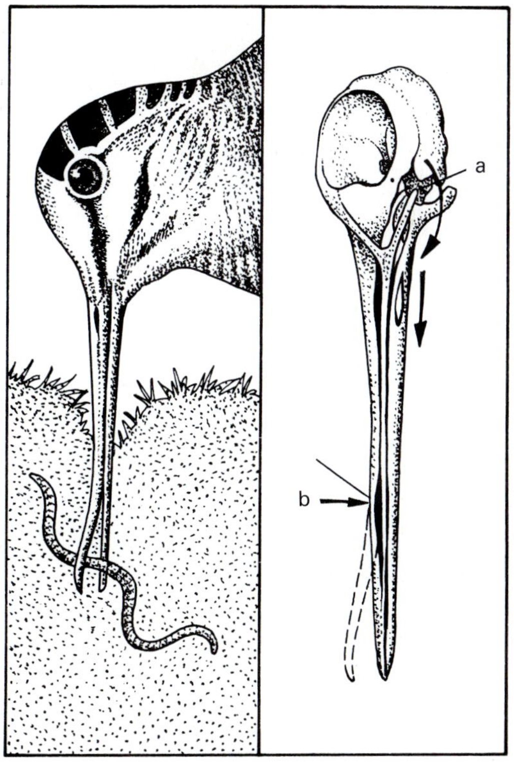

4. Bec de Bécasse des bois. Un dispositif permet à l'oiseau d'entrouvrir uniquement la pointe pour extraire les vers de terre : l'os carré pivotant (a) se déplace dans l'articulation pour s'appuyer à l'arrière sur l'os jugal, ce qui recourbe les os fins et souples de la mandibule supérieure vers le haut, entraînant l'ouverture de la pointe du bec (b).

Huîtrier-pie

Haematopus ostralegus

L'Huîtrier-pie vit d'une part sur le littoral de l'Europe et de l'Asie orientale, d'autre part au bord des eaux peu profondes de l'Asie centrale et de la Russie. Les populations installées au sud des îles Britanniques sont sédentaires ; celles qui nichent plus au nord migrent régulièrement en Europe occidentale et dans la région méditerranéenne. L'axe de la migration suit presque toujours le littoral, les Huîtriers-pies égarés à l'intérieur du continent étant très rares. La migration de printemps s'effectue en mars et en avril, celle d'automne en août et en septembre. La saison de nidification commence par une parade nuptiale collective pendant laquelle les oiseaux courent et volent côte à côte ou les uns derrière les autres, rigides et le cou tendu, le tout s'accompagnant de trilles incessants. Les couples restent unis pendant de longues années ; on a observé des individus qui étaient restés fidèles à leur partenaire et à leur nid pendant 6 ans. Les Huîtriers-pies nichent sur les côtes sablonneuses, rocheuses ou vaseuses, plus rarement au bord des lacs ; ils forment des colonies lâches au sein desquelles les nids sont peu éloignés les uns des autres.

3

1

Le nid est une simple cavité entourée de galets et de coquillages dans laquelle la femelle pond, en mai ou en juin, 3, plus rarement 2 ou 4 œufs jaune sable tachés de brun-noir (2). Les deux adultes les couvent à tour de rôle pendant 26 à 28 jours. Ils apportent la nourriture aux petits dans leur bec, puis les emmènent vers les endroits où ils peuvent se nourrir seuls. Les Huîtriers-pies prennent des coquillages qu'ils savent ouvrir habilement (3) avec leur bec aplati, des crustacés, vers, échinodermes et insectes.

L'Huîtrier-pie (1) devient adulte à 3 ans et, comme l'a révélé le baguage, il peut atteindre l'âge avancé de 36 ans. Il a la taille du Vanneau huppé. On le reconnaît très facilement à son plumage contrasté noir et blanc ainsi qu'à son bec et ses pattes rouges. L'Huîtrier-pie lance des « kvivip kvivip » sonores ; ses cris d'alarme sont des « pik pik pik ».

2

Échasse blanche

Himantopus himantopus

Rares sont les espèces aussi cosmopolites que l'Échasse blanche. En Europe, elle habite surtout le sud et le sud-est, n'apparaissant que rarement dans la partie septentrionale du continent. Ailleurs dans le monde, son aire couvre le sud de l'Asie, l'Indonésie jusqu'à la Nouvelle-Zélande, l'Afrique, l'Amérique du Nord, l'Amérique centrale et du Sud. En Europe, ses populations sont migratrices et vont passer l'hiver en Afrique tropicale au sud du Sahara. Partout, elle recherche les eaux peu profondes, douces, saumâtres ou salées, bordées d'une végétation basse de préférence.

Les Échasses blanches s'installent sur leur lieu de nidification en avril ou en mai, nichant très souvent en colonies. La ponte a lieu en mai ou en juin. En terrain humide, elles bâtissent un nid assez haut avec des plantes aquatiques ; en terrain sec, c'est une cavité garnie de quelques brins d'herbe. La femelle pond 4 œufs brun clair constellés de points brun-noir (3) que les deux parents couvent, se relayant à de courts intervalles. Les petites Échasses éclosent au bout de 22 à 24 jours, ne s'attardant que brièvement dans le nid, si bien qu'on peut bientôt les voir déambuler ou nager dans l'eau peu profonde. Certaines années, les pertes dans les colonies sont énormes en raison des inondations qui détruisent les nids. La migration automnale des Échasses se déroule de juillet à septembre. Leur régime alimentaire comprend des insectes aquatiques, de petits mollusques, des crustacés, des vers, des araignées et des insectes terrestres.

L'Échasse blanche est remarquable par ses pattes rouges extrêmement longues qui, en vol, dépassent la queue de 20 cm, son corps n'étant pourtant pas plus grand que celui d'un Vanneau. Son long bec noir est droit. En livrée nuptiale, les adultes ont un plumage contrasté noir et blanc. Le mâle (2) a l'occiput et la nuque noirs alors que la calotte et le cou de la femelle (1) sont blanchâtres. Les cris de l'Échasse blanche sont des « kyip kyip » clairs et répétés.

1

3

2♂

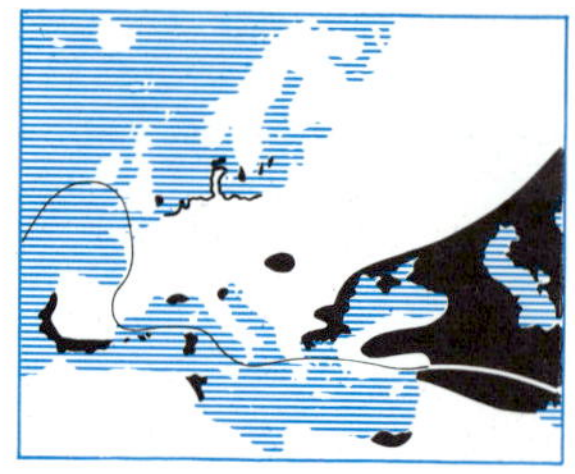

Avocette

Recurvirostra avosetta

L'Avocette habite les lagunes, les eaux côtières, les rives boueuses ou sablonneuses des lacs, l'eau peu profonde des lacs salés et le delta des fleuves. Elle niche de manière dispersée en Europe occidentale, centrale et méridionale, puis de façon plus continue à l'est de la mer Noire ainsi que dans certaines régions d'Afrique. Les populations de la partie méridionale de son aire de répartition sont sédentaires ou nomades ; entre juillet et septembre, celles du nord migrent pour l'hiver sur les côtes atlantiques de l'Europe occidentale, mais aussi dans la région méditerranéenne et en Afrique jusqu'à l'équateur. Entre fin mars et mai, les Avocettes réapparaissent sur leurs lieux de nidification, la ponte ayant lieu de mai à juin. Elles nichent le plus souvent en colonies et leur parade nuptiale est elle aussi collective. Les oiseaux se tiennent en cercle, s'inclinent, tapent des pieds, frottent le bec contre le sol et poussent des cris excités.

2

1

Le nid de l'Avocette est le plus souvent une petite cavité garnie de brins d'herbe secs, de coquillages et de galets. Les deux adultes couvent à tour de rôle pendant 24 ou 25 jours les 4 œufs jaune-brun ou olive, tachés de brun-noir (2). Lorsque l'un des parents vient relayer l'autre au cours de la couvaison, il se livre à une cérémonie curieuse : il court d'abord plusieurs fois autour du nid et jette derrière lui de menus objets ramassés à côté. Quand l'oiseau qui était en train de couver se décide à partir, son remplaçant retourne d'abord tous les œufs (1) avant de s'installer sur eux.

L'aspect de l'Avocette est très insolite. De la taille d'un Pigeon, elle a un plumage contrasté noir et blanc et de longues pattes bleu-gris. Son long bec noir qui se rétrécit nettement vers la pointe est très spectaculaire car il s'incurve vers le haut. Cette forme est étroitement liée au mode de collecte de nourriture : les Avocettes pêchent les insectes aquatiques et leurs larves, les crustacés, les mollusques, les vers et les alevins en marchant lentement dans l'eau et en balançant brusquement le bec sous la surface, de gauche à droite. Les cris sont des « klou-itt » flûtés ; l'alarme est manifestée par une série de « klip klip klip ».

Œdicnème criard

Burhinus oedicnemus

L'aire de répartition de l'Œdicnème criard comprend l'Europe occidentale et centrale, la moitié sud de l'Asie et l'Afrique du Nord. C'est un oiseau crépusculaire qui vit dans les paysages dégagés tels que les steppes, les terrains sablonneux ou rocheux, mais aussi les pâturages et les champs. Sédentaire dans le sud de l'Europe, il est migrateur sur tout le reste du continent. De juillet à octobre, les Œdicnèmes criards hivernent partiellement en Europe occidentale et méridionale, mais leurs principaux centres d'hivernage se trouvent en Afrique du Nord et plus au sud. Les couples, qui se forment sur les quartiers d'hiver, reviennent dans leur zone de reproduction fin mars et courant avril. À cette époque, les Œdicnèmes crient beaucoup, volettent, s'inclinent, soulèvent leurs ailes, surtout au crépuscule, la nuit et tôt le matin. La saison de nidification dure d'avril à juillet, les populations d'Europe occidentale nichant généralement deux fois par an.

Le nid est une simple cavité dans le sol, parfois garnie de matériaux ramassés dans les environs : restes végétaux secs, galets, mais aussi crottes de lièvre. Les deux parents couvent tour à tour pendant 25 à 27 jours les 2 œufs couleur sable, tachés de marron foncé (2). Dès qu'ils sont secs, les petits quittent le nid, mais les parents continuent de les nourrir pendant la première semaine de leur existence. Au bout de 6 semaines environ, seul le père s'en occupe et ils savent voler. Les Œdicnèmes criards se nourrissent surtout de mollusques terrestres, d'insectes, de vers, parfois de petits vertébrés.

L'Œdicnème criard (1) atteint la taille d'un Pigeon ramier. Il a un bec court et fort, de robustes pattes jaunes, une grande tête au front haut et des yeux couleur soufre. Son plumage fauve est parsemé de taches longitudinales brun foncé. En vol, on remarque deux bandes blanches sur le dessus de ses ailes. Sa voix plaintive rappelle celle du Courlis cendré (« kou-ri »), mais il lance aussi des « ki-rrr-iih » aigus et stridents.

2

1

Glaréole à collier

Glareola pratincola

La Glaréole à collier est une habitante des paysages dégagés de type steppique ou semi-désertique où la végétation est rare : terres en jachères, prairies maigres, vasières asséchées au bord des lacs, mais aussi zones d'inondation et delta des fleuves. L'aire de répartition de la Glaréole à collier s'étend sur l'Europe méridionale (pénétrant jusqu'en Hongrie), sur le sud-ouest de l'Asie et presque toute l'Afrique. La Glaréole à collier est partiellement migratrice, ses populations nordiques migrent en Afrique. Elle se montre rarement en Europe centrale et septentrionale.

Sociable, la Glaréole niche en petites colonies, parfois en compagnie d'autres limicoles. Son nid est une petite cavité très sommairement garnie, dans laquelle la femelle pond, en mai et en juin, 3 œufs gris-jaune constellés de points et taches brun foncé. Les deux parents les couvent pendant 17 ou 18 jours. Les petites Glaréoles ne s'attardent pas dans le nid et marchent très tôt dans les environs sous la surveillance de leurs parents. Elles savent voler au bout de 4 semaines. La Glaréole à collier a une alimentation exclusivement animale. Elle chasse surtout les insectes en vol, à la manière des Engoulevents ou en courant à terre.

La Glaréole à collier (1) est brun olive sur le dessus, roussâtre sur le dessous avec le ventre blanc. Sa gorge crème est bordée de noir. De la taille d'un Merle, elle ressemble à une Hirondelle, à cause de sa queue fourchue et de ses longues ailes pointues. En vol, on remarque son croupion blanc et parfois le dessous des ailes brun-roux. Ses cris sont des « kyik » sonores qui rappellent ceux des Sternes. Les Glaréoles émettent des cris de « contact » aigus : « kitti-kirrik-kitik-tik ».

Petit gravelot

Charadrius dubius

1

Le Petit gravelot est répandu partout en Europe, à l'exception de sa partie septentrionale, et en Afrique du Nord. Il vit sur les berges sablonneuses et caillouteuses des rivières, des étangs, des lacs, sur le fond boueux des étangs asséchés, dans les sablières et les gravières, près des réservoirs des stations d'épuration des eaux entourés de flaques ainsi que sur les côtes. Dès qu'il revient dans son territoire, en avril ou en mai, le mâle exécute des vols nuptiaux spectaculaires pendant lesquels il bat lentement des ailes, se tourne de gauche à droite et lance des trilles. Il continue à courtiser la femelle à terre.

Le mâle creuse plusieurs cavités dans des endroits différents et la femelle choisit celle qui lui convient le mieux. Elle l'entoure de galets, d'éclats de coquillages ou de brins d'herbe, puis elle y pond 4 œufs jaune sable, constellés de taches brun-noir (2). Les deux adultes se relaient au cours de la couvaison (qui dure de 22 à 26 jours) à des intervalles variant entre quelques minutes et plusieurs heures. Lorsque les petits éclosent, ils s'en occupent pendant 3 semaines. Le Petit gravelot mange différents insectes, araignées, petits crustacés et vers, et chasse parfois en tapant des pieds sur le sable ou sur la vase molle pour déranger les proies qui s'y dissimulent. Certains couples, en particulier ceux qui vivent dans le sud de l'aire de répartition de l'espèce, ont le temps d'élever une seconde nichée. En août et septembre, les familles quittent la zone de reproduction pour s'envoler vers la Méditerranée et surtout l'Afrique centrale et occidentale.

2

On reconnaît le Petit gravelot (1), qui a la taille d'un Moineau, à son court bec noir et à une étroite bande blanche au-dessus de la bande frontale noire. En vol, il n'a pas de barre alaire blanche. Il court à une vitesse stupéfiante : ses petites pattes s'agitent si vite qu'elles deviennent invisibles et l'oiseau semble glisser comme un jouet d'enfant. Il lance des « tiou-tiou » mélodieux. En vol, il fait aussi entendre des « grigrigri » enroués.

Grand gravelot

Charadrius hiaticula

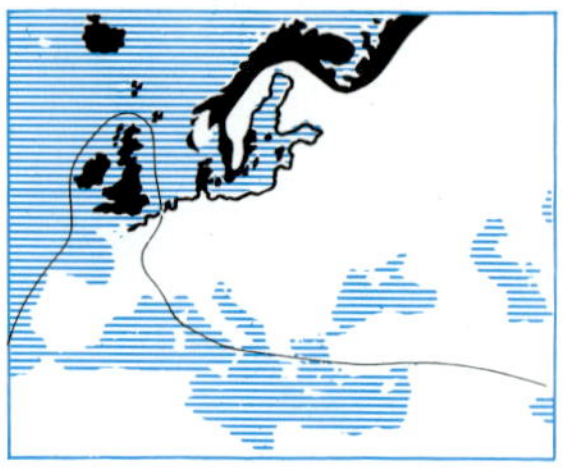

Le Grand gravelot vit sur le littoral de l'Europe occidentale, septentrionale et de l'Asie du Nord. C'est un habitant caractéristique des côtes, bien qu'on le rencontre aussi dans la toundra où il recherche les rives sablonneuses des fleuves et des lacs. Ses populations d'Europe occidentale sont pour la plupart sédentaires, celles des autres régions migrent pour l'hiver. Elles hivernent en Grande-Bretagne, en France, sur les côtes méditerranéennes ou en Afrique. Au cours de ses migrations d'automne et de printemps, on peut observer cet oiseau au bord de l'eau, à l'intérieur du continent européen. Le Grand gravelot regagne ses lieux de nidification en avril ou en mai. Sa parade nuptiale rappelle celle du Petit gravelot. Il reste fidèle à l'emplacement de son nid et chaque année, essaie de reconquérir son ancien territoire.

Le nid est une simple cavité creusée par des mouvements circulaires du corps, ou une dépression naturelle entre les pierres garnie de quelques éclats de coquillages ou de petits galets. En avril ou en mai, la femelle pond 4 œufs jaunâtres tachés de brun-noir (2). Les deux adultes couvent à tour de rôle pendant 22 à 27 jours. Ils accompagnent leurs petits pendant 3 semaines. Comme chez le Petit gravelot, les pertes pendant la nidification sont très élevées. En juin ou en juillet, les couples nichent une seconde fois, parfois même une troisième fois. En août ou en septembre, les Grands gravelots s'envolent vers leurs quartiers d'hiver. Leur nourriture est la même que celle du Petit gravelot. Toutefois, on n'a pas observé chez eux le comportement de piétinement sur le sable pour en déloger les invertébrés.

Le Grand gravelot (1) n'a pas de bande blanche au-dessus du front noir ; on remarque juste une petite tache blanche derrière les yeux. Sa bande pectorale noire est plus large. Son bec jaune se termine par une pointe noire. Le dessus des ailes porte une bande blanche visible en vol. Il mesure 19 cm de long et 50 cm d'envergure. Il lance des « poui » flûtés.

1

2

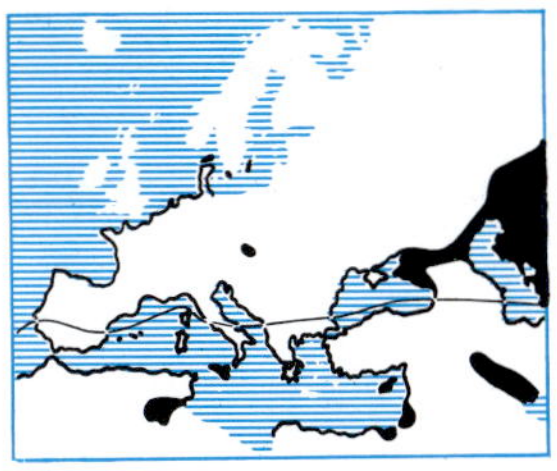

Gravelot à collier interrompu

Charadrius alexandrinus

Bien que son aire de répartition soit très morcelée, le Gravelot à collier interrompu est une espèce cosmopolite qui niche en Europe, en Asie, en Afrique du Nord, en Amérique du Nord et du Sud. Il vit au bord des eaux salées, aussi bien sur la côte que loin à l'intérieur des terres. Ses populations sont le plus souvent migratrices, s'envolant entre août et septembre pour leurs quartiers d'hivernage situés sur les côtes du sud-ouest de l'Europe, en Afrique du Nord ou en Afrique occidentale. Les Gravelots à collier interrompu réapparaissent dans leur aire de reproduction en mars ou en avril. Leur parade nuptiale est la même que celle des deux espèces précédentes. Les oiseaux du sud de l'Europe pondent dès avril, ceux du nord, en mai ou en juin.

Dans une cavité sommairement garnie de cailloux, de coquillages brisés et de matières végétales sèches, la femelle pond le plus souvent 3 œufs couleur sable, parsemés de nombreuses taches noires (2). Les deux parents se relaient pour la couvaison qui dure de 24 à 26 jours. Tous deux surveillent également les petits. En cas de danger, ils feignent d'être blessés à l'aile pour éloigner l'agresseur.

3 4 5

Les soins parentaux durent 4 semaines environ. Le menu comprend surtout des insectes, des vers, des mollusques et de petits crabes.

De la taille d'un Moineau, le Gravelot à collier interrompu a toujours le bec noir et les pattes gris-noir (gris foncé chez les immatures). Son collier noir est interrompu sur la poitrine, blanche ainsi que tout le dessous du corps. Le dessin noir de la tête, moins net, se limite à une bande noire sur le front et à une autre qui part des commissures du bec et qui barre l'œil. Le sommet de la tête du mâle est brun-roux, celui de la femelle est gris-brun (1). Les différences de coloration de la tête entre le Petit gravelot (3), le Grand gravelot (4) et le Gravelot à collier interrompu (5) sont évidentes. Les cris de ce Gravelot sont des « tiip » ou des « ouist ».

1

2

Pluvier guignard

Charadrius morinellus (Eudromias morinellus)

Le Pluvier guignard a une répartition très curieuse : il niche tout aussi bien dans la toundra rocailleuse de l'Europe et de l'Asie septentrionales que, sporadiquement, sur les prés secs et pierreux de haute montagne, à l'intérieur des mêmes continents. Entre 1961 et 1969, il a exceptionnellement niché sur des polders semi-arides aux Pays-Bas. Le Pluvier guignard est un migrateur qui hiverne en Afrique du Nord et au Moyen-Orient, de l'Iran au Maroc. Les oiseaux réapparaissent généralement sur leurs lieux de reproduction entre avril et mai, alors que la terre est encore recouverte de neige. Les couples se forment probablement sur le territoire au cours des poursuites incessantes pendant lesquelles les Pluviers ébouriffent leurs plumes, crient et préparent des nids.

En mai, en juin ou en juillet, la femelle pond, dans une petite dépression dans le sol généralement très peu garnie de mousse et de lichen, 3 œufs brun olive constellés de taches brun-noir. Aussitôt après, elle quitte le nid. Le mâle, attentif et courageux, couve avec une telle constance qu'on peut le caresser sur le nid (on a même réussi à lui faire couver les œufs tenus dans la main !) La couvaison dure de 21 à 25 jours. Après l'éclosion, le mâle feint d'être blessé si un homme approche. Les petits savent voler au bout de 1 mois. La migration commence dès août, culmine en septembre et se prolonge jusqu'à novembre. Le Pluvier guignard se nourrit surtout d'insectes, d'araignées, de vers, de mollusques, de graines, de fruits et des parties vertes de plantes.

Le Pluvier guignard a la taille de la Grive mauvis. En livrée nuptiale (1), le mâle comme la femelle ont la poitrine rousse, le ventre noir et le sommet de la tête brun-noir, mais de larges sourcils blancs. La gorge et la bande qui barre transversalement leur poitrine sont également blanches. Leurs cris sont des trilles répétés, « titi-tiirr ».

1

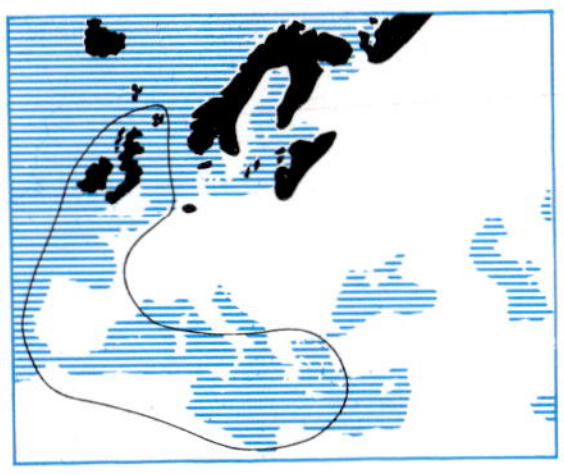

Pluvier doré

Pluvialis apricaria

Le Pluvier doré a une répartition restreinte, limitée au nord de l'Europe (R.F.A., Pays-Bas, Scandinavie, îles Britanniques, Islande, pays Baltes, U.R.S.S.), au Groenland et à une partie du nord-ouest de la Sibérie. Il fréquente les tourbières vastes des collines et de la toundra marécageuse. Hormis la population britannique qui est sédentaire, tous les Pluviers dorés sont migrateurs. Les oiseaux d'Europe du Nord et de Sibérie migrent, en août et en septembre, dans une région qui s'étend des îles Britanniques et des Pays-Bas jusqu'à la péninsule Ibérique, mais beaucoup hivernent plus loin encore, au bord de la Méditerranée et en Afrique du Nord. Après leur retour, en mars ou en avril, les petites bandes de Pluviers dorés se défont pour former des couples qui s'efforcent d'occuper rapidement un territoire. À cette saison, ils effectuent des vols nuptiaux spectaculaires accompagnés de cris mélodieux.

Le nid est une cavité dans la mousse, sommairement garnie de feuilles ou d'herbe. La femelle pond en avril ou en mai 4 œufs fauves ou crème tachés de brun foncé qu'elle couve pendant 27 jours, remplacée de temps à autre par son partenaire. Les deux parents surveillent avec vigilance la ponte, puis les petits. Nidifuges, ces derniers quittent le nid quelques heures après l'éclosion pour suivre leurs parents pendant 4 semaines environ. Le principal composant du régime alimentaire du Pluvier doré est d'origine animale (insectes, mollusques, araignées, vers) ; à l'occasion, l'oiseau se nourrit aussi de graines, de fruits et de fragments végétaux verts.

Le Pluvier doré a presque la taille d'un Vanneau huppé. Il a une tête assez grande, au front haut, et de courtes pattes. Quelle que soit sa livrée, il a toujours le dessus noir tacheté d'or. En livrée nuptiale (1), il est entièrement noir sur le dessous, du menton jusqu'aux tarses ; le plumage d'éclipse et celui des immatures est toujours blanchâtre sur le ventre. Son cri est un « tlu » flûté.

1

Pluvier argenté

Pluvialis squatarola

Le Pluvier argenté est un habitant caractéristique de la toundra nordique. Il vit sur une étroite bande du littoral depuis la presqu'île de Kanin jusqu'au détroit de Béring, puis dans l'extrême nord de l'Amérique du Nord. C'est un oiseau migrateur. Ses populations du nord de l'Europe migrent entre septembre et novembre vers les quartiers d'hiver situés sur le littoral de l'Atlantique Nord ou de la mer du Nord, certains oiseaux continuant leur voyage beaucoup plus loin vers le sud, jusqu'en Afrique. Les Pluviers argentés reviennent sur leur territoire en avril ou en mai, s'installant de préférence dans les endroits surélevés et peu marécageux de la toundra.

La femelle creuse dans le sol une faible cavité qu'elle garnit de brins d'herbe secs et de lichens. En juin ou en juillet, elle pond 4 œufs fauve clair, tachés de brun foncé ou de noir. Assistée par le mâle, elle couve pendant 27 jours. Après l'éclosion des œufs, les deux adultes prennent soin des petits qui, remuants et éveillés, quittent le nid dès qu'ils sont secs. Les jeunes Pluviers argentés savent voler au bout de 30 à 33 jours. Le régime alimentaire de l'espèce se compose de crustacés, de mollusques, de vers et d'insectes.

Le Pluvier argenté rappelle le Pluvier doré par sa taille comme par son aspect. En livrée nuptiale, le mâle (1) a tout le dessous noir (sauf le ventre), bordé sur les côtés du cou et de la poitrine par une bande claire. Son manteau blanchâtre est marbré de brun-noir. La femelle est brun-noir sur le dessous. En livrée d'éclipse (2), le mâle a le dessus gris-brun finement strié et le dessous presque blanc. On le reconnaît mieux en vol car on voit bien, à cette occasion, la bande blanchâtre longitudinale barrant le dessus des ailes, la base blanche de la queue et une tache noire aux aisselles qui le différencie de tous les autres limicoles. Sa voix flûtée se compose de trois syllabes, « tli-ou-ih ».

2♂

1

Vanneau éperonné

Hoplopterus spinosus (Vanellus spinosus)

1

En Europe, le Vanneau éperonné vit dans le sud des Balkans ; il niche par ailleurs en Asie Mineure, au Proche-Orient et en Afrique, au sud du Sahara. Il est particulièrement commun dans la partie africaine de son aire de répartition. Il est sédentaire et seule la population du sud des Balkans se déplace, pour l'hiver, vers les régions situées plus au sud dans les limites de l'aire de répartition. Elle s'envole entre fin août et octobre, ne revenant sur les lieux de nidification européens qu'en mars-avril. Son biotope de nidification correspond aux paysages dégagés : marécages, berges et îlots des fleuves et des lacs.

Le nid est une faible dépression dans le sol, nue ou tapissée de végétaux secs. En avril ou en mai, la femelle pond 2 ou 4 œufs brun-jaune, grisâtres ou verdâtres, parsemés de taches brunes ou brun-noir. On ne connaît pas encore tous les détails de la vie de famille du Vanneau éperonné. Le plus souvent insectivore, il complète son alimentation par d'autres arthropodes.

Le Vanneau éperonné (1) est à peine plus petit que le Vanneau huppé. Son dos et le dessus de ses ailes sont brun-gris, le reste du plumage étant contrasté, noir et blanc : le sommet de la tête coiffé d'une discrète huppe occipitale, le menton, la gorge, les flancs, la poitrine et une partie du ventre sont noirs, le reste du corps est blanc. À l'angle des ailes, on remarque un petit éperon corné. Bien qu'il rappelle par son aspect et par ses mœurs le Vanneau huppé, il s'en distingue très nettement par son cri bisyllabique, « siksak sak sak ». Extrêment farouche, il alerte par ses cris tous les autres oiseaux lorsqu'un danger se présente. Il n'hésite pas à attaquer les Rapaces et les Corneilles qui survolent son nid ainsi que les mammifères.

Vanneau huppé

Vanellus vanellus

1

Le Vanneau huppé vit partout en Europe, à l'exception de la majeure partie de la péninsule ibérique, de l'Italie, de la Grèce et des régions les plus septentrionales. En Asie, il pénètre jusqu'à la mer du Japon. Les populations du sud et de l'ouest de l'Europe sont sédentaires, les autres migrent entre août et octobre sur le littoral atlantique et dans la région méditerranéenne. Leur retour s'effectue très tôt, en février et en mars, si bien que les Vanneaux huppés sont, avec les Alouettes des champs, parmi les premiers messagers du printemps. Ils nichent aussitôt revenus sur leur territoire. Ils recherchent à cet effet les prés et pâturages humides, les marais, le fond des étangs asséchés mais aussi les champs à proximité de l'eau et exécutent des vols nuptiaux acrobatiques (3). Le mâle bat rapidement des ailes, montant et descendant brusquement, le tout à une dizaine de mètres de hauteur. Ces vols sont accompagnés de bruits d'ailes et de cris caractéristiques, « tchioui, pioui ».

Le mâle creuse plusieurs nids dans le sol, la femelle choisissant celui qui lui convient le mieux. Elle le garnit de brins d'herbe secs et de feuilles avant de pondre ses 4 œufs brun-jaune parsemés d'une multitude de taches brun-noir (2). Pendant la couvaison, qui dure de 24 à 28 jours, les deux adultes se relaient sur les œufs. Tous deux s'occupent aussi avec un grand dévouement des petits. À cette époque, ils deviennent très belliqueux, fondant en piqué et en criant sur tout intrus, pourchassant avec témérité les Rapaces qui survolent leur nid ou feignant d'être blessés. Lorsque les jeunes Vanneaux huppés savent voler au bout de 5 ou 6 semaines, ils se regroupent en bandes qui errent dans la région. Le régime alimentaire de ce Vanneau comprend des insectes, des araignées, des vers et des mollusques.

Le trait caractéristique d'un Vanneau huppé (1) est sa huppe occipitale qui atteint chez le mâle de 8 à 10 cm de long, chez la femelle de 5 à 7 cm. Le dos et les ailes sont verts et noirs avec des reflets métalliques. Longueur : 30 cm, envergure : 85 cm.

2

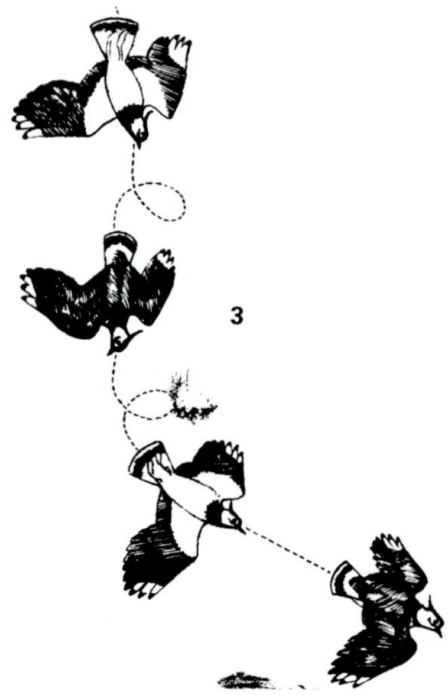

3

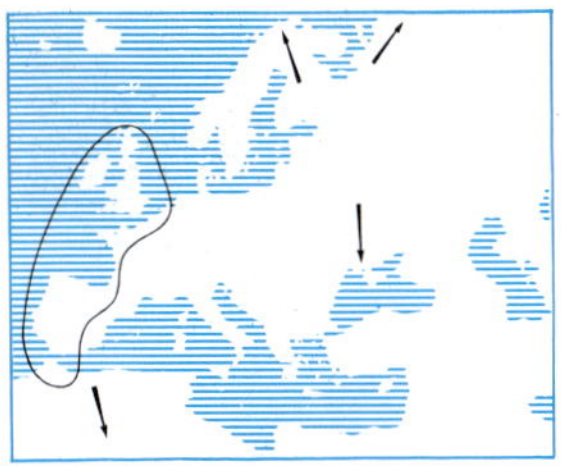

Bécasseau maubèche

Calidris canutus

1

Le Bécasseau maubèche niche dans les régions du Grand Nord situées au-delà du cercle polaire, depuis le Groenland et le Spitzberg jusqu'aux îles arctiques du Canada. Entre août et octobre, il quitte ces contrées désertes et glaciales pour migrer au bord de la mer du Nord, dans la partie occidentale de la Méditerranée et sur les côtes occidentales de l'Atlantique en Afrique. Les axes migratoires longent les côtes, les Bécasseaux survolant rarement les continents. Lors de leurs migrations, ils s'aventurent jusqu'en Amérique du Sud, en Indonésie et en Australie. Le Bécasseau maubèche niche dans la toundra arctique, recouverte d'un maigre tapis herbeux. Il y revient en mai, les couples étant déjà formés. En exécutant son vol nuptial, le mâle monte à la verticale tout en lançant un cri particulier, puis il redescend, les ailes déployées, en un vol glissé. On peut entendre son chant nuptial jour et nuit.

Le nid des Bécasseaux maubèches est une cavité dans le sol abondamment garnie d'herbe et de lichens. En juin ou en juillet, la femelle pond généralement 4 œufs gris-vert, parsemés de petites taches brunes. Le mâle assure une grande partie de l'incubation qui dure 21 ou 22 jours. Après la saison de nidification, les oiseaux se regroupent en bandes pour s'envoler vers leurs quartiers d'hiver ; les adultes ne passent donc que 2 mois sur leur territoire de nidification. Le Bécasseau maubèche se nourrit essentiellement d'insectes, de vers, de mollusques et de crustacés, souvent aussi de bourgeons, de graines, de varech et de plantes de la toundra.

2

Le Bécasseau maubèche a la taille d'une Grive, mais il est plus massif. En livrée nuptiale (2), il est brun-roux sur le dessous et brun parsemé de taches foncées sur le dessus. En plumage d'éclipse (1), il a le manteau brun-gris avec des liserés couleur crème et le dessous gris-blanc.

Ses cris sont des « touit-ouit » flûtés.

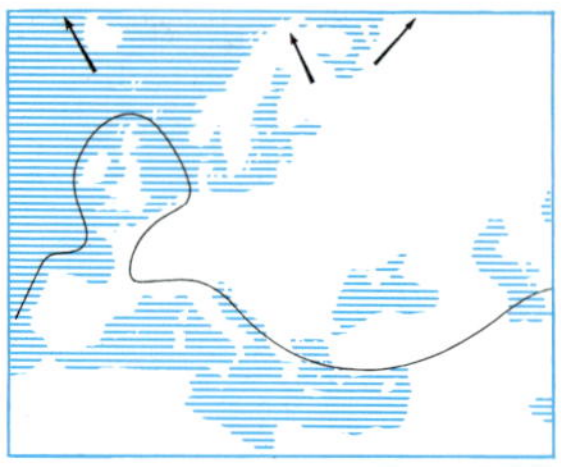

Bécasseau sanderling

Calidris alba

Le Bécasseau sanderling vit au nord du cercle polaire dans la zone des toundras, de la côte nord-est du Groenland et du Spitzberg jusqu'aux îles arctiques du nord du Canada. En dehors de la saison de nidification, on peut le rencontrer sur le littoral de tous les continents et des grandes îles, y compris l'Australie, la Nouvelle-Zélande et l'Amérique du Sud. En Europe, en période de migration, il est abondant sur les côtes basses mais reste rare dans l'arrière-pays. Entre mars et avril, les Bécasseaux sanderlings regagnent la toundra pour nicher dans les endroits couverts de végétation clairsemée ou de sable grossier. Au cours de la parade nuptiale, le mâle survole les parcelles de terre sur lesquelles la neige a déjà fondu, en s'arrêtant pour faire du vol sur place à une hauteur de 2 ou 3 mètres et en lançant un cri particulier.

Le nid du Bécasseau sanderling est une simple cavité dans le sol garnie avec parcimonie de quelques brins d'herbe, de lichens, de feuilles ou de chatons de saules. La femelle ne pond qu'en juin ou en juillet 4 œufs vert olive, parsemés de quelques taches brunes. Mâle et femelle couvent pendant 23 ou 24 jours et tous deux participent à la surveillance des petits. Dès le mois d'août, les Bécasseaux sanderlings migrent vers le littoral de l'Europe occidentale ou de l'Afrique. Ils se nourrissent de petits mollusques, de crustacés, d'insectes, ainsi que de bourgeons, de fragments d'algues ou de mousse.

Le Bécasseau sanderling est un peu plus gros que le Cochevis huppé (Alouette). Ses courtes pattes et son bec sont noirs. Revêtu de sa livrée nuptiale (2), il a le dessus et la poitrine brun-roux avec des taches noires et le ventre blanc. En livrée d'hiver (1), on le repère de loin parmi les autres limicoles à cause de sa coloration très claire : il est gris pâle sur le dessus avec une tache noire sur l'épaule, et blanc sur le dessous. En vol, on remarque une barre alaire blanche longitudinale. Lorsqu'il est dérangé, il lance des « tvic » brefs.

1

2

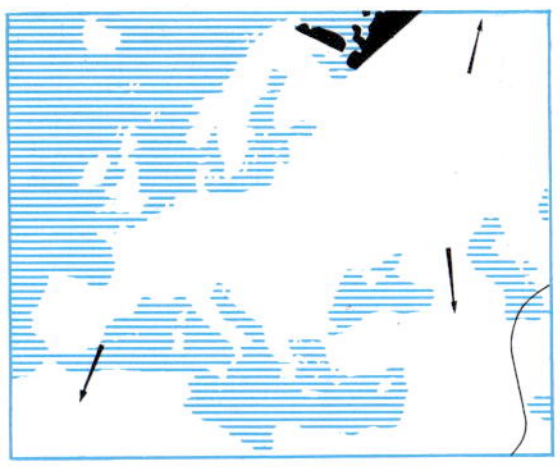

Bécasseau minute

Calidris minuta

Le Bécasseau minute est une espèce arctique qui niche dans la toundra européenne et asiatique. À l'ouest, il ne niche pas au-delà du nord de la Norvège et de la Finlande. Migrateur, il survole toute l'Europe entre juillet et octobre, le plus souvent individuellement ou par petites bandes, pour se rendre dans ses lieux d'hivernage africains au sud du Sahara. Il lui arrive aussi d'hiverner en petit nombre dans la région méditerranéenne. Entre avril et juin, les Bécasseaux minutes réapparaissent dans les paysages hostiles du nord, la saison de nidification n'ayant lieu qu'en juin ou en juillet. Pour nicher, ils recherchent les terrains marécageux de la toundra du littoral, du bord des lacs ou des fleuves. La parade nuptiale se déroule dès le retour des oiseaux. Le mâle et la femelle volettent lentement et de façon hésitante tout en émettant des sons assez faibles.

1

La femelle pond dans une petite cavité garnie avec parcimonie de quelques brins d'herbe, de mousse ou de feuilles de saule, 4 œufs brun-jaune ou brun olive abondamment tachés de marron. L'incubation dure 20 ou 21 jours, mais on ignore à quel âge les jeunes s'envolent. Les deux adultes couvent quelquefois chacun une ponte, mais les mâles peuvent tout aussi bien former des bandes sans se préoccuper du sort de leur famille. Le Bécasseau minute se nourrit de petits mollusques, crustacés et insectes, parfois aussi de graines des plantes du littoral.

Le Bécasseau minute (1), de la taille d'un Moineau, est le plus petit de tous les Bécasseaux. Ses pattes courtes et son bec sont noirs ; en livrée nuptiale, son manteau roux est rehaussé de marques noires et le dessous est blanc. Ses sourcils et les bandes dorsales qui forment un V chez les immatures sont également blanchâtres. En vol, on aperçoit une bande alaire longitudinale claire et le croupion foncé, bordé de blanc. En livrée d'éclipse, les tons brun-gris prédominent. En vol, il lance des « tirri-tit-tit ».

Bécasseau de Temminck

Calidris temminckii

L'aire de répartition du Bécasseau de Temminck descend un peu plus au sud que celle du Bécasseau minute. En Europe, il vit dans la partie septentrionale et centrale de la Norvège, en Suède, en Finlande et dans le nord de la partie européenne de l'U.R.S.S. Sporadiquement, il lui arrive aussi de nicher dans le nord de la Grande-Bretagne. Il recherche les terrains marécageux de la toundra herbeuse, buissonneuse ou arbustive, et on le voit souvent au bord des rivières et des ruisseaux. Migrateur, il revient en avril ou en mai de ses quartiers d'hiver qui s'étendent du sud de la Méditerranée jusqu'en Afrique équatoriale. Il commence aussitôt sa parade nuptiale, bondissant en l'air, en battant des ailes et en lançant des trilles, « tirrr ». Les couples nichent isolément.

Le nid est une petite cavité dissimulée dans la végétation basse. En mai ou en juin, la femelle pond 4 œufs gris-jaune tachés de brun-noir, souvent dans deux nids différents, à 2 ou 4 jours d'intervalle. Dans ce cas, le mâle couve la première ponte, la femelle la seconde, mais il arrive parfois que la femelle trouve un deuxième mâle pour couver une troisième ponte. Les œufs éclosent au bout de 21 ou 22 jours. L'un des adultes ou les deux parents prennent soin des petits qui sont déjà capables de voler au bout de 15 à 18 jours. Entre juillet et septembre, les Bécasseaux de Temminck s'envolent vers leurs lieux d'hivernage. Ils se nourrissent de petits mollusques, de crustacés, de vers et d'insectes.

1

Le Bécasseau de Temminck atteint la taille d'un Moineau. Il a les pattes et le bec courts. On le distingue du Bécasseau minute (qui a presque la même taille) à la coloration uniforme gris-brun du dessus et à la teinte grise de la poitrine et du cou, mieux délimitée (1). En vol, il n'y a pas de dessin en V sur le dos. En revanche, les côtés du croupion et de la queue sont blancs.

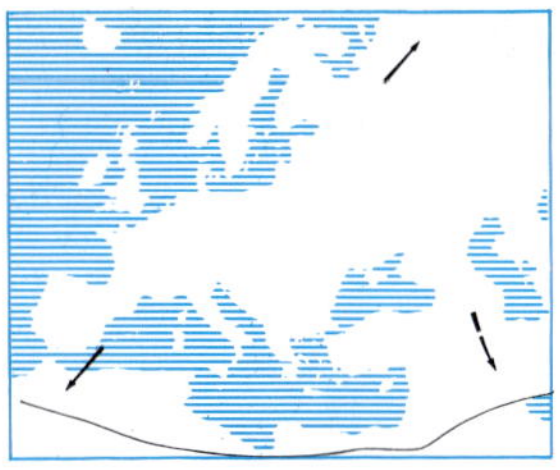

Bécasseau cocorli

Calidris ferruginea

Le Bécasseau cocorli vit dans la toundra asiatique au-delà du cercle polaire et à l'ouest jusqu'à l'embouchure de l'Ob. Pour se rendre dans ses lieux d'hivernage, il survole l'intérieur de l'Europe et de l'Asie. Les oiseaux adultes partent fin juillet et franchissent sans escale des distances prodigieuses. Les jeunes les suivent un mois plus tard, sans se presser autant. On connaît des escales assez importantes de Bécasseaux cocorlis sur la côte méditerranéenne, dans le Midi ou en Espagne, mais les oiseaux hivernent en Afrique, jusque dans son extrême sud. En Europe, les Bécasseaux apparaissent régulièrement mais en petit nombre en avril ou en mai, lors de leur migration de printemps, puis en nombre plus important de juillet à septembre (au cours du voyage de retour), généralement sur les côtes basses ou sur la vase des lagunes. Dans la toundra arctique, le Bécasseau cocorli niche dans l'herbe, sur la mousse ou sous les arbustes rabougris, près des marais et des lacs. À cette saison, le mâle suit la femelle en volant d'une façon particulière et en lançant des trilles.

Le nid est une cavité dans le sol garnie de brins d'herbe, de lichens et de feuilles de saule. En juin ou en juillet, la femelle commence à couver ses 4 œufs vert olive dont les taches noires et brunes sont concentrées sur l'extrémité la plus large. La participation du mâle à la couvaison est variable. On ignore la durée de l'incubation. Les parents abandonnent les petits avant que ceux-ci ne sachent bien voler. Ce Bécasseau se nourrit d'invertébrés qu'il ramasse au bord de l'eau ou dans la vase.

1

2

Le Bécasseau cocorli a la taille d'un Étourneau. On le reconnaît à son bec légèrement incurvé vers le bas et, en livrée nuptiale (2), à son ventre brun-roux. En plumage hivernal (1), il est brun-gris sur le dessus avec de fines rayures brun-noir, et blanchâtre sur le dessous. Son cri est un « diirrip » clair.

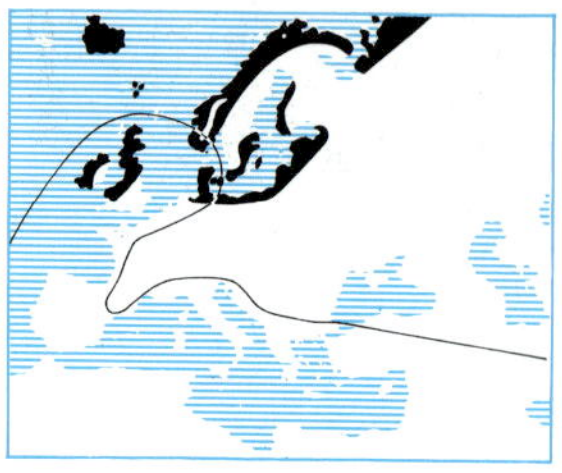

Bécasseau variable

Calidris alpina

Le Bécasseau variable vit sur une large bande côtière dans le nord de l'Europe, de l'Asie et de l'Amérique du Nord. Il niche surtout dans la toundra du littoral, mais aussi dans celle de l'arrière-pays. Sur les îles Britanniques et dans d'autres régions européennes, il recherche les prés humides ; en Scandinavie, il monte jusqu'à l'étage alpin. Les populations britanniques sont sédentaires, les autres migrent entre fin juillet et octobre dans la région méditerranéenne ou en Afrique, jusqu'à l'équateur. Au cours de la migration, les oiseaux forment des bandes immenses pouvant compter plusieurs milliers d'individus. Les Bécasseaux variables reviennent sur leur territoire entre fin mars et mai. Dès leur retour, les mâles se mettent à survoler le territoire de leur choix ou bien se perchent sur une hauteur en lançant des trilles. De temps à autre, ils s'envolent brusquement à la verticale, puis redescendent.

Le mâle prépare plusieurs cavités à l'intention de la femelle qui en garnit une d'herbe, de mousse et de feuilles. Dans le sud, la nidification commence fin avril, au nord, en mai ou à la mi-juin. La ponte complète compte 4 œufs jaunâtres, brunâtres ou verdâtres, recouverts de taches marron (2). Les deux adultes couvent et les œufs éclosent au bout de 20 à 23 jours. Les deux parents s'occupent également des petits. On a observé plus d'une fois chez le Bécasseau variable des cas d'adoption de petits, non seulement par des adultes qui avaient déjà leur propre famille, mais aussi par des oiseaux sans progéniture. Les femelles quittent souvent prématurément leurs petits pour s'envoler vers le sud. Le régime alimentaire des Bécasseaux variables comprend surtout des insectes, des vers, de petits mollusques et crustacés, parfois aussi des végétaux et leurs graines.

2

De la taille d'un Étourneau, le Bécasseau variable est pourvu d'un bec légèrement incurvé vers le bas et nettement plus long que la tête. En livrée nuptiale (1), son dos roux porte des taches noires. Le dessous clair est marqué d'une grande tache noire bien visible. La livrée hivernale est grisbrun. En vol, il lance des « trii » doux, au cours de la parade nuptiale, des « tritritri » en roulade.

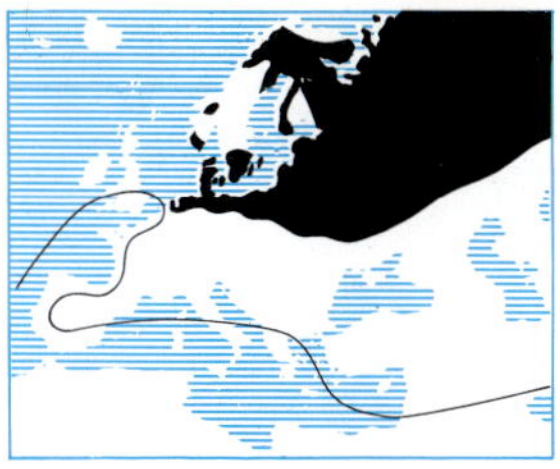

Chevalier combattant

Philomachus pugnax

1

L'aire de répartition du Chevalier combattant coïncide avec la zone des toundras de toute l'Eurasie. En Europe cependant, sa limite méridionale descend jusqu'en France, aux Pays-Bas, en Belgique, en Allemagne et en Pologne. Au printemps, les mâles se rassemblent au milieu des prés et des marais pour y exécuter leur parade nuptiale collective et se livrer à des « duels » particuliers. Chaque mâle possède dans l'arène sa parcelle de terrain attitrée qu'on reconnaît à la végétation piétinée et où il parade devant les femelles : il ébouriffe sa collerette et sa huppe, secoue la tête, déplie les rémiges et la queue, s'envole pour se reposer aussitôt et menace ses rivaux avec le bec et les pattes. Les femelles, nettement minoritaires, circulent parmi les mâles pour choisir celui qui a fait le mieux valoir la beauté de ses plumes et la richesse de ses couleurs. Ce type de parade n'aboutit pas à la formation de véritables couples : certains mâles arrivent à s'entourer de plusieurs femelles, d'autres n'en ont aucune.

3

2

Fin mai ou début juin, la femelle creuse dans un endroit propice, herbeux et humide, une cavité qu'elle tapisse de tiges et de feuilles. Elle pond 4 œufs jaunâtres, brunâtres ou verdâtres, tachés de marron (2), qu'elle couve seule pendant 21 à 23 jours ; elle s'occupe également seule des petits. La migration d'automne se déroule d'août à octobre.

Revêtu de sa livrée nuptiale, le mâle possède une collerette érectile et deux petites oreillettes sur les côtés de la tête. Ces parures ont une coloration si variable (3) qu'on ne rencontre pas deux individus de couleur identique. La coloration du bec et des pattes est tout aussi changeante. La livrée de la femelle (1) et le plumage hivernal des individus des deux sexes est brun-gris sur le dessus avec des taches brun foncé, et blanchâtre sur le dessous. Les mâles ont la taille d'une Grive draine, les femelles celle d'un Étourneau.

Bécassine sourde

Lymnocryptes minimus

La Bécassine sourde vit dans la zone des toundras arbustives, mais aussi dans la taïga de l'Eurasie. À l'ouest, la limite de son aire de répartition traverse le nord de la Scandinavie et les pays Baltes. Autrefois, elle nichait aussi dans les régions correspondant à l'Allemagne et à la Pologne. Migratrice, elle quitte en septembre et en octobre ses lieux de ponte nordiques pour se rendre dans ses quartiers d'hiver qui englobent les îles Britanniques, l'Europe occidentale, la région méditerranéenne, le nord et l'est de l'Afrique. Cependant, on observe des individus qui hivernent en Europe centrale.

Le biotope de nidification de la Bécassine sourde correspond aux marais et aux tourbières dans lesquels elle réapparaît en mars et en avril. Elle niche en juin ou en juillet dans les endroits très humides, souvent sur les végétaux couchés entourés d'eau ou parmi les buissons de saules et de bouleaux nains. La femelle pond 4 œufs vert olive tachés de brun dans une petite cavité sommairement garnie d'herbe et de feuilles. Elle les couve seule pendant 24 jours environ. On dispose de peu de renseignements sur les autres aspects de la vie familiale de cet oiseau. Il prend une alimentation essentiellement animale, composée de vers, de petits mollusques terrestres ou aquatiques et d'insectes, qu'il complète avec de petites graines et des fragments d'algues.

La Bécassine sourde (1) ressemble à la Bécassine des marais, mais elle est beaucoup plus petite et a le bec plus court. Elle porte une bande brune au sommet de la tête (celle des autres Bécassines est beige) et deux bandes jaunâtres longitudinales sur le dos marron. La Bécassine sourde n'aime pas s'envoler mais préfère se blottir contre le sol. Si elle est privée de cette possibilité, elle s'envole tout droit, assez lentement et en silence, se reposant à la première occasion. En vol, on remarque sa queue pointue sans bordures blanches. À la saison des amours, elle émet des cris cadencés, « tloc tocli tloc tocli », qui font penser à un cheval trottant au loin.

Bécassine des marais

Gallinago gallinago

L'aire de répartition de cette espèce couvre la majeure partie de l'Eurasie (à l'exception de ses régions méridionales) et le nord de l'Amérique du Nord. La migration d'automne a lieu entre août et octobre, les Bécassines retournant sur leur aire de nidification entre mars et avril. Les populations européennes hivernent en Europe occidentale, dans la région méditerranéenne et en Afrique du Nord. En vol nuptial, le mâle de la Bécassine des marais (3) décrit de larges cercles et des spirales au-dessus de son nid. Il plonge de temps à autre pour remonter en une courbe ample, émettant alors un curieux bruit ; ce « bêlement » est provoqué par les vibrations des rectrices externes de sa queue qu'il tient déployée lorsqu'il descend en piqué. Au printemps, ce bruit résonne surtout au crépuscule au-dessus des marais, des tourbières et des prés humides. Pendant la parade, les femelles sont posées à terre et observent le vol des mâles.

Le nid n'est qu'une cavité dans le tapis herbeux ou dans une touffe de laîche, garnie de végétaux secs ramassés dans les environs. Entre mars et fin juillet, la femelle pond 4 œufs gris-vert ou jaune-brun tachés de marron foncé (2) qu'elle couve pendant 19 à 21 jours. Dès qu'ils sont secs, les petits se dispersent dans la végétation environnante. Le mâle prend en charge une partie des jeunes, la femelle le reste. Les petites Bécassines des marais savent voler au bout de 3 semaines et s'émancipent à l'âge de 5 semaines. Les principaux composants du régime alimentaire de la Bécassine des marais sont des vers (surtout des sangsues), des insectes, de petits mollusques et des crustacés.

La Bécassine des marais (1) a la taille d'un Merle. Son bec est très long, mais son cou et ses pattes sont assez courts. Les individus des deux sexes ont le dos brun avec 4 rayures jaunâtres longitudinales. Lorsqu'elle est dérangée, la Bécassine des marais s'envole comme une flèche, puis zigzague en lançant des « retch retch » perçants. Au printemps, elle fait souvent entendre au sol des « tyqué tyqué tyqué » répétés.

3

2

1

Bécasse des bois

Scolopax rusticola

La Bécasse des bois vit en Europe (plus sporadiquement sur les péninsules méditerranéennes) et sur une large bande traversant le centre de l'Asie jusqu'au Japon. C'est le seul limicole européen tributaire du milieu forestier, surtout des forêts de feuillus ou mixtes. Migratrice, la Bécasse des bois hiverne dans la région méditerranéenne et en très grand nombre en France. Sa migration de printemps a lieu en mars ou en avril, celle d'automne en septembre ou en octobre.

Au printemps, après le coucher du soleil, les mâles de la Bécasse des bois survolent la forêt en volant au ras des arbres ; ils passent au-dessus des clairières, des chemins et des ruisseaux. À cette occasion, ils font entendre des sifflements aigus, « psip », et des croassements grondants, « cvorr-cvorr » ; cette parade est appelée « croule ». Les femelles se tiennent le plus souvent au sol, essayant d'attirer les mâles par leurs cris. Lorsqu'elles y parviennent, la seconde phase de la parade nuptiale peut commencer : elle consiste en une sorte de danse que le mâle exécute autour de la femelle. Il arrive que plusieurs mâles courtisent la même femelle. Après l'accouplement, le mâle se désintéresse de sa compagne.

Fin avril ou en mai, la femelle pond 4 œufs brun jaunâtre tachés de brun foncé (2) qu'elle couve seule sans s'éloigner du nid pendant 20 ou 21 jours. Son nid est une cavité aménagée dans l'herbe, les feuilles ou la mousse. Elle prend soin des petits pendant 5 ou 6 semaines ; en cas de danger, elle les transporte en les maintenant, en vol, contre son corps avec ses pattes ou son bec. On pense qu'elle les transporte aussi dans son bec ou dans ses doigts. En juin ou en juillet, une partie des femelles niche probablement une seconde fois.

2

La coloration fondamentale rousse de la Bécasse des bois (1) est rehaussée de rayures et de taches noires. Elle a la taille d'un Vanneau huppé. Ses pattes sont courtes, son bec est long. Ses grands yeux, placés haut vers le sommet de la tête, attestent ses mœurs nocturnes. Lorsqu'elle cherche sa nourriture en explorant le sol mou, elle voit bien, même si elle enfonce le bec jusqu'à la base.

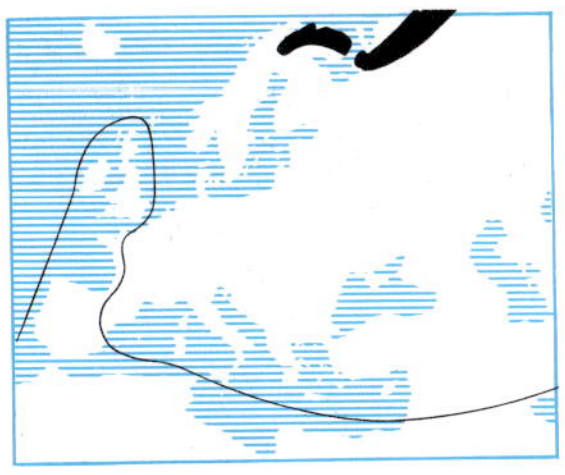

Barge rousse

Limosa lapponica

La Barge rousse habite jusque dans l'extrême nord de l'Eurasie et de l'Amérique du Nord. En Europe elle occupe les régions septentrionales de la Scandinavie et de l'U.R.S.S. Elle niche dans la toundra marécageuse et dans les marais de la toundra arbustive.

La Barge rousse (1) ressemble beaucoup à la Barge à queue noire mais elle est plus petite avec un bec plus court nettement recourbé. En livrée nuptiale elle est surtout rouge-brun avec le dos et les ailes gris-brun. En livrée d'éclipse elle est gris-brun avec le ventre blanc. En vol on remarque que les ailes ne portent pas de bande blanche ; le croupion est blanc, la queue striée de rayures transversales brun foncé. Sa voix rauque, des « gag, agagag » ou « hihag », ne se fait entendre que sur ses lieux de nidification.

Le nid n'est qu'un trou dans l'herbe sommairement garni de feuilles de bouleau et de lichen. Fin mai et en juin la femelle pond le plus souvent 4 œufs brun olive, tachetés de brun foncé qu'elle couve pendant 21 jours environ, se faisant relayer par le mâle de temps à autre. Peu après leur éclosion les jeunes quittent le nid et sont accompagnés par les parents pendant 5 semaines. La Barge rousse se nourrit surtout d'insectes aquatiques et de leurs larves, de vers et de crustacés. Dès fin juillet les Barges rousses quittent leurs lieux de nidification en suivant le littoral pour rejoindre leurs lieux d'hivernage en Europe de l'Ouest et en Afrique du Nord-Ouest. Le voyage est long car elles peuvent s'attarder même pendant un mois lorsqu'elles rencontrent un site favorable. En avril, le retour sur les lieux de nidification nordiques s'effectue beaucoup plus vite.

Barge à queue noire

Limosa limosa

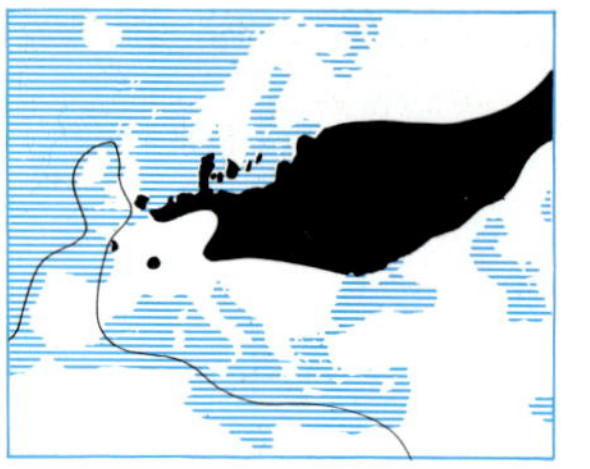

La Barge à queue noire habite la zone tempérée de l'Eurasie, depuis la France et la Grande-Bretagne jusqu'au sud de la Sibérie occidentale. Migratrice, elle hiverne sur les côtes atlantiques de l'Europe occidentale et dans la région méditerranéenne, mais peut aussi pénétrer beaucoup plus au sud, jusqu'en Afrique équatoriale. La Barge à queue noire niche surtout dans les prés humides et les pâturages, parfois aussi dans les champs non loin des étangs et même dans les landes sèches. Elle réapparaît en couples sur son territoire, en mars ou en avril, et commence aussitôt ses parades nuptiales. Le mâle s'envole à la verticale jusqu'à une altitude de 50 mètres et fait le tour de son domaine, la queue déployée, agitant lentement les ailes. Ses battements d'ailes sont ponctués en cadence par des cris forts et répétés, « gritio gritio ». Quand il se pose, il tient les ailes dressées un instant, ce qui met en évidence leur dessous blanc. Les Barges à queue noire nichent souvent en petite colonie, les oiseaux défendant leur territoire contre les intrus par des coups de bec et de pattes.

Le nid est une simple cavité garnie de brins d'herbe et de feuilles sèches. La femelle pond entre début avril et début juin et les deux adultes couvent pendant 23 ou 24 jours en se relayant sur les 4 œufs brun olive parsemés de taches floues plus foncées. Les deux parents s'occupent des petits. À cette époque, ils se montrent agressifs, attaquant tout intrus sur leur territoire en menant grand tapage. Dès que les jeunes Barges apprennent à voler, elles quittent avec leurs parents les prés humides pour se rassembler sur la vase des étangs ou des côtes. Elles fouillent la boue de leur long bec pour en extraire des vers, des mollusques et d'autres invertébrés. Elles errent d'un étang à l'autre avant de migrer au mois de septembre.

La Barge à queue noire a la taille d'un Pigeon, mais elle a de longues pattes et un long bec très légèrement incurvé vers le haut. En livrée nuptiale (1), le cou et la poitrine sont roussâtres. En vol, on remarque une barre blanche longitudinale sur ses ailes et une bande noire terminale sur la queue blanche.

Courlis corlieu

Numenius phaeopus

Le Courlis corlieu vit sur une aire qui couvre le nord de l'Europe (Islande, Écosse, Scandinavie et pays Baltes), l'Asie orientale et l'Amérique du Nord. Il habite la toundra nordique et, plus au sud, les landes et les tourbières. Entre fin juillet et septembre, les bandes de Courlis quittent leurs lieux de nidification septentrionaux pour migrer vers le sud. Quelques oiseaux hivernent dans le sud de la péninsule ibérique, mais presque tous vont sur les côtes d'Afrique. La migration de printemps a lieu en avril et en mai.

Le nid est une cavité dans l'herbe sèche ou les bruyères sommairement garnie de quelques brins d'herbe et de mousse. Entre mi-mai et juin, la femelle pond 4 œufs brun olive ou vert olive, tachés de brun foncé. Les deux parents les couvent à tour de rôle pendant 27 ou 28 jours. Dès qu'ils sont secs, les petits quittent le nid pour suivre les adultes qui s'en occupent pendant 4 semaines. Le Courlis corlieu a une alimentation essentiellement animale (insectes, araignées, vers, mollusques) qu'il complète par des baies.

Le Courlis corlieu (1) est une copie miniature du Courlis cendré, mais son bec, tout aussi incurvé vers le bas, est un peu plus court, ce qui est parfois difficile à évaluer au cours des observations faites dans la nature. Ses sourcils sont dessinés avec plus de netteté et son occiput brun-noir est partagé au milieu par une bande jaune clair. En vol, il a la même allure que le Courlis cendré, mais son croupion paraît nettement plus clair et sa queue plus foncée. Ses cris, des « pi u u u u » qu'il lance même en vol sont en revanche totalement différents.

Courlis cendré

Numenius arquata

1

Le Courlis cendré vit sous les climats tempérés de l'Eurasie, depuis la France et la Grande-Bretagne jusqu'en Mongolie et en Chine. C'est un oiseau migrateur. Une partie des populations européennes hiverne en Europe occidentale ou méridionale, le reste s'envolant jusqu'en Afrique Noire. Le Courlis cendré recherche les vastes étendues de prairies et de pâturages humides, les tourbières et les landes jusqu'à 600 mètres d'altitude seulement. Dans la partie orientale de son aire, on le rencontre aussi dans les steppes arides non loin de l'eau. En mars ou en avril, il revient par groupes sur ses lieux de ponte. Très vite, les couples se forment pour se livrer à une parade nuptiale originale. En un vol spectaculaire, les mâles atteignent de 20 à 40 mètres de hauteur, puis ils redescendent en planant pour reprendre de l'altitude au bout d'un instant (3). En montant, ils lancent des sons flûtés graves qui s'accélèrent au moment de la descente pour se transformer en trille plaintif.

Le nid est un creux dans les herbes denses garni de brins d'herbe secs. Entre fin mars et mai, la femelle pond 4 œufs brunâtres ou gris-vert, tachés de marron foncé (2), que les deux adultes couvent à tour de rôle pendant 26 à 30 jours. Pendant la couvaison, ils ont un comportement très effacé ; après l'éclosion des œufs, en revanche, ils deviennent très bruyants et agressifs. Dès la fin de juillet, les familles commencent à déserter leurs territoires. Dans le nord, les femelles quittent leurs petits âgés de 10 jours pour entreprendre seules leur migration, abandonnant leur progéniture au mâle. Le Courlis cendré se nourrit surtout d'insectes, d'araignées, de vers, de crustacés, de mollusques, et à l'occasion de baies (myrtilles, airelles) et de graines.

2

Avec ses 55 cm de long, le Courlis cendré (1) est le plus grand Charadriiforme d'Europe. Il est doté d'un bec très long, incurvé vers le bas. Les individus des deux sexes sont gris-brun, finement tachetés de beige dans le sens de la longueur. Les petits ont le bec droit : il ne commence à s'incurver vers le bas qu'à l'âge de 3 semaines.

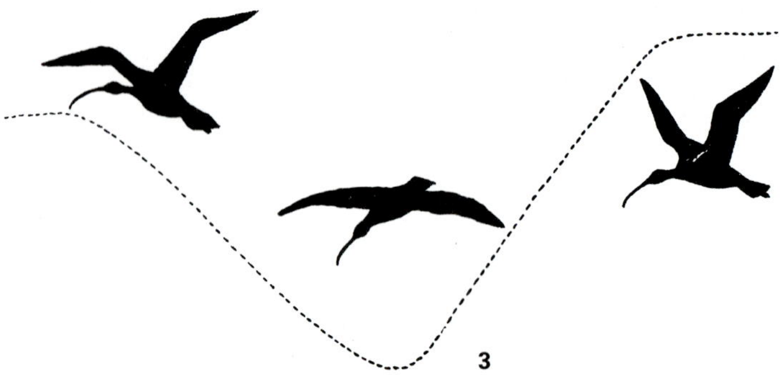

3

Chevalier arlequin

Tringa erythropus

3

1

Le Chevalier arlequin niche dans les marécages de la toundra, arbustive ou non, dans l'extrême nord de l'Europe et de l'Asie, c'est-à-dire depuis le nord de la Scandinavie, la presqu'île de Kola, le nord de la partie européenne de l'U.R.S.S. et de la Sibérie jusqu'au Kamtchatka. Les oiseaux se rassemblent en bandes pour migrer entre août et octobre. Certains Chevaliers hivernent sur le littoral de l'Europe occidentale, mais la plupart d'entre eux migre dans la région méditerranéenne et en Afrique, jusqu'à l'équateur. Au cours de la migration, on surprend régulièrement de petites bandes de Chevaliers arlequins en Europe centrale, sur les berges boueuses des étangs, des lacs ou sur les alluvions des rivières. Ils reviennent sur leurs lieux de ponte en avril ou en mai, mais en Europe, il arrive que certains individus ne nichent pas, même en juin ou en juillet.

Dans un endroit dégagé humide, l'Arlequin creuse une cavité dans l'herbe, la mousse ou les lichens, puis la garnit de feuilles, d'herbe ou d'aiguilles de conifères. En Europe du Nord, la ponte a lieu en mai ou en juin. Elle compte toujours 4 œufs vert olive, tachés de brun foncé (3). On pense que les deux parents les couvent à tour de rôle, mais il semble que le mâle assure la majeure partie de la couvaison, dont la durée n'est pas bien connue. Les deux parents prennent soin des petits, mais la femelle quitte très vite sa famille. Le Chevalier arlequin se nourrit d'insectes, de vers, de crustacés et de mollusques.

Le Chevalier arlequin a la taille d'une Tourterelle des bois. Il a de longues pattes d'un rouge foncé et un bec fin et droit, rouge à la base. Sa livrée nuptiale (1) est entièrement noire, finement tachée de blanc sur le dessus. Le plumage hivernal (2) gris ardoise sur le dessus et taché transversalement, est blanc sur la poitrine et le ventre. En vol, on aperçoit le croupion blanc, les ailes dépourvues de bandes blanches et les pattes qui dépassent de beaucoup la queue. Il lance des « tiouit » perçants.

2

Chevalier gambette

Tringa totanus

Le Chevalier gambette niche dans une grande partie de l'Europe et dans toute la zone tempérée de l'Asie. À part quelques populations, les Chevaliers gambettes britanniques sont sédentaires. Ceux du continent européen, en revanche, sont migrateurs : ils hivernent en Europe occidentale, mais surtout dans la région méditerranéenne ou en Afrique, jusqu'à l'équateur. Aussitôt revenus sur leur territoire (en mars ou en avril), les mâles exécutent leurs vols nuptiaux au-dessus du biotope de nidification : prés humides ou berges marécageuses des étangs. Ils volent en cercle, alternant les glissades en plané avec des battements courts, les ailes rabattues au-dessous de l'horizontale. Au cours de leur exhibition, ils font entendre des sons mélodieux, « touliou-touliou-touliou ». À terre, le mâle danse autour de la femelle en tenant les ailes abaissées ou, au contraire, à moitié soulevées.

2

Le nid du Chevalier gambette est une cavité dans l'herbe ou dans une touffe de laîche, faiblement tapissée de brins d'herbe et de feuilles sèches ramassés dans les environs. Les deux adultes couvent les 4 œufs brunâtres parsemés de taches brun-noir (2) : la femelle dans la journée, le mâle surtout la nuit. Les œufs éclosent au bout de 22 à 25 jours. Les petits s'émancipent en 5 ou 6 semaines et on les voit alors errer sur les berges boueuses des étangs et des lacs. La migration commence dès le mois de juillet, de sorte qu'on ne les aperçoit plus que rarement en octobre. Les Chevaliers gambettes se nourrissent surtout d'insectes, de mollusques, de crustacés et d'araignées. À l'occasion, les oiseaux picorent aussi les parties vertes des plantes.

1

Le Chevalier gambette (1) a de longues pattes rouge orangé et un bec droit, rouge à la base. Son plumage est gris-brun, parsemé de mouchetures foncées. Il porte une large bande blanche sur le bord postérieur des ailes, particulièrement bien visible en vol, qui n'existe pas chez les autres limicoles. Il a la taille d'une Tourterelle des bois. Son cri le plus fréquent est trisyllabique, flûté, « tiu lu lu », ses cris d'alarme sont des « diib diib diib ».

Chevalier stagnatile

Tringa stagnatilis

En Europe, le Chevalier stagnatile vit dans les steppes qui s'étendent entre l'Ukraine et la mer d'Aral. Autrefois, il nichait aussi en Hongrie et dans l'actuelle Yougoslavie. C'est un migrateur. Entre juillet et septembre, les oiseaux européens s'envolent en direction de l'Afrique, au sud du Sahara, pour revenir, en avril ou en mai, dans les steppes parsemées de petits lacs et de dépressions marécageuses.

Le nid du Chevalier stagnatile se trouve dans l'herbe, non loin de l'eau. C'est une faible cavité, sommairement garnie de brins d'herbe sèche. La femelle pond, en mai ou en juin, 4 œufs piriformes dont le fond jaunâtre ou roussâtre est parsemé de taches brun foncé, irrégulières et grossières. Les deux parents les couvent à tour de rôle et prennent également soin de leurs petits. On ignore la durée de la couvaison ainsi que de la période d'élevage des jeunes. Le Chevalier stagnatile se nourrit surtout d'insectes aquatiques, de leurs larves et de mollusques. Il collecte sa nourriture dans la couche superficielle de l'eau peu profonde ou sur les plantes aquatiques, plus rarement dans la vase.

Le Chevalier stagnatile (1) ressemble assez au Chevalier aboyeur mais, plus petit, il n'atteint que la taille d'une Grive, et a de longues pattes d'un jaune-gris sale ou verdâtres qui, en vol, dépassent largement sa queue claire. Il est gris-brun sur le dessus, taché de brun-noir, et blanc sur le dessous. Son front est blanc, ainsi qu'une grande partie du croupion et de la queue. Sa gorge et les côtés de sa poitrine portent des taches brun-noir. Son bec presque noir, plus long que la tête, est droit et très fin. Sa voix, moins flûtée que celle du Chevalier aboyeur, est faite de « ti-ou ti-ou » ou de « tiu tiu ».

Chevalier aboyeur

Tringa nebularia

1

Le Chevalier aboyeur habite une vaste zone qui couvre l'Écosse, la Scandinavie et les autres régions du nord de l'Eurasie jusqu'au Kamtchatka. Migrateur, il s'envole entre août et octobre vers ses quartiers d'hiver situés en Afrique équatoriale et australe. Quelques milliers seulement hivernent en Europe occidentale et méridionale. Les populations de l'est de l'Asie hivernent en Inde, Indonésie, Nouvelle-Guinée et Australie. Le Chevalier aboyeur réapparaît sur ses territoires nordiques en avril ou en mai. Au cours de sa migration, on le surprend régulièrement au bord de l'eau, même à l'intérieur du continent européen. Il niche dans les endroits marécageux ou secs de la toundra arbustive ou non.

Le nid est une petite cavité dans le sol abritée par les herbes faiblement garnie de végétaux ramassés dans les environs. En mai ou en juin, la femelle pond 4 œufs brun-jaune constellés de taches brun foncé (2). Les deux adultes les couvent à tour de rôle pendant 24 ou 25 jours. Le lendemain de l'éclosion, les petits quittent le nid pour suivre leurs parents qui s'en occupent pendant 4 semaines environ. Le Chevalier aboyeur a une alimentation presque exclusivement animale : insectes, crustacés, vers, mollusques. Il fait partie des rares Chevaliers qui pêchent couramment de petits poissons.

2

Presque aussi grand qu'un Vanneau huppé, le Chevalier aboyeur (1) fait partie des Chevaliers de grande taille. Il a de longues pattes verdâtres et un bec faiblement mais nettement incurvé vers le haut. Le sommet de sa tête est blanc, rayé de brun-noir. En livrée nuptiale, les côtés de la tête et le cou sont gris pâle finement tachetés, les ailes gris-brun, tachées de noir et de blanc, et le dessous blanc est rayé de brun. En vol, on remarque le croupion, le dos et la base de la queue blancs. En plumage hivernal, sa tête et sa gorge sont blanchâtres, le sommet de sa tête est moins strié et le dessous du corps est presque entièrement blanc. Lorsqu'il est dérangé, il lance des « kiyk-iyk » perçants.

Chevalier cul-blanc

Tringa ochropus

1

L'aire de nidification du Chevalier cul-blanc s'étend depuis le nord-est de l'Europe et la Scandinavie sur toute la Sibérie jusqu'à la mer d'Okhotsk. La migration d'automne commence fin juillet et se prolonge jusqu'en octobre. Les Chevaliers hivernent dans une vaste région qui s'étend depuis la Méditerranée jusqu'en Afrique équatoriale. Ils hivernent aussi sur les îles Britanniques et en Europe occidentale.

Le Chevalier cul-blanc a un mode de nidification totalement différent de celui des autres Chevaliers : il niche très rarement au sol et pond surtout dans de vieux nids de Turdidés, de Pigeon, de Geai, de Corneille mais aussi d'écureuil, situés à une hauteur atteignant 10 mètres. Son nid se trouve presque toujours en forêt, non loin d'un marécage, au bord des ruisseaux, des lacs ou des tourbières. Le mâle exécute un vol nuptial caractéristique, décrivant des cercles au-dessus du faîte des arbres. Ce faisant, il monte obliquement en vol battu, puis redescend en tenant les ailes coudées dans une position rigide, sans cesser de lancer des trilles flûtés. Le Chevalier cul-blanc réapparaît en général sur ses lieux de ponte entre fin mars et mai. Entre mi-avril et fin juin, la femelle pond 4 œufs brunâtres ou verdâtres tachés de brun (2) que les deux parents couvent pendant 20 à 22 jours. Quelques heures après l'éclosion, les petits sautent à terre où leurs parents les attendent. Toutefois, peu de temps après, la femelle abandonne sa progéniture aux soins du mâle. Dès qu'ils apprennent à voler, les jeunes Chevaliers quittent la forêt pour les berges boueuses des étangs. Ils y capturent surtout des insectes, de petits mollusques, des crustacés et des araignées.

2

Grand comme une Grive, le Chevalier cul-blanc en livrée nuptiale (1) est brun-noir sur le dessus, constellé de points blancs. Sa gorge et sa poitrine blanches, rayées de brun, contrastent fortement avec son manteau foncé. Son croupion et la base de sa queue sont blancs. En vol, les ailes paraissent presque noires, aussi bien sur le dessous que sur le dessus. Ses pattes et la base du bec sont vert olive. Le plumage d'hiver est plus terne. En vol ou lorsqu'il est dérangé, il lance des « tlouit titit » flûtés.

Chevalier sylvain

Tringa glareola

Le Chevalier sylvain peuple une large bande de terres qui couvre le nord de l'Eurasie depuis l'Écosse, le Danemark, la Scandinavie, l'Allemagne, la Pologne et l'U.R.S.S. jusqu'au bord de la mer d'Okhotsk. Il niche de préférence dans les marais, les tourbières et les prés humides. Il y apparaît par couples en avril et en mai et, dès son arrivée, exécute sa parade nuptiale. Le mâle vole en cercles autour du territoire qu'il a choisi, en alternant le vol plané avec un vol ascendant battu et en faisant entendre des « dilédilédilé » bruyants.

Le nid est une petite cavité dans le sol, bien dissimulée dans les herbes et faiblement tapissée. La femelle pond, généralement en mai, 4 œufs verdâtres parsemés de taches gris violacé ou brun-noir (2) que les deux parents couvent à tour de rôle pendant 21 à 24 jours. Dès qu'ils sont secs, les petits quittent le nid pour suivre les adultes. À cette époque, ceux-ci se montrent très agressifs, attaquant tout intrus sur leur territoire. Toutefois, au bout de 10 jours, le mâle conduit seul les jeunes. Vers la fin du mois de juillet, les Chevaliers sylvains commencent à quitter leur lieu de ponte, si bien qu'en octobre, ils sont tous partis vers le sud, en Afrique occidentale et australe ; les Chevaliers asiatiques s'envolent jusqu'en Indonésie et en Australie. Ils se nourrissent surtout d'insectes, d'araignées et de petits mollusques.

1

Le Chevalier sylvain est un oiseau gracieux de la taille d'une Grive. Il a le dos brun parsemé de taches claires, le ventre et le croupion blancs, de nets sourcils blancs et les pattes verdâtres ou jaune-gris (1). En vol, on aperçoit le dessous grisâtre des ailes et les rayures transversales de la queue, visibles surtout sur le dessus. En s'envolant, il lance des « kip kip kip » clairs.

2

Chevalier guignette

Tringa hypoleucos

1

Le Chevalier guignette vit partout en Europe et dans les régions tempérées d'Asie. Il recherche les berges pierreuses et sablonneuses des rivières et des ruisseaux avec des terrains alluviaux et des îlots couverts d'herbe, de buissons et d'arbres. Le long des torrents, il peut monter à de fortes altitudes : jusqu'à 3 200 mètres dans les montagnes d'Asie centrale. Il niche très rarement au bord des eaux stagnantes, évitant en principe les berges boueuses. En avril ou en mai, les Chevaliers guignettes reviennent par couples sur leurs lieux de ponte. Ils s'approprient un tronçon de cours d'eau qu'ils défendent avec acharnement contre leurs congénères. Le mâle exécute son vol nuptial devant la femelle, en volant à la manière d'une chauve-souris au ras des buissons. À cette occasion, il lance de longs trilles caractéristiques qui peuvent durer un quart d'heure.

Le mâle propose à la femelle plusieurs cavités creusées dans le substrat sablonneux ou pierreux, dans l'herbe ou sous la végétation du bord de l'eau. La femelle en choisit une qu'elle garnit sommairement de quelques brins d'herbe et de feuilles pour y pondre, entre avril et juin, 4 œufs roussâtres parsemés de petites taches brun foncé (2). Les deux parents les couvent à tour de rôle pendant 21 ou 22 jours puis s'occupent tous deux des petits; en cas de danger, le mâle s'attaque à tout intrus tandis que la femelle emmène les petits à l'abri sous la végétation la plus dense. Au bout de 30 jours environ, les oiseaux commencent à errer. Entre juillet et octobre, ils s'envolent vers la Méditerranée et surtout vers l'Afrique équatoriale et australe. Essentiellement insectivore, le Chevalier guignette se nourrit aussi de petits mollusques, de crustacés, de vers et d'araignées.

Le mâle et la femelle (1) ont le dessus brun-gris foncé avec des stries à peine perceptibles. Leur dessous blanc forme des coins sur le bord antérieur des ailes. Ils ont la taille d'un Étourneau. Cet oiseau aime voler au ras de l'eau en alternant les battements d'ailes (le mouvement s'effectuant depuis la position horizontale vers le bas) avec de courts vols planés pendant lesquels il tient les ailes recourbées vers le bas. À cette occasion, il lance des « hi di di » aigus.

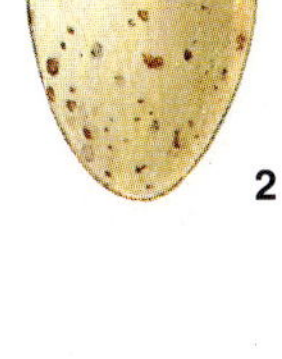

2

Tourne-pierre à collier

Arenaria interpres

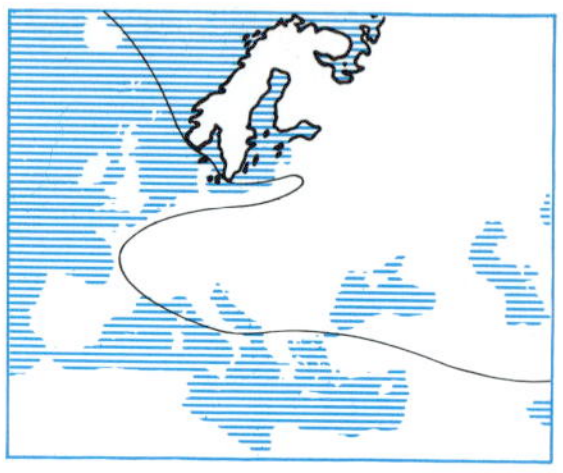

1

Par endroits, le Tourne-pierre est commun sur les plages de sable ou de galets et sur les îlots rocheux. Il vit aussi dans la toundra pierreuse couverte de mousse et de lichens. Il niche sur le littoral du sud de la Scandinavie, du Danemark et dans la toundra du littoral septentrional de l'Eurasie et de l'Amérique du Nord. De là, il effectue de longs voyages vers l'Afrique, l'Indonésie, l'Australie et l'Amérique du Sud. Au cours de ses migrations, il apparaît sporadiquement à l'intérieur du continent européen. Le Tourne-pierre à collier migre vers le sud dès la fin de juillet, mais plus souvent en août et en septembre. Entre avril et juin, il revient sur ses lieux de ponte, régulièrement au même endroit.

Le couple place son nid entre des pierres et parfois au-dessous. Les oiseaux le préparent généralement après la ponte du premier œuf et le garnissent à peine de quelques herbes sèches. La femelle pond vers la mi-juin 4 œufs gris-vert ou brunâtres, parsemés de taches brunes floues (3) que les deux parents couvent pendant 22 à 24 jours. La femelle se désintéresse peu à peu de ses poussins et finit souvent par se décharger totalement de leur élevage sur le mâle.

Le nom de ce limicole vient d'un curieux comportement, qu'on a parfois la chance d'observer sur les côtes : il soulève les pierres avec son bec pour les écarter ou pour les retourner complètement, venant à bout de galets beaucoup plus lourds que lui (2). Il retourne de la même façon des coquillages et fouille les amas d'algues pour en extraire de petits mollusques, crustacés, vers, araignées et insectes.

Au printemps, le plumage des adultes est roux et noir sur le dessus, blanc sur le dessous. Ils ont un dessin noir bien net sur leur tête blanche et une tache pectorale noire (1). En automne, ils perdent leur jolie couleur rousse, et tout le dessus de leur corps, y compris leur tête, devient brun cendré. Les cris des Tourne-pierres sont des « tic-e-tic » ou des « khikikikik » aigus.

3

2

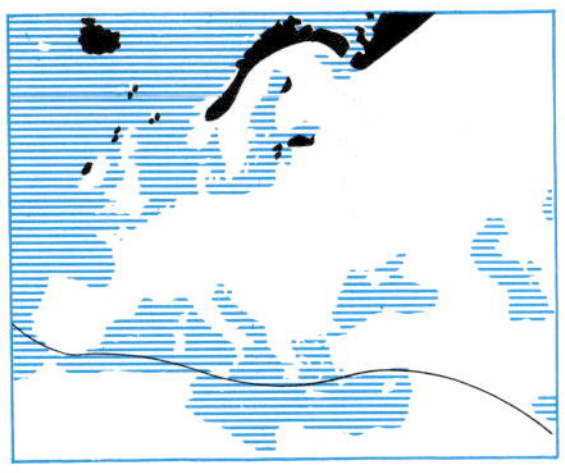

Phalarope à bec étroit

Phalaropus lobatus

1

L'aire de répartition du Phalarope à bec étroit s'étend essentiellement sur les régions arctiques de l'Eurasie et de l'Amérique du Nord. C'est un authentique habitant de la toundra émaillée de petits lacs et marais. Grand migrateur, il va passer l'hiver jusque sur les côtes africaines, d'Arabie ou d'Indonésie. La migration d'automne dure de juillet à novembre, celle de retour d'avril à mai. La vie familiale des Phalaropes est étrange. La femelle est plus grande que le mâle, sa coloration est plus vive et sa voix est plus agréable. Au moment de la formation du couple et de la conquête du territoire, c'est elle qui joue un rôle actif. Elle commence sa parade nuptiale en se redressant sur l'eau et en battant rapidement des ailes jusqu'à ce qu'elles sifflent. Elle s'envole ensuite au ras de l'eau. Au bout de quelques secondes, elle se pose à nouveau en faisant entendre de curieux sons doux, « vedu vedu ». C'est aussi la femelle qui choisit l'emplacement du nid, simple dépression dans une touffe d'herbe ou d'autres végétaux à proximité de l'eau. Mâle et femelle la tapissent d'herbe, de fragments de feuilles et de lichens. Fin mai ou en juin, la femelle pond 4 œufs brun-jaune ou brun olive, parsemés de taches brun-noir (4). Aussitôt après, elle quitte le nid et le mâle prend en charge la ponte. Il couve seul pendant 17 à 21 jours et s'occupe seul des petits. Cependant, il commence à les négliger quand ils ont 2 semaines. Le Phalarope à bec étroit se nourrit d'insectes et de leurs larves qu'il ramasse sur l'eau.

Le Phalarope à bec étroit a un fin bec noir (6) tandis que le Phalarope à bec large *(P. fulicarius),* qui par ailleurs lui ressemble beaucoup, a un bec plus robuste (5). Les deux espèces sont plus petites qu'une Grive. Au printemps, la femelle (3) a le dessous et la gorge blancs, cette dernière étant bordée de roux. Le mâle (2) qui est beaucoup plus terne a un collier gris-brun. En hiver, les individus des deux sexes sont gris sur le dessus avec des taches foncées, et blancs sur le dessous. Une bande noire bien marquée leur barre l'œil (1). Leurs cris sont des « pit pit » perçants.

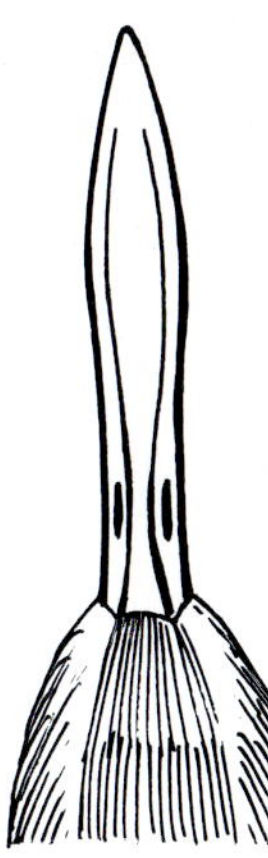

5

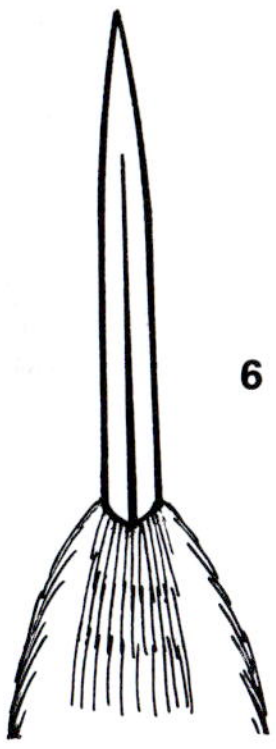

6

4

2♂

3♀

Les oiseaux côtiers

Lariformes

Par leur aspect, les Lariformes constituent un groupe assez homogène. Ce sont pour la plupart des oiseaux de taille moyenne, dotés d'ailes étroites et allongées, surtout au niveau des mains. Les rémiges primaires sont particulièrement longues : à elles seules, elles représentent la moitié de la longueur totale de l'aile. Les Lariformes sont des voiliers accomplis capables de braver la tempête sans effort apparent. Ils planent à la perfection sans être pour autant maladroits à terre, où ils passent plus de temps que sur l'eau. En nageant, ils se montrent moins assurés que les Canards par exemple. Ils nagent faiblement immergés et tiennent la queue redressée (fig. 1). À l'instar des autres oiseaux aquatiques, leurs pattes sont pourvues de palmures qui relient les deuxième, troisième et quatrième doigts, le pouce étant faible et parfois même absent (fig. 2). Leur bec, de taille moyenne, se termine chez les Labbes, les Mouettes et les Goélands par un crochet qui dépasse la mandibule inférieure (fig. 3), les Sternidés ont un bec droit, pointu (fig. 4). Les plus petites espèces atteignent la taille d'un Martinet : la Sterne naine pèse environ 45 g et l'envergure de ses ailes est de 48 cm. Les plus grandes ont la taille d'une Oie : le Goéland marin pèse à peu près 1,8 kg et l'envergure de ses ailes est de 1,70 m.

Compte tenu de leur mode de vie aquatique, les Lariformes sont pourvus d'un plumage épais, fortement appliqué contre le corps, et d'une glande uropygienne bien développée. À l'exception de celle des Labbes, la coloration de leur plumage est le plus souvent claire, le mâle ne différant pratiquement pas de la femelle. Le dessus des ailes et du dos, qui sont de la même couleur, forment ce qu'on appelle le manteau. Les Lariformes muent deux fois par an. En automne, après la mue totale, ils acquièrent leur plumage hivernal. Après une autre mue partielle, ils revêtent la livrée nuptiale qui se caractérise par la coloration foncée de la tête ou de sa partie supérieure.

Les Lariformes fréquentent les eaux douces ou salées, les lacs comme les cours d'eau. Très sociables, ils se rassemblent au moment de la saison de nidification en grandes colonies où règnent l'agitation et le bruit. Il s'agit tantôt de colonies mono-spécifiques,

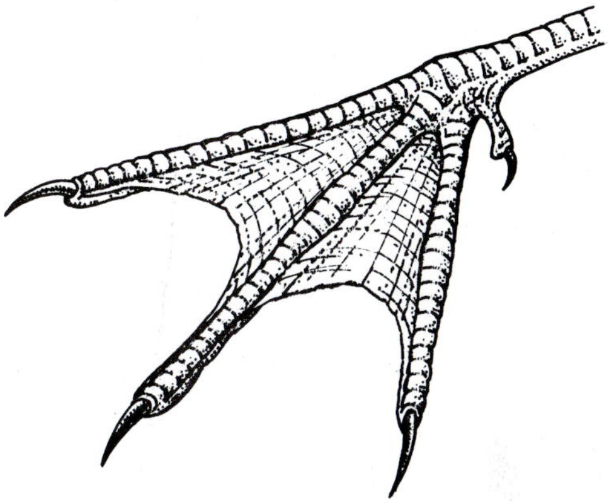

2. Patte de la Guifette noire pourvue d'une palmure ; le pouce est faible.

1. Silhouette d'une Mouette en train de nager. Elle nage faiblement immergée et tient la queue droite.

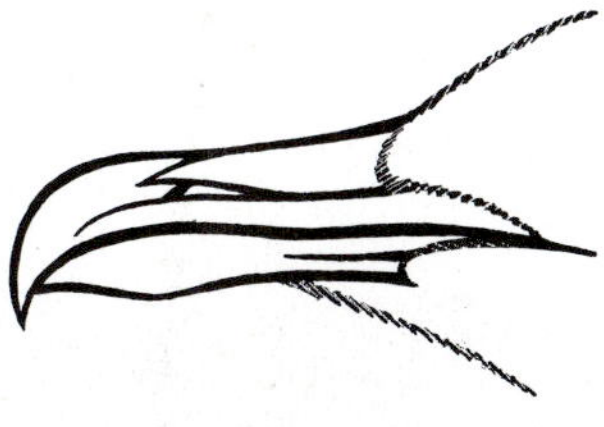

3. Bec puissant d'un Labbe à la mandibule supérieure terminée par un crochet

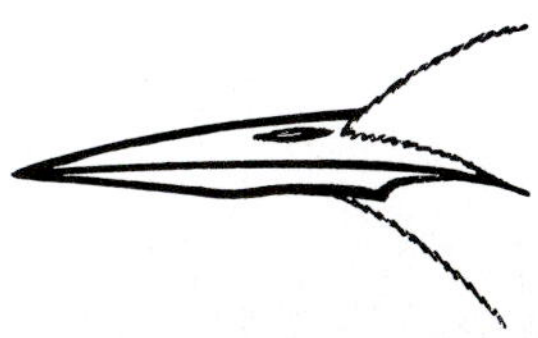

4. Bec pointu d'une Sterne

tantôt de colonies composées de plusieurs espèces. Les nids, placés le plus souvent au sol, ne sont généralement que de simples dépressions sans aucune garniture. Bien qu'ils soient placés les uns à côté des autres, chaque couple possède son territoire, qui est de ce fait extrêmement restreint et limité à la portée d'un coup de bec. Une parade nuptiale animée (fig. 5), accompagnée de mouvements, de manifestations sonores caractéristiques et parfois de vols acrobatiques, précède la nidification. La ponte compte le plus souvent 2 ou 3 œufs constellés de taches. Bien que les petits soient nidifuges (ils viennent en effet au monde couverts d'un épais duvet tacheté et peuvent très vite courir), les parents continuent à les nourrir longtemps de bec à bec. Les Lariformes sont piscivores, mais beaucoup sont omnivores. Les Labbes, quant à eux, sont des « parasites » : par de brusques attaques, ils

Le Goéland marin plane à la perfection au-dessus de la mer démontée

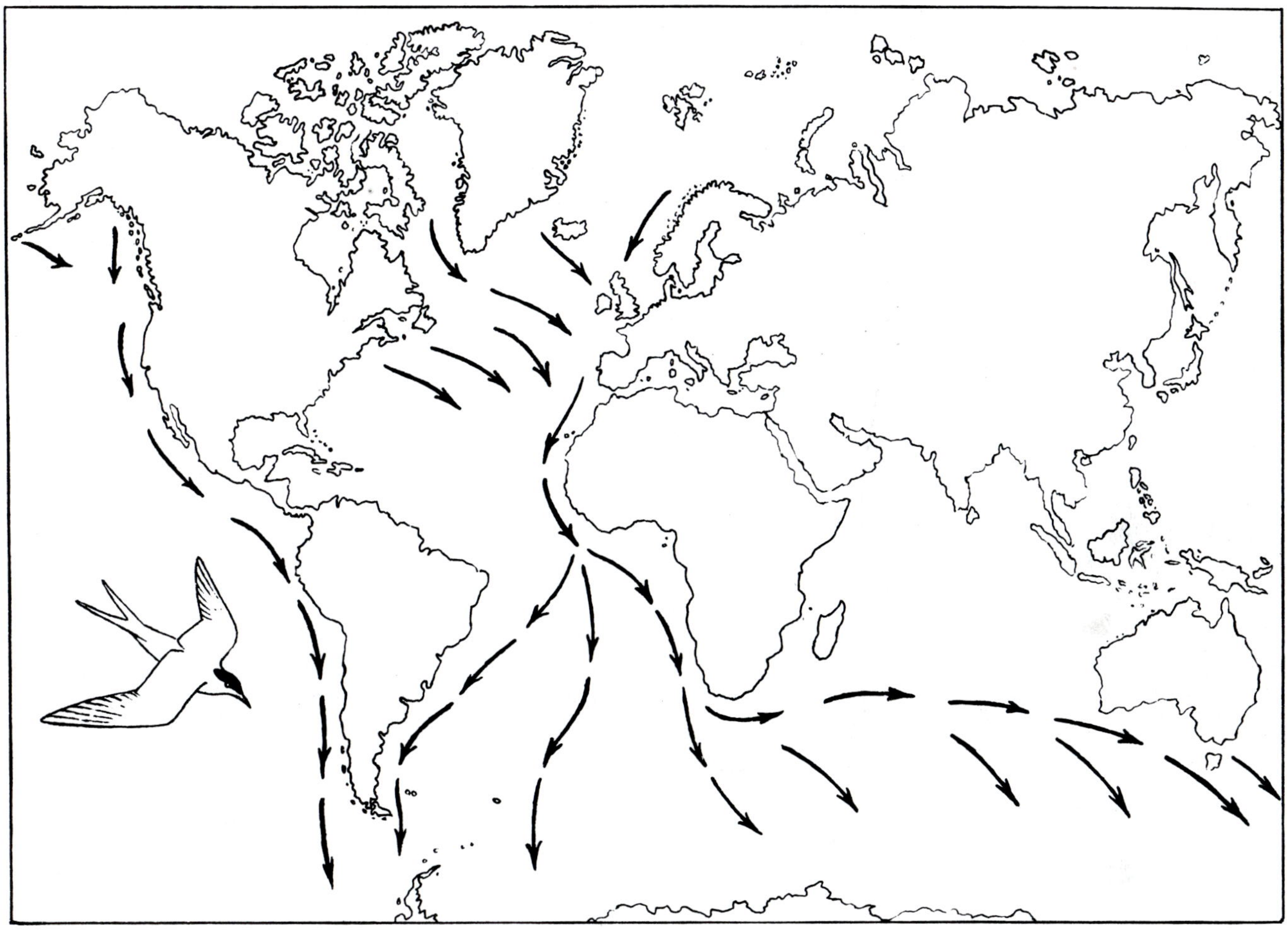

6. Les migrations de la Sterne arctique sont les plus longues que l'on connaisse.

obligent les autres oiseaux à rejeter ou à lâcher leur proie dont ils s'emparent habilement et qu'ils engloutissent avant même qu'elle soit tombée.

Après la période de reproduction, toutes les espèces quittent leurs lieux de ponte pour errer le plus souvent le long du littoral des continents, mais aussi au bord des eaux de l'arrière-pays. De nombreux Lariformes effectuent de très longues migrations. On cite le plus souvent l'exemple de la Sterne arctique qui migre de son aire de nidification vers l'Antarctique, franchissant 20 000 km au cours d'une migration et vivant ainsi toute l'année à la lumière du jour (fig. 6).

Les jeunes Lariformes parviennent assez tard à l'âge adulte : les petites espèces au bout de 2 ans, les grandes au bout de 3 ou 4 ans. Au cours de cette période, la livrée juvénile cède peu à peu la place à la livrée définitive. Les Lariformes sont actuellement intégrés dans l'ordre des Charadriiformes, ainsi que les Alcidés (voir page 246).

5. Les Sternes s'offrent un petit poisson en guise de présent nuptial.

Labbe parasite

Stercorarius parasiticus

Le Labbe parasite niche en Islande, dans le nord de la Grande-Bretagne, sur le littoral atlantique et balte de la Scandinavie, sur les côtes nord de l'U.R.S.S. (Europe et Asie) et de l'Amérique du Nord. Migrateur, il hiverne sur le littoral de l'Atlantique et du Pacifique ainsi qu'au bord des mers appartenant à ces deux complexes océaniques. Au cours de ses migrations, il parvient jusqu'à l'extrême sud de l'Afrique et de l'Amérique latine. En Europe, c'est le Labbe le plus commun et pendant ses migrations, il pénètre assez régulièrement à l'intérieur des continents. À la saison de nidification cependant, il vit dans les marais et à proximité des lacs d'eau douce riches en végétaux, dans la toundra ou sur le littoral. Entre avril et mai, il réapparaît sur ses lieux de nidification où il forme des colonies assez disséminées dans la végétation herbacée dense. Parfois, il niche aussi dans les colonies de Sterne arctique. Son vol nuptial caractéristique lui permet de mettre en valeur ses excellentes aptitudes de voilier : il monte puis redescend brusquement, tout en exécutant des acrobaties.

1

Le nid du Labbe parasite est une cavité creusée dans la mousse ou l'herbe. Entre fin mai et début juin, la femelle pond 2 œufs verdâtres ou brun olive parsemés de taches brun foncé (2). Les deux parents les couvent à tour de rôle pendant 24 à 28 jours et s'occupent des petits jusqu'à ce que ceux-ci sachent voler, ce qui survient à l'âge de 32 jours environ. Après la saison de reproduction, les Labbes parasites se regroupent en bandes qui s'envolent entre août et septembre vers le sud. Le Labbe parasite dépouille de leurs proies les Mouettes, les Goélands, les Sternes, les Puffins et les Pétrels ; il gobe les œufs et dévore les petits dans les colonies d'oiseaux pélagiques et chasse de petits mammifères.

Ce Labbe (1) est plus grand que la Mouette rieuse. Sa variété claire n'a pas de barres sur les flancs ni sur la poitrine, et est coiffée d'une calotte brun-noir. Ses rectrices centrales, étroites et pointues, dépassent le reste de la queue de 6,5 à 10,5 cm. Ses cris sont des « ka-oou » clairs et des « touk touk » plus graves.

2

Labbe à longue queue

Stercorarius longicaudus

Le Labbe à longue queue est une espèce arctique qui, en Europe, vit en Scandinavie et dans le nord de l'U.R.S.S. En Asie et en Amérique du Nord, il habite la toundra. Les populations du nord de l'Europe hivernent le plus souvent en haute mer, dans l'Atlantique occidental, mais apparaissent aussi dans la Baltique, la mer du Nord et la Méditerranée. Entre mai et juin, les Labbes à longue queue reviennent sur leurs lieux de ponte qui se trouvent en altitude, dans la toundra des hauts plateaux et du littoral. La ponte a lieu en juillet. Les couples nichent séparément.

Le nid est une cavité creusée entre les pierres. La ponte compte généralement 2 œufs brun olive tachés de brun foncé. Les deux parents se relaient équitablement pendant la couvaison qui dure 23 jours environ. À cette époque, mais aussi lorsqu'ils dans la mousse, les lichens ou s'occupent des jeunes, ils peuvent se montrer très agressifs. Dès le lendemain de l'éclosion, les petits Labbes quittent le nid. À l'âge de 3 semaines, ils acquièrent un plumage complet. Les adultes les nourrissent pendant 30 jours environ de mammifères de la famille des Muridés, de poussins et d'œufs d'autres oiseaux, de poissons, d'insectes, de mollusques et de vers. Cette espèce a un mode d'alimentation beaucoup moins parasitaire que les autres Labbes.

Le Labbe à longue queue se distingue nettement des autres Labbes par ses rectrices centrales, étroites et très longues, qui dépassent le reste de la queue de 20 cm. C'est le plus petit Labbe d'Europe. Il a la calotte noire, le cou et le dessous blancs, les joues jaunes et le manteau gris (1). La variété foncée est très rare chez cette espèce. Quelle que soit sa livrée, le Labbe à longue queue n'a jamais de barre alaire blanche. Silencieux, il fait parfois entendre un « krih » perçant.

Grand labbe

Stercorarius skua

L'aire de répartition du Grand labbe est insolite : l'espèce vit en effet sur les côtes de l'Atlantique Nord et des mers arctiques attenantes, puis aux antipodes, depuis l'Antarctique jusqu'aux rivages de l'Amérique du Sud et de la Nouvelle-Zélande. En dehors de la période de nidification, il erre sur la majeure partie de l'Atlantique. Les centres d'hivernage des populations européennes se trouvent pour la plupart dans l'Atlantique oriental et dans le sud jusqu'au Nigeria. Seules des tempêtes violentes peuvent repousser les Grands labbes dans l'arrière-pays.

Ces oiseaux nichent par couples isolés ou en petites colonies, situées généralement au voisinage immédiat de l'eau, de préférence sur les plates-formes des falaises ou sur les îlots rocheux couverts d'une végétation basse. Leur nid est placé à terre, entre des touffes d'herbe ou dans la mousse. En mai ou en juin, la femelle pond 2 œufs bruns ou brun verdâtre, tachés de marron (2), que les deux parents couvent pendant 28 à 30 jours. Ils se partagent aussi les soins qu'ils apportent aux petits : ils les nourrissent à tour de rôle pendant 6 ou 7 semaines et les préservent pratiquement de tout danger. Voiliers puissants et adroits, ils parviennent à chasser de la colonie un Faucon, s'attaquant même à l'homme avec une grande agressivité. Les jeunes Labbes émancipés s'envolent vers la haute mer où ils errent avec les adultes, depuis le mois d'août jusqu'en avril. Le Grand labbe dépouille les Mouettes, les Goélands, les Sternes et les Guillemots de leur proie, et représente une menace sérieuse pour les colonies où il cause des dégâts sur les œufs et les poussins. Il s'attaque à toutes les proies dont il est sûr d'avoir raison et dévore les charognes rejetées par la mer.

Le Grand labbe (1) a la taille d'un Grand corbeau. Il est brun foncé sur le dessus, clair sur le dessous avec des nuances roussâtres. À la base des rémiges primaires, on observe une tache blanche qui forme, en vol, un miroir bien marqué. Ses rectrices centrales ne sont pas plus longues que le reste de la queue (3). En attaquant, il lance des « tac tac » gutturaux ; dans d'autres circonstances, il fait entendre des « skirr » rauques et des « oc-oc-oc ».

2

3

Goéland ichthyaète

Larus ichthyaetus

1

L'aire de répartition du Goéland ichthyaète occupe le sud-est de l'Europe (mer Noire), l'Asie Mineure et l'Asie centrale. Migrateur, il s'envole pour l'hiver en direction du sud-ouest, vers les régions orientales de la Méditerranée, la mer Rouge et l'océan Indien. La migration d'automne a lieu en octobre et en novembre, celle de printemps en février et en mars. Le Goéland ichthyaète vit au bord des eaux salées, aussi bien sur la côte et les îles qu'au bord des grands lacs des zones steppiques et semi-désertiques. Sur certains hauts plateaux d'Asie centrale, il monte jusqu'à une altitude de 1 700 mètres. Il niche surtout en colonies qui comptent parfois plusieurs milliers d'individus, mais il peut aussi s'installer individuellement.

2

Le nid est une petite dépression du sol qui peut être dépourvue de toute garniture, mais qui est la plupart du temps tapissée d'une couche de plantes des terrains salés ou de tiges de roseaux. Entre avril et mai, la femelle pond généralement 2 ou 3 œufs gris-vert tachés de gris et de marron. Les deux adultes les couvent à tour de rôle pendant 23 à 29 jours. Les petits savent voler au bout de 45 jours. Les adultes les nourrissent surtout avec des poissons, mais aussi avec les œufs et les poussins d'autres oiseaux, des petits mammifères, des lézards et des insectes.

Le Goéland ichthyaète est l'un des plus grands Goélands puisqu'il atteint la taille du Goéland marin. Sa tête au front assez long a une forme caractéristique. En livrée nuptiale (1), il est blanc avec un manteau gris. Sa tête noire porte une tache blanche près de chaque œil et la pointe des ailes est noire. Le trait distinctif le plus sûr est son bec jaune avec un anneau noir au milieu et la pointe rouge ou orangée. Ses pattes sont vert-jaune. Lorsque, après la mue, il revêt sa livrée hivernale (2), des taches blanchâtres apparaissent sur les plumes de la tête. Il lance des sortes de rires, « kiaou-kiaou ».

Mouette mélanocéphale

Larus melanocephalus

La Mouette mélanocéphale a une répartition très restreinte. Ses principaux centres de nidification se trouvent sur les bords de la mer Noire et de la mer Égée, mais elle niche aussi en petit nombre à l'intérieur du continent européen et au bord de la Baltique. Partiellement migratrice, elle hiverne au bord de la Méditerranée, se rendant aussi fréquemment sur le littoral de l'Europe occidentale. Elle niche sur les côtes, mais aussi au bord des lacs et des étangs. Sur ses lieux de ponte principaux, elle forme d'importantes colonies. Ailleurs, elle niche par couples isolés dans les colonies d'autres espèces de Mouettes et de Sternes. On a observé des cas de nidification de couples mixtes, composés d'une Mouette mélanocéphale et d'un Goéland cendré.

En mai ou en juin, la femelle pond dans son nid, fait de plantes aquatiques, 2 ou 3 œufs crème-fauve tachés de brun foncé, que les deux parents couvent tour à tour pendant 24 jours. Après l'éclosion, les petites Mouettes restent dans le nid ou dans ses proches environs pendant au moins une semaine. Les deux adultes s'en occupent pendant 25 jours environ, après quoi ils sont capables de voler. Certains jeunes nichent dès l'âge de 1 an, mais dans la plupart des cas, ils se reproduisent à 2 ans. Les Mouettes mélanocéphales prennent une alimentation exclusivement animale : petits poissons, mollusques, insectes.

En livrée nuptiale (1), la Mouette mélanocéphale ressemble beaucoup à la Mouette rieuse dont elle recherche la compagnie, mais elle est plus grande. Elle porte une calotte noire ressemblant à une capuche qui descend jusqu'au milieu du cou, et des taches blanches au-dessus et au-dessous de l'œil. Son bec et ses pattes sont rouge foncé. En hiver, sa tête et son cou sont blancs avec une tache brun-noir derrière l'œil et du gris sur la nuque. Les immatures sont blanc brunâtre avec la pointe des ailes noire. On remarque encore les traces de cette coloration noire dans la livrée de la première année sur les 5 premières rémiges. Ses cris sont des « caou » ou des « kiaou ».

Mouette pygmée

Larus minutus

L'aire de répartition de la Mouette pygmée est morcelée ; elle s'étend depuis la côte ouest de la Baltique jusqu'en Sibérie orientale. Elle niche aussi sporadiquement en Amérique du Nord depuis 1962. Elle est migratrice. Une partie de ses populations vivant dans le nord de l'Europe hiverne au bord de la Baltique et de la mer du Nord, une autre partie se rend sur le littoral de l'Europe occidentale, mais la plupart des oiseaux traversent le continent pour atteindre la Méditerranée. C'est précisément au cours de leur migration de printemps (en avril) et d'automne (entre août et septembre) qu'on peut souvent les observer au bord de l'eau, à l'intérieur des terres.

1

Les Mouettes pygmées nichent de préférence au bord des étangs, des lacs, des marais, des estuaires et des baies entourés d'une végétation luxuriante. Elles forment de petites colonies de 50 à 80 couples tout au plus, vivant parfois en compagnie de la Mouette rieuse ou de la Sterne Pierre-Garin. Les deux adultes bâtissent leur nid avec des plantes palustres ramassées aux environs. Généralement au début du mois de juin, la femelle pond 3 œufs brunâtres ou vert olive parsemés de taches foncées (3) qu'elle couve en alternance avec le mâle pendant 20 à 23 jours. Les jeunes Mouettes pygmées savent voler au bout de 21 à 24 jours, mais n'atteignent la maturité sexuelle qu'au cours de leur troisième année. Essentiellement insectivore, la Mouette pygmée attrape habilement les insectes à la manière des Guifettes du genre *Chlidonias,* en volant au-dessus de l'eau (sans toutefois s'aventurer au-dessus des prés ou des champs) ou bien en les ramassant à la surface. À l'occasion, elle mange aussi des vers, de petits crustacés et mollusques, éventuellement de petits poissons qu'elle pêche près du bord, dans l'eau peu profonde.

3

La Mouette pygmée est la plus petite de toutes les espèces de Mouettes : elle atteint la taille d'une Tourterelle des bois. En livrée nuptiale (2), elle est coiffée d'une capuche noire qui retombe jusqu'à la nuque. Le bord postérieur de ses ailes est blanc, ce qui est surtout visible en vol. En plumage hivernal (1), le blanc prédomine sur sa tête mais l'occiput et la nuque restent gris-noir. Elle porte aussi une tache noire derrière les yeux. Son cri est un « kek-kekkek ».

2

Mouette rieuse

Larus ridibundus

Dès que la glace des étangs fond, au mois de mars, la première vague des Mouettes rieuses ne tarde pas à se montrer. Elles vivent sur les étangs et les lacs mais aussi dans les marais, les bras morts et le delta des fleuves de presque toute la zone tempérée de l'Eurasie. Les populations du nord et de l'est de l'Europe sont migratrices. Elles quittent leurs colonies dès juillet et hivernent sur le littoral atlantique en Europe occidentale et dans la région méditerranéenne. Depuis quelques décennies, un nombre sans cesse croissant d'oiseaux hiverne au bord des grandes rivières non gelées qui traversent les villes européennes. Les Mouettes rieuses de l'ouest et du sud de l'Europe sont nomades ou sédentaires. En avril, une grande agitation règne dans leurs colonies qui comptent des milliers de couples. À cette époque, on peut être témoin de leur parade nuptiale compliquée, accompagnée de gestes cérémonieux et d'attaques feintes.

Le couple bâtit son nid avec des roseaux, des joncs, des laîches et d'autres plantes palustres. Les vieux oiseaux construisent leur nid à l'intérieur de la colonie, les jeunes qui arrivent plus tard devant s'installer à la périphérie. La période des pontes dure de la mi-avril à la mi-mai. La femelle pond généralement 3 œufs vert olive avec des taches marron foncé (6, 7). Les deux parents les couvent à tour de rôle pendant 22 à 24 jours. Ils s'occupent aussi des petits (8, 9) jusqu'à leur envol, ce qui arrive au bout de 26 à 28 jours. Le régime alimentaire de la Mouette rieuse consiste surtout en invertébrés divers, les vertébrés étant représentés essentiellement par les poissons et les petits mammifères. À l'occasion, elle complète son menu par des cerises et du blé.

La livrée nuptiale (1, 2) de la Mouette rieuse comprend un manteau gris pâle et un capuchon brun chocolat. En plumage d'hiver, elle a la tête blanche avec une tache noire dans la région auriculaire (3). Le bout des ailes est noir, mais le bord blanc antérieur de la main est visible toute l'année. La livrée juvénile (4, 5) est blanche et brune. Les Mouettes adultes mesurent entre 35 et 38 cm de long. Elles lancent des « cverr », des « criié » et des « kekek » stridents.

6

1

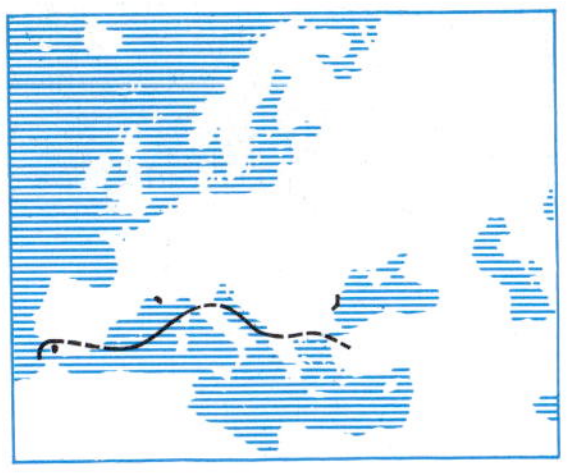

Goéland railleur

Larus genei

En Europe, le Goéland railleur vit au bord de la Méditerranée, dans la région de la mer Noire et de la Caspienne d'où il pénètre en Asie Mineure ; il niche aussi de manière dispersée en Asie centrale. Il est partiellement sédentaire, partiellement migrateur ou nomade. Les populations migratrices hivernent dans le sud de leur aire de répartition, mais vont aussi jusqu'au nord-ouest de l'Afrique. Les oiseaux migrateurs et nomades réapparaissent sur leur lieu de ponte entre mars et avril. Ils occupent les côtes, les deltas, les îlots des lagunes, les marais, le bord des rivières et des lacs salés de l'arrière-pays. Ils forment des colonies, souvent en compagnie de Sternes. La saison de reproduction commence assez tard, généralement en juin ou en juillet.

Le nid est une petite cavité dans le sol, tapissée de restes de plantes des terrains salés, de tiges et de racines de roseaux. La femelle pond généralement 2 ou 3 œufs crème ou blanc cassé, tachés de noir ou de brun, qui éclosent au terme de 22 à 28 jours de couvaison. Les petits Goélands railleurs savent voler à l'âge de 30 à 35 jours, mais leurs parents continuent à les nourrir pendant 2 semaines encore. Entre août et septembre, les individus migrateurs ou nomades commencent à quitter leurs colonies. Le Goéland railleur se nourrit surtout de petits poissons et d'invertébrés.

En vol, le Goéland railleur a le même motif que la Mouette rieuse sur le dessus des ailes : le manteau gris, la partie antérieure des ailes blanche et sa partie postérieure noire. En livrée nuptiale (1) toutefois, il a la tête entièrement blanche et le bec rouge foncé, nettement plus long et plus fort que celui de la Mouette rieuse. Le dessous de son corps est teinté de rose. Les immatures sont blanc et brun sur le dessus avec la bande terminale de la queue noire. Les Goélands railleurs adultes sont plus grands que la Mouette rieuse.

Goéland d'Audouin

Larus audouinii

Le Goéland d'Audouin est le Goéland le plus rare dans la partie occidentale de la région paléarctique. Il ne vit que sur quelques îles de la Méditerranée ainsi que sur les côtes méditerranéennes du Maghreb. Sur 3 000 à 3 500 couples, deux tiers environ se cantonnent sur les îles Chafarines (nord-est du Maroc). En 1981, la colonie marocaine comptait 2 200 couples. C'est un oiseau sédentaire, nomade ou migrateur, qui passe le plus souvent l'hiver sur les côtes méditerranéennes de l'Afrique du Nord ou sur les côtes atlantiques de l'Afrique, jusqu'au Sénégal.

Le Goéland d'Audouin niche de préférence sur les versants exposés au soleil des îlots sablonneux ou rocheux à la végétation peu dense. Son nid est placé dans la végétation basse, parfois aussi dans une dépression existant entre des pierres. C'est une construction assez solide faite de tiges, d'algues sèches et de quelques plumes. Les couples commencent à nicher en avril ou en mai. La ponte complète compte le plus souvent 3 œufs dont la couleur fondamentale vert olive est constellée de taches brun foncé ou noires. L'incubation dure de 26 à 33 jours. Les petits, nidifuges, quittent le nid dès le lendemain de l'éclosion pour chercher l'ombre ou l'abri dans les environs. Ils sont capables de voler au bout de 5 ou 6 semaines. Essentiellement piscivore, le Goéland d'Audouin se nourrit également d'autres animaux marins ou terrestres.

L'oiseau adulte (1), de même taille que le Goéland argenté, est blanc avec un manteau gris perlé et la pointe des ailes noire, couleur qui se fond imperceptiblement dans le gris des parties voisines. De près, on le reconnaît à son bec d'un rouge vif avec un anneau noir à la base et la pointe jaune. De loin cependant, son bec paraît sombre. Le Goéland d'Audouin a un anneau orbital rouge et des pattes vert olive. Il lance des « gi-erk » forts.

Goéland cendré

Larus canus

Le Goéland cendré niche dans le nord de l'Eurasie et de l'Amérique du Nord. En Europe, il fait partie des espèces en expansion : après avoir progressé vers l'ouest, il a tendance à pénétrer en direction du sud, de sorte qu'aujourd'hui il niche çà et là en Pologne, France, Suisse, Autriche et Tchécoslovaquie. Par conséquent, il niche aussi bien sur le littoral qu'au bord des lacs, en plaine comme en montagne (jusqu'à 1 300 mètres d'altitude), près de grandes rivières, dans les marais et les tourbières. Il hiverne en mer du Nord mais surtout sur le littoral de l'Europe occidentale et en petit nombre au bord de la Méditerranée. Seuls 2 % des individus traversent l'intérieur du continent européen lors de leur migration, certains s'arrêtant pour y passer l'hiver. La migration d'automne dure de juillet à novembre.

Les Goélands cendrés forment souvent des colonies mais il leur arrive de nicher par couples isolés. En mars et en avril, ils apparaissent en couples sur leurs lieux de ponte. Dans un premier temps, les oiseaux se réunissent dans les endroits surélevés pour se livrer à des parades nuptiales collectives, celles-ci se poursuivant après par couples. Le plus souvent, c'est la femelle qui bâtit le nid au sol avec de l'herbe, des bruyères et des plantes aquatiques. La ponte a lieu en mai ou en juin. Elle compte 3 œufs brun olive ou verdâtres, tachés de marron (2), que les deux adultes couvent à tour de rôle pendant 22 à 25 jours. Tous deux s'occupent aussi des petits pendant 5 semaines environ. Le Goéland cendré se nourrit de différents invertébrés marins, de poissons et de détritus, mais aussi de graines.

1

Au printemps, le Goéland cendré (1) a le manteau gris et l'extrémité des ailes noire, tachée de blanc. Son bec et ses pattes sont jaune verdâtre. En hiver, son occiput et sa nuque sont striés de brun-gris. Il est à peine plus grand que la Mouette rieuse. Ses cris sont des « kiaou » stridents et des « gué-gué-gué ».

2

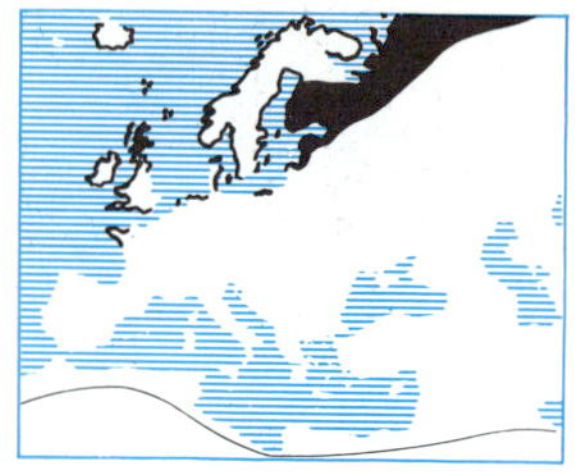

Goéland brun

Larus fuscus

Contrairement à d'autres Goélands et Mouettes, le Goéland brun a une aire de répartition relativement restreinte. Elle s'étend en effet sur le littoral atlantique européen, depuis l'Islande jusqu'aux pays Baltes et en Sibérie occidentale. Seul un petit nombre d'oiseaux britanniques passe l'hiver sur l'aire de nidification, la plupart des autres populations gagnant le littoral de l'Europe occidentale ou, à travers le continent européen, la Méditerranée et l'Afrique Noire. En avril, ils reviennent sur leurs lieux de ponte.

2

Le Goéland brun niche en colonies sur les côtes, dans les deltas mais aussi au bord des eaux douces de l'arrière-pays, peu éloignées de la côte. Le nid en herbe, en mousse, en lichens, en algues ou autre matériau végétal repose au sol, le plus souvent sur un îlot herbeux, au bord de l'eau, sur une dune ou une falaise. En mai ou en juin, la femelle pond le plus souvent 3 œufs dont la coloration est extrêmement variable : ils peuvent être jaunâtres, brunâtres, verts ou gris avec des taches brun foncé (2). Les deux adultes les couvent à tour de rôle pendant 26 à 28 jours et s'occupent des petits pendant 4 ou 5 semaines. La migration d'automne se déroule d'août à octobre. Les jeunes oiseaux vagabondent fréquemment en dehors de l'aire de nidification de l'espèce. C'est seulement au cours de la troisième année de leur existence qu'ils atteignent la maturité sexuelle. Ces Goélands se nourrissent surtout de différents animaux marins et de leurs restes, mais ils saccagent aussi les pontes et tuent de petits mammifères et les poussins d'autres oiseaux.

Le Goéland brun a la taille du Goéland argenté. Au printemps, il a le manteau gris ardoise ou noir, le bec et les pattes jaunes (1) ; son plumage d'hiver se différencie par les taches brun foncé sur la tête et le cou. Ses cris sont des « kiaou » et des « gué gué gué » plus graves.

Goéland argenté

Larus argentatus

Le Goéland argenté est le plus commun des Goélands. Il vit dans presque tout l'hémisphère Nord, sur le littoral de l'Eurasie et de l'Amérique du Nord, mais aussi au bord des mers et des lacs à l'intérieur des terres. Les populations de l'Europe occidentale sont sédentaires ; celles du nord de l'Europe, migratrices, effectuent de longs voyages vers le sud. Les Goélands argentés nichent le plus souvent en colonies dont certaines comptent des milliers de couples. Ils ne se montrent pas exigeants quant au choix de leur lieu de ponte, installant leur nid aussi bien sur l'herbe

2

1

ou les dunes de sable que sur les falaises des îles ou dans les roselières des lacs. Sur la côte bulgare, le Goéland argenté niche presque exclusivement sur les toits des maisons.

Les oiseaux occupent généralement leur territoire en mars ou en avril, pondant en mai après des cérémonies nuptiales spectaculaires. Leur nid est un amoncellement de végétaux que les deux oiseaux amassent. Ils couvent aussi à tour de rôle pendant 26 à 28 jours les 3 œufs brunâtres, verts ou gris, tachés de brun foncé (3). Les jeunes savent voler au bout de 6 semaines et atteignent la maturité sexuelle entre la troisième et la cinquième année de leur existence. Dès juillet, les Goélands argentés commencent à vagabonder. Ils se nourrissent d'animaux marins et de détritus divers, s'attaquant fréquemment aux œufs et aux petits des Sternes, des Mouettes et des Canards. Ils sont si voraces qu'ils vont jusqu'à dévorer les petits des couples voisins.

3

Le Goéland argenté mesure de 55 à 60 cm de long. Il a un manteau gris argenté ou gris foncé et la pointe des ailes noire avec des taches blanches (1). Ses pattes sont couleur chair (jaunes chez les populations baltes), son bec est jaune avec une marque rouge. En plumage d'éclipse, des taches brun-gris apparaissent sur sa tête et son cou. Les immatures (2) sont tachés de brun sur le dessus. Ses cris sont les mêmes que ceux du Goéland brun, mais beaucoup plus forts.

Goéland marin

Larus marinus

1

Le Goéland marin niche sur les îles et les côtes de l'Atlantique et de la mer du Nord, depuis l'Islande jusqu'à la péninsule de Kola en passant par la Scandinavie, et sur la côte est de l'Amérique du Nord. Certaines populations, sédentaires, passent l'hiver au bord de la mer du Nord et de la Baltique, mais la majorité des oiseaux sont nomades ; au cours de leurs errances, ils atteignent le niveau de l'Espagne.

À la saison de nidification, le Goéland marin s'installe le plus souvent sur les côtes et les îles rocheuses, plus rarement sur le littoral plat ou au bord de grands lacs à l'intérieur des terres. Il niche fréquemment en colonies, parfois en compagnie d'autres Mouettes et Goélands, mais il

2

peut tout aussi bien s'installer par couples isolés. Les deux oiseaux bâtissent leur nid avec des algues, des rameaux, de l'herbe et des bruyères. Ils le placent sur les corniches ou les saillies rocheuses, parfois dans l'herbe. Entre mi-avril et mi-juin, la femelle pond généralement 3 œufs brunâtres tachés de marron foncé (2), qu'elle couve à tour de rôle avec le mâle pendant 26 à 28 jours. Entre juillet et avril, les Goélands marins errent sur les côtes ou en haute mer. Ils se nourrissent essentiellement d'animaux marins, de leurs charognes et de différents détritus. Dans les colonies d'autres oiseaux marins, ils s'attaquent aux œufs et aux poussins. Ils se spécialisent parfois dans la chasse des oiseaux qui nichent dans les trous et cavités tels que les Pétrels et les Macareux.

Le Goéland marin est presque aussi grand qu'une Oie cendrée ; il mesure en effet entre 64 et 79 cm. C'est une copie agrandie du Goéland brun. En livrée nuptiale, il a un manteau noir (1), les pattes couleur chair, et le bec jaune avec une marque rouge. En plumage d'hiver, sa tête et son cou portent des stries brunes. Il lance des « couk » rauques et graves.

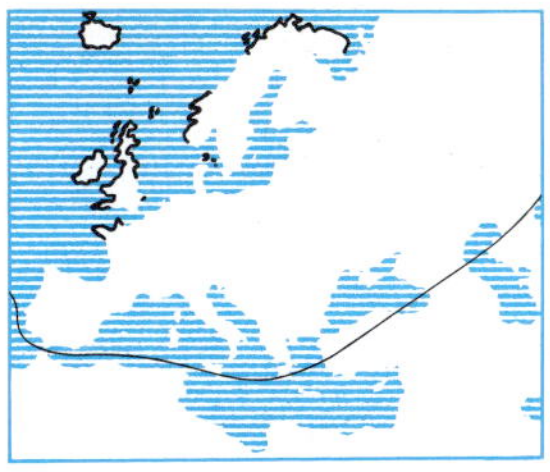

Mouette tridactyle

Rissa tridactyla

1

La Mouette tridactyle est plus tributaire du milieu marin que les autres espèces de Mouettes. Elle niche sur les îlots rocheux et sur les côtes ; en dehors de la saison de nidification, elle vit essentiellement en haute mer, ne s'aventurant que très rarement à l'intérieur des terres. C'est une habitante des régions arctiques et subarctiques de l'Europe, de l'Asie et de l'Amérique du Nord. En Europe, on la rencontre en Grande-Bretagne, en France (Bretagne), en Scandinavie, en Islande et sur d'autres grandes îles des mers arctiques. Elle niche en mai et en juin, dans des colonies comptant plusieurs milliers d'individus car elle est l'une des principales espèces constituant les groupements mixtes.

Le couple bâtit son nid sur les corniches et les saillies des falaises abruptes, parfois même sur les corniches des édifices qui sont, au fond, les équivalents des

2

parois rocheuses. Le nid est une construction conique faite avec des plantes aquatiques, de la mousse, des lichens, de l'herbe, et renforcée avec de la terre. Les deux adultes couvent à tour de rôle pendant 25 à 29 jours 2 œufs gris jaunâtre, tachés de brun (2) et s'occupent aussi des petits. Le nid étant placé sur une paroi rocheuse, les petites Mouettes tridactyles ne peuvent pas le quitter et y restent jusqu'à ce qu'elles

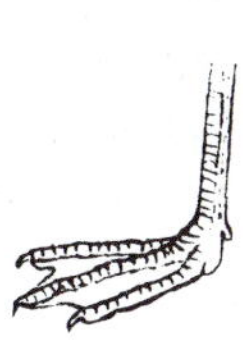

3

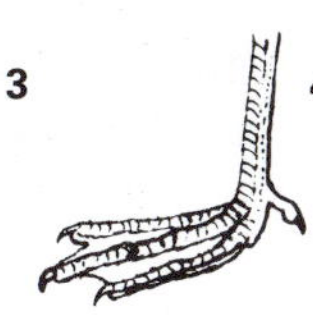

4

puissent voler, au bout de 38 à 47 jours. Après la saison de nidification, les immatures comme les oiseaux adultes se dispersent dans tous les sens, surtout dans la partie septentrionale de l'Atlantique, certains parvenant, au sud, jusqu'au bord de la Méditerranée. Les Mouettes tridactyles se nourrissent surtout d'animaux marins, le plus souvent de crustacés, de vers, de mollusques et de poissons.

Un peu plus grande que la Mouette rieuse, la Mouette tridactyle a, en livrée nuptiale (1), le manteau gris, la pointe des ailes noire, le bec jaune et les pattes presque noires. Son pouce, atrophié, est généralement dépourvu de griffe (3), contrairement aux autres espèces de Mouettes (4). En plumage d'hiver, elle a des taches noires devant et derrière l'œil. Son occiput est gris. Elle lance des « kiti-viik ».

Goéland sénateur

Pagophila eburnea

Le Goéland sénateur est l'un des habitants du Grand Nord puisqu'il niche loin au-delà du cercle polaire, jusqu'au 75e degré de latitude Nord. À la saison de nidification, il vit sur les côtes rocheuses des îles arctiques, errant le reste de l'année au-dessus de l'océan Glacial Arctique. Il s'éloigne alors plus ou moins de ses lieux de ponte, mais aime s'attarder à la périphérie de la banquise.

Entre mars et mai, il réapparaît dans la zone de nidification. Sociable, il niche en colonies sur les falaises, souvent dans les endroits fréquentés par les phoques, mais peut tout aussi bien s'installer sur une côte plate. Son nid ressemble à celui de la Mouette tridactyle. Compte tenu des rigueurs du climat polaire, la saison des pontes commence très tard, au début du mois de juillet. La femelle pond le plus souvent 2 œufs vert olive clair ou gris, tachés de brun, qu'elle couve tour à tour avec le mâle. L'incubation des œufs dure environ 25 jours. Les premiers petits apparaissent début août ; ils commencent à voler début septembre. En septembre et en octobre, les Goélands désertent peu à peu leur colonie. Leur régime alimentaire est insolite : ils se nourrissent en effet d'excréments et de cadavres de phoques, morses et ours polaires, ce qui explique leur prédilection pour la périphérie de la banquise. Ils mangent aussi de petits poissons et des invertébrés marins ; ils chassent les lemmings et pratiquent le parasitisme alimentaire, en dépouillant les Alcidés de leurs proies.

Lorsqu'il est posé, le Goéland sénateur a l'allure d'un Pigeon. Nettement plus grands que la Mouette rieuse, les oiseaux adultes (1) sont entièrement blancs avec les pattes noires. Les immatures ont quelques rares taches noires sur le dessus, la pointe des ailes noire et une bande de la même couleur sur la queue. Le Goéland sénateur lance des « ki-er » aigus.

1

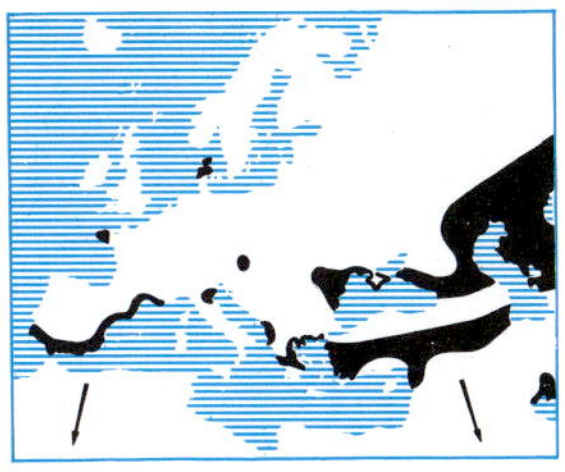

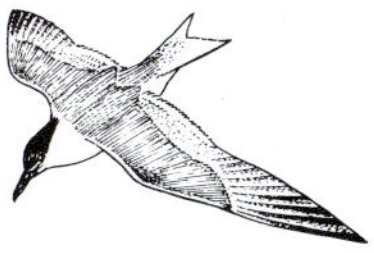

Sterne hansel

Gelochelidon nilotica

La Sterne hansel vit dans les régions tempérées et tropicales de l'Eurasie, de l'Amérique du Nord et du Sud et de l'Australie. En Europe, elle niche en colonies dispersées au bord de la Méditerranée, depuis le sud de l'Espagne jusqu'à la Turquie, et par endroits sur le littoral de la mer du Nord. Essentiellement migratrice, elle hiverne en Méditerranée, mais surtout le long des côtes occidentales de l'Afrique. La migration d'automne a lieu d'août à septembre, celle de retour s'effectue en mai. Elle recherche les côtes, les lacs peu profonds des steppes, les îles de sable et de galets, les bords des étangs et des rivières. Sociable, elle niche souvent en compagnie d'autres Sternes et de la Mouette rieuse.

Le nid est une petite dépression dans le sol ou dans l'herbe rase, garnie avec parcimonie d'un peu d'herbe, d'algues et de quelques morceaux de bois. Entre mai et juin, le femelle pond 3 œufs crème tachés de brun-noir que les deux adultes couvent pendant 22 ou 23 jours ; tous deux s'occupent des petits jusqu'à leur envol, c'est-à-dire pendant 28 à 35 jours. La Sterne hansel se nourrit surtout d'insectes et de petits vertébrés. Elle prend sa nourriture au ras de l'eau ou dans l'herbe, ne plongeant jamais pour pêcher.

De même longueur que la Mouette rieuse, la Sterne hansel a un bec noir assez fort et des pattes noires. Sa queue n'est que faiblement échancrée. En livrée printanière (1), elle a une calotte noire, un manteau gris, la queue gris clair, le reste du corps étant blanc. En plumage d'hiver (2), sa tête blanche porte des stries noires sur l'occiput et une étroite bande presque noire derrière les yeux. Elle lance des ricanements, « héhéhég ».

2

1

Sterne caspienne

Sterna caspia (Hydroprogne caspia)

2

La Sterne caspienne vit çà et là sur tous les continents, à l'exception de l'Amérique du Sud. En Europe, on la rencontre au bord de la Baltique (surtout dans les golfes de Botnie et de Finlande), sur la côte nord de la mer Noire et sur le pourtour de la mer Caspienne bien qu'elle ait également niché dans d'autres pays européens. Tout en étant un oiseau côtier, elle vit au Kazakhstan et dans d'autres régions situées encore plus à l'est, au bord des lacs. Ses populations méridionales sont sédentaires ou nomades, celles du nord sont migratrices.

En avril et en mai, les Sternes caspiennes reviennent sur les côtes sablonneuses pour y former des colonies où les nids sont très rapprochés. Le nid est une petite cavité dans le sable ou dans la végétation basse, faiblement garnie de débris végétaux ramassés dans les environs. En mai ou en juin, la femelle pond 2 ou 3 œufs jaune-gris parsemés de taches olivâtres ou brun-noir (3) dont elle assure la majeure partie de la couvaison (de 20 à 25 jours). Les petits savent voler au bout de 4 ou 5 semaines. En août, les Sternes caspiennes commencent à déserter leur colonie pour s'envoler, avant octobre, vers leurs lieux d'hivernage situés au bord des lacs et lagunes de la partie septentrionale de l'Afrique équatoriale. Piscivore, la Sterne caspienne pêche des poissons marins en plongeant en piqué. À l'occasion, elle ne dédaigne pas les œufs et les poussins des autres oiseaux.

C'est la plus grande des Sternes ; elle atteint la taille du Goéland brun. Ses longues ailes coudées sont gris pâle sur le dessus ; sa queue, légèrement échancrée, est blanche. Les plumes noires de la calotte (1) forment une petite huppe, bien visible chez l'oiseau au repos. En livrée d'hiver (2), le front et l'occiput sont tachés de noir et de blanc. On remarque le bec puissant d'un rouge vif et la grande tête. Les petites pattes sont noires. Cri : un « krreī » rauque.

1

3

Sterne caugek

Sterna sandvicensis

3

La Sterne caugek niche sur le littoral européen, depuis le sud de la Suède jusqu'au bord de la Méditerranée, de la mer Noire et de la Caspienne. Elle vit également sur la côte est de l'Amérique du Nord et de l'Amérique centrale.

Migratrice, elle hiverne parfois dans la région méditerranéenne, mais les populations de l'Europe du Nord et de l'Europe occidentale effectuent, en automne, des migrations particulièrement lointaines. Elles longent le littoral de l'Europe occidentale et de l'Afrique occidentale jusqu'en Afrique australe et la contournent parfois pour suivre la côte est jusqu'au Mozambique.

Les Sternes caugeks apparaissent sur leur lieu de ponte, en couples, entre avril et mai. Elles recherchent les bancs de sable ou de galets, les dunes et les îlots ; elles nichent çà et là au bord de lacs éloignés de la mer. Leurs colonies comptent parfois plusieurs milliers d'individus. Le nid est une petite cavité dans le sable ou entre les pierres, garnie sommairement de brins d'herbe. Fin avril ou début mai, la femelle pond 2 œufs crème tachés de brun-noir (2) que les deux adultes couvent à tour de rôle pendant 22 à 26 jours. À l'âge de 15 à 20 jours, les petits se réunissent en crèche surveillée par des oiseaux adultes, mais les parents arrivent à retrouver leur progéniture au milieu de la bande. À l'âge de 30 à 35 jours, les jeunes sont capables de voler. Ils commencent alors à errer jusqu'à ce qu'ils s'envolent vers le sud entre juillet et septembre. La Sterne caugek pêche de petits poissons de mer, des vers et des mollusques marins.

1

Les adultes sont coiffés d'une calotte noire qui se termine en courte huppe (3). Leurs pattes sont noires tout comme le bec, terminé par une pointe jaune. En plumage d'hiver (1), le front est blanc et l'occiput taché de noir et de blanc. La Sterne caugek a la taille d'une Mouette rieuse. Elle lance des « kirrrik » bruyants.

2

Sterne Pierre-Garin

Sterna hirundo

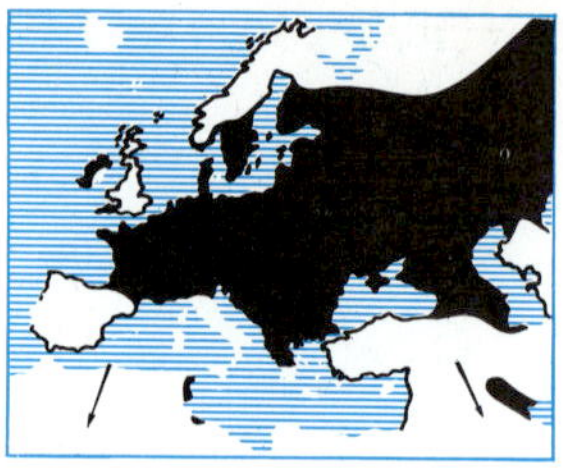

3

La Sterne Pierre-Garin vit presque partout en Europe (à l'exception des régions les plus septentrionales du nord-est), dans toute la partie tempérée de l'Asie, dans l'est de l'Amérique du Nord et dans certaines régions de l'Afrique du Nord. Elle hiverne dans une vaste zone qui s'étend depuis la Méditerranée en direction du sud, mais la plupart des oiseaux effectuent de très longs voyages le long des côtes occidentales de l'Afrique, jusqu'au Cap. En partant depuis le nord de l'Europe, ils franchissent ainsi plus de 10 000 km. La Sterne Pierre-Garin niche de préférence sur les îlots de sable et de gravier, sur les alluvions des rivères et des lacs, au bord de l'eau peu profonde des étangs et des marais ainsi que sur les côtes. Elle apparaît sur ses lieux de ponte fin avril et début mai. Au cours de la parade nuptiale, qui se déroule à terre et dans les airs, les oiseaux s'offrent un petit poisson en guise de présent. Ces Sternes forment souvent des colonies assez importantes qu'elles partagent parfois avec d'autres Sternes et Mouettes, mais peuvent tout aussi bien nicher par couples séparés.

1

En mai ou en juin, la femelle bâtit seule son nid. C'est une petite cavité du sol ou un creux ménagé dans la végétation, qu'elle garnit de plantes sèches. Elle pond généralement 3 œufs brun-jaune tachés de brun-noir (2) qu'elle couve avec son partenaire pendant 20 à 23 jours. Tous deux nourrissent et surveillent les jeunes après l'éclosion. Fin juillet et courant août, les Sternes Pierre-Garin disparaissent des colonies. Elles se nourrissent de petits poissons, d'insectes, de crustacés, de mollusques, ainsi que de vers et d'échinodermes.

En livrée nuptiale (1), la Sterne Pierre-Garin a le manteau gris et une calotte noire. Son bec est rouge avec la pointe noire. En livrée d'hiver (3), son front est blanc, tandis que son occiput et son bec sont noirs. Au repos, sa queue ne dépasse pas l'extrémité de ses ailes. La Sterne Pierre-Garin a la taille d'une Tourterelle des bois, mais sa silhouette est très différente. Elle lance des « crri-érrr » ou des « kirr, kirr-kirri » stridents.

2

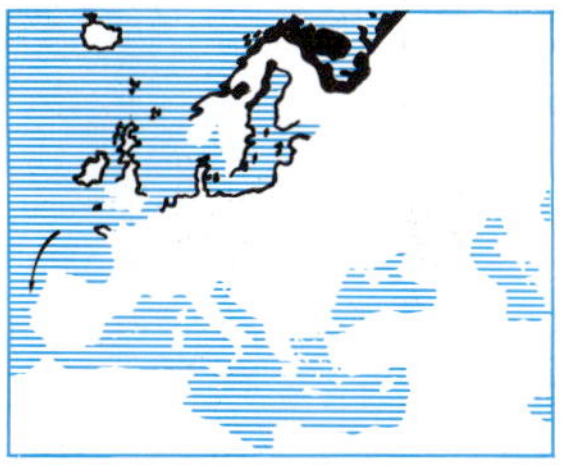

Sterne arctique

Sterna paradisaea

La Sterne arctique (1) est une très grande voyageuse. Elle effectue en effet des migrations extrêmement longues pendant lesquelles elle franchit des distances supérieures à 20 000 km. À la saison de nidification, on la rencontre dans l'extrême nord de l'Eurasie et de l'Amérique du Nord, mais elle niche aussi sur les côtes, depuis la France jusqu'à la Pologne, les pays Baltes et l'U.R.S.S. nichent en colonies plus ou moins importantes sur les côtes sablonneuses ou rocheuses et sur les îles, exceptionnellement aussi au bord des lacs à l'intérieur des terres. Leur nid est une faible cavité dans le sol, garnie de quelques brins d'herbe ou d'éclats de coquillages. La femelle pond en mai 2 œufs crème à vert olive, tachés de noir (2), qu'elle couve pendant 20 à 24 jours ; le mâle la remplace dans certains cas. Peu après l'éclosion, les petits se mêlent à d'autres poussins dans la colonie, mais leurs parents arrivent toujours à les retrouver. Ils pêchent pour eux de petits poissons, mais aussi des vers marins, des mollusques, des crustacés et des insectes. Fin juillet et courant avril, les Sternes commencent à déserter leur colonie.

1

Les populations du nord de l'Europe se dirigent vers le sud le long du littoral de l'Europe occidentale ; elles se mêlent alors aux Sternes venues du nord-est de l'Amérique pour continuer leur voyage en longeant les côtes de l'Afrique occidentale jusqu'en Afrique australe et jusqu'à l'Antarctique. Lors de ces migrations, une partie des Sternes fait, en 1 ou 2 années, le tour de l'Antarctique. Elles reviennent vers le nord en avril ou en mai. Les Sternes arctiques

3

2

En livrée nuptiale (1), les Sternes arctiques ont les joues blanches et le dessous grisâtre. Leur bec est entièrement rouge. Leurs pattes sont étonnamment courtes tandis que leur longue queue dépasse, au repos, l'extrémité de leurs ailes. Leur plumage d'hiver (3) et leur taille rappellent ceux de la Sterne Pierre-Garin. Leurs cris sont des « crié » ou « krirr ».

LARIFORMES
STERNIDAE

Sterne naine

Sterna albifrons

1

La Sterne naine, oiseau cosmopolite, a cependant une aire de répartition très morcelée. Elle niche en Europe, en Asie, en Amérique du Nord et en Australie. En Europe, elle se reproduit sur les côtes méridionales et occidentales, pénétrant au nord jusqu'au sud de la Scandinavie et au golfe de Finlande. Elle vit aussi à l'intérieur du continent, le long des fleuves. Les Sternes naines hivernent dans une vaste zone qui s'étend de la Méditerranée jusqu'à l'Afrique australe. Sociables, elles forment des colonies peu importantes sur les côtes et les îles de galets et de sable, ainsi que sur les alluvions des grands fleuves et des lacs. Elles sont généralement situées à l'écart de celles des autres espèces de Sternes ou de Mouettes. Entre avril et mai, les Sternes naines reviennent sur leurs lieux de ponte, où les couples se forment. La femelle creuse avec son corps une cavité qu'elle entoure de galets et de coquillages. En mai ou en juin, elle pond 2 ou 3 œufs ocre tachés de brun foncé (2) qu'elle couve d'abord seule, puis avec l'aide du mâle. L'incubation dure 20 à 22 jours. À l'âge de 20 jours, les petits savent déjà voler et, en juillet et en août, ils sont en mesure de quitter la colonie en compagnie d'oiseaux adultes. La Sterne naine se nourrit surtout de crustacés, de petits poissons et d'insectes. Son mode de pêche est caractéristique (3) : lorsqu'elle aperçoit une proie, elle fait un peu de vol sur place avant de plonger en piqué et de disparaître dans l'eau pour 2 ou 3 secondes. Toutes les Sternes du genre *Sterna* pêchent de cette façon.

En livrée nuptiale (1), on reconnaît la Sterne naine à son front blanc, à son bec jaune dont la pointe est noire, ainsi qu'à ses pattes jaunes. En plumage d'hiver, le dessus de sa tête est blanc avec une tache gris-noir en arrière de l'œil et sur la nuque. C'est la plus petite de toutes les Sternes ; elle a la taille d'un Étourneau. Elle lance des « cri-ic » et des « kirri-kirri-kirri » grinçants.

3

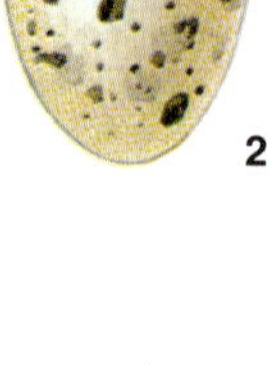

2

Guifette moustac

Chlidonias hybridus

La Guifette moustac vit en Europe, dans une partie de l'Asie, de l'Afrique et de l'Australie. En Europe, elle niche dans l'ouest, le sud, le centre et l'est, mais certaines années, on a enregistré des cas de nidification de petits groupes d'oiseaux dans les régions situées plus au nord. Migratrice, la Guifette moustac effectue un long voyage pour se rendre en Afrique équatoriale, au sud du Sahara. Elle revient dans son aire de nidification fin avril et surtout en mai.

Pour nicher, les Guifettes moustacs recherchent les vasières des cours d'eau, les étangs et les marais. Elles forment des colonies, souvent en compagnie de Guifettes noires. Elles bâtissent leur nid dans la végétation du bord de l'eau, sur les plantes aquatiques flottantes ainsi que sur les tas de végétaux flottant librement. Le nid est un amas plus ou moins important de roseaux, de joncs et d'autres plantes aquatiques. La ponte compte généralement 2 ou 3 œufs gris ou ocre clair, tachés de brun foncé. Contrairement à ceux des autres Guifettes, les œufs des Guifettes moustacs ont presque toujours une nuance verte. Les deux parents les couvent tour à tour pendant 18 à 20 jours et tous deux nourrissent et surveillent les petits. Ils leur apportent surtout des insectes, des vers et d'autres invertébrés, parfois des petits poissons et des têtards. Dès juillet, les Guifettes s'envolent vers le sud.

Les Guifettes moustacs sont d'un tiers plus petites que la Sterne Pierre-Garin. Au printemps, elles ont une calotte noire et les joues blanches (1). En vol, on remarque le dessous de leurs ailes et leur queue blancs. En hiver, le front est blanc, le reste de la tête tacheté, à l'exception d'une petite bande noire en arrière de l'œil. La Guifette moustac lance des « ki-ik » bisyllabiques et des « chreeb » rauques.

Guifette noire

Chlidonias niger

La Guifette noire vit sur les étangs, les lacs, les marais, les bras morts ou les anses calmes des grands cours d'eau lents. Son aire de répartition couvre une grande partie de l'Europe (y compris le sud de la Scandinavie, les pays Baltes et l'U.R.S.S., sans toutefois pénétrer sur les îles Britanniques), de l'Asie occidentale et de l'Amérique du Nord. Elle ne reste sur ses lieux de ponte que le temps nécessaire pour la nidification : elle y revient généralement en mai pour partir, dès juillet, vers l'Afrique équatoriale. Elle niche en colonies, souvent en compagnie d'autres Guifettes, Sternes ou Mouettes.

Le couple bâtit son nid au bord de l'eau, dans la végétation clairsemée des terrains marécageux, souvent aussi sur les plantes aquatiques flottantes ou sur les tas de végétaux brisés ou fauchés. Ce mode de nidification entraîne des pertes considérables : il suffit d'une rafale de vent un peu forte pour que le petit amas de roseaux, de joncs ou de laîches qui constitue le nid soit détruit. En mai ou en juin, la femelle pond 2 ou 3 œufs crème-fauve constellés de taches brunes (2) qu'elle couve en alternance avec le mâle pendant 21 ou 22 jours. Les deux adultes prennent aussi soin des poussins, continuant à les nourrir même lorsqu'ils savent déjà voler convenablement. La Guifette noire se nourrit surtout d'insectes aquatiques et de leurs larves, puis d'araignées, de sangsues, de petits poissons, de têtards et de petites grenouilles. Lorsqu'elle pêche, elle vole en se balançant au-dessus de l'eau ; elle ne plonge pas mais descend au ras de l'eau.

1

Au printemps, la Guifette noire est entièrement gris-noir, à l'exception des sous-caudales blanches et de la face interne des ailes gris pâle (1). En livrée hivernale, on la reconnaît surtout aux marques noirâtres sur les côtés de la poitrine blanche et à sa tête noire avec un front blanc. Elle a la taille d'un Merle. Ses cris sont des « kirr » assez doux.

2

Guifette leucoptère

Chlidonias leucopterus

La Guifette leucoptère vit en Europe orientale et également de temps à autre dans la partie occidentale du continent. Par ailleurs, elle niche dans une vaste zone qui traverse toute l'Asie jusqu'à l'île de Sakhaline. Elle est migratrice, ses populations européennes hivernant jusqu'en Afrique équatoriale et australe. Les oiseaux partent pour ce long voyage dès août ou courant septembre et ne reviennent sur leurs lieux de ponte qu'en mai ou en juin.

La Guifette leucoptère vit sur les eaux stagnantes envahies par la végétation et dans les marais. Elle niche en colonies, souvent en compagnie de la Guifette noire. Son nid en plantes aquatiques mortes est placé dans un endroit inaccessible, au milieu de la végétation aquatique. Les couples commencent à nicher en mai ou en juin. La femelle pond le plus souvent 3 œufs crème tachés de brun foncé qu'elle couve avec l'aide du mâle. On ignore la durée exacte de la couvaison, mais on présume qu'elle est la même (de 18 à 20 jours) que celle des deux espèces précédentes du genre *Chlidonias.* Les deux parents s'occupent des poussins. Ils les nourrissent avec des insectes aquatiques ou volant au ras de l'eau qu'ils capturent au-dessus des étendues d'eau dégagées ou des formations de végétaux aquatiques.

La Guifette leucoptère ressemble beaucoup à la Guifette noire, tant par sa taille que par sa coloration. En livrée nuptiale (1),

elle est noire, mais sa queue et ses couvertures alaires sont d'un blanc pur tandis que bec et pattes sont rouges. C'est en vol qu'on la reconnaît le mieux car on aperçoit alors le dessous noir de ses ailes. En plumage d'hiver, elle est blanche sur le dessous, noire sur l'occiput, son croupion blanc contrastant avec son manteau et sa queue gris. Elle lance des « kerr » rudes.

Les hôtes des falaises nordiques, les Pigeons et les Tourterelles

Alciformes, Columbiformes

Les Alcidés passent toute leur existence en mer, où ils se nourrissent essentiellement de poissons, et nichent sur le littoral. Ils sont très bien adaptés à ce mode de vie : la forme de leur corps facilite la plongée et les déplacements rapides sous l'eau. Leur bec est aplati latéralement, leurs pattes sont repoussées à l'arrière du corps, raison pour laquelle ils se tiennent sur la terre ferme en position dressée, reposant sur leurs talons et sur leurs tarses. Les doigts antérieurs sont reliés par une palmure puissante tandis que le pouce est atrophié ou inexistant (fig. 1). Contrairement aux Canards, aux Grèbes et aux Plongeons, les Alcidés utilisent leurs courtes ailes pour nager sous l'eau. Ils les tiennent alors légèrement écartées et les agitent à une fréquence de 15 à 20 battements par minute (fig. 2). Leur squelette n'est que faiblement pneumatisé, ce qui empêche leurs corps de flotter. Leur sternum est étroit ; la cage thoracique, très allongée en arrière, protège le corps de la pression de l'eau.

Leur plumage est très dense. À surface égale, ils ont deux fois plus de plumes que les Charadriiformes. Les barbes et barbules, beaucoup plus denses, les hyporachis bien développés dotés de duvet long et bien fourni, augmentent l'isolation thermique dans l'eau glacée. Les Alcidés muent deux fois par an : partiellement avant la saison de nidification, totalement après celle-ci. Les rémiges tombent alors toutes en même temps, si bien que les oiseaux, incapables de voler, passent toute cette période en mer. Chez les Alcidés, la glande uropygienne (dont les secrétions servent à imprégner le plumage) est bien développée. Il en est de même des glandes nasales qui rejettent le sel en excès absorbé avec la nourriture. Les mâles ne diffèrent des femelles ni par la taille ni par la coloration.

À la saison de nidification, les Alcidés se regroupent le plus souvent en colonies comptant plusieurs milliers d'individus qui peuplent les parois des falaises. Ils pondent leur unique œuf de grande taille à même la roche ou dans un terrier. L'œuf a une forme conique très prononcée, ce qui l'empêche de rouler et de tomber de la falaise au cours de l'incubation (fig. 3). Les petits sont, à la sortie de l'œuf, recouverts d'un

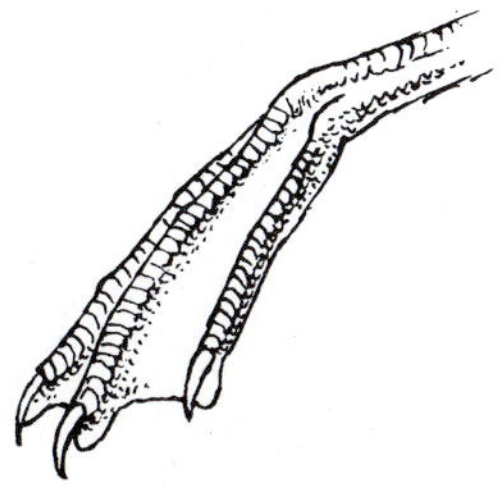

1. Patte d'un Pingouin : les trois doigts antérieurs sont reliés par une palmure et le pouce est inexistant.

2. Guillemot à miroir nageant sous l'eau en s'aidant de ses ailes

épais duvet. Chez les espèces qui pondent à même la roche, ils sont nidifuges : ils croissent très vite et sautent dans la mer du haut des rochers avant d'être pleinement développés. Les espèces qui nichent dans un terrier ont des poussins nidicoles qui quittent le nid complètement développés et capables de voler.

Les Columbiformes forment un ordre important, composé essentiellement d'espèces nichant dans les arbres. Ils ont des pattes adaptées à la marche. Leur pouce bien développé est situé au même niveau que les doigts antérieurs. Leur bec caractéristique, doté d'une pointe cornée dure terminée en crochet (fig. 4), porte à la base une cire molle renflée qui le recouvre jusqu'aux narines. Cependant, les Ptéroclididés n'ont pas de cire et leurs courtes pattes ont un pouce atrophié (certains auteurs les classent dans l'ordre des Ptéroclidiformes). Leur plumage dense est une excellente protection contre le sable chaud.

Les Columbiformes sont d'excellents voiliers, rapides et endurants. Leur squelette robuste est parfaitement pneumatisé. Leur plumage est formé de plumes raides et denses dont la partie inférieure porte des barbes duveteuses, peut-être parce qu'ils n'ont pas de duvet à proprement parler. Le plumage friable produit une poudre abondante qui remplace les sécrétions de la glande uropygienne, faiblement développée. La livrée du mâle ne diffère en rien de celle de la femelle.

Compte tenu de leur régime végétarien, les Columbiformes sont dotés d'un grand jabot à deux lobes qui remplit la fonction de réservoir provisoire de nourriture, et d'un puissant estomac musculaire. Leur jabot a une autre particularité : à la saison de nidification, ses parois se congestionnent et sa face interne commence à produire une matière crémeuse dont les oiseaux nourrissent leurs jeunes. Les Columbiformes ont aussi une façon de boire totalement différente de celle des autres oiseaux : ils plongent leur bec dans l'eau jusqu'aux narines pour aspirer l'eau. Seuls les Astrilds de la famille des Estrildidés s'abreuvent également ainsi.

Les Columbiformes nichent surtout sur les arbres. Ils pondent généralement deux ou trois fois par an, chaque ponte comptant 2 œufs blancs. Leurs petits, nidicoles, sont presque nus et aveugles. Seuls les Ptéroclididés pondent 2 ou 3 œufs tachetés sur le sol et leur progéniture est capable de se déplacer, tout en se laissant nourrir par les parents. Les jeunes se développent rapidement et apprennent vite à voler.

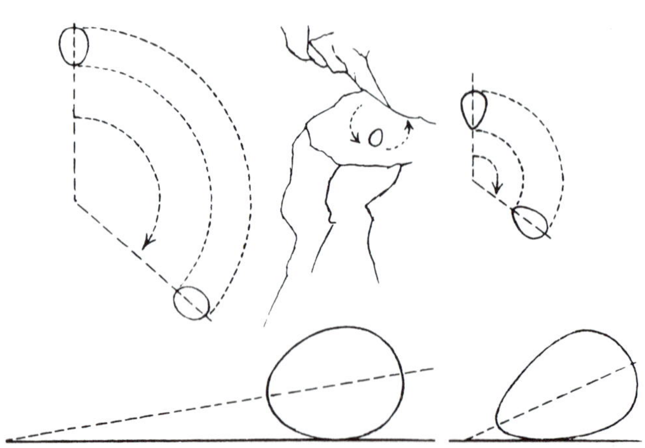

3. Les œufs des Guillemots tournent sur eux-mêmes dans un cercle beaucoup plus réduit que chez la plupart des autres oiseaux, ce qui les empêche de tomber des corniches rocheuses.

4. Tête d'un Pigeon au bec mou, protégé à sa base par une « cire »

La Tourterelle turque est une habitante régulière des squares des villes

Guillemot de Troïl

Uria aalge

Le Guillemot de Troïl forme, avec quelques autres espèces, de grandes sociétés d'oiseaux dans l'Atlantique Nord. Son aire de nidification englobe essentiellement les parties septentrionales des océans Atlantique et Pacifique ainsi que l'océan Glacial Arctique, mais en Europe, elle pénètre loin vers le sud jusqu'aux côtes françaises, portugaises et espagnoles. Le Guillemot de Troïl est le plus souvent sédentaire ; seule une partie de ses populations vagabonde dans tous les sens dans le nord de l'Atlantique, un petit nombre d'oiseaux s'envolant vers le sud jusqu'à Gibraltar. Le biotope de nidification caractéristique du Guillemot de Troïl correspond aux falaises abruptes des côtes et des îles où il vit en colonies comptant parfois des centaines de milliers d'individus. Les Guillemots rejoignent leurs lieux de ponte dès décembre ou courant janvier, en mars-avril dans la partie septentrionale de leur aire de nidification.

Vers la mi-mai, la femelle pond un seul œuf directement sur une corniche, dans une niche d'une paroi rocheuse ou dans un vieux nid de Mouette tridactyle. L'œuf, nettement conique, est blanc cassé, verdâtre ou bleuté, moucheté de vert foncé, brun ou noir (3). Les deux adultes le couvent à tour de rôle pendant 28 à 33 jours et s'occupent du petit, pêchant pour lui en haute mer des poissons dont ils se nourrissent presque exclusivement. À l'âge de 20 à 25 jours, le petit Guillemot (dont le plumage n'est pas encore définitif) saute de la corniche dans la mer ; il y vit encore longtemps en compagnie de ses parents qui se chargent de compléter son alimentation.

La livrée nuptiale du Guillemot de Troïl (1) est couleur chocolat ou noire sur le dessus, blanche sur le dessous. Une étroite bande blanche barre ses ailes. En livrée hivernale, il a la gorge, les joues et les côtés du cou blancs. Son bec mince est entièrement noir. Le Guillemot de Brünnich (*U. lomvia* – 2) se reconnaît à son bec beaucoup plus gros, portant une bande blanche longitudinale sur les côtés. Les deux espèces ont la taille d'un Fuligule morillon (41 cm).

3

2

Petit pingouin (ou Pingouin torda)

Alca torda

Le Petit pingouin est l'une des espèces représentées dans les sociétés d'oiseaux caractéristiques des îles du Grand Nord et des côtes rocheuses. Il vit dans le nord de l'Atlantique, pénétrant, au sud, en Grande-Bretagne, en Irlande et en France. Il est tributaire de la mer, où il trouve sa nourriture, et de la côte, où il niche. Les Petits pingouins sont sédentaires ; seule une partie d'entre eux migre le long du littoral de l'Europe occidentale jusqu'à la Méditerranée et au nord-ouest de l'Afrique, réapparaissant sur les lieux de ponte dès février ou courant mars.

Le Petit pingouin ne bâtit pas de nid ; la femelle pond son unique œuf, en mai ou début juin, à même la roche. L'œuf, ovale, est blanc cassé ou brunâtre, parsemé de taches brunes ou noires plus ou moins floues (2). Les deux parents le couvent à tour de rôle pendant 32 jours environ, s'absentant souvent pour de longues périodes au cours de l'incubation. À l'âge de 3 semaines, le jeune Pingouin quitte la cavité ou la corniche pour s'élancer en mer, sautant directement du haut de la falaise. Ne sachant pas encore voler, il se blesse parfois en tombant sur les récifs, ce qui est aussi souvent le cas pour les jeunes Guillemots. Une fois sur l'eau, il suit encore pendant quelque temps ses parents qui continuent à le nourrir avec du poisson, des crustacés, des mollusques et des vers marins.

En livrée nuptiale (1), le Petit pingouin a la tête (à l'exception d'une petite bride blanche entre l'œil et le bec), le cou et tout le dessus du corps entièrement noirs, et le dessous blanc. Son bec est aplati latéralement avec des rainures transversales et une ligne transversale blanche. Une bande blanche barre ses ailes. En dehors de la saison de nidification, il a la gorge, le menton et les côtés du cou blancs, mais la bride blanche entre l'œil et le bec manque. Les immatures n'ont pas de blanc sur le bec. Au nid, le Petit pingouin fait entendre des grognements et des sifflements doux.

1

2

Guillemot à miroir

Cepphus grylle

Le Guillemot à miroir niche par couples isolés ou en colonies clairsemées dans les régions septentrionales de l'Eurasie et de l'Amérique du Nord. Sur le littoral européen, il est répandu en Irlande, en Grande-Bretagne, en Islande, au Danemark, sur presque toute la péninsule scandinave, sur la presqu'île de Kola, dans les pays Baltes et en U.R.S.S. La plupart des populations sont sédentaires ; certaines, toutefois, se déplacent pour l'hiver vers le sud, sur les côtes allemandes et du sud de la Grande-Bretagne.

À la saison de nidification, le Guillemot à miroir recherche les côtes et les îles rocheuses, s'installant alors, contrairement aux autres Guillemots, sous les éboulis, les rochers ou dans les crevasses. Dans les grandes colonies mixtes, il vit aux « étages » inférieurs. Courant mai ou juin, la femelle pond 2 œufs grisâtres ou brunâtres, parsemés de taches sombres (2) dans une cavité de rocher ou sous des pierres. Les œufs reposent à même la roche, dans le meilleur des cas sur les éclats de coquillages que la mer a déposés dans ces trous. Les deux parents couvent à tour de rôle pendant 27 à 30 jours et apportent par la suite 3 à 5 fois par jour à leur progéniture de petits poissons de mer, des mollusques, des crustacés et des vers. Les jeunes restent au nid pendant 34 à 36 jours, ne le quittant que lorsqu'ils sont capables de subvenir seuls à leurs besoins. Fin juillet, les oiseaux commencent à déserter leurs lieux de ponte.

1

Le Guillemot à miroir est un peu plus petit que le Petit pingouin. Au printemps, il est entièrement noir, à l'exception d'une plage d'un blanc éclatant sur les ailes (1). Revêtu de sa livrée hivernale, il a des taches noires et blanches sur le dessus du corps, et le dessous blanc. Au nid, il lance des sifflements doux, plus rarement des trilles.

2

Macareux moine

Fratercula arctica

L'aire de nidification du Macareux moine recouvre la côte nord-est de l'Amérique du Nord, le littoral de Groenland, de l'Islande, du Spitzberg, de la Nouvelle-Zemble, de la Scandinavie, de la péninsule de Kola, de la Grande-Bretagne, de l'Irlande et, en France, la côte bretonne. En dehors de la saison de nidification, le Macareux moine vit constamment en haute mer. Partiellement migrateur, il se rend pour l'hiver jusque dans la région méditerranéenne. Avec le retour du printemps, en mars ou en avril, il s'installe sur les versants herbeux des îles et de la côte pour y creuser avec son bec et ses pattes un terrier. Extrêmement sociables, les Macareux moines nichent en colonies comptant parfois plusieurs dizaines de milliers d'individus.

3

4

Le terrier des Macareux, mesurant 1 ou 2 mètres de profondeur, se termine par une chambre plus spacieuse, tapissée d'herbe sèche ou de plantes maritimes. C'est là que la femelle pond, généralement en mai, son unique gros œuf d'un blanc sale, faiblement taché de brun (2) qu'elle couve à tour de rôle avec le mâle pendant 40 jours. Après l'éclosion, tous deux nourrissent leur petit dans le terrier pour l'abandonner au bout d'une quarantaine de jours, lorsqu'il a suffisamment engraissé. Le petit Macareux jeûne alors pendant une dizaine de jours avant de s'élancer sur l'eau et devenir autonome. Les Macareux plongent pour pêcher leur nourriture, essentiellement des poissons, mais aussi des mollusques, des crustacés et des vers.

1

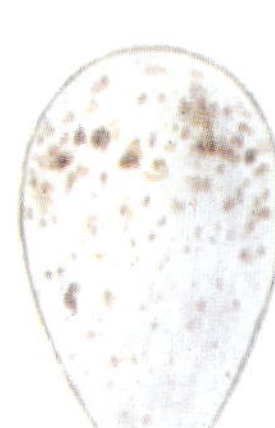

2

Le Macareux moine a la taille du Guillemot à miroir. Son grand bec triangulaire multicolore (1), très spectaculaire, perd un peu de son éclat et de sa taille lorsque l'oiseau revêt sa livrée d'hiver (3). Les immatures ont le bec beaucoup plus étroit (4). Au nid, les Macareux moines font entendre des grognements, « ourr » ou « arr ».

Ganga unibande

Pterocles orientalis

L'aire de répartition du Ganga unibande couvre la péninsule ibérique et la région située au-delà de la Volga, une vaste zone depuis l'Asie Mineure jusqu'au Népal et l'Afrique du Nord. Les populations des régions septentrionales migrent en automne vers le sud, souvent jusqu'en Inde. Les oiseaux vivant dans les régions méridionales sont essentiellement sédentaires. En mars ou en avril, les Gangas unibandes reviennent par petites bandes sur leurs lieux de ponte situés dans les plaines plus ou moins ondulées, steppiques ou semi-désertiques, au substrat sablonneux ou argileux et dont la végétation est plus ou moins abondante. Ils apparaissent aussi au pied des montagnes, montant, dans le Tian-Chan, jusqu'à l'étage des steppes (environ 3 000 mètres d'altitude). Pendant la période nuptiale, le mâle suit la femelle en volant et en lançant des cris ; à terre, il tourne autour d'elle. La saison de reproduction, très longue, dure depuis la fin avril jusqu'à début août. Il est probable que certains couples pondent deux fois pendant cette période.

Le Ganga unibande ne fait pas de nid. La femelle pond à même le sol, souvent à l'ombre d'une touffe d'armoise ou d'autres plantes caractéristiques des lieux arides, entourant ses œufs de manière tout à fait symbolique de quelques brins d'herbe. La ponte compte 3, plus rarement 2 œufs gris clair ou jaunâtres, tachés de brun, que les deux adultes couvent dès l'apparition du premier, comportement dicté par la nécessité de le protéger du soleil brûlant. L'incubation dure 21 ou 22 jours. Les Gangas unibandes se nourrissent de graines et de pousses de plantes. À l'instar de tous les Gangas, ils s'installent non loin des sources d'eau. Ils vont se désaltérer le matin et à la tombée de la nuit, rapportant de l'eau à leurs petits en imbibant leurs plumes pectorales de liquide.

Le Ganga unibande a le ventre entièrement noir, ce qui le distingue de tous les autres Gangas (femelle, 2). Le mâle (1) a la gorge noire et le menton brun orangé. En vol, son dessous noir contraste avec la face inférieure des ailes noire et blanche. Adulte, il atteint la taille d'un Pigeon domestique. Ses cris sont des « diurr-rurr-rurr » assez graves et des « tchaou-raou ».

2♀

Pigeon biset

Columba livia

Le Pigeon biset est originaire d'Europe occidentale et méridionale, d'Afrique du Nord et de la majeure partie de l'Asie. Bien qu'il pénètre assez loin dans l'intérieur des continents, ses populations sauvages sont plus nombreuses sur le littoral en raison de l'abondance des sites propices à la nidification : le Pigeon biset niche en effet sur les falaises, s'installant aussi très volontiers dans les cavernes. Dans de nombreux endroits de son aire de répartition, il vit désormais au voisinage de l'homme, à l'état semi-domestique, dans les remparts des villes, dans les murs, sur les clochers et aux étages supérieurs des édifices. Il se rassemble souvent en grandes troupes.

Sédentaire, il niche pendant une grande partie de l'année, le plus souvent d'avril à juillet.

Les deux adultes bâtissent leur nid avec des herbes sèches et de petites branches dans une cavité de paroi rocheuse ou dans un trou de mur. Ils couvent à tour de rôle les 2 petits œufs blancs pendant 16 à 19 jours, puis s'occupent des jeunes pendant 4 ou 5 semaines. Ils les nourrissent d'abord avec une sorte de bouillie produite par leur jabot, puis leur apportent différentes graines, qui constituent aussi la principale nourriture des adultes.

1

La couleur grise du Pigeon biset (1) est rehaussée par des reflets verts et lie-de-vin sur le cou, par deux bandes alaires noires et par le croupion blanc. Le Pigeon biset roucoule comme le Pigeon domestique dont il est la souche. Il paraît inconcevable que toutes les races de Pigeons domestiques à la coloration si variée, aux plumes ornementales insolites, aux cris particuliers, au jabot parfois énorme, aux excroissances faciales bizarres, proviennent toutes du Pigeon biset. Mais on peut vérifier, aujourd'hui encore, que tout Pigeon domestique, aussi haut en couleur soit-il, retrouve au bout de quelques générations, lorsqu'il vit à l'état sauvage, la coloration initiale grise qui est celle du Pigeon biset.

Pigeon colombin

Columba oenas

Le Pigeon colombin vit partout en Europe, à l'exception du nord de la Scandinavie, en Sibérie occidentale, en Asie Mineure et centrale et dans une partie du Maroc. Sédentaire en Europe méridionale et sur les îles Britanniques, il est migrateur dans les autres régions. En septembre et en octobre, il migre vers la France, la péninsule ibérique, l'Italie et les Balkans. C'est un habitant des forêts, de préférence de feuillus ou mixtes, dans lesquelles il trouve en abondance des arbres creux pour nicher. Il lui arrive aussi de nicher dans les forêts de résineux, dans les parois rocheuses ou argileuses ainsi que dans de grands nichoirs. Monogame, il forme probablement des couples stables qui réapparaissent sur leurs lieux de ponte en mars. À la saison des amours, les Pigeons colombins volent en décrivant des cercles avec des battements d'ailes lents et puissants auxquels succède un vol glissé pendant lequel les ailes sont surélevées au-dessus du dos.

Après avoir choisi un trou d'arbre bien spacieux (souvent un ancien nid de Pic noir), le couple le garnit de petites branches sèches et d'herbe, en le remplissant jusqu'à l'entrée ou, au contraire, en en recouvrant à peine le fond. La saison de nidification dure d'avril à août et, pendant cette période, la femelle pond de 2 à 4 fois. Les deux parents couvent à tour de rôle les 2 œufs blancs, le mâle s'installant généralement sur le nid vers midi. Les œufs éclosent au bout de 16 ou 17 jours. Les parents nourrissent les pigeonneaux pendant 8 à 10 jours avec la production crémeuse du jabot, puis avec des graines qu'ils rejettent directement dans le bec des jeunes. Au total, ils prennent soin de leur progéniture pendant 25 jours environ.

Le Pigeon colombin est plus gros que la Tourterelle turque. Son plumage est bleu-gris sans marques blanches. Il a deux petites bandes noires sur les ailes et une bande noire au bout de la queue. Les côtés de son cou brillent d'un éclat vert, la gorge a des reflets lie-de-vin (1). Il lance de brefs roucoulements, « ourou ou rou... ».

Pigeon ramier

Columba palumbus

2

L'aire de répartition du Pigeon ramier, ou Palombe, coïncide presque totalement avec celle du Pigeon colombin. Sa présence est conditionnée par celle des arbres. En Europe occidentale, et aujourd'hui dans certaines régions d'Europe centrale, le Pigeon ramier niche dans les jardins publics des grandes villes. Il est sédentaire ou nomade en Europe occidentale et méridionale, migrateur en Europe centrale et septentrionale, quittant ces régions entre septembre et novembre pour se rendre jusqu'au bord de la Méditerranée. Dès février et mars, il revient dans son aire de nidification par bandes qui se disloquent très vite en couples ; leur premier souci est d'occuper un territoire. Au cours de la parade nuptiale, le mâle roucoule perché dans les branches d'un arbre. Son vol nuptial est également caractéristique (3) : le Pigeon monte obliquement jusqu'à un point culminant d'où il redescend en vol plané après avoir fait claquer ses ailes. À terre, le mâle poursuit la femelle, le jabot gonflé, la queue déployée, tout en sautillant, s'inclinant et roucoulant.

1

Le couple bâtit un nid rudimentaire. C'est un faible amoncellement de petites branches sèches qui laisse parfois transparaître les 2 œufs blancs. La saison des pontes commence en mars et, avant qu'elle ne s'achève au mois d'août, les couples ont le temps d'élever 2 nichées, quelquefois davantage. Les deux parents couvent à tour de rôle durant 16 ou 17 jours. Pendant les 5 ou 6 premiers jours, ils nourrissent les pigeonneaux avec la production de leur jabot, remplacée ensuite par des graines ramollies. À l'époque des moissons, des bandes de Pigeons ramiers comptant plusieurs centaines d'individus s'abattent sur les champs de blé. Ils aiment aussi les graines de conifères, les glands, les faines et différentes baies, complétant à l'occasion ce menu végétarien par des limaces, des vers de terre et des insectes.

Avec ses 41 cm de long, le Pigeon ramier (1) est le plus grand Pigeon européen. Il est entièrement gris. Son cou à reflets verts et pourpres porte des taches blanches sur les côtés qui sont absentes chez les immatures. Le bord antérieur de ses ailes, également blanc, apparaît en vol (2) comme une large bande blanche. Son chant rythmé est un roucoulement audible une grande partie de l'année.

3

Tourterelle turque

Streptopelia decaocto

À l'origine, la Tourterelle turque vivait en Asie du Sud et de l'Est, et en Europe, dans les Balkans. Peu après 1930, elle a commencé à se répandre brusquement vers le nord et l'ouest pour des raisons qu'on ne connaît pas exactement. En 1930, elle est apparue en Hongrie, en 1936 en Tchécoslovaquie, en 1938 en Autriche, en 1943 en Allemagne, en 1947 aux Pays-Bas, en 1948 au Danemark, en 1949 en Suisse et en Suède, en 1950 en France, en 1952 en Belgique et en Norvège et en 1955 en Grande-Bretagne. En une vingtaine d'années, elle a franchi 1 600 km. Lorsqu'elle pénètre dans une nouvelle région, elle s'installe d'abord dans les parcs, les squares et les jardins des villes, puis dans les faubourgs. La Tourterelle turque (1) est sédentaire. Les couples se forment pendant l'hiver, au cours de poursuites accompagnées de roucoulements et de révérences. Pendant son vol nuptial, le mâle monte brusquement avec des battements d'ailes puissants, puis redescend en glissant.

Les couples ne se montrent pas exigeants quant à l'emplacement de leur nid. Ils nichent sur les conifères comme sur les feuillus, sur les poteaux électriques, les gouttières ou les rebords de fenêtres. Le couple bâtit son nid avec de petites branches sèches, parfois même avec du fil de fer. Si les conditions sont favorables, un couple peut élever jusqu'à 5 nichées en une seule saison. Chaque ponte comporte 2 œufs blancs que les parents couvent tour à tour pendant 14 à 16 jours. Les jeunes quittent le nid au bout de 2 ou 3 semaines, mais les adultes continuent à les nourrir pendant quelques jours encore. Les graines des plantes cultivées prédominent dans leur régime alimentaire, complété en hiver par des restes et des détritus comestibles.

La Tourterelle turque (1) est un peu plus grande que la Tourterelle des bois. Elle est brun-gris clair avec un collier noir, interrompu sur le devant et bordé de blanc. En vol, le dessous blanc de la queue (moitié terminale) est bien visible. Elle lance des roucoulements trisyllabiques, « gou-gou-ou, goug », ou des ricanements, « kheeh ».

1

Tourterelle des bois

Streptopelia turtur

L'aire de répartition de la Tourterelle des bois occupe toute l'Europe à l'exception de la Scandinavie, l'Asie occidentale et l'Afrique du Nord. C'est un oiseau migrateur qui ne revient sur ses lieux de ponte qu'en avril ou en mai. Elle recherche les paysages dans lesquels les bosquets, les broussailles et la végétation du bord de l'eau alternent avec des étendues de prés et de champs. Elle niche également à l'orée des forêts de feuillus. Dès son retour, elle trahit sa présence par des roucoulements agréables, « tourrr tourrr tourrr ». Au cours de la parade nuptiale, le mâle courtise la femelle en gonflant son jabot, en piétinant et en s'inclinant. De temps à autre, il s'envole droit à la verticale pour exécuter son vol de cérémonie : il bat bruyamment des ailes, puis redescend, la queue déployée.

Les Tourterelles des bois nichent dans les buissons ou sur les arbres, à une hauteur qui varie entre 1 et 5 mètres. Le nid, bâti en brins d'herbe et en petites branches sèches, laisse parfois transparaître 2 œufs blancs. Les deux parents couvent à tour de rôle pendant 13 ou 14 jours. Après l'éclosion des œufs, ils nourrissent les petits au nid pendant 14 à 16 jours encore. Les couples ont juste le temps d'élever une couvée, mais les Tourterelles britanniques pondent régulièrement deux fois. Cette Tourterelle se nourrit surtout de graines de plantes sauvages et cultivées, mais ne dédaigne pas les graines de conifères. Comme chez les autres Columbiformes, l'estomac des Tourterelles contient constamment de petits cailloux qui servent à broyer mécaniquement les aliments. Fin août ou courant septembre, les Tourterelles des bois migrent en Afrique jusqu'au Soudan.

La Tourterelle des bois (1) est plus grande et plus robuste qu'un Merle : elle mesure à peu près 27 cm de long. Elle a les ailes et le dos roux tachés de noir et la poitrine rose. Sa tête et son cou sont d'un gris bleuté, le cou étant orné d'une tache composée de rayures blanches et noires. Son vol est rapide. Le dessous de la queue porte une étroite bande blanche terminale.

1

Les oiseaux exotiques et parasites

1

Psittaciformes, Cuculiformes

Les Perroquets (Psittaciformes) se caractérisent par un bec haut et puissant dont la mandibule supérieure busquée se termine par une longue pointe dépassant la mandibule inférieure. Cette dernière n'est pas fixe comme chez les autres oiseaux, mais s'articule sur le crâne, ce qui lui procure une extraordinaire mobilité. L'oiseau peut donc l'utiliser pour ouvrir et broyer des graines et des fruits secs, mais aussi pour grimper. Une large cire recouvre sa base, abritant les narines. Les pattes des Psittaciformes sont également caractéristiques : elles sont parfaitement conçues pour grimper sur les branches, saisir la nourriture et la porter au bec. Les doigts s'élargissent en forme de coussinets ; le premier et le quatrième sont tournés vers l'arrière, le second et le troisième vers l'avant (fig. 1).

Le plumage des Perroquets est généralement multicolore, la coloration des mâles différant souvent de celle des femelles. Il n'est pas très dense mais comporte des hyporachis. La glande uropygienne (servant à graisser le plumage) est faiblement développée. Le duvet poudreux supplée à cette carence, formant quantité de particules qui pénètrent les plumes de contour. En s'ébrouant, certains Perroquets disparaissent littéralement dans un nuage de poussière.

Essentiellement granivores, les Perroquets ont un très grand jabot. Par ailleurs, leur langue molle et musclée (fig. 2) est un organe tactile très sensible servant à retenir les aliments, mais aussi à lécher le nectar des fleurs tropicales.

Monogames, les Perroquets restent en principe fidèles toute leur existence à leur partenaire. Ils nichent dans des trous, leurs œufs blancs reposant directement au fond (fig. 3). Les petits (fig. 4) naissent nus et les yeux fermés (fig. 5). Nidicoles, ils sont entièrement tributaires de leurs parents. Ils se développent lentement, si bien qu'ils ne peuvent pas quitter le nid avant longtemps. Extrêmement sociables, les Perroquets vivent en bandes après la saison des nids.

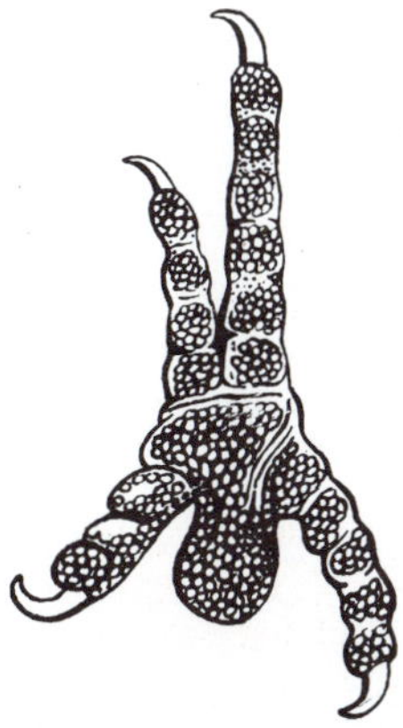

1. Patte de Perroquet aux doigts élargis en forme de coussinets ; deux d'entre eux sont tournés vers l'avant et deux vers l'arrière.

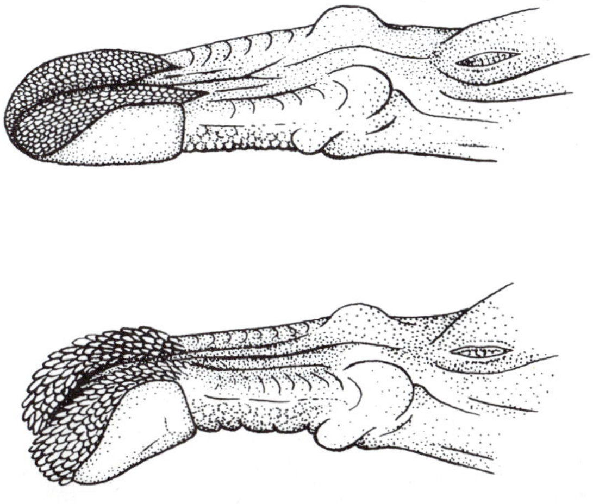

2. La langue charnue de certains Perroquets est hérissée d'excroissances verruqueuses qui permettent à ces oiseaux de prendre une alimentation liquide. Ces verrues prennent la forme de petits tubes lorsque les Perroquets absorbent le nectar des fleurs.

Leurs brillantes capacités d'imitation et leurs facultés psychiques exceptionnelles en font des oiseaux de volière très appréciés.

Les Psittaciformes constituent un groupe à part qui présente de lointains liens de parenté avec les Cuculiformes (Coucous et Coulicous). Ces derniers sont des oiseaux essentiellement arboricoles de taille moyenne. Ils sont dotés de pattes préhensiles caractéristiques dont les deux doigts médians sont tournés vers l'avant et les deux doigts externes vers l'arrière. Le tarse est généralement assez court. Leur bec de taille moyenne est arrondi sur le dessus. Il n'a jamais de cire (fig. 6).

Les Cuculiformes ont la peau particulièrement fine. Leur plumage possède des hyporachis. Le trait caractéristique de cet ordre est le petit nombre de rectrices (8 ou 10). La queue, le plus souvent étagée, a les rectrices externes plus courtes que celles du milieu. Les Coucous volent bien et vite. Les espèces vivant sous les climats tempérés sont migratrices. Leurs cris sont généralement sonores et caractéristiques. Ils sont essentiellement insectivores.

La plupart des Cuculiformes vivent dans les forêts. Un des aspects les plus intéressants des mœurs de certains Coucous est leur nidification parasitaire (fig. 7) : ils ne couvent pas leurs œufs, les déposant dans les nids d'autres oiseaux et se déchargeant sur ces hôtes involontaires de tous les soins nécessaires à leur progéniture. Ce comportement n'est pas propre aux Cuculiformes ; on l'observe aussi chez certains Passereaux (Plocéidés, Ictéridés), Piciformes (Indicatoridés, Capitonidés) et même chez un Canard d'Amérique du Sud, mais chez les Coucous, il est assurément

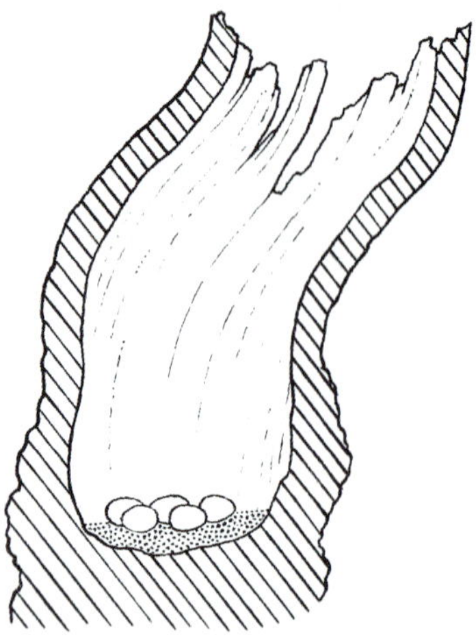

3. Les Perroquets ne garnissent pas leur nid, mais pondent directement au fond.

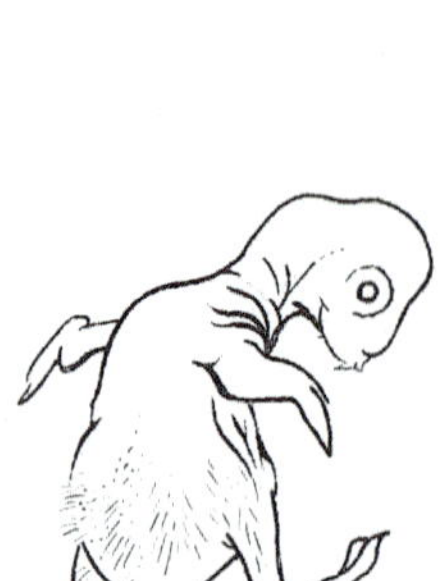

4. Nidicoles, les petits Perroquets éclosent nus et aveugles, et dépendent entièrement de leurs parents.

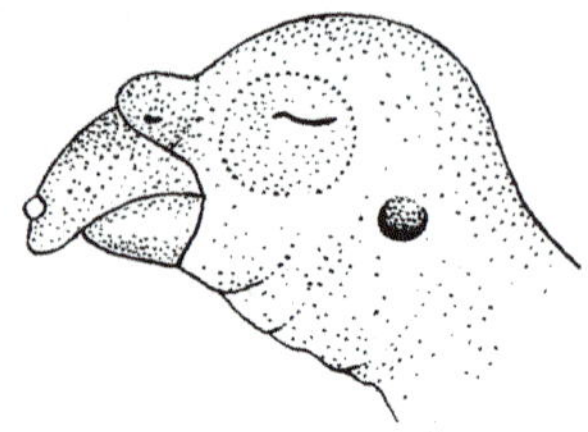

5. Ce petit Perroquet d'un jour n'a pas encore perdu l'excroissance cornée de son bec qui lui a servi à briser la coquille de l'œuf.

6. Tête de Coucou

7. Coucou déposant son œuf dans le nid d'un Pipit

poussé à son paroxysme. Toutefois, près de la moitié des Coucous élèvent leurs petits normalement dans leur nid, comme la plupart des oiseaux. Certains Coucous pondent uniquement dans les nids de petits Passereaux (Coucou gris) ; d'autres recherchent aussi ceux des Corvidés et des Columbidés.

Le corps du jeune Coucou occupe entièrement le nid de ses parents adoptifs

Perruche à collier

Psittacula krameri

La Perruche à collier a la plus vaste répartition de toutes les espèces du genre *Psittacula.* Elle peuple en effet l'Afrique centrale et orientale, l'Égypte, les îles Maurice, Zanzibar, Aden, Oman, le Koweit, l'Irak, l'Iran, l'Inde, l'Indochine, le sud-est de la Chine et le Sri-Lanka. C'est aussi, parmi les espèces du genre *Psittacula,* la plus couramment élevée en cage. On a réussi à élever des variétés bleues et jaunes. L'espèce niche en liberté dans certains pays d'Europe. En Grande-Bretagne, par exemple, elles vivent à l'état sauvage depuis 1969 ou 1971 dans la banlieue londonienne. Depuis 1975, elles se sont répandues dans les environs de Londres, envahissant tout le sud-est de l'Angleterre. Actuellement, elles existent dans les parcs, squares et grands jardins

2♀

des banlieues où elles nichent dans les arbres creux. Le nombre d'individus vivant à l'état sauvage ne cesse d'augmenter : depuis 1975, une petite colonie prospère à Trieste. Aux Pays-Bas, on a observé quelques dizaines de Perruches à collier vivant en liberté. Dans leur patrie, elles forment en dehors de la saison de reproduction de petites bandes de 10 à 20 individus qui se regroupent pour la sieste et pour chercher leur nourriture ; les bandes peuvent alors compter plusieurs centaines d'individus. À la saison de nidification, les Perruches vivent par couples.

La Perruche à collier niche dans les trous d'arbres, s'installant volontiers dans les arbres des villes. La femelle pond de 2 à 6 œufs qu'elle couve seule pendant 22 à 24 jours. Les petits quittent le nid au bout de 6 semaines, mais les parents continuent à les nourrir pendant 2 semaines encore. La Perruche à collier se nourrit de différentes graines, de blé, de fruits et, à l'occasion, d'insectes et de leurs larves.

Elle atteint 40 cm de long. Sa coloration fondamentale verte est complétée chez le mâle (1) par un collier noir et rouge et par un menton noir, absents chez la femelle (2).

1

Perruche ondulée

Melopsittacus undulatus

1

La Perruche ondulée vit dans presque toute l'Australie. En Europe, on l'a introduite pour la première fois en 1840. Aujourd'hui, elle est devenue l'oiseau de cage et de volière le plus commun, si bien que le nombre d'individus élevés en captivité est supérieur aux effectifs des populations vivant à l'état sauvage. On a observé dans plusieurs pays d'Europe des cas de nidification en liberté, mais ces oiseaux ont rapidement disparu. On s'est également efforcé de créer des colonies de Perruches ondulées en liberté. Ces tentatives ont assez bien réussi en Grande-Bretagne ; citons en particulier le projet de Tresco sur les îles Scilly qui débuta en 1969. Les Perruches ondulées furent d'abord élevées dans des volières, puis relâchées. Elles nichèrent alors dans des nichoirs et enfin, en 1972, commencèrent à nicher librement dans les arbres creux. En 1975, plus de 100 oiseaux vivaient à l'état sauvage et on observa de petites bandes sur les îles voisines : Bryher, St. Martins, St. Mary's et St. Agnes.

À la saison des pluies, la végétation des steppes croît et fleurit très rapidement, fournissant les graines dont les Perruches se nourrissent. À cette époque, elles apparaissent subitement et occupent toutes les cavités convenables, surtout les trous d'arbre (eucalyptus). Les femelles pondent entre 3 et 5 œufs blancs qu'elles couvent seules pendant 18 jours. Les petits quittent le nid au bout de 30 à 35 jours. Lorsque les graines d'herbe commencent à se raréfier, les grandes bandes de Perruches ondulées se déplacent pour aller en chercher dans d'autres régions. Elles ne nichent dans leur pays d'origine que si elles y trouvent suffisamment de nourriture ; dans le cas contraire, elles peuvent ne pas y apparaître pendant plusieurs années.

La coloration fondamentale des Perruches vivant en liberté est vert pâle, ornée sur le dessus par des traits ondulés marron (1). Le devant de leur tête et de leur gorge est jaune. Elles portent six taches noires sur la gorge et une tache bleue sur chaque joue. Le mâle (2) a la cire bleue ; celle de la femelle (3) est brunâtre.

2♂

3♀

Coucou-geai

Clamator glandarius

En Europe, le Coucou-geai vit en Espagne, au Portugal et dans le Midi de la France. Dans le monde, on le rencontre en Asie Mineure ainsi que sur le continent africain. Les oiseaux européens hivernent dans le sud de l'Afrique.

Le Coucou-geai recherche les paysages boisés, les lisières de forêt, les bouquets d'arbres dans les champs, les steppes faiblement boisées. Il pond dans les nids d'autres oiseaux et n'élève pas ses jeunes. Ce faisant, il ne choisit pas les mêmes espèces que le Coucou gris, les parents adoptifs de ses petits étant des Corvidés : Pies, Geais, Corneilles et Grands corbeaux. La femelle pond entre 12 et 15 œufs dont la coloration ressemble à celle des œufs de Corvidés : ils sont le plus souvent verdâtres, tachetés de marron. Elle dépose plusieurs œufs par nid. Les jeunes Coucous-geais ne précipitent pas hors du nid les jeunes Corvidés mais vivent au contraire en leur compagnie jusqu'à ce qu'ils apprennent à voler. Les Corvidés adultes apportent en effet suffisamment de nourriture pour tous les petits. Toutefois, les jeunes de l'hôte sont souvent évincés par les petits Coucous-geais qui accaparent la nourriture. Ceux-ci ressemblent aux jeunes Corvidés par leur silhouette, par leur coloration comme par leurs cris, de sorte qu'il n'y a aucun danger que les adultes les jettent hors du nid. Le Coucou-geai adulte se nourrit d'invertébrés.

Par sa silhouette, le Coucou-geai (1) rappelle plutôt une Pie. Les rectrices de sa longue queue étagée se terminent par des taches blanches. Le dessus du corps est brun-gris parsemé de taches blanches, le dessous étant blanc-jaune. Il est coiffé d'une huppe occipitale gris pâle très nette, celle des immatures étant plus courte et brun foncé. Le Coucou-geai lance des cris bruyants et variés : « cricrio... carc, kékéké... ».

1

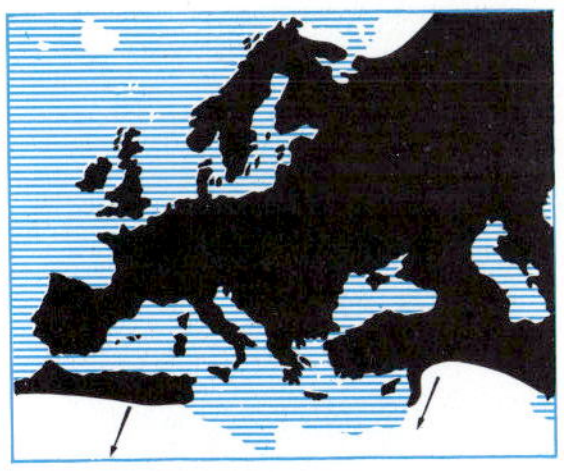

Coucou gris

Cuculus canorus

1

Le Coucou gris vit partout en Europe, presque partout en Asie et au Maghreb. Il habite les paysages boisés, mais vient dans les prés, les champs et la végétation du bord de l'eau. On l'observe en plaine et en montagne. À son retour au mois d'avril, le mâle attire l'attention par son chant bien connu, un mélodieux « coucou ». Lorsqu'il est dérangé, il lance des « hakhak-hakh » rauques. La femelle fait entendre un trille aigu et descendant, sorte de glouglou. En août, les oiseaux adultes s'envolent vers l'Afrique du Sud, suivis le plus souvent en septembre par les jeunes (1).

Le Coucou gris a un mode de nidification parasitaire : il ne bâtit pas de nid, pondant dans ceux

2

d'autres oiseaux, de petits Passereaux dans la plupart des cas. En Europe, on a recensé entre 25 et 35 espèces d'oiseaux-hôtes. En l'espace de 35 à 46 jours, la femelle pond entre 15 et 20 œufs dont la forme et la coloration ressemblent souvent à celles des œufs de l'espèce qui l'a élevée. La femelle tâche donc de déposer ses œufs (2) dans le nid de l'espèce en question. Elle pond directement dans le nid ou à terre, à proximité ; dans ce cas, elle attend le moment propice pour transporter l'œuf jusqu'au nid dans son bec. Ce faisant, elle enlève toujours un œuf de la ponte qu'elle y trouve. Le petit Coucou vient au monde avant les petits de ses parents adoptifs (au bout de 12 jours). Environ 10 heures plus tard, l'instinct le pousse à jeter hors du nid la progéniture de ses hôtes. Il se glisse sous l'œuf ou sous l'oisillon présent jusqu'à ce qu'il parvienne à le hisser sur son dos où il le maintient en soulevant ses ailes nues. Il se traîne ensuite à reculons jusqu'au bord du nid tout en prenant appui avec sa tête pour précipiter son fardeau audehors. Il répète ce manège jusqu'à ce qu'il se trouve seul. Au bout de 22 ou 23 jours, il quitte le nid, mais ses parents adoptifs continuent de le nourrir pendant une quinzaine de jours encore.

4♀

Le Coucou gris a la taille d'une Tourterelle des bois élancée. Le mâle (3) a le dessus gris ardoise, le dessous presque blanc, barré de traits ondulés foncés. La femelle (4) est roussâtre sur le dessous et parfois brun-roux sur le dessus, également barré.

3♂

Les chasseurs silencieux

Strigiformes

On considère souvent les Strigiformes comme des Rapaces nocturnes, mais en fait, seule une ressemblance dans leur aspect, dénuée de parenté réelle, les lie aux Rapaces diurnes. Par ailleurs, ils n'ont pas une activité rigoureusement nocturne, nombre d'entre eux chassant dans la journée ou au crépuscule. Ils se distinguent par une tête volumineuse reposant sur un cou bref, par un bec crochu et par des pattes le plus souvent emplumées aux doigts très mobiles, le doigt externe pouvant se tourner en arrière (fig. 1). Les doigts sont pourvus de griffes acérées. Les petites plumes rigides de leur face forment des cercles autour de leurs grands yeux, appelés disques faciaux (fig. 2). Contrairement à ceux des autres oiseaux, les yeux des Strigiformes ne sont pas placés sur les côtés de la tête mais sur le devant, si bien que leur champ de vision est plus restreint que celui des autres oiseaux [160° chez les Strigiformes (fig. 3), 220–300° chez les autres espèces (fig. 4)].

L'extrême mobilité de leur tête qui peut pivoter de 270° pallie cet inconvénient. L'œil des Strigiformes, sensible à la moindre lueur, peut capter une très faible lumière. En effet, la cornée et fortement bombée, la pupille se dilate ou se contracte très vite et la rétine ne comporte pratiquement que des bâtonnets photosensibles, au nombre impressionnant de 56 000 par millimètre carré. Les Strigiformes voient aussi bien le jour que la nuit. Lorsqu'ils clignent des yeux, ils utilisent la paupière supérieure (et non la paupière inférieure comme chez la plupart des autres oiseaux). Fait curieux, les Strigiformes sont presbytes et ne voient pas bien les objets proches, aussi le toucher joue-t-il chez eux un rôle capital ; les organes tactiles sont les vibrisses qui poussent à la base du bec. Les Strigiformes engloutissent donc leur proie en tâtonnant car leur vue leur fait défaut à courte distance.

L'ouïe est parfaitement développée chez les Strigiformes : son acuité est supérieure à celle des autres oiseaux, ce qui permet à l'oiseau de chasser la nuit, car il peut s'orienter dans l'obscurité la plus totale. Les conduits auditifs externes, très larges, occupent souvent les deux côtés du crâne. Les bruits sont également dirigés par les disques faciaux implantés sur un repli cutané mobile, qui jouent le rôle de cornets acoustiques. Les conduits auditifs, disposés de façon asymétrique, provoquent l'asymétrie de tout le crâne (fig. 5). Cette structure sert à repérer la position des proies. La gamme d'audition des Strigiformes va

1. Patte de Hibou emplumée jusqu'aux griffes et dotée d'un doigt externe mobile pouvant se tourner vers l'arrière.

2. Tête volumineuse de Strigiforme ; les plumes de la face sont disposées en disques faciaux.

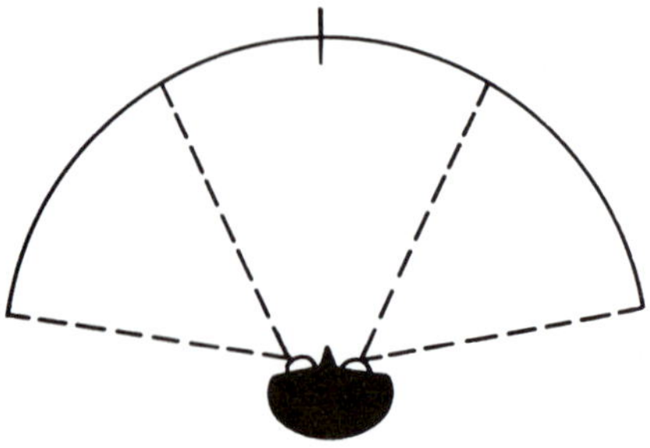

3. *Les yeux des Strigiformes sont placés sur le devant de la tête, ce qui réduit considérablement leur champ visuel par rapport à celui des autres oiseaux. Celui-ci est de 160° chez les Strigiformes et leur vision binoculaire couvre 60°.*

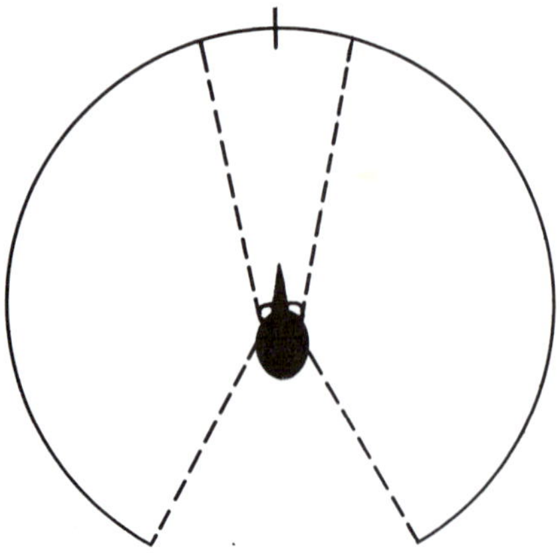

4. *Chez la plupart des oiseaux, les yeux sont placés sur les côtés de la tête, ce qui assure un angle de vision de 300° environ, dont 30° seulement correspondent à la vision binoculaire.*

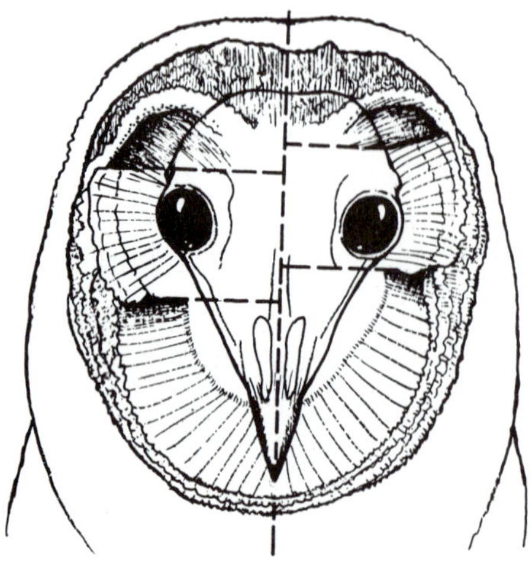

5. *Morphologie du crâne des Strigiformes. Leurs grands conduits auditifs externes sont disposés de façon asymétrique, particularité qui permet à ces oiseaux de situer acoustiquement leurs proies.*

de 50 à 21 000 Hz ; elle leur permet d'entendre leurs propres hululements graves et les cris aigus des souris, des mulots et des musaraignes.

Le vol des Strigiformes est proverbialement silencieux. Au cours des soirées paisibles, une Chouette peut passer comme un fantôme sans que le moindre bruissement d'ailes la trahisse. Ce vol caractéristique est dû au plumage gonflant, doux et léger, qui donne aux Strigiformes leur silhouette massive. Les rémiges sont dotées de barbes fines ; certaines d'entre elles ont le bord denticulé, ce qui rend le vol encore plus silencieux.

Carnivores, les Strigiformes tuent leurs proies en les transperçant de leurs longues griffes recourbées. Ils n'ont pas de jabot, leur gésier a des parois fines et leur gros intestin est large et long. Pour dévorer une proie importante, certains la mettent en pièces, mais ils engloutissent en entier les petits mammifères. Les aliments restent peu de temps dans leur estomac (la Chouette effraie, par exemple, digère une souris en deux heures ou deux heures et demie), si bien que les os qui ne peuvent pas être digérés sont rejetés en même temps que les poils ou les plumes, sous forme de « pelotes de réjection ».

Dans le plupart des cas, les Strigiformes ne bâtissent pas de nid et pondent dans une cavité, à terre ou dans le nid d'autres oiseaux. Leurs œufs sont sphériques et blancs. Il existe un rapport direct entre le taux de reproduction des Strigiformes et l'abondance de la nourriture. Lorsqu'il y a pénurie, les oiseaux ne nichent pas du tout ; si au contraire la nourriture abonde, leur ponte est forte et l'Effraie peut même élever deux nichées par an. Nidicoles, les petits naissent sourds et les yeux fermés. Les œufs éclosent les uns après les autres car les adultes commencent à couver dès la ponte du premier. On remarque donc des différences notables dans la taille des petits, qui se développent par ailleurs très lentement.

La plupart des Strigiformes sont sédentaires ; les espèces nordiques se déplacent cependant avant l'hiver vers le sud, dans les régions où la neige ne les empêche pas de chasser leur principale proie, les petits rongeurs. Seul le Hibou petit-duc est une espèce franchement migratrice.

La face de la jeune Chouette de Tengmalm porte un dessin blanc en forme de X

Chouette effraie

Tyto alba

Cosmopolite, la Chouette effraie vit partout dans le monde, à l'exception des régions froides de l'Amérique du Nord, de l'Europe et d'une grande partie de l'Asie. Habitante des rochers et des arbres creux, elle élit parfois domicile dans les demeures des hommes, surtout dans les paysages cultivés. On peut la rencontrer dans les clochers d'églises, les vieilles granges, les greniers et les ruines des châteaux. Ces dernières années, les effectifs de ses populations ont baissé dans certains pays d'Europe, surtout à cause de l'utilisation des produits phytosanitaires qui déciment les campagnols, de l'inaccessibilité des clochers et des greniers désormais fermés, et de la modernisation des installations agricoles. La Chouette effraie ne se déplace par pour l'hiver mais les hivers rudes avec d'abondantes chutes de neige lui sont souvent fatals. Fort heureusement, ses excellentes capacités d'adaptation lui permettent de combler ses pertes : lors de la prolifération des campagnols, elle niche deux fois dans l'année, le nombre d'œufs de chaque ponte pouvant être plus élevé qu'à l'accoutumée.

Dans des conditions normales, la femelle pond, en avril ou en mai, de 4 à 6 œufs blancs à même le sol dans un coin sombre ou sur des pelotes de réjection émiettées. Elle couve seule pendant 30 à 34 jours. Si les campagnols pullulent, la saison de nidification se prolonge jusqu'en octobre ou novembre et chaque ponte compte entre 10 et 13 œufs. Les petits, que les deux parents nourrissent, sont capables de voler au bout de 2 mois. Les petits mammifères constituent 90 % du régime alimentaire de la Chouette effraie, le reste étant composé d'oiseaux, de batraciens et d'insectes. Elle chasse la nuit, se reposant le jour dans les coins sombres, sous les toits.

La Chouette effraie (1) a le dessus du corps orangé avec des taches blanches et grises comme des perles. Le dessous, très variable, va du blanc au jaune-roux taché de brun foncé. Ses disques faciaux gris-blanc, très marqués, sont en forme de cœur, ses longues pattes sont recouvertes de courtes plumes. Elle est plus petite et plus gracile que la Chouette hulotte. Elle fait entendre des chuintements rauques.

1

Hibou petit-duc

Otus scops

Espèce des climats chauds, le Hibou petit-duc vit en Europe méridionale, dans le sud et l'est de l'Asie et dans le nord-ouest de l'Afrique. Ses populations européennes s'envolent fin août ou en septembre pour hiverner en Afrique centrale et reviennent sur leurs lieux de ponte en avril.

Le Hibou petit-duc aime s'installer dans les paysages dégagés où il trouve de vieux arbres, des vignobles, des forêts claires et des vergers à proximité des agglomérations. Aussitôt arrivé, le mâle occupe et défend son territoire, essayant d'y attirer une femelle qui choisit l'emplacement du nid : un arbre creux, un trou dans un mur, un nichoir, voire un grand nid abandonné par d'autres oiseaux. Le Hibou petit-duc ne bâtit pas de nid ; la femelle pond de 3 à 5 œufs blancs dans l'endroit choisi sans aucun aménagement préalable. L'espèce niche une fois par an, entre mai et juillet. La femelle couve seule pendant 24 à 26 jours tandis que le mâle lui apporte la nourriture. Comme elle commence à couver dès la ponte du premier œuf, les petits viennent au monde au fur et à mesure, si bien qu'il y a de grandes différences de taille entre eux. Les deux parents en prennent soin pendant 3 semaines au nid et pendant 2 semaines à l'extérieur, les nourrissant surtout d'insectes de grande taille : coléoptères, orthoptères, papillons et leurs chenilles. Il leur arrive parfois d'attraper un petit mammifère ou un oiseau. Ils chassent surtout au crépuscule et la nuit, se perchant dans la journée sur une branche, près du tronc.

Le Hibou petit-duc atteint la taille d'une Grive. Son plumage est grisâtre (1), plus rarement brunâtre, marbré de lignes et de taches plus foncées et plus claires. Avec ses petites aigrettes, sa tête paraît anguleuse. L'iris de ses yeux est jaune citron. Au printemps, la nuit, il est capable de lancer pendant plusieurs heures et à intervalles de 2 ou 3 secondes des sifflements monotones, « guiou guiou ».

Hibou grand-duc

Bubo bubo

Le Hibou grand-duc vit en Europe, à l'exception des îles Britanniques et du nord de la Scandinavie, dans presque toute l'Asie, le nord de l'Afrique, en plaine comme à une altitude supérieure à 4 000 mètres. Sédentaire, il se distingue par une grande fidélité à son territoire de nidification. Le couple niche généralement chaque année au même endroit ou dans un périmètre très restreint, même si les hommes s'acharnent régulièrement à prendre ses œufs.

En hiver, souvent dès le mois de février, les Hiboux grands-ducs trahissent leur présence par des cris sonores caractéristiques. Le mâle passe des nuits entières à lancer ses hululements bisyllabiques monotones, « ouhou », qui se transforment par moments en une sorte de ricanement guttural. La femelle lui répond par des hululements plus graves mais plus doux. Entre février et avril, elle pond de 2 à 4 œufs blancs presque sphériques dans une dépression sur une pente boisée, sous un arbre déraciné, dans une falaise, très rarement dans un arbre creux ou dans un nid de Rapace ou de Héron. Elle couve seule sa ponte pendant 35 jours, tandis que le mâle lui apporte de la nourriture. Il la lui transmet dans des endroits précis, régulièrement utilisés à cet effet. La femelle va aussi déposer ses pelotes de réjection dans certains endroits, souvent éloignés du nid. Les parents nourrissent les petits pendant 9 semaines environ. À l'âge de 2 ou 3 ans, les jeunes atteignent la maturité sexuelle. Le Hibou grand-duc capture des mammifères et des oiseaux, atteignant respectivement la taille d'un lièvre et d'un Faisan.

Le Hibou grand-duc (1) est un grand oiseau majestueux dont l'envergure peut atteindre 1,70 m. C'est le plus grand Strigiforme d'Europe (il mesure de 65 à 70 cm de long). Il a des yeux orange et des aigrettes spectaculaires. Son plumage est fauve avec des taches brun-noir. Il vole silencieusement comme une ombre. Dans la journée, il reste perché à l'abri, sur un rocher ou sur un vieil arbre. Au crépuscule, il s'envole pour chasser dans les paysages ouverts.

Harfang des neiges (ou Chouette harfang)

Nyctea scandiaca

1

Le Harfang des neiges vit dans la toundra nordique non boisée qui occupe une étroite bande de terres dans le nord de l'Europe, de l'Asie et de l'Amérique du Nord, ainsi que sur les îles voisines de l'océan Glacial Arctique. Il fréquente aussi bien la plaine que la montagne. Sa présence est directement liée à l'abondance des lemmings, qui constituent sa nourriture principale. Comme les effectifs de ces derniers changent souvent, le Harfang des neiges, sensible à ces variations annuelles, se déplace pour les suivre et niche dans les régions où ils abondent. Tous les quatre ans environ, ces migrations prennent le caractère d'« invasions » au cours desquelles certains oiseaux pénètrent jusqu'en Europe centrale et même jusqu'au bord de la mer Noire. Cela se produit également au cours des hivers particulièrement rigoureux, lorsque la nourriture commence à manquer. Quand les lemmings pullulent, il peut y avoir un couple de Harfangs au kilomètre carré. Les Harfangs sont actifs le jour. Dans les régions septentrionales où le soleil ne se couche pas pendant une grande partie de l'année, ils trouveraient difficilement leur nourriture s'ils étaient nocturnes.

La parade nuptiale commence au début du mois d'avril et à cette époque, les Harfangs font entendre sur leurs territoires des « craou aou » forts ou des « ric ric ». Entre avril et juin, la femelle pond dans une cavité du sol de 3 à 8 œufs blancs, 12 les années où les rongeurs prolifèrent. Elle commence à couver dès la ponte du premier et à partir de ce moment, le mâle la nourrit. Les petits viennent au monde au fur et à mesure, au bout de 33 à 37 jours. À l'âge de 18 à 28 jours, ils marchent aux environs, apprenant à voler au bout de 50 à 57 jours. Les deux parents en prennent soin, les nourrissant presque exclusivement de lemmings. En dehors de la saison des nids, ils s'attaquent à des mammifères de la taille d'un lièvre et à des oiseaux de la taille d'une Oie.

Le Harfang des neiges a la taille d'un Grand-duc. Le mâle est d'un blanc neigeux, faiblement parsemé de quelques taches brun foncé. La femelle (1) est beaucoup plus tachetée.

Chouette chevêchette

Glaucidium passerinum

La Chouette chevêchette est une habitante caractéristique de la taïga de l'Eurasie. La limite septentrionale de son aire de répartition coïncide avec celle de la forêt ; plus au sud, elle pénètre çà et là jusqu'en Europe centrale et méridionale. Elle recherche surtout les vieilles forêts de conifères ou mixtes des montagnes ou des collines, parfois aussi les forêts de plaines. Sédentaire, elle reste toute l'année sur son territoire. Dès le début du mois de mars, le mâle commence à lancer fréquemment son chant pour attirer une femelle dans la cavité qu'il a choisie.

En avril ou en mai, la femelle pond de 3 à 6 œufs blancs dans un trou d'arbre (creusé le plus souvent par un Pic épeiche), sans aucune garniture ; qui plus est, elle va jusqu'à le nettoyer et jette à l'extérieur les restes de plumes, de poils et les pelotes de réjection. La femelle couve seule, le mâle lui apportant à manger au crépuscule et à l'aube. Les petits viennent au monde presque simultanément, au bout de 28 jours. Le mâle chasse seul. À son appel, la femelle se présente pour qu'il lui transmette sa proie. Elle la partage au nid entre ses petits. Ceux-ci quittent le nid à l'âge de 30 jours environ, mais les parents s'en occupent encore pendant 3 semaines. La Chouette chevêchette chasse surtout des petits mammifères et, en moindre quantité, des oiseaux. Elle est audacieuse et n'hésite pas à s'attaquer à des oiseaux aussi grands et même plus grands qu'elle. Elle guette sa proie perchée sur un arbre, chassant le plus souvent le soir ou au petit matin. Il lui arrive aussi de chasser dans la journée, surtout lorsqu'elle doit nourrir ses jeunes.

La Chouette chevêchette (1) n'est pas plus grande qu'un Gros-bec. Son dos est brun foncé, parsemé de taches crème, le dessous gris-blanc porte des taches foncées longitudinales. Elle secoue spasmodiquement sa courte queue. Confiante, elle se laisse approcher jusqu'à une distance exceptionnellement faible (parfois 5 mètres). Au printemps, elle lance des sifflements mélodieux répétés, « kiou kiou », qui rappellent le chant du Bouvreuil. Au cours des journées ensoleillées d'automne, elle fait aussi entendre ce chant.

Chouette chevêche

Athene noctua

L'aire de répartition de la Chouette chevêche occupe toute l'Europe, à l'exception de l'Irlande et de la Scandinavie, une large bande traversant l'Asie centrale et méridionale ainsi que le nord de l'Afrique. On l'a également introduite en Nouvelle-Zélande. Au cours des trois dernières décennies, ses effectifs européens ont fortement baissé. C'est un oiseau sédentaire, mais en hiver, certains individus errent dans un périmètre restreint.

La Chouette chevêche habite les paysages dégagés avec des haies, les bouquets d'arbres dans les champs, les vieux vergers, les jardins et les parcs, sans dédaigner les villages. Les couples restent unis pendant toute leur existence. La parade nuptiale, qui a lieu en mars et en avril, s'accompagne de manifestations sonores fréquentes. La Chouette chevêche niche le plus souvent dans les arbres creux, dans les trous des rochers et des murs, ainsi que dans les carrières. En avril ou en mai, le femelle pond à même le bois ou la pierre de 4 à 6 œufs blancs plutôt sphériques qu'elle couve seule pendant 28 jours environ. Pendant cette période, le mâle la nourrit. Les jeunes quittent le nid 4 ou 5 semaines après l'éclosion, mais les parents continuent de les nourrir pendant quelque temps encore dans les environs. Les Chouettes chevêches chassent surtout de petits mammifères tels que les campagnols, mais aussi des oiseaux, essentiellement des Passereaux. Les batraciens, les reptiles et les invertébrés (insectes, mollusques, vers de terre) apparaissent aussi dans leur régime alimentaire. Elles chassent surtout au crépuscule.

De la taille d'un Merle, la Chouette chevêche (1) a une courte queue, une large tête plate et de longues pattes recouvertes de courtes plumes. Elle est brune sur le dessus avec des taches blanchâtres, claire sur le dessous avec des taches brunes longitudinales. Elle vole bas, en décrivant une ligne ondulée (2). Lorsqu'elle est dérangée, elle fait de curieuses révérences coup sur coup. Presque toute l'année, elle fait entendre des « couit » répétés ; excitée, elle lance des jappements, « kev ».

2

Chouette hulotte (ou Chat-huant)

Strix aluco

La Chouette hulotte vit partout en Europe, à l'exception des régions du nord-est, dans certains pays du sud-est de l'Asie et dans une partie de l'Afrique du Nord. Sédentaire, elle reste toute l'année dans son territoire. Elle recherche de préférence les vieilles forêts de feuillus sans dédaigner pour autant les forêts mixtes ou de résineux, les allées, les parcs et les cimetières où poussent de vieux arbres.

Si l'hiver est doux, la parade nuptiale commence en décembre, mais le plus souvent, elle n'a lieu qu'à la mi-février. Les couples qui se forment alors sont probablement stables. Ils nichent une fois par an, généralement en mars ou en avril, dans les arbres creux, les grands nichoirs, les greniers, les vieux nids de Rapaces et même par terre. Cette Chouette ne construit pas de nid. La femelle pond le plus souvent 3 ou 4 œufs blancs sphériques, directement dans la cavité. Elle couve seule, ne quittant le nid qu'au crépuscule pour satisfaire ses besoins et cracher une pelote de réjection, puis la nuit pour prendre la nourriture que le mâle lui apporte. Les petits viennent au monde au bout de 28 à 30 jours et pendant une dizaine de jours, la femelle ne les quitte pas. Elle nettoie alors le nid en avalant les fientes et les pelotes de réjection des petits. Ceux-ci quittent le nid au bout de 4 ou 5 semaines et âgés de 50 jours ; ils arrivent alors à franchir de courtes distances en volant. Le régime alimentaire de la Chouette hulotte est très varié. Il comprend surtout de petits mammifères, des oiseaux, batraciens et insectes.

La Chouette hulotte ne chasse que la nuit. C'est un oiseau massif mesurant à peu près 37 cm de haut. Elle a une tête volumineuse avec des yeux brun-noir. Il existe deux variantes, l'une grise (1), l'autre rousse. À la saison des amours, elle lance des hululements mélodieux, « hou-ouou-hou-houou-ouououou », le reste de l'année des « couvic » caractéristiques.

Chouette de l'Oural

Strix uralensis

La Chouette de l'Oural vit dans la taïga de l'Eurasie et, par endroits, dans les forêts de montagne de l'Europe centrale. Elle est sédentaire à l'âge adulte, mais les jeunes se dispersent dans le courant de l'automne. Ses effectifs varient en fonction de la densité des rongeurs forestiers : ils sont à leur maximum lorsque ces derniers pullulent, mais s'ils commencent à manquer, la Chouette de l'Oural disparaît presque complètement de certaines régions. Elle aime s'installer dans les forêts mixtes ou de feuillus non exploitées.

La parade nuptiale qui s'accompagne de hululements graves, a lieu en février ; la période de ponte dure quant à elle de mars à mai. La Chouette de l'Oural niche dans les arbres creux et dans les vieux nids de Rapaces, assez souvent dans les nichoirs, plus rarement sur un édifice ou dans une paroi rocheuse. Elle ne bâtit pas de nid, pondant directement à l'endroit choisi. Le nombre d'œufs dépend de la quantité de nourriture disponible. Au cours des années fastes, la ponte compte de 4 à 6 œufs blancs, mais pendant la pénurie, le couple élève 1 ou 2 jeunes seulement ou ne niche pas du tout. La femelle pond à 1 ou 3 jours d'intervalle et couve seule pendant 27 à 29 jours, le mâle lui apportant la nourriture. Le père chasse pour les petits, mais la mère partage la nourriture. Les jeunes restent dans le nid pendant 4 ou 5 semaines avant de commencer à grimper sur les arbres des alentours. Par la suite, toute la famille erre dans les environs du nid pendant 2 mois. La Chouette de l'Oural se nourrit de petits vertébrés et d'insectes qu'elle chasse surtout dans la journée, en particulier quand elle élève ses petits.

La Chouette de l'Oural (1) fait penser à une grande Chouette hulotte claire, mais sa queue est nettement plus longue. Au printemps, elle se fait remarquer par des hululements bruyants, « vouhou hou hou ».

Chouette lapone

Strix nebulosa

En Europe, la Chouette lapone vit uniquement dans le nord-est de la Scandinavie, en Finlande et en U.R.S.S. ; ailleurs dans le monde, on la rencontre dans le nord de l'Asie et de l'Amérique du Nord. Au cours de ses invasions, elle pénètre jusqu'au sud de la Scandinavie et en Estonie. Elle niche dans les forêts d'épicéas et de pins mêlés de bouleaux, mais chasse dans les paysages dégagés des tourbières, des coupes, et dans les clairières.

La parade nuptiale culmine en avril et dans la première moitié de mai. Ensuite, le couple cherche et examine des nids de Rapaces abandonnés. En avril ou en mai, la femelle pond dans l'un d'entre eux de 3 à 6 œufs blancs ; lorsque les petits rongeurs prolifèrent, les pontes sont plus importantes, tandis que les années de pénurie, les couples peuvent ne pas nicher. La femelle pond à 2 jours d'intervalle et couve seule pendant 28 à 30 jours. Les petits quittent le nid avant de savoir voler et, âgés de 20 à 30 jours, grimpent sur les branches des arbres environnants ; à l'âge de 5 ou 6 semaines, ils effectuent leurs premiers vols à courte distance. Si la nourriture abonde, la famille s'attarde sur son territoire jusqu'à la fin du mois d'octobre, mais si les rongeurs se raréfient, elle le quitte rapidement. À la saison de nidification, le régime alimentaire de la Chouette lapone se compose à 90 % de campagnols (surtout de campagnols agrestes), mais l'oiseau se nourrit de diverses proies allant de la musaraigne au lièvre variable et des petits Passereaux au Lagopède des saules.

La Chouette lapone (1) a la taille d'un Grand-duc. Elle est grise ou gris-blanc, tachée sur le dessous dans le sens de là longueur. Sa face est rehaussée par des cercles concentriques blanchâtres et noirs, par des taches blanches en croissant de lune entre les yeux jaunes inhabituellement petits et par un menton noir. Ses hululements sont des « hou-hou-hou-houh ».

1

Hibou moyen-duc

Asio otus

L'aire de répartition du Hibou moyen-duc occupe toute l'Europe à l'exception des régions les plus septentrionales, une large bande traversant le centre de l'Asie et de l'Amérique du Nord et une petite partie du nord de l'Afrique. Il habite toute l'année les paysages dans lesquels la forêt alterne avec des étendues dégagées de champs et de prés émaillées de bouquets d'arbres et de broussailles. Au printemps, le mâle se livre à des jeux aériens pendant lesquels il fait claquer ses ailes sous son corps. Simultanément, il lance des « houou » graves répétés à des intervalles réguliers de 3 secondes environ.

Le couple niche dans un vieux nid de Rapace, de Corneille, de Pigeon ou d'écureuil. En mars ou en avril, la femelle pond de 4 à 6 œufs blancs sphériques qu'elle couve seule pendant 27 ou 28 jours, dès la ponte du premier. Le mâle nourrit sa compagne pendant cette période, puis apporte de la nourriture pour les petits qu'il transmet à la femelle. À l'âge de 3 ou 4 semaines, les petits (2) Hiboux moyens-ducs montent sur les branches environnantes. La nuit, on les repère facilement à leurs « ki-é ». À l'âge de 5 semaines, ils savent voler. Au cours des années de prolifération des campagnols, il se pourrait que certains couples nichent deux fois, mais ça n'est pas certain. Le Hibou moyen-duc chasse au crépuscule et la nuit. Sa nourriture se compose à 90 % de campagnols, ce qu'on peut facilement vérifier en hiver, sur les lieux de rassemblement des Hiboux moyens-ducs situés à l'orée des forêts ou dans les bosquets des champs. Plusieurs dizaines d'oiseaux s'y réunissent parfois pendant plusieurs semaines pour dormir dans la journée. On trouve alors sous les arbres des centaines de pelotes de réjection contenant chacune plusieurs mandibules et crânes de campagnols.

Le Hibou moyen-duc (1) est une copie réduite de moitié du Hibou grand-duc. Son plumage est brun-gris dessus, jaunâtre et taché de brun dessous. Comme le Grand-duc, il porte des aigrettes. L'iris de ses yeux est orange.

1

2

Hibou des marais (ou Hibou brachyote)

Asio flammeus

Rares sont les espèces de Hiboux et de Chouettes qui ont une répartition aussi vaste que le Hibou des marais. Celui-ci vit en effet dans une partie de l'Europe, dans la moitié septentrionale de l'Asie, en Amérique du Nord et dans une grande partie de l'Amérique du Sud. La limite méridionale de son aire de distribution est, cependant, très variable. Les populations septentrionales sont essentiellement migratrices. Les déplacements des populations méridionales, quant à elles, prennent souvent le caractère d'invasions, en fonction de l'abondance ou de la rareté des rongeurs. Le Hibou des marais vit dans les paysages dégagés, marécages, prairies, landes, friches. Dans le nord, il vit dans la toundra. Au printemps, les jeux nuptiaux du mâle, qui se déroulent souvent dans la journée, sont très spectaculaires : le mâle vole au-dessus de son territoire en cercles ascendants, plane de temps à autre et lance des séries d'aboiements graves, « bou bou bou bou ». Il descend ensuite en piqué avec des claquements d'ailes.

Le nid du Hibou des marais est placé au sol, dans l'herbe, dans les bruyères, les roseaux ou le trèfle. C'est le seul Hibou d'Europe qui rassemble quelques matériaux (végétaux secs ou verts) pour garnir le creux où les œufs sont placés. Bien que la saison de nidification se situe le plus souvent entre mars et mai, le Hibou des marais niche parfois une seconde fois si les petits rongeurs abondent. La femelle pond 4, 8 et même 12 œufs blancs qu'elle couve seule pendant 24 à 28 jours. À l'âge de 12 à 17 jours, les jeunes Hiboux vont aux environs du nid, n'apprenant à voler qu'à l'âge de 5 semaines. Les deux parents en prennent soin.

Par sa taille et sa coloration, le Hibou des marais (1) rappelle le Hibou moyen-duc, mais il est plus clair et ses yeux jaunes sont cernés de noir. Ses aigrettes sont très courtes, couchées et difficilement visibles. Le Hibou des marais se pose presque toujours à terre ; lorsqu'il est dérangé, il s'envole de façon hésitante pour se reposer au sol.

1

Chouette de Tengmalm

Aegolius funereus

La Chouette de Tengmalm est une habitante des vastes forêts de résineux, bien qu'on la rencontre par endroits dans des forêts de feuillus, hêtraies ou chênaies. Elle peuple de façon continue le nord de l'Europe et de l'Asie ; plus au sud, elle apparaît par îlots, se limitant surtout aux massifs montagneux et aux régions qui s'étendent au pied des montagnes. Elle niche aussi en Alaska et dans le nord du Canada. Elle est sédentaire, mais certaines populations septentrionales se déplacent, pour l'hiver, à plusieurs centaines de kilomètres au sud. La parade nuptiale du mâle, qui se déroule principalement à partir du mois de mars, s'accompagne de hululements mélodieux, des « poupoupoupoupou » qui rappellent le cri de la Huppe fasciée.

Cette Chouette niche dans les trous d'arbres creux, de préférence dans les anciens nids de Pic noir. Entre mars et mai, la femelle pond de 4 à 7 œufs blancs sphériques au fond de la cavité, sur un amoncellement de détritus alimentaires et de pelotes de réjection. Elle couve seule pendant 26 ou 27 jours, le mâle la nourrissant pendant cette période. Après l'éclosion, la femelle ne quitte pratiquement pas ses petits, tandis que son compagnon approvisionne toute la famille en nourriture. Contrairement à la Chouette chevêchette, la Chouette de Tengmalm ne débarrasse pas le nid des restes de proies si bien qu'à la fin de la nidification, la cavité est extrêmement sale. Les jeunes Chouettes s'envolent au bout de 30 à 35 jours pour ne plus revenir dans le nid, mais les parents continuent de les nourrir pendant 5 ou 6 semaines. Ils se nourrissent surtout de petits mammifères et d'oiseaux qu'ils chassent la nuit.

1

La Chouette de Tengmalm (1) a le dessus brun foncé avec des taches blanches et le dessous blanchâtre parsemé de taches brunes. Elle est un peu plus grande que la Chouette chevêche dont elle se distingue par sa tête arrondie, par ses disques faciaux plus contrastés et par ses pattes emplumées jusqu'aux griffes. Son vol est rectiligne. Pour se dissimuler, elle se tient droite sur les branches et, même en hiver, ne dort pas dans les trous d'arbres creux.

Les chasseurs crépusculaires, les champions du vol et les joyaux multicolores

Caprimulgiformes, Apodiformes, Coraciiformes

Les Engoulevents (Caprimulgiformes) sont le plus souvent des oiseaux nocturnes ou crépusculaires, à la tête large et plate et aux grands yeux (fig. 1). Leur bec court et plat largement fendu jusque derrière les yeux, est pourvu à sa base de vibrisses hérissées, adaptation à la chasse nocturne des insectes volants. Leurs pattes faibles et très courtes comptent 3 doigts tournés vers l'avant et 1 vers l'arrière (fig. 2). Incapables d'entourer les branches de leurs doigts, les Caprimulgiformes se posent dans le sens de sa longueur et non en travers comme les autres oiseaux. Ils marchent maladroitement.

Les Engoulevents ont un plumage mou assez semblable à celui des Chouettes et Hiboux ; sa coloration foncée et ses nombreuses mouchetures et rayures sont caractéristiques des oiseaux nocturnes : il leur permet de se confondre avec la terre et l'écorce des arbres. Ils ont des ailes longues et étroites et, dans la plupart des cas, une longue queue. Ce sont d'excellents voiliers dont le vol rappelle celui des Hirondelles. Leur peau est remarquablement fine.

Les Engoulevents nichent directement au sol sans bâtir de nid. Ils pondent le plus souvent 2 œufs ; leurs petits, nidicoles, viennent au monde recouverts de duvet et les yeux ouverts. Les parents déposent la nourriture dans leur gosier et prennent soin d'eux pendant longtemps.

L'ordre des Apodiformes comprend les Martinets (Apodidés) et les Colibris (Trochilidés), l'aire de répartition de ces derniers se limitant au continent américain. Les Martinets ont de longues ailes falciformes pointues. Leur taille exceptionnelle est due à la main particulièrement longue et aux rémiges primaires, les plus longues par rapport au corps dans toute la classe des oiseaux. Les Martinets font partie des voiliers les plus rapides, atteignant la vitesse de 100 km/h. Ils sont parfaitement adaptés au mode de vie aérien, se nourrissant de ce qu'on appelle le « plancton aérien », composé essentiellement de mi-

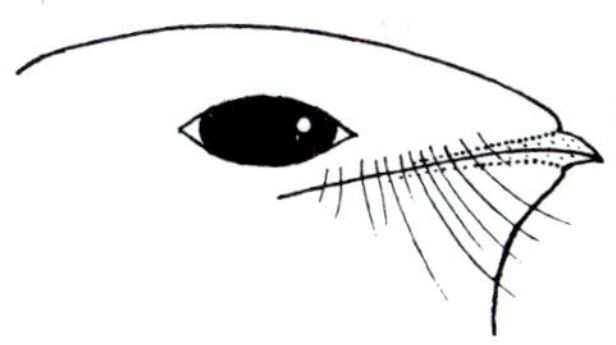

1. Tête plate d'un Engoulevent d'Europe ; le bec largement fendu est entouré à la base de vibrisses rigides.

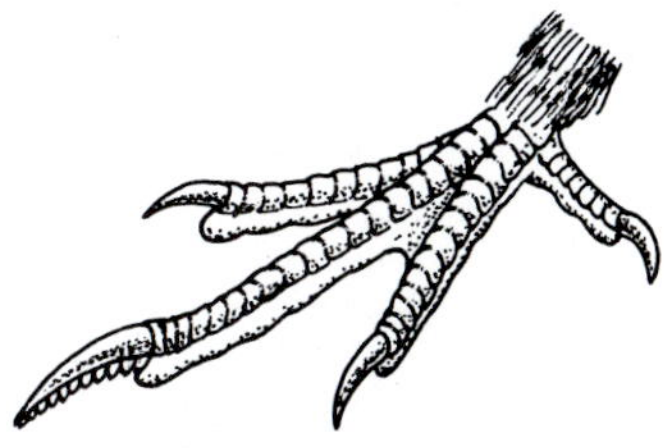

2. Les pattes de l'Engoulevent sont courtes et faibles, si bien que l'oiseau se déplace difficilement au sol.

nuscules insectes et araignées qu'ils capturent dans leur bec largement fendu. Ils peuvent aussi dormir et s'accoupler en volant. Leurs petites pattes courtes sont trop faibles pour les porter au sol et leur servent uniquement à s'agripper sur les rochers ou sur les murs. Leurs 4 doigts aux petites griffes acérées sont tournés vers l'avant (fig. 3).

Les Martinets nichent le plus souvent en colonies. Leurs glandes salivaires enflent à la saison de la reproduction ; leur sécrétion, qui se durcit à l'air, permet aux oiseaux de coller les matériaux utilisés pour la construction du nid. Certaines espèces bâtissent leur nid uniquement en salive. La ponte des Martinets compte le plus souvent 2 œufs blancs. Les petits viennent au monde nus et aveugles et les parents prennent soin d'eux longtemps. Les jeunes de certaines espèces ont la particularité de pouvoir tomber en léthargie si les intempéries entraînent une pénurie prolongée d'insectes. Leur température corporelle baisse, ce qui leur permet de survivre pendant quelques jours.

3. Les petites pattes courtes du Martinet lui permettent de s'agripper. Leurs quatre doigts courts et griffus sont tournés vers l'avant, y compris le pouce.

4. Patte du Rollier d'Europe aux doigts partiellement soudés

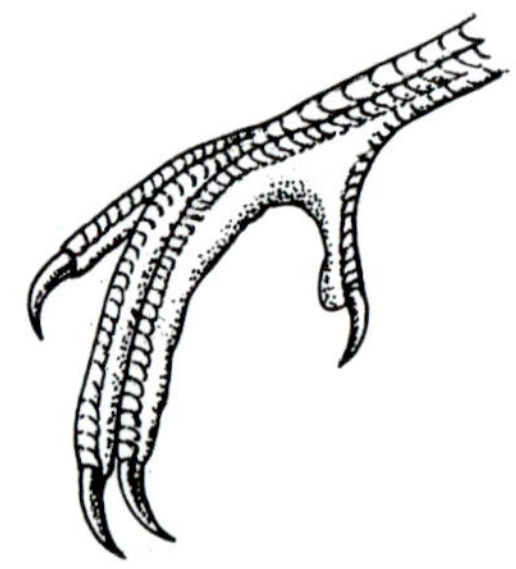

5. Patte du Martin-pêcheur d'Europe aux doigts nettement soudés

L'ordre des Coraciiformes réunit des oiseaux d'aspect très divers, mais dont la morphologie et le plumage présentent des caractéristiques communes. Leurs pattes sont adaptées à un genre de vie arboricole. Leurs doigts sont libres (Huppe fasciée), légèrement réunis (Rolliers, fig. 4) ou fortement soudés (Martins-pêcheurs, fig. 5). Leur plumage, en général peu dense, est de couleur vive, souvent avec des reflets métalliques. Mâles et femelles se ressemblent. En général, ces oiseaux n'ont pas de duvet.

Les Coraciiformes nichent dans les arbres creux ou dans des trous creusés dans les parois de sable ou de terre. Leurs œufs sont presque toujours blancs. Les deux parents les couvent et prennent soin des petits. Nidicoles, ceux-ci viennent au monde aveugles et nus, à l'exception des petites Huppes qui sont recouvertes de duvet. Ils doivent rester longtemps au nid. Les petits de certaines espèces paraissent tout hérissés, car les tuyaux cornés de leurs plumes s'ouvrent tardivement, donnant ainsi à chacune l'aspect d'un piquant.

Le long bec en forme d'alène du Guêpier d'Europe est parfaitement adapté à la capture des insectes

Engoulevent d'Europe

Caprimulgus europaeus

1

L'aire de répartition de l'Engoulevent d'Europe occupe l'Europe jusqu'au centre de la Scandinavie, l'Asie centrale et méridionale ainsi qu'une petite partie du nord de l'Afrique. C'est un oiseau nocturne qu'on peut observer à l'orée des forêts, dans les clairières sur les friches, au-dessus des fourrés et des landes. Il fait l'objet de nombreuses légendes : la plus connue raconte qu'il pénètre la nuit dans les étables pour boire le lait des chèvres ou des vaches, d'où son nom populaire de tète-chèvre, qui existe dans plusieurs langues européennes. L'Engoulevent d'Europe est un oiseau migrateur qui n'apparaît que fin avril ou mi-mai sur son territoire. Le mâle annonce son retour par un grondement monotone, qui monte et descend pendant quelques dizaines de secondes. Au cours de sa parade nuptiale, il exécute des vols acrobatiques en faisant claquer ses ailes au-dessus de son dos.

Entre mai et juillet, la femelle pond 2 œufs grisâtres marbrés de brun (2) directement sur le sol, dans une faible cavité aménagée dans les aiguilles des conifères, la mousse, les bruyères ou le sable. Elle couve seule la plupart du temps, le mâle la relayant brièvement au crépuscule et au petit matin. Les œufs éclosent au bout de 18 ou 19 jours. Les petits restent dans le « nid » pendant 2 ou 3 jours, puis se déplacent autour. Pour se nourrir, ils prennent dans leur bec celui de leurs parents, qui rejetent alors les insectes directement dans leur gosier. Le mâle continue de nourrir les petits de la première couvée alors que la femelle couve une seconde ponte. Les petits apprennent à voler au bout de 16 à 18 jours, s'émancipant à l'âge de 30 à 35 jours. En août ou en septembre, les Engoulevents s'envolent pour l'Afrique équatoriale et australe.

L'Engoulevent d'Europe (1) est un peu plus grand qu'un Merle. Il a une tête volumineuse avec de gros yeux, des pattes très courtes, un bec court mais largement fendu et un plumage cryptique qui se confond avec l'écorce des arbres. Dans la journée, il se repose au sol, sur une souche ou une grosse branche, dans le sens de la longueur.

2

Martinet noir

Apus apus

De petites bandes de Martinets noirs apparaissent fin avril et début mai dans les villes et villages. Ils fendent l'air en lançant des cris bruyants. Aujourd'hui, les maisons sont devenues le principal lieu de nidification du Martinet noir, mais à l'origine, il nichait dans les rochers et dans les arbres creux. Les Martinets volent sans répit : ils passent la journée entière dans l'air où ils se procurent leur nourriture et les matériaux de construction de leur nid ; ils y dorment et s'y accouplent parfois.

Les adultes se distinguent par une extrême fidélité à leur site de ponte. Ils retournent dans la même ville, le même édifice et le même nid. Celui-ci se trouve sous un toit, derrière une poutre, dans un coin sombre ou dans un trou, parfois aussi dans un creux de rocher ou dans un trou d'arbre. Lorsque les Martinets ne trouvent pas d'endroit pour nicher, ils s'installent dans les nichoirs pour Étourneaux ou dans les nids des Hirondelles de fenêtre. Ils chassent les véritables propriétaires, détruisent les nids ou jettent dehors les petits pour bâtir leur propre nid. C'est une petite coupe faite de brins d'herbe, de fibres, de plumes collées avec de la salive. En mai ou en juin, la femelle pond 2 ou 3 œufs blancs que deux adultes couvent tour à tour pendant 19 à 22 jours. Le développement des petits est très lent. Il dure de 40 à 50 jours, en fonction du temps et de l'abondance de nourriture : les adultes apportent aux jeunes des boulettes comptant entre 390 et 1 500 insectes. Fin juillet et début août, les Martinets noirs s'envolent vers leurs quartiers d'hiver en Afrique équatoriale et du Sud.

Le Martinet noir (1) est plus grand qu'une Hirondelle de fenêtre. Il est entièrement brun-noir avec une tache claire sous le bec. Il a une courte queue échancrée et des ailes étroites, falciformes. Il lance des « srii » perçants.

Martin-pêcheur d'Europe

Alcedo atthis

L'aire de répartition du Martin-pêcheur d'Europe s'étend sur toute l'Europe, à l'exception des régions les plus septentrionales, sur l'Asie centrale et l'Afrique du Nord. En hiver, les oiseaux errent puis offre un petit poisson à la femelle.

Pour creuser leur nid, les deux oiseaux se servent surtout de leur bec, n'utilisant leurs pattes que pour enlever les déblais. Le dans leur régime alimentaire. Les jeunes Martins-pêcheurs s'envolent au bout de 23 à 27 jours, mais les parents s'en occupent pendant quelques jours encore, avant de nicher une seconde fois.

1

non loin de leur territoire ; seules les populations septentrionales effectuent des voyages plus importants vers le sud. Le Martin-pêcheur d'Europe est un habitant des rivières à l'eau pure, des fleuves et plus rarement des lacs et des étangs. Il niche sur les rives escarpées argileuses ou sablonneuses dans lesquelles il creuse, au printemps, une galerie horizontale. Sa vie solitaire s'achève en février, quand les couples se forment. Auparavant, les deux oiseaux se poursuivent au bord de l'eau. Le mâle balance le corps nid dont l'entrée a 5 ou 6 cm de diamètre, est une galerie qui atteint de 30 à 100 cm de long. Il se termine par une chambrette sphérique dans laquelle la femelle pond de 6 à 8 œufs blancs, ronds et brillants. Les œufs reposent d'abord directement sur le fond, mais par la suite, une couche d'arêtes et de détritus s'accumule autour. Les deux parents couvent à tour de rôle pendant 18 à 21 jours. Ils nourrissent les petits avec des insectes et de petits poissons qui occupent également une place importante Ils ont parfois le temps de pondre une troisième fois. La saison de nidification dure donc d'avril à juillet.

Ce n'est pas en vain que certains appellent le Martin-pêcheur d'Europe le joyau volant. Il est d'un bleu-vert éclatant sur le dessus, roux sur le dessous (1). Il vole au ras de l'eau en lançant régulièrement de longs sifflements pénétrants, « tiit », ou des « tit tit tit » plus brefs répétés. Il est plus grand et plus trapu qu'un Moineau.

Guêpier d'Europe

Merops apiaster

Le Guêpier d'Europe aime les climats chauds. Il vit dans le sud de l'Europe et de l'Asie ainsi que dans le nord de l'Afrique. Au cours des printemps exceptionnellement chauds, des couples isolés ou de petits groupes pénètrent plus au nord, en R.F.A. et en R.D.A., au Danemark, aux Pays-Bas et en Grande-Bretagne où il leur arrive de nicher. Migrateurs, les Guêpiers d'Europe hivernent en Afrique équatoriale et australe où ils nichent depuis quelques années. Il s'agit d'une nouvelle population issue des bandes venues hiverner.

Le Guêpier d'Europe ne revient qu'en mai sur ses lieux de reproduction. Il niche en colonies plus ou moins importantes, plus rarement en couples isolés, dans des parois sablonneuses ou argileuses. Les parades nuptiales qui durent des journées entières, s'accompagnent de mouvements spasmodiques de la tête et des ailes. Le couple est formé lorsque les deux oiseaux dorment la nuit blottis l'un contre l'autre. Ils se mettent alors à creuser leur nid (2). Ils attaquent la paroi à coups de bec, se servant de leurs pattes pour évacuer les déblais accumulés, jusqu'à ce qu'ils obtiennent une galerie de 80 à 200 cm de long et de 6 ou 8 cm de diamètre. Cette dernière débouche sur une chambre haute de 12 cm et large de 17 à 30 cm. Les travaux d'excavation durent de 8 à 14 jours. Entre mai et juillet, la femelle pond 5 ou 6 œufs blancs sphériques qu'elle couve avec son partenaire pendant 20 à 22 jours. Après l'éclosion, les deux adultes nourrissent leurs petits pendant 20 jours dans le nid et pendant 12 jours à l'extérieur. Courant août et dans la première moitié de septembre, les oiseaux quittent les colonies. Le Guêpier d'Europe se nourrit exclusivement d'insectes, surtout de libellules (anisoptères, zygoptères), de guêpes, de bourdons, d'abeilles et de papillons.

1

2

Le Guêpier d'Europe (1) est l'un des oiseaux les plus hauts en couleur. Il a le dessous bleu-vert, la gorge jaune et le dos marron et jaune d'or. La paire centrale de rectrices, plus longue, se termine en pointe. Il a la taille d'une Grive. Son vol est semblable à celui d'une Hirondelle et il alterne le vol battu avec le vol plané. Son cri est un « prirrr » répété.

Rollier d'Europe

Coracias garrulus

Le Rollier d'Europe vit dans le sud et l'est de l'Europe (au XIXe siècle, il était répandu jusqu'au sud-est de la Suède), dans le sud-ouest de l'Asie et le nord de l'Afrique. En Europe, ses effectifs ont actuellement tendance à baisser. Il reste peu de temps dans son aire de nidification : il y revient en avril ou en mai et s'envole vers l'Afrique équatoriale et australe dès août ou septembre. Il s'installe dans les paysages dégagés des plaines et des collines parsemées de bosquets et d'allées avec des arbres creux, ou à l'orée des vieilles forêts de feuillus d'où il peut faire facilement des incursions dans les prés et les pâturages.

Le Rollier d'Europe niche isolément, mais dans les endroits propices, on peut rencontrer plusieurs couples réunis. Il revient sur ses lieux de nidification en couple. À la saison des amours, le mâle exécute au-dessus de son domaine un vol acrobatique qui consiste en montées vertigineuses et en chutes en piqué. Son nid se trouve toujours dans une cavité, le plus souvent dans un trou d'arbre, moins fréquemment dans les creux des parois argileuses ou dans une fente de mur. Il utilise parfois aussi les nichoirs. Entre mai et juillet, la femelle pond au fond de la cavité 4 ou 5 œufs blancs que les deux parents couvent à tour de rôle pendant 17 à 19 jours. Ils nourrissent les petits pendant 25 à 30 jours, jusqu'à leur envol. Les parents n'évacuent pas du nid les fientes des jeunes, mais comme elles durcissent rapidement, le nid reste relativement propre. Après la sortie des jeunes, les parents continuent à leur apporter des insectes, mollusques, grenouilles, lézards et petits mammifères.

Dans le plumage du Rollier d'Europe, on peut admirer toutes les nuances de bleu, à l'exception du dos qui est marron (1). Le Rollier aime se percher bien en vue sur les poteaux, fils électriques ou à la cime des arbres d'où il fond sur sa proie au sol. Son vol ressemble à celui d'un Choucas. Au printemps, il lance des « rac rac rac » rauques. Les adultes ont la taille d'une Tourterelle des bois.

1

Huppe fasciée

Upupa epops

1

L'aire de répartition de la Huppe fasciée occupe l'Europe (à l'exception de la Grande-Bretagne et des pays nordiques), toute la partie méridionale de l'Asie et presque toute l'Afrique. En Europe, ses effectifs accusent actuellement un net recul. Elle vit dans la campagne cultivée où les prairies et les champs alternent avec des bosquets et des haies ; on la voit aussi à l'orée des forêts de feuillus. Migratrice, elle va hiverner en Afrique, au sud du Sahara et en Inde, courant août et en septembre. En avril, elle revient dans son territoire. Au cours de la parade, le mâle apporte à la femelle une proie en guise de présent.

La Huppe fasciée niche dans les arbres creux, les trous de murs ou les tas de pierres. Dans le sud de l'Europe et en Afrique, elle s'installe même dans les maisons. Entre mai et juillet, la femelle pond au fond de la cavité de 5 à 7 œufs grisâtres ou jaunâtres plus ou moins tachetés (2) qu'elle couve seule, le mâle la nourrissant pendant toute cette période. Les œufs éclosent au bout de 16 jours, les petits restant dans le nid pendant 4 semaines environ. Les premiers jours, la femelle les nourrit seule, mais à partir du dizième jour, le mâle intervient également. L'« autodéfense chimique » des petites Huppes au nid est un phénomène curieux : lorsqu'elles sont effrayées ou bien menacées, elles projettent leurs crottes liquides sur l'ennemi en visant admirablement bien ; en outre, leur glande uropygienne émet une secrétion malodorante. Les parents les nourrissent d'insectes et de leurs larves, d'araignées, de vers et parfois aussi de petits lézards. Ils collectent la nourriture à terre, l'extrayant parfois des excréments des animaux.

2

La Huppe fasciée (1) est une des plus belles espèces appartenant à l'ordre des Coraciiformes. Elle est fauve avec les ailes et la queue rayées de noir et de blanc. Elle a un long bec, légèrement incurvé vers le bas, et une huppe érectile (3) dont les plumes se terminent en pointe noire et que l'oiseau déploie en éventail. Elle vole en suivant une trajectoire ondulée et en agitant ses ailes rayées d'une curieuse façon spasmodique. Le chant est un « houpoupoup » trisyllabique ou pentasyllabique. Les oiseaux adultes ont la taille d'une Tourterelle des bois.

3

Les maîtres charpentiers

Piciformes

L'ordre des Piciformes comprend 6 familles d'oiseaux à l'aspect très différent. La plupart d'entre eux vivent essentiellement en Amérique, en Afrique et en Asie, comme par exemple les Toucans, pourvus d'un énorme bec multicolore très léger, ou les Indicators, espèces parasites dont l'appareil digestif abrite des bactéries symbiotiques leur permettant de se nourrir de la cire d'abeille. Nous ne traiterons dans cet ouvrage que de la famille des Picidés, dont on peut voir les représentants en Europe. Ce sont des oiseaux qui escaladent les arbres et frappent le bois de leur bec. Ils se nourrissent surtout de larves d'insectes qui creusent des galeries dans le bois et sous l'écorce, mais aussi de fourmis et de graines de conifères. Ce mode de vie arboricole a entraîné une série d'adaptations : pour escalader les arbres, les Picidés ont des pattes zygodactyles, avec les deux doigts externes dirigés en arrière et les deux doigts médians en avant (fig. 1). Ils se déplacent sur le tronc en sautillant et en plantant à chaque bond leurs griffes dans les aspérités de l'écorce. Quand ils cessent de grimper, ils s'appuient sur leurs rectrices très fortes et raides, à l'extrémité pointue (fig. 2). L'axe de leur corps forme un angle aigu avec le tronc, de sorte que la tête peut être rejetée en arrière avant de frapper le bois. Le bec des Picidés peut se mesurer avec les outils de bûcheron les plus performants : hache, coin, maillet. Il est en effet puissant, cunéiforme et recouvert d'une matière cornée très dure. On peut facilement imaginer la force des secousses que doit endurer la tête de l'oiseau lorsque celui-ci tambourine avec véhémence sur le bois. Mais le crâne est parfaitement adapté à cette activité : tous ses os, beaucoup plus solides que chez les autres oiseaux, sont soudés avec le bec en un ensemble homogène qui protège le cerveau contre les secousses ; tendons et muscles participent également au système d'amortissement. En frappant l'écorce ou le bois, les Picidés repèrent l'endroit infesté par les insectes, se guidant probablement au son qui change lorsqu'il y a une galerie de larve. Ils découvrent alors la larve à coups de bec, puis s'en emparent avec leur langue. Celle-ci est un harpon très fin, pourvu à son extrémité d'une pointe dure et de crochets tournés en arrière. La langue est en plus recouverte par une salive visqueuse. L'oiseau peut la projeter très loin jusqu'à

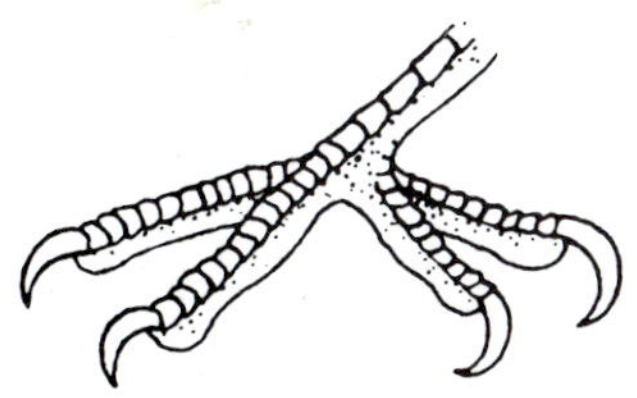

1. Patte zygodactyle de Piciforme ; deux doigts sont dirigés en arrière et deux en avant.

2. Queue du Pic épeiche aux fortes rectrices terminées en pointe sur lesquelles l'oiseau s'appuie quand il cesse de grimper sur les arbres.

ce qu'elle retienne la proie, puis l'entraîne dans la cavité buccale. Elle pénètre loin dans les galeries creusées par les insectes car elle est fixée aux longues cornes de l'os hyoïde qui s'enroulent autour du crâne, jusqu'au front (fig. 3).

On trouve parfois en forêt un tas de cônes décortiqués au pied d'un arbre ; ils ont été épluchés par un écureuil ou un Pic épeiche. Celui-ci fixe les cônes dans une cavité du tronc pour en extraire à coups de bec les graines riches en lipides (fig. 4).

Les Picidés utilisent aussi leur bec pour creuser leur abri. Ils nichent en effet dans les cavités qu'ils creusent eux-mêmes dans les troncs pourris mais, souvent aussi, parfaitement sains. Ils pondent des œufs blancs : ils n'ont en effet pas besoin d'être protégés par une coloration puisqu'ils sont déposés dans une cavité. La croissance de l'embryon puis de l'oisillon est très rapide. Les petits viennent au monde aveugles et très souvent nus, se nourrissant de ce que les deux parents leur apportent. Chez la plupart des Pics, le mâle diffère de la femelle par la coloration de la tête.

La voix des Pics, très souvent stridente, est audible de loin. Leurs manifestations « instrumentales » sont toutefois plus intéressantes : à la saison des amours, ils frappent une branche sèche avec leur bec à une vitesse comparable à celle d'une décharge de mitrailleuse. Ces roulements de tambour servent à délimiter le territoire.

4. Certains Picidés fixent les cônes des conifères dans les aspérités du tronc pour en extraire les graines.

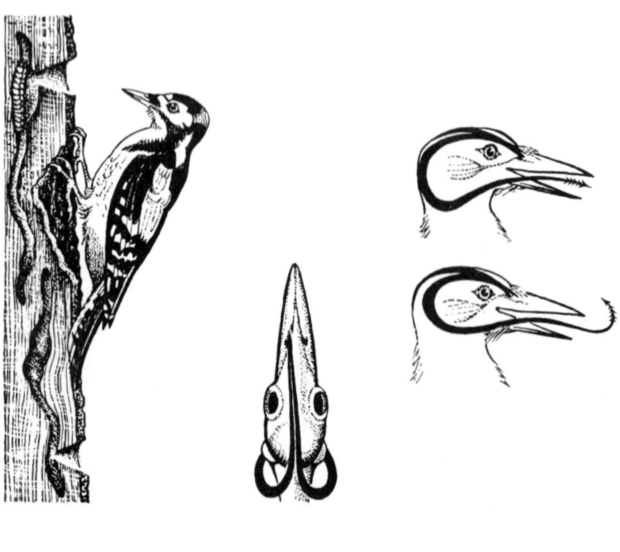

3. La langue très longue des Pics peut être projetée loin, jusqu'à ce qu'elle retienne la proie sur sa pointe dure grâce aux crochets tournés en arrière. Elle est fixée aux cornes de l'os hyoïde qui s'enroulent autour du crâne jusqu'au front.

Le Pic tridactyle creuse généralement son nid dans les arbres dépérissants.

Torcol

Jynx torquilla

Le Torcol est le seul Picidé migrateur. Il hiverne en Afrique tropicale mais niche presque partout en Europe (à l'exception de la partie septentrionale de la Scandinavie et de la Grande-Bretagne d'où il a presque disparu), sur une large bande traversant le centre de l'Asie jusqu'au Japon et dans le nord de l'Afrique. En Europe, ses effectifs ont décru au XXe siècle. Le Torcol s'installe le plus souvent dans les forêts de feuillus ou mixtes, dans les parcs, les vergers, les jardins, les allées d'arbres et sur les digues boisées des étangs. Aussitôt après son retour dans son territoire, le Torcol trahit sa présence par des « kei kei kei kei » plaintifs qu'il répète 10 ou 20 fois et qui accompagnent sa parade nuptiale. La femelle chante aussi, plus souvent même que le mâle. Les deux oiseaux s'inclinent l'un devant l'autre, les ailes et la queue déployées, les plumes de la tête et du cou ébouriffées.

Le Torcol niche de préférence dans les arbres creux ou dans les nichoirs, plus rarement dans un trou de talus ou dans un mur. Il occupe souvent une cavité déjà habitée par d'autres oiseaux, la débarrassant des matériaux de construction, des œufs ou des petits. En mai ou en juin, la femelle pond de 8 à 11 œufs blancs. Les deux parents les couvent pendant 11 à 14 jours, la femelle plus longtemps que le mâle. Après l'éclosion des œufs, ils nourrissent les petits au nid pendant 18 à 21 jours. Lorsque les jeunes Torcols ont un peu grandi, ils présentent un étrange comportement qui impressionne les adversaires potentiels : en cas de danger, ils replient et détendent le cou, tournent la tête, ébouriffent les plumes occipitales tout en sifflant comme des serpents. Les adultes au nid ont le même comportement, ce qui leur permet souvent d'effrayer l'intrus et d'avoir la vie sauve. Le Torcol se nourrit surtout de fourmis à tous les stades de leur développement, de chenilles, de papillons et d'araignées.

Le plumage du Torcol (1) est d'un gris-brun discret, finement moucheté et strié de traits ondulés transversaux ou longitudinaux plus foncés. Les adultes sont un peu plus grands qu'un Moineau.

1

Pic cendré

Picus canus

L'aire de répartion du Pic cendré occupe l'Europe occidentale (France), centrale et orientale ; au nord, elle atteint le sud-ouest de la Scandinavie. Elle se poursuit en Asie par une étroite bande qui traverse le centre du continent jusqu'à la mer du Japon et occupe tout le Sud-Est, y compris Sumatra. Le Pic cendré recherche les forêts de feuillus et mixtes, mais en montagne, il vient dans les forêts de résineux (mélèzes), montant parfois en été jusqu'à leur limite supérieure. On le rencontre également dans les vieux parcs. Dès mars, il s'annonce par des cris bruyants et en tambourinant sur des branches choisies avec soin, mais aussi sur les toitures en tôle ou les poteaux télégraphiques.

2♂

Au printemps, le couple cherche un arbre dépérissant ou déjà sec pour creuser une cavité dans le bois pourri plus tendre. Ce travail de charpentier l'occupe pendant une quinzaine de jours. En avril ou en mai, la femelle pond sur le bois nu, au fond du trou, le plus souvent de 5 à 7, mais parfois 10 œufs blancs brillants que les deux adultes couvent pendant 14 à 17 jours, réchauffant par la suite les petits pendant 10 à 12 jours. Les jeunes quittent le nid au bout de 23 à 28 jours et s'émancipent très vite. Les parents leur apportent la nourriture dans le gosier et la rejettent en 8 ou 10 portions (les Pics noir et vert procèdent de la même façon). Ils se nourrissent surtout de fourmis, de leurs larves, œufs et nymphes, plus rarement de coléoptères et autres insectes. En été, ils picorent aussi les fruits de différents arbres.

1

Le Pic cendré est entièrement gris-vert avec le cou et la tête gris et une étroite moustache noire. On reconnaît le mâle (2) de la femelle (1) à la tache frontale rouge. Il est un peu plus grand que le Pic épeiche. Son chant printanier est doux et plus lent et mélancolique que celui du Pic vert. C'est une série de « klu klu klu... », les dernières notes étant nettement espacées.

Pic vert

Picus viridis

Le Pic vert est une espèce essentiellement européenne : il vit partout en Europe, à l'exception de l'Irlande, de l'Islande et de la moitié septentrionale de la Scandinavie, et pénètre en Asie sur un étroit espace entre la mer Caspienne et le golfe Persique. Il vit dans la campagne cultivée où il y a des bosquets dans les champs, des allées d'arbres, des vergers ou des jardins abandonnés ; on le trouve aussi dans les forêts claires.

2♀

1

Le couple creuse dans un tronc abîmé ou pourri un trou dans lequel il niche souvent pendant plusieurs années. Une fois par an, entre avril et mai, la femelle (2) pond de 5 à 7 œufs blancs à la coquille particulièrement brillante. Les deux parents les couvent à tour de rôle pendant 15 à 17 jours, le mâle couvant toujours la nuit. À l'âge de 10 jours, les petits grimpent vers l'entrée du nid où les parents viennent les nourrir. À l'âge de 20 jours, ils se tiennent souvent à l'entrée du nid, attendant l'arrivée d'un adulte ; ils passent la nuit en compagnie de leur père pendant 12 à 15 jours. À l'âge de 27 ou 28 jours, ils quittent le nid, mais les parents les nourrissent pendant 3 semaines encore. Leur régime alimentaire se compose de fourmis à tous les stades de leur développement. En hiver, le Pic vert creuse dans les fourmilières des trous qui peuvent atteindre 75 cm de profondeur. Il tire sa longue langue visqueuse sur laquelle les fourmis viennent se coller. Il n'a alors plus qu'à rentrer la langue et avaler les insectes. Ce Pic mange aussi d'autres insectes, mais en moindre quantité. Au printemps, il entame parfois à coups de bec l'écorce de certains arbres et lèche les gouttelettes de sève.

Le Pic vert ressemble beaucoup au Pic cendré, mais il est plutôt vert olive et plus clair sur le dessous. Les individus des deux sexes ont l'occiput rouge et une zone noire autour des yeux. Le mâle (1) porte également une étroite bande rouge au milieu de sa moustache noire. Sa voix est une sorte de rire bruyant, « kiu kiu kiu ». Le Pic vert est un peu plus grand que le Pic cendré.

Pic noir

Dryocopus martius

L'aire de répartition du Pic noir s'étend sur presque toute l'Europe (à l'exception des îles Britanniques), se limitant cependant à des îlots dans le sud du continent, et sur une grande partie de l'Asie. Il vit dans les vastes forêts de conifères, de feuillus ou les forêts mixtes, en plaine ou en montagne. Sa présence dépend toutefois de l'existence en quantité suffisante de vieux arbres majestueux dans lesquels il peut creuser son abri ; le mâle assume, à cette occasion, le plus gros travail. Certains couples creusent une nouvelle cavité chaque année, d'autres utilisent la même plusieurs années de suite.

Les Pics noirs choisissent un tronc sain ou abîmé à l'intérieur mais, même dans ces dernières conditions, il leur faut environ un mois pour creuser un trou de 35 cm de profondeur et de 17 à 20 cm de largeur. Les œufs d'un blanc pur qui sont déposés dans le nid en avril ou en mai, reposent simplement sur quelques copeaux ou sur un peu de poussière de bois. Les deux parents couvent à des intervalles de 1 ou 3 heures les 3 à 5 œufs, mais le mâle couve seul la nuit ; après l'éclosion des œufs, il débarrasse le nid des fientes des petits et dort avec eux dans la cavité jusqu'à leur envol, à l'âge de 24 à 28 jours. Pendant 1 ou 2 mois encore, les parents les accompagnent, mais passé ce délai, ils les chassent de leur territoire. Le Pic noir extrait sa nourriture à coups de bec puissants et déchiquette les souches pourries. Il mange surtout les coléoptères qui vivent dans le bois, sous l'écorce, et les fourmis charpentières nuisibles au bois.

C'est le plus grand des Picidés européens : il a la taille d'une Corneille. Entièrement noir, le mâle (1) porte une calotte rouge qui se limite, chez la femelle (2), à une petite tache rouge occipitale. Contrairement à celui des autres Picidés, son vol est rectiligne. À l'époque des parades nuptiales, il lance des « koui kouik kouik » forts qui rappellent ceux du Pic vert. Son autre cri, un « cliié » plaintif, ne peut être confondu avec celui de la Buse variable ; il le lance toujours perché.

2♀

1

Pic épeiche

Dendrocopos major

Le Pic épeiche vit dans les forêts et les grands parcs de presque toute l'Europe, d'une grande partie de l'Asie et du nord-ouest de l'Afrique. Il est sédentaire ou nomade. Les oiseaux de l'Europe du Nord font des invasions irrégulières en Europe centrale.

Les deux membres du couple creusent une cavité pour nicher, la plus grande part des travaux incombant au mâle. Cette tâche les occupe pendant 2 ou 3 semaines. Entre avril et juin, la femelle pond de 5 à 7 œufs blancs qu'elle couve tour à tour avec le mâle pendant 12 ou 13 jours. Après l'éclosion, les parents nourrissent les petits au nid jusqu'au seizième jour, puis apportent la nourriture à l'entrée de la cavité. Contrairement aux Pics précédemment décrits, ils transportent les aliments dans le bec, où ils sont bien visibles. À l'âge de 3 semaines, les jeunes quittent le nid, les parents continuant de les nourrir pendant quelque temps encore. Le Pic épeiche mange des graines d'épicéa. Il fixe un cône dans un creux du tronc ou d'une branche pour le décortiquer et le rejeter, vide, par terre. En été cependant, il se nourrit surtout de larves d'insectes vivant dans le bois et sous l'écorce, surtout celles des Ipidés. Il perce parfois aussi l'écorce tout autour d'un arbre pour lécher la sève qui sourd.

1

4

2♀

Le Pic épeiche a la taille d'une Grive : il mesure 23 cm environ. Son plumage bigarré est noir et blanc. On le reconnaît à la bande noire ininterrompue qui va du bec à l'occiput et aux sous-caudales rouges contrastant avec le ventre blanc (4). Le mâle (1) a une tache occipitale rouge, la femelle (2) a le sommet de la tête noir. Les immatures (3) ont la calotte rouge. Les cris du Pic épeiche sont des « kix » brefs ou des « ghighighighi » plus longs. Son tambourinage assez court va en s'accélérant et en s'affaiblissant. Il tambourine assidûment au printemps surtout, parfois dès la fin de l'hiver.

3

Pic mar

Dendrocopos medius

1

L'aire de répartition du Pic mar s'étend sur l'Europe (à l'exception de presque toute l'Espagne, des îles Britanniques et de la Scandinavie), sur l'Asie Mineure, l'Iran et l'Irak. Il recherche les forêts de feuillus ou, tout au plus, mixtes, en plaine ou sur les collines, appréciant tout particulièrement les chênaies. Ses populations s'amenuisent en Europe, à cause de l'exploitation intensive des forêts de feuillus ou de leur remplacement par des résineux, au point qu'il a presque disparu au cours du XXe siècle des Pays-Bas, du Danemark, et tout récemment de la Suède.

Pour creuser sa cavité, il s'attaque à des troncs fortement pourris ou secs ou à des branches latérales, car son bec assez faible n'est pas suffisamment résistant pour venir à bout du bois sain. Les deux membres du couple s'occupent à cette tâche pendant une vingtaine de jours. Le mâle dort dans la cavité avant que la femelle ne commence à pondre, entre fin avril et juin. Les deux parents couvent à tour de rôle les 5 ou 6 œufs d'un blanc pur pendant 11 à 14 jours. Seize jours après l'éclosion des œufs, les adultes nourrissent les jeunes à l'entrée du nid et cessent d'évacuer leurs fientes. À l'âge de 22 ou 23 jours, les jeunes Pics quittent le nid, les parents continuant de les nourrir dans les environs. Ils collectent leur nourriture sur l'écorce ou dans ses aspérités, creusant rarement le bois. Ils ramassent des insectes à tous les stades de leur développement ainsi que d'autres invertébrés, picorant à l'occasion les baies, les fruits et les graines des arbres.

2

Par sa coloration et par sa taille (2), le Pic mar ressemble au Pic épeiche, mais mâles, femelles et immatures ont une calotte rouge et des sous-caudales roses qui s'éclaircissent imperceptiblement jusqu'au ventre blanc parsemé de petits traits foncés longitudinaux (1). Il lance de longues séries de « tics » doux ; le chant du mâle est une série de « oué oué oué oué » plaintifs.

Pic épeichette

Dendrocopos minor

1

2

3

Le Pic épeichette vit presque partout en Europe, sur une grande partie de l'Asie et très localement en Algérie et en Tunisie. Il habite les plaines et les collines, où il recherche les forêts claires de feuillus, les vieux parcs, les allées, les jardins, les vergers et la végétation du bord de l'eau, évitant les forêts dans lesquelles les résineux prédominent.

Lorsqu'il creuse son nid, il préfère s'attaquer à des troncs pourris ou abîmés ou à des branches. Les deux membres du couple prennent part à ces travaux, mais parfois la femelle s'en charge seule. On a également observé des cas de nidification dans les nichoirs. Entre avril et juin, la femelle pond 5 ou 6 œufs blancs que les deux parents couvent à tour de rôle pendant 11 ou 12 jours. Ils s'occupent des petits au nid pendant 18 ou 21 jours. Après leur envol, les jeunes accompagnent leurs parents pendant une quinzaine de jours encore. Le Pic épeichette a une alimentation essentiellement animale, composée surtout d'insectes aux différents stades de leur développement ; il les collecte dans les aspérités de l'écorce ou sur les rameaux terminaux, à la manière des Mésanges. Quelquefois, il extrait des insectes du bois fortement pourri à coups de bec. En hiver, il complète son menu par des graines.

Le Pic épeichette, qui a la taille d'un Moineau, est le plus petit Pic d'Europe. Ses ailes et son dos sont barrés de nombreuses bandes blanches et noires (3), ses sous-caudales ne sont pas rouges. Le mâle (1) a l'occiput rouge alors que la femelle (2) a le sommet de la tête noir et blanc. Au printemps, le Pic épeichette lance des séries de notes hautes et claires, « kikikiki », et tambourine souvent sur des branches fines ; son tambourinage est donc plus faible et plus aigu que celui des autres Pics, et les différentes séries ne sont séparées que par de courtes pauses. Sa parade nuptiale comporte un vol particulier, lent et hésitant, qui rappelle celui d'une chauve-souris.

Pic tridactyle

Picoides tridactylus

Le Pic tridactyle est, de tous les Pics, celui qui a la plus vaste distribution. Il peuple de façon continue tout le nord de l'Europe, une grande partie de l'Asie et de l'Amérique du Nord, certaines montagnes de l'Europe centrale et méridionale ainsi que de l'Asie. C'est un habitant de la taïga de conifères et des vieilles forêts sauvages de montagne, surtout de conifères ou mixtes.

Il creuse presque toujours son nid dans un résineux, le plus souvent un épicéa déjà sec ou en train de dépérir. Contrairement aux autres Pics, il creuse une nouvelle cavité presque chaque année. Entre avril et juin, la femelle pond généralement 3 ou 4 œufs blancs qu'elle couve à tour de rôle avec le mâle pendant 11 jours environ. Tous deux s'occupent des petits au nid pendant 20 à 24 jours et probablement pendant 1 mois environ à l'extérieur. Le Pic tridactyle collecte sa nourriture en explorant l'écorce et les craquelures des arbres mais aussi en creusant le bois pourri ou en décollant l'écorce. Son alimentation exclusivement animale est composée de coléoptères et de leurs larves xylophages, mais aussi de chenilles et de papillons.

2♀

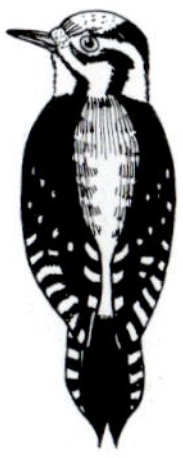

3

Il apparaît souvent dans les endroits où une pullulation d'Ipidés est imminente. Il annelle également les arbres pour lécher la sève.

Le Pic tridactyle a la taille du Pic épeiche. Son plumage bigarré est blanc sur le dos, noir sur les joues et rayé transversalement de noir et de blanc (3) sur les flancs. Sa coloration ne comporte aucune tache rouge. Le mâle (1) a l'occiput d'un jaune vif, celui de la femelle (2) étant d'un gris argenté. Comme son nom l'indique, il n'a que 3 doigts, 2 tournés vers l'avant et 1 en arrière. Son tambourinage très lent va en s'accélérant. Ses cris sont des « tuk tuk » brefs.

Les chanteurs

Passériformes

Les Passériformes représentent de loin l'ordre le plus important puisqu'il comprend à peu près les trois cinquièmes de toutes les espèces d'oiseaux. Il s'agit d'oiseaux petits ou tout au plus moyens. Les Roitelets, dont le poids ne dépasse pas 6 g, sont les plus petits Passériformes européens, le plus grand étant le Grand corbeau qui pèse à peu près 1,2 kg. Les Passériformes ont le plus souvent un bec court ou moyen dont la forme, très variable, dépend de leur alimentation. Le bec des granivores est conique et très dur (fig. 1), avec les bords souvent échancrés (Bruants, fig. 2), ce qui leur permet de bien tenir et broyer les graines. Le bec des insectivores est, en revanche, généralement fin et pointu : chez certaines espèces, il ressemble à une pince car il sert à extraire les insectes des fentes de l'écorce (Grimpereaux, fig. 3) ; chez d'autres, au contraire, il est plat et large à la base, cette dernière étant pourvue de vibrisses sur la mandibule supérieure pour faciliter la capture des insectes en vol (fig. 4). Le bec des Becs-croisés a une forme très insolite : ses mandibules croisées servent à ouvrir les cônes pour en extraire les graines.

Les pattes des Passériformes ont des doigts libres, de longueur moyenne, pourvus de petites griffes pointues ; trois sont dirigés vers l'avant et le pouce vers l'arrière (fig. 5). Cette disposition trahit un mode de vie arboricole, ce qui est effectivement le cas chez la plupart des Passereaux. De nombreuses espèces vivent cependant dans des paysages non boisés, et se sont adaptées à une existence terrestre. La surface d'appui de leurs pattes est alors accrue par de longues griffes droites (Alouettes, fig. 6).

Le plumage est moyennement dense et le duvet est peu développé. Le Cincle plongeur qui a un duvet bien fourni, adaptation manifeste à la vie aquatique, représente une exception. De nombreux Passériformes volent bien. L'évolution et l'époque de la mue sont très variables. La mue générale qui survient après

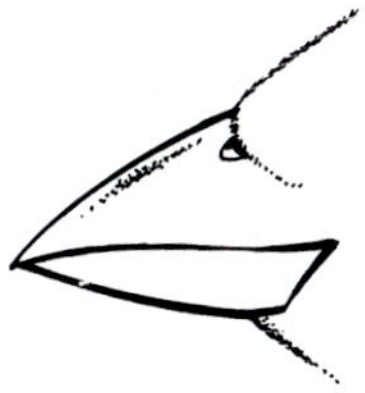

1. Bec conique des granivores

2. Bec au bord dentelé des Bruants

3. Bec en forme de pince des Grimpereaux

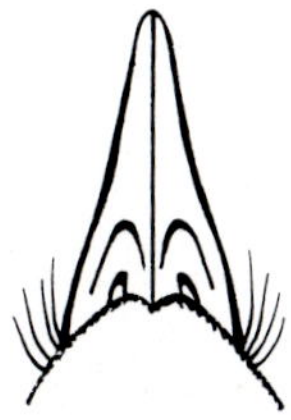

4. Bec large et plat des Gobe-mouches ; les vibrisses sont situées à la base de la mandibule supérieure.

la saison de nidification (pendant laquelle le plumage s'est considérablement usé) est directement liée à la période des migrations. Son importance est capitale : aucune espèce n'entreprendrait un long voyage vers les quartiers d'hiver avec des rémiges en cours de croissance. Les migrateurs muent avant le départ vers les pays chauds (Gobe-mouches noir, Fauvette babillarde) et leur mue est alors très rapide. Chez d'autres espèces, les rémiges tombent lorsque les oiseaux arrivent sur leurs lieux d'hivernage (Gobe-mouches gris, Fauvette des jardins). Le dimorphisme sexuel dans la taille ou la coloration est très marqué chez un grand nombre d'espèces.

Extrêmement riches, les manifestations sonores des Passereaux englobent 7 ou 8 octaves. Cette diversité est étroitement liée à l'organe vocal dont la morphologie, similaire chez toutes les espèces, permet de les classer dans le même ordre. Le syrinx (fig. 7) est situé à la bifurcation de la trachée (a), à la naissance des bronches (b). C'est un petit organe issu de la soudure de plusieurs cartilages de la trachée et des bronches (c) auquel se rattachent plusieurs paires de muscles (d). À l'endroit où les parois internes des bronches se touchent, une travée cartilagineuse (e) se prolonge en corde vocale membraneuse (f). Deux fentes limitées par des membranes règlent le débit de l'air qui traverse l'appareil vocal. La voix est produite par les vibrations de la corde vocale membraneuse et par la tension des membranes du syrinx exercée par les muscles, les sacs aériens remplissant la fonction de caisses de résonance (fig. 7). Les meilleurs chanteurs appartenant à l'ordre des Passériformes, il peut paraître étonnant qu'on y classe également des oiseaux tels que les Corbeaux, les Corneilles ou les Geais, aux croassements désagréables. Il en est pourtant ainsi car ils sont dotés eux aussi d'un organe vocal très performant.

Les Passériformes bâtissent leur nid sur les arbres et les buissons, mais aussi dans différentes cavités, dans un terrier ou directement sur le sol. Il s'agit tantôt d'abris sommaires, tantôt de constructions tressées avec art. L'importance de la ponte est très variable. Les petits, nidicoles, dépendent de leurs parents jusqu'à leur envol, parfois même encore après. Ils

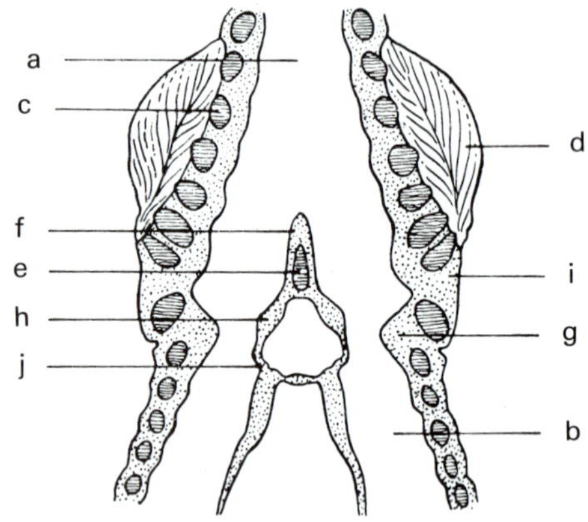

7. Syrinx des Passériformes : a. trachée b. bronche c. anneaux cartilagineux d. muscles e. travée cartilagineuse f. langue g. lèvre externe de l'appareil vocal h. lèvre interne de l'appareil vocal i. membrane externe j. membrane interne

5. Patte et coupe du tarse de l'Étourneau sansonnet. La partie postérieure du tarse terminée par une arête coupante est recouverte d'une seule plaque cornée ; les griffes acérées sont recourbées.

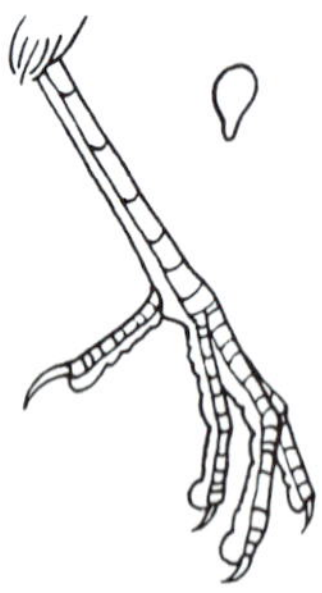

6. Patte et coupe du tarse de l'Alouette des champs. La partie arrière du tarse, bombée, est recouverte de plaquettes ; la griffe du pouce est longue et droite.

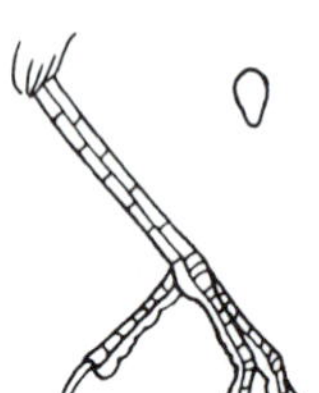

quémandent la nourriture en criant, le bec largement ouvert, ce que les jeunes des autres oiseaux ne font pas. Les petits des espèces nichant dans des cavités s'y attardent plus longtemps (de 15 à 20 jours) que ceux des oiseaux nichant dans des nids situés à l'air libre (de 12 à 14 jours). Les Passériformes qui s'installent par terre ou juste au-dessus ne restent pas plus de 9 jours au nid, car ils sont menacés par un grand nombre de prédateurs. La dispersion des jeunes dans les environs diminue la probabilité de destruction de toute la famille ; dans le pire des cas, le prédateur s'empare d'un seul petit et non de toute la nichée, ce qui se produirait immanquablement si les petits restaient au nid.

Femelle de la Pie-grièche écorcheur sur un site de nidification typique, un buisson épineux.

Alouette calandre

Melanocorypha calandra

L'Alouette calandre vit, en Europe, dans la région méditerranéenne, ailleurs dans le monde, en Asie Mineure et en Afrique du Nord ; en Europe occidentale ou centrale, elle reste un visiteur rare. Elle est partiellement migratrice, les populations des régions les plus septentrionales se rendant entre septembre et novembre dans les pays du sud, parfois jusqu'au Maghreb et en Égypte. À l'issue de la migration de printemps, qui a lieu en février ou en mars, les Alouettes regagnent les steppes arides à végétation rare, les pâturages et les terres laissées à l'abandon.

Le nid, fait d'herbes sèches et de racines, repose dans une dépression du sol ou dans l'herbe. En Europe méridionale, la saison de reproduction dure d'avril à juin, les oiseaux pondant souvent deux fois pendant cette période. La ponte complète compte de 3 à 5 œufs jaunâtres ou grisâtres, constellés de taches jaune-brun ou gris-brun (2), couvés surtout par la femelle pendant 16 jours. Les petits restent à peine 10 jours dans le nid, se dispersant dans la végétation environnante alors que leur plumage, encore incomplet, comporte des duvets particulièrement longs sur la tête et le dos. Les parents les nourrissent surtout d'insectes et de leurs larves ainsi que d'autres invertébrés. Les adultes ont en revanche un régime essentiellement végétal (ils consomment surtout des graines).

L'Alouette calandre (1) est plus grande que l'Alouette des champs. Elle a la même coloration dessus, sa gorge et le reste du dessous étant blancs, à l'exception du jabot, bordé de chaque côté par une tache noire bien nette. En vol, on remarque le bord postérieur blanc de ses ailes pointues, assez longues. Ses cris sont des « clitra » ; son chant ressemble à celui de l'Alouette des champs, mais il est plus fort, comporte davantage de trilles et d'imitations d'autres oiseaux. L'Alouette calandre chante aussi bien en vol qu'à terre. En chantant, elle vole toujours en cercles. Autrefois, on l'élevait en cage, précisément pour son chant agréable.

1

2

Alouette calandrelle

Calandrella brachydactyla (C. cinerea)

L'Alouette calandrelle est une habitante de l'Europe méridionale (surtout de la région méditerranéenne), de l'Afrique du Nord, ainsi que du centre et du sud-ouest de l'Asie. Elle vit dans les milieux semi-désertiques, les dunes, les steppes, les champs arides et sur les terres laissées à l'abandon. Migratrice, elle part en octobre ou en novembre vers l'Afrique du Nord et le Sahel pour revenir sur ses lieux de ponte en mars ou en avril.

Le nid, assez soigneusement tressé en tiges et feuilles sèches d'herbes ou en racines fines, se trouve dans une cavité du sol, souvent dissimulée par une touffe d'armoise ou d'herbe. La ponte se compose de 3 à 5 œufs brunâtres finement mouchetés (2). La femelle pond une première fois en avril ou en mai, puis une seconde fois en juin ou en juillet. Elle couve, avec l'aide du mâle, pendant 13 jours. Après l'éclosion, les deux parents nourrissent les petits. Très vite, généralement à l'âge de 9 à 12 jours et même plus tôt, ceux-ci quittent le nid sans savoir encore voler. Sitôt terminée la saison de reproduction, les Alouettes calandrelles se regroupent en bandes qui errent quelque temps puis s'envolent peu à peu vers le sud. Pendant la période de nidification, l'Alouette calandrelle est essentiellement insectivore, mais par la suite, les graines deviennent un élément important de son régime alimentaire. Curieusement, elle peut se passer de boire pendant des mois, mais si elle vit à proximité d'un point d'eau, elle s'y désaltère régulièrement.

L'Alouette calandrelle (1) est beaucoup plus petite que l'Alouette des champs (13,5 cm contre 17 cm). Elle est brun sable sur le dessus, parsemée de taches brunes longitudinales, et blanchâtre sur le dessous, sans stries. De chaque côté du cou, on remarque de petites taches noirâtres. Son cri le plus fréquent est un « tchi-tchirrp » qui ressemble à celui du Moineau. Le chant simple consiste en 8 notes aiguës sifflées que l'oiseau fait entendre sans interruption pendant son vol nuptial.

1

2

Cochevis huppé

Galerida cristata

À l'origine, le Cochevis huppé vivait dans les steppes de l'Europe orientale ; de là, il a gagné les autres parties du continent, sans doute en raison du développement de l'agriculture. Au XIVe siècle, le Cochevis était déjà commun dans presque toute l'Europe. Il vit aussi en Asie centrale et méridionale ainsi qu'en Afrique jusqu'au Sahel. Actuellement, il régresse considérablement dans de nombreuses régions d'Europe. C'est un oiseau sédentaire typique. En hiver, il se réfugie assez souvent à proximité des agglomérations, en quête de nourriture. Les couples restent unis même pendant la mauvaise saison, phénomène rare chez les petites espèces de Passériformes. Dès mars cependant, les Cochevis huppés quittent les villes pour retourner dans leurs biotopes caractéristiques :

2

champs en jachère, terrains vagues envahis par les herbes tels que décharges publiques, chantiers, terrains de sport, etc. Ils nichent généralement deux fois par saison, de mars à juin.

La femelle bâtit le nid dans une cavité du sol avec de l'herbe, des racines ou des feuilles. Elle couve seule pendant 12 ou 13 jours les 3 à 5 œufs gris-jaune mouchetés de brun (3). Les petits Cochevis quittent le nid à l'âge de 9 ou 10 jours (alors qu'ils ne savent absolument pas voler) et se dissimulent dans les environs. Les parents les nourrissent presque exclusivement d'insectes et de vers ; dans l'alimentation des adultes, cependant, l'élément végétal prédomine (graines, éventuellement parties vertes des plantes).

3

Le Cochevis huppé (1) a la coloration caractéristique et la taille de l'Alouette des champs. Sa tête est ornée d'une huppe pointue bien apparente. Le mâle chante perché sur une hauteur et souvent en vol ; à cette occasion, il suit une trajectoire ondulée et plus ou moins circulaire au-dessus de son territoire (2). La principale phrase de son chant est le cri ordinaire, « uitui-tu », qui revient inlassablement. Il sait également imiter à la perfection les cris et le chant d'autres espèces.

1

Alouette lulu

Lullula arborea

L'Alouette lulu vit presque partout en Europe (à l'exception des régions septentrionales), en Asie Mineure et en Afrique du Nord. Elle aime s'installer à l'orée des bois de résineux, surtout de pins, dans les clairières, les friches, sur les coteaux secs, dans les landes, les vieux vignobles, etc. Elle revient en février ou en mars de ses quartiers d'hiver situés au bord de la Méditerranée.

Elle pond deux fois par an. Son nid est placé à terre, généralement dans un endroit bien exposé au soleil et bien dissimulé dans la végétation peu dense. Les oiseaux le tressent en herbe sèche, en racines, parfois aussi en mousse ; il est garni d'herbes plus fines et de poils. La femelle couve pendant 13 à 15 jours ses 3 à 5 œufs clairs, parsemés de petites taches brunes ou grises (2). Les deux parents s'occupent des oisillons pendant 10 à 13 jours. Les jeunes mangent d'abord des insectes, puis des graines et des parties vertes des plantes. L'Alouette s'envole vers le sud en septembre ou en octobre.

2

L'Alouette lulu (1) ressemble à l'Alouette des champs, mais elle est plus petite et sa queue, dont les rectrices externes ont la pointe blanche, est plus courte. À la base des rémiges primaires, on remarque une tache noire bordée de blanc. Son sourcil clair s'allonge jusqu'à la nuque. On reconnaît ses petits à leur gosier jaune, à la pointe noire de leur langue et aux deux grandes taches noires qui la bordent. Le chant de l'Alouette lulu est si beau et si mélodieux que certains le préfèrent à celui du Rossignol.

1

3

Bien qu'elle chante aussi dans la journée, sa mélodie flûtée, qui dure au moins une minute, résonne particulièrement bien au cours des nuits claires. Elle chante à terre ou perchée sur un arbre, mais le chant en vol est le plus caractéristique (3) : le mâle monte presque à la verticale pour faire le tour de son territoire, puis redescend obliquement ou à la verticale, se posant à terre ou sur un arbre.

Alouette des champs

Alauda arvensis

Originairement, l'Alouette des champs vivait dans les steppes de l'Europe orientale, mais l'homme a pris part à son extension en créant des steppes artificielles, les terres cultivées. Actuellement, l'Alouette des champs est commune dans toute l'Europe, en Asie et en Afrique du Nord. C'est une habitante caractéristique des paysages non boisés, depuis la plaine jusqu'aux alpages des montagnes. L'Alouette des champs migre en septembre ou en octobre vers ses lieux d'hivernage situés en Europe occidentale, dans la région méditerranéenne, et pour un petit nombre en Europe centrale. Elle réapparaît très tôt dans son aire de nidification, fin février ou courant mars. Dès leur retour, les mâles occupent leur territoire et le défendent avec hargne, en livrant d'innombrables combats à leurs rivaux.

La femelle place son nid dans une cavité creusée dans la terre. Il est tressé avec des herbes, des racines et parfois des crins de cheval ou autres poils. Elle couve pendant 12 à 14 jours ses 3 à 5 œufs gris-jaune, tachés de gris et de brun (3). Les deux parents nourrissent les petits qui désertent le nid à l'âge de 8 à 11 jours, sans savoir encore voler. Leur alimentation est d'abord animale, plus tard semi-végétale. Presque tous les couples nichent deux fois, certains trois fois en une saison.

3

L'Alouette des champs (1) est d'un brun terreux avec des taches noires longitudinales. Ses rectrices externes sont blanches. Ses plumes occipitales forment une petite huppe érectile pointue, plus marquée que celle de l'Alouette lulu. Les oiseaux adultes mesurent à peu près 17 cm de long. Les petits au nid ont l'intérieur du bec jaune et trois petites taches noires sur la langue. L'Alouette des champs est très connue à cause de son chant qu'elle fait entendre uniquement en vol (2) : le mâle monte à la verticale et décrit des cercles pendant plusieurs minutes. Par paliers, il perd de l'altitude et, après s'être tu, tombe comme une pierre vers le sol. La durée moyenne du chant, qu'il lance au mois de mai, est de 2 minutes environ.

1

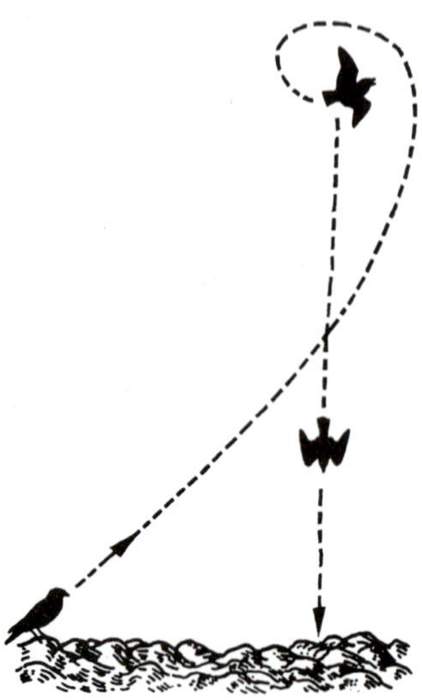

2

Hirondelle de rivage

Riparia riparia

L'Hirondelle de rivage peuple une grande partie de l'hémisphère Nord. Elle vit partout en Europe, en Asie, dans une toute petite partie de l'Afrique et en Amérique du Nord. Les oiseaux européens passent l'hiver en Afrique équatoriale et australe, revenant sur leurs lieux de ponte en avril et en mai. Ils recherchent les berges sablonneuses ou argileuses verticales des rivières, les parois des carrières de sable ou des gravières dans lesquelles ils creusent leurs nids avec leur bec, puis avec leurs pattes. Ces galeries qui mesurent à peu près 1 mètre de long, se terminent par une chambre sphérique que les oiseaux garnissent d'herbe sèche et de duvet. Le couple creuse très vite si bien que le nid est parfois prêt au bout de 3 ou 4 jours. Les Hirondelles de rivage nichent en colonies comptant plusieurs dizaines, voire plusieurs centaines de couples ; les oiseaux nichant isolément représentent une exception. La nidification dans la terre, relativement sûre, comporte néanmoins certains inconvénients : les berges minées par l'eau s'effondrent parfois et le prélèvement de sable ou de gravier dans les carrières détruit en partie ou en totalité certaines colonies.

En mai, la femelle pond de 4 à 6 œufs d'un blanc pur que les adultes couvent à tour de rôle pendant 14 ou 15 jours. Les deux parents nourrissent également leur progéniture avec de petits insectes qu'ils capturent en vol. Les jeunes quittent le nid 16 à 23 jours après l'éclosion, mais y reviennent la nuit quelque temps encore. Une partie des couples niche une deuxième fois en juillet. Courant août ou en septembre, les Hirondelles de rivage commencent à déserter leurs nids pour disparaître totalement à partir de la mi-octobre.

L'Hirondelle de rivage (1) est la plus petite Hirondelle d'Europe : elle est un peu plus petite que l'Hirondelle de fenêtre. Son dos est brun, sa face inférieure blanc sale, sa queue peu échancrée. Elle porte une petite bande transversale brune sur la gorge. Son cri habituel est un « tchirip » ou un « tchchrr ».

Hirondelle de cheminée

Hirundo rustica

L'Hirondelle de cheminée est une espèce cosmopolite. Elle vit en Europe, en Asie, en Afrique du Nord et dans presque toute l'Amérique du Nord. En Europe, c'est l'un des oiseaux les plus populaires. Lorsqu'elle revient,

3

1

fin mars ou en avril, de l'Afrique équatoriale ou australe, elle est impatiemment attendue, surtout dans les campagnes. Elle recherche activement la présence humaine, s'installant de préférence à l'intérieur des granges, dans les étables, les écuries, les couloirs, les portes cochères, parfois aussi sur la façade des édifices.

Les oiseaux construisent leur nid (2) en forme d'écuelle en collant des morceaux de glaise mêlée de salive et de brins d'herbe ou de paille. C'est surtout la femelle qui se charge de la construction, le mâle lui apportant une partie des matériaux, en particulier les tiges de végétaux. Pour faire un nid, les Hirondelles de cheminée utilisent entre 750 et 1 400 boulettes de terre humide, terminant le plus gros des travaux en 8 ou 9 jours. Le couple garnit l'intérieur avec des brins d'herbe et des plumes. La femelle couve pendant 14 à 16 jours ses 4 à 6 œufs blancs mouchetés de brun-roux (3) qu'elle pond en mai, en juin ou en juillet. Les parents nourrissent les petits au nid pendant 3 semaines. Après leur envol, ils continuent de les nourrir pendant 1 semaine encore. Passé ce délai, ils sont généralement accaparés par une nouvelle couvée qu'ils élèvent dans le même nid. Certains couples peuvent pondre une troisième fois. Après la saison de nidification, les Hirondelles de cheminée se regroupent en bandes qui peuvent compter jusqu'à plusieurs dizaines de milliers d'individus. Ces groupes immenses passent la nuit dans les roselières des étangs jusqu'à leur départ vers les lieux d'hivernage, en septembre ou en octobre.

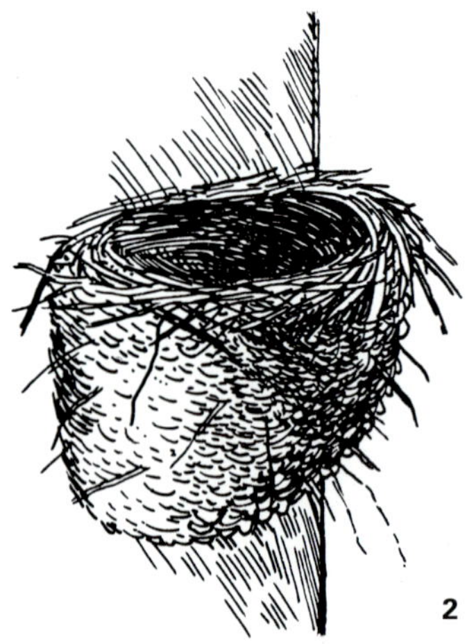

2

L'Hirondelle de cheminée est un élégant petit oiseau au plumage bleu-noir et blanc (1) avec une tache rousse sur la gorge et le front. Elle est plus grande que l'Hirondelle de fenêtre. En vol, on la reconnaît à sa queue profondément échancrée. Elle passe presque toute son existence dans l'air, franchissant chaque jour plusieurs dizaines de kilomètres. Elle se procure ainsi sa nourriture, des insectes volants.

Hirondelle rousseline

Hirundo daurica

L'Hirondelle rousseline habite dans certains pays d'Europe méridionale (péninsule Ibérique, Italie, Balkans, Midi de la France), sur plusieurs îles de la Méditerranée, dans le nord-ouest de l'Afrique, le sud de l'Asie jusqu'à la Chine et le Japon. Migratrice, l'Hirondelle rousseline s'envole en septembre ou en octobre vers ses quartiers d'hiver africains pour revenir, en avril, dans son aire de nidification.

Bien que dans la plupart des cas, elle ait conservé son mode de nidification d'origine dans les rochers, elle s'installe aussi dans les villes. Elle colle son nid en argile sur une paroi rocheuse, sous un pont ou les toits des édifices. Elle ne se contente pas de bâtir une coupe, mais y ajoute une longue entrée en forme de tuyau représentant une antichambre (2) de dimensions importantes. L'Hirondelle rousseline niche une ou deux fois par an, d'avril à juillet. Les deux parents couvent tour à tour pendant 14 jours les 3 à 5 œufs blancs et nourrissent leur progéniture au nid pendant 3 semaines environ. Les Hirondelles rousselines ont une alimentation animale qu'elles trouvent. Il s'agit surtout de petits insectes volants.

Par sa silhouette et par sa taille, l'Hirondelle rousseline (1) rappelle l'Hirondelle de cheminée. Elle est bleu-noir, avec cependant du brun-roux sur l'occiput, les côtés de la tête et le croupion. Le dessous du corps est couleur crème. Il n'y a pas de taches blanches sur ses rectrices et l'échancrure de sa queue est moins profonde.

En vol, elle lance des « psiep » sonores, son cri d'alarme étant « kir ».

1

2

Hirondelle de fenêtre

Delichon urbica

L'Hirondelle de fenêtre vit en Europe, en Asie et en Afrique du Nord. Elle aime nicher à proximité des habitations de l'homme bien que son milieu d'origine soit, comme chez l'Hirondelle de cheminée, les parois rocheuses. Les Hirondelles de fenêtre nichent plus souvent en colonies que les Hirondelles de cheminée : on trouve souvent leurs nids collés les uns à côté des autres. Avant la migration, elles se rassemblent, perchées sur les fils électriques, et entreprennent leur voyage vers l'Afrique à partir de la fin de septem-

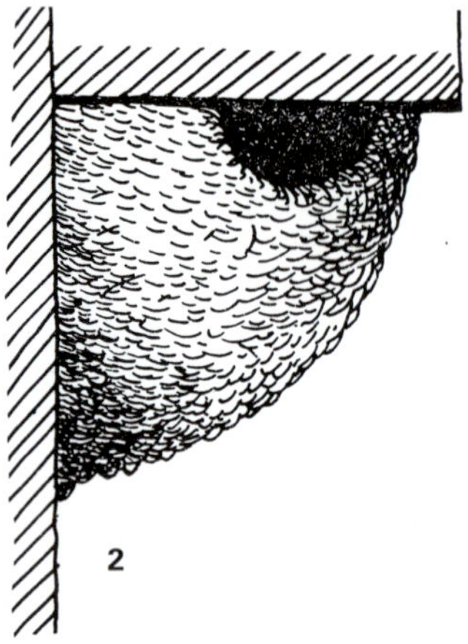

2

bre. En avril ou en mai, elles reviennent sur leurs lieux de nidification.

Contrairement à l'Hirondelle de cheminée, l'Hirondelle de fenêtre bâtit son nid sur les façades des édifices, sous les corniches, les balcons ou au coin des fenêtres. Les deux membres du couple participent aux travaux de maçonnerie : pour bâtir un nid, ils utilisent de 690 à 1 495 boulettes de terre mêlée de salive. Le nid est plus ordonné que celui de l'Hirondelle de cheminée car aucun matériau végétal ne dépasse de ses parois. Il en diffère aussi

3

car il est fermé (sauf dans sa partie supérieure (2) où une petite ouverture est pratiquée) ; c'est le critère de reconnaissance le plus fiable. Sa construction dure de 10 à 12 jours. Lorsqu'il est terminé, les oiseaux le tapissent d'une grande quantité de plumes, qui ne dépassent jamais à l'extérieur. Si c'est le cas, c'est le signe infaillible que le nid est occupé par des Moineaux. Les deux parents couvent à tour de rôle pendant 14 à 16 jours les 4 à 6 œufs d'un blanc pur (3), puis nourrissent les jeunes d'insectes. Les petites Hirondelles quittent le nid à l'âge de 3 semaines. En une saison, les couples peuvent élever dans le même nid 2 nichées ; tant qu'il ne se décolle pas, ils continuent de le réparer et l'utilisent parfois pendant des années.

L'Hirondelle de fenêtre (1) se distingue de l'Hirondelle de cheminée par sa queue moins fourchue. Elle est noir bleuté sur le dessus, blanche sur le dessous. Son croupion est également blanc. Ses pattes sont couvertes jusqu'aux griffes de petites plumes blanches. Elle mesure 13 cm de long.

1

Pipit rousseline

Anthus campestris

1

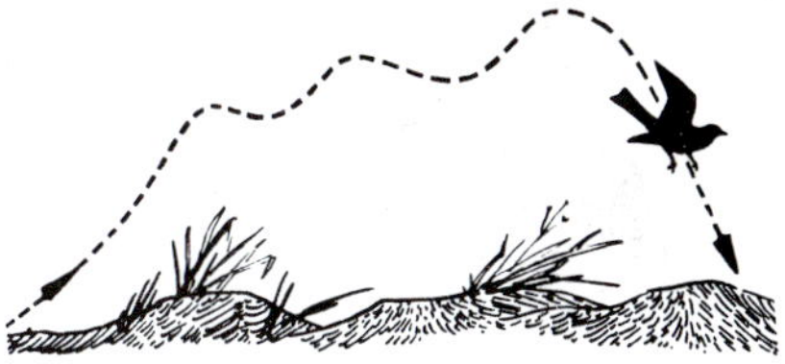

2

L'aire de répartition du Pipit rousseline s'étend sur l'Europe centrale et méridionale, sur l'Afrique du Nord et la zone tempérée de l'Asie. C'était à l'origine un oiseau steppique. Aujourd'hui, on le rencontre en dehors des steppes sur les collines rocailleuses, sur les terres sèches laissées à l'abandon, dans les landes et les grands champs. C'est une espèce qui aime la chaleur et qui évite systématiquement les endroits humides. Il revient sur ses lieux de nidification en avril ou en mai.

La femelle construit son nid avec des herbes sèches et des racines, et le garnit de matériaux plus fins et de crins. Situé dans une dépression du sol, il est généralement protégé par une touffe d'herbe, de bruyère, parfois par un petit arbuste. Contrairement à ceux des autres Pipits, les œufs du Pipit rousseline portent peu de taches brunes et grises, si bien que leur coloration fondamentale blanchâtre est souvent apparente. En mai ou en juin, la femelle pond 4 ou 5 œufs (3) qu'elle couve pendant 13 ou 14 jours. Les petits quittent le nid à l'âge de 13 ou 14 jours, les parents continuant à les nourrir pendant quelque temps encore dans les environs. Ils mangent probablement de petits insectes et autres invertébrés. Un certain nombre de couples nichent une seconde fois, de sorte que la saison de reproduction se prolonge de mai à juillet. Fin août et courant septembre, les Pipits rousselines s'envolent vers leurs quartiers d'hiver africains.

3

Le Pipit rousseline (1) est fauve clair, faiblement tacheté. Sa tête est rehaussée d'un sourcil crème. C'est un oiseau svelte à la queue assez longue et aux grandes pattes jaunâtres. Il se déplace presque toujours au sol, se redressant parfois. On le reconnaît assez facilement à sa voix : ses cris habituels sont des « tiep tiep » ; son chant comporte des « tsirloui tsirloui » répétés que le mâle lance en vol ou à terre. Il vole en suivant une trajectoire ondulée d'un buisson à l'autre (2).

Toutes les espèces de Pipits sont plus petites que l'Alouette des champs, sauf le Pipit de Richard.

Pipit des arbres

Anthus trivialis

L'aire de répartition du Pipit des arbres recouvre l'Europe, une grande partie de la Sibérie et de l'Asie centrale. Il vit de préférence dans les clairières ou à l'orée des forêts de feuillus ou de conifères en plaine ou en montagne, dans les bosquets des champs ou sur les collines et dans les prés où se dressent des arbres isolés.

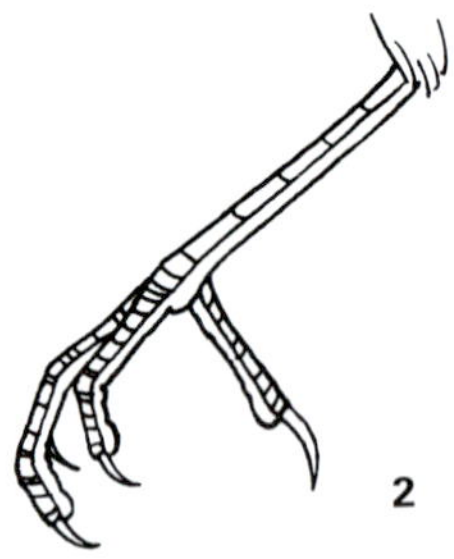

2

En avril et en mai, les Pipits des arbres reviennent de leurs quartiers d'hiver situés dans la région méditerranéenne et surtout en Afrique. Ils construisent leur nid à terre, dans une touffe d'herbe ou un creux du sol, utilisant comme matériaux de construction des brins d'herbe, des tiges et des racines. Ils le garnissent parfois de poils. La ponte se compose de 4 à 6 œufs dont la coloration varie du blanc cassé au gris bleuté ou au marron rosé. Ils sont constellés de taches gris-brun (4). La femelle les couve seule pendant 12 ou 13 jours, puis les parents nourrissent les petits au nid avec des insectes et autres petits invertébrés pendant une douzaine de jours. De nombreux couples élèvent une seconde nichée en juin ou en juillet. Courant août et septembre, les familles migrent. À cette saison, on les voit dans les champs et les prés, les graines prenant alors plus d'importance dans leur régime alimentaire.

4

Le Pipit des arbres (1) est brun olive sur le dessus avec des rayures foncées longitudinales, jaunâtre sur la poitrine avec des taches sombres, et blanchâtre sur le ventre. La griffe du pouce, fortement incurvée, est de 3 mm plus courte que le doigt lui-même (2). Parmi les Passériformes d'Europe, le Pipit des arbres est l'un des meilleurs chanteurs. Le mâle chante le plus souvent en vol (3). Il s'envole obliquement d'un arbre et, tout en chantant, il redescend en décrivant une courbe, les ailes et la queue déployées, pour se poser sur le même arbre ou sur un autre. Il termine son chant par des « tsia-tsia-tsia » caractéristiques ; ses cris d'alarme sont des « sip, sip » aigus.

1

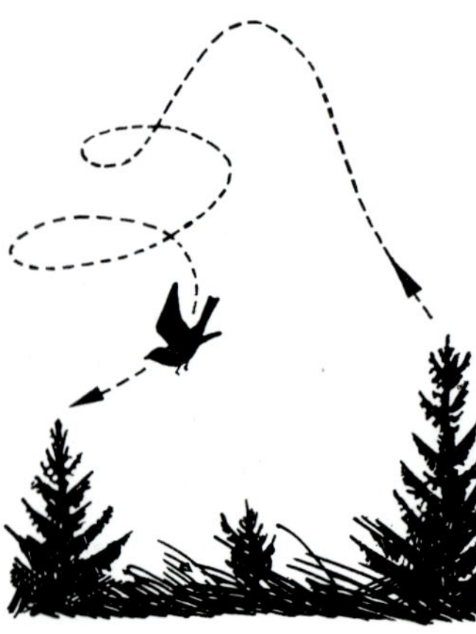

3

Pipit des prés (ou Farlouse)

Anthus pratensis

4

1

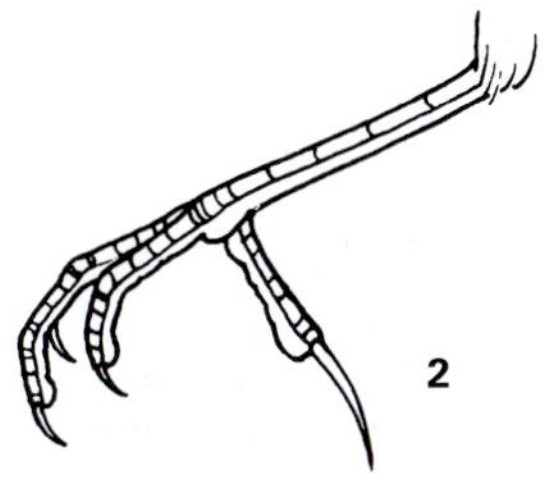

2

Le Pipit des prés est répandu dans presque toute la moitié septentrionale de l'Europe, en Sibérie occidentale et, sporadiquement, en Europe méridionale. Il vit dans les prés des hauts plateaux, dans les tourbières ou les landes des montagnes ainsi que dans les prés humides des plaines. Il hiverne le plus souvent dans la région méditerranéenne, mais les oiseaux nordiques s'arrêtent en Europe occidentale ou centrale, surtout au bord des cours d'eau non gelés. La migration d'automne a lieu entre septembre et novembre, celle de retour s'effectue par petites bandes, entre mars et mai. Le nid, bien caché dans l'herbe, est tressé en herbes sèches et en mousse, puis tapissé de brins végétaux plus fins, parfois aussi de crins. Le Pipit des prés niche entre avril et août. La femelle couve pendant 13 jours environ ses 4 à 6 œufs gris ou bruns, tachetés de brun ou de gris foncé (4). Les deux adultes s'occupent des petits, qui quittent le nid au bout de 12 à 14 jours. Certains couples pondent une seconde fois. À l'instar des autres Pipits, le Pipit des prés (1) se nourrit surtout de petits coléoptères, d'hyménoptères, d'araignées, etc., et à l'occasion de graines.

Dans la nature, la coloration du Pipit des prés permet difficilement de le distinguer du Pipit des arbres. Il a le dos plus foncé, plutôt gris-vert, et la poitrine plus blanche, parsemée de taches noires plus fines. Ses pattes sont plus foncées. La griffe du pouce est faiblement incurvée et le plus souvent aussi longue ou un peu plus longue que le doigt ; elle mesure donc plus de 10 mm (2). Le Pipit des prés vit le plus souvent à terre. Lorsqu'il est dérangé, il lance des « ist ist » stridents, tout en décrivant, en vol, des courbes autour de l'endroit où il était posé. Il fait souvent entendre son chant en vol (3) : le mâle monte assez haut, puis redescend en plané et lance la dernière phrase de son chant quand il se pose sur une grande plante herbacée ou un buisson.

3

Pipit spioncelle (ou **Pipit maritime**)

Anthus spinoletta

1

Le Pipit spioncelle comprend deux sous-espèces différentes du point de vue écologique et taxinomique. La sous-espèce montagnarde *spinoletta* vit en montagne au-delà de la limite supérieure de la forêt, dans les alpages plus ou moins rocheux et les éboulis. Elle peuple l'étage alpin des massifs de l'Europe occidentale et centrale, des Balkans et de l'Asie Mineure, des régions orientales de l'Asie et d'une grande partie de l'Amérique du Nord. Les Pipits de la sous-espèce *petrosus* vivent sur les côtes rocheuses de l'Europe occidentale et septentrionale.

Les Pipits spioncelles montagnards reviennent sur leurs lieux de nidification en mars ou en avril, à l'époque où les flancs des montagnes sont encore recouverts de neige. Ils nichent généralement entre mai et juillet.

La femelle bâtit le nid seule, utilisant comme matériaux de construction de l'herbe, de la mousse, des lichens et parfois aussi des poils. Elle le place sous une touffe d'herbe, sous une pierre ou un buisson. Pendant 14 à 16 jours, elle couve ses 4 ou 5 œufs grisâtres ou verdâtres mouchetés de gris ou de brun (2). Après leur éclosion, elle s'occupe des petits avec l'aide du mâle

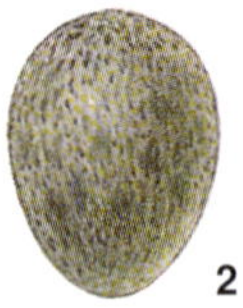
2

pendant 2 semaines. En septembre, les Pipits spioncelles descendent à des altitudes plus basses où ils passent l'hiver à proximité de l'eau. La plupart d'entre eux hivernent dans la région méditerranéenne.

En livrée nuptiale, le Pipit spioncelle (1) a le sommet de la tête et la nuque gris cendré, les sourcils clairs, le dessous légèrement rosé, sans taches, et les pattes brun foncé. Son cri habituel ressemble à celui du Pipit des prés, de même que son chant, des « tsip tsip tsip » qui vont en s'accélérant et qui se terminent par un « ti-ti-dié » plus posé. Le mâle chante généralement en vol battu ou plané entre deux rochers, mais aussi perché sur une pierre, un poteau ou un fil électrique.

Bergeronnette printanière

Motacilla flava

La Bergeronnette printanière habite une vaste zone qui englobe toute l'Europe, l'Asie et pénètre jusqu'en Amérique du Nord et dans le nord de l'Afrique. Elle y est représentée par plus de 20 sous-espèces. En avril, elle revient de ses lieux d'hivernage situés en Afrique équatoriale pour s'installer dans les prés humides, les marécages, près des mares, étangs et rivières, dans les champs ou sur les terrains vagues.

En mai, juin ou juillet, la femelle bâtit son nid à terre, au milieu de la végétation, utilisant comme matériaux de construction des racines, des tiges d'herbe et des poils. Elle pond de 4 à 6 œufs blanchâtres, abondamment mouchetés de gris-brun (6), qu'elle couve pendant 13 ou 14 jours avec l'aide occasionnelle du mâle. Certains couples élèvent une seconde couvée. La nourriture des Bergeronnettes printantières se compose surtout d'insectes, mais aussi d'araignées, de vers et de petits mollusques. Après la saison de nidification, les Bergeronnettes printanières se regroupent en bandes et dorment, en compagnie de Bergeronnettes grises, dans les roselières. En août ou en septembre, elles entreprennent leur longue migration vers le sud.

1

2♂

3♂

4♂

5♂

Le mâle de la sous-espèce *M. flava flava* (1) a le dessous d'un jaune éclatant, le dos vert et le sommet de la tête gris, séparé du reste de la tête gris foncé par les sourcils blancs. La femelle a le sommet de la tête plus brun et la gorge blanchâtre. Le mâle de la sous-espèce *M. f. thunbergi* (2) a le sommet de la tête gris foncé et le tour de l'œil noir, celui de *M. f. flavissima* (3) a la tête jaune-vert avec les sourcils jaunes, celui de *M. f. cinereocapilla* (4) a la tête grise et la gorge blanches ; enfin, le mâle de *M. f. feldeggi* (5) a la tête d'un noir profond. La Bergeronnette printanière a la plus courte queue de toutes les Bergeronnettes. Elle aime se percher sur les grandes plantes ou sur les branches au sommet des buissons, d'où elle lance ses cris d'appel traînants, des « tsip-tsip-tsip-tsipsi ». À cette occasion, on remarque ses pattes foncées brun-noir. Toutes les espèces de Bergeronnettes sont nettement plus élancées que les Alouettes bien que la longueur de leur corps soit identique.

6

Bergeronnette des ruisseaux

Motacilla cinerea

La Bergeronnette des ruisseaux vit presque partout en Europe (à l'exception des régions septentrionales), en Asie et en Afrique du Nord. Elle recherche les torrents de montagne, se contentant aussi des rivières rapides en plaine ; en hiver, elle fréquente aussi le bord des lacs, des étangs et les digues. La migration d'automne vers les lieux d'hivernage situés dans le sud de l'Europe ou en Afrique du Nord a lieu en septembre ou en octobre, celle de retour, en mars ou en avril. Dans l'ouest et le sud de l'Europe, l'espèce est sédentaire. Un certain nombre de Bergeronnettes des ruisseaux hiverne en Europe centrale, au bord des cours d'eau non gelés.

2♀

1

Le nid se trouve généralement dans une cavité peu profonde à proximité de l'eau, entre les pierres et les racines des berges, dans les trous des ponts, des chenaux ou des canaux, parfois aussi dans les murs ou sur les poutres des édifices assez éloignés de l'eau. Les deux adultes participent à sa construction, utilisant pour cela de l'herbe, des tiges, des racines et de la mousse. Ils en garnissent l'intérieur avec des fibres végétales fines, souvent aussi avec des poils. En avril ou en mai, la femelle (2) pond de 4 à 6 œufs jaunâtres ou grisâtres, mouchetés de brun-rouge (3). Les deux parents les couvent à tour de rôle pendant 12 à 14 jours, puis nourrissent les jeunes au nid pendant une période de même durée. La plupart des couples élèvent, en juin ou en juillet, une couvée supplémentaire. Tributaire du milieu aquatique, la Bergeronnette des ruisseaux se nourrit essentiellement d'insectes et d'autres bestioles vivant sur les berges.

3

On confond souvent la Bergeronnette des ruisseaux avec la Bergeronnette printanière, mais elle en diffère par son dos gris cendré et sa queue beaucoup plus longue. De plus, le mâle en livrée nuptiale (1) porte une bavette noire. Les deux espèces vivent également dans des biotopes différents : si on voit une Bergeronnette partiellement jaune au bord d'un ruisseau, il s'agit à coup sûr d'une Bergeronnette des ruisseaux. Pendant son vol onduleux, elle lance des « tsit tsit » aigus.

Bergeronnette grise

Motacilla alba

En règle générale, la Bergeronnette grise vit au bord de l'eau, mais on la rencontre aussi dans des endroits fort éloignés de l'eau : hameaux dans la forêt, pâturages, carrières, champs et agglomérations. Elle monte à des altitudes assez élevées. Son aire de répartition englobe toute l'Europe, l'Asie et une partie de l'Afrique du Nord. La sous-espèce *M. a. yarrellii,* qu'on identifie à son dos noir et non pas gris, vit en Grande-Bretagne et localement sur les côtes de l'Europe occidentale. Les populations d'Europe méridionale et occidentale sont sédentaires ou nomades, les autres sont migratrices. En mars, les Bergeronnettes grises reviennent de leurs lieux d'hivernage, qui s'étendent depuis la Méditerranée jusqu'en Afrique équatoriale, pour occuper aussitôt un territoire. Irascibles envers leurs congénères, elles le défendent avec acharnement. Elles nichent deux ou trois fois au cours de la saison de reproduction qui dure d'avril à août.

2♂

1

Le couple bâtit un nid assez spacieux avec des herbes, des racines, des feuilles, des rameaux, de la mousse et le garnit de poils, de crins de cheval et, parfois aussi, de plumes. Il est placé dans un trou de mur ou de rocher, dans un entrepôt, parfois bien en évidence sur une poutre, une corniche ou une saillie de façade. La femelle couve seule pendant 12 à 14 jours ses 4 à 6 œufs grisâtres ou bleutés tachetés de brun (3), mais les deux parents nourrissent les petits au nid pendant 14 jours. Dès août, les Bergeronnettes grises forment de petites bandes qui se rassemblent au crépuscule pour passer la nuit dans les roselières.

3

La migration d'automne se déroule de septembre à novembre, certains individus passant l'hiver en Europe centrale, au bord des eaux qui ne gèlent pas.

La livrée nuptiale de la Bergeronnette grise (1) est contrastée noire, blanche et grise. Après la mue d'été cependant, son menton et sa gorge s'éclaircissent, la coloration noire se maintenant uniquement sur la poitrine (2). En vol, la Bergeronnette grise décrit de longues ondulations, tout en faisant entendre des « tsilip tsilip » bisyllabiques.

Jaseur boréal

Bombycilla garrulus

Le Jaseur boréal vit dans les forêts de résineux ou mixtes du nord de l'Eurasie et de l'Amérique du Nord, c'est-à-dire la taïga ou la toundra arbustive. Il y niche une fois par an, fin mai ou en juin. Le Jaseur boréal n'apparaît dans les régions plus méridionales qu'en hiver (de novembre à mars), lors de ses migrations.

2

Certaines années, ces déplacements prennent l'allure d'invasions pendant lesquelles des bandes de plusieurs centaines d'individus envahissent les régions plus méridionales et occidentales. Ce phénomène est probablement dû à la multiplication excessive des Jaseurs dans les régions septentrionales : Après l'invasion, seul un petit nombre de Jaseurs reviennent, en mars ou en avril, sur leurs lieux de nidification, les autres mourant au cours du voyage.

Le couple bâtit son nid sur un arbre, le plaçant entre 2 et 20 mètres au-dessus du sol et utilisant comme matériaux de construction de fins rameaux, des herbes, de la mousse et du lichen et, comme garniture, des poils de renne. La femelle couve seule pendant 12 à 15 jours ses 4 à 6 œufs bleutés, faiblement mouchetés de brun et de noir (2), mais les deux parents s'occupent des jeunes pendant 14 à 16 jours. À cette époque, adultes et petits ont une alimentation animale, surtout composée de moustiques qui prolifèrent dans la toundra et la taïga. Par la suite, ils se tournent vers une alimentation végétale, recherchant les baies des arbres et des arbustes. Ils en consomment des quantités impressionnantes car leur digestion est très rapide : la nourriture ne fait que traverser l'estomac et les intestins, ressortant à moitié digérée. La fiente des Jaseurs contient une grande quantité de graines et les oiseaux facilitent ainsi la dispersion de nombreuses espèces de plantes ligneuses.

Le Jaseur boréal (1) possède un somptueux plumage soyeux gris-brun avec des nuances rosées, rehaussé de noir, de jaune, de blanc et de rouge. Une huppe bien marquée complète cette élégante livrée. Il a la taille d'un Étourneau. En vol, les Jaseurs lancent souvent des trilles aigus, « cirrrr ».

Cincle plongeur

Cinclus cinclus

Le Cincle plongeur (1) vit dans une grande partie de l'Europe, en Asie et dans le nord-ouest de l'Afrique. Sédentaire, il ne quitte pas son territoire, qui correspond généralement à 500 m–2 km de cours d'eau.

Le Cincle plongeur collecte sous l'eau des matériaux de construction pour son nid. S'il les ramasse à terre, il les mouille immédiatement. Il installe presque toujours son nid au-dessus de l'eau : sous un pont, dans un trou ou entre les racines d'un arbre, ou encore sous une cascade, ce qui l'oblige à la traverser pour l'atteindre. Le nid ressemble à une grande sphère, percée seulement d'une petite entrée latérale. L'extérieur est le plus souvent en mousse ; l'intérieur en tiges, feuilles et racines, est garni de feuilles sèches. La femelle couve pendant 15 à 17 jours ses 4 à 6 œufs blancs. Les deux parents nourrissent les petits qui quittent le nid au bout de 3 semaines environ. La plupart des couples nichent deux fois par an, entre mars et juin.

Parmi les Passériformes, le Cincle plongeur occupe une place à part en raison de sa dépendance du milieu aquatique. Il pêche généralement sa nourriture, qui se compose surtout de larves d'insectes aquatiques, de crustacés et de petits mollusques. Dans l'eau peu profonde, il enfonce uniquement la tête ; autrement, il plonge entièrement avec une grande habileté : ramant avec ses ailes, il s'accroche aux pierres avec ses courtes griffes acérées. Il ramasse la nourriture au fond de l'eau, ou bien retourne et repousse les petits galets. Lorsqu'il émerge, il est parfaitement sec : l'eau glisse sur son plumage enduit des sécrétions de sa glande uropygienne. Son plumage est brun-noir avec un plastron blanc contrastant avec le reste du corps. Il secoue spasmodiquement sa courte queue qu'il tient à la verticale. Il lance des « zit zit » aigus et chante fort, même en hiver. Il a l'allure d'un Merle à queue courte.

1

Troglodyte

Troglodytes troglodytes

Le Troglodyte vit en Europe, en Asie et en Amérique du Nord partout où il trouve des buissons denses. Solitaire, il se faufile habilement dans les branches enchevêtrées, s'aventurant rarement à l'air libre. Sédentaire, le Troglodyte vit au même endroit toute l'année. Certains couples, monogames, restent unis, mais les mâles pratiquent souvent la polygamie, s'accouplant avec 2 ou 3 femelles.

L'oiseau bâtit son nid (qui paraît très grand par rapport à sa taille) dans l'entrelacs des branches ou des racines, dans des fentes, sous les arbres déracinés ou les berges minées par l'eau. C'est une sphère en mousse, feuilles, herbes et rameaux, avec une ouverture latérale. Le mâle, qui se charge seul

2

de sa construction, en dispose plusieurs (jusqu'à 12) dans son territoire. Il y attire ensuite une femelle en chantant. Celle-ci choisit le nid qui lui convient le mieux, puis en garnit l'intérieur avec des poils et des plumes. En avril ou en mai, elle pond de 5 à 7 œufs finement mouchetés de roux (2) qu'elle couve seule pendant 14 à 16 jours. Elle nourrit les petits seule, puis avec l'aide du mâle. Au bout de 15 à 17 jours, les petits quittent le nid. En juin ou en juillet, les couples nichent une deuxième fois et on peut alors observer un curieux comportement : les jeunes oiseaux issus de la première couvée se joignent aux parents pour nourrir les petits, leur apportant des insectes, des araignées, des mille-pattes et de petits mollusques.

Avec ses 9 g, le Troglodyte (1) est l'un de nos plus petits oiseaux. Son plumage roux est barré de traits brun foncé. Il tient sa courte queue à la verticale et la secoue de temps en temps. Par rapport à sa petite taille, son chant est très fort : il commence par des notes flûtées et se termine par une phrase précipitée qui rappelle le chant d'une sauterelle. Son cri d'alarme, « tserr, tserr », est lui aussi strident. Le Troglodyte est l'un des rares Passereaux qui chantent en hiver.

Accenteur mouchet

Prunella modularis

1

2

L'Accenteur mouchet vit dans la majeure partie de l'Europe, à l'exception des régions les plus septentrionales et les plus méridionales ; il pénètre également en Asie Mineure. Furtif, il fréquente souvent les forêts de conifères, ce qui lui permet de passer facilement inaperçu. On le rencontre aussi dans d'autres types de forêts, dans les jardins, les parcs, les cimetières et les haies. C'est aussi l'oiseau caractéristique de l'étage des arbres nains en montagne. L'Accenteur mouchet est partiellement migrateur : seules ses populations nordiques migrent régulièrement. En septembre ou en octobre, elles s'envolent vers l'Europe méridionale ou occidentale, parfois aussi l'Afrique du Nord. Certains individus passent l'hiver dans les plaines de l'Europe centrale.

En mars ou en avril, l'Accenteur mouchet revient dans son territoire, s'il l'a quitté. La femelle bâtit son nid presque entièrement en mousse, garnissant l'intérieur avec des herbes fines et des poils (de chevreuil le plus souvent), ainsi qu'avec les soies et les sporogones roux des mousses. Le nid est soigneusement dissimulé au plus dense de la végétation. Il est placé jusqu'à 1,50 m au-dessus du sol, souvent sur un petit épicéa. La femelle couve ses 4 à 6 œufs vert-bleu (2) pratiquement seule, le mâle ne la relayant que rarement. Les petits viennent au monde au bout de 12 à 14 jours. Les adultes les nourrissent pendant 12 ou 13 jours, jusqu'à leur envol. La femelle pond régulièrement deux fois par an, entre avril et juillet. En été, les Accenteurs mouchets ont une alimentation essentiellement animale, composée d'insectes, d'araignées et de petites limaces. En hiver, ils se nourrissent surtout de petites graines et de baies.

Les individus des deux sexes ont la taille d'un Moineau. Ils ont la tête et la poitrine gris ardoise, le manteau brun foncé, taché de brun-noir (1). Leurs rectrices sont d'une coloration uniforme, contrairement à celles de l'Accenteur alpin qui se terminent par de grandes taches ocre.

Accenteur montanelle

Prunella montanella

L'aire de répartition de l'Accenteur montanelle comprend deux parties : l'une s'étend en une large bande sur le nord de la Sibérie depuis l'Oural (seul endroit où elle pénètre en Europe) jusqu'à la presqu'île des Tchouktches, l'autre sur l'Asie centrale depuis l'Altaï jusqu'au lac Baïkal. Migrateur, l'Accenteur montanelle s'envole en septembre ou en octobre vers le Sud-Est asiatique, plus exactement vers le nord de la Chine et la Corée. En mars ou en avril, il revient dans son aire de nidification pour s'installer dans la taïga claire de résineux, les bois de bouleaux à la limite de la toundra, les buissons qui bordent les cours d'eau ou dans la haute montagne. Les couples nichent isolément, les mâles marquant leur territoire par un chant insistant qu'ils lancent perchés au faîte d'un arbre ou d'un buisson.

Les Accenteurs montanelles bâtissent leur nid assez bas dans les broussailles, avec des rameaux, des racines, des brins d'herbe et surtout de la mousse. Ils en garnissent l'intérieur avec des matériaux fins et les soies des mousses, souvent aussi avec des poils. La période de reproduction dure de mai à juillet. La femelle pond généralement de 4 à 6 œufs d'un bleu-vert uni, qui éclosent vraisemblablement au bout de 11 ou 12 jours de couvaison. Nous ne disposons pas d'informations plus précises concernant les conditions de vie des petits au nid. L'Accenteur montanelle prend aussi bien une alimentation animale (différents invertébrés) que végétale (petites graines et baies).

L'Accenteur montanelle a les joues noires, les sourcils et la gorge ocre, le dos brun-roux avec des traits noirs à peine visibles (1). Il ressemble à l'Accenteur mouchet par sa silhouette, sa voix et son mode de vie.

1

Accenteur alpin

Prunella collaris

L'Accenteur alpin est un Passereau caractéristique des montagnes qui vit surtout dans les hautes montagnes de l'Europe centrale, occidentale et méridionale, de l'Afrique du Nord et de l'Asie, de l'Iran au Japon. Il niche au-delà de l'étage alpin sur les versants pierreux, dans les éboulis, jusqu'à 3 000 mètres et plus.

Le nid est toujours bien dissimulé dans un trou de rocher, sous un surplomb, quelquefois aussi sous une grande pierre ou parmi les broussailles des alpages. On a observé des cas de nidification dans les soubassements en pierre des chalets. La structure du nid est assez fragile : si on l'enlève de la cavité qui l'abrite, il se disloque. Les deux oiseaux participent à sa construction, utilisant pour cela des herbes sèches, de la mousse, des racines et des poils. Tous deux couvent aussi pendant 13 à 15 jours les 3 à 5 œufs d'un bleu-vert vif (2). Les petits quittent le nid au bout de 14 à 16 jours. Le nombre de jeunes dans une famille est souvent inférieur à celui des œufs, chaque couple n'élevant que 1 à 3 petits. La saison de reproduction dure de mai à juillet, certains couples nichant deux fois pendant cette période. En été, le régime alimentaire de l'Accenteur alpin comprend surtout des insectes et autres invertébrés auxquels viennent s'ajouter des graines d'herbes et de plantes diverses. À la mauvaise saison, les Accenteurs alpins se rassemblent à proximité des chalets pour se nourrir sur les dépôts d'ordures et les décharges. Dans la plupart des cas, cependant, ils descendent vers les vallées, souvent loin de leur lieu de nidification. Ils quittent généralement les sommets entre octobre et novembre, y retournant en avril.

La partie antérieure du corps de l'Accenteur alpin (1) est grise ; sa gorge est blanche mouchetée de noir, ses flancs sont tachés de roux. Son chant rappelle celui de l'Alouette des champs, à laquelle l'oiseau ressemble aussi par l'allure. Le mâle chante le plus souvent à terre.

2

1

Agrobate roux

Cercotrichas galactotes

L'Agrobate roux vit dans le sud de la péninsule Ibérique et des Balkans, en Afrique et en Asie jusqu'en Inde. Sédentaire, il ne s'aventure que très rarement en Europe occidentale ou centrale. Il niche dans les buissons, de préférence sur les versants bien exposés au soleil, dans les vignes, les jardins, les palmeraies ou les oliveraies, à la périphérie des déserts et dans les steppes parsemées de broussailles.

Il place généralement son nid juste au-dessus du sol, dans les cactus ou les touffes de palmiers. Les deux membres du couple participent à sa construction, utilisant pour cela des rameaux et des herbes, puis le garnissent de fibres végétales fines et de duvet. La femelle pond de 3 à 5 œufs grisâtres ou jaunâtres mouchetés de marron et de gris (2) qu'elle couve seule. Elle ne couve d'abord que la nuit, mais lorsque la ponte est complète, elle couve jour et nuit. À ce moment, le mâle vient la nourrir au nid. On connaît mal les soins que les adultes apportent à leur progéniture.

L'Agrobate roux (1) est un oiseau élancé, haut sur pattes, qui ressemble par sa silhouette à une Grive. On le reconnaît facilement à sa longue queue marron étalée en éventail, bordée de blanc et de noir à l'extrémité. Il est roux ou brun-gris sur le dessus, couleur sable sur le dessous. L'Agrobate se montre volontiers quand il chante, perché sur un buisson ; il se tient parfois aussi au sol dans une attitude curieuse, les ailes pendantes, la queue souvent dressée à la verticale, déployée en éventail (3). Il fait également entendre son chant mélodieux, composé de phrases brèves qui rappellent celles d'une Alouette, en vol, en descendant lentement vers le sol.

1

2

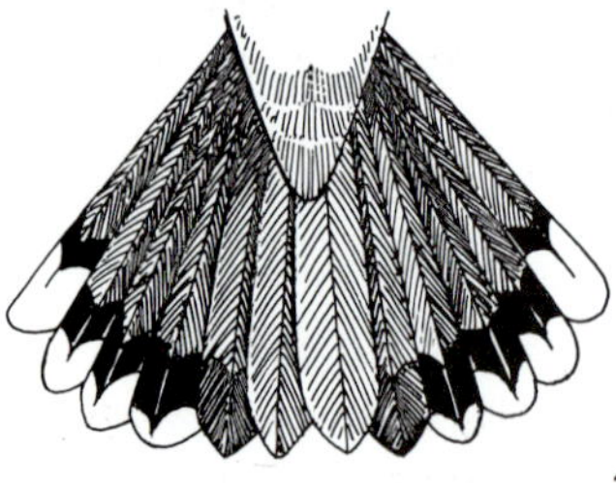

3

Rouge-gorge

Erithacus rubecula

1

Le Rouge-gorge est commun dans toute l'Europe, à l'exception de l'extrême nord de la Scandinavie, en Sibérie occidentale, en Asie Mineure et dans le nord-ouest de l'Afrique. Il est partiellement migrateur ; les populations sédentaires vivent en Europe occidentale et méridionale, les autres migrent, en septembre ou en octobre, en Europe méridionale ou en Afrique du Nord pour revenir sur leurs lieux de ponte au mois de mars. Certains individus passent l'hiver en Europe centrale, en dépit des conditions climatiques rudes. Le Rouge-gorge est un oiseau caractéristique des sous-bois denses des forêts de feuillus ou de conifères, mais il vit également dans les jardins, les parcs et les cimetières envahis par la végétation. Les mâles se montrent très individualistes, surtout au printemps lorsqu'ils défendent leur territoire. Curieusement, ils réagissent violemment à la vue d'un oiseau à plastron rouge.

La femelle bâtit un nid avec des feuilles sèches, des fibres végétales et de la mousse verte qui dépasse sur les pourtours. La garniture, assez sommaire, se compose de fines radicelles et de crins. Le nid est placé à faible hauteur dans un petit épicéa touffu, un tas de branches, une souche creuse ou même dans une cavité du sol. D'avril à juillet, la femelle pond de 4 à 6 œufs jaunâtres parsemés de petites taches marron (2) qu'elle couve pendant 13 ou 14 jours. Les deux parents s'occupent des petits pendant 2 semaines. Passé ce délai, ceux-ci quittent le nid sans savoir encore voler. Le couple niche deux fois pendant la période de reproduction. Le régime alimentaire du Rouge-gorge se compose d'invertébrés divers (surtout d'insectes) et de fruits.

2

Le Rouge-gorge est un peu plus petit qu'un Moineau. On l'identifie sans erreur possible à son plastron rouge orangé qui remonte sur ses joues jusqu'aux yeux. Ses grands yeux ronds lui permettent de chercher sa nourriture dans la pénombre des sous-bois. Le mâle chante du haut d'un perchoir, souvent jusqu'à la tombée de la nuit. Son chant très mélodieux est fait de phrases flûtées sonores qui alternent avec des motifs doux à peine audibles.

Rossignol progné

Luscinia luscinia

En Europe orientale, le Rossignol progné remplace le Rossignol philomèle. Les limites des aires de répartition des deux espèces se recouvrent en partie en Europe centrale et méridionale si bien que, dans ces régions, on peut observer des couples mixtes. Le chant des hybrides peut alors contenir des motifs propres à chaque espèce. Au nord, l'aire de répartition du Rossignol progné pénètre jusqu'au sud de la Scandinavie, à l'est, en Asie jusqu'à l'Ob. Le Rossignol progné est une espèce migratrice : en août ou en septembre, il s'envole vers l'Afrique orientale d'où il revient au printemps, en avril ou en mai. Il vit dans les forêts humides au sous-bois dense, dans les vallées des rivières ou les cuvettes marécageuses aux broussailles impénétrables, recherchant des biotopes plus humides que ceux du Rossignol philomèle.

La femelle bâtit un nid à l'ombre des buissons, à terre ou juste au-dessus ; la base est faite de feuilles mortes de l'année précédente. La coupe, profonde, est garnie d'herbe, de racines, de mousse, éventuellement d'aigrettes de plantes ou de poils. Courant mai, elle pond 4 ou 5 œufs bruns ou olive (2) qu'elle couve pendant 13 ou 14 jours. Les petits ne restent dans le nid que 11 ou 12 jours. Passé ce délai, ils se dispersent dans les buissons des environs, alors qu'ils ne savent pas encore voler. Pendant cette période, la femelle les nourrit avec l'aide du mâle. Le Rossignol progné se nourrit surtout de petits invertébrés qu'il ramasse dans les feuilles mortes, mais vers la fin de l'été, il consomme certains fruits.

Le Rossignol progné (1) est brun avec la queue roussâtre ; des traits ondulés gris-brun lui barrent la poitrine et la gorge. La première rémige primaire, nettement plus courte que les couvertures alaires, est très étroite et pointue. La deuxième rémige a la même taille ou est un peu plus longue que la quatrième (3). Son chant ne comprend pas les longs sifflements introductifs et le crescendo qui caractérisent celui du Rossignol philomèle. On y décèle cependant le « srrrrr » final qui est propre au chant de presque tous les mâles.

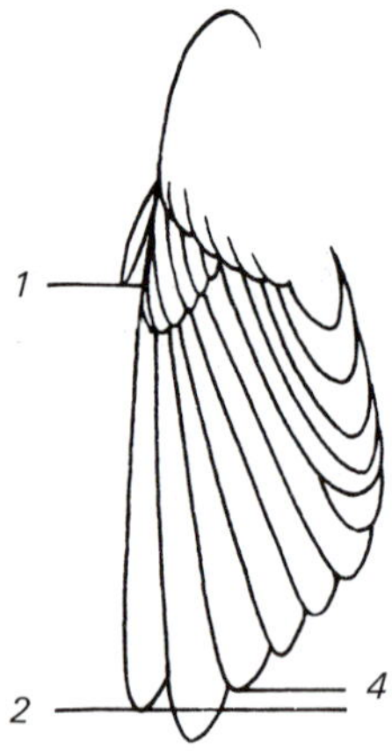

3

2

Rossignol philomèle

Luscinia megarhynchos

L'aire de répartition du Rossignol philomèle s'étend sur l'Europe occidentale, centrale et méridionale, sur l'Afrique du Nord ainsi que sur l'Asie Mineure et centrale. Il vit surtout à l'orée des forêts de feuillus ou de résineux, dans les buissons du bord des cours d'eau ou des étangs ou dans les parcs et les jardins riches en broussailles. En avril et en mai, il revient de ses quartiers d'hiver, sa migration s'effectuant la nuit. Les mâles apparaissent les premiers sur leur territoire et se mettent aussitôt à chanter pour attirer par leur concert nocturne les femelles qui survolent la région quelques jours plus tard.

Entre avril et juin, la femelle pond 4 ou 5 œufs vert olive ou brun café (2) qu'elle couve pendant 12 à 14 jours. Les petits quittent le nid à l'âge de 11 jours pour se disperser dans la végétation environnante où les parents viennent les nourrir. Leur alimentation est la même que celle du Rossignol progné. En août et en septembre, les Rossignols philomèles s'envolent très discrètement en direction de l'Afrique équatoriale.

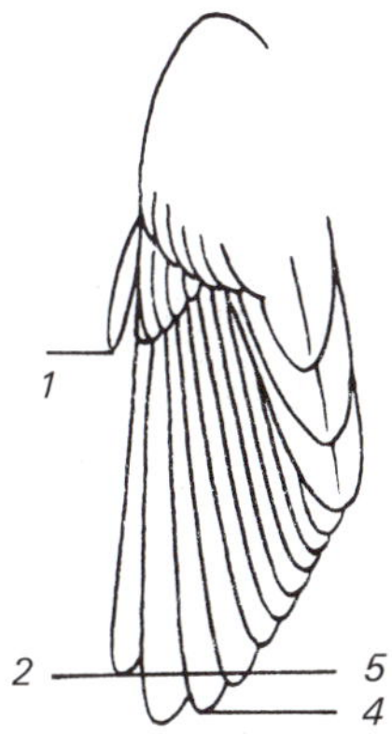

3

On considère communément le Rossignol philomèle (1) comme le meilleur oiseau chanteur. On connaît souvent sa voix, mais non son aspect, si bien qu'on peut être surpris par son plumage plus que modeste. Il est entièrement brun clair, à l'exception de la queue et du croupion roux. Les dimensions respectives de ses rémiges (3) sont différentes de celles du Rossignol progné. Bien que le Rossignol philomèle chante aussi dans la journée, son concert est incontestablement plus émouvant la nuit. Il faut cependant signaler que les mâles ne chantent pas tous de la même manière : certains sont de véritables maîtres, tandis que d'autres sont des chanteurs tout à fait médiocres. Le chant n'est pas inné et les jeunes mâles doivent l'apprendre en écoutant leurs aînés, de sorte que sa qualité dépend des performances de leurs maîtres.

1

2

Gorge-bleue

Luscinia svecica

1

3

L'aire de répartition de la Gorge-bleue s'étend sur l'Europe et l'Asie d'où elle a pénétré en Amérique du Nord, dans l'ouest de l'Alaska. Elle ne niche que sporadiquement en Europe méridionale, centrale et occidentale. Cette répartition résiduelle d'un ancien peuplement continu serait due à l'assèchement des plaines qui aurait obligé les oiseaux à se retirer. La sous-espèce nordique *L. s. svecica* vit dans la toundra, éventuellement dans les montagnes, à la limite méridionale de son aire de répartition. Dans les régions situées plus au sud, on la rencontre surtout au moment de ses migrations de printemps (mars, avril) ou de retour (août, septembre), pendant lesquelles les oiseaux longent les cours d'eau, les étangs et même de petits ruisseaux ou des canaux d'irrigation. La sous-espèce d'Europe centrale *L. s. cyanecula* vit surtout dans les régions marécageuses riches en roseaux, laîches et broussailles.

Le nid des Gorges-bleues est bien caché dans une dépression entourée de végétation dense. Il est bâti avec des tiges et feuilles d'herbes, de la mousse et des racines. L'intérieur est garni d'herbe fine, parfois de poils ou d'un peu de duvet. La femelle le bâtit seule, mais dans certains couples, le mâle l'aide. La ponte complète compte 5 ou 6 œufs bruns ou vert olive, parsemés de taches marron floues (3). La femelle les couve seule pendant 13 ou 14 jours. Les petits quittent le nid à l'âge de 13 ou 14 jours, alors qu'ils ne savent pas encore voler. Les deux parents les nourrissent d'insectes, de vers, d'araignées et d'autres invertébrés qui consti-

Gorge-bleue

Luscinia svecica

tuent aussi le menu des adultes. En automne, lorsque les Gorges-bleues s'envolent vers l'Afrique du Nord, elles gobent aussi à l'occasion quelques baies d'arbustes et d'arbres.

Par son allure et son comportement, la Gorge-bleue ressemble à un Rouge-gorge. Tout aussi agile et remuante, elle court à terre, agite la queue et s'incline. Le mâle est l'un des plus jolis Passereaux. Il est vrai que le dessus de son corps et ses rémiges sont d'un brun uniforme, mais sa poitrine porte un plastron bleu vif, séparé du ventre clair par une bande noire et rousse. Au milieu du plastron, on remarque une tache (ocelle) qui est rousse chez la sous-espèce *L. s. svecica* (2) et blanche chez *L. s. cyanecula* (1). Le croupion et la base des rectrices roux sont également un signe de reconnaissance sûr. En livrée d'éclipse, les couleurs vives du plumage des mâles disparaissent, y compris le plastron bleu bordé de noir et de roux qui devient beaucoup plus pâle. Les jeunes mâles en livrée nuptiale ont parfois la même coloration. La femelle (4) a la gorge blanchâtre, délimitée en bas et sur les côtés par des rangées de petites taches brun-noir. Les petits sont mouchetés de marron et ils portent déjà la plage rousse à la base des rectrices. Le chant de la Gorge-bleue n'est pas particulièrement mélodieux. Il commence par des « dip dip dip dip » auxquels succède un mélange de notes flûtées, grinçantes ou croassantes, et d'imitations d'autres oiseaux. Le mâle est capable d'imiter les voix d'autres animaux, comme par exemple celle des grenouilles. Ses cris sont des « tac tac » nets et des « houit » doux.

4♀

2

Iranie à gorge blanche

Irania gutturalis

L'aire de l'Iranie à gorge blanche s'étend sur la Transcaucasie et l'Asie Mineure, d'où elle pénètre jusqu'en Asie centrale. Migratrice, cette espèce s'envole pour l'hiver vers le sud de l'Arabie et l'Afrique orientale, et reparaît sur ses lieux de ponte en avril. Elle recherche les versants broussailleux des montagnes, les gorges et les vallées des rivières de montagne, mais aussi les ravins pierreux ou herbeux. Elle monte jusqu'à 2 300 mètres d'altitude.

1

L'Iranie à gorge blanche bâtit son nid dans les buissons près du sol, avec des rameaux, des brins de végétaux secs, de l'herbe et des morceaux d'écorce, puis elle en garnit l'intérieur avec des fibres végétales, de la laine et de l'herbe plus fine. La ponte complète compte 4 ou 5 œufs bleu-vert pâle tachetés de roux et de gris-brun. Ils apparaissent dans le nid en avril ou en mai. L'incubation dure 13 jours mais on connaît mal la durée de l'élevage des jeunes. Le régime alimentaire de l'Iranie à gorge blanche est également mal connu : il comprend divers invertébrés auxquels s'ajoutent, en automne, des baies et d'autres fruits.

Le mâle de l'Iranie à gorge blanche (1) a les joues noires, la gorge et les sourcils blancs, le dessus gris ardoise et le dessous roussâtre. La femelle n'a ni taches noires sur la tête, ni sourcils blancs. Sa gorge est blanchâtre et son dessus plutôt gris-brun. Les adultes ont la taille d'un Rouge-queue. Les Iranies vivent dans les buissons mais aiment aussi se percher à découvert, sur les rochers. Très farouches, elles se redressent lorsqu'on les dérange, laissent pendre le bout des ailes et agitent lentement et continuellement leur queue. En vol, on remarque la couleur rousse des couvertures sous-alaires. L'Iranie lance souvent son chant en vol, des notes sonores qui rappellent le tintement des grelots.

Rouge-queue noir (ou Titys)

Phoenicurus ochruros

L'aire de répartition du Rouge-queue noir englobe l'Europe centrale, occidentale et méridionale, l'Asie Mineure, une partie de l'Asie centrale jusqu'à la Chine et une petite partie du nord-ouest de l'Afrique. En septembre et en octobre, les Rouges-queues migrent en Europe méridionale et dans le nord de l'Afrique pour revenir en mars sur leurs lieux de nidification. Les populations d'Europe occidentale et méridionale sont sédentaires. À l'origine, le Rouge-queue noir vivait dans les parois rocheuses, sur les versants des montagnes et dans les éboulis, mais il est aujourd'hui beaucoup plus abondant dans les villages et les villes. Même les oiseaux qui vivent encore en montagne manifestent une tendance à se rapprocher des agglomérations. Les Rouges-queues noirs des montagnes nichent dans les crevasses de rocher, dans les cavités sous les pierres ou dans les niches et grottes peu profondes. Ceux des villes s'installent sous les toits des édifices, des granges ou des hangars, dans les anfractuosités des murs.

La femelle bâtit seule son nid avec des herbes sèches, des feuilles, des racines, de la mousse et quantité de plumes et de poils. Elle couve seule pendant 13 ou 14 jours ses 4 à 6 œufs blancs, le mâle n'intervenant que plus tard pour l'aider à élever les petits. Ceux-ci quittent le nid au bout de 12 à 16 jours, mais restent pendant quelque temps encore dans les alentours. Au cours de l'été, la femelle a le temps de pondre deux fois.

Le Rouge-queue noir et le Rouge-queue à front blanc mesurent à peu près 14 cm de long. Le mâle (1) est presque entièrement gris-noir, à l'exception des plages blanches des ailes et de la queue rousse. La femelle est brun-gris, sans miroir alaire. La deuxième rémige primaire des ailes est plus courte que la sixième ; la quatrième et la cinquième ont à peu près la même longueur. Le vexille externe est échancré sur les troisième, quatrième, cinquième et sixième rémiges primaires (2). On reconnaît le mâle à sa queue qu'il agite sans cesse, au fléchissement de ses pattes et à son chant peu sophistiqué et grinçant qu'il lance le plus souvent depuis l'arête d'un toit. Ses cris sont des « fit » aigus ou des « fit-tec-tec ».

1

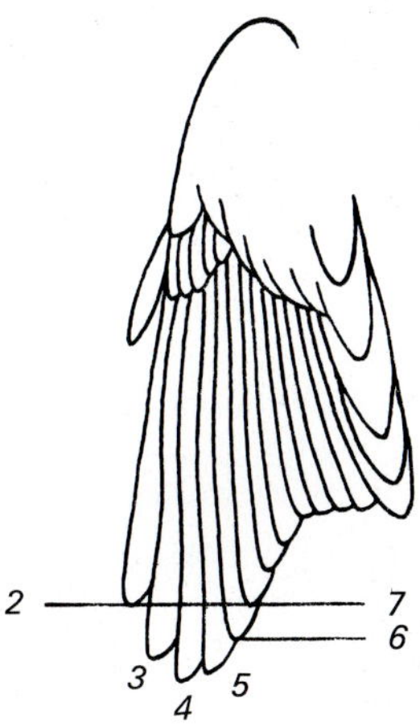

2

PASSÉRIFORMES
TURDIDAE

Rouge-queue à front blanc (ou Rossignol de muraille)

Phoenicurus phoenicurus

Le Rouge-queue à front blanc est répandu presque partout en Europe, dans une grande partie de l'Asie et çà et là dans le nord de l'Afrique. Ses quartiers d'hiver se trouvent en Afrique, au sud du Sahara. La migration d'automne s'effectue de septembre à octobre, celle de printemps en avril. Le Rouge-queue à front blanc vit surtout dans les forêts de feuillus ou mixtes, dans les bois clairs de résineux, les bouquets d'arbres et les allées, sans fuir la présence de l'homme. Il niche aussi dans les parcs, les vergers, les jardins, sans pour autant devenir aussi commun dans les agglomérations que le Rouge-queue noir.

Il bâtit son nid de préférence dans les trous d'arbre ou de muraille, ne dédaignant pas les nichoirs. Il pose parfois son nid à découvert sur une corniche, une poutre ou une saillie de mur. Le plus souvent, c'est la femelle qui se charge de sa construction, utilisant pour cela des tiges, des feuilles, des racines, des poils et des plumes. Elle place aussi un peu de mousse verte dans les parois. Entre avril et juin, la femelle pond de 5 à 7 œufs d'un bleu-vert vif (3) qui éclosent au bout de 12 ou 14 jours de couvaison. La femelle couve seule, mais le mâle l'aide à élever les petits. Les deux espèces de Rouges-queues se nourrissent de différents insectes, d'araignées, de vers et de petits mollusques, en été aussi de baies et autres fruits mous.

Le mâle en livrée nuptiale (1) a le front blanc, la gorge et les joues noires, la poitrine, le croupion et la queue roux, le ventre blanc et le dos gris-bleu. À l'instar du Rouge-queue noir, le Rouge-queue à front blanc agite souvent la queue. La femelle d'un brun-gris uniforme est toujours plus claire que celle de l'espèce précédente. La deuxième rémige est aussi longue ou plus longue que la sixième, la troisième et la quatrième étant les plus longues. Le vexille externe est rétréci sur les troisième, quatrième et cinquième rémiges (2). Le cri d'alarme est un « fouid-tec-tec » ; le chant commence par une note aiguë et deux autres plus graves « i-tré-tré ».

1

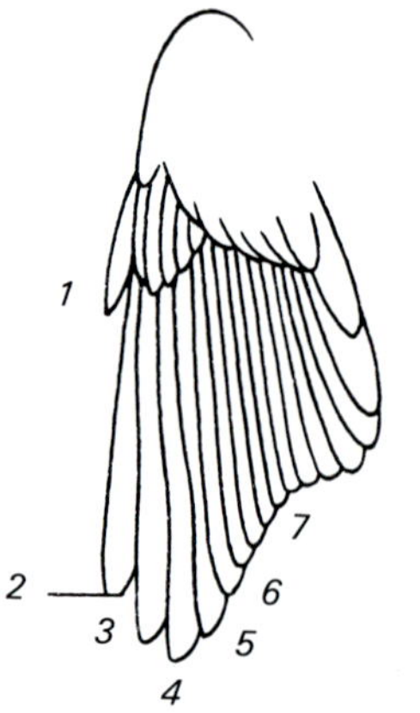

2

3

Rouge-queue de Güldenstädt

Phoenicurus erythrogaster

L'aire de nidification du Rouge-queue de Güldenstädt est scindée en deux parties : l'une des sous-espèces vit dans le Caucase et dans les massifs du nord de l'Iran, l'autre dans les montagnes de l'Asie centrale. Cet oiseau niche aux étages les plus élevés des montagnes, dans la toundra alpine et les steppes rocailleuses des hauts plateaux. Il monte souvent à 3 000 mètres d'altitude, mais il peut également nicher à 5 000 mètres. Sédentaire, il ne fait que descendre dans les vallées au début du mois d'octobre et même plus tôt. Généralement dès février ou mars, il se hâte de regagner ses lieux de nidification, au-delà des nuages.

Le Rouge-queue de Güldenstädt bâtit son nid dans les crevasses des rochers, dans les fentes entre les blocs de pierres et dans les éboulis, utilisant comme matériaux de construction des fragments végétaux secs. Il en garnit l'intérieur de laine, de poils et de quelques plumes. La saison de reproduction dure de mai à juillet. La femelle pond 4 ou 5 œufs crème, finement mouchetés de roux, qu'elle couve probablement seule. On sait peu de choses sur l'élevage des jeunes. En été, ce Rouge-queue se nourrit de petits invertébrés qu'il va chercher dans les alpages ; en automne, il mange aussi des baies.

Le Rouge-queue de Güldenstädt est le plus grand de tous les Rouges-queues. Extrêmement remuant, il secoue sans arrêt sa queue. Le mâle (1), très haut en couleurs, est visible de loin : il a le dos, les côtés de la tête et la gorge noirs, le dessus de la tête et le miroir alaire presque blancs, le ventre, la queue et le croupion rouge roussâtre. En revanche, le plumage cryptique de la femelle la rend pratiquement invisible parmi les pierres. Elle est surtout brun-gris avec la gorge claire ; sa queue et son croupion sont beaucoup moins roux que ceux du mâle. Les mâles immatures ont déjà un miroir alaire blanc.

1

Traquet tarier

Saxicola rubetra

L'aire de répartition du Traquet tarier couvre l'Europe, depuis le cercle polaire jusqu'au nord de la péninsule Ibérique, de l'Italie et des Balkans, et une grande partie de l'Asie. C'est une espèce migratrice. En avril ou en mai, le Traquet tarier revient de ses quartiers d'hiver situés en Afrique équatoriale pour s'installer dans les champs, au bord des routes, dans les prés et les pâturages parsemés de buissons, dans les tourbières et à l'étage alpin en montagne.

3

1

La femelle bâtit seule le nid, toujours placé au sol dans la végétation dense ; elle utilise surtout comme matériaux de construction des tiges et des feuilles d'herbes sèches, et parfois un peu de mousse. Contrairement à la femelle du Traquet pâtre, elle ne le garnit que de quelques poils. Entre mai et juillet, elle pond 5 ou 6 œufs d'un très beau bleu-vert clair (2), finement mouchetés de brun-roux, qu'elle couve seule pendant 12 à 14 jours. Les deux parents nourrissent les petits qui quittent le nid au bout de 11 à 14 jours. Dès la fin du mois d'août ou courant septembre, les Traquets tariers entreprennent leur long voyage vers le sud.

On identifie infailliblement le Traquet tarier (1) à sa tête et son dessus bruns tachetés de noir, à son dessous roux pâle, et surtout à son large sourcil et à la base des rectrices externes, blancs (3). Le plumage de la femelle est plus terne. Tous deux ont la taille d'un Rouge-queue. Dans leur territoire, on voit le plus souvent les oiseaux adultes perchés au faîte des buissons, sur les grandes plantes, sur les poteaux ou les fils électriques. Ils volettent suivant une trajectoire ondulée et, en se posant, secouent spasmodiquement les ailes et déplient la queue. Leur chant est un mélange de notes grinçantes, sifflantes, et d'imitations d'autres oiseaux. Leurs cris sont des « tec tec » qui rappellent des claquements de langue.

2

Traquet pâtre

Saxicola torquata

PASSÉRIFORMES
TURDIDAE

Le Traquet pâtre est présent dans une grande partie de l'Europe et de l'Asie, ainsi que dans le nord-ouest, l'est et le sud de l'Afrique. Les populations du sud de l'Europe et de l'Afrique sont sédentaires, les autres migrent au printemps (en février ou en mars), puis en automne (au mois d'octobre). Leurs centres d'hivernage

4

2

1

s'étendent depuis les îles Britanniques vers la Méditerranée et, plus loin, jusqu'en Afrique équatoriale. Le Traquet pâtre vit sur les flancs des collines ensoleillées, les versants pierreux, les remblais, sur les talus, dans les friches, les prés et les pâturages arides parsemés de quelques buissons isolés.

Les couples nichent deux fois par an : en avril, puis en juin ou en juillet. Le plus souvent, c'est la femelle qui bâtit le nid avec des herbes sèches, de la mousse et des racines ; elle en tapisse l'intérieur avec des herbes plus fines, des poils et parfois aussi des duvets. Elle le place à terre, sur un talus ou au pied d'une pente, en le dissimulant dans une cavité protégée par une touffe d'herbe ou un buisson. Elle pond généralement 5 ou 6 œufs bleu-vert, finement mouchetés de roux (3), qu'elle couve seule pendant 13 ou 14 jours. Après l'éclosion des œufs, les deux parents prennent part à l'élevage des petits. Adultes et jeunes se nourrissent d'insectes, d'araignées, de petits vers et de mollusques.

Le mâle (1) a la tête noire et le dos brun-noir ; le cou, les ailes et le croupion portent des taches blanches (4). La poitrine est nettement roux orangé. Chez la femelle (2), des tons bruns remplacent la coloration noire. Les individus des deux sexes ont la taille du Traquet tarier. Le mâle lance son chant grinçant, qui n'est pas sans rappeler celui du Rougequeue à front blanc, à partir d'un perchoir surélevé où il se tient droit. Son cri habituel est un « fit tac tac ».

3

Traquet motteux

Oenanthe oenanthe

Espèce largement répandue, le Traquet motteux existe dans une zone qui traverse l'Europe, l'Asie, l'Afrique du Nord et l'Amérique du Nord. Bien qu'il soit un habitant caractéristique des versants rocheux et des éboulis de montagne, on le rencontre également à des altitudes plus faibles, dans les carrières, sur les landes, les champs pierreux ou sablonneux ainsi que sur les terres en friche couvertes d'une végétation clairsemée. Les Traquets d'Europe migrent en août-septembre ou en octobre jusqu'en Afrique équatoriale, pour revenir fin mars et en avril sur leurs lieux de ponte.

3

1

Le nid est caché dans un tas de pierres, un trou de mur, sous un rocher, dans une cavité du sol, mais également dans des endroits plus inattendus comme un terrier d'oiseaux ou de mammifères ou une épave abandonnée. Le couple amoncelle dans la cavité choisie quantité d'herbe, de racines, de rameaux et de mousse ; l'intérieur est tapissé de fibres végétales fines, de poils et de plumes. Entre avril et juin, la femelle pond 5 ou 6 œufs vert-bleu (2) qu'elle couve pendant 13 ou 14 jours. Les petits quittent le nid au bout de 10 à 15 jours, les deux adultes continuant de les nourrir d'insectes, d'araignées, de mille-pattes, de vers et de petits mollusques. En été et en automne, des baies et d'autres fruits viennent enrichir leur régime alimentaire.

2

Le mâle en livrée nuptiale (1) a le dos et le sommet de la tête gris, un masque noir bien marqué lui recouvrant les yeux, et le dessous jaunâtre. Chez la femelle, des nuances brunes ou grises remplacent les plages noires. Quelle que soit la livrée, le croupion et la base de la queue sont toujours blancs. L'extrémité de la queue porte un dessin noir en forme de T (3). Le Traquet motteux a la taille d'un Rouge-queue. Son chant bref consiste en tons flûtés qui alternent avec des gazouillis. Ses cris d'alarme sont des « tchac » ou des « iiv-tac » secs. Les petits ont l'intérieur du bec jaune ; une bande noire leur barre la langue (4).

4

Traquet pie

Oenanthe pleschanka

Le Traquet pie vit en Roumanie, Bulgarie, Russie méridionale, mais la majeure partie de son aire de répartition s'étend en Asie. Il s'aventure parfois en Europe centrale ou occidentale. C'est un habitant des côtes rocailleuses, des versants pierreux parsemés de quelques buissons, mais il peut aussi vivre dans les steppes arides et en montagne : dans les montagnes d'Asie, il monte jusqu'à 3 000 mètres d'altitude. Il hiverne en Arabie, en Afrique orientale et centrale. En mars ou en avril, il réapparaît sur son territoire. Les mâles reviennent les premiers, suivis une semaine plus tard par les femelles.

Le nid du Traquet pie est dissimulé à terre, entre des pierres, dans un creux de rocher ou de mur ou sous le toit d'une maison. Les parois externes sont en herbes grossières, tandis que l'intérieur est tapissé de tiges et de feuilles d'herbes fines. Il est parfois garni de poils. En mai ou en juin, la femelle pond de 4 à 6 œufs bleutés portant quelques taches brun-roux et grises. Les petits éclosent au bout de 12 à 14 jours d'incubation et quittent le nid à l'âge de 12 à 14 jours. Dès août, les Traquets pies commencent à déserter les lieux de reproduction, leur migration se prolongeant jusqu'à octobre. Le Traquet pie se nourrit surtout de petits invertébrés, mais aussi de fruits (des mûres, par exemple).

Le mâle du Traquet pie (1) en livrée nuptiale diffère surtout des autres Traquets européens par son dos noir. Par ailleurs, il a la gorge, le haut de la poitrine et le dessin terminal de la queue noirs. Le dessus de la tête, le croupion et le ventre sont blancs. Après la mue d'automne, le sommet de sa tête devient d'un brun terreux (2). Ses rémiges et les plumes du dos noires sont bordées de crème. La femelle est brunâtre et roussâtre. Son ventre et son croupion sont blanchâtres. Mâle et femelle ont la taille d'un Traquet motteux. Le cri d'alarme du Traquet pie est un « trrr » sec, son chant est aigu et précipité.

Merle de roche

Monticola saxatilis

1

Le Merle de roche vit en Europe centrale et méridionale, en Afrique du Nord dans une zone qui s'étend de l'Asie Mineure au lac Baïkal. Il n'est pas tributaire du milieu montagneux et s'accommode des versants arides rocheux, des carrières et même des ruines de châteaux à de faibles altitudes. Farouche et furtif, il mène une vie très discrète, si bien qu'il passe inaperçu même lorsqu'il niche dans les carrières où les travaux se poursuivent de façon continue. Les Merles de roche reviennent sur leur territoire de ponte en avril. Ils ne s'y attardent guère : courant août ou septembre, ils migrent vers les climats chauds de l'Afrique équatoriale et de l'Arabie.

Le femelle bâtit son nid dans les trous et les niches des rochers et des murs, entre des pierres, généralement dans un endroit difficilement accessible. C'est une construction assez désordonnée faite de tiges, de racines, de mousse et d'herbe. La garniture ne comprend pas de poils ni de plumes. La période de ponte dure d'avril à juin. La femelle couve seule pendant 14 ou 15 jours ses 4 ou 5 œufs bleu-vert (2), mais les deux parents s'occupent des petits pendant 12 à 15 jours. Le Merle de roche se nourrit de divers invertébrés qu'il ramasse à terre ou qu'il capture en vol. En été et en automne, des fruits viennent enrichir son menu.

Il ressemble à un Merle noir à la queue très courte. La mâle en livrée nuptiale (1) a le devant et le dessus du corps bleu ardoise et le dessous roux orangé. Sa queue rousse et son croupion blanc facilitent également son identification. La femelle, brune dessus, roussâtre dessous avec des taches, a la queue rousse. Le Merle de roche est un chanteur accompli : sont chant est un mélange de notes flûtées et d'imitations d'autres espèces. Le mâle le fait souvent entendre en dansant littéralement sur les parois rocheuses, les ailes et la queue largement déployées.

2

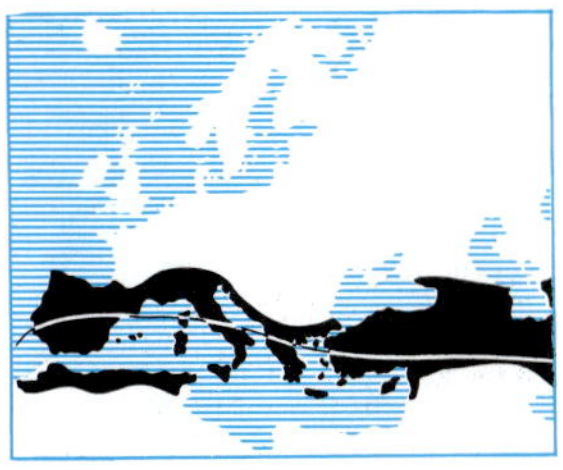

Merle bleu

Monticola solitarius

1

Le Merle bleu est une espèce caractéristique de l'Europe méridionale, présente dans tous les pays méditerranéens, et du sud de l'Asie. Il fréquente les lieux rocheux arides, à la végétation clairsemée, nichant de préférence sur les flancs des montagnes, sur les côtes, dans les carrières et même près des villages, dans les ruines, etc. En montagne, il ne monte pas aussi haut que le Merle de roche. C'est une espèce partiellement migratrice. Les populations installées dans le nord de son aire de répartition se déplacent, en septembre, vers sa limite méridionale ; elles la franchissent parfois et pénètrent jusqu'en Afrique du Nord ou jusqu'au sud de l'Asie. Au mois d'avril, elles réapparaissent sur leurs lieux de ponte.

2

Le Merle bleu place son nid dans les crevasses et les trous des rochers, entre les pierres et dans les trous des murs. C'est un piètre constructeur : son nid est un tas désordonné d'herbe, de racines et de mousse. La période de ponte dure d'avril à juin, et il semble que certains couples élèvent deux nichées en une saison. La ponte complète compte 4 ou 5 œufs d'un bleu ciel uniforme (2) que la femelle couve seule pendant 15 jours environ. Les deux adultes s'occupent des petits au nid pendant 14 à 18 jours. Ils leur apportent surtout des insectes, des araignées, des vers, mais aussi des baies.

On reconnaît facilement le mâle du Merle bleu (1) à sa coloration bleu ardoise ; en hiver, son plumage vire au noirâtre. La femelle (3) est brun bleuté sur le dessus, plus claire sur le dessous, finement barré de gris. Le mâle et la femelle ont la taille du Merle de roche (19 ou 20 cm). Le Merle bleu aime se percher sur les rochers, les ailes à moitié pendantes. Très farouche, il s'efface immédiatement à l'approche de l'homme. Ses cris d'alarme sont des « tchac » perçants ou des « tsiih » traînants. Son chant fort et flûté rappelle celui du Merle noir, mais il est plus simple. Le mâle le lance perché sur un rocher ou en vol.

3♀

Merle à plastron

Turdus torquatus

1

2

Le Merle à plastron vit surtout dans les massifs montagneux de l'Europe centrale et méridionale, mais il niche aussi dans une grande partie de la Scandinavie, de la Grande-Bretagne, en France et en Asie Mineure. Assez commun dans les collines de moins de 400 mètres d'altitude ou même plus bas (par exemple sur les falaises du littoral), il n'est pas entièrement tributaire du milieu montagneux. Il affectionne les forêts claires de conifères en montagne, la limite des alpages et des forêts (vers 2 000 mètres), nichant plus rarement dans les forêts de feuillus ou mixtes à faible altitude. Comme il ramasse sa nourriture à terre, il recherche le voisinage des terrains dégagés : prés, pâturages et clairières. Le Merle à plastron est une espèce migratrice. Sa migration de printemps s'effectue en mars ou en avril, celle d'automne, en direction de l'Europe méridionale ou du nord de l'Afrique, en septembre ou en octobre.

La construction du nid est surtout l'affaire de la femelle. Elle le dissimule en général soigneusement dans les branches denses des petits conifères, mais le place souvent aussi sur un grand arbre. Il ressemble à celui du Merle noir par sa forme comme par la nature des matériaux de construction utilisés ; cependant, sa base comporte davantage de petites branches. En mai ou en juin, la femelle pond 4 ou 5 œufs bleutés ou verdâtres, abondamment parsemés de petites taches rousses (2), qui ressemblent beaucoup à ceux du Merle noir. C'est généralement la femelle qui les couve pendant 14 jours environ, mais les deux parents s'occupent des jeunes au nid pendant 14 jours. Le couple ne niche qu'une fois.

Le Merle à plastron (1) a la taille du Merle noir. Il est plutôt brun-noir et certaines plumes, surtout celles du dessous du corps, ont un liseré blanchâtre. Le critère d'identification le plus sûr est cependant la tache blanche en croissant de lune que le mâle porte sur la poitrine. La coloration fondamentale de la femelle est plus brunâtre et sa tache pectorale, peu visible, a elle aussi une nuance brune. Le chant, moins mélodieux que celui du Merle noir, comporte des notes rauques.

Merle noir

Turdus merula

Le Merle noir vit en Europe, dans le nord-ouest de l'Afrique et sur une bande de terrain qui s'étend de l'Asie Mineure à la Chine. C'est un oiseau très connu qui, par sa silhouette et par son chant mélodieux, égaie les plus grandes métropoles. En dépit de son mode de vie citadin, c'est une espèce sylvestre, une partie des Merles noirs continuant d'ailleurs à vivre, aujourd'hui encore, dans leur milieu d'origine. Les Merles noirs des régions septentrionales sont migrateurs ; ils s'envolent en automne vers la Méditerranée. Les Merles des villes ainsi que les populations de l'Europe occidentale et méridionale sont le plus souvent sédentaires.

1

2

Contrairement à ceux des villes, les Merles des forêts sont si farouches et furtifs qu'on les entend plus qu'on ne les aperçoit. Ils bâtissent généralement leur nid dans les buissons et les arbres jusqu'à 2 mètres au-dessus du sol. Les Merles citadins, par contre, nichent partout : dans les gouttières, sur les corniches des édifices, les sépultures dans les cimetières ou dans un tas de planches. La couche externe du nid est composée d'herbe, de feuilles, de mousse, de racines et de petites branches, l'intérieur est tapissé de terre et garni d'herbes plus fines et de petites racines (3). La construction occupe la femelle pendant 4 à 6 jours. Ses œufs d'un vert bleuté sont parsemés de fines taches rousses, disposées régulièrement sur toute la surface (2). La ponte en compte 4 ou 5 et la femelle les couve pendant 13 ou 14 jours. Les deux parents nourrissent les petits au nid pendant 14 jours. Le couple niche 2 ou 3 fois par an, entre fin mars et fin juin.

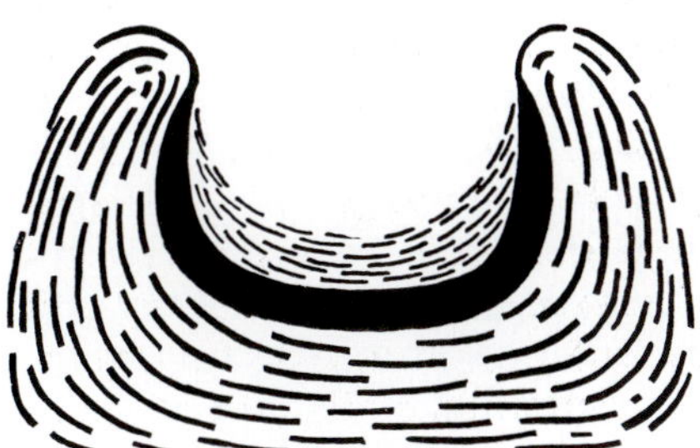

3

Le mâle (1) est entièrement noir. Il a le bec et un anneau orbital jaunes. La femelle est brun-noir sur le dessus, claire sur le dessous avec des taches sur la gorge. Les oiseaux adultes mesurent 25 cm de long. Le Merle noir est l'un des premiers messagers de printemps. Alors que le sol est encore recouvert de neige, le Merle noir lance, perché sur une hauteur, ses notes flûtées groupées en phrases assez brèves. Son cri d'alarme, bruyant, est un « tac-tac-tac » ou un « tik tik tik ».

Grive litorne

Turdus pilaris

La Grive litorne vit surtout en Europe septentrionale et centrale et en Asie, mais actuellement, elle progresse très nettement vers l'ouest et le sud. Elle fréquente les parcs, les arbres poussant le long des cours d'eau et des étangs, les bosquets dans les champs et les lisières des forêts proches des prairies. Les Grives litornes sont essentiellement migratrices. Celles du nord ainsi qu'une partie des populations d'Europe centrale migrent, en septembre et en octobre, en Europe occidentale ou méridionale pour revenir en mars ou en avril sur leurs lieux de ponte. Contrairement aux autres Grives, la Grive litorne est un oiseau sociable. Bien que certains couples nichent parfois isolément, la plupart se réunissent en colonies comptant jusqu'à 30 couples.

Le nid de la Grive litorne ressemble beaucoup à celui du Merle noir. Ses parois externes sont composées d'herbe, de mousse et de petits branches ; l'intérieur est tapissé de terre puis garni d'herbes plus fines (3). La femelle bâtit le nid et couve seule ses 4 à 6 œufs (2), identiques à ceux du Merle noir. Les œufs éclosent au bout de 13 ou 14 jours de couvaison et les deux parents nourrissent les petits qui restent dans le nid pendant 13 à 15 jours, puis s'en occupent pendant 2 semaines encore après leur envol. Cartains couples nichent une fois, d'autres deux fois en une saison. La Grive litorne a une alimentation animale et végétale. En hiver, les bandes de Grives recherchent les fruits mûrs des sorbiers ou d'autres baies.

La Grive litorne (1) est la plus colorée de toutes les Grives. Elle a la taille d'un Merle. Les critères d'identification les plus sûrs sont la tête et le croupion gris ardoise, le dos brun et la queue noire. La face interne des ailes est blanche. Ses cris d'appel bruyants, des « tia tia tia » qu'elle émet en vol, sont aussi un bon signe distinctif. Le chant du mâle, qu'il lance parfois en vol, est un mélange de gazouillis et de sifflements.

2

1

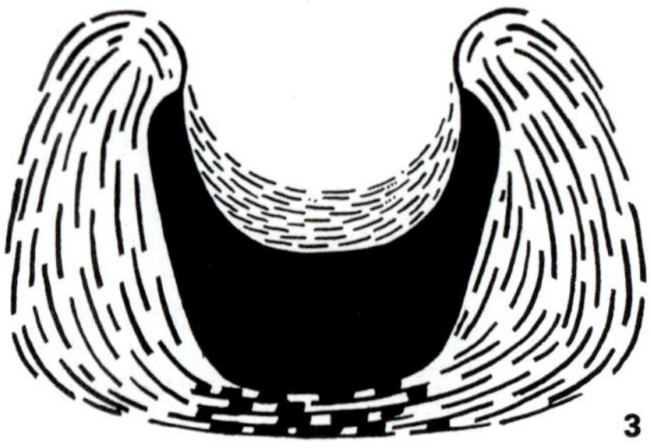

3

Grive musicienne

Turdus philomelos

La Grive musicienne est une habitante de la majeure partie de l'Europe et d'une grande partie de l'Asie. Elle vit dans des forêts de différents types (à la lisière plutôt qu'à l'intérieur), dans les bosquets des champs ainsi que dans la végétation bordant les cours d'eau. Au cours des dernières décennies, elle a commencé à pénétrer dans les agglomérations, mais ce processus d'adaptation au mode de vie urbain n'est pas aussi important que celui du Merle noir. La plupart des Grives musiciennes sont migratrices, les oiseaux se rendant, en septembre ou en octobre, en Europe méridionale et occidentale ou en Afrique du Nord ; ils reviennent généralement en mars sur leurs lieux de ponte. Leur migration de retour s'effectue la nuit et elles trahissent leur présence par leur chant bruyant.

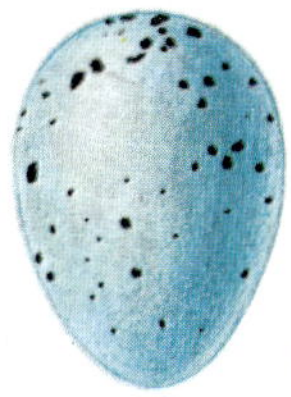

3

1

4

2

Les couples nichent entre fin avril et début juillet. La femelle bâtit seule le nid, le plus souvent sur un arbre ou un buisson, mais aussi dans un trou de mur, sur une corniche, une poutre, etc. On le reconnaît facilement à sa coupe nue formée de terre et de bois pourri mêlés de salive (2). La femelle pond 4 ou 5 œufs bleus ou bleu-vert parsemés de quelques petites taches noires (3) qu'elle couve pendant 12 ou 13 jours. Le mâle prend part à l'élevage des jeunes qui restent au nid pendant 14 jours environ. Lorsque les jeunes de la première nichée s'émancipent, la femelle pond une seconde fois.

La Grive musicienne (1) est un peu plus petite que le Merle noir : elle mesure 22 cm. Elle a le dessus brun olive, la poitrine crème tachetée de brun-noir et la face inférieure des ailes jaune orangé (4). En chantant, elle a l'habitude de répéter plusieurs fois différents motifs. Son cri à l'envol est un « tsic tsic » strident. On décèle sa présence (et parfois aussi celle d'un Merle) aux pierres ou aux souches sur lesquelles l'oiseau vient briser les coquilles dures des escargots.

Grive mauvis

Turdus iliacus

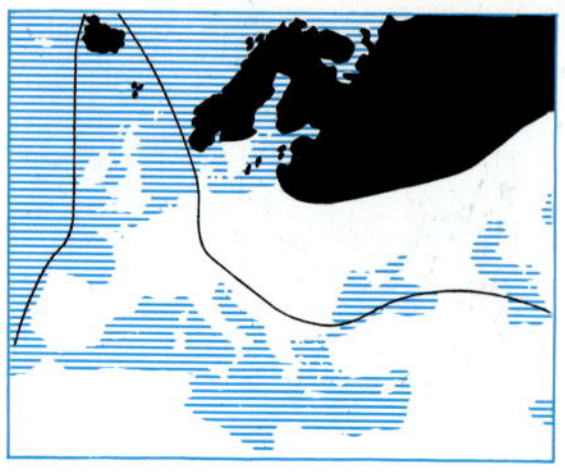

L'aire de répartition de la Grive mauvis s'étend sur les contrées septentrionales de l'Europe, plus précisément sur la Scandinavie, l'Islande, le nord de la partie européenne de l'U.R.S.S. et la Sibérie. Sporadiquement, elle niche aussi en Europe centrale, et il semble que la limite méridionale de cette aire progresse de plus en plus vers le sud. Dans le nord, c'est une habitante caractéristique de la taïga et de la toundra arbustive, plus au sud, elle recherche surtout la végétation des terrains humides ou du bord de l'eau, ainsi que la lisière des forêts avoisinant les prés humides. En automne, le plus souvent en octobre ou en novembre, de grandes bandes de Grives mauvis nordiques se rendent en Europe occidentale et méridionale ou jusqu'en Afrique du Nord. Cependant, la plupart d'entre elles hivernent en Europe centrale, souvent en compagnie de Grives musiciennes.

3

1

Les Grives mauvis reviennent sur leurs lieux de ponte en mars ou en avril, et commencent à nicher début mai ou en juin. Elles installent leur nid (2) sur un arbre, un buisson, dans la toundra nordique, souvent au sol, utilisant comme matériaux de construction des herbes, des feuilles et des racines, et le renforçant par une couche de terre. Comme dans le nid de la Grive musicienne, cette terre consolide la base du nid et le fixe sur la branche. L'intérieur est garni avec des herbes plus fines et des racines. La femelle le bâtit seule,

4

mais il semble que le mâle la relaie pendant la couvaison de ses 4 à 6 œufs (3) qui ressemblent à ceux du Merle noir. Les œufs éclosent au bout de 12 à 14 jours d'incubation ; les petites Grives mauvis quittent le nid assez précipitamment, au bout de 10 à 12 jours. Les deux adultes s'en occupent encore un peu, puis la femelle pond une seconde fois.

La Grive mauvis (1) est un peu plus petite que la Grive musicienne. Elle s'en distingue par son large sourcil crème, par le dessous de ses ailes et ses flancs roux vif, bien visibles en vol (4). On peut observer la migration des Grives mauvis la nuit : c'est surtout avant minuit qu'on entend leurs cris aigus, des « tsiii » qui leur permettent de se repérer dans l'obscurité.

2

Grive draine

Turdus viscivorus

L'aire de répartition de la Grive draine occupe presque toute l'Europe, l'ouest de l'Asie et l'Atlas, en Afrique du Nord. C'est un oiseau essentiellement forestier qui habite les forêts de résineux, mais on peut aussi le rencontrer dans les forêts de feuillus ou dans les vieux parcs. En Europe occidentale, elle pénètre jusque dans les faubourgs des villes. Les populations des régions méridionales sont sédentaires, celles du nord migrent en automne vers l'Europe méridionale et du Sud-Ouest. Elles reviennent sur leurs lieux de ponte dès février ou en mars, à l'époque où la neige recouvre encore

3

4

la forêt. Les oiseaux lancent alors leur chant, perchés dans la cime d'un arbre.

La femelle bâtit seule le nid, le plus souvent à grande hauteur. Il se compose de trois épaisseurs : l'extérieur est en herbes sèches, en feuilles, en mousse et en lichens ; la couche centrale en terre fixe le nid sur son support ; l'intérieur est tapissé d'herbes plus fines et de racines (2). La femelle couve pendant 13 à 15 jours ses 4 ou 5 œufs verdâtres ou bleutés, parsemés de taches brun-roux ou gris violacé (3). Les petits quittent le nid de 12 à 16 jours après l'éclosion, mais les parents continuent de les nourrir dans les environs. Par la suite, le mâle prend en charge les jeunes tandis que sa compagne construit un second nid pour une autre ponte. Le régime alimentaire de la Grive draine est à peu près le même que celui des autres Grives : au printemps et en été, l'élément animal prédomine (insectes, araignées, vers, mollusques, etc.) ; en automne et en hiver, elle se nourrit surtout de baies et autres fruits.

1

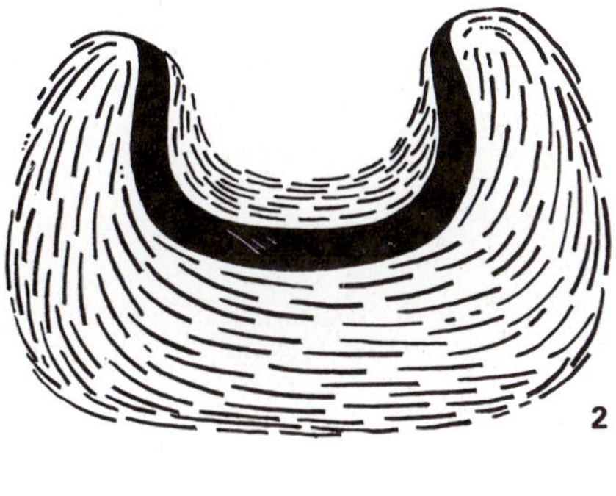

2

La Grive draine (1), un peu plus grande qu'un Merle, est la plus grande de toutes les Grives. Elle se distingue de la Grive musicienne par son dos gris-brun et par des taches plus grandes sur le dessous du corps. La face inférieure de ses ailes est blanche (4). Son chant ressemble à celui du Merle noir, mais les phrases sont plus brèves et plus espacées. Ses cris d'alarme sont des « tsrrr » ou des « chnerrr » secs.

Bouscarle de Cetti

Cettia cetti

La Bouscarle de Cetti est une espèce sédentaire ou tout au plus nomade qui vit en Europe méridionale et occidentale jusqu'au sud-est de la Grande-Bretagne, aux Pays-Bas et en Suisse, dans le sud de l'Asie et le nord de l'Afrique. Pour nicher, elle s'installe dans les roseaux et dans la végétation dense et basse, le plus souvent au voisinage immédiat de l'eau.

La Bouscarle pond deux fois en une saison, entre avril et juin. Le nid en forme d'écuelle est fait de tiges, de feuilles sèches, d'herbes et de radicelles. Il est bien dissimulé, très près du sol. La ponte complète compte de 3 à 5 œufs d'un rouge brique uni (2) que la femelle couve seule pendant 13 ou 14 jours. Les petits quittent le nid au bout de 12 à 14 jours, mais les deux parents continuent de s'en occuper pendant 14 jours encore. La Bouscarle de Cetti se nourrit surtout d'insectes et d'autres petits invertébrés.

La Bouscarle de Cetti (1) ressemble à une Rousserolle, mais elle est plus brune sur le dessus et a un sourcil clair étroit. Elle a le dessous gris-blanc et une large queue arrondie. La Bouscarle de Cetti est plus petite qu'un Moineau. Furtive, elle mène une vie cachée dans la végétation dense, si bien qu'on a peu de chances de l'apercevoir. Dans la plupart des cas, elle trahit sa présence par sa voix, des « touit » brefs et des « tsih » bruyants. Dans la végétation impénétrable, son chant bref et très fort résonne souvent : il commence d'une façon impromptue pour se terminer tout aussi brusquement par des « tskhi-tskhi-tskhutt, tskhutti-tskhutti-tskhutti ».

1

2

Cisticole des joncs

Cisticola juncidis

L'aire de répartition de la Cisticole des joncs couvre une partie de l'Europe occidentale, la région méditerranéenne, le nord de l'Afrique et une partie de l'Asie Mineure. Sédentaire, elle niche dans les prés humides, les marécages et dans les rizières, mais aussi dans les milieux steppiques arides et les champs de blé.

Le nid piriforme est savamment tressé avec des plantes, des herbes, des fibres végétales et des toiles d'araignées. Il est bien dissimulé dans la végétation dense, très près du sol. La période de nidification va d'avril à juillet, et la femelle a généralement le temps de pondre deux fois. Les deux adultes couvent pendant 10 ou 11 jours les 4 à 6 œufs blancs tachés de brun-roux (2). Au bout du même nombre de jours, les petits quittent le nid, mais les parents continuent de les nourrir dans la végétation environnante pendant 2 semaines encore. La Cisticole des joncs se nourrit d'insectes et d'autres petits invertébrés.

La Cisticole des joncs (1) est un peu plus grande qu'un Roitelet (10 cm). Elle ressemble à une petite Rousserolle tachetée, mais on la reconnaît à sa queue très courte et arrondie. Elle a l'occiput et le dos brun foncé parsemé de rayures fauves longitudinales. Son croupion sans taches est roux. Elle n'a pas de bande claire sur l'œil ; ses rectrices externes ont la pointe blanche et noire. Le dessous du corps est clair, la poitrine et les flancs légèrement jaune-roux. Très furtive, la Cisticole des joncs trahit généralement sa présence par son chant, une série de « zihp zihp zihp » qu'elle fait entendre en vol, en suivant une trajectoire ondulée au-dessus de son territoire. Les notes sont synchronisées avec les battements d'ailes, chacune coïncidant avec un mouvement ascendant.

1

2

Locustelle tachetée

Locustella naevia

1

L'aire de nidification des Locustelles tachetées forme une large bande qui s'étend depuis le nord de l'Espagne sur toute l'Europe, jusqu'au sud-ouest de la Sibérie et jusqu'en Asie centrale. La Locustelle tachetée recherche les prés humides parsemés de buissons où croît une herbe haute, le bord des étangs ayant le même type de végétation, les zones d'inondation des grands fleuves, parfois aussi les clairières envahies par les broussailles, les champs de céréales ou de trèfle. En avril ou en mai, elle revient dans son territoire.

Le couple bâtit son nid dans la végétation dense, par terre ou légèrement au-dessus, utilisant surtout comme matériaux de construction des tiges et des feuilles d'herbes. Les parois comportent souvent des cocons d'insectes et l'intérieur est garni de fines herbes sèches. Les 5 ou 6 œufs rosés sont finement mouchetés de rouge brique (2). Les deux adultes les couvent à tour de rôle pendant 12 à 14 jours ; tous deux nourrissent également les petits au nid pendant 10 à 12 jours, avec des insectes et parfois d'autres petits invertébrés. Entre mai et juillet, ils ont souvent le temps d'élever deux nichées. En août ou en septembre, les oiseaux migrent vers l'Afrique.

Les individus des deux sexes ont le dessus brun olive parsemé de taches noirâtres longitudinales, et le dessous blanc jaunâtre. Très furtive, la Locustelle tachetée (1) descend comme une flèche au plus dense de la végétation lorsqu'on la dérange. Quand elle s'y faufile, on peut la prendre pour une souris. En chantant, le mâle grimpe progressivement jusqu'au sommet d'une tige ou d'un buisson. Son petit bec largement ouvert, il émet alors un chant semblable à celui de certaines sauterelles, souvent sans interruption pendant 1 à 3 minutes. C'est un « sirrr » métallique, toujours dans la même tonalité et apparemment sans coupures. Les différentes espèces de Locustelles sont plus petites qu'un Moineau.

2

Locustelle fluviatile

Locustella fluviatilis

1

La Locustelle fluviatile vit sur une aire restreinte, limitée à l'ouest par la frontière orientale de l'Allemagne, à l'est par l'Oural, au nord par le sud de la Suède et au sud par la mer Noire. Elle niche dans les buissons du bord des ruisseaux, des rivières et des étangs, dans les sous-bois denses des forêts longeant les cours d'eau, les prés humides à la végétation luxuriante, et parfois aussi dans les pâturages assez secs mais envahis par les buissons. Fin août ou courant septembre, les Locustelles s'envolent vers leurs quartiers d'hiver, sur la côte orientale de l'Afrique, d'où elles reviennent en avril ou en mai.

Le nid est toujours parfaitement dissimulé dans les plantes au ras du sol. Sa couche externe est composée de feuilles d'arbres, d'herbes sèches et de grosses tiges de différentes plantes. L'intérieur est rembourré d'herbes plus fines et parfois aussi de poils. Dans certains cas, une sorte de passerelle mène au nid. En mai ou en juin, la femelle pond 4 ou 5 œufs blanchâtres, mouchetés de brun-rouge (2), qu'elle couve 13 jours, remplacée parfois par le mâle. Les deux adultes nourrissent les petits qui quittent le nid au bout de 11 à 15 jours et s'émancipent 2 semaines plus tard. Certains couples élèvent deux nichées en une seule saison.

2

Les individus des deux sexes ont le dessus brun olive et le dessous blanc. Seule leur gorge est légèrement tachetée dans le sens de la longueur. La Locustelle fluviatile mène une vie très discrète. À l'instar de la Locustelle tachetée, elle se faufile, invisible, dans la végétation touffue, dans une attitude caractéristique, tenant la tête et le corps à l'horizontale (1). C'est seulement quand il chante que le mâle grimpe sur les hautes branches d'un buisson ou sur les grandes plantes. Son chant de grillon est un « dzédzédzédzé » incessant dont la cadence rappelle le bruit accéléré d'une scie, et qui forme des phrases de longueur variable. Celles-ci sont cependant beaucoup moins longues que celles de la Locustelle tachetée et leur cadence est plus lente.

Locustelle luscinioïde

Locustella luscinioides

L'aire de répartition de la Locustelle luscinioïde occupe l'Europe jusqu'aux îles Britanniques et la Scandinavie. Ailleurs dans le monde, elle vit sur une petite partie de l'Asie et en Afrique du Nord. Récemment, elle a commencé à s'avancer vers le nord et le nord-ouest, ses effectifs devenant plus importants en Europe centrale. Pour nicher, les Locustelles luscinioïdes s'installent dans la végétation des marais, le plus souvent dans les roseaux, les laîches et les typhas. Migratrices, elles reviennent à la fin du mois d'avril sur leurs lieux de ponte, s'envolant dès août ou début septembre vers leurs quartiers d'hiver situés en Afrique équatoriale. Certains couples arrivent entre-temps à élever deux nichées.

2

Le nid de la Locustelle luscinioïde est très bien dissimulé dans la végétation dense des marais. Généralement placé très bas au-dessus de l'eau, il est simplement enfoncé dans une touffe de plantes, et non pas fixé par ses parois. Les deux partenaires le construisent presque exclusivement avec des feuilles de roseaux, de laîches et de joncs dont la largeur varie de 0,5 à 2,5 cm. Le trait caractéristique de ce nid est l'absence de matériaux fins à l'intérieur. Les œufs (2) ressemblent à ceux de la Locustelle fluviatile. La femelle en pond 4 ou 5, qu'elle couve avec l'aide du mâle pendant 12 ou 13 jours. Les deux adultes s'occupent des petits, qui quittent le nid au bout de 12 ou 13 jours.

La Locustelle luscinioïde (1) a le dessus brun-roux, le dessous blanc roussâtre avec la gorge plus claire. Comme toutes les autres Locustelles, elle a une queue étagée arrondie et de longues sous-caudales. Son chant est un « errrr-errrr » monotone, fréquemment interrompu et qui rappelle le chant de certaines sauterelles. Il est plus grave que celui de la Locustelle tachetée. En chantant, le mâle grimpe généralement sur un roseau ; comme celui des autres Locustelles, son chant est audible dans la journée, au crépuscule et la nuit.

Lusciniole à moustaches

Acrocephalus melanopogon

La Lusciniole à moustaches est une habitante de l'Europe méridionale (pourtour de la Méditerranée et de la mer Noire) et du sud-ouest de l'Asie. Ses populations septentrionales sont migratrices, celles du sud vraisemblablement sédentaires. De nombreux oiseaux hivernent dans la partie méridionale de leur aire de répartition, mais certains vont jusqu'à Afrique du Nord, l'Asie Mineure ou l'Inde. La migration d'automne se déroule en septembre ou en octobre, celle de retour, en mars ou en avril. Sitôt revenue, la Lusciniole à moustaches recherche la végétation du bord des étangs, des lacs ou des vastes marécages dans lesquels le niveau de l'eau est élevé en permanence et où elle trouve des herbes, des laîches et des végétaux de l'année précédente, fanés et couchés au sol.

2

Entre avril et juin, les couples nichent généralement deux fois. La femelle bâtit seule le nid avec des fragments de feuilles de roseaux ou de typhas, des panicules et des aigrettes, des herbes et des cocons d'insectes. Elle le suspend au ras de l'eau, l'accrochant sur quelques fortes tiges de sorte qu'il repose sur des végétaux couchés tout en étant abrité par la végétation. Elle pond de 3 à 5 œufs jaunâtres ou grisâtres, abondamment parsemés de taches brunes floues (2). Les deux adultes les couvent à tour de rôle pendant 14 jours et s'occupent des petits au nid pendant 12 jours environ, les nourrissant surtout d'insectes et d'autres petits invertébrés.

Par sa coloration, la Lusciniole à moustaches (1) ressemble au Phragmite des joncs. Elle s'en distingue toutefois par sa calotte très foncée et par ses sourcils clairs bien marqués. Lorsqu'elle est dérangée, la Lusciniole redresse sa queue à la manière du Troglodyte. Son chant est comparable à celui de la Rousserolle effarvate, mais il comporte des trilles (« di-di-di ») qui rappellent le crescendo du Rossignol. En dehors de la Rousserolle turdoïde, toutes les autres espèces du genre *Acrocephalus* atteignent la taille d'un Moineau.

1

Phragmite des joncs

Acrocephalus schoenobaenus

Le Phragmite des joncs est commun dans presque toute l'Europe, à l'exception de la péninsule Ibérique, puis en Sibérie jusqu'à l'Iénisseï. Il niche dans les roseaux, les laîches, l'herbe et les buissons du bord des étangs, dans les prés humides où croissent quelques arbustes isolés, dans les dépressions et les canaux envahis par la végétation, mais parfois aussi loin de l'eau, dans les champs de blé ou de colza. En septembre ou en octobre, les Phragmites des joncs migrent en Afrique équatoriale d'où ils reviennent au printemps, en avril ou en mai.

1

Le nid n'est pas attaché aux tiges des plantes environnantes comme c'est le cas chez la plupart des Phragmites et des Rousserolles, mais caché au sol dans les touffes denses de vieilles herbes, de laîches ou de roseaux. Les deux oiseaux participent à sa construction : sa couche externe est faite de tiges et de feuilles sèches d'herbes ou de roseaux, l'intérieur est essentiellement tapissé de panicules de roseaux, de fibres et d'aigrettes végétales. La femelle pond de 4 à 6 œufs gris-jaune ornés de fins traits noirs sur l'extrémité la plus large (3) qui éclosent au bout de 12 ou 13 jours de couvaison. Les deux parents nourrissent les petits pendant 10 à 15 jours ; passé ce délai, les jeunes quittent le nid. Certains couples nichent une seconde fois.

2

Les individus des deux sexes ont le dos parsemé de taches brun foncé longitidunales et le croupion roux, sans taches. Ils ont le sommet de la tête foncé, finement rayé, et un sourcil ocre bien marqué (1). Le mâle lance un chant précipité et hâtif, mais on y décèle toujours des trilles flûtés caractéristiques, « voïd voïd ». Il le termine souvent par un vol nuptial au cours duquel il monte à quelques mètres pour redescendre obliquement, les ailes et la queue largement déployées (2). C'est la seule espèce du genre *Acrocephalus,* en dehors du rare Phragmite aquatique, à agir ainsi. Le mâle chante aussi la nuit, mêlant à son chant les imitations d'autres oiseaux.

3

Rousserolle verderolle

Acrocephalus palustris

La Rousserolle verderolle est une espèce européenne qui peuple le continent depuis la France jusqu'à l'Oural, évitant la péninsule ibérique, l'Italie et presque toute la Scandinavie. Elle est moins tributaire du milieu aquatique que les autres Rousserolles et Phragmites. On peut en effet la rencontrer au bord des étangs et dans la végétation longeant les cours d'eau, mais aussi dans les champs de blé, de colza, de trèfle, dans les buissons au milieu des champs, ou encore sur les terrains vagues envahis par les mauvaises herbes et par les orties. Par les décharges, la Rousserolle verderolle pénètre jusque dans les faubourgs des grandes villes.

En mai, elle revient de ses quartiers d'hiver africains et, dès son retour, se met à bâtir son nid. Elle l'attache d'une façon caractéristique, propre aux Rousserolles, aux tiges des plantes ou aux branches des buissons, près du sol sec. Elle le tresse avec des tiges et des feuilles sèches d'herbes, des fibres et des aigrettes végétales, parfois des crins. La femelle pond 4 ou 5 œufs bleutés ou verdâtres faiblement tachetés de gris et de brun que les deux adultes couvent à tour de rôle pendant 12 ou 13 jours. Tous deux nourrissent les petits au nid pendant 12 ou 13 jours. Comme les autres Rousserolles et Phragmites, la Rousserolle verderolle se nourrit surtout d'insectes, d'araignées et de petits mollusques, et en automne de petites baies. Courant août, elle commence à migrer.

Le mâle et la femelle (1) ont le dos brun olive, le dessous jaunâtre et blanc, mais leur croupion n'a jamais de nuance roussâtre. La pointe de leur huitième rémige n'atteint pas la partie rétrécie du vexille interne de la deuxième rémige (2). L'intérieur de leur bec est jaune orangé, leurs pattes sont roses. Le chant de la Rousserolle verderolle, doux et mélodieux, rappelle celui de l'Hypolaïs ictérine, mais on y décèle toujours des « vit-vit-vit » caractéristiques. Elle sait très bien imiter la voix d'autres oiseaux et chante souvent la nuit.

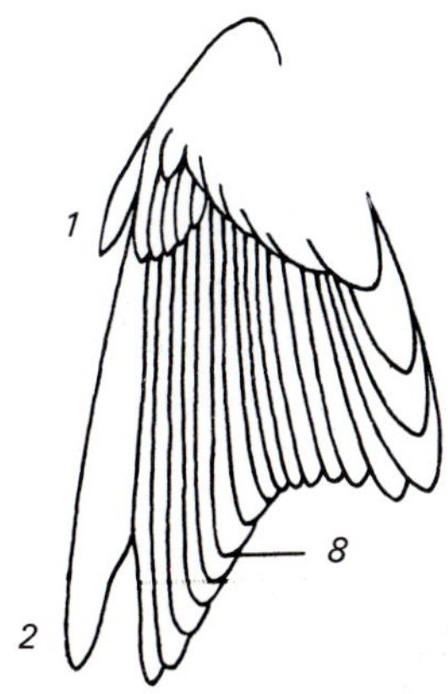

2

Rousserolle effarvate

Acrocephalus scirpaceus

La Rousserolle effarvate vit dans presque toute l'Europe, à l'exception de l'Irlande, du nord de la Grande-Bretagne et de la Scandinavie. Elle pénètre aussi dans le sud-ouest de l'Afrique et le nord de l'Afrique. En septembre ou en octobre, elle migre en Afrique équatoriale, puis revient, en avril et en mai, sur ses lieux de ponte. C'est une habitante caractéristique des roselières, plus rarement des formations de joncs. Elle niche parfois dans de minuscules roselières, loin de l'eau.

Les deux adultes prennent part à la construction du nid. Ils tressent une profonde corbeille qu'ils suspendent aux roseaux verts de l'année ou aux roseaux secs. Le nid est placé à 25–100 cm au-dessus de l'eau ou du sol. Pour sa construction, les Rousserolles utilisent des bandes de feuilles de roseaux et des fibres végétales, puis en tapissent l'intérieur avec des fragments de panicules de roseaux. La femelle pond le plus souvent 4 œufs verts ou bleutés tachetés de brun ou de gris (2). Les deux parents les couvent à tour de rôle pendant 12 ou 13 jours, et prennent également soin des petits qui restent au nid pendant 9 à 13 jours. Certains couples nichent deux fois par an.

La Rousserolle effarvate (1) ressemble à la Rousserolle verderolle au point que dans la nature, le seul critère distinctif est sa voix et, à la saison de reproduction, son biotope de nidification caractéristique. Son croupion est plus roux, ses pattes sont plus grises, l'intérieur de son bec est rouge orangé (les petits ont, comme ceux des autres espèces de Rousserolles, 2 taches noires allongées sur la langue). La pointe de sa huitième rémige atteint la partie rétrécie du vexille interne de la deuxième. Son chant est remarquable par une phrase caractéristique répétée plusieurs fois, « tiri, tiri, tiri-tir, tir, tir-tcherc, tcherc, tcherc ». En chantant, l'oiseau grimpe sur une tige.

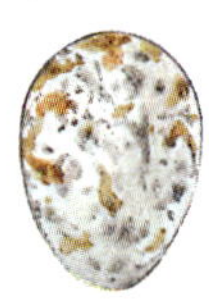

2

Rousserolle turdoïde

Acrocephalus arundinaceus

La Rousserolle turdoïde vit partout en Europe, à l'exception de la Scandinavie et des îles Britanniques, puis en Afrique du Nord et en Asie Mineure. Certaines de ses sous-espèces (que l'on considère parfois comme des espèces à part entière) vivent en Asie jusqu'aux Philippines et sur tout le continent australien. Cette Rousserolle recherche les roselières denses, parfois aussi les formations de joncs avec de l'eau en permanence. En Europe, c'est un oiseau migrateur qui ne revient qu'en mai dans son territoire.

La femelle bâtit seule le nid (2) : elle enroule des feuilles de roseaux autour de tiges de roseaux ou de joncs, qui de ce fait semblent pousser à travers les parois. Le nid a la forme d'une profonde corbeille (jusqu'à 20 cm) dont le bord supérieur est tourné vers l'intérieur (comme chez celui de la Rousserolle effarvate), ce qui empêche les œufs de tomber même si le vent est très fort. Il est toujours placé au-dessus de l'eau, à 25–75 cm de haut et sa construction occupe la femelle pendant 5 jours. Les 4 ou 5 œufs sont des répliques agrandies (3) de ceux de la Rousserolle effarvate. La femelle les couve pendant 12 à 15 jours, le mâle la nourrissant pendant cette période. Les petits quittent le nid au bout de 10 à 12 jours : sans savoir voler, ils grimpent dans l'enchevêtrement des roseaux où les parents viennent les nourrir pendant 2 semaines encore. On a observé chez la Rousserolle turdoïde des cas de polygamie, un mâle pouvant nicher avec 3 femelles. En août ou en septembre, les oiseaux entreprennent leur long voyage vers l'Afrique équatoriale et australe.

1

3

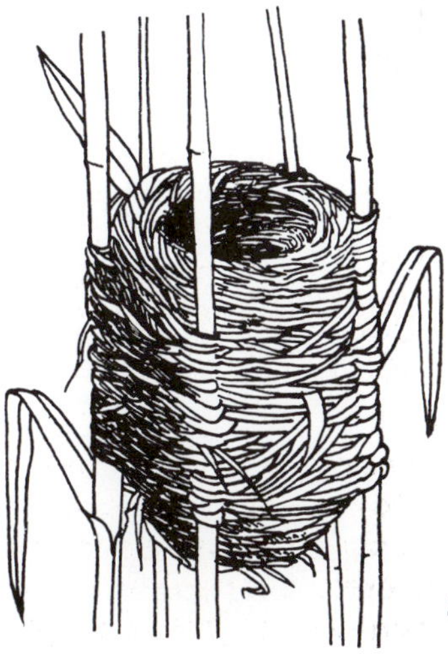

2

La Rousserolle turdoïde (1) est la plus grande de toutes les Rousserolles, puisque'elle mesure 18,5 cm de long. Elle a le dessus d'un brun uni, le dessous clair nuancé d'ocre. Elle trahit sa présence dans les roselières par son chant rauque et croassant dans lequel revient très nettement la phrase « caré, caré-kit, kit ».

Hypolaïs pâle

Hippolais pallida

En Europe, l'Hypolaïs pâle ne vit que dans les Balkans et dans le sud de l'Espagne. Ailleurs dans le monde, elle est commune dans le nord de l'Afrique et dans le sud-ouest de l'Asie. Au cours des dernières décennies, l'espèce a pénétré en Hongrie. L'Hypolaïs pâle recherche des paysages variés avec des buissons et des arbres en abondance, des vergers et des jardins ; elle s'installe souvent à proximité de l'eau. Migratrice, elle hiverne dans la zone des savanes africaines, au bord de l'équateur, d'où elle revient, en avril ou en mai, sur ses lieux de nidification. Dès son retour, elle exécute sa parade nuptiale et commence à bâtir son nid.

2

1

La construction du nid est surtout l'affaire de la femelle. Elle le place sur les branches inférieures des buissons, utilisant comme matériaux de construction des racines, des herbes, des feuilles, des fibres végétales, des mousses et des lichens. Elle en garnit l'intérieur avec des aigrettes végétales et des crins de cheval. Les 4 ou 5 œufs gris pâle, légèrement rosés, parsemés de traits et de mouchetures noirs (2), éclosent en mai ou en juin, au bout de 14 ou 15 jours de couvaison. Les adultes nourrissent les petits au nid, essentiellement avec des insectes, pendant une quinzaine de jours. Les couples ne nichent qu'une fois et quittent leur territoire dès le mois d'août.

L'Hypolaïs pâle (1) a le dessus d'un brun terreux et le dessous blanchâtre. Une bande blanche lui barre l'œil et ses ailes sont assez courtes (62–72 mm) ; leur première rémige est plus longue que les couvertures (a) et la deuxième est plus courte que la cinquième (3). Chez l'Hypolaïs des oliviers, l'aile mesure entre 79 et 93 mm. La première rémige est plus courte que les couvertures (a) et la deuxième est plus longue que la cinquième (4). Toutes les espèces d'Hypolaïs ont la taille d'un Moineau, à l'exception de l'Hypolaïs des oliviers qui est un peu plus grande.

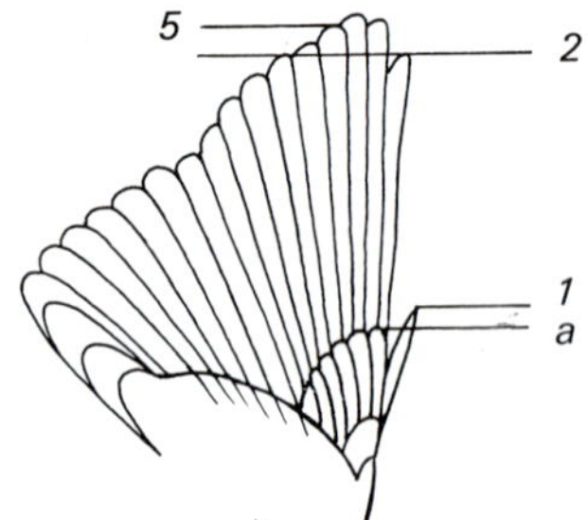

3

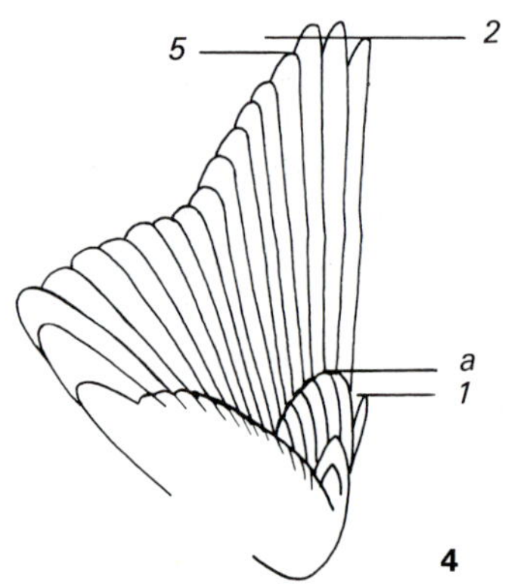

4

Hypolaïs des oliviers

Hippolais olivetorum

L'aire de répartition de l'Hypolaïs des oliviers se limite au sud des Balkans et à l'Asie Mineure où elle abonde dans les oliveraies et les chênaies, ainsi que dans les vergers. Dès fin août, elle s'envole vers ses lieux d'hivernage situés dans le nord et le nord-est de l'Afrique (jusqu'à l'Éthiopie) pour revenir vers la fin du mois d'avril dans son territoire.

2

Le nid est placé dans la fourche d'une branche. C'est une construction soignée et solide, tressée avec des herbes sèches, des racines, des bandes de liber, des aigrettes de chardons et des toiles d'araignées, et dont l'intérieur est garni d'herbe, de racines fines et de fibres végétales. Les couples nichent une fois par an, en mai ou en juin, et la ponte ne comporte jamais plus de 4 œufs. Un peu plus grands que ceux de l'Hypolaïs ictérine, ils ont une coquille rouge violacé pâle, mouchetée de brun-noir (2). Ils éclosent au bout de 13 ou 14 jours de couvaison. On ignore comment les parents s'occupent des jeunes mais l'élevage est sans doute le même que chez l'Hypolaïs ictérine. Essentiellement insectivore, l'Hypolaïs des oliviers capture des insectes et leurs larves sur les branches et feuilles des arbres et buissons.

L'Hypolaïs des oliviers (1) fait partie des Hypolaïs de couleur grise. C'est aussi la plus grande espèce et son bec est beaucoup plus fort et long. Ses pattes sont d'un gris bleuté, son bec est jaune à la base. Elle a le dessus gris, la queue et les ailes gris-brun, les rémiges marquées de liserés clairs, le dessous blanchâtre. Son chant caractéristique est plus fort, plus grave et plus lent que celui des autres Hypolaïs.

Hypolaïs ictérine

Hippolais icterina

L'aire de répartition de l'Hypolaïs ictérine s'étend surtout en Europe, depuis le nord et l'est de la France jusqu'à l'Ob, en Sibérie. Elle niche à la lisière des forêts claires, dans les fourrés, la riche végétation du bord de l'eau, les parcs et les jardins.

Le nid de l'Hypolaïs ictérine est l'une des plus belles constructions jamais bâties par un oiseau. Les deux adultes le placent toujours sur les arbres ou arbustes feuillus. Fixé sur de petites branches qui renforcent ses parois, il est tressé très solidement, avec des herbes sèches, des racines, des morceaux de mousse, du duvet végétal et des toiles d'araignées. Il est orné sur le dessus de lichen ou de bandes d'écorce blanche de bouleau et les parois de la coupe sont lissées. À la fin du mois de mai ou en juin, la femelle pond 4 ou 5 œufs roses mouchetés de noir ou de brun-noir (2) et de ce fait faciles à reconnaître. Les deux parents les couvent à tour de rôle pendant 13 ou 14 jours puis, après leur éclosion, ils nourrissent les petits au nid pendant 13 ou 14 jours. Les couples n'ont guère le temps de nicher une seconde fois car dès fin août, ils migrent vers l'Afrique centrale ou australe d'où ils ne reviendront qu'en mai. Insectivores, les oiseaux se nourrissent surtout de petits insectes ; en été et en automne, ils consomment aussi des baies et d'autres fruits.

Les Hypolaïs ictérines adultes (1) ont le dessus brun verdâtre, le dessous jaune et les pattes gris bleuté. Leur profil caractéristique est celui de toutes les Hypolaïs et leur tête est assez pointue. Cet oiseau est un chanteur accompli. Son chant sonore consiste en tons flûtés et en gazouillis avec des motifs répétés trois fois. Son cri, « didehoï didehoï didehoï », est si typique qu'on le considère comme un critère d'identification de l'espèce. L'Hypolaïs ictérine imite aussi d'autres oiseaux.

2

1

Hypolaïs polyglotte

Hippolais polyglotta

L'Hypolaïs polyglotte vit en Europe occidentale ainsi qu'en Afrique du Nord. Dans les régions situées à la limite de l'aire de répartition de l'Hypolaïs ictérine, les mâles de l'Hypolaïs polyglotte défendent leur territoire contre leurs congénères mais aussi contre les mâles de l'autre espèce, ce qui semble prouver que des couples mixtes peuvent se former dans ces endroits. Migratrice, l'Hypolaïs polyglotte revient en avril ou en mai des savanes de l'Afrique occidentale.

Le couple bâtit un nid un peu plus petit que celui de l'Hypolaïs ictérine, dans les forêts claires, les buissons, les vergers ou les jardins. La femelle couve seule, pendant 13 jours environ, ses 4 ou 5 œufs rosés, mouchetés de noir (4). Après l'éclosion, les deux adultes nourrissent les petits au nid, essentiellement avec des insectes, pendant 12 ou 13 jours. En août ou en septembre, l'Hypolaïs polyglotte migre vers ses quartiers d'hiver.

4

1

L'Hypolaïs polyglotte (1) ressemble à l'Hypolaïs ictérine au point que dans la nature, il est pratiquement impossible de les distinguer. Ses pattes sont plus brunes et ses ailes, arrondies, plus courtes (59–70 mm). Leur première rémige dépasse de plus de 3 mm les couvertures alaires (a), la longueur de la deuxième se situant à mi-chemin entre celles de la sixième et de la huitième (2). Les ailes de l'Hypolaïs ictérine mesurent de 69 à 85 mm et leur première rémige est aussi longue ou légèrement plus longue que les couvertures (a). La longueur de la deuxième rémige se situe entre celles de la troisième et de la cinquième (3). Le chant de l'Hypolaïs polyglotte, dépourvu de notes rauques, est plus doux et plus mélodieux que celui de l'Hypolaïs ictérine, mais l'oiseau sait tout aussi bien imiter les autres oiseaux.

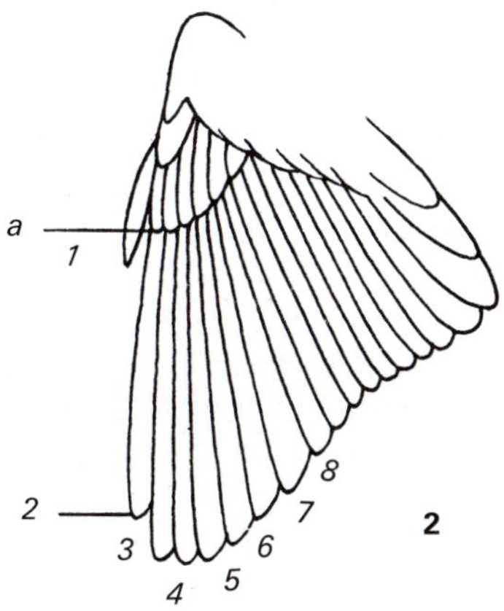

2

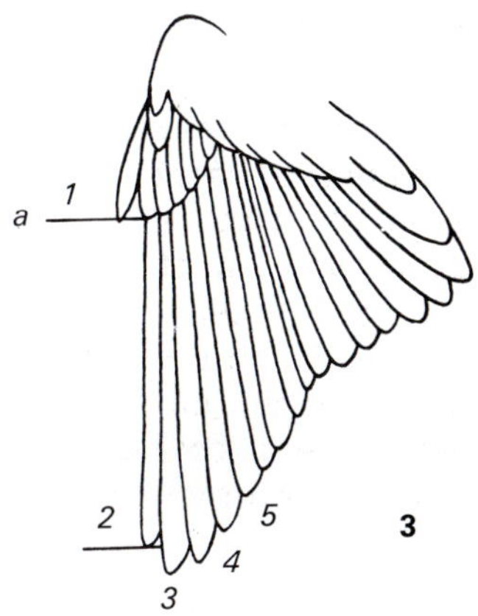

3

Fauvette pitchou

Sylvia undata

L'aire de répartition de la Fauvette pitchou est assez restreinte. C'est une habitante des régions chaudes de l'Europe méridionale et occidentale ; elle vit dans la péninsule Ibérique, en France (Corse comprise), en Italie (en particulier en Sardaigne) et dans l'extrême sud de la Grande-Bretagne. Hors de l'Europe, elle vit sur le littoral septentrional de l'Afrique. Sédentaire, elle n'effectue que de brefs déplacements après la saison de nidification. Elle niche dans les endroits plus ou moins arides, à condition qu'elle y trouve des broussailles impénétrables.

Elle bâtit son nid sur les branches inférieures des buissons épineux, utilisant surtout pour cela des tiges et feuilles d'herbes. La femelle pond 3 ou 4 œufs blanchâtres, finement mouchetés de brun et de gris (2), qu'elle couve pratiquement seule pendant 12 ou 13 jours. Les deux parents nourrissent les petits au nid pendant 11 à 13 jours. Passé ce délai, les jeunes Fauvettes sautent du nid et s'émancipent sous la surveillance des deux adultes. Elles sont presque exclusivement insectivores, se nourrissant aussi de larves et de nymphes d'insectes, éventuellement de petites araignées. Par la suite, les adultes font un autre nid dans lequel ils élèvent une autre nichée. La période de reproduction de la Fauvette pitchou dure d'avril à juin.

2

Petite, de la taille d'une Fauvette babillarde, la Fauvette pitchou (1) s'en distingue cependant par sa queue remarquablement longue et arrondie à l'extrémité, ainsi que par sa coloration plus foncée. Elle a le dessus brun foncé, le dessous brun-rouge sombre. Elle porte une ébauche de moustaches sous forme de rangées de petits points blancs, depuis les commissures du bec jusqu'à la gorge. La femelle a le dessous plus clair. Le chant de la Fauvette pitchou rappelle un peu celui de la Fauvette grisette. Le mâle chante lui aussi perché sur une hauteur ou en vol. Toutes les Fauvettes sont de petits Passereaux dont la taille varie entre 13 et 15 cm.

1

Fauvette à lunettes

Sylvia conspicillata

La Fauvette à lunettes n'a qu'une très petite aire de répartition. C'est une espèce typiquement méditerranéenne qui vit dans le sud de l'Europe, au Portugal, en Espagne, dans le Midi de la France, en Italie ainsi que dans le nord de l'Afrique. Migratrice en Europe, elle part en automne vers l'Afrique. Lorsqu'elle revient, au printemps, dans son aire de reproduction, elle recherche surtout les côtes basses recouvertes de buissons denses et peu élevés.

La période de reproduction dure généralement d'avril à juin. À cette époque, la femelle pond de 4 à 6 œufs dans un nid bien dissimulé dans la végétation au ras du sol et construit avec des tiges sèches, des racines, des rameaux et des herbes. Les deux adultes couvent pendant 12 à 14 jours ; ils s'occupent ensuite des petits au nid pendant 2 semaines, puis pendant quelque temps encore dans les environs. Ils les nourrissent surtout d'insectes et d'autres petits invertébrés, complétant par la suite leur menu avec des baies et autres fruits.

La Fauvette à lunettes (1) ressemble beaucoup à la Fauvette grisette. Comme cette dernière, elle est surtout brun-gris, mais sa tête, plus foncée, contraste avec sa gorge blanche et sa poitrine plus rose. De près, on remarque son étroit anneau oculaire blanc. Son chant assez doux rappelle, lui aussi, celui de la Fauvette grisette : le mâle le lance également, perché sur une hauteur ou au cours du vol nuptial. Son cri d'alarme, qui, fait penser au chant du grillon, est aussi très caractéristique.

Fauvette mélanocéphale

Sylvia melanocephala

La Fauvette mélanocéphale vit en Europe méridionale, sur la côte méditerranéenne, dans une petite partie de l'Asie et en Afrique du Nord. C'est un oiseau sédentaire, tout au plus nomade, qui niche dans les régions arides riches en buissons, dans les forêts de pins, de chênes verts aux sous-bois épais, dans les vignobles et les jardins.

Elle niche d'avril à juin dans les buissons bas. Son nid, fait de plantes et d'herbes sèches, est bien caché dans l'enchevêtrement des branches, très près du sol. La femelle pond de 3 à 5 œufs jaune-blanc, abondamment mouchetés de brun-rouge (2) que les deux parents couvent à tour de rôle pendant 13 ou 14 jours. Ils nourrissent les petits pendant 11 ou 12 jours au nid, puis veillent sur eux pendant quelque temps encore dans les buissons des environs. Lorsque les petites Fauvettes s'émancipent, la plupart des couples élèvent une seconde nichée. Pendant la saison de reproduction, les Fauvettes mélanocéphales se nourrissent surtout d'insectes et d'araignées qu'elles complètent par la suite de baies et de fruits divers.

1

Le mâle (1) a le dessus gris, le dessous blanchâtre et les flancs gris. Les rectrices externes de sa queue arrondie à l'extrémité, sont blanches. Les traits distinctifs les plus sûrs sont sa calotte d'un noir brillant qui descend jusque sous ses yeux et son anneau orbital carmin. La femelle, plus brune, a la calotte brun-gris. Le chant de la Fauvette mélanocéphale rappelle un peu celui de la Fauvette grisette, mais il est plus long et plus fort. De temps en temps, il est entrecoupé par les staccatos du cri d'alarme, « tretrretretre ». Le mâle le fait entendre perché ou pendant son court vol nuptial.

2

Fauvette orphée

Sylvia hortensis

1

L'aire de répartition de la Fauvette orphée s'étend sur le sud de l'Europe, les pays méditerranéens (sa limite septentrionale traversant le sud-ouest de la Suisse), le sud-ouest de l'Asie et le nord de l'Afrique. La Fauvette orphée vit sur les collines plutôt arides, aux flancs couverts de bois clairs, de broussailles, d'oliveraies, de vergers d'orangers et de citronniers, dans les parcs, les jardins et les haies.

2

Sitôt revenue sur ses lieux de nidification, en avril ou en mai, elle occupe son territoire et commence à bâtir son nid dans les branches d'un arbre, quelquefois aussi sur un buisson. Le nid, assez solide, est tressé avec des plantes diverses et des racines. En mai ou en juin, la femelle pond 4 ou 5 œufs blancs ou légèrement verdâtres, faiblement mouchetés de noir (2). Elle les couve pendant une douzaine de jours le mâle la remplaçant quelquefois. Les deux parents nourrissent les petits au nid pendant 12 jours environ. La Fauvette orphée se nourrit surtout d'insectes et d'autres petits invertébrés qu'elle chasse sur les branches des arbres et des buissons, ainsi que de baies et de fruits. Dès le mois d'août, les oiseaux commencent à quitter leurs lieux de reproduction et avant octobre, ils migrent vers les savanes d'Afrique au sud du Sahara.

La Fauvette orphée (1) fait partie des grandes Fauvettes : elle atteint en effet la taille de la Fauvette épervière. Elle a le dessus gris-brun, la gorge, le milieu du ventre et les rectrices externes blancs, les flancs beiges ou rosés. Le critère d'identification le plus sûr est l'iris blanc et, au printemps, la calotte du mâle d'un noir mat qui descend jusque sous les yeux. Les cris d'alarme de la Fauvette orphée sont des « tec tec » aigus ou des « terrr ». Son chant fort et mélodieux comporte des phrases, « tchivirou » et « titivou », répétées quatre ou cinq fois, rappelant ainsi le chant de la Grive musicienne.

Fauvette épervière

Sylvia nisoria

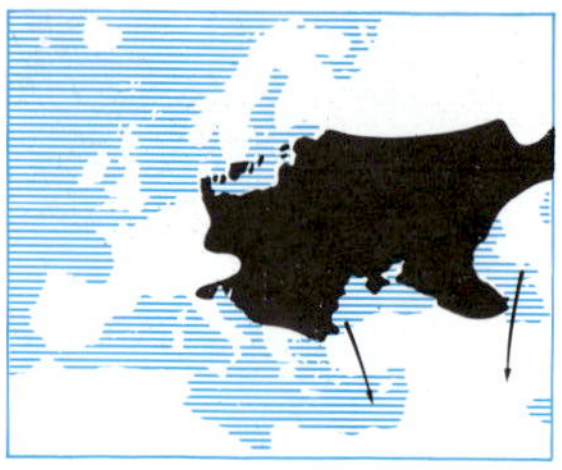

La Fauvette épervière vit en Europe centrale et orientale, pénétrant en Asie jusqu'en Mongolie. Elle recherche les terrains dégagés aux broussailles impénétrables composées d'arbustes épineux, les bouquets d'arbres et les buissons dans les champs, ainsi que la riche végétation des lisières de forêts et du bord de l'eau. Contrairement aux autres Fauvettes, elle évite le voisinage de l'homme. Elle migre courant août en Afrique orientale d'où elle revient au début du mois de mai.

Le nid se trouve souvent à proximité de celui de la Pie-grièche écorcheur, qui fait habituellement fuir les autres Fauvettes. Il est généralement placé dans les branches des buissons touffus, le plus souvent à moins d'un mètre du sol. C'est surtout la femelle qui se charge de sa construction, utilisant pour cela des tiges sèches et des racines, puis le garnissant d'herbes plus fines et de poils. En mai ou en juin, les deux parents couvent à tour de rôle pendant 12 à 15 jours 4 ou 5 œufs jaunâtres ou verdâtres tachetés de gris (2). Pendant les premiers jours de l'incubation, la Fauvette épervière est très farouche, quittant sa ponte au moindre signe de danger. Après l'éclosion des œufs, les parents s'occupent des petits pendant 11 à 16 jours ; ils les accompagnent ensuite dans les environs. Les couples ne nichent qu'une fois.

Par sa coloration, la Fauvette épervière ressemble à un Coucou ou à un Épervier, la ressemblance avec ce dernier étant renforcée par son iris jaune vif qui lui prête un air insolite de Rapace. Le mâle (1, arrière-plan) a le dessus gris ardoise, les flancs et tout le dessous gris pâle, barrés de traits gris foncé ondulés. Ceux de la femelle (1, premier plan), plus brune, sont flous. Le chant de la Fauvette épervière est comparable à celui de la Fauvette des jardins, tout en étant plus bref, plus perçant et entrecoupé par des cris (« errrr ») rauques, caractéristiques. Le mâle chante perché sur un buisson ou caché dans les branches d'un arbre. Pour marquer son territoire, il s'envole aussi de temps en temps au-dessus des arbres.

2

Fauvette babillarde

Sylvia curruca

1

L'aire de répartition de la Fauvette babillarde recouvre une grande partie de l'Eurasie. C'est une habitante des paysages dégagés qui évite les grands massifs forestiers. On la rencontre dans les bosquets des champs, les haies, sur les lisières des forêts, dans les clairières, les parcs, les jardins et les cimetières. Elle réapparaît sur ses lieux de ponte dès la mi-avril, et c'est parfois la première Fauvette qu'on entend au printemps. Sa période de reproduction dure de la fin du mois d'avril au début du mois de juillet.

Le couple bâtit un nid peu solide dans les buissons, à 1 mètre au-dessus du sol, avec des tiges de plantes sèches, des feuilles d'herbes et des racines. L'extérieur du nid est souvent garni de toiles d'araignées. Les deux parents couvent à tour de rôle pendant 10 à 13 jours 4 ou 5 œufs blancs, teintés de jaune et tachetés de brun ou de gris (2). Les adultes prennent soin des petits au nid pendant 10 à 13 jours. De nombreux couples élèvent une seconde nichée au cours de la même saison. Courant septembre et octobre, les Fauvettes babillardes s'envolent vers le nord-est de l'Afrique.

La Fauvette babillarde (1) a le dessus brun-gris, les ailes brun foncé, les joues d'un gris foncé très net, la gorge et les rectrices externes blanches. Le mâle chante tout en se faufilant dans les branches des arbres et des buissons. Son chant se compose de deux parties bien distinctes : un prélude grinçant et doux qu'on n'entend que de près, suivi de la strophe principale, faite d'un motif sonore, « dlidlidlidli », audible de loin.

2

Fauvette grisette

Sylvia communis

1

L'aire de répartition de la Fauvette grisette s'étend sur presque toute l'Europe, une grande partie de l'Asie et l'Afrique du Nord. Récemment, on a remarqué une nette baisse de ses effectifs en Europe occidentale et centrale. La Fauvette grisette niche dans les buissons à l'orée des forêts, dans les bosquets des champs, les parcs, les jardins, dans les broussailles des prés et des champs, mais aussi dans les fossés envahis par de grandes plantes telles que les orties.

En avril ou en mai, les oiseaux reviennent sur leurs lieux de nidification. Les mâles arrivent les premiers et, après avoir conquis leur territoire, commencent à bâtir (comme ceux des autres Fauvettes) un ou plusieurs nids sur lesquels ils essaient d'attirer une femelle. Celle-ci s'y installe effectivement ou construit un autre nid avec l'aide du mâle, utilisant pour cela des tiges sèches, des herbes et des racines, le garnissant extérieurement avec des soies d'insectes et des toiles d'araignées. Il est placé dans l'enchevêtrement dense des branches ou dans une touffe de plantes herbacées jusqu'à 1 mètre de haut. Les deux adultes couvent pendant 11 à 13 jours 4 ou 5 œufs verdâtres, abondamment mouchetés de brun et de gris (2). Les deux parents s'occupent des petits au nid pendant 10 à 13 jours. Les couples nichent généralement deux fois en une saison. En septembre, les Fauvettes grisettes s'envolent vers les savanes de l'Afrique équatoriale.

Le mâle (1) a la tête d'un gris cendré, la gorge blanche, le dessus du corps gris-brun et le dessous blanchâtre, teinté de rose. Ses ailes sont brun-roux. La femelle a la tête brune, la nuance rosée manquant sur sa poitrine. Le chant précipité de la Fauvette grisette se compose de courtes strophes et s'achève par un motif plus fort, comme interrogatif. En chantant, le mâle s'envole à la verticale, puis redescend dans les buissons, les ailes déployées et la queue dressée.

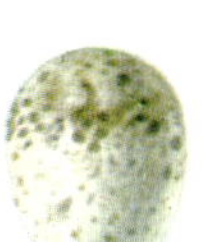

2

Fauvette des jardins

Sylvia borin

1

La Fauvette des jardins (1) vit dans toute l'Europe, à l'exception des régions les plus septentrionales et méridionales, pénétrant à l'est jusqu'en Sibérie occidentale. Elle s'installe dans les buissons des forêts de feuillus ou mixtes, dans les broussailles du bord des rivières, des ruisseaux et des étangs, quelquefois aussi dans les buissons des parcs, des cimetières et des jardins.

Les Fauvettes des jardins reviennent en mai de leurs quartiers d'hiver situés en Afrique équatoriale ou australe. Dès son retour, le couple bâtit dans les buissons denses et bas un nid en forme de coupe, aux parois fines. Il se compose presque exclusivement de tiges sèches d'herbes à section circulaire, et est tapissé d'herbe sèche plus fine. Les deux parents couvent pendant 11 à 14 jours 4 ou 5 œufs à la coloration très variable, le plus souvent jaune ou verdâtre, avec des taches grises ou brunes (2). À l'âge de 9 à 12 jours, les petits sautent du nid sans savoir encore voler. En été et en automne, la Fauvette des jardins, essentiellement insectivore, complète son alimentation par des baies (tout comme les autres Fauvettes). Fin août ou début septembre, la Fauvette des jardins migre vers les pays chauds.

La Fauvette des jardins est brun-gris, plus foncée sur le dessus, plus claire sur le dessous. Ses pattes sont grises. Les petits au nid ont une tache entre le bec et l'œil, ce qui les différencie de ceux de la Fauvette à tête noire. L'intérieur de leur bec, d'un rouge sale, a des bords jaune-blanc, leur langue porte deux taches grises allongées. Le mâle chante généralement perché sur une branche d'arbre ou de buisson. Son chant mélodieux se compose de strophes assez longues, sans les motifs flûtés de la Fauvette à tête noire. Le mâle le lance précipitamment d'une voix monocorde.

2

Fauvette à tête noire

Sylvia atricapilla

La Fauvette à tête noire vit dans toute l'Europe, sur le littoral de l'Afrique du Nord et en Asie, jusqu'en Sibérie occidentale. Migratrice, elle apparaît en avril dans ses lieux de reproduction, d'où elle s'envole, en septembre ou en octobre, vers la région méditerranéenne ou vers l'Afrique centrale. Toutefois, certains individus (surtout des mâles), hivernent en Europe occidentale et même en Europe centrale. Ils arrivent à y survivre grâce à leur mode d'alimentation dans lequel l'élément végétal joue un rôle plus important que chez les autres Fauvettes : la Fauvette à tête noire se nourrit en effet des fruits du sureau noir ou rouge, du troène, de l'épine-vinette et du lierre. La Fauvette à tête noire est, de toutes les Fauvettes, l'habitante la plus caractéristique des parcs, jardins, bosquets, buissons. Elle vit aussi dans les forêts de feuillus ou de conifères où il y a des clairières, dans la végétation du bord de l'eau et les cimetières.

Elle bâtit presque toujours son nid dans un endroit fortement ombragé, assez bas. C'est une construction peu solide, tressée de façon lâche avec des tiges et des racines, puis tapissée avec des herbes plus fines et des poils. C'est généralement la femelle qui le construit. Les deux parents couvent pendant 11 à 15 jours 4 ou 5 œufs brunâtres ou mouchetés de brun et de gris (3). Ils s'occupent également des petits au nid pendant 11 à 14 jours. Chaque été, les couples élèvent régulièrement deux nichées.

On reconnaît facilement la Fauvette à tête noire à sa calotte. Celle du mâle adulte est d'un noir brillant (1), celle de la femelle ou de l'immature est brun-roux (2).

La Fauvette à tête noire est considérée comme l'un des meilleurs chanteurs. Son chant se compose d'un prélude doux et gazouillant, suivi d'un forte flûté, montant vers la fin. Il est plus lent que celui de la Fauvette des jardins.

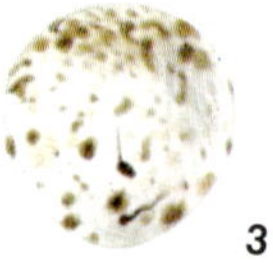
3

2

1

Pouillot de Bonelli

Phylloscopus bonelli

Le Pouillot de Bonelli vit en Europe occidentale, méridionale et centrale. Après 1940, il a commencé à pénétrer vers le nord. Actuellement, il est répandu sur la péninsule Ibérique, en France, en Suisse, dans le sud de la R.F.A. et de la Belgique, dans une partie des Pays-Bas, en Autriche, en Italie, dans les Balkans et une partie de l'Asie Mineure. Il peuple aussi une bande de terre longeant la côte méditerranéenne de l'Afrique du Nord. C'est un oiseau migrateur. Au mois d'avril ou de mai, les mâles annoncent leur arrivée par un chant simple et bref rappelant celui d'une sauterelle et qu'ils lancent perchés dans les branches des arbres. Il ressemble un peu à celui du Pouillot siffleur, mais sa cadence est plus lente et ses différentes notes bien détachées.

Dès son retour, la femelle bâtit au sol un nid sphérique pourvu d'une entrée latérale. Elle utilise pour cela des feuilles, des herbes et de la mousse. Le nid est parfaitement dissimulé, généralement sur une pente plutôt sèche, dans les broussailles ou les pinèdes. En mai ou en juin, la femelle pond 5 ou 6 œufs blancs abondamment tachetés de brun-roux (2) qu'elle couve sans l'aide du mâle pendant 13 jours. Après l'éclosion des œufs, le mâle se joint à elle pour s'occuper des petits pendant 13 jours. L'alimentation des jeunes est la même que celles des autres Pouillots : il s'agit surtout d'insectes et de petites araignées. Les couples nichent une fois par an.

Courant août et septembre, le Pouillot de Bonelli migre vers les savanes boisées d'Afrique occidentale.

Le Pouillot de Bonelli (1) a le dessus gris-brun, la gorge, la poitrine et le ventre blancs. Son croupion jaunâtre contraste nettement avec la coloration du dos ; ses rectrices sont également teintées de jaune. Son sourcil est peu marqué.

2

Pouillot siffleur

Phylloscopus sibilatrix

Le Pouillot siffleur vit dans presque toute l'Europe, à l'exception de la péninsule Ibérique et du nord de la Scandinavie. Il vit dans les vieilles forêts de feuillus ou mixtes, plus rarement dans celles de résineux. Les Pouillots siffleurs migrent en août ou en septembre vers l'Afrique équatoriale d'où ils reviennent en avril ou début mai.

4

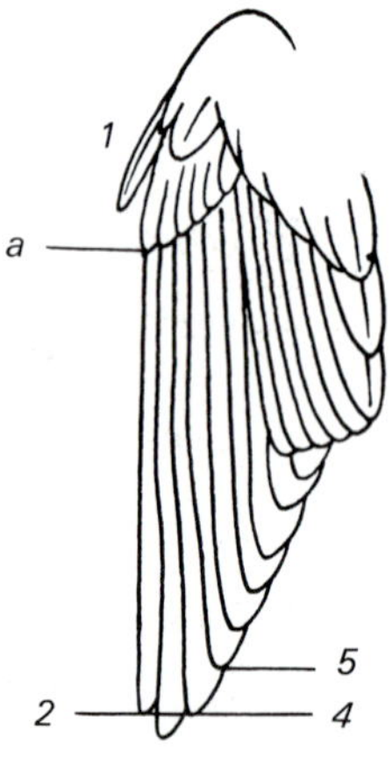

2

En mai ou en juin, la femelle bâtit un nid en forme de four (3) avec une entrée latérale, et le place presque toujours à terre, dans l'herbe ou dans les feuilles mortes. On l'identifie facilement car il n'est jamais tapissé de plumes comme celui des Pouillots véloce et fitis. Sa construction demande généralement de 2 à 4 jours de travail. La femelle pond de 5 à 7 œufs blancs parsemés de taches brun foncé ou grises assez grandes (4) qui, par leur densité et par leur netteté, permettent de distinguer les œufs du Pouillot siffleur de ceux des autres Pouillots. La femelle les couve pendant 12 à 14 jours. Les deux parents nourrissent les petits qui restent au nid 12 ou 13 jours. Les familles se défont 4 semaines après l'envol des jeunes. Les couples ne nichent qu'une seule fois.

Le Pouillot siffleur, le plus grand de tous les Pouillots, a la plus belle coloration (1). Contrairement aux autres espèces, il a la gorge et la poitrine jaunes et un sourcil jaune soufre assez large. Il a le ventre blanc, le dessous du corps jaune-vert, les pattes claires, brun jaunâtre. La disposition de ses rémiges primaires (2) est un important critère de reconnaissance chez l'oiseau tenu en main ou mort : la deuxième rémige est plus longue que la cinquième, la première étant nettement plus courte que les couvertures alaires (a). Le chant consiste en une série de notes monocordes, « sip sip sip », qui va en s'accélérant en un trille, « sirrrr », semblable au chant d'une sauterelle. Le mâle le fait entendre perché ou au cours d'un vol plané de branche en branche, généralement dans le sous-bois. Le chant est suivi d'une « plainte » descendante, « piu piu piu... ».

3

Pouillot véloce

Phylloscopus collybita

Espèce européenne, le Pouillot véloce pénètre toutefois loin en Asie et dans une partie du Maghreb. Au début du printemps, généralement en mars, il annonce son retour de ses quartiers d'hiver situés en Europe méridionale et en Afrique du Nord en lançant, perché dans un arbre, un chant simple fait de « tsilp tsalp, tsilp tsalp » répétés inlassablement et très faciles à retenir. Pour nicher, il s'installe dans les forêts ou les bosquets, dans les grands parcs, les cimetières et les plantations d'arbres.

La femelle bâtit un nid sphérique doté d'une entrée latérale (3), au sol ou immédiatement audessus, dans les myrtilles, sur les petits arbres, dans les buissons ou sur un jeune sapin. À l'instar des autres Pouillots, elle utilise des herbes sèches, de petites branches, des feuilles, de la mousse et des bandes de liber. Elle le garnit presque toujours de plumes. La période des pontes commence en mai et s'achève courant juillet. Les 5 à 7 œufs sont blancs, finement mouchetés de brun-rouge (4). La femelle les couve pendant 13 ou 14 jours, puis élève les petits au nid, tandis que le mâle continue à chanter assidûment et régulièrement à proximité du nid. Les jeunes Pouillots restent dans le nid pendant 13 à 16 jours, la femelle continuant à s'en occuper pendant quelques jours encore à l'extérieur. Lorsque les petits de la première nichée sont émancipés, la femelle pond généralement une seconde fois. Au mois de septembre et en octobre, les Pouillots véloces s'envolent vers le sud.

Les oiseaux des deux sexes (1) ont le dessus du corps brun-vert et le dessous jaunâtre ou d'un blanc sale. Leurs pattes sont brun-noir comme celles des immatures. La quatrième rémige forme la pointe de leur aile ; la deuxième est plus courte ou aussi longue que la septième, la première étant nettement plus longue que les couvertures alaires (2a). Le mâle chante en se faufilant dans les branches des arbres et des buissons, pendant la saison de nidification mais aussi vers la fin de l'été et en automne.

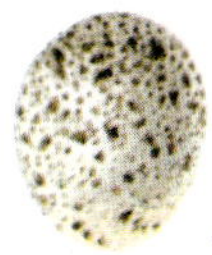

4

1

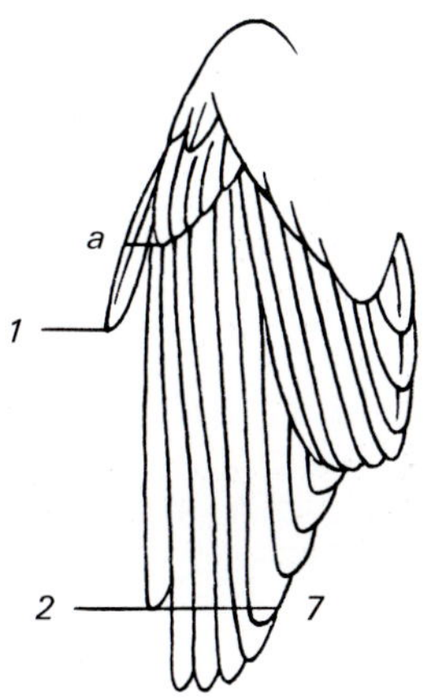

2

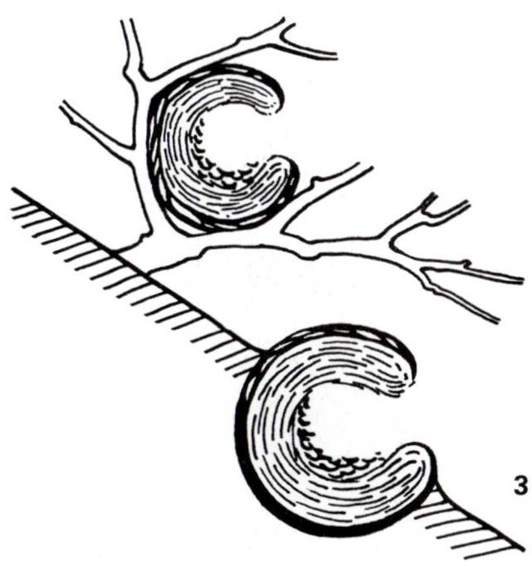

3

Pouillot fitis

Phylloscopus trochilus

L'aire de répartition du Pouillot fitis s'étend plus au nord que celle du Pouillot véloce, pénétrant en Asie jusqu'à la Sibérie. En septembre et en octobre, les oiseaux s'envolent vers l'Afrique centrale et australe d'où ils reviennent courant avril. Le Pouillot fitis recherche surtout les bois clairs et les taillis de feuillus, les marais boisés et les pinèdes. Il niche rarement dans les jardins ou les parcs.

Le petit nid sphérique (3) repose presque toujours au sol. Sa composition est la même que celle du nid du Pouillot véloce, mais il est en principe mieux dissimulé au pied des arbres, des buissons, dans les ronces ou dans les touffes d'herbe. La femelle le bâtit seule, puis couve seule pendant 13 à 15 jours ses 5 à 7 œufs blanchâtres, parsemés de minuscules taches rousses ou brunes (4). Les deux adultes élèvent les petits pendant 12 à 15 jours au nid, puis pendant 1 semaine environ à l'extérieur. Le couple ne niche qu'une seule fois.

1

4

Le Pouillot fitis (1) diffère du Pouillot véloce, par ailleurs très semblable, par la coloration plus jaune de son plumage, par ses sourcils plus nets et par ses pattes de couleur chair ou marron clair. Quant à la formule alaire, on constate que les troisième, quatrième et cinquième rémiges forment le sommet de l'aile, la deuxième étant approximativement aussi longue que la sixième et la première nettement plus longue que les couvertures (2a). D'autre part, lorsqu'on découvre un nid avec des petits, il faut se rappeler que chez le Fitis, les deux parents nourrissent leur progéniture, qu'on entend rarement chanter le mâle à cette occasion et que les immatures ont les pattes claires comme les adultes. Le chant du Pouillot fitis est une phrase mélodieuse, descendante, accélérée, qui s'achève par un trille. On l'entend dès le mois d'avril.

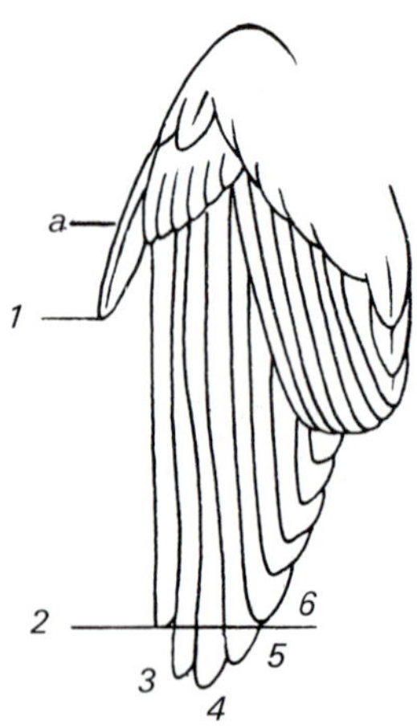

2

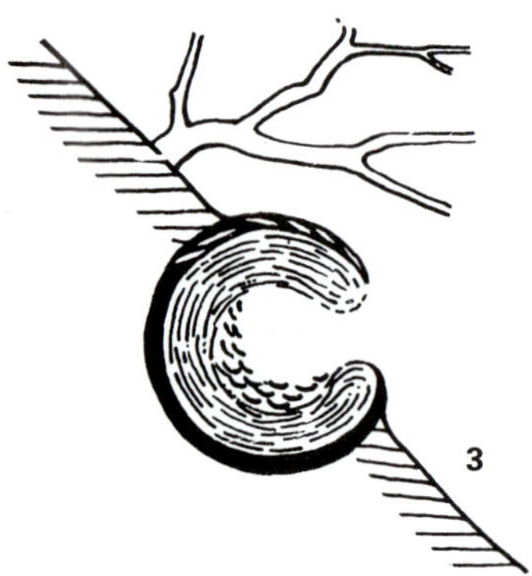

3

Roitelet huppé

Regulus regulus

1

Le Roitelet huppé vit dans presque toute l'Europe et dans la partie septentrionale et centrale de l'Asie. C'est une espèce partiellement migratrice. Les populations nordiques effectuent, en automne et en hiver, des déplacements d'importance variable en direction du sud. Ces voyages commencent en octobre, le retour ayant lieu en mars ou en avril. Le Roitelet huppé vit dans les forêts de conifères, surtout d'épicéas, depuis la plaine jusqu'à la limite supérieure des forêts.

Le nid est presque toujours placé sur un épicéa. C'est une construction sphérique aux parois épaisses, suspendue sous les branches, entre les rameaux auxquels il est accroché. Il se trouve à une hauteur qui varie entre 4 et 12 mètres. Il est si bien dissimulé qu'on ne peut pas le voir depuis le sol. Les deux oiseaux le bâtissent avec de la mousse, des lichens, de petites branches, de l'herbe, des soies d'insectes, puis en garnissent l'intérieur avec des poils et des plumes. Les travaux durent 20 jours environ. En avril ou en mai, la femelle pond de 8 à 11 œufs jaunâtres finement tachetés de marron clair (2) ; sa seconde ponte, qui a lieu en juin, ne compte que de 5 à 8 œufs. Elle les couve seule pendant 14 à 16 jours, mais les deux parents nourrissent les petits pendant 14 à 18 jours avec de petits insectes, des pucerons et des araignées.

Le mâle a la calotte orange bordée de bandes noires (3) qui ne se rejoignent pas sur le front comme c'est le cas chez le Roitelet triple-bandeau (4). La femelle a le dessus de la tête jaune (1). Le chant est une série de tons montants et descendants, des « tsitsidouitsitsidouitsitsidoui » délicats. Les cris, tout aussi doux (« sit sit »), sont souvent la seule voix d'oiseau qui résonne en hiver dans une forêt de conifères. Le Roitelet huppé et le Roitelet triple-bandeau sont les plus petits Passereaux (les Colibris, plus petits encore, ne font pas partie de l'ordre des Passériformes). Leur poids est de 5 ou 6 g.

2

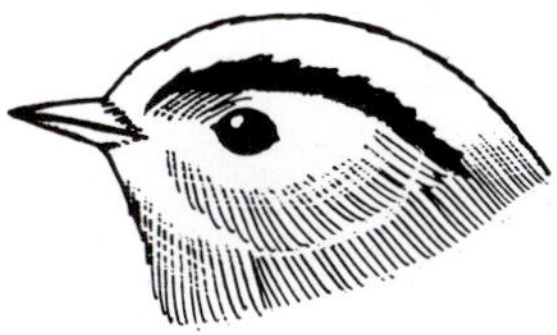
3

4

Roitelet triple-bandeau

Regulus ignicapillus

L'aire de répartition du Roitelet triple-bandeau est beaucoup plus restreinte que celle du Roitelet huppé. Les populations d'Europe centrale, migratrices, hivernent à partir d'octobre dans la région méditerranéenne, qu'elles quittent en mars ou en avril. Le Roitelet triple-bandeau est un habitant des forêts de conifères mais aussi des forêts mixtes.

1

Dès son retour, le mâle occupe un territoire, la femelle ne le rejoignant que bien plus tard. Elle construit seule son nid dans un conifère ou une plante grimpante (2), utilisant surtout de la mousse. Comme chez le Roitelet huppé, les bords du nid sont fortement retournés vers l'intérieur, ce qui lui donne la forme d'une sphère ; l'ouverture se trouve sur le dessus. Cette disposition empêche les œufs et les petits de tomber du nid lorsqu'un vent fort agite les branches. La femelle pond entre 7 et 11 œufs (3), plus rougeâtres que ceux du Roitelet huppé. Le Roitelet triple-bandeau est le Passereau européen qui pond les plus petits œufs : ils pèsent 0,72 g et mesurent 13,5 × 10,5 mm. Une ponte de 10 œufs pèse donc 7,2 g, ce qui correspond à 140 % du poids

3

de la femelle ! Il est surprenant qu'elle puisse rassembler en 10 ou 11 jours suffisamment de substances pour produire des œufs dont la masse dépasse son propre poids, et cela deux fois en une saison. La femelle couve seule pendant 14 à 16 jours, mais le mâle l'aide à élever les petits.

La calotte du mâle (1) rouge orangé est bordée de bandes noires qui se touchent sur le front. Celle de la femelle est jaune. Une bande noire barre leurs yeux, contrastant avec le sourcil blanc ; leurs épaules sont teintées de jaune d'or. Le chant est une série de notes monocordes, « sisisisisi ».

2

Gobe-mouches gris

Muscicapa striata

Le Gobe-mouches gris vit dans toute l'Europe, dans le nord-ouest de l'Afrique et le sud-ouest de l'Asie. Migrateur, il hiverne en Afrique équatoriale et australe d'où il revient fin avril et en mai sur ses lieux de ponte. Il s'installe le plus souvent au bord des forêts de feuillus, dans les vieilles allées, les vergers, les parcs et les jardins.

Dans la plupart des cas, la femelle bâtit seule son nid dans un arbre creux ou crevassé ou dans la fourche d'une branche. Dans les villes et les villages, elle l'installe dans les cavités qu'elle trouve dans les murs, ou à découvert, sur une poutre. Elle utilise comme matériaux de construction des tiges d'herbe et de la mousse, et garnit le nid de laine et de crins. Elle pond 4 ou 5 œufs bleutés ou verdâtres, tachetés de gris ou de brun-roux (2) qu'elle couve pendant 13 ou 14 jours. Le mâle ne l'aide qu'exceptionnellement à couver, mais les deux parents nourrissent les petits qui quittent le nid au bout de 12 à 14 jours. Certains couples élèvent une seconde nichée. La famille reste unie sur le territoire jusqu'à la migration, qui s'effectue en août ou en septembre.

Le Gobe-mouches gris (1) est un peu plus petit qu'un Moineau. Il a le dessus gris-brun foncé et le dessous gris-blanc. Des taches brunes en forme de petits traits strient son front, son occiput, sa gorge et sa poitrine. Ses pattes courtes et faibles lui permettent de se percher mais non de marcher, aussi le voit-on le plus souvent droit, perché sur les branches sèches, sur les piquets de clôture, les poteaux et les fils électriques, d'où il s'élance à la

1

verticale pour capturer un insecte. Il se repose aussitôt, au même endroit ou sur un perchoir similaire. C'est un voilier habile qui attrape ses proies en vol. Il lance des « tsit » aigus en guise de cris, tout en secouant les ailes et la queue. Son chant bref et discret passe facilement inaperçu.

2

Gobe-mouches nain

Ficedula parva

L'aire de répartition du Gobe-mouches nain s'étend de l'Europe centrale jusqu'à l'Oural, puis, en Asie, jusqu'au Kamtchatka et Sakhaline. Il niche aussi dans le Caucase et l'Himalaya. C'est un habitant caractéristique des hêtraies de montagne, mais on le rencontre aussi dans les vieilles hêtraies et chênaies à de faibles altitudes. En août ou en septembre, il s'envole vers ses quartiers d'hiver situés dans le sud de l'Asie, en Inde. Il réapparaît sur ses lieux de ponte en mai, les mâles précédant de quelques jours les femelles.

Les deux oiseaux bâtissent leur nid dans une cavité d'arbre (souvent une simple crevasse), plus rarement dans une enfourchure de branche maîtresse, avec des feuilles et des herbes sèches, des racines, de la mousse, des toiles d'araignées et des poils. La femelle pond de 5 à 7 œufs blanchâtres, parsemés de mouchetures rousses assez denses et les couve pendant 13 à 15 jours. Les deux parents nourrissent les petits au nid pendant 13 ou 14 jours avec de petits insectes, et les font sortir avant qu'ils ne sachent encore voler. Les couples nichent une fois par saison, en mai ou plutôt en juin.

À première vue, le mâle ressemble assez à un Rouge-gorge, mais il est plus petit d'un cinquième environ. Il est brun olive dessus, blanchâtre dessous ; sa gorge et sa poitrine sont rehaussées d'un plastron rouge orangé. Celui-ci n'existe cependant que chez les vieux mâles (1) de plus de 2 ans. Les immatures jusqu'à 2 ans ressemblent aux femelles (2) dont la poitrine est teintée de jaune. Les rectrices externes sont blanches à la base, ce qui se remarque surtout lorsque les oiseaux, dérangés, déploient leur queue en éventail et la dressent. Ils lancent alors des « tie-lip » bisyllabiques caractéristiques. Le chant est une série assez longue de notes descendantes qui rappelle le chant du Pouillot fitis.

Gobe-mouches à collier

Ficedula albicollis

L'aire de répartition du Gobe-mouches à collier se limite pratiquement à l'Europe centrale et du Sud-Est ainsi qu'à la partie occidentale de l'Asie Mineure. Il vit dans les forêts de feuillus claires, dans les parcs, les vergers et les jardins. Il niche dans les arbres creux mais aussi dans les nichoirs qui l'attirent, comme le Gobe-mouches noir, jusque dans les villes. Si l'on met des nichoirs à sa disposition, il s'installe même dans les bois de pins.

Dès son retour, en avril ou en mai, le mâle tente d'attirer une femelle dans une cavité par son chant et par un comportement stéréotypé : il se livre à un va-et-vient incessant jusqu'au nid ou déploie ses ailes et sa queue à l'entrée. La femelle couve seule ses 5 à 8 œufs bleu-vert (3). La couvaison dure de 13 à 15 jours et, pendant 14 à 16 autres jours, les parents nourrissent les petits au nid avec des insectes. Des mâles solitaires, chanteurs, qui vivent à proximité du nid, aident parfois le couple à nourrir les petits. La polygamie est également un phénomène fréquent. Fin août et courant septembre, les Gobe-mouches à collier s'envolent vers leurs lieux d'hivernage en Afrique équatoriale.

Le mâle (1, premier plan) porte un collier blanc. Ses miroirs alaires, la tache au-dessus de son bec et le dessous de son corps sont également blancs. En livrée d'éclipse, les parties noires de son plumage disparaissent et il finit par ressembler à la femelle brun-gris (1, arrière-plan). Ce phénomène se produit également chez la forme noire du Gobe-mouches noir. La deuxième rémige est plus longue que la cinquième. Les vexilles externes des troisième, quatrième et cinquième rémiges sont blancs (2). Dans la nature, on a du mal à distinguer les femelles grises du Gobe-mouches à collier de celles du Gobe-mouches noir (parfois aussi des mâles gris de cette dernière espèce). En cas de doute, le meilleur critère de reconnaissance est le cri d'alarme, un « sip sip » traînant. Le chant est une série de notes aiguës sifflantes.

3

1

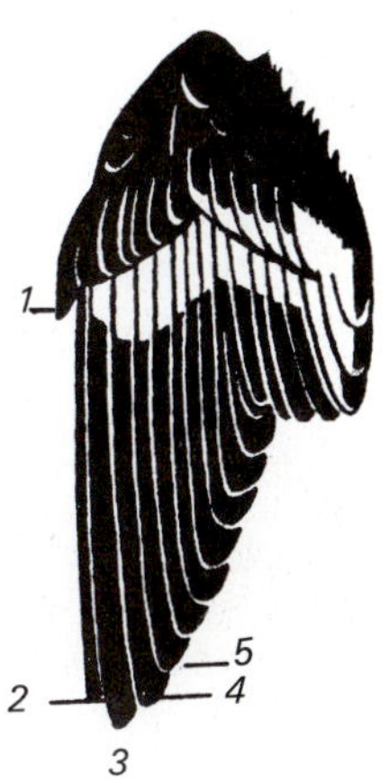

2

Gobe-mouches noir

Ficedula hypoleuca

Le Gobe-mouches noir vit dans une vaste zone qui s'étend depuis le littoral de l'Afrique du Nord sur toute l'Europe et l'Asie occidentale jusqu'à l'Altaï. En avril et en mai, sa migration de printemps ne passe pas inaperçue : des Gobe-mouches noirs surgissent à l'improviste, s'attardent dans un endroit, puis disparaissent de manière tout aussi inattendue. En août et en septembre, la migration d'automne qui conduit les oiseaux en Afrique du Nord et en Afrique centrale, se déroule de la même façon.

3

1

Le Gobe-mouches noir niche une fois par an, de préférence dans les vieilles forêts de feuillus ou mixtes, mais aussi dans les parcs et les jardins. Comme celui du Gobe-mouches à collier, le nid se compose presque exclusivement d'herbe sèche et de bandes d'écorce. Les œufs sont également très semblables (3), ainsi que tout le déroulement de la nidification. Le croisement de ces deux espèces bigarrées, noires et blanches, est un phénomène intéressant qui se produit le plus souvent quand un Gobe-mouches à collier s'installe dans une colonie de Gobe-mouches noirs ou vice versa.

La livrée nuptiale du mâle est noire et blanche, très contrastée (1) : il a le dessous du corps, les miroirs alaires, la tache au-dessus du bec et le plus souvent aussi le vexille externe des rectrices blancs. La coloration des mâles d'Europe centrale (Allemagne, Tchécoslovaquie, Pologne) est différente. Ils ont en effet le dessus plutôt brun-gris, ce qui les fait ressembler à la femelle. Leur cinquième rémige est plus longue que la deuxième, les plages blanches n'apparaissant que sur la sixième rémige (2). Les cris d'alarme sont des « bit bit » répétés et précipités. Le chant rappelle celui du Rouge-queue à front blanc : ce sont des « voutivoutivouti » répétés. Les deux Gobe-mouches bigarrés se ressemblent aussi par leur comportement : ils aiment se percher sur les branches sèches ; lorsqu'ils sont excités, ils secouent la queue et les ailes, les deux en même temps ou une seule, en la relevant presque. Tous deux ont la taille du Gobe-mouches gris.

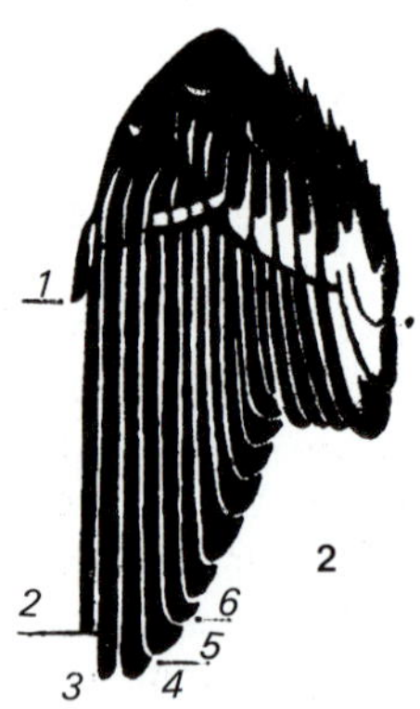

2

Mésange à moustaches

Panurus biarmicus

2

1

La Mésange à moustaches a une distribution en mosaïque dans toute l'Eurasie, où elle passe son existence dans les grandes roselières. Elle recherche surtout les roseaux poussant dans un plan d'eau à niveau constant et l'étage inférieur formé par les laîches ou par une couche de vieux roseaux. On la rencontre également en moins grand nombre dans les typhas. Sédentaires dans la plupart des cas, les Mésanges à moustaches effectuent parfois, en hiver, de courts déplacements vers le sud.

Dès le mois d'avril, le couple bâtit un nid sur les laîches couchées, dans une touffe de roseaux ou de typhas, utilisant pour cela les feuilles larges de ces plantes et le garnissant avec les fragments de leurs panicules et avec des plumes. Le nid est placé dans la végétation dense de manière à être recouvert. Les deux oiseaux couvent à tour de rôle pendant 12 ou 13 jours de 5 à 7 œufs blancs faiblement mouchetés de brun foncé (2). Tous deux s'occupent également des petits pendant 10 à 13 jours au nid et pendant 2 semaines à l'extérieur. Fin mai ou début juin, ils élèvent une seconde nichée. D'autres couples viennent parfois alors les aider à nourrir les petits, ainsi que les jeunes issus de la première ponte. Après la saison de reproduction, les familles se regroupent en petites bandes au sein desquelles les couples commencent immédiatement à se former. Les couples sont stables, contrairement à ceux des autres Passereaux. En hiver, les Mésanges à moustaches se nourrissent surtout de graines de roseaux et d'autres plantes aquatiques ; le reste de l'année, elles consomment surtout des insectes, des araignées et des mollusques.

La Mésange à moustaches a la taille d'un Moineau, mais sa queue est beaucoup plus longue. Le mâle (1) a la tête bleu-gris rehaussée de belles moustaches noires, le dos roux et deux miroirs alaires blancs de forme oblongue. La femelle n'a pas de moustaches et sa tête est roussâtre. Ses cris, des « ping-ping » clairs et forts, trahissent la présence de cet oiseau très discret et farouche, dans la jungle des roseaux. Son chant est un pépiement doux.

Mésange à longue queue

Aegithalos caudatus

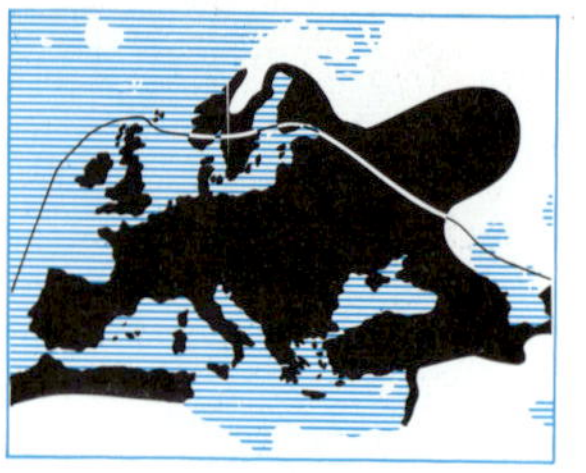

3

4

1

La Mésange à longue queue vit dans toute l'Europe à l'exception des régions les plus septentrionales, pénétrant en Asie par une large bande jusqu'au Japon et au Kamtchatka. Elle est sédentaire, mais ses populations septentrionales effectuent en hiver de courts déplacements vers le sud qui peuvent prendre le caractère d'invasions. C'est une habitante des forêts de feuillus et mixtes claires, de la végétation du bord de l'eau, des parcs et des jardins.

Architecte accompli, la Mésange à longue queue bâtit un nid dont les dimensions atteignent 17 × 12 cm, bien qu'elle-même soit l'un des plus petits oiseaux : elle pèse entre 7 et 10 g. Le nid ovoïde est doté d'une entrée latérale dans sa partie supérieure, et sa construction occupe les deux oiseaux pendant 9 à 13 jours environ. Ses parois, dont l'épaisseur varie entre 1,5 et 2,5 cm, se composent presque exclusivement de mousse, de toiles d'araignées, de cocons d'insectes et de fibres. Les oiseaux les recouvrent de lichens, si bien que le nid se confond parfaitement avec le tronc d'arbre ou la branche sur lesquels il est fixé. L'intérieur est tapissé d'un nombre impressionnant de plumes (jusqu'à 2 000). La femelle pond entre 6 et 12 œufs blancs, finement mouchetés de roux (2), qu'elle couve avec l'aide du mâle pendant 12 ou 13 jours. Les petits restent dans le nid pendant 15 à 18 jours avant de prendre leur envol. Ils restent toutefois en compagnie de leurs parents et vont jusqu'à les aider à élever la seconde nichée. Les couples qui n'ont pas eu de petits agissent de la même manière, 3, 4 et même 6 oiseaux nourrissant parfois les jeunes.

Sa coloration noire, blanche et rose, mais surtout sa longue queue étagée sont les principaux critères d'identification de la Mésange à longue queue. La sous-espèce d'Europe du Nord (1, 4) a la tête blanche, celle d'Europe occidentale (3) a une bande noire arquée au-dessus de l'œil. En Europe centrale, on rencontre des populations mixtes issues des croisements des deux sous-espèces. Le cri le plus connu est un « si si si » parfois suivi de « tec tec ».

2

Mésange nonnette

Parus palustris

L'aire de répartition de la Mésange nonnette s'étend sur l'Europe et l'Asie Mineure, puis en Extrême-Orient, à des milliers de kilomètres de la partie européenne. Elle recherche les forêts de feuillus ou mixtes, les bouquets d'arbres au bord des étangs et des cours d'eau, les parcs et les jardins des faubourgs. Sédentaire, elle vit en hiver à proximité de son territoire.

1

Au printemps, le plus souvent en avril, la femelle commence à explorer soigneusement chaque cavité et aspérité. Elle niche dans les trous d'arbre naturels, dans un tronc, une grosse branche, souvent juste au-dessus du sol. Elle s'installe rarement dans les nichoirs, mais agrandit elle-même la cavité. Elle bâtit seule son nid avec de la mousse, des lichens, des herbes et des poils. Elle pond de 7 à 10 œufs faiblement tachetés de roux (2) qu'elle couve seule pendant 12 à 15 jours, le mâle lui apportant la nourriture pendant cette période. Après l'éclosion des œufs, il l'aide à élever les petits. Ceux-ci quittent le nid au bout de 17 à 20 jours. Contrairement aux autres Mésanges, la Mésange nonnette ne niche qu'une fois par saison. Elle forme des couples stables qui restent unis même en automne et en hiver, lorsque les oiseaux se regroupent parfois en bandes avec d'autres Mésanges. Insectivore, la Mésange nonnette se nourrit surtout de petits coléoptères, de pucerons, d'araignées et de mouches.

Les individus des deux sexes mesurent 12 cm de long. Ils sont gris-brun avec le sommet de la tête d'un noir brillant, les joues blanches et une petite tache noire en forme de goutte sur le menton (1). Vue de dessous, la queue paraît faiblement étagée, les rectrices externes étant plus courtes de 4 mm que les rectrices centrales (3), alors que chez la Mésange boréale, cette différence dépasse 5 mm (4). Le cri de contact de la Mésange nonnette est un « pistié-tsié » ou un « psi-dédédé » aigus, son chant une succession monotone de « diep diep diep ».

2

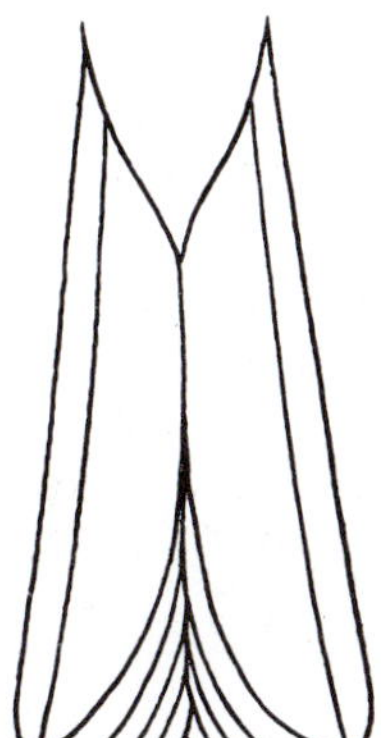

3

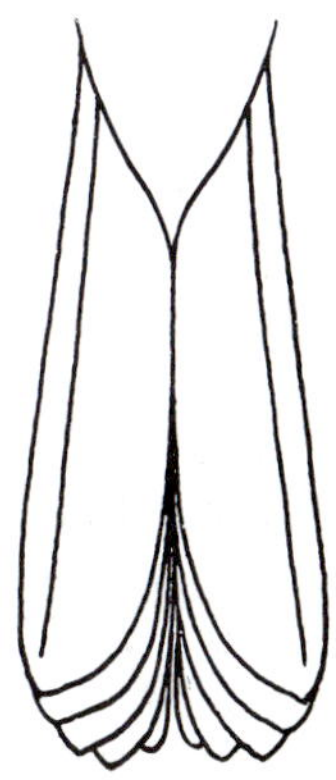

4

Mésange boréale
(ou **Mésange des saules** ou **Mésange alpestre**)

Parus montanus

1

La Mésange boréale est l'une des Mésanges les plus répandues. Elle vit dans toute l'Europe et en Asie, à l'exception des régions les plus méridionales. Elle niche plus souvent dans les forêts de résineux que la Mésange nonnette, s'élevant en montagne jusqu'à la limite supérieure de la forêt. Elle fréquente aussi les forêts de feuillus et mixtes humides et la végétation du bord de l'eau, surtout d'aulnes, saules et bouleaux. Il existe deux sous-espèces, l'une de forêt et l'autre de montagne.

Les couples sont stables et restent unis en automne. Les oiseaux passent l'hiver ensemble puis, au printemps, creusent un trou dans un tronc d'arbre ou une souche pourris. Moins habiles charpentiers que les Pics par exemple, ils doivent creuser longtemps, pendant 13 jours en moyenne. Par ailleurs, 90 % des cavités dans lesquelles les Mésanges boréales nichent sont fraîchement creusées pour la circonstance (contre 10 % chez la Mésange nonnette). Les Mésanges boréales s'installent aussi dans les nichoirs. Elles utilisent les mêmes matériaux que les Mésanges nonnettes pour bâtir leur nid, mais les deux membres du couple participent à la construction. L'aspect, le nombre des œufs (2) ainsi que le déroulement de la nidification sont identiques chez les deux espèces. Après la saison de reproduction, les Mésanges boréales commencent à errer, mais leurs déplacements sont courts. Seules les populations septentrionales sont partiellement migratrices. Les Mésanges boréale et nonnette sont essentiellement insectivores. Elles se nourrissent aussi d'autres petits invertébrés et de végétaux (graines de conifères, de chardons, de fléole et de renouée).

2

La Mésange boréale (1) ressemble beaucoup à la Mésange nonnette ; elle s'en distingue par son occiput d'un noir mat, par la tache du menton plus grande et par les bordures claires des rémiges secondaires qui forment une plage claire. Son cri d'appel est un « dé-dé-dé » traînant, son chant se compose de 5 ou 6 syllabes aiguës, « tsié, tsié, tsié, tsié, tsié ».

Mésange lapone

Parus cinctus

La Mésange lapone vit dans la partie septentrionale de la Scandinavie et dans l'extrême nord de la Russie d'Europe et d'Asie. Sédentaire, elle ne va pas au-delà de la région de Léningrad ou de Moscou en hiver, les incursions en Europe centrale étant extrêmement rares. Elle vit dans la taïga composée d'épicéas, de mélèzes et de pins, mais aussi dans les forêts de feuillus et mixtes qui longent les fleuves et les bosquets de bouleaux.

La période de reproduction dure de mai à juillet, les couples ne nichant qu'une seule fois pendant cette période. La Mésange lapone niche dans les cavités abandonnées des Pics, mais elle peut creuser son propre trou dans le bois tendre d'un tronc pourri. Les 6 à 10 œufs sont blancs, parsemés de quelques taches brun-rouge assez grandes (2). La femelle les couve pendant 13 à 15 jours. Le mâle vient la nourrir au nid durant toute la couvaison, ainsi que lorsqu'elle reste au nid pour réchauffer les petits. Par la suite, les deux parents élèvent les jeunes. En septembre, les familles forment de petites bandes qui commencent à errer. La Mésange lapone est insectivore et granivore.

2

La Mésange lapone (1) ressemble à une grande Mésange nonnette. Son dos est brun, le dessous de son corps est d'un blanc sale et ses flancs sont brun-roux. Les critères d'identification les plus sûrs sont la calotte brun-gris, la grande tache gris-noir sur la gorge et la répartition de l'espèce. Elle paraît moins remuante que les autres Mésanges. Son chant se compose de longues notes, « dih », répétées 4 ou 5 fois.

Mésange huppée

Parus cristatus

La Mésange huppée vit dans toute l'Europe, à l'exception du nord de la Scandinavie, d'une grande partie des îles Britanniques et de l'Italie. Sédentaire, la Mésange huppée se livre au nomadisme au printemps et en hiver. Elle recherche les différents types de forêts de résineux, mais en Europe méridionale et occidentale, elle fréquente également les forêts de feuillus.

La femelle bâtit le nid de préférence dans les trous d'arbres déjà existants, mais il lui arrive aussi de creuser sa propre cavité dans le bois tendre des souches et des troncs pourris, assez près du sol. Elle ne s'installe que rarement dans les nichoirs. Pour faire son nid, elle garnit la cavité de mousse et d'herbes, ce que les autres Mésanges font plus rarement. L'intérieur du nid est tapissé de laine et de poils. La saison de reproduction dure d'avril à juin. La ponte, beaucoup moins importante que celle des autres Mésanges, ne comporte que de 5 à 7 œufs blancs mouchetés de roux (2). La femelle couve seule, le mâle lui apportant de la nourriture. Les œufs éclosent au bout de 14 à 17 jours d'incubation, les petits s'attardant au nid pendant 17 à 21 jours. Les adultes les nourrissent surtout d'insectes, si bien que les jeunes Mésanges consomment de grosses quantités d'Ipidés, de Curculionidés et d'autres insectes nuisibles. Quelques couples nichent une seconde fois. En hiver, les graines de conifères occupent une place importante dans leur régime alimentaire.

Comme son nom l'indique, on reconnaît aisément la Mésange huppée à sa huppe bigarrée, noire et blanche. Elle a le dessus du corps brun, le dessous gris-blanc, la tête blanche rehaussée d'une tache noire en forme de croissant derrière l'œil, le menton et la gorge noirs. La huppe de la femelle est grise et plus courte. La Mésange huppée a la taille de la Mésange nonnette. Le chant du mâle (1) est doux et discret. Au cours de la parade nuptiale, il chante tout en se pavanant, en hérissant et en repliant sa huppe. Le cri le plus caractéristique est un « si si gurr » tremblé.

2

1

Mésange noire

Parus ater

L'aire de répartition de la Mésange noire s'étend sur l'Europe, une grande partie de l'Asie et sur les forêts de l'Atlas, en Afrique du Nord. Les Mésanges noires qui peuplent les régions méridionales sont sédentaires, celles du nord montrent en revanche une forte tendance à se déplacer vers le sud, en septembre et en octobre. Elles reviennent dans leur territoire en mars et en avril. Cette Mésange est une habitante caractéristique des forêts de résineux. Dans les forêts mixtes, elle s'installe toujours dans les endroits où les conifères prédominent. En montagne, elle vit jusqu'à la limite supérieure des forêts. Pour nicher, elle recherche les arbres creux. Ces derniers étant beaucoup moins nombreux dans les forêts de conifères que dans les forêts de feuillus, elle doit parfois se contenter des trous d'arbres existants et, plus fréquemment que les autres Mésanges, de terriers de mulots abandonnés, de trous dans la terre, de souches creuses, d'anfractuosités des murs et des rochers. Elle niche aussi volontiers dans les nichoirs, qui malheureusement sont encore trop peu nombreux dans les forêts de conifères.

2

La femelle bâtit seule son nid avec de la mousse et des poils, et couve seule pendant 14 à 16 jours ses 6 à 10 œufs (2) qui ressemblent à ceux des autres Mésanges. Comme chez les autres espèces, la femelle recouvre ses œufs avec des matériaux du nid lorsqu'elle doit s'absenter. Les adultes nourrissent les jeunes au nid pendant 16 à 19 jours, puis durant quelques jours à l'extérieur. Les couples élèvent généralement deux nichées entre avril et juin. La Mésange noire est insectivore, mais en hiver, les graines de conifères, surtout de sapins et d'épicéas, représentent une part importante de son régime alimentaire.

La Mésange noire (1) a la tête noire avec les joues blanches et une grande tache blanche sur la nuque. Elle a la taille de la Mésange nonnette. Le mâle se fait remarquer par son chant simple mais fréquent et scandé, « pitiu titiu... ».

Mésange bleue

Parus caeruleus

La Mésange bleue vit partout en Europe, à l'exception du nord de la Scandinavie et de l'extrême nord de la partie européenne de l'U.R.S.S., ainsi que dans la région de l'Atlas, en Afrique du Nord. Elle recherche les forêts de feuillus et mixtes, les allées et les arbres qui bordent les étangs et les cours d'eau, les bosquets champêtres et les parcs, en somme les endroits où elle peut trouver suffisamment d'arbres creux pour y nicher. Elle accepte bien les nichoirs, aussi en installe-t-on souvent dans les jardins et les vergers pour y attirer les couples. Les Mésanges bleues restent, même en hiver, fidèles à leur territoire. Seules les populations nordiques se déplacent, certains hivers, assez loin vers le sud.

La femelle remplit la cavité de mousse, mêlée parfois d'un peu d'herbe, et y creuse un trou circulaire qu'elle tapisse de poils et de petites plumes. Entre avril et juin, elle pond de 7 à 13 œufs blancs mouchetés de roux (2), à raison d'un œuf par jour, certaines pontes pouvant compter 14 ou 15 œufs. Elle les couve pendant 13 à 15 jours, le mâle l'aidant à nourrir les petits pendant 15 à 20 jours, jusqu'à l'envol des premiers jeunes : comme ils n'ont pas tous le même stade de développement, le départ s'étend sur 3 jours environ. Après l'émancipation des jeunes, la femelle pond une seconde fois, mais le nombre d'œufs est plus faible.

Les traits caractéristiques de la Mésange bleue (1) sont la calotte azurée, les ailes et la queue bleues qui contrastent avec le dessous jaune, les joues blanches et le dos vert. Le cri d'appel est un « tsit tsit » clair, celui d'alarme un « tserrretetetet » tremblotant. En hiver, la Mésange bleue est, avec la Mésange charbonnière, une habituée des mangeoires. Elle a la taille de la Mésange nonnette, bien qu'elle paraisse plus petite.

2

Mésange charbonnière

Parus major

1

L'aire de répartition de la Mésange charbonnière (1) est beaucoup plus vaste que celle de la Mésange bleue : elle couvre presque toute l'Europe, l'Asie et l'Afrique du Nord. Son biotope est presque le même que celui de la Mésange bleue ; elle est encore plus commune que cette dernière dans les parcs et les jardins urbains. En montagne, elle monte jusqu'à la limite de la forêt. Elle est sédentaire, mais certaines populations septentrionales effectuent des déplacements si longs qu'on peut les qualifier, à juste titre, de migrations : en hiver, on rencontrera par exemple en Europe centrale des oiseaux venus de la région de Moscou. Les migrations ou l'erratisme ont lieu entre mars et avril et en automne, à peu près en octobre.

Avec les prémices du printemps, on peut entendre dans les villes des « tsitsibébé tsitsibébé » qui rappellent le martèlement d'une enclume. C'est le chant du mâle de la Mésange charbonnière qui commence ainsi sa parade nuptiale.

Après l'accouplement, les femelles se mettent en quête de trous et de cavités variés qu'elles garnissent d'une épaisse couche de mousse, dans laquelle elles aménagent une petite dépression tapissée de poils. Elles acceptent bien les nichoirs et s'accommodent des trous les plus extravagants : vieilles pompes, tuyaux métalliques, boîtes aux lettres, arrosoirs, boîtes de conserves vides. La femelle pond de 7 à 12 œufs blancs mouchetés de roux (2), qu'elle couve sans quitter le nid pendant 13 à 15 jours ; le mâle lui apporte de la nourriture. Les jeunes quittent la cavité au bout de 14 à 20 jours. Les parents continuent de les nourrir pendant 2 semaines, puis nichent une seconde fois. La femelle pond alors de 6 à 8 œufs.

Le mâle a la tête d'un noir brillant avec les joues blanches. Son dessous jaune est séparé par une large bande noire qui s'étend du bec aux sous-caudales. Chez la femelle, cette bande est plus étroite et se termine sur le ventre. Les deux oiseaux mesurent 14 cm de long.

2

Sittelle torchepot

Sitta europaea

L'aire de répartition de la Sittelle torchepot couvre la majeure partie de l'Europe à l'exclusion des régions les plus septentrionales, une grande partie de l'Asie et le nord-ouest de l'Afrique. Sédentaire, elle reste fidèle à son territoire même en hiver. C'est un oiseau remarquable par son mode de vie. Arboricole, elle grimpe avec une habileté extraordinaire sur les troncs et les grosses branches, n'hésitant pas à descendre tête la première, prouesse que les Pics et les Grimpereaux sont incapables d'accomplir. Son comportement de constructeur est également admirable : chaque fois qu'elle occupe un trou d'arbre pour y nicher, elle réduit l'entrée à sa taille, en la bouchant avec de la terre mêlée de salive, laissant une ouverture juste assez grande pour s'y faufiler (2). Quand elle s'installe dans un nichoir, ce qui arrive assez fréquemment, elle bouche soigneusement les fentes des parois et du toit. Tous les travaux de maçonnerie sont l'affaire de la femelle ; le mâle se charge des petites réparations lorsqu'elle couve.

3

Le nid est presque entièrement composé de fines écailles d'écorce de pin (il en faut parfois 2 500) ou, dans les forêts de feuillus, de lamelles d'écorce d'autres arbres et de feuilles sèches (néanmoins, si la Sittelle trouve à proximité un pin, elle s'y rend pour s'approvisionner en matériaux de construction). Les 6 à 8 œufs blancs tachetés de roussâtre (3) reposent au milieu des écailles, dans une faible dépression. La femelle les couve pendant 15 à 18 jours, le mâle participant à l'élevage des jeunes. Les petits ne quittent le nid qu'au bout de 23 ou 24 jours. La Sittelle torchepot est sédentaire, restant fidèle à son territoire même en hiver. Son alimentation, très variée, est surtout animale en été ; les graines commencent à prédominer en automne.

La Sittelle torchepot (1) est gris-bleu sur le dessus, fauve sur le dessous. Une bande noire barre ses yeux. Au printemps, elle manifeste sa présence par des sifflements. Elle a la taille d'un Moineau.

1

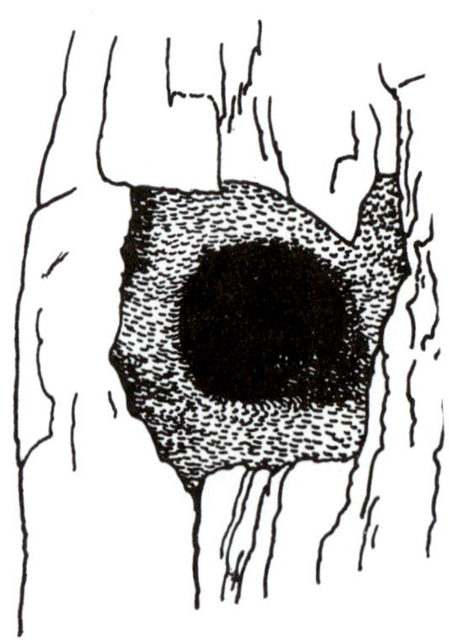

2

Tichodrome échelette

Tichodroma muraria

Le Tichodrome échelette est un habitant caractéristique des gorges, des falaises et des parois escarpées en montagne. Le Tichodrome est le plus souvent sédentaire, mais dès juillet, les jeunes oiseaux se mettent à errer et, en septembre, à descendre à des altitudes plus faibles. En hiver, on peut les rencontrer en plaine, le plus souvent individuellement, plus rarement en couple, sur les rochers isolés, dans les carrières et les ruines. Ne craignant pas l'homme, le Tichodrome explore aussi les murs des châteaux et d'autres édifices, souvent en plein centre des villes.

Pour nicher, le mâle recherche des trous et des crevasses dans la roche, puis il indique leur emplacement à la femelle, en se livrant à des acrobaties à l'entrée. La femelle bâtit son nid seule, utilisant pour cela des herbes sèches, des lichens et des mousses ; elle en garnit l'intérieur avec des poils (souvent de chamois), de la laine de mouton, parfois aussi avec des plumes. Son nid est prêt au bout de 5 jours environ. En mai ou en juin, elle pond de 3 à 5 œufs blancs, finement mouchetés de roux (2). Elle les couve seule pendant 18 à 20 jours, le mâle lui apportant régulièrement de la nourriture pendant ce temps. Les deux parents nourrissent les petits, qui restent dans la cavité pendant 21 à 29 jours, jusqu'à ce qu'ils soient capables de voler et de grimper sur les rochers. Le Tichodrome échelette se nourrit d'insectes, d'araignées et d'autres invertébrés qu'il collecte dans les aspérités des rochers et des murs.

Le Tichodrome échelette est un peu plus grand qu'un Grimpereau. La coloration fondamentale de son plumage (1) est grise, la gorge, la pointe de ses ailes et les rectrices étant noires. Le trait distinctif le plus frappant est la grande plage carmin ornant chaque aile. Il vole de façon hésitante à la manière des papillons ; à cette occasion, on remarque bien les plages alaires carmin ainsi que les taches blanches des rémiges primaires (3), invisibles au repos. Le chant du Tichodrome échelette consiste en une série de notes montantes et sifflantes, des « tsitsitsitii ».

2

3

Grimpereau des bois (ou Grimpereau familier)

Certhia familiaris

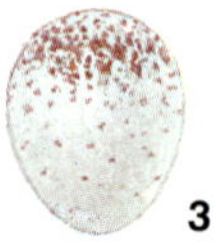

3

Le Grimpereau des bois vit en Europe, en Asie, mais aussi en Amérique du Nord depuis le Canada jusqu'au Mexique. Il recherche les forêts de conifères ou mixtes ; on le rencontre plus rarement dans les forêts de feuillus.

La femelle bâtit généralement seule son nid, le plus souvent dans les fentes et les blessures des troncs, derrière les plaques d'écorce soulevées ou dans les rondins de bois empilés. Il ressemble à celui du Grimpereau brachydactyle. La femelle couve seule pendant 13 à 15 jours ses 5 à 7 œufs blancs mouchetés de roux (3), mais les deux adultes nourrissent les petits pendant 14 à 16 jours. La première ponte a lieu en avril, la seconde entre juin et juillet. Les deux espèces de Grimpereaux, sédentaires, se joignent en automne et en hiver aux bandes de Mésanges.

Le Grimpereau des bois (1) est parfaitement adapté pour grimper sur l'écorce des arbres. Il ne sait pas circuler en tous sens ou tête en bas comme la Sittelle, mais il est pourvu de longues griffes acérées et de rectrices renforcées très rigides sur lesquelles il s'appuie à la manière des Pics. Il commence à explorer l'écorce au pied de l'arbre, puis monte par petits bonds en décrivant une spirale irrégulière autour du tronc. Arrivé au sommet, il s'envole pour se poser au pied d'un autre arbre (2). Il a le dessus du corps brun tabac et le dessous entièrement blanc. La griffe du pouce, qui dépasse 8 mm, est généralement plus longue que le doigt lui-même et peu recourbée. Les cris habituels du Grimpereau des bois sont des « sri sri » doux, le chant, plus long et plus fort que celui du Grimpereau brachydactyle, s'achève par un trille qui rappelle celui de la Mésange bleue.

1

2

Grimpereau brachydactyle (ou Grimpereau des jardins)

Certhia brachydactyla

4

L'aire de répartition du Grimpereau brachydactyle se limite à l'Europe occidentale, centrale et méridionale, à l'Afrique du Nord et à l'Asie Mineure. Il vit

1

dans les forêts de feuillus ou mixtes qui longent les cours d'eau en plaine et en montagne. Il affectionne aussi les bosquets des champs, les parcs, les jardins ou les allées de vieux arbres. Pour nicher, il occupe les mêmes emplacements que le Grimpereau des bois.

Le nid, très grand pour un si petit oiseau, se compose d'une quantité de petites branches, amassées dans la cavité choisie ou derrière une plaque d'écorce. L'équilibre du nid est souvent si précaire qu'il serait dangereux de le toucher. La base du nid, qui atteint parfois 40 cm de haut, supporte le nid proprement dit, fait de tiges sèches, de mousse, de bandes d'écorce et de quelques plumes. Les œufs (4) ressemblent par la forme et la coloration à ceux du Grimpereau des bois ; la durée de la couvaison et de l'élevage des petits est identique. Presque tous les couples nichent deux fois dans la même saison. Les deux espèces de Grimpereaux ont également le même régime alimentaire : avec leur long bec fin, les oiseaux extraient des aspérités et des craquelures de l'écorce des insectes et d'autres invertébrés, surtout des araignées. En hiver, les graines viennent compléter ce régime carné, mais en petite quantité.

Les deux Grimpereaux, de taille identique, sont plus petits qu'un Moineau. Le Grimpereau brachydactyle (1) a le dos plutôt gris-brun, le ventre et les flancs grisâtres. Son bec est plus long et nettement plus incurvé que celui du Grimpereau des bois ; la griffe du pouce est en revanche plus courte (7,5 mm tout au plus) et plus courbe. La tache foncée sur la face interne des ailes, à la base de la première rémige primaire (2), visible seulement quand on a l'oiseau en main, est un important critère d'identification, car le Grimpereau des bois n'en a pas à cet endroit (3). Le chant du Grimpereau brachydactyle, « ti, ti, titeroïti », est bref et scandé.

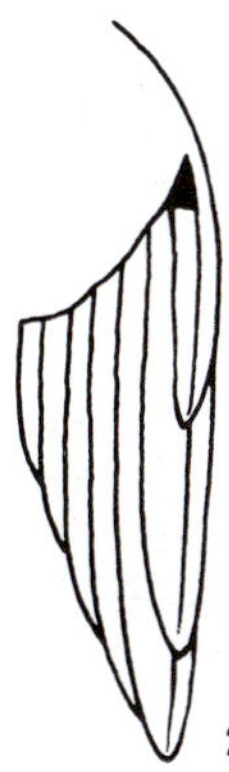
2

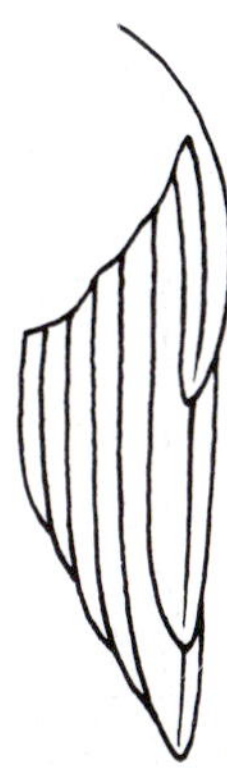
3

Mésange rémiz

Remiz pendulinus

La Mésange rémiz, oiseau des plaines, vit en Europe orientale et méridionale, et de l'Asie Mineure jusqu'au Japon. Assez dépendante du milieu aquatique, elle recherche surtout les régions d'étangs ou le bord des cours d'eau envahis par les arbres et les buissons. Sédentaire dans les régions méridionales, elle quitte parfois en hiver les contrées septentrionales de son aire pour se rendre plus au sud.

Son nid suspendu en forme de cornue est un chef-d' œuvre d'architecture unique parmi ceux des oiseaux d'Europe. Il est généralement mieux connu que son constructeur. Il est suspendu à un fin rameau vertical, son entrée se situant dans la partie supérieure. Sa construction prend de 12 à 20 jours. Fin avril, mais le plus souvent courant mai, le mâle commence les travaux : il tresse une sorte de sac avec de longues fibres végétales (ortie et houblon sauvage) qu'il bourre, avec l'aide de la femelle, de duvet végétal mêlé de salive. Avant la fin des travaux, la femelle pond de 5 à 8 œufs d'un blanc pur, de forme allongée insolite, puis construit l'entrée en forme de tuyau qui est la principale caractéristique du nid. Le mâle quitte alors sa compagne pour bâtir un nouveau nid dans lequel il essaie d'attirer une autre femelle. Son instinct de construction est si développé qu'il bâtit jusqu'à cinq nids secondaires qui ne sont pas destinés à la nidification. La femelle couve seule pendant 14 ou 15 jours et élève les jeunes au nid pendant 17 à 20 jours. La Mésange rémiz se nourrit surtout d'insectes, mais aussi, en automne et en hiver, de graines.

La Mésange rémiz (1) se distingue par sa tête grise rehaussée d'un masque noir et par son dos marron. Elle se fait généralement remarquer par ses cris aigus, ténus et traînants, « siiiih-siiiih ».

Loriot d'Europe

Oriolus oriolus

2

Le Loriot d'Europe est le seul représentant de la famille des Oriolidés qui ait quitté les tropiques pour s'installer plus au nord. Actuellement, il vit en Europe jusqu'au sud des îles Britanniques et de la Suède, ainsi que dans le sud-ouest de la Sibérie. Ailleurs dans le monde, il existe aussi dans une partie du nord-ouest de l'Afrique et en Asie Mineure. Les couleurs éclatantes de son plumage ainsi que ses migrations témoignent de ses origines tropicales. Le Loriot d'Europe ne s'attarde pas longtemps dans son aire de nidification. Migrateur tardif, il revient régulièrement dans les premiers jours de mai. Il s'installe dans les forêts de feuillus, dans les parcs, les jardins, les allées et la végétation du bord des étangs et des cours d'eau s'il y trouve suffisamment de vieux arbres.

1

Le nid est une corbeille solidement tressée avec des feuilles d'herbes, des fibres végétales et des lanières d'écorce, et garnie d'herbe fine, de laine et de plumes. Il est suspendu dans une fourche horizontale des rameaux terminaux, généralement assez haut. En mai ou en juin, la femelle pond de 3 à 5 œufs blancs, légèrement rosés, faiblement tachetés de brun-noir ou de noir (2). Elle les couve le plus souvent seule pendant 14 ou 15 jours. Les petits quittent le nid au bout d'une quinzaine de jours, mais restent avec leurs parents jusqu'à leur migration vers l'Afrique équatoriale, au mois d'août. Le Loriot d'Europe, essentiellement insectivore, se nourrit aussi d'araignées et de petits mollusques. En été, il picore les fruits (cerises, mûres, figues).

Le mâle (1) a un plumage contrasté jaune et noir et les yeux rouges. La femelle a le dessus jaune-vert et le dessous blanc-gris. Tous deux ont la taille d'un Merle. Sitôt revenu dans son territoire, le mâle s'annonce par des sifflements flûtés forts, « litilidio », qu'il répète sans cesse. Il lance parfois un grincement-rauque, « creec », très différent des notes flûtées du chant.

3♀

Pie-grièche écorcheur

Lanius collurio

L'aire de répartition de la Pie-grièche écorcheur couvre la majeure partie de l'Europe depuis le nord de la péninsule Ibérique jusqu'au centre de la Scandinavie, ainsi qu'une grande partie de l'Asie. C'est un oiseau migrateur qui passe tout au plus 4 ou 5 mois sur ses lieux de reproduction. Elle n'y apparaît qu'en mai, s'envolant pour ses quartiers d'hiver situés en Afrique orientale et australe en août ou en septembre. Elle aime s'installer dans les paysages dégagés parsemés de broussailles, sur les pentes buissonneuses, à l'orée des forêts, dans les bouquets d'arbres des champs, plus rarement dans les vergers.

La Pie-grièche écorcheur place son nid dans les branches enchevêtrées d'un buisson, recherchant de préférence les espèces épineuses. Il s'agit d'une construction massive aux parois épaisses, tressée avec des racines, des tiges et des brins d'herbe, dont le centre est souvent tapissé de mousse. L'intérieur est garni d'herbes et de racines plus fines et de poils. Les deux adultes participent à sa construction, mais la femelle couve seule ses 4 à 6 œufs pendant 14 à 16 jours. Leur coloration est très variable (jaunâtre, rosée ou verdâtre) ; l'extrémité la plus large porte des taches brunes ou violacées (2). La ponte a lieu en mai ou en juin. Les petits sont élevés au nid pendant 12 à 15 jours, mais les adultes s'en occupent encore pendant 3 ou 4 semaines après leur envol. La Pie-grièche écorcheur est essentiellement insectivore, capturant aussi de petits invertébrés (campagnols, lézards, grenouilles). Elle a l'habitude d'empaler sa nourriture sur des épines pour se constituer des réserves, ce qui est d'ailleurs un comportement caractéristique de toutes les Pies-grièches. Elle rejette les parties dures et indigestes des aliments sous forme de pelotes.

La Pie-grièche écorcheur est d'un cinquième environ plus grande qu'un Moineau. Le mâle (1, premier plan) a la tête gris pâle avec un masque noir sur les yeux, le croupion gris, le dos marron et le dessous teinté de rose. La femelle (1, arrière-plan) est brun roussâtre avec les flancs et la poitrine barrés de traits ondulés. Le chant du mâle est doux et grinçant. Son répertoire n'en est pas moins très riche car il imite à la perfection de nombreux oiseaux. Ses cris d'alarme sont des « ghec ghec » grinçants.

2

1

Pie-grièche à poitrine rose

Lanius minor

La limite de l'aire de répartition de la Pie-grièche à poitrine rose traverse la France. De là, l'aire s'étend de l'Europe centrale et méridionale jusqu'en Asie, où elle s'arrête au niveau de l'Iénisséi. L'espèce est devenue très rare en Europe occidentale. La Pie-grièche à poitrine rose passe 4 mois sur ses lieux de nidification, temps tout juste nécessaire à l'élevage d'une nichée. Elle y apparaît début mai et s'envole dès fin août vers ses quartiers d'hiver africains situés au sud de l'équateur. Elle vit dans les paysages ouverts agrémentés d'arbres isolés ou de bosquets, dans les haies, les buissons, les vergers et les arbres bordant les routes.

Les deux membres du couple bâtissent leur nid assez grand avec de grandes herbes, des ti-

3

ges et des racines. Ils en garnissent l'intérieur de poils, de plumes et de fibres végétales. On peut parfois identifier le nid de la Pie-grièche à poitrine rose à la grande quantité de plantes vertes que les oiseaux mêlent aux autres végétaux de la couche centrale et qui transparaissent. C'est surtout la femelle qui couve pendant 15 à 16 jours les 5 à 7 œufs verdâtres couverts de mouchetures brunes (3). Le mâle la relaie seulement quand elle va chercher sa nourriture. Les deux parents nourrissent les petits au nid pendant 14 à 19 jours, puis, pendant une période assez longue, dans les environs. Les Pies-grièches à poitrine rose prennent une alimentation presque exclusivement carnée, faisant moins de réserves sur les épines que les autres Pies-grièches.

La Pie-grièche à poitrine rose a le dessous du corps teinté de rose ; un masque noir lui cache les yeux et le front (1). Sa première rémige est aussi longue que les couvertures (a) ; la troisième et la quatrième sont les plus grandes et la deuxième est plus longue que la cinquième (2). Contrairement aux autres espèces, la Pie-grièche à poitrine rose a un vol rectiligne. Ses cris sont des « tsec tsec » ou des « tirr » plaintifs. Son chant, assez faible, est une succession de cris, imitations et gazouillis. La Pie-grièche à poitrine rose est nettement plus petite qu'un Merle.

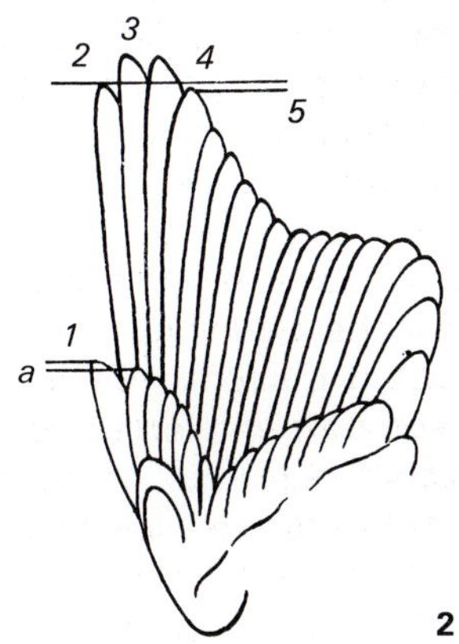

2

Pie-grièche grise

Lanius excubitor

La Pie-grièche grise habite presque tous les continents, à l'exception de l'Australie et de l'Antarctique : l'Europe (à l'exception des îles Britanniques, de l'Italie et des Balkans), l'Asie, l'Afrique du Nord et la partie septentrionale de l'Amérique du Nord. Contrairement aux autres Pies-grièches, elle n'est que partiellement migratrice, seuls les oiseaux des contrées septentrionales migrant en hiver vers le sud. À cette époque, on peut les apercevoir dans les champs et dans les prés, perchés sur un arbre d'où ils guettent leur proie. Ils vivent dans les paysages ouverts avec des arbres, des bosquets, plus rarement au bord des forêts et plutôt dans les régions humides situées à des altitudes moyennes.

Les deux oiseaux bâtissent leur grand nid solide sur un arbre, utilisant comme matériaux de construction des rameaux secs, des tiges, des racines et de la mousse. La coupe est garnie avec des duvets végétaux, des plumes et des poils. La femelle couve pendant 15 ou 16 jours ses 5 à 7 œufs gris-vert, régulièrement mouchetés de brun et de gris (3). Les deux parents nourrissent les petits au nid pendant 19 ou 20 jours, essentiellement d'insectes. Les Pies-grièches grises chassent surtout des petits rongeurs. Si la nourriture abonde, elles font des réserves de campagnols, de temps en temps aussi de petits oiseaux, empalés sur des épines. Elles se contentent parfois d'accrocher leur proie dans une enfourchure d'arbuste.

La Pie-grièche grise (1), la plus grande de toutes les Pies-grièches, a la taille d'un Merle. Les oiseaux des deux sexes ont le dos gris, le ventre blanc et une bande noire qui leur barre les yeux. Elle commence au niveau du bec, mais ne se prolonge pas jusqu'au front. La première rémige primaire atteint à peu près la moitié de la deuxième et dépasse nettement les couvertures alaires (a). Les troisième et quatrième sont les plus longues et la deuxième est bien plus courte que la cinquième (2). En chassant, la Pie-grièche grise fait souvent du vol sur place, la queue déployée à la manière des Crécerelles. Son chant est un mélange de sifflements avec des motifs rappelant le chant d'une sauterelle. Le cri d'alarme est un « ec-ec » rude.

3

1

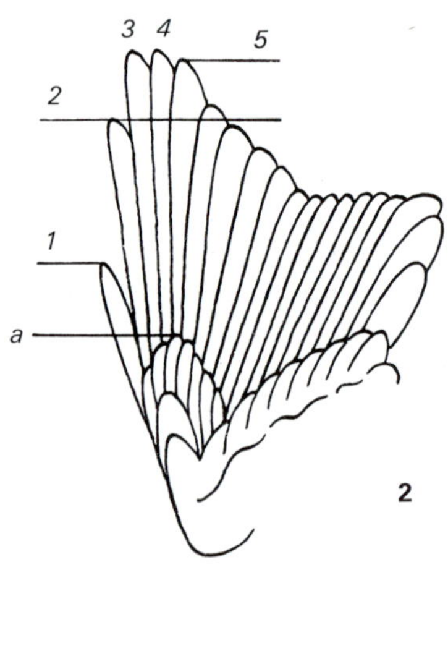

2

Pie-grièche à tête rousse

Lanius senator

La Pie-grièche à tête rousse vit en Europe occidentale, centrale et méridionale, dans le nord de l'Afrique et au Proche-Orient. Depuis le XIXe siècle, ses effectifs européens accusent un net recul. Migratrice, la Pie-grièche à tête rousse hiverne dans les savanes boisées de l'Afrique tropicale d'où elle revient en avril ou en mai. Elle s'installe dans les bosquets des champs, les allées de vieux arbres, les vergers et les jardins, même s'ils se trouvent à proximité des villages. Elle aime la chaleur et recherche les endroits ensoleillés le plus longtemps possible, évitant soigneusement les lieux humides et ombragés.

Sitôt revenus de leurs quartiers d'hiver, les deux adultes bâtissent leur nid, presque toujours dans un arbre, sur une branche latérale. Ils utilisent des tiges sèches, des racines et ornent les pourtours de la construction avec des plantes encore vertes. Le nid est garni de duvet, de poils et d'aigrettes végétales. Entre mai et juillet, la femelle pond de 4 à 6 œufs grisâtres tachetés de brun et de gris (2) qu'elle couve seule pendant 14 à 16 jours. Pendant ce temps, le mâle la nourrit, puis apporte de la nourriture pour toute la famille après l'éclosion des œufs. Par la suite, les deux parents nourrissent les petits, presque toujours avec des insectes. Au bout de 16 à 18 jours, les petits s'envolent, mais les parents continuent de veiller sur eux pendant 3 ou 4 semaines supplémentaires. La famille reste unie jusqu'à la migration d'automne qui a lieu fin août ou début septembre.

La Pie-grièche à tête rousse (1) a la taille de la Pie-grièche écorcheur. De toutes les Pies-grièches, c'est elle qui a le plumage le plus coloré. Elle porte en effet une calotte marron-roux et un masque noir sur les yeux ; les ailes sont noires avec un grand et un petit miroir blancs et la queue est noire bordée de blanc. Le dessous du corps est blanc ainsi que le croupion. Son chant grinçant est agrémenté de sifflements et d'imitations d'autres oiseaux.

2

1

Geai des chênes

Garrulus glandarius

Le Geai des chênes vit partout en Europe, en Afrique du Nord et en Asie (à l'exception des régions méridionales). Il est le plus souvent sédentaire, bien que les populations du nord et du nord-est se regroupent parfois en importantes bandes qui migrent loin vers le sud ou le sud-ouest. Il recherche les forêts de tout genre, les bosquets des champs et les vieux parcs.

Le nid est une petite construction plate que les deux oiseaux bâtissent. La base est formée de branchettes et de tiges, l'intérieur est garni d'herbes sèches et de racines. La femelle pond de 5 à 7 œufs gris-vert tachetés de marron (3) en avril ou en mai. Elle les couve pratiquement seule pendant 16 à 19 jours. À l'âge de 3 semaines, les petits Geais ont suffisamment grandi pour pouvoir quitter le nid. Les deux parents les nourrissent de divers invertébrés, mais aussi de petits rongeurs forestiers, de poussins et d'œufs d'autres oiseaux. En automne, l'élément végétal prédomine dans leur régime alimentaire (baies, faines, noisettes, glands).

Le mâle et la femelle mesurent 34 cm. Ils sont brun rosé (1), le caractère le plus important étant les couvertures alaires d'un bleu lumineux, barrées de petits traits noirs (2). Si on en compte 10 ou 12 (sans tenir compte de celui de la pointe), il s'agit d'un oiseau adulte car les oiseaux d'un an n'en ont que 6 ou 8. Extrêmement vigilant, le Geai des chênes signale à tous les habitants de la forêt la présence de l'homme bien avant que celui-ci n'ait le temps de l'apercevoir, en lançant des cris d'alarme perçants, « retch retch ». Il fait souvent entendre des miaulements, « mié mié », qui rappellent le cri de la Buse variable. Il sait aussi imiter à la perfection les voix d'autres oiseaux, ainsi que des cris et des bruits insolites tels que les bêlements d'une chèvre, les aboiements, les grincements d'une porte, parvenant même à reproduire des mots.

3

2

1

Mésangeai imitateur

Perisoreus infaustus

En Europe, le Mésangeai imitateur vit en Scandinavie et dans le nord de la Russie ; il existe aussi dans la partie septentrionale de l'Asie. Au cours des dernières décennies, il s'est retiré nettement vers le nord et a totalement disparu du sud de la Finlande et des pays Baltes. C'est un habitant de la taïga de conifères et de bouleaux. Sédentaire, il s'installe en hiver à proximité des villages. Certains oiseaux partent vers le sud en automne, pénétrant jusqu'au centre le l'Europe, mais c'est un phénomène assez rare.

Le Mésangeai imitateur niche très tôt au printemps, alors que les paysages nordiques sont encore recouverts de neige. Il bâtit son nid avec de petites branches dans un arbre (souvent un pin), près du tronc, utilisant comme isolant thermique des lichens et des poils. En avril ou en mai, la femelle pond 3 ou 4 œufs verdâtres ou grisâtres, irrégulièrement tachetés de gris-brun ou de brun olive (2), qu'elle couve pendant 16 ou 17 jours. Les jeunes séjournent dans le nid durant 3 ou 4 semaines. Dans la plupart des cas, la famille reste unie jusqu'au printemps de l'année suivante. Le Mésangeai se nourrit d'insectes, de petits rongeurs, d'œufs et de jeunes des oiseaux de la forêt, mais aussi de baies et de graines de conifères (surtout de pins).

2

Le Mésangeai imitateur (1) est nettement plus grand qu'un Merle. Il a un bec court, conique, et de petites plumes blanches sur le front. La coloration fondamentale de son plumage est brun-gris. Il a une calotte brun-gris plus foncée, le croupion, les bords de la queue et des marques sur les rémiges primaires brun-roux, détail bien visible, surtout en vol. Souvent silencieux, il faut néanmoins parfois entendre des « gheeah », des « tcher » rauques ou des « couc couc » bisyllabiques.

PASSÉRIFORMES
CORVIDAE

Pie bavarde

Pica pica

La Pie bavarde vit dans toute l'Europe, dans une grande partie de l'Asie et le nord-ouest de l'Afrique. Elle recherche les paysages dans lesquels les champs et les prés alternent avec les bosquets, les allées, les bouquets d'arbres, les buissons et la végétation du bord de l'eau. Elle n'hésite pas à pénétrer dans les villes et villages.

Le nid se trouve généralement très haut sur un arbre. Dans les endroits où les vieux arbres sont rares, elle l'installe dans les broussailles ou sur un arbre fruitier. La construction faite de racines repose sur une base de branches sèches et sur une couche de terre de 5 cm d'épaisseur environ. Elle est abritée par un petit toit caractéristique formé de branches sèches. En règle générale, les Pies bâtissent plusieurs nids. Fin mars, en avril ou en mai, elles en choisissent un pour nicher. La femelle pond de 5 à 8 œufs brunâtres ou verdâtres tachetés de brun (2) qu'elle couve seule pendant 17 ou 18 jours ; le mâle ne participe qu'exceptionnellement à l'incubation, mais aide activement la femelle à nourrir les petits toujours affamés. À cette époque, les Pies saccagent les nids d'autres oiseaux. Elles capturent aussi des petits rongeurs, des mollusques, des insectes, puis prennent des fruits, du blé et des baies diverses. Les petits restent dans le nid pendant 22 à 27 jours. Lorsqu'ils le quittent, ils vivent en compagnie de leurs parents jusqu'au printemps suivant. La Pie bavarde étant sédentaire, les jeunes nichent eux aussi à proximité des lieux où ils sont nés.

1

On ne peut pas confondre la Pie bavarde (1) avec une autre espèce, à cause de son plumage bigarré, noir et blanc, et de sa longue queue. Abstraction faite de celle-ci, elle a la taille d'une Tourterelle turque. Dans la nature, elle se fait remarquer par ses jacassements bruyants, « tchac tchac tchac » ; au printemps, elle lance un chant assez discret. La Pie est devenue légendaire à cause de sa curiosité et de son attirance pour les objets brillants qu'elle ramasse et qu'elle cache.

2

Casse-noix moucheté

Nucifraga caryocatactes

Le Casse-noix moucheté est originaire de la taïga. Il habite une large bande de terre qui s'étend depuis la Scandinavie jusqu'au Japon à travers toute la Sibérie. Par ailleurs, il vit çà et là en Europe, dans les forêts de conifères en montagne. Actuellement, il se répand dans les forêts de conifères des altitudes plus faibles.

Les Casse-noix mouchetés bâtissent leur nid en mars, alors que la neige recouvre encore le sol. Les deux partenaires participent à sa construction, l'installant dans les branches denses, généralement près du tronc. Ils cassent des rameaux encore verts, souvent directement sur les arbres, pour former un support sur lequel repose une couche caractéristique de morceaux de bois pourri mêlés de lichen. Le nid est garni d'herbes sèches, de mousses et parfois aussi d'un peu de plumes. En mars ou en avril, la femelle pond de 3 à 5 œufs verdâtres parsemés de petites taches brunes et grises (2) qu'elle couve seule pendant 16 à 18 jours. Les deux parents s'occupent des petits au nid pendant 22 à 25 jours. Le Casse-noix moucheté se nourrit surtout de graines de conifères, de faines, de glands et, en automne, de noisettes qu'il tient dans ses pattes et qu'il casse avec son bec. Comme la plupart des Corvidés, les Casse-noix ont l'habitude de se constituer des réserves de graines. Ils ont une mémoire remarquable et parviennent à retrouver leurs cachettes par la suite. Ils dévorent aussi des insectes, des vers, des mollusques et, à l'occasion, de petits mammifères ou des oisillons.

Le Casse-noix moucheté (1) a la taille d'une Tourterelle turque. Il est brun foncé, parsemé de petites taches blanches en forme de gouttelettes. Il porte une grande tache blanche sous la queue ainsi qu'une bande blanche large de 15 à 25 mm à son extrémité. Ce détail permet de distinguer les Casse-noix européens (*N. c. caryocatactes* –4) des oiseaux de Sibérie *(N. c. macrorhynchos)* qui viennent certaines années en Europe et dont la bande terminale est large de 25 à 33 mm (3). Le Casse-noix moucheté lance des « kré kré » rauques et sonores.

1

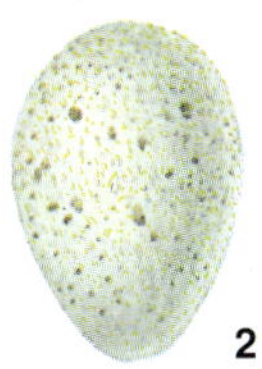

2

3

4

Chocard à bec jaune

Pyrrhocorax graculus

Le Chocard à bec jaune est par excellence une espèce montagnarde qui peuple les massifs de l'Europe méridionale, du nord-ouest de l'Afrique, de l'Asie Mineure, ainsi que le Caucase et les montagnes de l'Asie centrale. Sédentaire, il quitte en hiver les sommets pour chercher sa nourriture plus bas, à proximité des villages et remonte le soir pour dormir. En mars et en avril, il s'installe sur ses lieux de nidification qui se trouvent dans les falaises jusqu'à la limite de l'étage nival. Sociable, le Chocard à bec jaune niche en petites colonies comptant jusqu'à 20 couples, mais aussi isolément.

Le nid est placé dans un trou ou une fente des parois rocheuses. Sa base faite de branches sèches supporte une couche de plantes sèches et de racines; la cavité

2

centrale est tapissée de tiges, de poils et parfois aussi de plumes. Une fois par an, généralement entre avril et juin, la femelle pond 4 ou 5 œufs jaune-gris ou vert-gris abondamment parsemés de taches brunes (2). Elle les couve seule pendant 18 à 21 jours, le mâle l'aidant à nourrir et à élever les petits. Âgés de 25 à 30 jours, les petits Chocards quittent le nid mais vivent encore longtemps en compagnie de leurs parents. Les familles se regroupent ensuite en bandes qui restent unies jusqu'à la fin de l'hiver. Au printemps et en été, les Chocards à bec jaune se nourrissent d'insectes, de vers, d'araignées, de mollusques et de petits rongeurs, s'attaquant, à l'occasion, aux poussins et aux œufs des autres oiseaux. En automne, les baies, les fruits et les graines prennent de plus en plus d'importance dans leur régime alimentaire. En hiver, les oiseaux viennent chercher leur nourriture parmi les détritus dans les stations de sports d'hiver.

Les oiseaux des deux sexes ont le plumage d'un noir brillant, le bec jaune et court et les pattes rouges (1). Ils sont un peu plus grands qu'un Choucas. Le plumage des immatures est d'un noir terne ; leurs pattes et leur bec sont brunâtres. Les cris du Chocard sont des « kriii », des « tchiurp » clairs et des sifflements aigus.

1

Choucas

Corvus monedula

Le Choucas est répandu dans toute l'Europe, à l'exception des régions les plus septentrionales. Il pénètre loin en Asie centrale et, en petit nombre, dans le nord-ouest de l'Afrique. Il est le plus souvent sédentaire ; seules ses populations septentrionales migrent pour l'hiver, revenant dès février et mars sur leurs lieux de ponte. Pour nicher, les Choucas recherchent de vieux arbres, des falaises, des ruines mais aussi les donjons des châteaux, les clochers des églises ou les cheminées des immeubles en ville.

Les deux membres du couple installent leur nid dans un arbre creux, un trou de rocher ou de mur, mais aussi à découvert, dans un clocher. Ils utilisent longtemps le même nid, qui se transforme au fil des ans en une construction monumentale mesurant jusqu'à 50 cm de haut et 1 mètre de large. La base est formée de petites branches (que les oiseaux cassent directement sur les arbres) mêlées de brins de végétaux divers et de terre. La coupe est tapissée d'herbe sèche, de poils et de plumes, dans les villes, de vieux chiffons et de papiers. La femelle couve le plus souvent seule pendant 18 à 20 jours ses 4 à 6 œufs bleutés ou verdâtres (2) dont les taches gris ou brun-noir sont plus nettes que chez les autres Corvidés. Les petits Choucas sont capables de voler au bout de 32 à 36 jours, les deux adultes les nourrissant pendant cette période. Après la mi-juin, ils quittent la colonie pour errer avec leurs parents dans les environs. En automne, les Choucas se joignent aux bandes de Corbeaux freux, en compagnie desquels ils passent la nuit. L'élément végétal prédomine pendant toute l'année dans le régime alimentaire des adultes qui se nourrissent de blé, de maïs, de fruits et de baies, ainsi que d'insectes, mollusques, vers et autres invertébrés, à l'occasion de petits rongeurs. Le Choucas (1) est noir avec le cou et la nuque gris ardoise et l'iris blanc. Il a la taille d'une Tourterelle turque. Il lance, au repos ou en vol, des « kia-kia » clairs. Par ailleurs, il est capable d'imiter des bruits divers et de reproduire des mots.

2

1

Corbeau freux

Corvus frugilegus

1

Le Corbeau freux peuple la majeure partie de l'Europe et une grande partie de l'Asie. Il préfère la campagne cultivée avec des bosquets ou de vieux arbres, mais niche aussi dans les parcs urbains, presque toujours en colonies. Les populations occidentales de Freux sont le plus souvent sédentaires ou nomades, mais celles du nord et du nord-est de l'Europe migrent, pour l'hiver, vers l'Europe occidentale, méridionale et centrale.

Dès la fin du mois de février, les Corbeaux freux réparent les vieux nids ou en construisent d'autres avec des branches cassées, de la terre, de la mousse, des feuilles et des herbes sèches. Au début, les deux membres du couple prennent part aux travaux, mais par la suite, l'un des deux reste en permanence sur le chantier pour empêcher les voisins de voler des matériaux. En mars ou en avril, la femelle pond de 3 à 5 œufs verdâtres tachetés de brun (3) qu'elle couve pendant 17 à 19 jours, se laissant régulièrement nourrir par le mâle pendant cette période. Après l'éclosion des œufs, les deux parents nourrissent les petits au nid pendant 4 semaines. À partir du mois de juin, les oiseaux quittent les colonies pour errer dans les environs. Dans la journée, ils cherchent leur nourriture dans les champs, les prés ou même les villes, mais le soir, ils suivent le même trajet vers l'endroit où ils passent tous ensemble la nuit. Ces grandes bandes restent sur leurs lieux d'hivernage entre octobre et mars. Elles les quittent ensuite peu à peu pour regagner leurs territoires de nidification. Le Corbeau freux se nourrit d'insectes, de vers, de mollusques, de petits mammifères, mais aussi de céréales, de fruits, de restes de pommes de terre, de baies, etc.

Le Corbeau freux a un plumage entièrement noir avec des reflets violets et bleutés. À l'âge de 2 ans, il commence à avoir une zone de peau nue à la base du bec (1). Les plumes occipitales ont l'extrémité arrondie (2). Les Corbeaux freux lancent des croassements qui rappellent ceux des Corneilles et auxquels s'ajoutent des « kaa kaa » brefs et graves. Ils ont la taille des Corneilles, mais sont un peu plus minces.

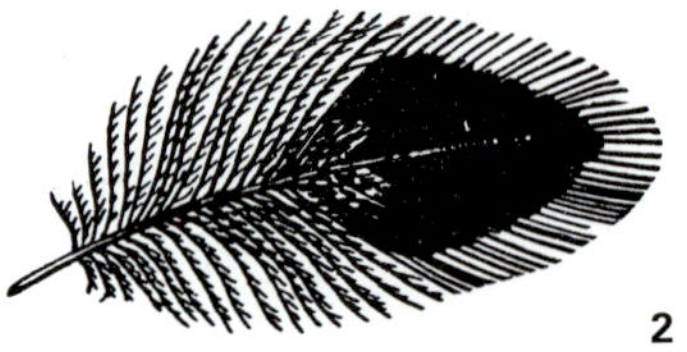

2

3

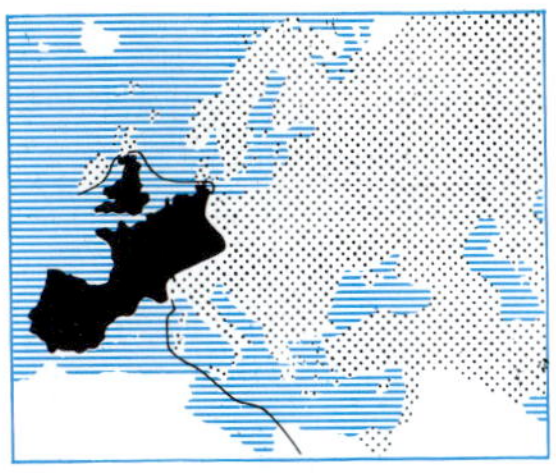

Corneille noire

Corvus corone

En Europe, on rencontre deux sous-espèces de Corneille noire. L'une, *Corvus corone corone,* vit dans la partie occidentale du continent, jusqu'à l'Elbe et la Moldau, d'où elle pénètre en Autriche en direction de Vienne, puis, au-delà des Alpes, jusqu'au nord de l'Italie (en noir sur la carte). L'autre, la Corneille mantelée *(C. c. cornix),* peuple les régions septentrionales et orientales de l'Europe, la Corse, puis l'Asie jusqu'en Sibérie orientale (en pointillé). Dans la zone de contact des deux sous-espèces, on constate la formation de couples mixtes. La Corneille noire est sédentaire, mais sa sous-espèce grise, la Corneille mantelée, effectue, à la mauvaise saison, de longs et fréquents déplacements. Les Corneilles noires vivent à l'orée des forêts dans les bosquets des champs et des prés, mais peuvent aussi nicher en pleine ville, ce qui se vérifie surtout pour la Corneille mantelée. Contrairement aux Corbeaux freux, elles ne nichent jamais en colonies. Monogames, les couples restent unis pendant toute leur existence.

1

Les deux oiseaux bâtissent le nid très haut dans un arbre. La base est faite de branches sèches, de terre et de mousse, avec parfois des bouts de ficelle et des morceaux de papier. L'intérieur est garni d'herbe sèche et de poils. La femelle pond de 4 à 6 œufs (3) qui ressemblent à ceux du Corbeau freux. Elle les couve seule pendant 17 à 20 jours. Après l'éclosion des œufs, le mâle nourrit seul les petits pendant une semaine, tandis que la femelle reste au nid pour les réchauffer. Par la suite, les deux oiseaux élèvent les jeunes. Au bout de 4 ou 5 semaines, les jeunes Corneilles quittent le nid et errent dans les environs jusqu'à l'hiver. La Corneille noire est omnivore.

La Corneille noire mesure 47 cm de long. Son plumage entièrement noir a des reflets verdâtres et pourpres. La Corneille mantelée (1) a la tête, le plastron, les ailes, la queue et les tarses noirs, le reste du corps étant gris. Son bec est plus haut et plus massif que celui du Corbeau freux et elle n'a pas de « culottes ». Ses plumes occipitales sont étroites et pointues (2).

3

2

Grand corbeau

Corvus corax

2

Le Grand corbeau est présent dans toute l'Eurasie, l'Amérique du Nord et le nord de l'Afrique. La partie européenne de son aire est, cependant, extrêmement morcellée car, au XIXe siècle, l'espèce a été exterminée dans de nombreux endroits. Le Grand corbeau est sédentaire, tout au plus nomade. Il niche surtout en montagne, mais aussi dans les forêts de plaine et sur les côtes rocheuses. Monogame, le couple reste uni pendant toute son existence.

Dès février ou en mars, les oiseaux bâtissent, sur un arbre ou dans une falaise escarpée, un nid dont la base est formée de grosses branches et la couche centrale de branches fines, de racines et d'herbes sèches. L'intérieur de la construction est tapissé d'herbes, de mousse, de laine et de poils. La femelle exécute les travaux, tandis que le mâle lui apporte les matériaux. Après les réparations successives, le nid devient une construction monumentale de 1 mètre de haut sur 1 mètre de large. La femelle couve seule pendant 20 à 23 jours ses 4 à 6 œufs vert bleuté, tachetés de brun-noir (2), le mâle veillant sur elle et la nourrissant pendant toute cette période. Les jeunes Corbeaux se développent lentement ; pendant 6 semaines, les adultes leur apportent la nourriture dans leur poche gulaire. Le Grand corbeau se nourrit surtout de charognes qu'il va chercher jusqu'à une distance de 10 km, mais chasse aussi des proies allant de l'insecte au lièvre. Il fouille également les ordures à proximité des chalets de montagne ou des villages.

Le Grand corbeau (1) est le plus grand Passereau d'Europe. Il pèse entre 1 et 1,3 kg, l'envergure de ses ailes atteignant 1,30 m. Son bec est haut et très puissant. Les plumes de sa gorge, longues et pointues, sont souvent hérissées. Les individus des deux sexes sont entièrement noirs. Leur silhouette en vol, avec la queue cunéiforme, est caractéristique. La voix du Grand corbeau comprend des « krok krok » graves et, au moment des parades nuptiales, des « clong-clong » gutturaux et sonores.

Étourneau sansonnet

Sturnus vulgaris

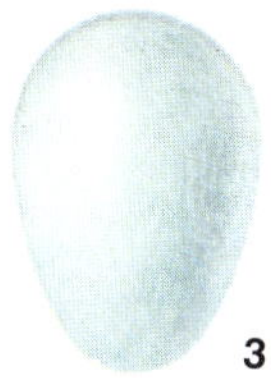

3

L'Étourneau sansonnet est une espèce essentiellement européenne qui niche depuis la France jusqu'à l'Oural. Les émigrés et les colons l'ont introduit en Afrique du Sud, en Australie, en Nouvelle-Zélande et en Amérique du Nord, qu'il a peuplée en 70 ans, à partir de 1890 (2). Il

1

revient sur ses lieux de reproduction dès février ou en mars. À cette époque, les oiseaux vivent encore en petites bandes mais, dès que le temps s'améliore, les mâles se tiennent à côté d'une cavité en chantant à tuetête, les ailes légèrement déployées et le bec largement ouvert. Ils occupent les nichoirs en bois, qui ont certainement joué un rôle important dans l'expansion de l'espèce. À l'origine, le Sansonnet était un habitant des forêts de feuillus ; aujourd'hui, il s'installe non seulement dans les arbres creux mais aussi dans n'importe quel trou dans les rochers et, de plus en plus, dans les creux des murs.

La femelle construit seule le nid, le mâle apportant de temps en temps, de façon symbolique, quelques matériaux : petite branche, paille, racine, brin d'herbe ou plume. La nuit, la femelle couve seule ses 4 à 6 œufs vert bleuté (3); dans la journée, les deux partenaires se relaient, la couvaison durant de 12 à 14 jours. Les deux parents nourrissent les jeunes dans le nid pendant 18 à 22 jours. Quelques couples nichent une seconde fois. En août et septembre, les Sansonnets forment des bandes de plusieurs milliers d'individus. Tous ces oiseaux dorment dans les roselières des étangs, mais aussi dans les branches des arbres, avant de partir en migration en octobre. Pendant la saison de nidification, les Sansonnets se nourrissent surtout d'insectes et de fruits.

Au printemps, l'Étourneau sansonnet est entièrement noir avec des reflets métalliques et moucheté de blanc (1). Chacune de ses plumes porte un liseré blanc qui s'use pendant les mois de printemps ; en juin, sa livrée est d'un noir quasiment uniforme. Le Sansonnet mesure 22 cm de long.

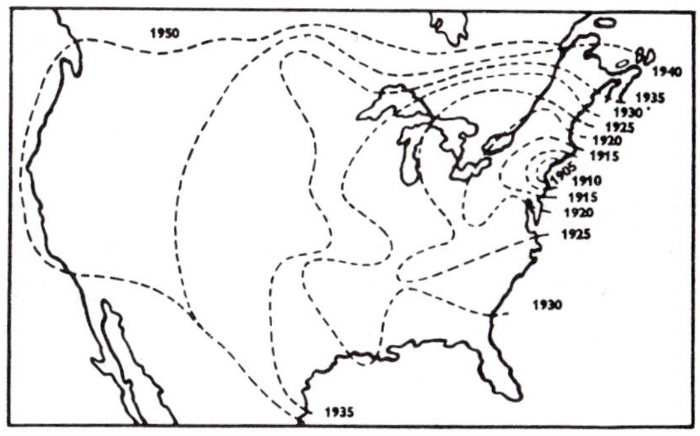

2

Martin roselin

Sturnus roseus

L'aire de répartition du Martin roselin, irrégulière, s'étend sur le sud-est de l'Europe (s'arrêtant, à l'ouest, en Hongrie et en Italie) ; c'est surtout dans le sud-ouest de l'Asie qu'il niche le plus régulièrement. Il vit dans les endroits où il trouve en abondance des criquets, sa nourriture principale. On le trouve en particulier dans les steppes, les vastes pâturages de plaine, ainsi que dans les montagnes d'Asie. Bien qu'il soit migrateur, il envahit parfois des régions qui ne font pas habituellement partie de son aire. Extrêmement sociable, il reste en bande toute l'année, et aime se joindre aux bandes de Sansonnets. Leurs colonies peuvent compter plusieurs milliers de couples. Ils réapparaissent assez tard (en mai ou en juin) sur leurs lieux de nidification.

Le nid est une construction peu soignée faite d'herbes, de tiges, de racines et de plumes, placée dans un tas de pierres, de bois ou de branches, dans un trou de mur, une carrière ou dans le sol. Fin mai ou en juin, la femelle pond 5 ou 6 œufs (2) bleutés, nettement plus clairs et brillants que ceux de l'Étourneau sansonnet. La femelle les couve seule pendant 12 à 14 jours. Les deux parents nourrissent les petits au nid pendant 14 à 19 jours. Ils mangent des criquets et des insectes, et accompagnent souvent les troupeaux, prenant directement les insectes sur la peau des animaux. Ils consomment également des fruits. Après la saison de nidification, au mois d'août, ils s'envolent vers leurs quartiers d'hiver situés le plus souvent au Pakistan et en Inde.

2

Le Martin roselin (1) a la taille d'un Sansonnet. Il a le plumage rose, la tête noire surmontée d'une huppe tombante, les ailes noires ainsi que la queue très faiblement échancrées. Les immatures sont brun clair avec la poitrine tachetée et le bec jaune (les jeunes Sansonnets sont plutôt gris et ont le bec brun). Les manifestations vocales et le comportement du Martin roselin ressemblent beaucoup à ceux de l'Étourneau sansonnet.

Moineau domestique

Passer domesticus

2

Le Moineau domestique est l'espèce commensale de l'homme par excellence. Originaire de la région paléarctique, il a été introduit dans le monde entier. Il peut vivre dans les plus grandes métropoles, entouré à perte de vue de pierre et de béton, où aucune autre espèce ne pourrait survivre. Sédentaire, il reste fidèle à l'endroit où il est né. Sa parade nuptiale bien connue se déroule en février : plusieurs mâles sautillent en piaillant autour d'une femelle, les plumes ébouriffées. Chaque année, les couples nichent trois fois, parfois quatre et très exceptionnellement cinq fois.

Le nid se trouve la plupart du temps dans les trous des édifices, à l'extérieur comme à l'intérieur. Les oiseaux s'installent souvent dans les nids des Hirondelles de fenêtre et de cheminée, dans les parois des nids de Cigogne, dans les nichoirs, les trous d'arbres et les creux des rochers. Il leur arrive parfois de construire leur nid à découvert, sur une branche d'arbre. C'est une sphère à l'aspect désordonné, dotée d'une entrée latérale ; les deux oiseaux le construisent avec des herbes sèches, des brins de paille, des bouts de ficelle et de papier et des chiffons. Ils garnissent l'intérieur d'une grande quantité de plumes, se souciant peu de l'aspect extérieur de la construction. La femelle pond de 4 à 6 œufs à la coloration variable, grisâtre, brunâtre ou verdâtre, constellée de taches grises et brunes (2), qu'elle couve à tour de rôle avec le mâle pendant 12 à 14 jours. Les deux parents nourrissent les petits au nid pendant 14 à 17 jours. Les jeunes sont essentiellement insectivores, mais les adultes prennent une alimentation végétale, le plus souvent des graines. Ils picorent aussi les feuilles, les fleurs et des bourgeons ; en ville, ils fouillent les déchets.

Le mâle (1) a le dessus de la tête gris, les joues blanches, la gorge noire ; la femelle est brun clair dessus, gris-beige dessous. Ils mesurent 15 cm de long.

Moineau espagnol

Passer hispaniolensis

Le Moineau espagnol vit en Afrique du Nord, en Asie Mineure et centrale ; en Europe, il niche en Espagne, en Italie et dans les Balkans, d'où il a récemment pénétré dans le sud de la Roumanie. C'est un oiseau sédentaire ; seules ses populations septentrionales s'envolent vers le sud pour l'hiver. Moins tributaire de l'homme que le Moineau domestique, il niche en colonies souvent très importantes, dans les buissons ou sur les arbres des allées, dans les vallées des rivières, dans les forêts claires, mais aussi dans les villes et villages. Il niche parfois par couples isolés à la base des nids de Cigognes, d'Aigles et d'autres grands oiseaux, ainsi que dans les nids d'Hirondelles. Les colonies sont tantôt pures, tantôt partagées avec des Moineaux domestiques.

De l'extérieur, le nid ressemble à celui du Moineau domestique, mais l'intérieur est soigneusement tapissé de plumes, de crin de cheval et d'aigrettes végétales. La femelle pond vraisemblablement deux fois, entre mai et juillet. La ponte compte entre 4 et 8 œufs blanchâtres tachetés de brun-gris (2). Les parents nourrissent les petits d'insectes. Après leur envol, les jeunes vivent dans un premier temps en compagnie de leurs parents, puis s'en séparent pour se regrouper en bandes qui errent en quête de nourriture ; ils recherchent surtout des graines de plantes cultivées et de plantes sauvages.

Le Moineau espagnol ressemble beaucoup au Moineau domestique, mais en diffère par sa tête marron, sa tache pectorale noire beaucoup plus grande et ses flancs rayés de noir (1). En revanche, on ne peut pratiquement pas distinguer les femelles et les immatures de la femelle du Moineau domestique, le seul critère d'identification étant leurs flancs rayés comme ceux du mâle. La voix des deux espèces est également la même.

2

1

Moineau friquet

Passer montanus

Le Moineau friquet vit dans presque toute l'Europe, en Asie et en Afrique du Nord. Il évite les milieux très urbanisés ; on l'aperçoit rarement dans un parc ou un jardin où croissent de vieux arbres. Il préfère la campagne cultivée où les champs et prairies alternent avec des forêts aux vieux arbres creux. Il s'y installe sur les lisières, dans les vieux vergers, les allées ou la végétation du bord de l'eau, car il est beaucoup plus tributaire de la verdure que le Moineau domestique.

Le couple niche le plus souvent dans un trou d'arbre ou dans un nichoir. Les deux partenaires remplissent la cavité de quantité de paille, de foin et de racines jusqu'à ce qu'ils obtiennent un nid sphérique désordonné, douillettement tapissé de plumes. La femelle pond jusqu'à trois fois par an de 4 à 6 œufs (2) dont la coloration est tout aussi variable que celle des œufs du Moineau domestique. Les deux parents les couvent à tour de rôle pendant 12 ou 13 jours. Au bout de 14 à 16 jours, les petits quittent le nid, et à l'âge de 24 à 26 jours, ils sont capables de subvenir seuls à leurs besoins ; ils se regroupent alors en bandes avec les adultes. Ils errent dans la région et dorment dans les broussailles, dans les frondaisons des arbres, mais même à cette époque, les couples ne se défont pas. L'alimentation du Moineau friquet est surtout animale.

Le mâle et la femelle (1) ont tout le sommet de la tête marron et les joues blanches rehaussées d'une tache noire. Ils sont à peine plus petits que le Moineau domestique. Les cris du Moineau friquet sont des « lip lip » ou « tchic tchic », son chant étant un mélange de motifs analogues. Exceptionnellement, le Moineau friquet se croise avec le Moineau domestique.

2

1

Moineau soulcie

Petronia petronia

Le moineau soulcie est un habitant de l'Europe méridionale, de l'Afrique du Nord et de l'Asie, où il pénètre dans les régions steppiques et montagneuses du centre et de l'est. En montagne, il s'élève jusqu'à 3 000 ou 4 000 mètres. Il niche sur les parois rocheuses exposées au soleil, sur les flancs rocailleux des montagnes, dans les ruines, mais aussi dans les villes et villages. Ce Moineau aime nicher en colonie comptant jusqu'à 100 couples.

Le nid est placé dans les crevasses des rochers, sous les pierres, dans les trous des murs ou sous les toits des maisons. Il est bâti avec des tiges, des brins d'herbe et des racines, l'intérieur étant garni de plumes et de poils. Les femelles pondent généralement deux fois par an, entre avril et juin. Chaque ponte comprend de 4 à 7 œufs blanchâtres, tachetés de brun-gris (2). Les deux parents les couvent à tour de rôle pendant 12 à 14 jours et, après l'éclosion, nourrissent les petits au nid pendant 20 jours. Après leur envol, les jeunes Moineaux soulcies vivent en famille, mais en automne, ils forment des bandes séparées qui pratiquent le nomadisme pour trouver de la nourriture ; cependant, le Moineau soulcie est sédentaire. Il est granivore, frugivore et insectivore.

Le mâle et la femelle du Moineau soulcie, identiques, ressemblent beaucoup à la femelle du Moineau domestique. Des bandes brun foncé bordent les côtés de leur calotte. Ils portent une tache jaune sur la gorge, visible uniquement de près lorsque les oiseaux relèvent la tête (1). L'extrémité de leurs rectrices est rehaussée d'une tache blanche ronde, visible surtout en vol. Les immatures n'ont pas de tache jaune pectorale. Les cris du Moineau soulcie sont des « tilip » bisyllabiques ; son chant comporte des motifs semblables à ceux du Moineau domestique. À terre, le Moineau soulcie ne sautille pas commes les autres Moineaux, mais marche.

1

2

Niverolle (ou **Pinson des neiges**)

Montifringilla nivalis

L'aire de répartition de la Niverolle est très restreinte : elle correspond en effet à l'étage alpin des montagnes de l'Europe méridionale et de l'Asie centrale. En Europe, elle est répandue dans les Pyrénées, les Apennins, les Abruzzes et les Alpes d'où elle pénètre dans l'ouest des Balkans, depuis la Yougoslavie jusqu'au nord de la Grèce. Les Niverolles sont sédentaires. Après la saison de nidification, les familles se regroupent en petites bandes qui montent à des altitudes encore plus fortes que d'habitude. C'est seulement lorsque la neige commence à tomber qu'elles regagnent leurs lieux de nidification. Elles s'aventurent exceptionnellement au pied des montagnes. Les Niverolles nichent dans les terrains herbeux ou pierreux sur les flancs et les sommets des montagnes, au-dessus de la limite supérieure de la forêt.

Entre mai et juillet, les couples installent leur nid dans les creux des rochers, dans les trous des murs et sous les toits des maisons en haute montagne. Les deux adultes prennent part à sa construction, utilisant des herbes sèches, des racines et de la mousse. L'intérieur est tapissé d'herbes plus fines, de plumes et de poils. Les deux parents couvent à tour de rôle pendant 13 ou 14 jours les 4 ou 5 œufs d'un blanc pur. Les petits restent dans le nid pendant 18 à 21 jours avant de s'envoler. Les deux parents les nourrissent avec de petits insectes et en prennent soin. Dans certaines régions, les couples nichent deux fois par saison. L'alimentation des adultes est surtout végétale.

1

La Niverolle (1) est plus grande qu'un Moineau. Elle a la tête grise, le dos brun, une tache pectorale noire et des moustaches blanches. Ses ailes portent une large plage blanche, sa queue est blanche avec les rectrices centrales brun-noir et une bordure terminale noire. En livrée hivernale et en livrée juvénile, les oiseaux n'ont pas de tache pectorale noire et leur bec n'est pas noir mais jaunâtre. Le vol de la Niverolle est rapide et ondulé. Elle ne se perche jamais sur les arbres.

Son cri d'appel est un « tsouihc » ou un « kik », son cri d'alarme un « chreh ». Elle chante au repos ou en vol, son chant étant fait de « sititché-sititché ».

Pinson des arbres

Fringilla coelebs

1

Le Pinson des arbres vit en Europe, Sibérie occidentale, Asie centrale et Afrique du Nord. Il existe partout où il trouve des arbres et des buissons, en abondance, y compris dans les villes et les villages. C'est un migrateur partiel : en Europe occidentale, de nombreux oiseaux passent l'hiver sur leurs lieux de reproduction. Dans le nord du continent, ce sont surtout les mâles qui restent sur place ; ce phénomène n'avait pas échappé au naturaliste C. Linné. Ainsi, lorsqu'il attribua un nom scientifique aux différentes espèces, il qualifia le Pinson des arbres de *coelebs,* qui signifie « célibataire ». La plupart des Pinsons des arbres hivernent en Europe méridionale ou occidentale. Leur migration de printemps a lieu en mars et en avril, celle d'automne, en septembre et en octobre.

3

Le nid est l'une des constructions les plus soignées dans le monde des oiseaux. Il est solidement tressé avec de la mousse, des tiges très fines et des racines, et se fond parfaitement dans son environnement car la femelle prend soin de le dissimuler sous une couche de lichen ramassé sur les branches des environs immédiats, de toiles d'araignées et de cocons d'insectes. L'intérieur est garni de poils, de crins et de petites plumes. La femelle pond de 4 à 6 œufs rougeâtres ou vert bleuté, parsemés de grandes taches foncées, de petites taches et de fins traits brun-roux (3). La femelle est seule à couver. Les petits éclosent au bout de 12 à 14

2♂

jours, et quittent le nid à l'âge de 2 semaines. Les femelles pondent alors une seconde fois, parfois dans le même nid. Ces oiseaux se nourrissent pour les trois quarts de graines et pour le reste d'insectes, qu'ils chassent surtout quand ils élèvent leurs petits.

Le mâle (1, arrière-plan) a, en livrée nuptiale, la tête bleu-gris (puis teintée de brun (2) en automne, après la mue), la poitrine lie-de-vin et le croupion vert. La femelle (1, premier plan) est brun olive dessus. Les individus des deux sexes portent deux bandes blanches qui leur barrent les ailes. Ils ont la taille d'un Moineau.

Pinson du nord

Fringilla montifringilla

1

Le Pinson du nord habite les forêts du nord de l'Europe et de l'Asie. Dans la taïga, il remplace le Pinson des arbres et dans la zone de contact des deux espèces, on observe, très rarement il est vrai, des hybrides. Chaque année, vers le mois d'octobre, les bandes de Pinsons du nord entreprennent leur long voyage vers l'Europe méridionale. En hiver, on les voit souvent en compagnie d'autres Fringillidés sur les chaumes, les prés, les terres en jachère, les terrains vagues et à proximité des mangeoires des faisans. Ils se nourrissent de blé, de graines de plantes sauvages, de fruits de bouleaux, d'aulnes et de conifères. Ils s'arrêtent souvent dans les hêtraies pour manger des faines. Les bandes passent habituellement la nuit dans des conifères ou des hêtres. En mars et en avril, les Pinsons du nord regagnent leurs lieux de nidification nordiques.

3♂

Le nid ressemble à celui du Pinson des arbres. Tous les travaux liés à sa construction ainsi que la couvaison des 5 à 7 œufs (2) sont les mêmes que chez le Pinson des arbres. La femelle s'en charge seule. Les œufs éclosent au bout de 14 jours d'incubation environ et les deux parents nourrissent les petits au nid pendant 11 jours. Ils leur apportent surtout les insectes qui, à cette époque, représentent aussi le principal composant de leur alimentation. Dans les conditions de l'été nordique, les Pinsons ont tout juste le temps d'élever une nichée. Après la saison de nidification, les familles se regroupent et les oiseaux vivent de nouveau en bandes.

2

Le mâle en livrée nuptiale (1) a la tête et le dos d'un noir profond, la poitrine et les épaules orange, le ventre et le croupion blancs (3). En hiver, les bordures grises ou marron de chaque plume tranchent sur le noir de la tête et du manteau. La femelle a l'occiput et la nuque plus bruns et plus tachetés ; les côtés de la tête et du cou sont gris. Le mâle et la femelle ont la taille d'un Pinson des arbres. En vol, le Pinson du nord lance des cris répétés, « tieuc... » et des « kié » plus fins.

Serin à front d'or

Serinus pusillus

Le Serin à front d'or vit dans le Caucase, dans le sud de l'Asie, depuis l'Asie Mineure jusqu'au Tian-Chan. C'est une espèce montagnarde, commune à haute ou moyenne altitude. Dans le Caucase, il monte jusqu'à 3 000 mètres. Il recherche les rochers, les éboulis, les vallées, l'étage de la steppe pierreuse où croissent les berberis, les hippophaés et les rhododendrons, les bosquets clairsemés de bouleaux et de pins. Sédentaire, le Serin à front d'or descend pour l'hiver, par petites bandes, à des altitudes plus faibles, dans les larges vallées des rivières ou jusqu'au pied des montagnes. Au début du mois de mai, les bandes se disloquent en couples qui s'installent non loin les uns des autres. La ponte commence dès la fin du mois de mai, les couples nichant de nouveau en juillet.

2

Le nid est une construction solide faite d'herbe, de mousse et de racines, garnie de plumes et de poils. Il est placé dans les crevasses des rochers ou dans les broussailles basses et très denses. La femelle couve seule pendant 14 jours ses 3 à 5 œufs bleutés constellés de petites taches et de traits brun-noir. Les petits restent dans le nid pendant 15 à 17 jours ; après leur envol, le mâle continue de les nourrir dans les environs pendant 5 à 7 jours. Le Serin à front d'or consomme de petites graines de plantes de montagne, d'aulnes et de bouleaux.

Le Serin à front d'or est l'un des plus petits et des plus jolis Fringillidés. Il est plus petit que le Serin cini. Il a la tête, la gorge, la poitrine et la nuque noires, le dos couleur canelle avec des rayures noires, le ventre et les flancs jaune-gris tachetés de noir et le croupion orange. Les oiseaux adultes (1) ont le front rouge, tandis que les immatures (2) ont la tête brun foncé. Les vieilles femelles peuvent être beaucoup plus colorées que les jeunes mâles, quoique la tache rouge et la plage pectorale noire soient chez elles plus petites.

1

Serin cini

Serinus serinus

Le Serin cini est originaire de la région méditerranéenne. Au cours du XIXe siècle, il a commencé à se répandre vers le nord, et aujourd'hui il habite la Scandinavie. Sa progression vers l'est a été bien plus lente et il n'existe que dans les régions frontalières de l'U.R.S.S. Migrateur, le Serin cini s'envole courant octobre vers la Méditerranée, mais un nombre croissant d'individus hivernent en Europe centrale. En avril, les Serins commencent à occuper leurs lieux de reproduction dans les bouquets d'arbres, les allées, la végétation du bord de l'eau et à l'orée des bois. Ils aiment s'installer dans les jardins, les vergers, les parcs et les cimetières.

Aussitôt après la parade nuptiale, la femelle commence à tresser un petit nid à l'aspect soigné avec de petites racines, des tiges, des toiles d'araignées et des lichens. Elle le garnit de laine végétale, de poils et de plumes. Il se trouve sur une branche latérale d'un arbre, souvent un conifère. La femelle couve pratiquement seule ses 3 à 5 œufs bleutés parsemés de petites taches rousses, de mouchetures et de traits marron foncé (2). Elle les réchauffe pendant 12 à 14 jours, relayée de temps à autre par le mâle. Les deux parents nourrissent les petits. Contrairement à d'autres Passériformes, ils n'avalent pas leurs fientes et n'en débarrassent pas le nid, si bien qu'elles s'accumulent sur son pourtour, détail qui permet d'identifier le nid. Les petits s'envolent au bout de 14 à 16 jours et la femelle peut alors pondre une seconde fois. La période de reproduction se prolonge donc depuis la fin du mois d'avril jusqu'au début de juillet. Après la saison de nidification, les Serins

2

cini se regroupent en petites bandes, parfois avec d'autres oiseaux granivores, et se nourrissent surtout de graines de plantes sauvages ou cultivées.

Le mâle (1, debout) a le front, la poitrine et le croupion d'un jaune vif, le reste de son corps étant gris-jaune, strié dans le sens de la longueur. Il lance son long chant aigu dans lequel on décèle ses cris bisyllabiques (« ghirlic »), perché dans un endroit surélevé ou pendant son vol nuptial. Le plumage de la femelle (1, couchée) est dans les tons plus bruns et ses rayures sont plus nettes. Le Serin cini est beaucoup plus petit qu'un Moineau : il ne mesure que 11 cm.

1

PASSÉRIFORMES
FRINGILLIDAE

Verdier

Carduelis chloris

1

Oiseau d'Europe, le Verdier pénètre aussi en Afrique du Nord et en Asie Mineure et centrale. En Europe, ses populations sont partiellement migratrices. Celles du nord et du nord-est migrent, en automne, en Europe centrale et méridionale, les oiseaux qui vivent plus au sud ne faisant qu'errer à proximité de leurs lieux de nidification. Les Verdiers migrateurs reviennent en mars et en avril. Ils aiment s'installer dans les paysages de parc où ils trouvent des bouquets d'arbres et des buissons. Ils nichent aussi dans les jardins et les cimetières, même au cœur des grandes villes. À l'instar d'autres Fringillidés, ils ont besoin de trouver à proximité de leur nid des terrains dégagés pour y chercher leur nourriture.

2

Le nid, assez grand, est fait de petites branches, de racines, d'herbe et de mousse (qui transparaît en général dans les parois). L'intérieur est garni de fines radicelles, de poils et de plumes. Au printemps, avant que les feuilles ne commencent à verdoyer, la femelle le bâtit de préférence dans un conifère, mais lors de la seconde et, exceptionnellement, de la troisième ponte, elle l'installe plutôt sur un feuillu. Elle pond de 4 à 6 œufs bleutés, parsemés de quelques grandes taches gris violacé et de petites taches brun-roux (2) qu'elle couve seule pendant 12 à 14 jours. Le mâle la nourrit pendant cette période et l'aide à élever les petits. Les jeunes Verdiers s'envolent du nid au bout de 14 à 16 jours. Les parents leur donnent surtout une alimentation végétale ramollie dans leur jabot, qu'ils complètent à l'occasion par une chenille ou un coléoptère.

Le mâle (1) est vert olive, avec la bordure des ailes et de la queue d'un jaune éclatant. La femelle est plutôt gris-vert, les plages jaunes n'étant qu'ébauchées. Tous deux ont la taille d'un Moineau. Le mâle lance son chant monotone en vol ou perché dans un endroit surélevé. Ses cris sont des « ghi ghi ghi » ou des « gugugu ».

Chardonneret

Carduelis carduelis

1

Le Chardonneret fréquente la campagne cultivée parsemée de nombreux arbres. Il vit dans les vergers, les parcs, les jardins, ainsi que dans les terrains vagues d'une grande partie de l'Europe.

La femelle bâtit presque toujours son nid sur un feuillu, très souvent sur un arbre fruitier ; elle le place généralement sur les rameaux terminaux des branches latérales. Le nid est une construction aux parois solides, légèrement incurvées en haut vers l'intérieur et tressées avec soin avec des tiges fines, des racines et de la mousse. Il comporte aussi des cocons d'insectes et des lichens ramassés sur les arbres environnants ; il se confond donc parfaitement avec les branches sur lesquelles il repose. La femelle pond dans la

2

coupe garnie d'aigrettes de chardons et de poils, 4 ou 5 œufs blanchâtres tachetés de roux et rehaussés de mouchetures et de petits traits violacés (2). Elle couve sa ponte pendant 12 à 14 jours, le mâle la nourrissant pendant toute cette période. Les deux parents nourrissent les petits d'insectes, puis de graines ramollies dans leur jabot. Les petits Chardonnerets restent dans le nid pendant 12 à 14 jours avant de s'émanciper. Les adultes nichent une seconde fois et, vers la fin de l'été, se regroupent en bandes avec les immatures. Ces bandes errent dans les terrains vagues, les terres laissées à l'abandon et les prés envahis par les mauvaises herbes où les oiseaux extraient des chardons, des bardanes et d'autres plantes sauvages des graines dont ils sont très friands. Une partie des Chardonnerets continuent à errer en hiver à proximité des lieux de reproduction, mais un bon nombre d'entre eux s'envolent, en octobre ou en novembre, jusqu'au sud de l'Europe d'où ils reviennent en mars ou en avril.

On reconnaît facilement le Chardonneret (1) à son plumage rouge, noir, blanc et jaune. Il grimpe habilement sur les fines ramilles des bouleaux et des aulnes pour extraire des petites graines de leurs fruits. Très souvent, surtout en vol, il lance ses cris d'appel clairs, « chtiglit », motif qu'on décèle dans son chant gazouillant.

Tarin des aulnes

Carduelis spinus

Le Tarin des aulnes vit en Europe centrale, orientale et septentrionale, en Asie Mineure et en Sibérie orientale. Il recherche les forêts de conifères, plus rarement les forêts mixtes, nichant tout à fait exceptionnellement dans les forêts de feuillus. Les Tarins des aulnes nordiques migrent régulièrement vers le sud, hivernant en Europe occidentale, centrale ou méridionale. Les populations qui vivent dans les montagnes descendent pour l'hiver dans les plaines où elles recherchent les bouleaux et les aulnes dont les graines constituent à cette époque leur principal aliment. La migration de retour se déroule régulièrement en mars.

En général, la femelle bâtit son nid très haut, dans les aiguilles denses à l'extrémité des branches latérales. Il est tressé avec art en rameaux fins, racines, herbes sèches, mousse et lichen, puis consolidé avec des soies d'insectes. L'intérieur est tapissé de racines, de poils et de plumes. Entre avril et juillet, les couples nichent deux fois ; chaque ponte compte 4 ou 5 œufs bleutés parsemés de taches rousses floues et de quelques rares mouchetures et stries noires. La femelle couve seule pendant 12 à 14 jours, tandis que le mâle lui apporte de la nourriture. Les deux parents élèvent les petits pendant 13 à 15 jours, les nourrissant presque exclusivement d'insectes. À la fin de la saison de reproduction, en août, les adultes et les immatures se regroupent en bandes qui errent dans la région.

Le Tarin des aulnes a la taille d'un Serin cini. La coloration fondamentale du mâle (1, à droite) est jaune-vert. Il est coiffé d'une calotte noire et a le menton noir. Ses ailes sont barrées de deux bandes jaunes. La femelle (1, à gauche) n'a pas de plages noires sur la tête. Elle est plutôt gris-vert et tachetée. Le chant du Tarin des aulnes est un mélange de notes grinçantes, de gazouillis et de sifflements brefs. Le mâle chante souvent en volant en cercles au-dessus des arbres. Son vol battu rappelle celui d'une chauve-souris. En vol, les oiseaux font aussi entendre leur cri de contact, des « tsui » caractéristiques.

1

Linotte mélodieuse

Carduelis cannabina

L'aire de répartition de la Linotte mélodieuse occupe presque toute l'Europe, une partie de la Sibérie occidentale, l'Afrique du Nord, ainsi que l'Asie Mineure et centrale. Cette Linotte fréquente les paysages variés dans lesquels les versants broussailleux, les haies et les bosquets alternent avec des étendues couvertes de végétation herbacée où elle vient chercher sa nourriture. On la rencontre aussi dans les vignes, les cimetières, les parcs et les landes côtières. Souvent, plusieurs couples nichent à proximité les uns des autres. L'union des Linottes est beaucoup plus durable que celle des autres Fringillidés. Les deux partenaires ne se quittent pratiquement jamais, restant unis au sein des bandes qui se forment après la saison de reproduction. Ces bandes passent l'hiver à proximité des lieux de ponte ou s'envolent vers la région méditerranéenne. Elles réapparaissent dans leur territoire en mars ou en avril.

La femelle bâtit seule son nid, généralement assez bas dans un buisson touffu, utilisant comme matériaux de construction des tiges, des racines, des fibres végétales diverses, de la laine et des poils. Elle couve pratiquement seule pendant 12 à 14 jours les 4 à 6 œufs bleutés, finement mouchetés de marron, le mâle venant parfois la relayer pour un court moment. Les petits restent dans le nid pendant 10 à 12 jours. Lorsqu'ils le quittent, le mâle les prend en charge, tandis que la femelle bâtit un autre nid pour la prochaine ponte. La Linotte mélodieuse consomme beaucoup de graines.

Le mâle (1) a la poitrine et le front carmin, les joues et le cou gris et le dos marron. En automne, après la mue, les tons rouges disparaissent de son plumage. La femelle, brune, est rayée de brun-noir dans le sens de la longueur. Les individus des deux sexes ont la taille d'un Chardonneret. Le chant est très varié, la Linotte mélodieuse étant le meilleur chanteur de tous les Fringillidés.

1

Linotte à bec jaune

Carduelis flavirostris

L'aire de répartition de la Linotte à bec jaune est insolite : en Europe, elle s'étend sur la Grande-Bretagne, l'Irlande, la Norvège, la Suède, et la Finlande, en Asie, sur les montagnes de l'Asie Mineure et centrale. On pense que la Linotte à bec jaune a pénétré en Europe après la dernière ère glaciaire, le long des glaciers qui étaient alors en train de reculer. Leur fonte aurait provoqué cette division de l'aire de la Linotte en deux parties. La Linotte à bec jaune est aussi bien sédentaire ou nomade que migratrice. Les individus qui migrent pour l'hiver hivernent en Europe jusqu'à la région méditerranéenne. Dans le nord, les Linottes vivent à des altitudes assez fortes, dans les endroits dépourvus d'arbres, herbeux ou buissonneux, ainsi que sur les côtes et les îles. Dans leurs quartiers d'hiver et en migration, on les rencontre sur les chaumes, les landes, les terres en jachère et les terrains vagues.

Elles nichent en petites colonies ; les nids, clairsemés, se trouvent au sol, dans les cavités des rochers, des pierres ou bien juste au-dessus du sol. Ce sont des constructions assez grandes, faites d'herbes sèches et de mousse, l'intérieur étant garni de duvet végétal. Entre mai et juillet, la femelle pond de 4 à 6 œufs bleutés mouchetés de brun-roux (2) qu'elle couve seule pendant 12 ou 13 jours. Les deux parents nourrissent les petits au nid pendant une quinzaine de jours. Lorsque ceux-ci s'émancipent, les adultes ont souvent le temps de nicher une seconde fois. Après la saison de nidification, les Linottes à bec jaune se rassemblent en bandes qui s'envolent, à partir du mois d'octobre, vers le sud. La migration de retour a lieu en février ou en mars.

2

La Linotte à bec jaune (1) est plus petite qu'un Moineau. Elle est brune, rayée de noir et de marron dans le sens de la longueur. Sa gorge est couleur cannelle ; le croupion du mâle est teinté de rose. Le bec est jaune-gris en été, jaune en hiver. En vol, l'oiseau lance fréquemment des « ghié-ghié-ghié » doux et des « tchouï » sonores. Son chant rappelle celui de la Linotte mélodieuse, mais il est plus lent.

1

Sizerin flammé

Carduelis flammea

Le Sizerin flammé vit surtout dans la toundra nordique de l'Eurasie et de l'Amérique du Nord. Il niche aussi sur les îles Britanniques et dans les montagnes de l'Europe centrale où il monte à l'étage des arbres rabougris. Récemment, on a observé une expansion de l'espèce à des altitudes plus basses où elle

1

a peuplé les bosquets de bouleaux et de pins dans les tourbières, les saules et les aulnes le long des cours d'eau et même les parcs et les jardins des villes et des villages.

En général, les couples se réunissent pour nicher en petite colonie. La femelle bâtit pratiquement seule le nid ; le mâle l'accompagne pendant sa collecte de matériaux, prenant parfois l'initiative d'en apporter. Le nid est

2

placé à une hauteur variable sur un conifère ou un feuillu. Il se compose de fins rameaux, de racines et de mousse et la coupe est garnie de crin et de duvets végétaux. Les 4 ou 5 œufs bleutés, parsemés de taches marron clair (2), éclosent au bout de 12 à 14 jours de couvaison, les petits quittent le nid au bout de 11 à 14 jours. La femelle couve seule, le mâle la nourrissant pendant cette période ; les deux partenaires élèvent les petits. Dans les conditions climatiques de l'Europe centrale, les couples peuvent élever deux nichées entre mai et juillet. Le régime alimentaire du Sizerin flammé ressemble beaucoup à celui du Tarin des aulnes. Les Sizerins quittent chaque année leurs lieux de nidification vers le mois d'octobre pour se rendre en Europe centrale et même jusqu'en Europe méridionale. Certains hivers, leur arrivée massive a un caractère d'invasion.

Le Sizerin flammé (1) est brun-gris, rayé de brun et de noir dans le sens de la longueur. Il a le front rouge, le menton noir et deux bandes alaires claires. La poitrine du mâle est teintée de rouge. En vol, il fait entendre son cri d'appel caractéristique, « tieup, tieup » entrecoupé de temps en temps par un « tirrre » vibrant. Les Sizerins et les Linottes sont des Passereaux de petite taille, comme le Chardonneret.

Sizerin blanchâtre

Carduelis hornemanni

2

Le Sizerin blanchâtre est un habitant de la toundra arctique d'Europe, d'Asie et d'Amérique du Nord. En Europe, on ne le rencontre donc qu'à l'extrême nord de la Scandinavie et de l'U.R.S.S. Il migre de façon irrégulière, certains hivers seulement et en nombre variable, se dirigeant alors vers le sud, le plus souvent vers la mer Baltique et le centre de l'U.R.S.S. Il hiverne parfois aussi sur les îles Britanniques et en Europe centrale où on peut le rencontrer entre novembre et février. Il niche dans la toundra buissonneuse aussi bien en altitude que dans les bassins des rivières et sur le littoral, bâtissant son nid dans les buissons de bouleaux et de saules nains. Les couples se réunissent souvent en une sorte de colonie.

Le nid est construit avec des rameaux fins, des racines et de l'herbe ; l'intérieur est garni de poils, de plumes et d'aigrettes de plantes. Compte tenu des rigueurs du climat nordique, les couples ne nichent qu'une seule fois en juin ou en juillet. La femelle pond de 4 à 6 œufs (2) qui rappellent par leur coloration et par leur taille ceux du Sizerin flammé. L'incubation dure 11 ou 12 jours et les jeunes restent autant de jours au nid. Le Sizerin blanchâtre se nourrit de graines de plantes diverses, d'aulnes et de bouleaux, mais aussi de petits insectes.

Le Sizerin blanchâtre (1) ressemble au Sizerin flammé, mais il est nettement plus clair. Il a toujours le croupion d'un blanc immaculé, le dessous blanchâtre et le dos gris pâle, tacheté de brun. Les individus des deux sexes ont le front carmin. Le mâle a la poitrine légèrement teintée de rose. Sa voix et son comportement sont les mêmes que ceux du Sizerin flammé.

Bec-croisé des sapins

Loxia curvirostra

Le biotope caractéristique du Bec-croisé des sapins est la forêt de sapins et d'épicéas de l'Eurasie et de l'Amérique du Nord. L'espèce peuple aussi le nord-ouest de l'Afrique. Cet oiseau est tributaire toute sa vie des cônes de sapins et d'épicéas ou, plus exactement, des graines qu'ils renferment. Ceci détermine l'un des traits insolites de son comportement : c'est en effet le seul oiseau qui niche en hiver, car à cette époque les cônes mûrissent. Sa principale période de reproduction va de janvier à avril, bien qu'il soit capable de nicher à n'importe quel mois. C'est un oiseau sédentaire ou nomade qui se déplace en quête de cônes, ces voyages pouvant prendre l'allure d'invasions : certaines années, les Becs-croisés des sapins pullulent littéralement dans une région qu'ils désertent totalement l'année suivante.

Le nid est une solide construction dont les parois peuvent atteindre 4 cm d'épaisseur, garantissant une bonne isolation thermique. La femelle le bâtit haut dans les conifères, utilisant comme matériaux de petites branches, des tiges, de la mousse et des lichens. Elle en garnit abondamment l'intérieur avec des herbes sèches, des poils et des plumes. Elle pond 3 ou 4 œufs blanchâtres parsemés de petites taches brun-roux ou noires (3). La température de l'air étant très basse, elle commence à couver dès la ponte du premier œuf et, durant 14 à 16 jours, ne s'éloigne pratiquement pas du nid, le mâle lui apportant de la nourriture pendant cette période. Après l'éclosion des œufs, la femelle nourrit d'abord seule les petits, puis le mâle lui apporte son aide. Les petits s'envolent du nid au bout de 14 à 16 jours, mais vivent encore quelque temps en compagnie de leurs parents.

Le mâle adulte (1) a le plumage rouge brique, mais on rencontre souvent des mâles jaune-vert, semblables aux femelles (2). Les adultes sont un peu plus grands qu'un Moineau. Les immatures sont brun-gris. Les mandibules de leur bec ne se croisent qu'à l'âge de 3 semaines. Les cris les plus fréquents sont des « kip-kip » sonores.

2♀

3

Bouvreuil à ailes roses

Rhodopechys sanguinea

L'aire de répartition du Bouvreuil à ailes roses est disposée de manière très curieuse : elle s'étend sur le sud-ouest de l'Asie, côtoyant le continent européen en Turquie et en Transcaucasie, puis sur l'Atlas, au Maghreb. Le Bouvreuil à ailes roses est un oiseau sédentaire qui, au fil des saisons, alterne ses séjours en haute montagne avec des stations à des altitudes plus basses : au printemps, il monte haut dans la montagne ; pour l'hiver, il redescend dans les vallées mieux abritées. Il niche en haute montagne, dans les endroits rocheux très accidentés à la végétation pauvre, atteignant parfois l'étage alpin. En principe, il ne descend jamais en-dessous de 1 200 mètres, et monte jusqu'à 3 200 mètres.

On connaît mal sa vie familiale. Il niche probablement entre mai et juillet. Les petits œufs blancs portent des taches grises ou vert-gris, près de l'extrémité la plus large. On ignore comment est fait le nid, la durée de la couvaison et des soins que les adultes prodiguent aux petits. Le Bouvreuil à ailes roses prend essentiellement une alimentation végétale qui consiste en diverses graines.

Par sa taille et sa silhouette, ce Bouvreuil (1) ressemble plutôt au Gros-bec. Son bec est également fort et court, mais se distingue par sa couleur. Il a le dessus gris-brun constellé de taches plus foncées et le dessous gris roussâtre. Son occiput est noir, ses ailes portent de grandes plages roses. La femelle a presque la même coloration mais son occiput est plutôt brun et la teinte rose de ses ailes est moins intense. La voix du Bouvreuil à ailes roses ressemble à celle de la Linotte mélodieuse.

Bouvreuil de Lichtenstein

Rhodospiza obsoleta

Le Bouvreuil de Lichtenstein a, en Asie, une répartition similaire à celle du Bouvreuil à ailes roses, mais il ne niche pas en Afrique. Ses populations septentrionales migrent pour l'hiver vers le sud et le sud-ouest jusqu'aux rives de la Méditerranée, les autres populations étant sédentaires. Le Bouvreuil de Lichtenstein vit dans les vergers et les jardins des villes, dans les oasis et la végétation du bord de l'eau et des canaux d'irrigation, dans la steppe ou la steppe boisée, à la périphérie du désert où croissent des plantes ligneuses, mais toujours à proximité des points d'eau.

Les oiseaux restent groupés même pendant la période de reproduction. Les couples nichent les uns près des autres et s'envolent ensemble pour chercher leur nourriture et se désaltérer. Ils bâtissent leur nid dans les arbres et les buissons, généralement à une hauteur de 2 mètres, sans se donner la peine de le dissimuler. C'est une construction bien caractéristique qu'on reconnaît facilement : l'extérieur est fait de branchettes déposées et tressées rapidement. Le poids des matériaux surprend lorsqu'on le compare à la taille de l'oiseau, à peine plus grand qu'un Moineau. L'intérieur du nid est tapissé de poils de chameau et de mouton, ainsi que de duvets végétaux. En avril, la femelle pond de 5 à 7 œufs bleutés marqués de taches sombres. Les deux partenaires les couvent à tour de rôle. Les couples nichent généralement deux fois. Lorsque les jeunes de la seconde nichée quittent le nid, les Bouvreuils de Lichtenstein se regroupent en bandes qui errent dans les environs, se nourrissant de graines.

Le Bouvreuil de Lichtenstein a la taille d'un Verdier. Il est brun-gris avec les rectrices et les rémiges noires bordées de blanc et des plages roses sur les ailes. Le mâle (1, premier plan) a le menton noir et une petite bande de même couleur entre les yeux et le bec, cette bande étant brune chez la femelle (1, arrière-plan). Le cri d'appel est un « finc-finc » doux ; le chant rappelle celui du Verdier.

Roselin cramoisi

Carpodacus erythrinus

L'aire de répartition du Roselin cramoisi forme une bande qui s'étend depuis l'Europe orientale jusqu'en Sibérie occidentale. L'espèce vit aussi dans les montagnes de l'Asie Mineure. Actuellement, elle s'avance en Europe méridionale et occidentale. Oiseau migrateur, le Roselin cramoisi passe l'hiver dans une zone allant de l'Asie Mineure à l'Inde. Il migre fin août ou courant septembre, réapparaissant sur ses lieux de reproduction en mai ou en juin. Il s'installe en général à proximité de l'eau : dans les vallées de rivières et de ruisseaux à la végetation luxuriante, dans les prés humides agrémentés de quelques buissons et, en montagne, jusqu'à l'étage des arbres rabougris. Par endroits, on peut le rencontrer dans les jardins envahis par la végétation.

La femelle bâtit seule son nid peu solide dans les herbes denses ou sur les branches inférieures d'un buisson, utilisant comme matériaux de construction de grosses tiges et de fines branchettes. L'intérieur est garni d'herbes fines, de racines et de poils. En juin, elle pond de 4 à 6 œufs bleu vif parsemés de quelques petites taches brunnoir (3), qu'elle couve pendant 12 à 14 jours. Les jeunes Roselins quittent le nid à l'âge de 11 à 13 jours, alors qu'ils ne savent pas encore très bien voler. Les deux parents nourrissent les petits de graines ramollies dans leur jabot et d'insectes. Les adultes prennent surtout une alimentation végétale : graines d'herbes et d'arbres, bourgeons, feuilles.

Le Roselin cramoisi a la taille d'un Moineau. Le mâle adulte en livrée nuptiale (1) a la tête, la poitrine et le croupion rouge carmin et le ventre rosé. Après la mue d'automne, les tons rouges s'effacent de son plumage au point qu'il finit par ressembler à la femelle (2) brun olivâtre, parsemée de taches plus foncées. Les jeunes mâles ne sont pas rouges avant l'âge de 2 ans. Le chant du Roselin cramoisi est un sifflement mélodieux, « hit-jit-iehitia ».

1

2

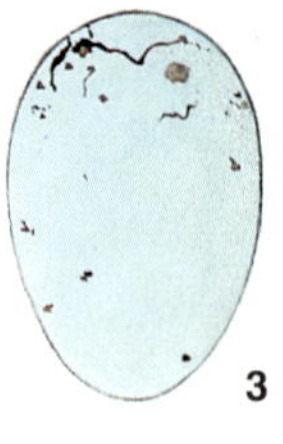

3

Grand roselin tacheté

Carpodacus rubicilla

Le Grand roselin tacheté ne pénètre en Europe qu'au niveau de la chaîne du Caucase ; son aire de répartition s'étend surtout sur les massifs de l'Asie centrale, où il monte jusqu'à une altitude de 2 500 mètres. Il recherche les alpages, les versants rocheux bien ensoleillés et recouverts de végétation rase, ainsi que les forêts de conifères ou de feuillus. Sédentaires, les Grands roselins tachetés se contentent de descendre à des altitudes plus faibles, entre 1 000 et 1 500 mètres, pour passer l'hiver en petites bandes. Celles-ci se défont au début du mois d'avril, au moment où les oiseaux remontent. Au cours de sa parade nuptiale, le mâle essaie d'attirer l'attention d'une femelle par des mouvements particuliers, des bonds sur les corniches rocheuses ou les pierres. Il laisse pendre ses ailes, déploie la queue et chante sans cesse. Les couples nichent séparément ou en petites colonies.

1

Le nid fait de végétaux se trouve dans une crevasse de rocher ou sur les branches inférieures d'un buisson. Dès la fin du mois de mai ou début juin, la femelle pond 4 ou 5 œufs bleu-vert, faiblement mouchetés de brun ou de brun-noir, qu'elle couve pendant 13 ou 14 jours. On connaît mal la vie familiale du Grand roselin tacheté. Il se nourrit de graines et de baies de différentes plantes et arbustes de montagne.

Le Grand roselin tacheté (1) est le plus grand représentant du genre *Carpodacus.* Le mâle adulte (c'est-à-dire âgé d'au moins 2 ans) en livrée nuptiale (2) est rouge carmin foncé, avec la tête et le dessous parsemés de taches blanches. Les jeunes mâles sont brun-gris. Les femelles sont surtout brun-gris avec le dessous parsemé de nombreuses taches foncées. Le chant de ce Roselin, très fort, est audible à 1 km de distance. Il se compose de 7 ou 9 sifflements dont les 2 ou 3 premiers sont particulièrement forts et aigus, les suivants s'atténuant au fur et à mesure.

2♂

Bouvreuil pivoine

Pyrrhula pyrrhula

3

L'aire de répartition du Bouvreuil pivoine s'étend sur presque toute l'Europe et sur une large bande de terrain en Asie, du nord de l'Himalaya jusqu'au Japon. Il vit en montagne dans les forêts de résineux, mais on le rencontre

1

également dans les forêts mixtes ou de résineux en plaine, dans les vieux parcs, les cimetières et les jardins. Sous les climats tempérés, les Bouvreuils sont sédentaires, errant tout au plus à proximité de leurs lieux de reproduction. Les populations nordiques, en revanche, se déplacent assez loin vers le sud pour l'hiver.

En mars, le Bouvreuil pivoine revient par couples dans ses lieux de nidification et en avril, la femelle, assistée par le mâle, commence à bâtir le nid. Elle ne l'installe pas très haut, généralement sur une branche près du tronc d'un conifère touffu. C'est une construction plate faite de petites branches peu serrées et sur lesquelles la femelle place une coupe de fines racines, d'herbes sèches, de lichens et de poils. La ponte se compose de 4 ou 5 œufs bleu ciel parsemés de grandes taches grises floues et de petites taches et traits brun-noir (3). La femelle couve seule pendant 13 à 15 jours, le mâle se chargeant de la nourrir au nid. Les petits sortent du nid à l'âge de 14 à 17 jours. Les parents les nourrissent alors d'une purée de petites graines décortiquées et de fruits qu'ils rejettent de leur jabot ; ils leur apportent aussi, en petite quantité, des insectes et des araignées. Près de la moitié des couples niche une seconde fois en juin ou en juillet. En hiver, le Bouvreuil pivoine a une alimentation exclusivement végétale : graines de plantes, d'arbres, d'arbustes et bourgeons.

Le Bouvreuil pivoine a la taille d'un Moineau. Sa tête est noire, son dos gris ; le croupion et la bande alaire sont blancs. Le mâle (1) a le dessous rouge, la femelle (2) brun-gris. Le cri le plus caractéristique est un « diu diu » plaintif doux dont l'imitation permet d'attirer facilement l'oiseau. Le chant est un gazouillis faible ; la femelle chante aussi mais son chant est encore plus insignifiant que celui du mâle. Les couples restent souvent unis pendant l'hiver.

2♀

Gros-bec

Coccothraustes coccothraustes

Le Gros-bec (1) vit dans toute l'Europe jusqu'au sud de la Scandinavie, en Afrique du Nord et en Asie, dans une zone qui s'étend au sud de la taïga jusqu'au Japon. La plupart des Gros-becs d'Europe centrale s'envolent vers le sud pour l'hiver, abandonnant leur habitat aux populations venues du nord. Les oiseaux méridionaux sont sédentaires. Le Gros-bec vit dans les forêts claires de feuillus ou mixtes, dans les bosquets et les parcs, dans les vieux jardins et les vergers.

Dès le mois d'avril, la femelle commence à bâtir un nid, généralement sur un feuillu. C'est une construction assez importante reposant sur un support de longues et fortes branchettes qui dépassent sur les côtés. Le nid à proprement parler est fait de racines et d'herbes ; l'intérieur est garni de radicelles fines. La femelle couve pratiquement seule pendant 12 à 14 jours ses 4 à 6 œufs bleutés parsemés de grandes taches grises, de mouchetures et de lignes brun-noir (3). Le mâle la nourrit pendant cette période. Les deux parents élèvent les petits au nid pendant 10 à 14 jours, mais après leur envol ils les accompagnent longtemps encore. Le Gros-bec se nourrit des amandes incluses dans les noyaux et d'autres graines à enveloppe dure ; en cas de pénurie, il consomme des graines d'herbes, des baies d'églantier, des pépins de pomme et de poire.

L'attribut le plus remarquable du Gros-bec est son bec puissant, conçu comme un véritable casse-noisettes : les noyaux de prunes ne lui résistent pas. Si l'on s'empare imprudemment à mains nues d'un Gros-bec, on court le risque d'avoir l'un des doigts transpercé. Le bec bleu-gris de l'oiseau devient jaune grisâtre en hiver. La tête est fauve avec une tache noire sur le menton, la nuque grise, le dos brun. Le Gros-bec porte une plage blanche transversale sur les ailes. Le vexille externe de ses rémiges primaires aux reflets violacés (de la cinquième à la huitième) se termine par une longue pointe. Le vexille interne, en revanche, est découpé en demi-lune (2). Cet oiseau mesure 17,5 cm de long. Ses cris sont des « tsic tsic » secs.

3

1

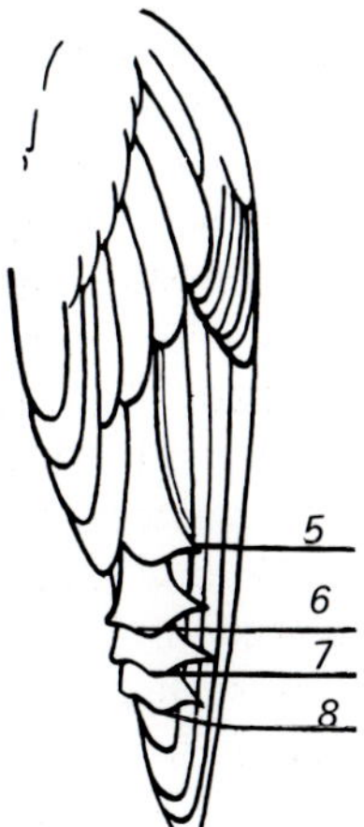

2

Durbec des sapins

Pinicola enucleator

Le Durbec des sapins vit dans le nord de l'Europe, de l'Asie et de l'Amérique du Nord. Pour nicher, il recherche les forêts de résineux mêlés de bouleaux et d'aulnes, et, en montagne, les bosquets de bouleaux. C'est un oiseau migrateur et nomade. Ses populations nordiques migrent vers le sud de la Scandinavie ou les pays Baltes. Au cours de certains hivers cependant, le nombre de migrateurs est élevé et des individus ou de petites bandes viennent s'égarer jusqu'en Espagne centrale où on peut les rencontrer entre octobre et février.

La femelle bâtit seule le nid avec de petites branches, des racines et de l'herbe, assez bas

2

sur une branche d'arbre ou d'arbuste, et en tapisse l'intérieur avec de la mousse et des lichens. Courant mai, en juin ou en juillet, elle pond 4 œufs bleu-vert, tachetés de brun-noir (2), qu'elle couve seule pendant 13 ou 14 jours, tandis que le mâle vient la nourrir au nid. Les deux adultes élèvent les petits, qui restent au nid pendant 14 jours. Après la saison de nidification, les familles se réunissent pour former une petite bande. Le Durbec des sapins se nourrit surtout de graines et de bourgeons de conifères. En les picorant, l'oiseau grimpe habilement sur les rameaux terminaux comme un Perroquet. Ce régime est complété par des baies et de petits invertébrés, surtout des pucerons.

Le Durbec des sapins, l' un des plus grands Fringillidés, a la taille de l'Étourneau. Il a un bec particulièrement fort dont la mandibule supérieure, terminée en crochet, dépasse l'inférieure. Le mâle adulte a la tête, le cou, la poitrine et le croupion rouge carmin, la femelle et les immatures sont vert olive ou vert-jaune (1). Le chant du Durbec se compose de notes flûtées douces et très variées.

1

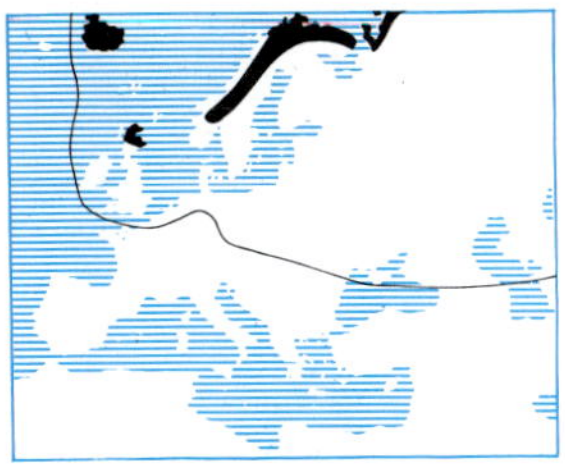

Bruant des neiges

Plectrophenax nivalis

Le Bruant des neiges est le Passereau qui niche le plus au nord. Il vit dans la toundra pierreuse, sur les berges rocheuses des cours d'eau et les falaises du littoral, en Europe, en Asie et en Amérique du Nord. En Europe, dans les régions les plus méridionales (Scandinavie et Écosse), il s'installe uniquement en haute montagne, au-delà des forêts. Migrateur, le Bruant des neiges part vers le sud en septembre et en octobre. Il hiverne par bandes au bord de la mer du Nord et de la Manche, mais il lui arrive de s'aventurer jusqu'au centre de l'Europe. À cette époque, on peut le voir sur les côtes (plages, terrains vagues, landes). Il revient sur ses lieux de nidification en mars ou en avril, bien qu'il ne niche qu'en juin ou en juillet (en Écosse, au mois de mai).

La femelle construit seule le nid avec de la mousse, des herbes et des lichens, puis le garnit de poils et de plumes. Elle le dissimule soigneusement dans un creux de rocher, sous une pierre, dans un tas de bois, parfois aussi dans une maison abandonnée. Elle pond de 4 à 6 œufs à la coloration très variable : des taches rousses ou brun pourpré se détachant sur le fond verdâtre, bleuté, jaune ou rougeâtre (2). Elle les couve seule pendant 12 à 14 jours, le mâle venant parfois la nourrir. En été, le Bruant des neiges se nourrit surtout d'insectes ; en automne, il devient granivore.

2

La livrée nuptiale du mâle est bigarrée, noire et blanche ; sa livrée hivernale (1), blanche et marron clair, est identique au plumage de la femelle. Quelle que soit la saison, on remarque toujours la plage blanche sur les ailes et les rémiges noires. Le cri de reconnaissance est un « brrri » en roulade. Au cours de la parade nuptiale, l'oiseau lance en vol un chant mélodieux, « tiouri-tiouri-tiouri-tiourivi ».

1

Bruant à calotte blanche

Emberiza leucocephalos

En dépit de leurs différences de coloration, le Bruant à calotte blanche est étroitement apparenté au Bruant jaune. D'ailleurs, les deux espèces se croisent fréquemment dans la large zone de contact de leurs aires de répartition. Le Bruant à calotte blanche peuple un vaste espace qui s'étend de l'Oural jusqu'en Chine. En Europe, il ne niche que dans le bassin de la Petchora. Les populations qui nichent le plus au sud sont sédentaires, celles du nord se rendant en septembre et en octobre en Asie centrale et au-delà, en Irak et au Népal. En Europe occidentale ou centrale, on ne rencontre que quelques oiseaux égarés. Le Bruant à calotte blanche s'installe surtout dans les forêts de conifères claires, mais aussi dans les forêts de feuillus et les parcs avec buissons et bosquets. Les mâles occupent immédiatement un territoire, tout en chantant assidûment et en s'affrontant fréquemment. Les femelles pondent généralement deux fois entre mai et juillet.

2♂

1

Le nid se trouve à terre dans les herbes et sous un buisson. Il est fait d'herbes et de racines ; sa garniture contient souvent des crins de cheval. La femelle pond de 3 à 6 œufs rosés ou verdâtres, abondamment striés et tachetés de marron, qu'elle couve seule pendant 13 jours. Les deux parents prennent soin des petits. Ceux-ci quittent le nid au bout de 9 à 13 jours, alors qu'ils ne sont pas encore capables de voler. Les adultes les nourrissent surtout d'insectes ; l'élément végétal (essentiellement des graines) ne prédomine que plus tard.

Le mâle revêtu de sa livrée nuptiale (2) a la calotte et les joues blanches, ainsi qu'une bande transversale sur la poitrine et le ventre. La large bande qui lui barre l'œil, la gorge et le croupion sont roux. En livrée hivernale (1), les plages blanches sont beaucoup plus réduites. La femelle ressemble à celle du Bruant jaune, mais les plages jaunes qui sont l'apanage de cette dernière sont, chez elle, blanches. Le Bruant à calotte blanche rappelle également le Bruant jaune par sa taille et par son chant.

Bruant jaune

Emberiza citrinella

Le Bruant jaune niche dans presque toute l'Europe et en Sibérie occidentale, ainsi que dans le Caucase. C'est un habitant de la campagne cultivée avec champs, prés, bouquets d'arbres, haies et broussailles. Il niche aussi à la lisière des forêts, dans les grandes clairières et les coupes à blanc. On peut le rencontrer à proximité des agglomérations. Le Bruant jaune est partiellement migrateur, les populations du nord et du nord-est hivernant en Europe centrale et méridionale. Leur migration de printemps a lieu en mars et en avril, celle d'automne, en octobre et en novembre. Entre avril et août, il chante à tue-tête perché sur un arbre, un buisson, un fil électrique ou même une borne ou un monticule. Rares sont les oiseaux qui se montrent aussi irascibles et qui défendent leur territoire

2

avec autant d'acharnement que le Bruant jaune.

La femelle bâtit son nid seule avec des tiges et des feuilles d'herbes, des racines et de la mousse ; elle le garnit ensuite d'herbes plus fines et de crins. Le nid est le plus souvent placé à terre, dans une touffe d'herbe, sous une motte, un buisson ou dans un fossé. La ponte compte 4 ou 5 œufs d'un blanc sale ou rougeâtre, veinés et tachetés de gris et de brun (2). Le plus souvent, c'est la femelle qui les couve pendant 12 à 14 jours. Les deux adultes nourrissent ensuite les petits au nid durant 12 à 14 jours. Après l'émancipation des jeunes, les couples nichent une seconde fois, certains une troisième fois. Le régime alimentaire du Bruant jaune se compose pour les trois quarts de graines et de parties vertes de plantes sauvages, ainsi que de céréales perdues. Toutefois, les jeunes sont nourris d'insectes et d'autres invertébrés.

Le mâle (1, à droite) a la tête et le dessous jaune d'or et le croupion roux. La femelle (1, à gauche) est plus brune et rayée dans le sens de la longueur. Le chant est une série de notes monocordes, la dernière étant plus aiguë et plus longue, « tsitsi-tsitsi-tsii ». Toutes les espèces de Bruants ont à peu près la taille d'un Moineau.

1

Bruant zizi

Emberiza cirlus

Le Bruant zizi vit en Europe méridionale et occidentale d'où il pénètre, au nord, jusque dans le sud de l'Angleterre. Il peuple aussi l'Afrique du Nord et l'Asie Mineure. Il s'installe de préférence sur les collines ensoleillées, sur les versants à la végétation rare, dans les bouquets d'arbres qui poussent dans les champs, dans les vignobles, les haies et les jardins. C'est un oiseau sédentaire dont les mœurs rappellent beaucoup celles du Bruant jaune.

La femelle bâtit son nid le plus souvent sur un buisson, plus rarement à terre ou juste au-dessus du sol, utilisant comme matériaux des herbes, des tiges, de la mousse et des feuilles. Elle en tapisse l'intérieur avec des poils. Entre avril et fin juillet ou début août, la femelle pond au moins deux fois. Chaque ponte compte de 3 à 5 œufs gris-blanc ou verdâtres agrémentés de taches marron ou noires et de lignes entrecroisées (2). La femelle les couve seule pendant 11 à 13 jours puis elle élève les jeunes, le mâle l'aidant de temps à autre. Les petits savent voler au bout de 11 à 14 jours. Les parents les nourrissent surtout d'insectes, mais en automne, les baies et les graines d'herbes et de plantes sauvages prennent de plus en plus d'importance dans leur régime alimentaire. Vers la fin de l'été, les familles se regroupent en petites bandes qui errent dans les champs jusqu'à la fin de l'hiver.

Le mâle adulte (1, à gauche) a le menton et la gorge noire ; la face jaune est séparée en deux par une bande noire qui lui barre l'œil. Une bande gris verdâtre traverse sa poitrine jaune jusqu'au cou et à l'occiput strié. Son croupion est gris olivâtre. La femelle (1, à droite) a le croupion brun olive. Le mâle chante d'une voix monocorde qui rappelle le chant d'une sauterelle.

2

1

Bruant fou

Emberiza cia

Le Bruant fou vit en Europe méridionale et, par endroits, en Europe centrale, en Afrique du Nord et en Asie Mineure d'où il pénètre sur une large bande jusqu'en Chine. Il recherche les versants bien ensoleillés et rocheux parsemés de buissons et d'arbres, ainsi que les vignobles. Il pénètre assez haut en montagne. Seul un petit nombre de Bruants fous migrent pour l'hiver. Les populations des montagnes descendent pour la mauvaise saison à des altitudes plus faibles, celles du nord se déplacent vers le sud, souvent jusqu'en Afrique du Nord. Les Bruants fous réapparaissent en avril sur leurs lieux de nidification et migrent en septembre.

Leur nid fait d'herbes sèches et de tiges est tapissé de fines racines et de poils. Les oiseaux l'installent généralement au sol dans un trou entre des pierres, sous une motte de terre et dans les terrasses en pierre des vignobles. La femelle le bâtit seule, le mâle ne faisant que l'accompagner de temps à autre. Elle pond le plus souvent entre mai et juillet, certains couples élevant deux nichées par saison.

La femelle couve apparemment seule pendant 12 à 14 jours ses 4 à 6 œufs grisâtres ou bleutés, mouchetés de brun et de noir avec des lignes foncées (2), mais les deux parents s'occupent des petits. Ils les nourrissent au nid pendant 10 à 13 jours, d'abord avec des insectes puis des végétaux (graines de plantes et d'herbes en particulier).

Le mâle (1) a la tête et la gorge bleu-gris ; les rayures noires de la tête se rejoignent derrière les yeux. Le croupion et le dessous du corps sont brun-roux ; le reste du corps est marron, rayé de brun-noir dans le sens de la longueur. Le plumage de la femelle, semblable, est beaucoup plus terne et faiblement rayé de brun sur les flancs et la poitrine. Le cri du Bruant fou est un « tsit » ou un « tsii » stridents ; son chant est une phrase brève, « tsi tsi tsi tsirrr ».

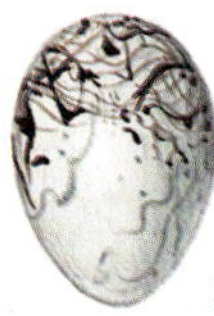

2

1

Bruant ortolan

Emberiza hortulana

2

Le Bruant ortolan n'a pénétré en Europe qu'au XVIIe siècle. Aujourd'hui, il est répandu dans tout le continent, mais dans de nombreux endroits ses populations sont clairsemées ou commencent à régresser. Il vit aussi en Asie Mineure et centrale. Migrateur, le Bruant ortolan hiverne le plus souvent en Afrique orientale. Sa migration d'automne s'effectue dès la fin du mois d'août ; celle de printemps a lieu fin avril et courant mai. Dans certaines langues, son nom spécifique est Bruant des jardins, qualificatif traduit du latin *hortulana,* mais qui correspond mal à l'habitat de l'espèce. Le Bruant ortolan ne niche jamais dans les jardins, mais souvent dans les vignobles. Il recherche en général les paysages cultivés avec des champs parsemés de bosquets et de buissons, et avec des arbres le long des routes et des chemins ; on le rencontre aussi à la lisière des forêts claires qui avoisinent les champs et sur les versants secs, buissonneux et bien ensoleillés.

La femelle bâtit son nid à terre ou juste au-dessus, utilisant comme matériaux des herbes sèches, des racines et des crins. Elle couve seule pendant 12 à 14 jours ses 4 ou 5 œufs blanchâtres ou rosés parsemés de taches, de mouchetures et de lignes brun-noir (3). Les petits quittent le nid le plus souvent au bout de 12 jours, mais parfois dès l'âge de 9 ou 10 jours. Les deux parents en prennent soin. Certains couples élèvent une seconde nichée.

3

1

L'alimentation des adultes et des jeunes est semblable à celle du Bruant jaune.

On reconnaît le mâle (1) à sa tête vert-gris, à sa gorge et ses moustaches jaunes et au-dessous couleur cannelle. La femelle (2) est plus brune et plus terne. Quelle que soit la livrée, les caractères distinctifs les plus sûrs sont l'anneau orbital jaune et le bec rosé. Le chant du Bruant ortolan rappelle celui du Bruant jaune, mais son rythme est plus lent et il s'achève sur une note plus basse, « tititi-tié ».

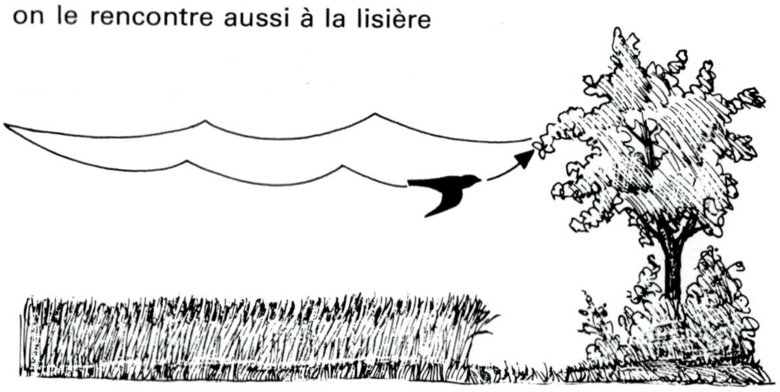

4

Bruant à cou gris

Emberiza buchanani

L'aire de répartition du Bruant à cou gris couvre l'Asie Mineure, centrale, et l'ouest jusqu'à la Transcaucasie (Arménie). Cet oiseau habite les paysages pierreux arides au pied des montagnes ou à des altitudes moyennes. Il aime s'installer sur les versants rocailleux où croissent des herbes xérophiles et quelques rares buissons, montant jusqu'à une altitude de 2 500 mètres. Le Bruant à cou gris n'apparaît pas avant la mi-avril sur les lieux de reproduction et son arrivée n'a souvent lieu qu'en mai. Il niche le plus souvent par couples isolés. Dès leur retour, les mâles « marquent » leur territoire en chantant, perchés au faîte d'un buisson.

Le nid est généralement bien caché à terre, sous une touffe de végétation. Il est grossièrement tressé avec des tiges et des feuilles d'herbe, puis garni de poils. La saison de nidification a lieu entre mai et juillet. Il est probable que certains couples parviennent à nicher deux fois pendant cette période. La ponte complète compte le plus souvent 5 œufs bleu-vert, tachetés et striés de gris foncé et de noir. On connaît mal la durée de la couvaison et de l'élevage des jeunes au nid, ainsi que le degré de participation du mâle. Après l'émancipation des jeunes, les familles de Bruant à cou gris forment de petites bandes qui s'envolent vers leurs lieux d'hivernage situés en Inde. Le Bruant à cou gris est essentiellement granivore.

Le Bruant à cou gris (1) ressemble beaucoup au Bruant ortolan. Il a le sommet de la tête et la nuque gris-bleu, la gorge et tout le dessous brun-roux et un anneau orbital jaune. Son chant est mélancolique comme celui du Bruant ortolan, mais il est plus long, montant au début et descendant vers la fin (« tsi-tsi-tsi-tsi-ou »).

1

Bruant rustique

Emberiza rustica

1

Le Bruant rustique vit dans la taïga de l'Asie et de l'Europe. Sur le continent européen, il n'existe que dans le nord de la Scandinavie et de l'U.R.S.S., mais dans l'est de l'Asie, il pénètre jusqu'à l'île de Sakhaline. C'est un oiseau forestier qui recherche les parties claires, périphériques, souvent détrempées de la taïga, mais on le rencontre également dans les tourbières ou dans la végétation dense du bord de l'eau. Il réapparaît généralement en mai en Europe du Nord.

Le Bruant rustique bâtit son nid avec des herbes sèches et des racines, le dissimulant dans l'herbe fanée de l'année précédente. La femelle pond une fois par an, entre mai et juin, 4 ou 5 œufs verdâtres qui n'ont pas les lignes ondulées caractéristiques des autres Bruants. En revanche, ils sont constellés de taches grises et rondes (3). La plupart des tâches liées à l'élevage des jeunes sont assurées par la femelle. L'incubation dure 12 ou 13 jours ; les petits restent dans le nid pendant 14 jours. Le Bruant rustique se nourrit de graines d'herbes et de laîche, ainsi que d'insectes lorsque ces derniers abondent. En septembre, les Bruants se regroupent en bandes ; elles désertent les lieux de ponte avant octobre pour entreprendre une longue migration en direction du Sud-Est asiatique.

3

Le Bruant rustique diffère des autres Bruants par sa gorge d'un blanc pur, séparée du dessous également blanc par une bande couleur cannelle qui lui barre la poitrine. Le dessus est brun tacheté de noir dans le sens de la longueur. Le mâle en livrée nuptiale (1) a la tête noire avec un large sourcil blanc ; en hiver, sa tête est brune et sa bande pectorale est à peine ébauchée (2). La femelle a la tête brune. Les plumes occipitales du Bruant rustique se hérissent parfois, formant une sorte de huppe. Son chant diffère de celui des autres Bruants, rappelant plutôt le chant d'une Fauvette.

2♂

Bruant nain

Emberiza pusilla

Le Bruant nain vit en Europe, dans le nord de la Scandinavie et de l'U.R.S.S., et dans toutes les régions septentrionales de l'Asie. Il niche dans la toundra buissonneuse avec des massifs de saules et de bouleaux, sur les berges des rivières envahies par les aulnes et les saules, ainsi que dans les forêts marécageuses au sous-bois épais. Le plus souvent, il ne revient qu'en mai sur ses lieux de nidification.

Le Bruant nain bâtit son nid au sol, dans l'herbe, souvent sous les branches d'un arbuste ou à l'ombre d'une touffe d'herbe, utilisant comme matériaux des brins d'herbe sèche, de la mousse et du lichen. L'intérieur est garni d'herbes plus douces et de poils (de renne, dans la plupart des cas). La femelle pond vers la mi-juin. On a découvert des oisillons au nid en août, ce qui laisse supposer que certains couples élèvent deux nichées par saison. La ponte compte de 4 à 6 œufs qui sont si petits qu'il est impossible de les confondre avec ceux d'autres Bruants. Leur coloration, très variable, va du gris roussâtre au gris-vert. Elle est rehaussée des dessins propres aux Bruants, de petites taches brun-roux ou noires et de lignes droites ou ondulées. Les deux membres du couple prennent part à la couvaison qui dure 11 ou 12 jours. Les petits quittent souvent le nid à l'âge de 6 à 8 jours, totalement incapables de voler. Les deux parents s'en occupent et les jeunes Bruants apprennent généralement à voler 4 jours plus tard. Essentiellement granivore, le Bruant nain capture aussi des insectes, surtout à l'époque où il nourrit ses petits. En septembre et en octobre, il migre en Asie orientale.

Le Bruant nain (1) a la taille d'une Linotte. Le mâle est brun tacheté de noir ; seuls son occiput et ses joues sont marron, bordés de noir. La femelle est plus terne. Le cri d'appel du Bruant nain est un « phouick » ou un « tchic » brefs ; son chant ressemble à celui d'autres Bruants.

Bruant auréole

Emberiza aureola

Originaire de Sibérie, le Bruant auréole s'est répandu au XIXe siècle dans le nord de l'Europe. Migrateur, il s'envole dès le mois d'août pour hiverner dans le Sud-Est asiatique, et revient tard sur ses lieux de ponte, en mai ou en juin. En de rares occasions, on a observé des individus isolés en Europe occidentale jusqu'en France et même en Grande-Bretagne. Le Bruant auréole vit dans les herbes et les broussailles du bord de l'eau, dans les prés humides, au bord des marécages, mais aussi dans les steppes et à proximité des villages.

Le nid est le plus souvent placé à terre ou dans un buisson rabougri. La femelle le construit avec des herbes sèches et des racines, et le garnit surtout de crin. Elle ne pond qu'en juin de 3 à 5 œufs gris-vert ou brun olive, constellés de petites taches brunes, de mouchetures et de lignes ondulées (2), qu'elle couve pratiquement seule pendant 13 jours. Les couples ne nichent qu'une fois par an. Les petits quittent le nid à l'âge de 9 à 13 jours, alors qu'ils ne savent pas encore voler. Les deux parents les nourrissent surtout d'insectes, mais les adultes sont également granivores.

Quelle que soit sa livrée, le Bruant auréole a toujours le dessous jaune. Le mâle adulte (1) a un masque et le front noirs, le dessus du corps et une bande transversale sur la poitrine roux-marron, ainsi que deux bandes alaires blanches, une large et une étroite. La femelle n'a pas de masque foncé ni de bande pectorale. Le milieu de son occiput est ocre, ses ailes portent une étroite bande blanche. Le cri d'appel du Bruant auréole est un « tsipp » aigu ou un « tsit » plus doux. Son chant rappelle celui du Bruant ortolan, mais il est plus rapide et plus continu.

1

2

Bruant des roseaux

Emberiza schoeniclus

L'aire de répartition du Bruant des roseaux s'étend sur l'Europe et la majeure partie de l'Asie. Les populations des régions méridionales sont sédentaires, celles du nord, du nord-est, mais aussi la plupart de celles de l'Europe centrale, migrent, en octobre, dans la région méditerranéenne ; elles reviennent en mars sur leurs lieux de ponte. Le Bruant des roseaux recherche le bord des étangs et des rivières parsemé de saules, les marais et les marécages envahis par les roseaux, les laîches et d'autres plantes caractéristiques de ce biotope, ainsi que les prés humides agrémentés de quelques buissons de saules.

2

Le Bruant des roseaux installe son nid dans un endroit sec au sol ou juste au-dessus, le dissimulant dans les roseaux ou les laîches couchés, sous une touffe d'herbe sèche ou un buisson de saule. La femelle le construit parfois avec l'aide du mâle en utilisant des herbes et des feuilles de plantes aquatiques, tapissant l'intérieur d'herbes plus fines et de poils. Elle pond une ou deux fois par an, entre avril et juillet. La ponte compte 4 ou 5 œufs dont la coloration fondamentale, très variable (jaunâtre, brunâtre, ou roussâtre) est rehaussée de taches plus foncées, floues, et de lignes brun-noir droites ou ondulées (2). La femelle couve le plus souvent seule pendant 12 à 14 jours, mais les deux parents nourrissent les petits qui quittent le nid à l'âge de 10 à 13 jours. Les adultes nourrissent les jeunes d'insectes, de petits mollusques et de crustacés, qu'ils ramassent à terre, sur les plantes ou à la surface de l'eau. Les adultes sont essentiellement granivores.

Le mâle en livrée nuptiale (1) a la tête et la gorge noires, nettement délimitées par la collerette blanche. Les côtés de la queue et le dessous du corps sont également blancs. En plumage d'hiver, il ressemble à la femelle qui est brun-marron avec des taches brun-noir, la gorge étant gris-noir. Le chant du Bruant des roseaux est bref, lent et comme hésitant : ce sont des « tsia-tit-tsi-tsisis ».

Bruant à tête rousse

Emberiza bruniceps

L'aire de répartition du Bruant à tête rousse, très limitée, s'étend à l'est de la mer Caspienne, mais depuis le XIXe siècle, cet oiseau progresse en direction de l'ouest, pénétrant en Europe depuis le cours inférieur de la Volga jusqu'au sud de l'Oural. On l'observe très rarement en Europe centrale et occidentale ; il s'agit sans doute d'oiseaux captifs ayant réussi à s'échapper car le Bruant à tête rousse se vend couramment sur les marchés aux oiseaux.

Son biotope préféré est la steppe buissonneuse, le milieu semi-désertique, mais aussi les roselières et les broussailles du bord des rivières.

L'oiseau (sans doute la femelle) installe son nid dans un buisson ou, à la rigueur, sur les tiges fortes de roseaux ou d'herbes fanées de l'année précédente, mais jamais directement au sol comme c'est le cas chez d'autres Bruants. C'est une construction tressée sans art, souvent avec des végétaux verts, dont l'extérieur est parfois orné de fleurs fanées. Il est garni d'herbe plus fine, de racines et de poils. Entre mai et juillet, la femelle pond 4 ou 5 œufs blanchâtres, irrégulièrement tachetés de gris et de brun. Elle couve probablement seule, bien que le mâle se trouve toujours à proximité. Les couples élèvent deux nichées par saison. On connaît mal la durée de la couvaison et de l'élevage des jeunes. Le bruant à tête rousse se nourrit surtout de graines et d'insectes, ces derniers représentant l'alimentation principale des jeunes.

Le mâle (1) a les côtés de la tête, la gorge et la poitrine marron, le dos vert olive rayé de brun-noir et le dessous jaune. La femelle est brun olivâtre avec de fins traits noirs dessus, et blanchâtre dessous. Le cri d'appel de Bruant à tête rousse est un « touit » ; son chant rappelle celui du Bruant proyer, mais il est plus mélodieux. La strophe principale est « tchec tchec drih drah drih ».

Bruant proyer

Miliaria calandra

L'aire de répartition du Bruant proyer (1) s'étend sur l'Europe jusqu'au sud de la Scandinavie, sur l'Afrique du Nord, l'Asie Mineure et centrale. Dans de nombreuses régions cependant, les effectifs de ses populations ont considérablement baissé. Le Bruant proyer est le plus souvent sédentaire ; seules ses populations septentrionales se regroupent en bandes qui migrent en Europe centrale et méridionale. Le Bruant proyer vit dans les champs et les prés humides parsemés de quelques arbres et buissons. En mars ou en avril, les mâles commencent à chanter pour « marquer » leur territoire et attirer les femelles qui arrivent plus tard. Ils sont en général polygames.

3

2

La femelle recherche une cavité adéquate dans un pré, un fossé ou un champ de trèfle ou de blé pour y bâtir son nid. Elle utilise des tiges, des herbes et des racines, et le garnit de laine et de crin. En mai ou en juin, elle pond 4 ou 5 œufs qui portent le dessin caractéristique des œufs de Bruants (2) sur un fond roussâtre. Elle les couve seule pendant 12 à 14 jours et nourrit seule les petits, le mâle étant polygame. Les petits sortent du nid à l'âge de 9 ou 12 jours, avant de savoir voler, si bien que leur mère doit les nourrir pendant 10 jours encore. Une partie des femelles niche une seconde fois. Le régime alimentaire du Bruant proyer est le même que celui du Bruant jaune.

C'est le plus grand de tous les Bruants (17,5 cm de long). Son plumage a la même couleur que celui des Alouettes. Il n'y a pas de dimorphisme sexuel, phénomène exceptionnel chez les Bruants. En volant à de courtes distances et en se posant, l'oiseau tient les pattes pendantes (3) contrairement aux autres Passereaux. Le mâle lance son chant, sorte de cliquetis (« tsic tsic tsic chnirlrlrl »), perché sur un buisson, un fil électrique ou un poteau.

Nids et œufs

Dans certains cas, on est amené, pour déterminer le territoire de nidification de telle ou telle espèce, à chercher son nid. La découverte du nid en question n'est, cependant, pas une raison suffisante pour déranger l'oiseau qui couve, et il faut à tout prix éviter qu'il quitte le nid. En ornithologie, la connaissance des nids et des pontes est un critère d'identification important. C'est pourquoi on s'est efforcé de représenter dans cet ouvrage les œufs et les nids du plus grand nombre possible de familles.

La manière de bâtir le nid et son emplacement sont toujours les mêmes, si bien qu'on ne peut pas s'attendre à découvrir un nid d'Hirondelles sur un arbre ou à voir un Pic pondre dans l'herbe d'un pré. Certes, il arrive qu'on trouve des nids placés d'une façon inhabituelle : une Chouette peut pondre à même le sol, un Colvert dans un nid de Rapace abandonné, une Cigogne blanche sur une meule de foin. Mais il ne s'agit là que d'exceptions qui confirment la règle.

Certaines espèces ne bâtissent pas de nids, pondant directement à terre (Alcidés, Engoulevents) ou au fond d'une cavité (Hiboux et Chouettes, Pics, Huppe). Quelques limicoles ou Laridés se contentent d'aménager avec leur corps une légère dépression dans le sol qu'ils garnissent de quelques brins d'herbe, de cailloux ou de fragments de coquillages. En revanche, les Oies, les Canards, les gallinacés, les Rallidés et, parmi les Passereaux, les Alouettes et les Pipits, bâtissent des nids plus ou moins élaborés au sol. Les nids en forme de coupe sont les plus courants. Ils sont tantôt parfaitement fixés aux branches des arbres et des buissons, tantôt posés avec négligence dans les frondaisons. Les architectes les plus chevronnés sont les Pouillots qui construisent des nids fermés, pourvus d'une entrée latérale ; les Mésanges à longue queue et rémiz réalisent elles aussi de véritables œuvres d'art en forme de sphère fermée ou de moufle. Les Hirondelles bâtissent des nids caractéristiques en terre, les Sittelles réduisent l'entrée d'une cavité avec de la boue. Les Pics creusent eux-mêmes leurs trous qui, une fois abandonnés, sont occupés par de nombreuses espèces habituées à nicher dans des arbres creux (Chouettes, Pigeons, Mésanges, Étourneaux).

Les œufs des oiseaux diffèrent les uns des autres par la taille, la forme, la coloration, ainsi que par le poli et la structure de la coquille. En règle générale, les oiseaux qui pondent dans les cavités (Picidés, Strigidés, Rollier d'Europe et Martinets), dans des terriers (Martins-pêcheurs, Hirondelle de rivage, Guêpiers) ou dans des nids fermés (Mésange rémiz, Cincle plongeur) ont des œufs blancs. Il existe, bien sûr, des exceptions : l'Étourneau, les Gobe-mouches noir et à collier, le Rouge-queue à front blanc, ont des œufs colorés, mais il ne faut pas oublier que toutes ces espèces bâtissaient autrefois des nids ouverts. Les œufs tachetés sont les plus communs, mais on trouve aussi des œufs dont la coloration est extrêmement variable, comme ceux du Pipit des arbres, du Pipit des prés ou de la Mouette rieuse, parmi lesquels il n'y en a pas deux qui soient identiques.

L'importance de la ponte est caractéristique et parfois constante pour chaque espèce. Ainsi, les Alcidés, les Procellariidés, les Phoenicoptéridés et les Vautours pondent généralement un œuf, les Plongeons, les Aigles, les Grues, les Outardes, les Pigeons, les Engoulevents en pondent deux, les Laridés en ont trois, les Charadriidés quatre. Chez les autres espèces, le nombre d'œufs est variable.

Grèbe huppé *(Podiceps cristatus)*
Grand cormoran *(Phalacrocorax carbo)*

Butor étoilé *(Botaurus stellaris)*
Héron cendré *(Ardea cinerea)*

Cygne tuberculé ou Cygne muet *(Cygnus olor)*

Canard chipeau *(Anas strepera)* et Fuligule morillon *(Aythya fuligula)*

Oie cendrée *(Anser anser)*

Fuligule milouin *(Aythya ferina)*

Milan noir *(Milvus migrans)*
Pygargue à queue blanche *(Haliaeetus albicilla)*

Busard Saint-Martin *(Circus cyaneus)*
Autour des palombes *(Accipiter gentilis)*

Faucon pèlerin *(Falco peregrinus)*
Faucon crécerelle *(Falco tinnunculus)*

Gélinotte des bois *(Bonasa bonasia)*
Perdrix grise *(Perdix perdix)*

Râle d'eau *(Rallus aquaticus)*
Foulque macroule *(Fulica atra)*

Échasse blanche *(Himantopus himantopus)*
Glaréole à collier *(Glareola pratincola)*

Petit gravelot *(Charadrius dubius)*
Gravelot à collier interrompu *(Charadrius alexandrinus)*

Vanneau huppé *(Vanellus vanellus)*
Bécasse des bois *(Scolopax rusticola)*

Barge à queue noire *(Limosa limosa)*
Guifette noire *(Chlidonias niger)*

Guifette moustac *(Chlidonias hybridus)*
Tourterelle des bois *(Streptopelia turtur)*

Hibou grand-duc *(Bubo bubo)*
Chouette chevêchette *(Glaucidium passerinum)*

Engoulevent d'Europe *(Caprimulgus europaeus)*
Martinet noir *(Apus apus)*

Torcol *(Jynx torquilla)*
Alouette lulu *(Lullula arborea)* et Coucou gris *(Cuculus canorus)*

Hirondelle de cheminée *(Hirundo rustica)*
Pipit spioncelle ou maritime *(Anthus spinoletta)*

Accenteur alpin *(Prunella collaris)*
Rossignol philomèle *(Luscinia megarhynchos)*

Rouge-queue à front blanc *(Phoenicurus phoenicurus)*
Traquet tarier *(Saxicola rubetra)*

Merle de roche *(Monticola saxatilis)*
Merle à plastron *(Turdus torquatus)*

Grive musicienne *(Turdus philomelos)*
Rossignol progné *(Luscinia luscinia)*

Rousserolle turdoïde *(Acrocephalus arundinaceus)*
Hypolaïs ictérine *(Hippolais icterina)*

Fauvette épervière *(Sylvia nisoria)*
Pouillot siffleur *(Phylloscopus sibilatrix)*

Roitelet huppé *(Regulus regulus)*
Gobe-mouches nain *(Ficedula parva)*

Mésange à moustaches *(Panurus biarmicus)*
Mésange charbonnière *(Parus major)*

Sittelle torchepot *(Sitta europaea)*
Grimpereau brachydactyle *(Certhia brachydactyla)*

Loriot d'Europe *(Oriolus oriolus)*
Pie-grièche à tête rousse *(Lanius senator)*

Geai des chênes *(Garrulus glandarius)*
Pinson des arbres *(Fringilla coelebs)*

Serin cini *(Serinus serinus)*
Bec-croisé des sapins *(Loxia curvirostra)*

Roselin cramoisi *(Carpodacus erythrinus)*
Gros-bec *(Coccothraustes coccothraustes)*

Bruant fou *(Emberiza cia)*
Bruant des roseaux *(Emberiza schoeniclus)*

Classification

Chaque espèce mentionnée dans cet ouvrage fait partie d'une famille et d'un ordre, déterminés selon la classification et la nomenclature en vigueur dans le monde entier que le professeur K. H. Voous a établies en 1977. Les ordres et les familles sont présentés ici tels qu'ils apparaissent dans le livre.

Gaviiformes

Gaviidés (Plongeons) p. 30

Les Gaviidés sont des oiseaux plongeurs. Leur corps long et cylindrique est profondément enfoncé dans l'eau lorsqu'ils nagent. Ils plongent souvent et peuvent rester longtemps sous l'eau. Leurs doigts antérieurs sont reliés par une palmure ; leur bec est pointu et droit, leur queue très courte. Les ailes assez étroites sont pointues. En vol, leurs pattes dépassent la queue. Les individus des deux sexes ont la même coloration. Quatre espèces de Gaviidés nichent en Europe.

Podicipédiformes

Podicipédidés (Grèbes) p. 31

Les Podicipédidés sont des oiseaux plongeurs dont la taille ne dépasse pas celle d'un Canard. Leur cou est assez long. Ils sont plus trapus que les Gaviidés. Leurs doigts sont libres et possèdent chacun une palmure. Leur bec est pointu. Les Podicipédidés volent rarement ; leurs ailes sont courtes et étroites. En vol, les pattes dépassent la queue très courte. Les individus des deux sexes ont la même coloration. Cinq espèces de Podicipédidés nichent en Europe.

Procellariiformes

Procellariidés (Puffins, Pétrels, etc.) p. 40

Oiseaux de la taille d'une Mouette, les Procellariidés ont les ailes longues et étroites. Leur bec composé de plaques cornées porte des narines tubuleuses. Excellents voiliers, ils planent en haute mer. Les individus des deux sexes ont la même coloration. Les trois espèces qui nichent en Europe vivent en colonie. Les Procellariidés ne pondent qu'un seul œuf que les parents couvent. Ils s'occupent des petits pendant très longtemps.

Hydrobatidés (Pétrels) p. 42

Les Hydrobatidés sont les plus petits oiseaux pélagiques. Excellents voiliers, ils dansent littéralement au-dessus des vagues. La coloration fondamentale des deux sexes est gris foncé, le croupion est blanchâtre. Ils ont un bec fin aux narines tubuleuses. Ils nichent en colonie et pondent un seul œuf. Seules deux espèces nichent en Europe.

Pélécaniformes

Sulidés (Fous, Pailles-en-queue, etc.) p. 44

Les Sulidés sont de grands oiseaux de mer au bec puissant et pointu, aux longues ailes étroites et à la queue pointue. Tous leurs doigts, y compris le pouce légèrement tourné vers l'avant, sont palmés. Ils pêchent en plongeant de haut dans la mer, les ailes repliées. Les individus des deux sexes ont la même coloration. L'unique espèce européenne niche en grandes colonies sur les îles ou sur les côtes rocheuses.

Phalacrocoracidés (Cormorans, Anhingas) p. 45

Les Phalacrocoracidés sont de grands oiseaux aquatiques au plumage foncé. Excellents plongeurs, ils ont le cou long et le bec puissant, terminé par un crochet. La morphologie de leurs pattes est la même que celle des Sulidés. Les individus des deux sexes sont semblables. Les Phalacrocoracidés vivent aussi bien sur l'eau douce qu'en haute mer. À terre, ils tiennent souvent les ailes écartées pour sécher leur plumage. Ils nichent en colonies. Trois espèces de cette famille nichent en Europe.

Pélécanidés (Pélicans) p. 48

Les Pélécanidés sont de très grands oiseaux aquatiques qui atteignent la taille d'un Cygne. Leurs larges ailes leur permettent de planer. Ils volent la tête rentrée entre les épaules. Leur grand bec est pourvu d'une poche ; tous leurs doigts sont reliés par une palmure. Le mâle et la femelle ont la même coloration. Seules deux espèces de Pélicans nichent en Europe.

Ciconiiformes

Ardéidés (Hérons, Aigrettes, Butors) p. 54

Les Ardéidés sont des échassiers de taille variable au cou et aux pattes longs, au bec long et pointu. Ils vivent essentiellement près des eaux douces peu profondes. En vol, ils replient le cou en forme de S, rentrant ainsi la tête entre les épaules, et tendent les pattes en arrière. À la saison de nidification, ils portent souvent des plumes ornementales sur la tête, les épaules et le cou. À l'exception du Blongios nain, le mâle ressemble à la femelle. Les Ardéidés nichent le plus souvent en colonies ; neuf espèces de cette famille vivent en Europe.

Ciconiidés (Cigognes) p. 62

Les Ciconiidés sont de grands échassiers aux pattes et au cou longs, au bec long et droit. Contrairement aux Hérons, ils volent le cou tendu vers l'avant. Le mâle et la femelle ont la même coloration. Seules deux espèces vivent en Europe.

Threskiornithidés (Ibis, Spatules) p. 64

Échassiers de taille moyenne, les Threskiornithidés ressemblent par leur silhouette aux Hérons et aux Cigognes. Ils ont également un long bec, mais de forme différente. En Europe, on rencontre deux espèces très différentes : la Spatule blanche dont le bec est élargi à l'extrémité, et l'Ibis falcinelle au long bec fin, recourbé vers le bas. Le mâle a la même coloration que la femelle. Ces oiseaux nichent en colonies.

Phoenicoptériformes

Phoenicoptéridés (Flamants) p. 67

Les Phoenicoptéridés sont des oiseaux de grande taille, dégingandés, au plumage blanc ou rosé. Ils ont des pattes extrêmement longues, un cou long et un bec épais et busqué. Ils volent en tenant le cou et les pattes tendus. En vol, de belles plages rouge écarlate et noires sont visibles sur les ailes. Le mâle ressemble à la femelle. Une espèce seule de Flamant vit en Europe.

Ansériformes

Anatidés (Cygnes, Oies, Canards) p. 72

Les Anatidés forment une grande famille qui réunit des oiseaux d'apparence très variée. Elle se caractérise toutefois par la morphologie de la patte dont les trois doigts antérieurs sont reliés par une palmure.

Cygnes : les Cygnes sont de très grands oiseaux aquatiques qui ne savent pas plonger. En Europe, le plumage des adultes est toujours blanc. Trois espèces y nichent ; l'espèce noire a été introduite.

Oies : les Oies sont de grands oiseaux aquatiques qui se rendent sur la terre ferme pour s'alimenter. Elles ont un long cou et sont, pour la plupart, plus grandes que les Canards. Le mâle et la femelle ont la même coloration. Sept espèces d'Oies nichent en Europe ; la Bernache du Canada a été importée d'Amérique du Nord.

Tadornes : les Tadornes forment la transition entre les Oies et les Canards, et ont de ce fait les caractéristiques respectives de ces deux groupes. Chez certaines espèces, on observe un dimorphisme sexuel. Deux espèces de Tadornes nichent en Europe, ainsi qu'une espèce introduite, l'Oie d'Égypte.

Canards de surface : les Canards de surface nagent, faiblement immergés, en tenant la queue au-dessus de l'eau. Pour pêcher, ils ne plongent que la partie antérieure du corps dans l'eau. Ils s'envolent directement d'un plan d'eau. Ils portent généralement un miroir alaire de couleur vive. Le mâle se reconnaît souvent à son plumage nuptial coloré. Huit espèces de Canards de surface nichent en Europe, deux autres y ont été introduites (Canard mandarin, Canard carolin).

Canards plongeurs : les Canards plongeurs nagent profondément immergés, tenant la queue au ras de l'eau. Ils plongent pour chercher leur nourriture et doivent courir un peu sur l'eau pour s'envoler. Ils n'ont pas de miroir alaire. On observe généralement chez ces Canards un dimorphisme sexuel. Douze espèces nichent en Europe.

Érismatures : les Érismatures sont de petits Canards plongeurs qui nagent souvent en tenant la queue à la verticale. On observe un dimorphisme sexuel. Une seule espèce (Érismature à tête blanche) niche en Europe.

Harles : par leur silhouette, les Harles rappellent plutôt les Cormorans. Ils ont eux aussi un bec fin terminé par un crochet. Les Harles plongent pour chercher leur nourriture. Le mâle diffère de la femelle par la coloration de son plumage. Trois espèces de Harles nichent en Europe.

Falconiformes

Accipitridés (Aigles, Vautours, Éperviers, etc.) p. 116

La famille des Accipitridés réunit des Rapaces de grande, de moyenne, rarement de petite taille. Ce sont pour la plupart des chasseurs de petits vertébrés, mais certains sont des charognards.

Vautours : les Vautours sont de grands Rapaces à la tête faiblement emplumée ou même totalement chauve. Leurs ailes longues et larges leur permettent de planer très haut dans le ciel en décrivant des cercles pendant des heures sans un seul battement. Ils se nourrissent de charognes. Le mâle est identique à la femelle. Quatre espèces de Vautours nichent en Europe, sur les rochers ou sur les arbres.

Milans : les Milans sont des Rapaces élancés de taille moyenne, aux ailes assez longues et à la queue plus ou moins fourchue, selon l'espèce. Ce sont d'excellents voiliers. Ils ont des pattes courtes, la longueur du tarse correspondant à peu près à celle du doigt médian. Le mâle ressemble à la femelle. Les charognes constituent une grande part de leur régime alimentaire. Deux espèces nichent en Europe, bâtissant leur nid dans les arbres. On place dans ce groupe l'Élanion.

Aigles : les Aigles sont de grands Rapaces aux ailes longues et larges. Ce sont d'excellents voiliers. Ils ont un bec crochu puissant et des pattes courtes et fortes, pourvues de grandes griffes. Les Aigles nichent sur les arbres ou les rochers. Ils chassent des proies vivantes sans dédaigner pour autant les charognes. Le groupe des vrais Aigles, ceux du genre *Aquila,* compte cinq espèces européennes. Les genres *Haliaeetus, Circaetus, Hieraaetus* sont également considérés comme des Aigles, étant donné leur grande ressemblance avec le genre *Aquila.*

Autours et éperviers : il s'agit de Rapaces petits et moyens aux ailes arrondies et à la longue queue. Ils volent vite, le plus souvent assez bas, en se faufilant habilement entre les arbres et en surprenant leur proie. Leurs pattes assez longues sont pourvues de griffes acérées. La femelle est plus grande que le mâle. Les trois espèces qui nichent en Europe bâtissent leurs nids dans les arbres.

Buses : Rapaces de taille moyenne, les Buses ont la queue arrondie et de larges ailes. On a souvent l'occasion de les observer en train de planer en cercles. Elles nichent sur les rochers ou sur les arbres, rarement au sol. Le mâle a la même coloration que la femelle. Trois espèces nichent en Europe. Le genre *Pernis* est classé dans ce groupe à cause de sa ressemblance avec le genre *Buteo.*

Busards : les Busards sont des Rapaces de taille moyenne, à la queue relativement longue, aux ailes étroites et aux longues pattes griffues. Ils volent bas, d'un vol hésitant, en tenant les pointes des ailes relevées en forme de V grand ouvert. On observe un dimorphisme sexuel très prononcé. Les Busards nichent au sol, dans l'herbe ou les roseaux. Quatre espèces vivent en Europe.

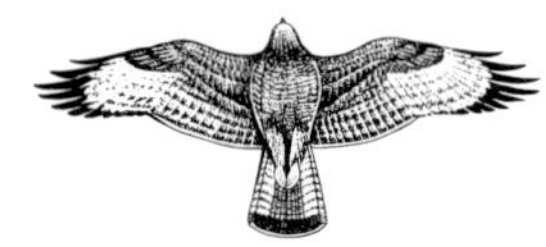

Pandionidés p. 138

La famille des Pandionidés ne comporte qu'une seule espèce (Balbuzard pêcheur), répandue dans le monde entier. Il s'agit d'un grand rapace aux longues ailes coudées caractéristiques. On le voit généralement en train de voler le long des cours d'eau ou de planer au-dessus des étendues d'eau. Il pêche en plongeant dans l'eau, les serres en avant. Il emporte sa proie glissante grâce à ses griffes acérées, à la peau garnie de pointes qui couvre le dessous de ses doigts et au quatrième doigt qui peut se retourner en arrière. Le Balbuzard niche sur les arbres ou sur des rochers. Les individus des deux sexes sont semblables.

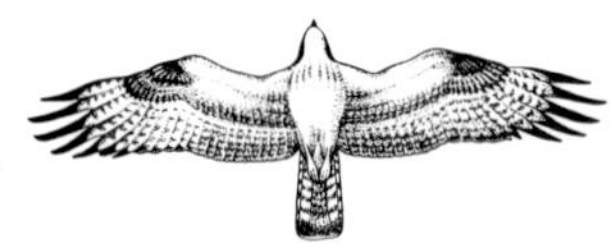

Falconidés (Faucons) p. 139

Les Faucons sont des voiliers exceptionnellement rapides, de taille petite ou moyenne, aux longues ailes étroites et pointues. Ils chassent de petits vertébrés et des insectes. On remarque sur la mandibule supérieure de leur bec une échancrure caractéristique qui forme comme une dent. Le mâle diffère parfois de la femelle par sa coloration, souvent aussi par sa taille. Les Faucons nichent sur les arbres, sur les rochers, parfois au sol, mais ne bâtissent jamais de nid. Dix espèces appartenant à cette famille vivent en Europe.

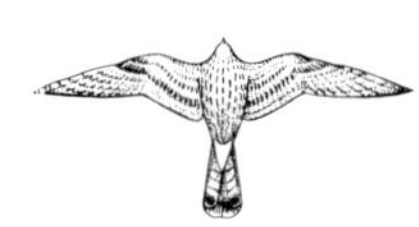

Galliformes

Tétraonidés (Tétras) p. 150

Les Tétraonidés sont des oiseaux terrestres trapus, aux ailes arrondies, aux tarses et aux doigts emplumés et au bec fort terminé en crochet. Ils ne volent que contraints et forcés, ne franchissant que de courtes distances. Le dimorphisme sexuel est très prononcé. Les Tétras nichent au sol. On trouve cinq espèces en Europe.

Phasianidés (Faisans, Perdrix) p. 155

Les Phasianidés sont des gallinacés trapus de taille petite ou moyenne. Leurs pattes non emplumées leur permettent de gratter le sol. Leur queue est très longue et cunéiforme (Faisans) ou au contraire très courte. Le mâle ressemble beaucoup à la femelle ou lui est identique, à l'exception des Faisans chez lesquels le mâle est très haut en couleur. Les Phasianidés nichent au sol. En Europe, on compte sept espèces autochtones et une espèce introduite (Faisan de Colchide), mais devenue commune. On a tenté d'élever d'autres espèces avec plus ou moins de succès.

Ralliformes

Rallidés (Râles, Poules d'eau, Foulques) p. 168

La famille des Rallidés réunit deux types d'oiseaux différents. Les Râles sont de petits oiseaux qui mènent une vie discrète dans les roselières ou d'autres formations végétales analogues. Leur corps est aplati sur les côtés. Les Râles ont des ailes courtes et arrondies et une petite queue qu'ils redressent fréquemment. Cinq espèces vivent en Europe. Les Poules d'eau et les Foulques sont, pour la plupart d'entre elles, des oiseaux aquatiques au corps trapu et aux courtes ailes arrondies. Comme les Râles, elles ne volent que contraintes et forcées ; elles laissent alors, elles aussi, pendre leurs pattes aux doigts longs. Elles ont sur le front une plaque cornée dont la coloration varie d'une espèce à l'autre. Les Poules d'eau et les Foulques nichent dans les roselières ou au sol. Quatre espèces de ces Rallidés vivent en Europe.

Gruidés (Grues) p. 174

Les Grues sont de grands oiseaux terrestres qui rappellent par leur allure les Cigognes, avec un bec plus court. En vol, elles tiennent leur cou et leurs pattes tendus. Pendant les migrations, elles adoptent des formations en V ou en ligne. Deux espèces vivent en Europe.

Otididés (Outardes) p. 176

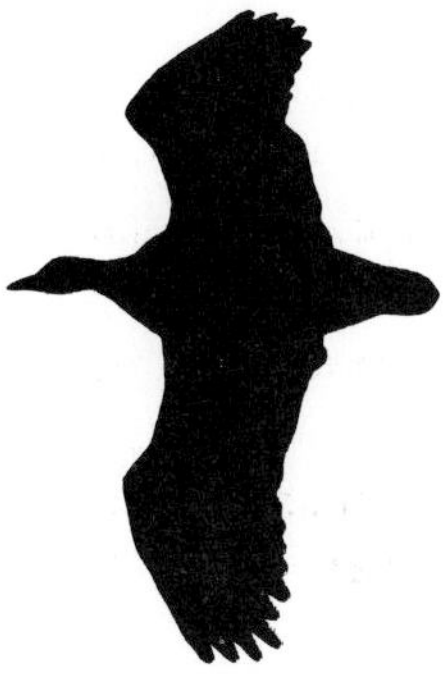

Les Outardes sont des oiseaux de taille moyenne ou très grande. Par leur silhouette, elles rappellent les gallinacés. Elles vivent dans les steppes ou les champs. Les Outardes volent le cou tendu. Elles ont des ailes larges, à la coloration noire et blanche contrastée. Les deux espèces européennes nichent au sol. Le dimorphisme sexuel est prononcé.

Charadriiformes

Haematopodidés (Huîtriers) p. 182

Les Huîtriers sont des limicoles de taille moyenne, au plumage bigarré noir et blanc et au bec rouge plus long que la tête, aplati latéralement. Les pattes, relativement courtes, n'ont pas de pouce. Une seule espèce niche en Europe.

Récurvirostridés (Avocettes) p. 183

Les Avocettes sont des limicoles aux pattes et au bec longs ou très longs, au plumage noir et blanc. Elles vivent au bord de l'eau peu profonde et surtout dans les régions au climat doux. Deux espèces nichent en Europe. Le mâle diffère légèrement de la femelle.

Burhinidés (Œdicnèmes) p. 185

Les Œdicnèmes sont des limicoles de taille moyenne, aux pattes assez longues et fortes qui n'ont que trois doigts courts et puissants. Ils ont des ailes longues et pointues, et de grands yeux qui témoignent de leur activité crépusculaire et partiellement nocturne. L'espèce européenne recherche les milieux secs et chauds. Le mâle est identique à la femelle.

Glaréolidés (Glaréoles, Courvites) p. 186
Les Glaréolidés sont plutôt petits. Ils ont de très longues ailes pointues et la queue fourchue ; en vol, ils ressemblent aux Hirondelles. Comme ces dernières, ils capturent des insectes ailés. Leur tête est bombée de façon caractéristique. Ils ont le bec court et large, des pattes également courtes avec un pouce développé. Deux espèces de Glaréolidés nichent en Europe méridionale.

Charadriidés (Pluviers, Gravelots) p. 187
Les Charadriidés sont des limicoles assez petits, au cou bref, à la tête volumineuse, au bec court et aux grands yeux. Le plus souvent, le mâle diffère peu de la femelle. Neuf espèces de Charadriidés vivent en Europe.

Scolopacidés (Bécassines, Phalaropes, etc.) p. 195
Les Scolopacidés sont une grande famille de limicoles qui réunit des espèces très variées. Cependant, ils ont dans la plupart des cas des pattes longues, un bec long et fin, des ailes pointues et coudées. Leur plumage ne se distingue par aucune caractéristique marquante, la livrée nuptiale alternant avec celle d'éclipse. En général, le mâle ressemble à la femelle sauf chez les Phalaropes, le Chevalier combattant et le Tourne-pierre. Vingt-sept espèces de Scolopacidés vivent en Europe, onze espèces nichent régulièrement en Europe centrale.

Lariformes

Stercorariidés (Labbes) p. 222
Les Labbes sont, pour la plupart, des oiseaux pélagiques ressemblant aux Mouettes. Ils ont généralement le dos foncé bien qu'on connaisse également des formes mélaniques ou claires. La mandibule supérieure du bec, terminée par un crochet, se compose de trois plaques cornées. Les ailes sont longues et étroites. Dans la queue des adultes, les rectrices centrales sont plus longues que les autres. Les Labbes ont l'habitude de voler la nourriture des autres oiseaux. La mâle et la femelle sont identiques. Quatre espèces vivent dans le nord de l'océan Atlantique ; elles n'apparaissent que sporadiquement sur le continent.

Laridés (Mouettes, Goélands) p. 225
Les Laridés sont des oiseaux côtiers aux longues ailes, blancs ou gris sur le dessus. La mandibule supérieure de leur bec, plus longue que la mandibule inférieure, se termine souvent par un crochet. Les Laridés vivent essentiellement sur le littoral, mais certaines espèces peuplent les eaux à l'intérieur des terres, nichant en colonies. Le mâle et la femelle sont identiques. Quinze espèces vivent en Europe, onze espèces nichent en Europe centrale.

Sternidés (Sternes) p. 237
Les Sternes sont des oiseaux élancés semblables aux Mouettes. Elles ont des ailes longues et étroites, une queue souvent fourchue, des pattes courtes

et un bec droit et pointu. Elles sont le plus souvent blanches, mais chez quelques rares espèces le plumage est sombre. Les Sternes pêchent à la surface de l'eau. Le mâle ressemble à la femelle. Dix espèces nichent en Europe ; elles vivent en colonies.

Alciformes

Alcidés (Guillemots, Pingouin) p. 250

Les Alcidés sont des oiseaux pélagiques de taille petite ou moyenne, au plumage noir et blanc et aux ailes courtes et étroites. Leurs pattes sont implantées très en arrière, particularité qui les oblige à se tenir droits sur la terre ferme. Les Alcidés plongent pour chercher leur nourriture et nagent sous l'eau en s'aidant de leurs ailes. Ils ont un bec étroit, généralement aplati sur les côtés. Le mâle est identique à la femelle. Les Alcidés nichent en colonies sur les côtes rocheuses. Six espèces vivent en Europe.

Columbiformes

Ptéroclididés (Gangas) p. 254

Oiseaux à l'allure de Pigeon, les Gangas ont un bec court et dur qui ressemble plutôt à celui des gallinacés. Leurs pattes courtes, entièrement emplumées (y compris les doigts), portent un pouce atrophié ou inexistant. Leurs ailes et leur queue sont pointues. On remarque une différence de coloration entre le mâle et la femelle. Les Gangas nichent au sol dans les steppes et les déserts. Deux espèces vivent en Europe.

Columbidés (Pigeons, Tourterelles) p. 255

Les Columbidés sont des oiseaux de taille moyenne, ayant une petite tête. Seule la pointe de leur bec mou est cornée, sa base étant protégée par la peau qui recouvre les narines. La voix caractéristique des Columbidés est grave et roucoulante. Le mâle est identique à la femelle. Cinq espèces de Columbidés vivent en Europe, nichant dans les frondaisons des arbres ou dans les troncs creux.

Psittaciformes

Psittacidés (Perroquets) p. 264

Oiseaux vivant essentiellement dans les régions équatoriales et tropicales, les Perroquets se distinguent par leur mandibule supérieure haute, forte et busquée. Ils ont deux doigts tournés vers l'avant et deux vers l'arrière. Le mâle diffère généralement de la femelle. Les Perroquets nichent dans des trous d'arbres. On a introduit deux espèces de cette famille en Europe.

Cuculiformes

Cuculidés (Coucous) p. 266

Les Coucous sont des oiseaux élancés dotés d'une longue queue et d'ailes étroites. Ils ont deux doigts tournés vers l'avant et deux vers l'arrière. Le mâle est généralement identique à la femelle. Les deux espèces européennes sont des parasites qui pondent dans les nids d'autres oiseaux.

Strigiformes

Tytonidés (Chouette effraie) p. 272

Les Tytonidés sont des Chouettes aux disques faciaux cordiformes qui descendent plus bas que le bec, aux yeux assez petits tournés vers l'avant, et aux pattes minces. Leurs longues ailes dépassent la queue. Ce sont des chasseurs nocturnes. Le mâle a la même coloration que la femelle. Une seule espèce niche en Europe.

Strigidés (Chouettes et Hiboux) p. 273

Les Strigidés ont les disques faciaux arrondis et une tête volumineuse aux grands yeux tournés vers l'avant. Ils ont des pattes courtes, fortes, emplumées, dotées de griffes puissantes. Chasseurs crépusculaires ou nocturnes, ils font leur proie de mammifères, d'oiseaux et d'insectes. La femelle est généralement un peu plus grande que le mâle. Douze espèces de Strigidés nichent en Europe.

Caprimulgiformes

Caprimulgidés (Engoulevents) p. 288

Les Engoulevents sont des oiseaux élancés aux longues ailes étroites qui, la nuit, capturent des insectes en vol. Ils ont une grande tête, de gros yeux et un bec court très largement fendu. De jour, ils se reposent, blottis, immobiles, contre le sol ou sur une branche dans le sens de la longueur, car leurs pattes et leurs doigts courts ne leur permettent pas de se percher comme les autres oiseaux. Le mâle et la femelle sont identiques. Seules deux espèces d'Engoulevents vivent en Europe.

Apodiformes

Apodidés (Martinets) p. 289

Les martinets sont des oiseaux assez petits et élancés qui ressemblent par leur allure à une Hirondelle. Ils ont de longues ailes falciformes et une queue courte et fourchue. Ils passent la plupart de leur temps à voler, ne se posant que rarement, car ils sont alors gênés par leurs petites pattes faites pour s'accrocher. Le mâle et la femelle sont identiques. Trois espèces nichent en Europe.

Coraciiformes

Alcédinidés (Martins-pêcheurs) p. 290

Oiseaux de taille petite ou moyenne, les Martins-pêcheurs ont un plumage multicolore, une tête relativement grande, un bec assez long, fort et droit, une queue et des pattes courtes. Les individus des deux sexes sont identiques. Ils nichent généralement dans des terriers. Une seule espèce vit en Europe.

Méropidés (Guêpiers) p. 291

Les Guêpiers sont des oiseaux assez petits et fins au plumage multicolore. Le mâle est identique à la femelle. Ils ont un bec long, fin, légèrement recourbé, des pattes courtes et faibles, des ailes longues et pointues. Chez certaines espèces, les rectrices centrales sont plus longues que les autres. Les Guêpiers chassent les insectes en vol. Ce sont des oiseaux sociables qui nichent dans des terriers. Une seule espèce vit en Europe.

Coraciidés (Rolliers) p. 292

Oiseaux arboricoles de taille petite ou moyenne, les Rolliers ressemblent par leur silhouette aux Corvidés. Ils ont un bec fort, légèrement recourbé, et des pattes courtes et fortes. En vol, on constate qu'ils ont des ailes arrondies. Le mâle et la femelle ont la même coloration. L'espèce européenne niche dans les trous d'arbres.

Upupidés (Huppe) p. 293

La Huppe ne peut être confondue avec aucune autre espèce, à cause de son plumage haut en couleur et de sa huppe. Oiseau de taille moyenne, elle possède un bec fin, long, légèrement recourbé, une langue très courte, des pattes fortes et courtes. En vol, on remarque ses ailes larges et arrondies. Le mâle et la femelle sont identiques. L'espèce européenne niche dans des trous.

Piciformes

Picidés (Pics) p. 298

Oiseaux de taille petite ou moyenne, les Pics ont des pattes zygodactyles (avec deux doigts tournés vers l'avant et deux vers l'arrière) et une queue aux rectrices rigides. Leur bec est fort, droit, en forme de ciseau. Ils peuvent projeter très loin leur langue pointue. Les pics nichent dans des trous creusés dans les troncs d'arbres et se nourrissent d'insectes capturés sous l'écorce. La plupart des espèces tambourinent. La livrée des Pics a une coloration contrastée, sauf chez le Torcol dont la livrée est brune. Les mâles portent souvent une calotte rouge. Dix espèces nichent en Europe.

Passériformes

Alaudidés (Alouettes) p. 310

Habitantes des milieux dégagés, les Alouettes sont des oiseaux de petite taille au plumage brun, tacheté. La plupart du temps, elles se tiennent à terre. Les mâles chantent généralement en vol. L'enveloppe cornée de leurs tarses est divisée en plaquettes ; leur pouce est pourvu d'une longue griffe. En dehors de la saison de nidification, les Alouettes vivent souvent en bandes. Les individus des deux sexes sont identiques. Neuf espèces vivent en Europe.

Hirundinidés (Hirondelles) p. 315

Les Hirondelles sont de petits Passereaux fins aux longues ailes pointues et à la queue généralement fourchue. Voiliers élégants, elles capturent les insectes au vol dans leur bec largement fendu. Elles ont des pattes courtes et faibles. Sociables, elles nichent en colonies sur les maisons, les falaises ou dans les parois de sable. Le mâle a la même coloration que la femelle. Cinq espèces nichent en Europe.

Motacillidés (Pipits, Bergeronnettes) p. 319

Les Motacillidés sont de petits Passereaux à queue plus ou moins longue et au bec long, fin et pointu. Leurs pattes sont fines, avec des doigts longs et des griffes tout aussi longues, surtout celle du pouce. Les Pipits et les Bergeronnettes recherchent généralement les milieux dégagés ou le bord de l'eau. Ils se nourrissent essentiellement d'insectes. La coloration fondamentale de la plupart des Pipits est brune ; celle des Bergeronnettes est contrastée, le mâle différant souvent de la femelle. Cinq espèces de Pipits et trois espèces de Bergeronnettes vivent en Europe.

Bombycillidés (Jaseurs) p. 326

Les Jaseurs sont des Passereaux de la taille d'un Étourneau, robustes, au plumage dense. On ne peut les confondre avec une autre espèce grâce à leur livrée brun rosé, aux couleurs de leurs ailes et à leur huppe spectaculaire. Les individus des deux sexes sont identiques. Une seule espèce vivant dans le nord de l'Europe effectue parfois des invasions en Europe centrale et occidentale.

Cinclidés (Cincle) p. 327

Les Cincles font partie des Passereaux de petite taille. Ils sont trapus et ont une queue courte. Les cours d'eau constituent leur biotope préféré. Ils savent plonger et marcher sur le fond des ruisseaux où ils pêchent de petits animaux aquatiques. Ils volent rapidement, le plus souvent au ras de l'eau. Chez l'espèce européenne, le mâle a la même coloration que la femelle : brun foncé avec un grand plastron blanc.

Troglodytidés (Troglodyte) p. 328

Les Troglodytes sont de petits Passereaux bruns et tachetés au bec pointu. Ils ont des ailes courtes et arrondies, et tiennent souvent leur petite queue à la verticale. Le mâle et la femelle sont identiques. Une seule espèce vit en Europe.

Prunellidés (Accenteurs) p. 329

Les Accenteurs sont de petits Passereaux brun-gris aux ailes courtes. Ils ont la taille d'un Moineau, mais leur bec est fin et pointu. Ce sont des habitants discrets des broussailles denses ou des milieux alpins. Le mâle ressemble beaucoup à la femelle. Deux espèces d'Accenteurs nichent régulièrement en Europe. Une autre pénètre dans l'extrême est de ce continent.

Turdidés (Grives, Traquets, etc.) p. 332

Les Turdidés sont une grande famille qui comprend des Passereaux de taille petite et moyenne. Ils ont un bec assez fort, légèrement recourbé, des pattes robustes, une queue plutôt longue. De coloration très diverse, le mâle est parfois identique à la femelle. Ce sont des oiseaux arboricoles qui descendent au sol pour chercher des invertébrés. En automne, ils se nourrissent de baies. Vingt-trois espèces vivent en Europe.

Sylviidés (Fauvettes, Rousserolles, Pouillots, etc.) p. 354

Les Fauvettes sont de petits Passereaux fins à la coloration généralement discrète, au bec mince et pointu. Les individus des deux sexes sont identiques ou peu différents. On a souvent du mal à distinguer certaines espèces les unes des autres, et le chant est de ce fait un critère d'identification important. Habitants des arbres et des broussailles, les Sylviidés sont essentiellement insectivores, mangeant aussi des baies en dehors de la saison de nidification. Trente-sept espèces vivent en Europe.

Muscicapidés (Gobe-mouches) p. 383

Les Gobe-mouches sont généralement de petite taille. Ils ont la tête assez grande et un bec plat, très large à la base, particularité accentuée par les vibrisses présentes à la base des commissures. Leurs pattes sont faibles et courtes. Oiseaux arboricoles, ils capturent des insectes volants en s'élançant d'un poste d'observation élevé. On observe généralement un dimorphisme sexuel. Quatre espèces nichent en Europe.

Timaliidés (Cratéropes, Mésange à moustaches) p. 387

Les Timaliidés constituent un groupe très hétérogène de Passereaux de taille petite et moyenne qui vivent surtout en Asie centrale et orientale. Leur plumage est peu dense, le bec assez épais, légèrement recourbé vers le bas, les pattes sont fortes. L'unique espèce européenne (Mésange à moustaches) rappelle les Mésanges par son allure et son comportement. Elle s'est adaptée à la vie dans les vastes roselières. Le mâle diffère de la femelle par sa coloration.

Aegithalidés p. 388

Les Aegithalidés sont des Passereaux de petite taille à la queue très longue. Leur tête est ronde, le bec est court, les ailes sont courtes et arrondies, les pattes faibles. La coloration du plumage, assez contrastée, est la même chez les deux sexes. Très sociables, les Aegithalidés vivent en groupes dans les arbres. Une seule espèce niche en Europe.

Paridés (Mésanges) p. 389

Les Mésanges sont de petits Passereaux au bec assez court, fort et pointu, aux pattes fortes, dotées de griffes acérées. Oiseaux arboricoles, les mésanges grimpent habilement sur les branches où elles cherchent leur nourriture, essentiellement animale. Elles nichent dans des trous. Leur plumage souvent contrasté a une coloration variable d'une espèce à l'autre, mais presque identique chez le mâle et la femelle. Neuf espèces vivent en Europe.

Sittidés (Sittelles) p. 396

Petits Passereaux à la silhouette massive, les Sittelles ont une queue courte, une grosse tête, un bec assez long et droit, des pattes courtes et fortes aux puissantes griffes acérées. Les Sittelles grimpent habilement sur les arbres (ou les rochers), même tête en bas. Elles nichent dans des trous dont elles aménagent l'entrée en la réduisant avec de la boue. Leur plumage assez coloré est presque identique chez le mâle et la femelle. Trois espèces nichent en Europe.

Tichodromadidés (Tichodrome) p. 397

La famille des Tichodromadidés comprend une seule espèce (Tichodrome échelette) qui niche en Europe. C'est un oiseau au corps long et mince, au bec fin, recourbé vers le bas. En vol, on remarque ses ailes particulièrement larges et arrondies. Le Tichodrome ressemble aux Grimpereaux dont il possède les mêmes caractéristiques : c'est en effet un oiseau grimpeur qui escalade les parois rocheuses dans la haute montagne. Le mâle diffère de la femelle par son plumage aux couleurs plus vives.

Certhiidés (Grimpereaux) p. 398

Ces petits Passereaux ont un corps élancé, un bec fin, long, recourbé vers le bas, des pattes courtes et fortes, pourvues de longues griffes acérées. Ils grimpent sur l'écorce des arbres pour chercher dans les crevasses de petits invertébrés. Les Grimpereaux nichent dans les crevasses des arbres. Les deux espèces européennes ont un plumage brun et blanchâtre, identique chez les deux sexes.

Rémizidés p. 400

Les Rémizidés sont de petits Passereaux qui ressemblent aux Mésanges par leur allure et leur mode de vie. Ils ont une tête ronde et un bec droit qui se prolonge en pointe très fine. Ils vivent dans la végétation du bord de l'eau ou dans les roselières où ils bâtissent des nids caractéristiques en forme de poche et pourvus d'une entrée tubuleuse. Les individus des deux sexes sont presque identiques. Une seule espèce de Rémizidés niche en Europe.

Oriolidés (Loriots) p. 401

Passereaux de la taille d'une Grive, les Loriots ont une grande tête, un bec assez long, fort et légèrement incurvé vers le bas. Ils vivent dans les frondaisons des arbres où ils suspendent leurs nids dans les fourches des branches. Leur plumage contrasté est très haut en couleur, la femelle étant généralement plus terne. L'aire de répartition de cette famille recouvre les régions équatoriales de l'Ancien Monde, une seule espèce nichant en Europe.

Laniidés (Pies-grièches) p. 402

Par leur aspect et leur comportement, les Pies-grièches sont une sorte de Rapaces parmi les Passereaux. Elles ont un bec fort, à la pointe crochue, doté d'une entaille sur le bord de la mandibule supérieure. Les pattes sont de longueur moyenne, avec des doigts forts et des griffes acérées. Les Pies-grièches peuplent les milieux dégagés où elles se perchent bien en vue. Elles embrochent souvent leur proie sur des épines. Elles ont un plumage contrasté, celui des mâles étant généralement plus haut en couleur. Cinq espèces nichent en Europe.

Corvidés (Corbeaux, Pies, Geais) p. 406

La famille des Corvidés réunit les plus grands Passereaux. Le plumage d'un noir brillant ou contrasté est identique chez les deux sexes. Les Corvidés ont une grande tête, un bec fort, légèrement bombé ou droit, des pattes puissantes aux grandes griffes. Leur voix ne peut pas être considérée comme un chant : leurs croassements sont des cris. Onze espèces appartenant à cette famille nichent en Europe.

Sturnidés (Étourneaux) p. 415

Les Étourneaux sont des Passereaux trapus à la queue courte et aux ailes pointues caractéristiques. Leur bec est généralement droit et pointu, leurs pattes et leurs doigts sont également forts. Ils ont un plumage brillant, parfois multicolore. Le mâle est identique à la femelle ou bien en diffère très peu. Sociables, les Étourneaux se groupent souvent en grandes bandes. Ils recherchent leur nourriture essentiellement au sol. Trois espèces nichent en Europe.

Plocéidés (Moineaux) p. 417

Les Moineaux sont des Passereaux robustes de petite taille, au plumage généralement assez terne, identique ou quasi identique chez les deux sexes. Les Moineaux ont un bec fort, court et conique, et de fortes pattes. En vol, on remarque leurs ailes courtes et pointues. Généralement très sociables, les Moineaux aiment nicher en colonies. Cinq espèces vivent en Europe.

Fringillidés (Fringilles) p. 422

Ce sont de petits Passereaux essentiellement granivores au court bec conique. La coloration de leur plumage, souvent très vive, est généralement différente chez le mâle et chez la femelle. Ils bâtissent sur les arbres ou arbustes des nids en forme de coupes. Solitaires, ils ne se réunissent en bandes qu'une fois passée la saison de nidification. Vingt-deux espèces vivent en Europe.

Embérizidés (Bruants) p. 441

Passereaux à la silhouette plutôt massive, les Bruants ressemblent aux Fringillidés. Ils ont un bec court, droit, large à la base. Le bord des mandibules est retourné vers l'intérieur et échancré. Essentiellement granivores, les Bruants ont un genre de vie solitaire, mais se regroupent en bandes une fois passée la saison de nidification. Les mâles sont plus colorés que les femelles. Treize espèces vivent en Europe.

Clé pour déterminer les ordres

Pour déterminer l'ordre auquel appartient un oiseau donné, procédez de la façon suivante : commencez par lire les caractéristiques indiquées au numéro 1 sans parenthèses.

Si elles correspondent à l'oiseau que vous observez, passez au numéro 2 sans parenthèses et ainsi de suite jusqu'à ce que vous rencontriez le nom d'un ordre. C'est celui auquel l'oiseau appartient.

Si les caractéristiques du numéro 1 ne correspondent pas à l'oiseau, reportez-vous au numéro qui figure entre parenthèses (18). Si les caractères indiqués en 18 correspondent à l'oiseau, passez au numéro 19 sans parenthèses puis au numéro 20, etc., jusqu'à ce que vous trouviez le nom d'un ordre.

1 (18) Doigts reliés par une palmure qui s'étend au moins jusqu'au milieu du deuxième et du quatrième doigts

2 (3) Une palmure relie non seulement les doigts antérieurs mais aussi le deuxième doigt et le pouce. Pélécaniformes (Pelecaniformes)

3 (2) Une palmure ne relie que les doigts antérieurs, laissant le pouce libre

4 (7) Bec aux bords dentelés ; denticulations généralement larges, en lamelles

5 (6) Tarse presque aussi long que le doigt médian. Bec droit ou légèrement incurvé, mandibule supérieure se terminant par un onglet large ou étroit et acéré. Ansériformes (Anseriformes)

6 (5) Tarse beaucoup plus long que le doigt médian. Bec busqué au milieu, dépourvu d'onglet. Grands oiseaux au plumage blanc, rouge rosé ou gris-blanc et aux rémiges noires. Phoenicoptériformes (Phoenicopteriformes)

7 (4) Bords du bec lisses

8 (9) Narines s'ouvrant au bout d'un ou de deux tubes qui partent depuis la base du bec. Procellariiformes (Procellariiformes)

9 (8) Narines directement sur le bec et non à l'extrémité des tubes

10 (13) Patte sans pouce

11 (12) Pattes placées loin en arrière du corps. Ailes relativement courtes et étroites ; repliées, elles dépassent à peine la base de la courte queue. Alciformes (Alciformes)

12 (11) Pattes presque au milieu du corps, nues, même au-dessus du tarse. Ailes repliées dépassant la base de la queue. Mouette tridactyle (Rissa tridactyla), *ordre des Lariformes* (Lariformes)

13 (10) Pouce bien développé

14 (15) Doigt externe plus long. Tarses fortement aplatis sur les côtés, avec une arête sur le devant. Pattes presque à l'extrémité du corps. Ailes courtes, n'atteignant pas le bout de la courte queue. Gaviiformes (Gaviiformes)

15 (14) Doigt médian plus long. Tarses faiblement aplatis. Pattes à peu près au milieu du corps, partie inférieure du tibia sans plumes. Ailes longues, atteignant ou dépassant le plus souvent l'extrémité de la queue

16 (17) Bec droit ou légèrement incurvé aussi long que la tête ou plus court. Lariformes (Lariformes)

17 (16) Bec nettement incurvé vers le haut, à peu près deux fois plus long que la tête. Avocette (Recurvirostra avosetta), *ordre des Charadriiformes* (Charadriiformes)

18 (1) Absence de palmures, sauf à la racine des doigts (le plus souvent entre les troisième et quatrième doigts) où on trouve une palmure atrophiée

19 (24) Doigts antérieurs bordés de peau

20 (21) Un liseré de peau de largeur égale borde les deux côtés des doigts antérieurs. Podicipédiformes (Podicipediformes)

21 (20) La bordure de peau forme des lobes sur les deux côtés des doigts antérieurs

22 (23) Le bec se prolonge sur le front par une plaquette cornée blanche ou jaune-gris. Grand oiseau massif à coloration uniforme (gris foncé). Foulque macroule (Fulica atra), *ordre des Ralliformes* (Ralliformes)

23 (22) Le bec, fin, se termine normalement sur le front emplumé. Petits oiseaux tachetés au corps allongé. Phalaropes (Phalaropus), *ordre des Charadriiformes* (Charadriiformes)

24 (19) Absence de bordure de peau sur les doigts antérieurs

25 (52) Des plumes recouvrent le tibia, le tarse et même les doigts

26 (27) Les pattes ont trois doigts seulement. Pic tridactyle (Picoides tridactylus), *ordre des Piciformes* (Piciformes)

27 (26) Quatre doigts

28 (29) Les quatre doigts des courtes pattes sont tournés vers l'avant. Martinets (Apus), *ordre des Apodiformes* (Apodiformes)

29 (28) Doigts disposés autrement

30 (49) *Trois doigts (deuxième, troisième et quatrième) tournés vers l'avant et le premier en arrière. On inclut dans cette catégorie des espèces qui peuvent tourner leur pouce à loisir vers l'avant, sur le côté ou en arrière*

31 (32) *Bec droit, 1,5 ou 2 fois plus long que la tête, yeux placés très en arrière. Bécasse des bois* (Scolopax rusticola), *ordre des Charadriiformes* (Charadriiformes)

32 (31) *Bec et yeux différents*

33 (36) *Bec crochu, base de la mandibule supérieure bordée d'une cire de couleur vive. Griffes incurvées, généralement longues et acérées*

34 (35) *La tête, volumineuse, est presque aussi large que le corps. Yeux dirigés vers l'avant. Des faisceaux de plumes raides entourent les narines. Tarses et doigts emplumés, pouce réversible. Chouettes* (Strigiformes)

35 (34) *Tête nettement plus étroite que le corps, yeux placés sur les côtés de la tête. Peau nue autour des narines. Absence de plumes sur les doigts. Rapaces diurnes* (Falconiformes)

36 (33) *Bec et griffes différents*

37 (38) *Bec court et fort, mandibule supérieure légèrement incurvée vers le bas, rarement crochue, toujours dépourvue de cire. Griffes fortes, légèrement recourbées, obtuses. Galliformes* (Galliformes)

38 (37) *Bec et griffes différents, généralement plus fins, compte tenu de leur longueur*

39 (40) *Bec droit et assez court, cire blanche ou grisâtre boursouflée à la racine de la mandibule supérieure. Pigeons* (Columbiformes)

40 (39) *Bec sans cire boursouflée*

41 (44) *Doigts plus ou moins soudés*

42 (43) *Doigts soudés jusqu'aux griffes, fortement emplumés. Peau verruqueuse sur le dessous. Syrrhapte paradoxal* (Syrrhaptes paradoxus), *famille des Ptéroclididés* (Pteroclididae)

43 (42) *Doigts soudés uniquement à la racine. Coraciiformes* (Coraciiformes)

44 (41) *Doigts apparemment non soudés*

45 (46) *Doigts externes (deuxième et quatrième) relativement courts par rapport au troisième. Griffe du troisième doigt pectinée sur sa face interne. Bec largement fendu, entouré à sa base par un anneau de vibrisses. Caprimulgiformes* (Caprimulgiformes)

46 (45) *Doigts externes (deuxième et quatrième) aussi longs que le troisième doigt ou un peu plus courts. Griffe du troisième doigt lisse*

47 (48) *Huppe sur la tête. Upupidés* (Upupidae), *ordre des Coraciiformes* (Coraciiformes)

48 (47) *Absence de huppe ou huppe de forme différente (généralement pointue). Passereaux* (Passeriformes)

49 (30) *Deux doigts (deuxième et troisième) tournés vers l'avant et deux (premier et quatrième) vers l'arrière*

50 (51) *Bec cunéiforme et pointu. Douze rectrices presque toujours rigides et pointues (rectrices externes courtes). Piciformes* (Piciformes)

51 (52) *Bec légèrement incurvé. Dix rectrices, queue étagée. Coucous* (Cuculiformes)

52 (50) *Bec haut et fort ; la pointe de la mandibule supérieure crochue dépasse la mandibule inférieure. Le bec s'articule de façon mobile au crâne puissant. La cire entoure les narines. Les pattes fortes, courtes et préhensiles, sont recouvertes de plaquettes cornées. Perroquets* (Psittaciformes)

53 (52) *Pas de plumes sur le tarse et le bas du tibia*

54 (55) *Peau nue entre le bec et les yeux, souvent aussi autour de ceux-ci. Ciconiiformes* (Ciconiiformes)

55 (54) *Lores (zone entre les yeux et le bec) emplumés*

56 (57) *Première rémige primaire plus longue ou aussi longue que la deuxième. Ailes pointues. Limicoles* (Charadriiformes)

57 (56) *La première rémige primaire est plus courte que la deuxième*

58 (59) *Ailes larges et arrondies ; tête coiffée d'une huppe pointue. Vanneau huppé* (Vanellus vanellus), *Limicoles* (Charadriiformes)

59 (58) *Absence de huppe*

60 (61) *Pattes longues, tarses plusieurs fois plus longs que le doigt médian (troisième doigt). Grands oiseaux. Gruidés* (Gruidae), *ordre des Ralliformes* (Ralliformes)

61 (60) *Pattes courtes, tarses plus courts ou tout aussi longs que le doigt médian. Oiseaux moyens ou petits. Ralliformes* (Ralliformes)

Orientation bibliographique

Tous les oiseaux d'Europe B. Bruun, A. Singer. Bordas, Paris, 1988

Les oiseaux du nord de l'Afrique R. D. Etchécopar, F. Hüe. N. Boubée, Paris, 1954

La vie des oiseaux P. Géroudet. Delachaux et Niestlé, Neuchâtel – Paris, 1947–1956 (6 volumes)

Grands échassiers, gallinacés, râles d'Europe P. Géroudet. Delachaux et Niestlé, Neuchâtel – Paris, 1978

Limicoles, gangas et pigeons d'Europe P. Géroudet. Delachaux et Niestlé, Neuchâtel – Paris, 1982–1983 (2 volumes)

Les nids, les œufs et les poussins d'Europe C. Harrison. Elsevier, Paris – Bruxelles, 1977

Oiseaux d'Europe, d'Afrique du Nord et du Moyen-Orient H. Heinzel et coll. Delachaux et Niestlé, Neuchâtel, 1972

Atlas des oiseaux de Belgique et d'Europe occidentale L. Lippens et H. Wille. Tielt, 1972

Atlas des oiseaux nicheurs du Grand-Duché de Luxembourg E. Melchior et coll. Luxembourg, 1987

Guide des oiseaux d'Europe R. T. Peterson et coll. Delachaux et Niestlé, Neuchâtel – Paris, 1984 (dixième édition)

Guide des oiseaux d'Amérique du Nord C. S. Robbins, B. Bruun et coll. Delachaux et Niestlé, Neuchâtel – Paris, 1980

Atlas des oiseaux nicheurs de France L. Yeatman. Société ornithologique de France, Paris, 1976

Chez le même éditeur :

Oiseaux chanteurs K. Šťastný, 1980

Oiseaux de cage et de volière S. Chvapil, 1982

Oiseaux aquatiques K. Šťastný, 1986

Oiseaux migrateurs V. Bejček, 1989

Oiseaux des pays d'Europe J. Felix, 1978

Encyclopédie des oiseaux J. Hanzák, 1976

Ouvrages en langue étrangère :

Handbuch der Vögel Mitteleuropas K. M. Bauer, U. N. Glutz von Blotzheim Akademische Verlagsgesellschaft et Aula Verlag, Frankfurt-am-Main et Wiesbaden, 1966–1988 (11 volumes parus ; en cours de publication)

Verbreitungsatlas der Brutvögel der Schweiz A. Schifferli, P. Géroudet, R. Winkler et coll. Sempach, 1980

Handbook of the birds of Europe, the Middle East and North Africa.
The birds of the western Paleartic S. Cramp, K. E. L. Simmons et coll. Oxford University Press, Londres, 1977–1988 (5 volumes parus ; en cours de publication)

Flight identification of european raptors R. F. Porter et coll. Poyser, Calton, 1981 (troisième édition)

The birds of the Palearctic fauna C. Vaurie. Oxford University Press, Londres, 1959 et 1965 (2 volumes)

Atlas of European birds K. H. Voous. Nelson, Londres, 1960

Birds of Soviet Union G. P. Dementiev, N. A. Gladkov et coll. Moscou 1951–1954 (traduction anglaise : Jérusalem, 1966–1970)

Index des noms français

(Les chiffres en gras renvoient aux planches)

Index des noms latins